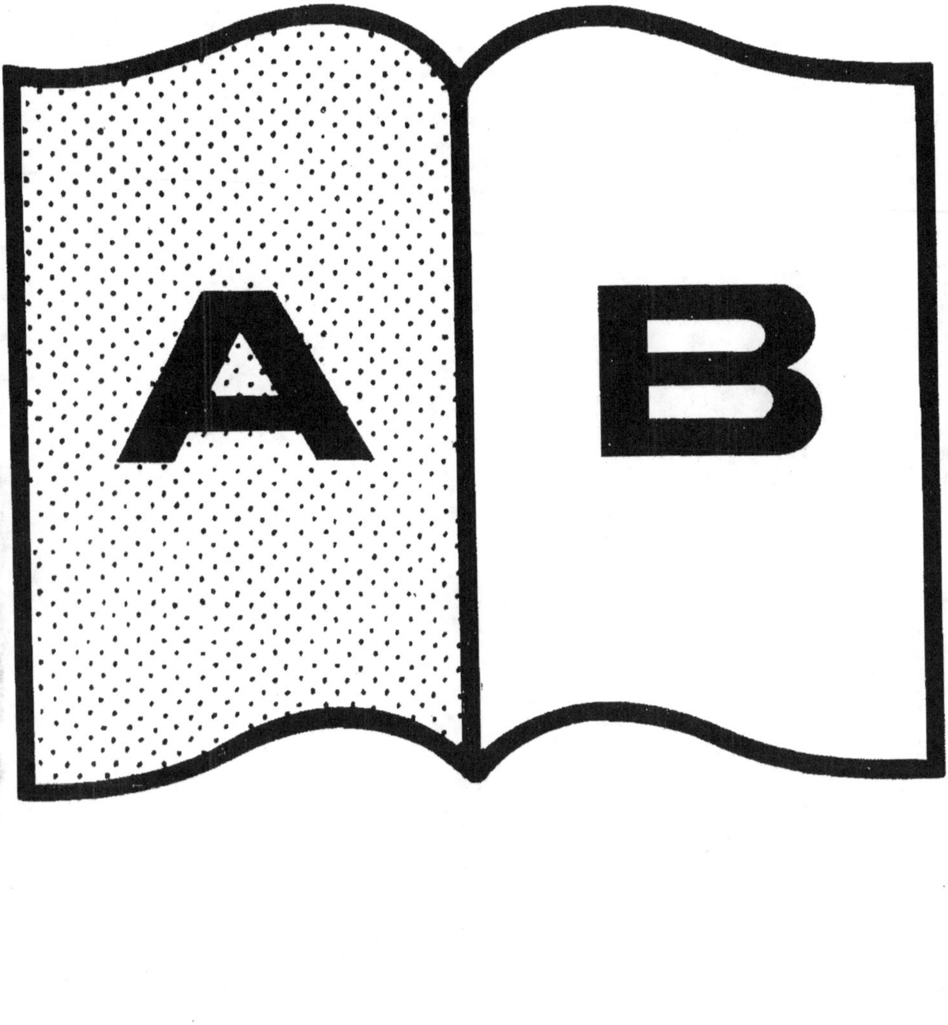

Contraste insuffisant

NF Z 43-120-14

C. E. IV. N°40. — L'École Moderne. Publication mensuelle. 17 Avril 1899

COURS COMPLET D'ENSEIGNEMENT PRIMAIRE CONCENTRIQUE

L'École Moderne

Morale, Enseignement civique, Langue française
Histoire, Géographie, Arithmétique, Géométrie, Sciences usuelles
et Agriculture

PAR

A. SEIGNETTE

Directeur du *Journal des Instituteurs*
Membre de plusieurs Commissions de l'Enseignement Primaire
Agrégé de l'Université, Docteur ès sciences

Ouvrage inscrit sur la liste des livres
donnés gratuitement aux Écoles Primaires de la ville de Paris
et sur la plupart des listes départementales

Livre du Maître

Cours élémentaire

TOME IV

Huitième, Neuvième et Dixième Mois
(Mai, Juin et Juillet)

Tous droits réservés

PARIS
PAUL DUPONT Éditeur
4, rue du Bouloi, 4

R184680

LIBRAIRIE CLASSIQUE PAUL DUPONT, 4, RUE DU BOULOI, PARIS.

L'École Moderne
COURS COMPLET D'ENSEIGNEMENT PRIMAIRE CONCENTRIQUE
Par M. A. SEIGNETTE

Ouvrage accompagné de nombreuses figures inédites
dessins par LUNOIS et MILLOT; gravures par THOMAS; cartes par BINETEAU

**OUVRAGE INSCRIT SUR LA LISTE DES LIVRES
DONNÉS GRATUITEMENT AUX ÉCOLES PRIMAIRES DE LA VILLE DE PARIS
ET SUR LA PLUPART DES LISTES DÉPARTEMENTALES**

LIVRES DU MAITRE
PAR MATIÈRES RÉUNIES

COURS ÉLÉMENTAIRE
Tome I. — Introduction, 1er et 2e mois, 1 vol. cartonné, illustré, in-8°. . . . 3 fr. »
Tome II. — 3e, 4e et 5e mois, 1 vol. cartonné, illustré, in-8°. . . . 3 fr. »
Tome III. — 6e et 7e mois, 1 vol. cartonné, illustré, in-8°. . . . 3 fr. »
Tome IV. — 8e, 9e et 10e mois, 1 vol. cartonné, illustré, in-8°. . . . 3 fr. »

COURS MOYEN
Tome I. — Introduction, 1er et 2e mois, 1 vol. cartonné, illustré, in-8°. . . . 3 fr. 50
Tome II. — 3e, 4e et 5e mois, 1 vol. cartonné, illustré, in-8°. . . . 3 fr. 50
Tome III. — 6e et 7e mois, 1 vol. cartonné, illustré, in-8°. . . . 3 fr. 50
Tome IV. — 8e, 9e et 10e mois, 1 vol. cartonné, illustré, in-8°. . . . 3 fr. 50

COURS SUPÉRIEUR
Tome I. — Introduction, 1er et 2e mois, 1 vol. cartonné, illustré, in-8°. . . . 4 fr. »
Tome II. — 3e, 4e et 5e mois, 1 vol. cartonné, illustré, in-8°. . . . 4 fr. »
Tome III. — 6e et 7e mois, 1 vol. cartonné, illustré, in-8°. . . . 4 fr. »
Tome IV. — 8e, 9e et 10e mois, 1 vol. cartonné, illustré, in-8°. . . . 4 fr. »

LIVRES DU MAITRE
PAR MATIÈRES SÉPARÉES

COURS ÉLÉMENTAIRE
Morale et Enseignement civique, 1 vol. cartonné, illustré : 1 fr. 50. — Langue française, Grammaire et Récitation, 1 fort vol. cartonné, illustré : 4 fr. 50. — Histoire, 1 vol. cartonné, illustré : 1 fr. 50. — Géographie, 1 vol. cartonné, illustré, avec cartes : 2 fr. 50. — Arithmétique et Géométrie, 1 fort vol. cartonné : 3 francs. — Sciences usuelles et Agriculture, 1 vol. cartonné, illustré : 1 franc. — Lectures, 1 vol. cartonné : 2 francs.

COURS MOYEN
Morale et Enseignement civique, 1 vol. cartonné, illustré : 1 fr. 50. — Langue française, Grammaire et Récitation, 2 forts vol. cartonnés, tome I : 2 fr. 50; tome II : 2 fr. 50. — Histoire, 1 vol. cartonné, illustré : 1 fr. 50. — Géographie, 1 fort vol. cartonné et avec cartes : 3 francs. — Arithmétique et Géométrie, 1 fort vol. cartonné : 3 fr. 50. — Sciences usuelles et Agriculture, 1 vol. cartonné, illustré : 1 fr. 50. — Lectures, 1 vol. cartonné : 2 francs.

COURS SUPÉRIEUR
Morale et Enseignement civique, 1 vol. cartonné : 1 fr. 50. — Langue française, Grammaire et Récitation, 2 forts vol. cartonnés, tome I : 3 francs; tome II : 3 francs. — Histoire, 1 vol. cartonné, illustré : 1 fr. 50. — Géographie, 1 fort vol. cartonné : 3 fr. 50. — Arithmétique et Géométrie, 1 fort vol. cartonné : 4 francs. — Sciences usuelles et Agriculture, 1 vol. cartonné, illustré : 1 fr. 50. — Lectures, 1 vol. cartonné : 2 francs.

C.E. IV. N° 1. — L'École Moderne. Publication mensuelle. 20 Mars 1898

L'École Moderne

Livre du Maître

Cours élémentaire

TOME IV

COURS COMPLET D'ENSEIGNEMENT PRIMAIRE CONCENTRIQUE

L'École Moderne

Morale, Enseignement civique, Langue française
Histoire, Géographie, Arithmétique, Géométrie, Sciences usuelles
et Agriculture

PAR

A. SEIGNETTE

Directeur du *Journal des Instituteurs*
Membre de plusieurs Commissions de l'Enseignement Primaire
Agrégé de l'Université, Docteur ès sciences

Livre du Maître

Cours élémentaire

TOME IV

Huitième, Neuvième et Dixième Mois

(Mai, Juin et Juillet)

Tous droits réservés

PARIS

PAUL DUPONT Éditeur

4, rue du Bouloi, 4

Huitième Mois

Mai

MORALE

Huitième Mois
du Cours élémentaire

LA DOUCEUR

57ᵉ Entretien. — DANGERS DE LA COLÈRE

1° Entretien. — Faire écrire au tableau : *Morale. — Dangers de la colère (page 505).*
Lire cet entretien aux élèves (page 505 du livre de l'élève).

2° Développement. — Ne vous mettez jamais en colère. Vous pourriez, sous l'influence de ce défaut, commettre des actes que vous regretteriez ensuite bien amèrement.

Voyez cette petite paysanne, qui avait pour ami un beau chat et qui le tue dans un accès de colère.

Quelle terrible histoire que celle de ce frère qui, en frappant sa petite sœur, est cause de sa mort! Quels remords il dut éprouver toute sa vie!

3° Questions à faire. — Vous arrive-t-il quelquefois de vous mettre en colère?
Trouvez-vous que vous faites bien?
Voulez-vous faire des efforts pour vous corriger de ce défaut?
Comprenez-vous les malheurs que peut causer la colère?

Les gens qui se mettent en colère ne vous paraissent-ils pas ressembler à des fous?

Quand vous vous êtes mis très fort en colère, n'en éprouvez-vous pas ensuite une grande honte?

78ᵉ Maxime

1° Maxime. — Faire écrire au tableau : *Morale* — *78ᵉ Maxime : La colère est une courte folie* (au bas de la page 505 du livre de l'élève).

2° Développement. — Vous avez certainement vu, mes enfants, un homme en colère. Son aspect vous a fait peur sa figure toute violacée, ses yeux qui lui sortaient de la tête, ses cheveux hérissés lui donnaient l'air d'un fou. Il disait des paroles qu'il n'aurait certainement pas prononcées s'il avait eu tout son sang-froid. Ne sachant plus ce qu'il faisait, il cassait tout ce qui lui tombait sous la main. Peut-être même l'avez-vous vu frapper ceux qui l'entouraient?

Les gens les meilleurs deviennent semblables à des bêtes furieuses quand ils sont en colère. On raconte qu'Alexandre le Grand tua dans un accès de colère son meilleur ami Clitus. Alexandre était cependant très bon, très humain et très généreux. Lorsqu'il revint à la raison, il eut beaucoup de regret de son crime, pleura sa victime et lui fit de belles funérailles.

Pour ne pas avoir de semblables actions à regretter plus tard il faut que, dès maintenant, vous vous efforciez d'avoir bon caractère. Si un camarade vous dit une parole désagréable, ne lui répondez pas trop vite. Vous regretteriez presque toujours d'avoir pris sa plaisanterie au sérieux. En évitant de répondre, vous vous épargnerez bon nombre de disputes et de querelles.

3° Conclusion. — *Soyez calmes, enfants, n'ayez pas de mouvement de mauvaise humeur. Quand on vous fait une observation, ne vous emportez pas contre ceux qui vous punissent, c'est-à-dire contre vos parents et vos maîtres. L'enfant qui ne sait pas supporter les réprimandes de ses supérieurs, les taquineries de ses camarades, saura encore bien moins supporter plus tard des discussions sérieuses.*

79ᵉ Maxime

1° Maxime. — Faire écrire au tableau : *Morale.* — *79ᵉ Maxime : Les injures sont les raisons de ceux qui ont tort; l'homme injurié hausse les épaules et passe* (au bas de la page 505 du livre de l'élève).

2° Développement. — Quand vous voyez deux enfants se disputer (ce qui ne devrait jamais arriver), vous pouvez voir tout de suite quel est celui qui a tort. C'est celui qui crie le plus fort et qui dit des choses désagréables à l'autre. Cela vous semble étrange et cependant cela est tout naturel. Pourquoi crie-t-il autant ? C'est pour ne pas entendre les bonnes raisons de son camarade et étouffer la voix de sa conscience.

L'enfant intelligent ne répond pas aux sottises qui lui sont dites. Il trouve que c'est perdre son temps ; entre petits enfants faits pour vivre ensemble, il n'y a rien de mieux que de s'aimer et d'être toujours d'accord. Il comprend aussi qu'il est quelquefois nécessaire de céder, même lorsqu'on a raison.

3° Conclusion. — *Prenez la bonne résolution de ne jamais répondre quand on vous dira des choses désagréables. Si vous êtes dans votre tort, n'aggravez pas votre faute par des paroles qui ne serviraient qu'à l'augmenter.*

Si tous les petits enfants suivaient ces sages conseils, la plus sincère amitié régnerait parmi eux.

58ᵉ Entretien. — **LA TOLÉRANCE**

1° Entretien. — Faire écrire au tableau : *Morale. — La tolérance (page 506).*

Lire cet entretien aux élèves (en haut de la page 506 du livre de l'élève).

2° Développement. — Vous comprenez, mes enfants, que la vie en commun n'est possible que si l'on sait se supporter les uns les autres. Ne soyez pas égoïstes, ne pensez pas seulement à ce qui vous plaît; du moment que vous n'êtes pas seuls, vous devez vous préoccuper de l'opinion des autres et la respecter.

Voyez ces élèves qui, parce qu'ils n'aiment pas la chaleur, se soucient peu d'exposer une partie de leurs camarades à prendre froid. Les vilains égoïstes !

3° Questions à faire. — Avez-vous le droit d'imposer votre volonté sans vouloir subir celle des autres ?

Si vous montiez dans un wagon de chemin de fer et que vous trouviez qu'il y fait trop chaud, ouvririez-vous les fenêtres sans en demander l'autorisation aux autres voyageurs ?

Si quelqu'un soutenait qu'il aime une chose que vous détestez, est-ce que vous vous disputeriez avec lui pour l'obliger à penser comme vous ?

80ᵉ Maxime

1º Maxime. — Faire écrire au tableau : *Morale.*— *80º Maxime : Ne jetons pas la pierre aux autres* (au milieu de la page 506 du livre de l'élève).

2º Développement. — Ceci veut dire, mes enfants, qu'il ne faut pas juger trop sévèrement vos camarades qui ont commis quelque faute. Personne n'est parfait et ceux qui se sont toujours bien conduits ont seuls le droit de juger la conduite des autres.

Ainsi quand un écolier a commis une faute grave, le Maître pour le punir, s'il le juge nécessaire, fait venir le coupable. Devant tous ses camarades il le gronde et lui fait voir la laideur de son action. Si l'enfant a de l'amour-propre, il regrettera sa faute et se promettra de ne plus recommencer. Mais vous, ses camarades, vous ne devez pas augmenter sa peine en venant lui faire honte. Ne soyez pas si fiers ; peut-être serez-vous, un jour, punis à votre tour.

Il est écrit dans l'Évangile : Avant de regarder la paille qui est dans l'œil de ton voisin, regarde la poutre qui est dans le tien ; c'est-à-dire, avant de reprocher à ton camarade une faute qu'il a commise, regarde donc si tu n'en as pas une plus grave sur la conscience.

Et puis, mes enfants, agir ainsi c'est prouver qu'on manque de cœur. S'il vous est arrivé de le faire jusqu'à présent, je vous excuse, car vous êtes jeunes et vous ne l'avez certainement pas fait par méchanceté. Vous ne pensiez peut-être pas faire de la peine à votre camarade en révélant ses défauts.

3º Conclusion. — *Cherchez toujours une excuse aux fautes d'autrui ; plus tard, lorsque vous serez grands, vous serez peut-être obligés de les juger.*

Mais, pour le moment, soyez charitables, enfants ; vous prouverez ainsi que vous avez bon cœur et vous vous ferez aimer.

59ᵉ Entretien. — L'AFFABILITÉ

1º Entretien. — Faire écrire au tableau : *Morale.* — *L'affabilité (page 506).*

Lire cet entretien aux élèves (au milieu de la page 506 du livre de l'élève).

2° Développement. — Je suis sûr que vous aimez les gens aimables, les personnes qui vous disent que vous êtes gentils et font tout ce qu'elles peuvent pour vous faire plaisir.

Eh bien! pour rencontrer dans votre vie beaucoup de gens aimables, sachez qu'il faut commencer par être aimables vous-mêmes.

Ayez le désir de faire plaisir; parlez à chacun avec douceur et politesse; parlez non pas de ce qui vous intéresse vous-mêmes, mais de ce qui est agréable aux autres. Ne pensez pas à vous-mêmes, lorsque vous êtes en société.

3° Questions à faire. — Êtes-vous aimables avec tout le monde?

Aimez-vous mieux les gens aimables ou les personnes qui ont mauvais caractère?

Êtes-vous toujours aimables avec vos camarades?

Ne croyez-vous pas que les autres seraient plus aimables pour vous si vous étiez gentils les premiers?

81° Maxime

1° Maxime. — Faire écrire au tableau : *Morale.* — *81° Maxime : S'il faut pécher en quelque extrémité, que ce soit en celle de la douceur et de la bonne grâce* (au bas de la page 506 du livre de l'élève).

2° Développement. — Les qualités qui conviennent le mieux à l'enfance sont la douceur et l'amabilité. On se représente mal un petit enfant grognon, toujours maussade, se fâchant pour la moindre chose. On le plaint, car il passe dans la tristesse la plus belle partie de sa vie. Or, sachez-le, mes enfants, vous ne serez jamais plus heureux que vous ne l'êtes maintenant.

Vous êtes la joie de vos parents et ce serait mal les récompenser des sacrifices qu'ils font pour vous que d'être toujours de mauvaise humeur. Et, du reste, il ne faut qu'un peu de bonne volonté pour être gai et aimable et pour se faire aimer.

Si vous saviez comme on recherche la société de celui qui est poli, affable et qui fait de bonne grâce ce qu'on lui demande!

3° Conclusion. — Pour devenir doux et aimable que faut-il que vous fassiez? Il faut avoir beaucoup de bonne volonté et aimer vos semblables. Ce ne sera souvent que par amour pour vos petits camarades que vous réprimerez un mouvement de mauvaise humeur ou que vous leur témoignerez de la complaisance.

82ᵉ Maxime

1° Maxime. — Faire écrire au tableau : *Morale*. — *82ᵉ Maxime : Si vous n'êtes pas affable avec vos frères, comment vos frères le seront-ils pour vous ?* (au bas de la page 506 du livre de l'élève).

2° Développement. — Vous connaissez ce proverbe : Faites aux autres ce que vous voudriez qu'on vous fît. On le répète bien des fois, mais on n'y attache pas toujours assez d'importance. Cependant n'est-il pas tout naturel que vous cherchiez à satisfaire vos camarades, si vous voulez qu'à leur tour ils vous fassent plaisir. S'occupe-t-on des égoïstes, des gens qui ne pensent qu'à eux ? Non, n'est-ce pas ? Et ils n'ont pas droit à notre amabilité. Vous, petits enfants, que désirez-vous pour être heureux ? Beaucoup d'amour, de tendresse, de douceur, car une parole sévère vous trouble et fait couler vos larmes.

Mais n'avez-vous pas de reproches à vous adresser ? Méritez-vous bien l'amour qu'on vous prodigue ? Êtes-vous toujours doux, aimables avec ceux qui vous entourent ? Si oui, vous avez droit à l'affabilité de vos camarades, si non, il ne faut vous en prendre qu'à vous-mêmes de l'indifférence qu'on vous témoigne.

3° Conclusion. — Il faut donc, enfants, que vous soyez aimables ; *c'est si facile. Avec un peu de bonne volonté, vous arriverez à être toujours de bonne humeur, vous vous ferez aimer de vos camarades et vous serez heureux.*

60ᵉ Entretien. — PLUS FAIT DOUCEUR QUE VIOLENCE

1° Entretien. — Faire écrire au tableau : *Morale*. — *Plus fait douceur que violence* (page 507).

Lire cet entretien aux élèves (page 507 du livre de l'élève).

2° Développement. — Il ne faut jamais agir avec violence. Voyez cette Lucienne, qui explique à sa petite sœur comment elle doit faire une soustraction, mais qui le lui explique si brutalement que celle-ci ne peut rien y comprendre. Lucienne aurait aussi bien fait de dire à la petite Émilie qu'elle ne voulait rien lui expliquer.

Arrive la maman, qui, au lieu d'employer la violence, use de douceur. Comme Émilie comprend alors rapidement !

3° Questions à faire. — Aimez-vous mieux qu'on vous traite avec douceur ou avec violence ?

MORALE : LA DOUCEUR

Comprenez-vous mieux ce qu'on vous explique doucement, sans se fâcher, ou ce qu'on vous enseigne d'une façon brutale?

Si un camarade, ou un jeune frère, ou une petite sœur, vous demandait de lui expliquer quelque chose, est-ce que vous feriez comme Lucienne?

Si, lorsque vous me demandez de vous expliquer quelque chose, je vous bousculais et vous répondais avec mauvaise humeur, seriez-vous plus attentifs et comprendriez-vous mieux que lorsque je vous réponds doucement?

83ᵉ Maxime

1° Maxime. — Faire écrire au tableau : *Morale*. — *83ᵉ Maxime : Souviens-toi de garder une âme toujours égale* (au bas de la page 507 du livre de l'élève).

2° Développement. — La première condition pour être heureux, mes enfants, c'est d'avoir bon caractère.

Avoir bon caractère c'est être toujours de bonne humeur et ne pas se fâcher pour la moindre chose. Il y a des enfants qui sont maussades sans raison. Demandez-leur ce qui les chagrine, ils sont incapables de vous le dire. Le lendemain, au contraire, vous les verrez tout joyeux, danser, sauter, rire. Ces enfants n'ont pas le caractère égal.

Que penseriez-vous d'un Maître qui, tour à tour de bonne ou de mauvaise humeur, gronderait ou récompenserait inégalement suivant ses dispositions. Vous ne le trouveriez pas juste et vous auriez raison. De plus vous ne vous attacheriez pas à lui et vous ne feriez pas de progrès.

Mais la patience et le zèle de votre Maître ne suffisent pas. Il faut que vous soyez toujours bien disposés et que vous apportiez chaque jour la même ardeur à l'étude. C'est le meilleur moyen de faire des progrès rapides, de vous faire aimer de votre Maître et de vos camarades.

3° Conclusion. — *Je vous le répète, enfants, pour être doux et avoir bon caractère, il faut de la volonté. Lorsque quelque chose vous contrarie, dites-vous : « Je sens que je vais me fâcher ; eh bien, non je ne me fâcherai pas ; je vais faire tout de suite et de bonne grâce ce qu'on me demande. » Accompagnez votre réflexion de votre plus joli sourire et votre mauvaise humeur sera passée.*

Vous comprendrez alors la joie qu'on éprouve quand on a su remporter une victoire sur son caractère.

61ᵉ Entretien. — UTILITÉ DE LA DOUCEUR POUR L'HOMME

1° Entretien. — Faire écrire au tableau : *Morale*. — *Utilité de la douceur pour l'homme (page 508)*.

Lire cet entretien aux élèves (en haut de la page 508 du livre de l'élève).

2° Développement. — Il ne faut pas croire que les plus forts soient ceux qui se mettent en colère. La violence est, au contraire, un signe de faiblesse.

Voyez cet esclave qui lève un bâton contre son maître ; c'est un maladroit. Pour avoir cédé à la colère, il meurt sous les coups. Voyez l'autre, celui qui est assez fort pour rester doux. Quelle belle vengeance il se réserve !

Soyez bien persuadés que la grande force et la suprême habileté, c'est la douceur. Sachez aussi que, en montrant un caractère doux, vous vous faites aimer.

3° Questions à faire. — Lequel de ces deux esclaves dont nous venons de lire l'histoire, trouvez-vous le plus habile ?

Croyez-vous qu'il soit facile de rester doux, lorsqu'on est indigné ?

Reconnaissez-vous, cependant, qu'il est très utile de savoir dominer sa colère ?

Voulez-vous me promettre d'essayer de prendre, dès maintenant, l'habitude de la douceur ?

Quand vous aurez envie de vous emporter contre quelqu'un, que ferez-vous ?

Aimez-vous les gens d'un caractère doux ?

84ᵉ Maxime

1° Maxime. — Faire écrire au tableau : *Morale*. — *84ᵉ Maxime : La première condition de réussite, le premier secret de l'habileté, c'est la patience* (au milieu de la page 508 du livre de l'élève).

2° Développement. — Dans nos dernières leçons de morale nous avons parlé de la contrainte que vous auriez à imposer à votre caractère pour devenir des enfants doux, toujours gais, aimables et de bonne humeur. Nous avons vu que la première condition était de vouloir. Un petit enfant qui dit : Je veux ! est presque toujours sûr de réussir. Je dis presque parce que, avec de la volonté, il faut autre chose. Quoi donc ? La patience.

Vous ne réussirez pas toujours dans ce que vous entreprendrez, vous oublierez souvent vos bonnes résolutions et peut-être vous découragerez-vous. C'est alors que vous aurez le plus besoin de patience et aussi de persévérance. Vous connaissez cette qualité, nous en avons parlé dans nos leçons de morale; vous savez combien elle est utile et quels bons résultats obtiennent ceux qui la possèdent. Donc si vous avez mal fait un travail une première fois, recommencez une deuxième puis une troisième, si cela est nécessaire, et vous arriverez certainement à le bien faire.

3° Conclusion. — *Dans un moment d'impatience on défait souvent le travail de plusieurs jours. Modérez-vous et vous vaincrez aisément toutes les difficultés. Soyez donc patients, enfants.*

85ᵉ Maxime

1° Maxime. — Faire écrire au tableau : *Morale.* — *85° Maxime : La patience est une vertu qui nous fait supporter un mal qu'on ne saurait empêcher* (au milieu de la page 508 du livre de l'élève).

2° Développement. — Bien que vous soyez dans la plus belle partie de votre vie, vous êtes appelés à souffrir, mes enfants. Vous pouvez perdre votre père, votre bonne mère qui prend soin de vous et vous enseigne la pratique du bien. Si petits que vous soyez, vous aurez beaucoup de chagrin.

A côté de cette souffrance morale il y a la souffrance physique. Vous pouvez être malades, vous pouvez vous blesser !

Mais votre peine sera moins grande si vous avez de la patience. A quoi cela sert-il de crier et de se plaindre constamment, quand on souffre ?

Est-ce que cela guérit le mal ?

Est-ce que malgré toute votre volonté vous pourrez empêcher un malheur d'arriver ? Non, n'est-ce pas ? Il faut savoir supporter courageusement un malheur, une maladie.

L'enfant, qui souffre sans se plaindre, montre qu'il a déjà quelques-unes des vertus d'un homme. Il s'attire l'estime de tous et, sans qu'il le demande, on cherchera à adoucir sa peine.

3° Conclusion. — *Soyez patients quand vous souffrez. On vous croit faibles, fragiles parce que vous êtes petits, montrez, au contraire, que vous êtes forts et courageux.*

62ᵉ Entretien. — NÉCESSITÉ DE LA DOUCEUR POUR LA FEMME

1° Entretien. — Faire écrire au tableau : *Morale. — Nécessité de la douceur pour la femme (page 508)*.

Lire cet entretien aux élèves (au milieu de la page 508 du livre de l'élève).

2° Développement. — La nature n'a pas donné aux femmes une grande force physique, mais elle les a munies d'une arme extrêmement puissante : *la douceur*. Par une douceur intelligente, la femme peut obtenir tout ce qu'elle veut.

Voyez Pénélope. Si elle avait refusé brusquement de prendre un mari parmi les prétendants, peut-être aurait-on démoli son palais pour lui voler ses richesses. Elle est très habile : elle reste très douce et promet de se décider, dès que son ouvrage de tapisserie sera terminé. Alors, elle s'arrange pour faire durer cet ouvrage jusqu'au retour de son mari Ulysse.

3° Questions à faire. — Trouvez-vous qu'une petite fille qui se met en colère, qui frappe du pied et serre les poings, soit gentille?

Êtes-vous disposés à céder à une petite fille en colère?

Ne faites-vous pas, au contraire, avec plaisir ce que vous demande une petite fille très douce?

Est-ce que les petites filles qui ont le caractère emporté ne devraient pas faire beaucoup d'efforts pour se corriger?

Quand les petites filles sont devenues de grandes personnes et qu'elles ont des enfants autour d'elles, ne leur est-il pas bien nécessaire d'être douces et patientes?

86ᵉ Maxime

1° Maxime. — Faire écrire au tableau : *Morale. — 86ᵉ Maxime : On demande quatre choses à une femme : que la vertu habite son cœur, que la modestie brille sur son front, que la douceur découle de ses lèvres, que le travail occupe ses mains* (au bas de la page 508 du livre de l'élève).

2° Développement. — Cette maxime nous fait en quelques mots le portrait de la femme telle qu'elle doit être. Appliquons, si vous le voulez, toutes ces qualités à une petite fille et faisons un peu son portrait.

Jeanne n'est pas belle; cependant, dès qu'on la regarde, on se sent attiré vers elle. Pourquoi ? C'est que Jeanne est douce et bonne. On voit tout de suite dans ses yeux clairs qu'elle ne sait pas mentir. Toujours, elle est prête à rendre service ou à accomplir une bonne action; jamais vous ne la voyez inoccupée.

Tout le monde aime Jeanne et, bien qu'elle soit toute jeune, les petits enfants se réunissent autour d'elle, car elle sait les amuser. Ses camarades de classe la recherchent pour amie, les étrangers se plaisent à causer avec elle, car elle ne sait dire que des choses aimables et jamais elle ne froisse personne par une parole désagréable. La douceur, la modestie, la bonté sont les plus grandes qualités de Jeanne.

Quel beau portrait, mes enfants ! Il est trop beau, dites-vous, pour qu'il puisse exister. Vous vous trompez, une telle perfection n'est pas rare. Regardez et cherchez parmi vos compagnes quelle est celle qui ressemble le plus au portrait que nous venons de tracer.

Mais pas d'indiscrétion, ne dites pas son nom, vous la feriez rougir. Dites-vous seulement : « Je veux ressembler à cette petite Jeanne. »

Que faut-il pour cela ?

Bien écouter les conseils qui vous sont donnés, vous efforcer d'avoir bon caractère et être patientes.

3° Conclusion. — *Prenez la résolution, mes enfants, d'avoir toujours un air aimable et souriant. Que vos prévenances, vos manières douces vous attirent l'amitié de vos camarades. Soyez toujours polies avec tout le monde si vous voulez qu'on recherche votre société et qu'on vous aime.*

63° Entretien. — LA DOUCEUR DÉSARME LES MÉCHANTS

1° Entretien. — Faire écrire au tableau : *Morale.* — *La douceur désarme les méchants (page 509).*

Lire cet entretien aux élèves (page 509 du livre de l'élève).

2° Développement. — Même avec les méchants, soyez bons et doux; vous parviendrez peut-être à toucher leur cœur. Voyez, même les bêtes féroces peuvent être sensibles à la bienveillance. Quelle belle histoire que celle de ce lion : il se souvient de l'homme qui a autrefois pansé sa blessure et lui lèche les pieds au lieu de le dévorer ! Vous voyez, même avec les méchants, on ne perd pas son temps, en étant bon.

3° Questions à   re. — Si vous aviez été à la place d'Androclès, auriez-vous soigné la blessure du lion ou l'auriez-vous tué ?

Pensez-vous qu'il faille être doux vis-à-vis des méchants ?

Si vous vouliez tuer un animal inoffensif et que cet animal vous regardât d'un air très bon et très doux, est-ce que vous n'auriez pas honte de votre méchanceté ?

Pourriez-vous me citer des exemples de ce pouvoir extraordinaire de la douceur sur la méchanceté ?

87ᵉ Maxime

1° Maxime. — Faire écrire au tableau : *Morale.* — *87ᵉ Maxime : Il est inutile de se fâcher contre les êtres et les choses, la douceur les mettra à tes pieds* (au bas de la page 509 du livre de l'élève).

2° Développement. — Parmi les enfants d'une école, il y en a qui sont plus ou moins bons, il y en a même qui sont bien méchants et qui font le désespoir de leurs Maîtres et de leurs parents. De même plus tard, mes enfants, vous rencontrerez des gens méchants, jaloux qui chercheront peut-être à vous faire du mal.

Que faut-il faire maintenant contre ces enfants méchants et plus tard contre les mauvaises gens ? Quel moyen employer pour les rendre meilleurs ? Un seul : *la douceur*.

Prenons un exemple. Qu'y a-t-il de plus agaçant qu'un enfant taquin ? S'il voit que vous vous fâchez, il vous taquine davantage, et, quand vous êtes en colère, il est au comble de la joie. Le moyen le plus simple de le faire cesser, c'est de ne pas se fâcher. Je sais que c'est difficile ! mais rappelez-vous qu'il faut de la patience, beaucoup de patience pour devenir vertueux.

Les enfants doux et patients sont ceux qui, plus tard, supporteront le mieux les peines et les ennuis.

Du reste à quoi bon s'emporter ? Cela ne sert jamais à rien.

3° Conclusion. — *De la douceur, donc, de la patience pour vous supporter les uns les autres et pour vaincre les caractères les plus rebelles.*

88ᵉ Maxime

1° Maxime. — Faire écrire au tableau : *Morale.* — *88ᵉ Maxime : Sois doux avec tous les êtres créés ; fais justice à la plante, au taureau, au cheval ; ne sois pas ingrat pour le chien et prends garde que la vache ne murmure contre toi* (au bas de la page 509 du livre de l'élève).

Le gérant : PAUL DUPONT.

MORALE : LA DOUCEUR

2° Développement. — Non seulement, mes enfants, on vous recommande d'être doux avec vos camarades, mais il faut encore que vous le soyez avec tous les êtres.

Les animaux, surtout ceux qui nous sont utiles, ont droit, de votre part, à beaucoup de ménagements.

Les enfants se plaisent souvent à torturer les animaux, non par méchanceté, mais par légèreté et étourderie.

Il ne leur semble pas que la mouche puisse souffrir quand on lui arrache les ailes ; le cheval, le taureau, la vache ont la peau trop dure pour sentir les coups qu'on leur donne. C'est une grave erreur, mes enfants ; tous les animaux sont sensibles et souffrent quand on les maltraite.

C'est montrer bien peu de cœur et c'est mal les récompenser des services qu'ils nous rendent que de les maltraiter.

3° Conclusion. — *Prenez la bonne résolution, mes enfants, de ne faire jamais souffrir un animal, si petit qu'il soit. Il souffre dans son petit corps autant que vous dans le vôtre.*

N'abîmez pas les plantes, ne les écrasez pas à plaisir. Rappelez-vous que les enfants les plus doux deviennent les hommes les plus forts et les plus heureux.

64° Entretien. — DOUCEUR ENVERS LES ANIMAUX

1° Entretien. — Faire écrire au tableau : *Morale. — Douceur envers les animaux* (page 510).

Lire cet entretien aux élèves (page 510 du livre de l'élève).

2° Développement. — Je crois que tous vous aimez les animaux.

Vous trouvez très amusant de jouer avec un brave chien, ou un joli chat, ou une tortue, ou un lapin. Ces êtres sont plus faibles que vous et ils sont entre vos mains comme des jouets que vous pourriez briser.

Il faut donc que vous compreniez bien vos devoirs envers eux.

Les animaux sentent et souffrent comme nous ; nous devons donc les traiter avec une grande douceur, éviter de les tenir de façon à leur faire du mal, nous occuper de les faire manger à leur faim, les laisser dormir lorsqu'ils sont fatigués, les caresser doucement pour qu'ils aiment à être touchés par nous.

3° Questions à faire. — Est-ce que vous vous occupez des animaux qui sont chez vous ?

Est-ce que vous ne les tourmentez jamais ?

Est-ce que, quand vous avez bien joué avec eux, vous vous occupez de leur donner à manger ?

Est-ce que vous n'avez pas un peu de peine, lorsque vous voyez un charretier accabler de coups un pauvre cheval qui ne peut pas tirer une voiture trop lourde ?

Trouvez-vous qu'on fasse bien de protéger les animaux contre la brutalité de certains hommes ?

RÉSUMÉ DU HUITIÈME MOIS

1. Faire écrire au tableau : *Morale.* — *Résumé du huitième mois (page 510).*
2. Faire apprendre ce résumé (page 510 du livre de l'élève).
3. Faire réciter ce résumé.
4. Lire la conclusion suivante :

Conclusion du huitième mois. — *Il faut, mes enfants, que vous preniez la résolution de ne jamais vous laisser aller à la colère qui nous rend semblables à des fous et qui nous fait souvent commettre des actions regrettables.*

Rappelez-vous que la douceur, la bonne grâce attirent tout le monde. Ne soyez ni boudeurs, ni égoïstes. Soyez tolérants, c'est-à-dire supportez avec patience les petits défauts de vos camarades et faites en sorte que la bonne union règne toujours entre vous.

Soyez bons avec tout le monde : la bonté désarme les méchants. Ne faites pas souffrir les animaux qui, par les services qu'ils nous rendent, ont droit à notre reconnaissance. En agissant ainsi, vous vous ferez aimer de tous et vous comprendrez alors combien il est doux de vivre quand on fait le bien et qu'on est aimé.

ENSEIGNEMENT CIVIQUE

Huitième Mois
du Cours élémentaire

LA JUSTICE

29ᵉ Leçon. — LES MAGISTRATS

1° Leçon. — Faire écrire au tableau : *Enseignement civique.* — *Les magistrats* (page 511).

Faire apprendre la leçon (page 511 du livre de l'élève).

2° Interrogations. — 1. Poser les questions 1, 2, 3 et 4 (au bas de la page 511 du livre de l'élève).

2. Poser les questions suivantes se rapportant au récit :
Qu'avait-on remarqué près du bourg depuis quelque temps ?
Qu'arriva-t-il au fermier, à une vieille femme et au docteur ?
Que firent les habitants pour empêcher les vols de se renouveler ?
Que fit-on des deux individus suspects ?

30ᵉ Leçon. — LE TRIBUNAL CORRECTIONNEL ET LE TRIBUNAL CIVIL

1° Leçon. — Faire écrire au tableau : *Enseignement civique* — *Le tribunal correctionnel et le tribunal civil* (page 512).

Faire apprendre la leçon (page 512 du livre de l'élève).

2° Interrogations. — 1. Poser les questions 1, 2, 3, 4, 5 et 6 (au bas de la page 512 du livre de l'élève).

2. Poser les questions suivantes se rapportant au récit :
Pourquoi Jean se disputa-t-il un jour avec le garde ?
Qui des deux avait raison ?
Jean n'écoutant rien, que fit le garde ?

Comment Jean se vengea-t-il ?
Quelle punition lui attira cette vengeance injuste ?

31ᵉ Leçon. — LA COUR D'ASSISES

1º Leçon. — Faire écrire au tableau : *Enseignement civique. — La cour d'assises (page 513).*
Faire apprendre la leçon (page 513 du livre de l'élève).

2º Interrogations. — 1. Poser les questions 1, 2, 3, 4 et 5 (au bas de la page 513 du livre de l'élève).
2. Poser les questions suivantes se rapportant au récit :
Comment accueillit-on au village le retour de Jean ?
Quelle vilaine action commit-il de nouveau ?
Comment aggrava-t-il sa faute ?
Que fit Jean après son crime ?
Que fit-on de lui de lui quand on l'eut retrouvé ?
Quelle aurait été sa punition s'il n'avait pas aggravé sa faute ?

3º Explication de la figure. — La figure 7 (livre de l'élève et livre du maître) représente une séance de la cour d'assises. En avant de la figure on voit le criminel assis entre deux gendarmes. En face et un peu au-dessous de lui se tiennent les avocats. Sur le côté droit, devant un bureau plus élevé que les autres, siègent les trois magistrats qui sont chargés de juger le coupable. Non loin d'eux et seul dans sa chaire est le procureur général.

Fig. 7. — La cour d'assises.

Enfin au fond, sur des gradins, sont assis les douze jurés qui donneront leur opinion sur la culpabilité ou la non-culpabilité de l'accusé.
Au milieu de la pièce il y a ce qu'on appelle la barre. C'est là que

ENSEIGNEMENT CIVIQUE : LA JUSTICE

les témoins viennent parler pour ou contre l'accusé. La figure représente un de ces témoins, il lève la main : c'est qu'il jure, avant de faire son récit, de dire toute la vérité, rien que la vérité. Une table placée au-dessous des magistrats est destinée à recevoir les objets qui ont fait découvrir le coupable.

32ᵉ Leçon. — LA COUR D'APPEL ET LA COUR DE CASSATION

1° Leçon. — Faire écrire au tableau : *Enseignement civique. — La cour d'appel et la cour de cassation* (page 514).
Faire apprendre la leçon (page 514 du livre de l'élève).

2° Interrogations. — 1. Poser les questions 1, 2, 3 et 4 (au bas de la page 514 du livre de l'élève).

2. Poser les questions suivantes se rapportant au récit :
Jean le batailleur eut-il des regrets de son crime ?
Était-ce le sentiment qu'il aurait dû éprouver ?
Quel sentiment éprouva-t-il à l'approche de la mort ?
Quels étaient les seuls moyens d'être gracié qui lui restaient ?
Ses demandes furent-elles acceptées ?
Pourquoi sa grâce fut-elle refusée ?
Comment mourut-il ?

3° Résumé du huitième mois. — 1. Dicter aux élèves le résumé suivant :

La justice. — Les *magistrats* sont des hommes qui sont chargés de rechercher les coupables, de les faire arrêter et de juger leurs actes.
Divers tribunaux ont été établis pour juger les coupables suivant la gravité de leurs fautes. C'est ainsi qu'il y a le *tribunal correctionnel* pour les délits de peu d'importance ; le *tribunal civil* chargé de mettre l'accord entre les honnêtes gens qui ont des querelles entre eux ; le *tribunal de commerce* pour examiner les contestations qui s'élèvent entre commerçants.
Au-dessus de ces tribunaux est la *cour d'assises* qui juge les voleurs de sommes importantes et les grands criminels. Elle peut prononcer la *peine de mort*. Il y a une cour d'assises dans chaque chef-lieu de département.
Ensuite vient la *cour d'appel* à laquelle peuvent recourir les personnes qui soutiennent un procès et qui ne sont pas satisfaites du jugement rendu par un tribunal inférieur. Le jugement de cette cour est *définitif*.
Il existe encore cependant une cour suprême : c'est la *cour de cassation*. Il n'y en a qu'une et elle siège à Paris. Elle examine si les jugements, quels qu'ils soient, rendus par les différents tribunaux sont ou ne sont pas conformes à la loi.

2. Corriger ce devoir écrit.

LANGUE FRANÇAISE
Grammaire et Récitation

Huitième Mois
du Cours élémentaire

141ᵉ Leçon. — L'ADVERBE : ADVERBES SIMPLES ADVERBES COMPOSÉS

1º Leçon. — Faire écrire au tableau : *Langue française. — L'adverbe : adverbes simples, adverbes composés* (page 515).
Faire apprendre la leçon (page 515 du livre de l'élève).

2º Interrogations. — Poser les questions 255, 256 et 257 (au bas de la page 515 du livre de l'élève).

3º Exercices oraux. — 1. Faire trouver aux élèves des adverbes simples, tels que :

→ Hier, jadis, bien, mal, loin, partout, oui, assez, autant, presque, lentement, fortement.

2. Faire trouver aux élèves des adverbes composés ou locutions adverbiales, tels que :

→ A présent, tout de suite, tout à l'heure, en haut, en bas, au-devant, au delà, au dehors, à peu près, sans doute.

4º Dictée nº 281 ou nº 282. — Faire faire l'une ou l'autre des deux dictées suivantes, selon la force des élèves :

DICTÉE Nº 281 (1ʳᵉ année)

Cette petite fille parle aujourd'hui très distinctement[1] ; elle salue gracieusement. — Le paresseux ne trouve jamais rien à faire. — Nous partirons tout à l'heure pour voir les cabanes des bûcherons[2]. — L'honnête homme fait toujours le bien. — Desaix[3] tomba mortellement blessé à la bataille de Marengo[4]. — Le sol de l'Asie[5] est riche en mines de fer, d'or, d'argent et de cuivre ; il renferme aussi de la houille[6].

Explication des mots. — [1]*Distinctement* : d'une manière distincte,

LANGUE FRANÇAISE : L'ADVERBE

nette, claire. — ²*Bûcherons* : ouvriers qui taillent les arbres et les abattent. — ³*Desaix* : général français à l'époque du Consulat. — ⁴*Marengo* : ville du Nord de l'Italie. — ⁵*Asie* : la plus vaste et la plus peuplée des cinq parties du monde. — ⁶*Houille* : sorte de pierre noire appelée ordinairement charbon de terre, employée pour le chauffage.

Corrigé de la dictée. — Corriger ou faire corriger la dictée avant d'en indiquer les applications.

Interrogations. — Que signifie *distinctement* ? Qu'est-ce que des *bûcherons* ? Qu'était *Desaix* ? Où est située la ville de *Marengo* ? Qu'est-ce que l'*Asie* ? la *houille* ?
→ (Voir les explications ci-dessus.)

Applications écrites. — 1. Écrire les adverbes et les locutions adverbiales contenus dans la dictée :
→ Aujourd'hui, très, distinctement, gracieusement, jamais, tout à l'heure, toujours, mortellement, aussi.

2. Écrire les verbes qui sont accompagnés d'un adverbe :
→ Parle, salue, trouve, partirons, fait, tomba, renferme.

3. Écrire les noms de la dictée qui représentent des personnes :
→ Fille, paresseux, bûcherons, homme, Desaix.

DICTÉE N° 282 (2ᵉ année)

UNE GROSSE SOMME

Vous avez beaucoup ri, ma chère amie, de l'embarras qui a été le mien, lorsque j'ai reçu de mes parents douze francs, et la permission de disposer à mon gré¹ d'une pareille somme, une fortune² pour moi. Aujourd'hui, vous me demandez à quoi je vais dépenser tant d'argent. Soyez immédiatement satisfaite, voici mes projets : Je veux, avec ma grosse fortune, faire du bien, combler³ mes amies de cadeaux, et m'acheter les jolis livres de lecture que je⁵ vis hier chez le libraire⁴.

Explication des mots. — ¹*A mon gré* : comme je voudrais, selon ma fantaisie. — ²*Une fortune* : la richesse. — ³*Combler* : donner beaucoup. — ⁴*Libraire* : homme qui vend des livres.

Corrigé de la dictée. — Corriger ou faire corriger la dictée avant d'en indiquer les applications.

Interrogations. — Que signifie *à mon gré* ? Qu'est-ce qu'*une fortune* ? Que signifie *combler* ? Qu'est-ce qu'un *libraire* ?
→ (Voir les explications ci-dessus.)

Applications écrites. — 1. Écrire les adverbes contenus dans la dictée :
→ Beaucoup, aujourd'hui, tant, immédiatement, hier.

2. Écrire les noms de la dictée qui représentent des personnes :
→ Amie, parents, amies, libraire.

3. Avec chacun de ces noms, pris comme sujets, former une phrase simple :
→ (*Exemple* :) Mon *amie* est charitable. — Les *parents* aiment toujours leurs enfants. — Nos *amies* sont très instruites. — Le *libraire* acheta beaucoup de livres neufs.

5° Exercices écrits. — Indiquer les exercices écrits à faire parmi ceux de la page 515 du livre de l'élève (exercices 612 à 615).

RÉPONSES AUX EXERCICES 612 à 615

[612]. — Écrire les phrases suivantes, souligner les adverbes :
→ Nous savons **bien** lire nos leçons. — Paul a **mal** récité sa fable. — Nos camarades nous ont répondu **vivement**. — Vous êtes venus **tard** ce matin.

[613]. — 1° Écrire les phrases suivantes, souligner les adverbes simples :
→ Ils partiront tout à l'heure. — Regardez **bien** le tableau. — Ne parlez **jamais** sans réfléchir. — Courez à la hâte chercher le médecin et revenez tout de suite. — Paul a été puni avant-hier.

2° Copier les mêmes phrases, souligner les adverbes composés ou locutions adverbiales :
→ Ils partiront **tout à l'heure**. — Regardez bien le tableau. — Ne parlez jamais sans réfléchir. — Courez **à la hâte** chercher le médecin et revenez **tout de suite**. — Paul a été puni **avant-hier**.

614. — A chacun des adverbes suivants, ajouter un complément : beaucoup, trop, plus, assez, peu.
→ (Exemple :) Beaucoup *de pain*. — Trop *de vin*. — Plus *d'hommes*. — Assez *de viande*. — Peu *de repos*.

615. — Composer une phrase très simple avec chacune des expressions de l'exercice précédent :
→ (Exemple :) Il n'y a pas *beaucoup de pain*. — Vous ne devez pas boire *trop de vin*. — Ce village compte *plus d'hommes* que celui-ci. — Est-ce que vous aurez *assez de viande*. — Ces élèves me laissent *peu de repos*.

6° Morceau à apprendre. — Indiquer un morceau de récitation à apprendre, après l'avoir expliqué (pages 89 à 95 du livre du maître).

7° Récitation et correction. — 1. Faire réciter le morceau. — 2. Corriger les applications de la dictée et les exercices écrits qui ont été indiqués.

142ᵉ Leçon. — DIVERSES SORTES D'ADVERBES

1° Leçon. — Faire écrire au tableau : *Langue française. — Diverses sortes d'adverbes (page 516)*:
Faire apprendre la leçon (page 516 du livre de l'élève).

2° Interrogations. — Poser les questions 258, 259 et 260 (au bas de la page 516 du livre de l'élève).

3° Exercices oraux. — 1. Faire trouver aux élèves deux phrases simples contenant un adverbe de manière, telles que :
→ Il parle doucement. — Elles écrivent mieux.

LANGUE FRANÇAISE : L'ADVERBE

2. Faire trouver aux élèves trois petites phrases contenant un adverbe de temps, telles que :

→ Je suis arrivé hier. — Vous partez déjà. — Il se lève tard.

3. Faire trouver aux élèves deux phrases courtes contenant un adverbe de lieu, telles que :

→ Venez ici. — J'habite très loin.

4° Dictée n° 283 ou n° 284. — Faire faire l'une ou l'autre des deux dictées suivantes, selon la force des élèves :

DICTÉE N° 283 (1re année)

Bonaparte[1] étant Premier Consul réorganisa[2] complètement l'administration[3]. — Nous assisterons bientôt aux vendanges[4]. — Notre fermier[5] ira demain au moulin[6] et rapportera du son[7]. — Vous pouvez compter cinq décamètres[8] d'ici à la rivière. — Après la bataille d'Ivry[9] Henri IV vint mettre le siège devant Paris qui se défendit vaillamment[10]. — Les enfants ne doivent jamais se coucher tard. — Demain monterez-vous au Mont Blanc[11] ?

Explication des mots. — [1] *Bonaparte* : général français, naquit en Corse en 1769, devint empereur sous le nom de Napoléon Ier. — [2] *Réorganisa* : organisa de nouveau, donna une forme nouvelle. — [3] *Administration* : gouvernement, organisation intérieure d'un État. — [4] *Vendanges* : nom donné à la récolte du raisin. — [5] *Fermier* : homme qui prend en location une ferme et ses dépendances. — [6] *Moulin* : construction où se trouvent les meules qui écrasent le blé et le réduisent en farine. — [7] *Son* : enveloppe du grain de blé. — [8] *Décamètre* : longueur de dix mètres. — [9] *Ivry* : village du département de l'Eure ; c'est en 1590 qu'eut lieu la bataille gagnée par Henri IV sur les Ligueurs. — [10] *Vaillamment* : avec vaillance, avec courage. — [11] *Mont Blanc* : le mont le plus haut et le plus important de la chaîne des Alpes.

Corrigé de la dictée. — Corriger ou faire corriger la dictée avant d'en indiquer les applications.

Interrogations. — Qu'était *Bonaparte* ? Que signifie *réorganisa* ? Qu'est-ce que l'*administration* ? les *vendanges* ? un *fermier* ? un *moulin* ? du *son* ? un *décamètre* ? *Ivry* ? Que signifie *vaillamment* ? Qu'est-ce que le *Mont Blanc* ?

→ (Voir les explications ci-dessus.)

Applications écrites. — 1. Écrire les adverbes de manière contenus dans la dictée :

→ Complètement, vaillamment.

2. Écrire les adverbes de temps contenus dans la dictée :

→ Bientôt, demain, jamais, tard, demain.

3. Écrire les noms de la dictée qui sont au singulier :

→ Bonaparte, consul, administration, fermier, moulin, son, rivière, bataille, Ivry, Henri IV, siège, Paris, Mont Blanc.

DICTÉE N° 284 (2° année)

LE DÉNICHEUR

Les parents de Lucien le gâtaient beaucoup et lui laissaient faire tout ce qu'il voulait. Aussi Lucien était-il un enfant capricieux [1] et paresseux. Bien souvent, au lieu de se rendre courageusement à l'école, il allait se promener, brisait tout sur son passage, grimpait [2] rapidement aux arbres et dénichait [3] les oiseaux. Un jour qu'il maraudait [4] dans le jardin, il aperçut un nid [5] sur un petit poirier. — « C'est un nid de chardonnerets [6] ! » s'écrie Lucien.

(A suivre.)

Explication des mots. — [1] *Capricieux* : qui a des caprices, des fantaisies, qui change souvent d'idée. — [2] *Grimpait* : montait en s'aidant des pieds et des mains. — [3] *Dénichait* : retirait les oiseaux des nids. — [4] *Maraudait* : allait à la maraude. On appelle maraudeurs les soldats qui s'écartent de l'armée pour voler. — [5] *Nid* : sorte de petite corbeille dans laquelle les oiseaux déposent leurs œufs. — [6] *Chardonneret* : petit oiseau qui se nourrit principalement de la graine du chardon.

Corrigé de la dictée. — Corriger ou faire corriger la dictée avant d'en indiquer les applications.

Interrogations. — Que signifie *capricieux* ? *grimpait* ? *dénichait* ? *maraudait* ? Qu'est-ce qu'un *nid* ? le *chardonneret* ?
→ (Voir les explications ci-dessus.)

Applications écrites. — 1. Écrire les adverbes de manière contenus dans la dictée :
→ Bien, courageusement, rapidement.
2. Écrire les autres adverbes contenus dans la dictée :
→ Beaucoup, aussi, souvent.
3. Écrire les noms communs de la dictée qui sont au singulier :
→ Dénicheur, enfant, école, passage, jour, jardin, nid, poirier, nid.
4. Mettre les noms précédents au pluriel :
→ Dénicheurs, enfants, écoles, passages, jours, jardins, nids, poiriers, nids.

5° **Exercices écrits.** — Indiquer les exercices écrits à faire parmi ceux de la page 516 du livre de l'élève (exercices 617 à 620).

RÉPONSES AUX EXERCICES 617 à 620

[617]. — Écrire les phrases suivantes, souligner les adverbes de manière :
→ Marcher **doucement**. — Parler **sagement**. — Se trouver **mal**. — Savoir **bien** ses leçons. — Répondre **poliment**. — Partir **sûrement**. — Venir **exprès**.

[618]. — Écrire les phrases suivantes, souligner les adverbes de temps :
→ Ils sont partis **hier**, ils reviendront **aujourd'hui**. — Ne mentez **jamais**. — Soyez **toujours** obéissants. — Vous serez **bientôt** récompensés. — Faites **encore** l'aumône.

LANGUE FRANÇAISE : L'ADVERBE

[619]. — 1° Écrire les adverbes suivants, souligner les adverbes de manière :
→ Jadis, souvent, **mal**, bientôt, **poliment**, **sagement**, jamais, **doucement**, toujours, **bien**.

2° Écrire les mêmes mots, souligner les adverbes de temps :
→ **Jadis**, **souvent**, mal, **bientôt**, poliment, sagement, **jamais**, doucement, **toujours**, bien.

[620]. — 1° Écrire les adverbes suivants et joindre un verbe à chacun d'eux : dessus, partout, auprès, ici, là, loin, ailleurs, alentour.
→ (*Exemple* :) Marcher *dessus*. — Regarder *partout*. — Travailler *auprès*. — Venir *ici*. — Aller *là*. — Voyager *loin*. — Étudier *ailleurs*. — Creuser *alentour*.

2° Souligner dans les phrases suivantes les adverbes de lieu :
→ Il n'ira pas **loin**. — Charles va aller **ailleurs** à l'école ; ce sera **auprès** de sa tante. — **Ici** ou **là**, il faut travailler. — Il s'est promené **loin** d'ici.

6° Morceau à apprendre. — Indiquer un morceau de récitation à apprendre, après l'avoir expliqué, ou un morceau, déjà appris, à repasser (pages 89 à 95 du livre du maître).

7° Récitation et correction. — 1. Faire réciter le morceau. — 2. Corriger les applications de la dictée et les exercices écrits qui ont été indiqués.

143ᵉ Leçon. — DIVERSES SORTES D'ADVERBES (Suite)

1° Leçon. — Faire écrire au tableau : *Langue française. — Diverses sortes d'adverbes (suite) (page 517).*
Faire apprendre la leçon (page 517 du livre de l'élève).

2° Interrogations. — Poser les questions 261, 262 et 263 (au bas de la page 517 du livre de l'élève).

3° Exercices oraux. — 1. Faire trouver aux élèves une phrase contenant un adverbe de quantité, telle que :
→ Beaucoup de personnes sont venues pour assister à la cérémonie.

2. Faire trouver aux élèves une phrase interrogative contenant un adverbe, telle que :
→ Combien avez-vous eu de bons points cette semaine ?

3. Faire trouver aux élèves une phrase contenant un adverbe de négation, telle que :
→ Vous ne savez jamais vos leçons.

4. Faire trouver aux élèves une phrase contenant un adverbe d'affirmation, telle que :
→ J'accepte volontiers votre aimable proposition.

4° Dictée n° 285 ou n° 286. — Faire faire l'une ou l'autre des deux dictées suivantes, selon la force des élèves :

DICTÉE N° 285 (1ʳᵉ année)

N'apportez plus d'arbres fruitiers[1] dans mon jardin, il en contient déjà beaucoup. — Pourquoi quittez-vous déjà la Chine[2] ? — Non, jamais je ne pourrai rien faire de cette incorrigible[3] bête de somme[4]; volontiers, elle resterait toujours à l'écurie. — Les grands criminels passent en cour d'assises[5]; les magistrats[6] qui composent cette cour prononcent parfois la peine de mort. — Quand viendrez-vous visiter mon jardin potager[7] ? — Les marchands se servent souvent d'un mètre. — Le mètre est une règle en bois qui sert à mesurer la longueur des étoffes et de différents objets.

Explication des mots. — [1] *Les arbres fruitiers* produisent des fruits bons à manger. — [2] *Chine* : empire situé à l'Est de l'Asie, il est un peu plus grand que l'Europe. — [3] *Incorrigible* : qu'on ne peut corriger de ses défauts. — [4] *Bête de somme* : animal qui porte de lourds fardeaux. — [5] *Cour d'assises* : tribunal chargé de juger les causes criminelles. — [6] *Magistrats* : hommes qui recherchent les coupables, les font arrêter et jugent leurs actes. — [7] *Jardin potager* : lieu où l'on cultive les plantes dont on se sert habituellement pour la cuisine.

Corrigé de la dictée. — Corriger ou faire corriger la dictée avant d'en indiquer les applications.

Interrogations. — Qu'appelle-t-on *arbres fruitiers* ? Où est située la *Chine* ? Quel est le sens du mot *incorrigible* ? Qu'est-ce qu'une *bête de somme* ? la *cour d'assises* ? les *magistrats* ? un *jardin potager* ?
→ (Voir les explications ci-dessus.)

Applications écrites. — 1. Écrire les adverbes de temps contenus dans la dictée :
→ Déjà, déjà, jamais, toujours, parfois, souvent.
2. Écrire les adverbes d'interrogation contenus dans la dictée :
→ Pourquoi, quand.
3. Écrire l'adverbe d'affirmation contenu dans la dictée :
→ Volontiers.
4. Écrire les adjectifs qualificatifs contenus dans la dictée :
→ Fruitiers, incorrigible, grands, potager, différents.

DICTÉE N° 286 (2° année)

LE DÉNICHEUR (*Suite*)

Il s'approche doucement, regarde dans le nid et découvre quatre oisillons à peine recouverts d'un fin duvet[1] : « Qu'ils sont vilains ! dit-il alors ; ils n'ont pas encore de plumes » et il les tue aussitôt. Lucien fut cruel de faire périr les pauvres petits oiseaux qui préservent[2] nos récoltes et nous charment par leurs jolis chants. Ils sont nos petits bienfaiteurs[3]. Enfants, n'imitez pas Lucien. Ayez toujours bon cœur; aimez les petits oiseaux; au lieu de leur faire du mal, protégez-les.

Explication des mots. — ¹ *Duvet :* plume légère qui garnit le dessous du corps des oiseaux; ce sont les premières plumes des oiseaux nouvellement éclos. — ² *Préservent :* garantissent. — ³ *Bienfaiteur :* celui qui fait du bien.

Corrigé de la dictée. — Corriger ou faire corriger la dictée avant d'en indiquer les applications.

Interrogations. — Qu'est-ce que le *duvet ?* Que signifie *préservent ? bienfaiteur ?*

→ (Voir les explications ci-dessus.)

Applications écrites. — 1. Écrire les adverbes contenus dans la dictée et dire entre parenthèses quelle est la nature de ces adverbes :

→ Doucement (adverbe simple de manière), à peine (locution adverbiale de quantité), alors (adverbe simple de temps), ne pas (locution adverbiable de négation), encore (adverbe simple de temps), aussitôt (adverbe simple de temps), ne pas (locution adverbiale de négation), toujours (adverbe simple de temps).

2. Écrire les adjectifs qualificatifs de la dictée :

→ Fin, vilains, cruel, pauvres, petits, jolis, petits, bon, petits.

3. A chacun des adjectifs précédents joindre un nom qui lui convienne :

→ (*Exemple :*) Sable fin, vilains défauts, tigre cruel, enfants pauvres, petits souliers, jolis tableaux, petits poissons, bon père, petits crayons.

5° Exercices écrits. — Indiquer les exercices écrits à faire parmi ceux de la page 517 du livre de l'élève (exercices 622 à 624).

RÉPONSES AUX EXERCICES 622 à 624

[622]. — Écrire les phrases suivantes, souligner les adverbes :

→ **Beaucoup** d'oiseaux ont été pris. — Vous êtes **trop** étourdis. — Prenez **peu** de ce pain. — Vous avez **assez** de poules. — Ils ont **plus** d'arbres que nous. — **Comment** vous portez-vous ?

623. — Écrire les adverbes qui sont dans les phrases suivantes et indiquer, pour chacun, à quelle sorte d'adverbe il appartient : J'ai beaucoup de billes, mais pas autant que toi. — Il a trop couru; pourquoi court-il si vite ? — Oui, certainement, il devrait courir moins vite.

→ Beaucoup (adverbe de quantité). — Pas (adverbe de négation). — Autant (adverbe de quantité). — Trop (adverbe de quantité). — Pourquoi (adverbe d'interrogation). — Vite (adverbe de manière). — Oui (adverbe d'affirmation). — Certainement (adverbe d'affirmation). — Moins (adverbe de quantité). — Vite (adverbe de manière).

[624]. — Compléter les phrases suivantes avec des adverbes : Je n'ai besoin de .... — Jean a ... de bons points. — Ce jardin a ... d'arbres. — ... de pommes avez-vous dans ce panier ? — Je viendrais ... dîner avec vous, mais je suis ... pressé. — Il y a trois mètres de ... à cette grande planche qu'à celle-ci. — ... venez-vous ... ?

→ Je n'ai besoin de *rien.* — Jean a *peu* de bons points. — Ce jardin a *beaucoup* d'arbres. — *Combien* de pommes avez-vous dans ce panier ? — Je viendrais *volontiers* dîner avec vous, mais je suis *très* pressé. — Il y a trois mètres de *plus* à cette grande planche qu'à celle-ci. — *Pourquoi* venez-vous *si tard ?*

6° Résumé des leçons 141, 142 et 143. — Faire copier le paragraphe 255 à 263 du résumé [*Adverbe*], page 518 du livre de l'élève.

7° Morceau à apprendre. — Indiquer un morceau de récitation à apprendre, après l'avoir expliqué, ou un morceau, déjà appris, à repasser (pages 89 à 95 du livre du maître).

8° Récitation et correction. — Faire réciter le morceau. — 2. Corriger les applications de la dictée et les exercices écrits qui ont été indiqués.

144° Leçon. — RÉSUMÉ DES LEÇONS 141, 142 et 143

1° Leçon. — Faire écrire au tableau : *Langue française.* — *Résumé des leçons 141, 142 et 143 (page 518).*

Faire apprendre le résumé des leçons 141, 142 et 143 (page 518 du livre de l'élève).

2° Récitation. — Faire réciter le résumé des leçons 141, 142 et 143 (page 518 du livre l'élève).

3° Exercices oraux. — Revenir sur les parties les moins bien sues des leçons 141, 142 et 143 et les expliquer aux élèves.

4° Dictée n° 287 ou n° 288. — Faire faire l'une ou l'autre des deux dictées suivantes, selon la force des élèves :

DICTÉE N° 287 (1ʳᵉ année)

Napoléon Iᵉʳ aimait beaucoup à monter à cheval ; il ne pouvait pas le faire lorsqu'il était prisonnier, car toute l'île de Sainte-Hélène[1] renferme trop de rochers et n'a pas de chemins. — Apprenez bien le nom des fleuves de l'Asie. — Il y a des plantes comme les fougères[2] et les champignons[3] qui n'ont jamais de fleurs et qui ne donnent pas de graines. — Les colimaçons et les limaces rongent[4] souvent les plantes des jardins potagers.

Explication des mots. — [1] *Sainte-Hélène :* île d'Afrique située dans l'Océan Atlantique. — [2] *Fougères :* plantes qui croissent dans les bois ; les feuilles des fougères restent longtemps vertes. — [3] *Champignons :* plantes qu'on trouve dans les endroits humides. Certains champignons sont vénéneux. — [4] *Rongent :* coupent peu à peu.

Corrigé de la dictée. — Corriger ou faire corriger la dictée avant d'en indiquer les applications.

Interrogations. — Où est située l'île de *Sainte-Hélène* ? Qu'est-ce que les *fougères* ? les *champignons* ? Que signifie *rongent* ?

→ (Voir les explications ci-dessus.)

Appplications écrites. — 1. Écrire les adverbes simples et les adverbes composés contenus dans la dictée :

→ Beaucoup, ne pas, trop, n' pas, bien, n' jamais, ne pas, souvent.

2. Écrire les noms de la dictée :

→ Napoléon, cheval, île, Sainte-Hélène, rochers, chemins, nom, fleuves, Asie, plantes, fougères, champignons, fleurs, graines, colimaçons, limaces, plantes, jardins.

3. Écrire au singulier les noms communs qui sont au pluriel, et ensuite au pluriel les noms communs qui sont au singulier :

→ Rocher, chemin, fleuve, plante, fougère, champignon, fleur, graine, colimaçon, limace, plante, jardin. — Chevaux, îles, noms.

DICTÉE N° 288 (2ᵉ année)

LE SANSONNET

Un sansonnet[1], tourmenté par la soif, voulait boire à une bouteille. Mais le bec trop court du passereau[2] ne pouvait atteindre le liquide. Impossible de briser le vase ou de le renverser : que faire ? L'oiseau malin[3] ramassa de petites pierres qu'il déposa dans la bouteille. Par ce moyen ingénieux[4] l'eau monta jusqu'à la portée du bec de l'oiseau. Le travail et la persévérance[5] triomphent de tous les obstacles[6].

Explication des mots. — [1] *Sansonnet* : nom de l'étourneau, petit oiseau des bois. — [2] *Passereau* : nom que l'on donne en général à tous les petits oiseaux qui peuplent nos bois. — [3] *Malin* : intelligent, plein de finesse. — [4] *Ingénieux* : plein d'esprit, d'invention, d'adresse. — [5] *Persévérance* : qualité de celui qui persiste, qui demeure ferme dans sa résolution. — [6] *Obstacles* : ce qui s'oppose à la réussite de nos projets.

Corrigé de la dictée. — Corriger ou faire corriger la dictée avant d'en indiquer les applications.

Interrogations. — Qu'est-ce qu'un *sansonnet* ? un *passereau* ? Que signifie *malin* ? *ingénieux* ? Qu'est-ce que la *persévérance* ? Qu'appelle-t-on *obstacles* ?

→ (Voir les explications ci-dessus.)

Applications écrites. — 1. Écrire les noms de la dictée avec l'article ou l'adjectif déterminatif qui les accompagne :

→ Un sansonnet, la soif, une bouteille, le bec, du passereau, le liquide, le vase, l'oiseau, des pierres, la bouteille, ce moyen, l'eau, la portée, du bec, l'oiseau, le travail, la persévérance, les obstacles.

2. Mettre au pluriel les noms de la dictée qui sont au singulier et qui ont un pluriel :

→ Des sansonnets, des bouteilles, les becs, des passereaux, les liquides, les vases, les oiseaux, les bouteilles, ces moyens, les eaux, les portées, des becs, les oiseaux, les travaux.

3. Écrire deux noms de la dictée qui n'ont pas de pluriel :

→ Soif, persévérance.

5° Exercices écrits. — Indiquer les exercices écrits à faire parmi ceux de la page 518 du livre de l'élève (exercices 625 à 629).

RÉPONSES AUX EXERCICES 625 à 629

625. — Écrire cinq adverbes simples et cinq adverbes composés, joindre un verbe à chacun de ces adverbes :
→ *(Exemple :)* Bien dessiner, saluer poliment, revenir bientôt, savoir pourquoi, comment réussir.
Peut-être partir, déchirer tout à fait, aller au-devant, grandir peu à peu, jouer tout à l'heure.

626. — Écrire les phrases suivantes et remplacer les mots en italique par un adverbe de manière : Marcher *avec légèreté*. — Répondre *avec rapidité*. — Lire *avec attention*. — Parler *avec douceur*. — Résister *avec courage*.
→ Marcher *légèrement*. — Répondre *rapidement*. — Lire *attentivement*. — Parler *doucement*. — Résister *courageusement*.

627. — Écrire les phrases suivantes, et remplacer les adverbes de manière par le mot *avec* suivi du nom qui correspond à cet adverbe : Il agit sagement. — Il a servi son pays fidèlement. — L'âne souffre patiemment. — Vous triompherez facilement.
→ Il agit *avec sagesse*. — Il a servi son pays *avec fidélité*. — L'âne souffre *avec patience*. — Vous triompherez *avec facilité*.

628. — Écrire les adverbes suivants et indiquer les contraires de ces adverbes : près, vite, plus, non, ensemble, beaucoup, tôt, bien, souvent, après, dignement, sérieusement.
→ Loin, lentement, moins, oui, séparément, peu, tard, mal, rarement, avant, indignement, étourdiment.

629. — Joindre un verbe à chacun des adverbes de l'exercice précédent :
→ *(Exemple :)* Demeurer près, partir vite, demander plus, répondre non, lire ensemble, rire beaucoup, s'habiller tôt, bien jardiner, pleurer souvent, partir après, recevoir dignement, gronder sérieusement.
Envoyer loin, marcher lentement, chanter moins, dire oui, coudre séparément, récolter peu, rentrer tard, mal écrire, disputer rarement, sauter avant, agir indignement, parler étourdiment.

6° Analyse grammaticale *(Deuxième année.)* — Donner à faire aux élèves de deuxième année l'analyse grammaticale suivante :

Analyse grammaticale n° 29. — La colère est une courte folie. Elle peut nous entraîner à des actions regrettables.

La	art. simp., fém. sing., annonce que *colère* est déterminé.
colère	n. comm., fém. sing., sujet de *est*.
est	v. subst. *être*, 4° conj., mode ind., temps prés, 3° pers. du sing.
une	art. indéf., fém. sing., annonce que *folie* n'est pas déterminé.
courte	adj. qualif., fém. sing., qualifie *folie*.
folie.	n. comm., fém. sing., attribut de *colère*.
Elle	pron. pers., 3° pers du sing., sujet de *peut*.
peut	v. actif *pouvoir*, 3° conj., mode ind., temps prés., 3° pers. du sing.
nous	pron. pers., 1re pers. du plur., compl. direct de *entraîner*.
entraîner	v. actif *entraîner*, 1re conj., mode inf., temps prés., compl. direct de *peut*.

Le gérant : PAUL DUPONT.

LANGUE FRANÇAISE : L'ADVERBE

à	prép.
des	art. partitif, fém. plur., annonce que *actions* est pris dans un sens partitif.
actions	n. comm., fém. plur., compl. indirect de *entraîner*.
regrettables.	adj. qualif., fém. plur., qualifie *actions*.

7° Morceau à apprendre. — Indiquer un morceau de récitation à apprendre, ou un morceau, déjà appris, à repasser (pages 89 à 95 du livre du maître).

8° Récitation et correction. — 1. Faire réciter le morceau. — 2. Corriger les applications de la dictée, l'analyse grammaticale et les exercices écrits qui ont été indiqués.

145ᵉ Leçon. — EXERCICES DE RÉCAPITULATION

1° Leçon. — Faire écrire au tableau : *Langue française. — Exercices de récapitulation (page 519)*.

2° Interrogations. — Si les leçons 141, 142, 143 et 144 n'ont pas été suffisamment sues, poser de nouveau les questions 255 à 263 (au bas des pages 515, 516 et 517 du livre de l'élève) et faire réciter encore le résumé des leçons 141, 142 et 143 (page 518 du livre de l'élève).

3° Exercices oraux. — Expliquer les parties des leçons 141, 142 et 143 qui n'auraient pas été bien comprises.

4° Dictée n° 289 ou n° 290. — Faire faire l'une ou l'autre des deux dictées suivantes, selon la force des élèves :

DICTÉE N° 289 (1ʳᵉ année)

LA NÉGRESSE[1]

Une pauvre négresse avait un fils de qui elle parlait toujours. Un voyageur[2] lui demanda un jour ce qu'elle aimait mieux en son fils. Elle resta un instant pensive[3], puis elle répondit que ce qu'elle aimait le plus en lui, c'est qu'il n'avait jamais menti[4], même une seule fois.

Explication des mots. — [1] *Négresse* : femme de la race noire (le masculin est *nègre*). — [2] *Voyageur* : homme qui voyage. — [3] *Pensive* : fortement occupée par une idée. — [4] *Mentir* : c'est affirmer le contraire de la vérité.

Corrigé de la dictée. — Corriger ou faire corriger la dictée avant d'en indiquer les applications.

Interrogations. — Qu'est-ce qu'une *négresse?* un *voyageur?* Que signifie *pensive? mentir?*
→ (Voir les explications ci-dessus.)

Applications écrites. — 1. Écrire les noms de la dictée :
→ Négresse, fils, voyageur, jour, fils, instant, fois.

2. Avec chacun de ces noms composer une phrase simple :
→ (*Exemple :*) La *négresse* a de grosses lèvres. — Le *fils* doit respecter ses parents. — J'ai rencontré un jeune *voyageur*. — Nous ne voyons pas le hibou pendant le *jour*. — Louis XIII était le *fils* de Henri IV. — L'étincelle électrique ne dure qu'un *instant*. — Les enfants doivent venir la première *fois* qu'on les appelle.

DICTÉE N° 290 (2° année)

LES PHARES [1]

Autrefois pendant les tempêtes[2], les peuplades sauvages[3] allumaient des feux sur le rivage[4] de la mer pour attirer les vaisseaux[5]. Les sauvages voulaient faire périr les navires contre les écueils[6] et s'en partager les dépouilles[7]. De nos jours, tout le long de la côte, il y a de grandes lumières qu'on allume aussi chaque soir. Ce n'est plus pour perdre les navires[8], mais pour les sauver. Les hommes, comprennent mieux maintenant leurs devoirs, ils sont frères.

Explication des mots. — [1] *Phares :* hautes tours, au sommet desquelles on allume des feux pour guider les navires. — [2] *Tempêtes :* violents orages en mer. — [3] *Les peuplades sauvages :* troupes d'hommes qui n'ont ni lois, ni instruction. — [4] *Rivage :* bord de la mer. — [5] *Vaisseaux :* bâtiments destinés à aller sur la mer; tous les vaisseaux des anciens étaient à voile et à la rame en même temps. — [6] *Écueils :* rochers à fleur d'eau. — [7] *Dépouilles :* tout ce que l'on prend à l'ennemi; les sauvages se partageaient tout ce que la mer rejetait sur le rivage. — [8] *Pour perdre les navires :* pour être la cause du naufrage des navires.

Corrigé de la dictée. — Corriger ou faire corriger la dictée avant d'en indiquer les applications.

Interrogations. — Qu'est-ce qu'un *phare?* une *tempête?* des *peuplades sauvages?* un *rivage?* un *vaisseau?* des *écueils?* des *dépouilles?* Que signifie *pour perdre les navires?*
→ (Voir les explications ci-dessus.)

Application écrite. — A chacun des noms qui sont au pluriel, joindre un adjectif qualificatif :
→ (*Exemple :*) Phares utiles, terribles tempêtes, peuplades féroces, feux brillants, grands vaisseaux, sauvages méfiants, superbes navires, traîtres écueils, riches dépouilles, jours heureux, lumières éblouissantes, jolis navires, hommes courageux, devoirs faciles, bons frères.

5° Exercices écrits. — Indiquer les exercices écrits à faire parmi ceux de la page 519 du livre de l'élève (exercices 630 à 635).

RÉPONSES AUX EXERCICES 630 à 635

[630]. — 1° Écrire les mots suivants, souligner les adverbes simples :
→ A propos, **hier, demain,** tout à fait, **jamais,** tout de suite, **ici, là,** tout à l'heure, **loin, bien, mal,** peu à peu, peut-être, sans doute, **oui, non,** sans cesse.

2° Écrire les mêmes mots, souligner les adverbes composés :
→ **A propos,** hier, demain, **tout à fait,** jamais, **tout de suite,** ici, là, **tout à l'heure,** loin, bien, mal, **peu à peu, peut-être, sans doute,** oui, non, **sans cesse.**

631. — Joindre un verbe à chacun des adverbes de l'exercice précédent :
→ *(Exemple :)* Répondre à propos, gagner hier, peindre demain, arracher tout à fait, jamais mentir, partager tout de suite, venir ici, grouper là, atteler tout à l'heure, lancer loin, bien chasser, prendre mal, apercevoir peu à peu, peut-être sortir, réussir sans doute, répondre oui, dire non, se plaindre sans cesse.

632. — Former des adverbes de manière avec les adjectifs suivants : brave, bon, précieuse, gaie, lent, douce, sérieux, probable, courageux, rapide.
→ Bravement, bonnement, précieusement, gaiement, lentement, doucement, sérieusement, probablement, courageusement, rapidement.

633. — Écrire les adverbes suivants, souligner les adverbes qui marquent l'interrogation :
→ **Pourquoi,** oui, certes, **combien,** assurément, volontiers, **quand.**

634. — Avec chacun des adverbes de l'exercice précédent, composer une phrase très simple :
→ *(Exemple :)* Pourquoi causez-vous sans cesse ? — Répondez *oui,* si vous avez compris. — *Certes,* venez me voir. — *Combien* avez-vous eu de récompenses cette année ? — Vous recevrez *assurément* ce paquet demain matin. — Ce peintre fera *volontiers* votre portrait. — *Quand* les oiseaux construisent-ils leurs nids ?

635. — C'est la saison des cerises. Deux petites filles se font des boucles d'oreilles. Faire un récit sur ce que représente cette figure.

→ *Développement.* — « Elles vont la main dans la main. » J'ai appris une petite fable qui commence ainsi. On parlait de deux sœurs toujours prêtes à s'entr'aider. Telles sont certainement les deux sœurs représentées sur la gravure de mon livre de grammaire.

Voyez-les jouer, dans le champ, tout près du village dont le clocher apparaît là-bas, au-dessus des grands arbres. Les deux petites filles sont assises sous un cerisier. Leur maman leur a permis de faire la cueillette ; elles ont rempli leur petit panier, et maintenant elles jouent avec les fruits. La plus grande est à genoux ; elle s'est fait de jolies boucles d'oreilles avec des cerises, et elle va parer maintenant sa jeune sœur.

Les deux fillettes ont le sourire sur les lèvres ; elles sont gaies ; je voudrais bien être, moi aussi, au milieu du champ, à l'ombre du cerisier. Ce sera pour jeudi. J'emmènerai avec moi ma petite sœur et je lui mettrai de belles cerises aux oreilles. Elle sera bien heureuse.

RÉDACTION CONCENTRIQUE N° 57
(GARÇONS)

Vous êtes allé dans un jardin plein d'arbres fruitiers en fleurs et le propriétaire vous a autorisé à couper des fleurs. Qu'avez-vous fait ?

(Le même sujet est traité dans la leçon correspondante du cours moyen.)

Plan. — Comment sont les arbres que vous voyez. — Vous êtes content de la permission donnée par le propriétaire. — Un de vos camarades fait observer que ce serait plus agréable de laisser les fleurs et de venir au mois de juillet chercher des fruits. — Vous êtes de son avis et vous le dites au propriétaire.

→ *Développement.* — Un ami de mon père, M. Laporte, a un beau jardin tout planté d'arbres fruitiers. Il m'avait invité à aller le voir un jeudi avec deux de mes camarades, Jean et Marcel. Nous nous sommes rendus chez lui, jeudi dernier. Le jardin de M. Laporte est vraiment magnifique. Il est rempli de pêchers tout couverts de petites fleurs roses, de cerisiers, de pruniers, de poiriers, de pommiers, d'abricotiers, de cognassiers tout blancs et de grenadiers avec de magnifiques fleurs rouges. Par terre, les fleurs tombées font un tapis blanc et rose. C'est bien beau à voir !

M. Laporte nous a dit : — « Mes enfants, je ne manquerai pas de fruits cette année. Si cela vous fait plaisir, je vous permets de couper des fleurs à tous ces arbres. Il en restera toujours assez. »

J'étais bien content et j'allais faire un bouquet pour maman, lorsque Marcel m'a tiré par la manche et m'a dit : — « Tu sais, si nous ne coupons pas de fleurs, je crois que M. Laporte nous fera venir à la saison des fruits et qu'il nous donnera des pêches, des abricots, des cerises... Ce sera bien plus agréable.

— « Eh bien ! a demandé M. Laporte, vous ne coupez pas de fleurs?

— « Non, monsieur, lui ai-je dit, nous aimons mieux venir en automne. Vous nous donnerez alors les fleurs, que nous n'aurons pas coupées aujourd'hui, transformées en fruits.

— « Ah ! petits gourmands, a dit M. Laporte en riant, vous êtes très malins. Voilà qui est bien raisonné, tout de même. Vous serez des garçons pratiques. »

Nous avons ramassé des fleurs tombées par terre et nous sommes rentrés chez nous très contents.

PAUL.

RÉDACTION CONCENTRIQUE N° 58

(FILLES)

Arrivée des hirondelles.

(Le même sujet est traité dans la leçon correspondante du cours moyen.)

Plan. — Les hirondelles arrivent. — Vous attendez celles qui logent au coin de votre fenêtre. — Plaisir de les voir revenir chaque année. — Pourquoi aimez-vous les hirondelles?

Développement. — C'est le printemps; voilà les hirondelles qui reviennent. J'en ai déjà vu beaucoup dans notre village. Je suis certaine que, demain matin ou après-demain au plus tard, les nôtres, celles qui logent au coin de ma fenêtre, arriveront aussi.

Je les aime bien, ces belles hirondelles, et, comme nous ne les avons jamais tourmentées, elles reviennent fidèlement chez nous chaque année. Quelquefois, quand ma fenêtre est ouverte, elles entrent dans ma chambre, font le tour en secouant leurs longues ailes bleu foncé, puis elles sortent. Une année, une petite hirondelle est tombée du nid sur le bord de ma fenêtre. Nous l'avons soignée, puis nous l'avons remise dans le nid de son papa et de sa maman, qui ont été bien contents.

Je ne comprends pas les gens qui détruisent les nids d'hirondelles. Tout le monde dit que ces oiseaux portent bonheur aux maisons, et puis, c'est si agréable de les entendre chanter et de les regarder voler ! Elles sont très savantes, les hirondelles, et elles peuvent nous enseigner beaucoup de choses. Elles font de grands voyages et savent ce qui se passe dans des pays que nous autres ne connaissons pas. Elles nous indiquent le temps qu'il fera. Quand elles volent très bas, c'est signe de pluie, tandis que, lorsqu'elles se perdent dans le ciel bleu, cela annonce qu'il fera beau.

Les hirondelles ne vivent pas en cage. Elles aiment la liberté. Je trouve cela très bien. Si j'étais oiseau, je voudrais être hirondelle.

6° Morceau à apprendre. — Indiquer un morceau de récitation à apprendre, après l'avoir expliqué, ou un morceau, déjà appris, à repasser (pages 89 à 95 du livre du maître).

7° Récitation et correction. — 1. Faire réciter le morceau. — 2. Corriger les applications de la dictée, les rédactions et les exercices écrits qui ont été indiqués.

146° Leçon. — **LE VERBE : MODE INFINITIF**

1° Leçon. — Faire écrire au tableau : *Langue française. — Le verbe : mode infinitif* (page 520).
Faire apprendre la leçon (page 520 du livre de l'élève).

2° Interrogations. — Poser les questions 264 et 265 (au bas de la page 520 du livre de l'élève).

3° Exercices oraux. — 1. Faire trouver aux élèves des verbes de la première conjugaison employés à l'infinitif, tels que :
→ Manger, parler, sauter, regarder, donner, souhaiter, danser, réciter, étudier.

2. Faire trouver aux élèves des verbes de la deuxième conjugaison employés à l'infinitif, tels que :
→ Finir, bénir, courir, accourir, sortir, partir, vêtir, revêtir, cueillir.

3. Faire trouver aux élèves des verbes de la troisième conjugaison employés à l'infinitif, tels que :
→ Recevoir, devoir, voir, concevoir, percevoir, valoir, prévaloir, redevoir.

4. Faire trouver aux élèves des verbes de la quatrième conjugaison employés à l'infinitif, tels que :
→ Rendre, prendre, prétendre, comprendre, moudre, dire, boire, croire, lire, écrire.

4° Dictée n° 291 ou n° 292. — Faire faire l'une ou l'autre des deux dictées suivantes, selon la force des élèves :

DICTÉE N° 291 (1re année)

L'enfant doit avoir honte de l'ignorance [1]. — Nous avons tous des devoirs [2] à remplir, du bien à faire. — Franc-archer veut dire :

soldat affranchi de l'impôt. — Enfants, si vous voulez savoir parfaitement vos leçons, vous devez bien les étudier. — Les forêts de la Sibérie [3] renferment des animaux dont la fourrure [4] est très belle. — Pendant votre promenade dans les champs vous trouverez quelques plantes vénéneuses [5].

Explication des mots. — [1] *Ignorance* : état de celui qui n'a pas de savoir, pas de connaissances. Aujourd'hui, celui qui est ignorant doit être honteux ; c'est de sa faute, s'il ne sait rien, puisque tous les enfants peuvent et doivent aller à l'école. — [2] *Devoirs* : obligations que notre conscience nous impose. Les enfants ont des devoirs à remplir envers leurs parents, envers leurs supérieurs, envers leurs camarades, envers eux-mêmes. — [3] *Sibérie* : contrée appartenant à la Russie, située au Nord de l'Asie. — [4] *Fourrure* : on donne ce nom à la peau de certains animaux lorsque cette peau est garnie de poils et sert pour orner les vêtements. — [5] *Vénéneuses* : qui renferment du poison (en parlant des animaux, on dit venimeux).

Corrigé de la dictée. — Corriger ou faire corriger la dictée avant d'en indiquer les applications.

Interrogations. — Qu'est-ce que l'*ignorance* ? Que signifie *devoirs* ? Qu'est-ce que la *Sibérie* ? une *fourrure* ? Que signifie *plantes vénéneuses* ?

→ (Voir les explications ci-dessus.)

Applications écrites. — 1. Écrire les verbes de la dictée qui sont au mode infinitif :

→ Avoir, remplir, faire, dire, savoir, étudier.

2. Écrire les autres verbes de la dictée et mettre entre parenthèses l'infinitif de chacun d'eux :

→ *Doit* (devoir) ; *avons* (avoir) ; *veut* (vouloir) ; *affranchi* (affranchir) ; *voulez* (vouloir) ; *devez* (devoir) ; *renferment* (renfermer) ; *est* (être) ; *trouverez* (trouver).

3. Écrire les verbes des exercices précédents qui sont de la troisième conjugaison :

→ Avoir, savoir, devoir, avoir, vouloir, vouloir, devoir.

DICTÉE N° 292 (2e année)

IL NE FAUT PAS RIRE DES INFIRMES [1]

Beaucoup d'enfants aiment à rire des personnes blessées, infirmes ou difformes [2]. Ne vous laissez pas aller à ce mauvais penchant [3]. Rire d'un malheureux, c'est montrer un mauvais cœur. Nous devons plaindre ceux qui sont difformes ou qu'un accident a estropiés [4] ; nous devons aussi avoir pour eux de la bienveillance [5] et venir à leur aide. Ils sont assez tristes de leur malheur, sans que nous les blessions [6] par nos rires méchants.

Explication des mots. — [1] *Infirmes* : ceux qui, à la suite d'une maladie ou d'un accident, ont perdu l'usage d'un de leurs membres. — [2] *Difformes* : dont le corps n'a pas la forme qu'il devrait avoir. — [3] *Penchant* : signifie ici mauvaise inclination naturelle. — [4] *Estropiés* : blessés. — [5] *Avoir de la bienveillance* : être disposé à être agréable. — [6] *Blessions* :

signifie ici offenser une personne, lui faire de la peine, lui causer du tort.

Corrigé de la dictée. — Corriger ou faire corriger la dictée avant d'en indiquer les applications.

Interrogations. — Qu'est-ce qu'être *infirme* ? *difforme* ? Qu'est-ce qu'un *penchant* ? être *estropié* ? Que signifie *avoir de la bienveillance* ? Quel est ici le sens du verbe *blesser* ?

→ (Voir les explications ci-dessus.)

Applications écrites. — 1. Écrire les verbes de la dictée et indiquer entre parenthèses à quelle conjugaison ils appartiennent :

→ *Faut* (3º conj.); *rire* (4º conj.); *aiment* (1re conj.); *rire* (4º conj.); *blessées* (1re conj.); *laissez* (1re conj.); *aller* (1re conj.); *rire* (4º conj.); *est* (4º conj.); *montrer* (1re conj.); *devons* (3º conj.); *plaindre* (4º conj.); *sont* (4º conj.); *a estropiés* (1re conj.); *devons* (3º conj.); *avoir* (3º conj.); *venir* (2º conj.); *sont* (4º conj.); *blessions* (1re conj.).

2. Écrire les adverbes et les locutions adverbiales contenus dans la dictée :

→ Ne pas, beaucoup, ne pas, aussi, assez.

3. Écrire les pronoms contenus dans la dictée et indiquer, entre parenthèses, à quelle catégorie ils appartiennent :

→ *Il* (pron. pers.); *vous* (pron. pers.); *c'* (pron. démonst.); *nous* (pron. pers.); *ceux* (pron. démonst.); *qui* (pron. relatif); *nous* (pron. pers.); *eux* (pron. pers.); *ils* (pron. pers.); *nous* (pron. pers.); *les* (pron. pers.).

5º Exercices écrits. — Indiquer les exercices écrits à faire parmi ceux de la page 520 du livre de l'élève (exercices 637 à 640).

RÉPONSES AUX EXERCICES 637 à 640

[637]. — Écrire les phrases suivantes, souligner les verbes à l'infinitif :

→ **Regarder** les étoiles. — **Partir** au loin. — **Saluer** le drapeau. — **Recevoir** des reproches. — **Prendre** les armes. — **Donner** des conseils. — **Devoir** une somme. — **Finir** un devoir. — **Paraître** bon. — **Être** docile. — **Avoir** faim.

638. — Dire à quelle conjugaison appartiennent les verbes de l'exercice précédent :

→ *Regarder* (1re conj.); *partir* (2º conj.); *saluer* (1re conj.); *recevoir* (3º conj.); *prendre* (4º conj.); *donner* (1re conj.); *devoir* (3º conj.); *finir* (2º conj.); *paraître* (4º conj.); *être* (4º conj.); *avoir* (3º conj.).

639. — Écrire les verbes suivants, dire pour chacun d'eux à quelle conjugaison il appartient :

→ *Souffrir* (2º conj.); *devoir* (3º conj.); *chanter* (1re conj.); *rire* (4º conj.); *prendre* (4º conj.); *acheter* (1re conj.); *définir* (2º conj.); *prétendre* (4º conj.); *vendre* (4º conj.); *chérir* (2º conj.); *boire* (4º conj.); *manger* (1re conj.); *craindre* (4º conj.); *entendre* (4º conj.); *obéir* (2º conj.); *sauter* (1re conj.); *croire* (4º conj.); *voir* (3º conj.).

[640]. — Écrire les phrases suivantes, dire pourquoi les verbes en italique sont employés à l'infinitif :

→ *Demander* l'aumône. — Elles viendront pour *admirer* la fête. — L'enfant doit *aimer* ses parents. — *Pleurer* ses amis. — On ne peut *vivre* sans *s'occuper*. (Les verbes en italique sont employés à l'infinitif parce qu'ils expriment tous une action générale, sans préciser le moment où elle se produit.)

LANGUE FRANÇAISE : LE VERBE

6º Résumé de la leçon. — Faire copier les paragraphes 264 et 265 du résumé [*Mode infinitif.* — *Mode infinitif des quatre conjugaisons*], page 523 du livre de l'élève.

7º Morceau à apprendre. — Indiquer un morceau de récitation à apprendre, après l'avoir expliqué, ou un morceau, déjà appris, à repasser (pages 89 à 95 du livre du maître).

8º Récitation et correction. — 1. Faire réciter le morceau. — 2. Corriger les applications de la dictée et les exercices écrits qui ont été indiqués.

147ᵉ Leçon. — **LE VERBE** *(Suite)* : **PARTICIPE PRÉSENT**

1º Leçon. — Faire écrire au tableau : *Langue française. — Le verbe (suite) : participe présent (page 521)*.
Faire apprendre la leçon (page 521 du livre de l'élève).

2º Interrogations. — Poser les questions 266, 267, 268 et 269 (au bas de la page 521 du livre de l'élève).

3º Exercice oral. — Faire trouver aux élèves les participes présents de verbes appartenant aux quatre conjugaisons, tels que :

  1ʳᵉ conjugaison : Mangeant, parlant, sautant, regardant, donnant, souhaitant, dansant, récitant, étudiant.

  2º conjugaison : Finissant, bénissant, courant, accourant, partant, vêtant, revêtant, cueillant.

  3º conjugaison : Recevant, devant, voyant, concevant, percevant, valant, prévalant, redevant.

  4º conjugaison : Rendant, prenant, prétendant, comprenant, moulant, disant, buvant, croyant, lisant, écrivant.

4º Dictée nº 293 ou nº 294. — Faire faire l'une ou l'autre des deux dictées suivantes, selon la force des élèves :

DICTÉE Nº 293 (1ʳᵉ année)

Raccommodez vos vêtements déchirés. — En traversant l'Inde[1] et l'Indo-Chine[2] ces voyageurs remarquèrent des cocotiers[3] et des indigotiers[4] — Le blé, semé en automne, se récolte en été. — C'est en traversant la Bérésina[5] que trente mille soldats français périrent. — Évitons de nous mettre en colère, la colère nous rendant semblables à des fous[6] et pouvant nous faire commettre de méchantes actions. — Je veux que vous sachiez parfaitement le nom de nos colonies[7] d'Afrique[8] et que vous puissiez tracer la carte[9] de ces colonies.

Explication des mots. — ¹ *Inde* : contrée de l'Asie peuplée de plus de

200 millions d'habitants. — ² *Indo-Chine* : grande presqu'île située au Sud-Est de l'Asie. — ³ *Cocotier* : arbre qui pousse dans les pays chauds. Les fruits du cocotier sont les noix de coco. — ⁴ *Indigotier* : plante qui fournit l'indigo, substance employée pour teindre en bleu. — ⁵ *Bérésina* : rivière de la Russie d'Europe. — ⁶ *Fous* : hommes qui ne savent plus ce qu'ils font et ne peuvent plus distinguer ce qui est bien de ce qui est mal. — ⁷ On appelle *colonies* les possessions d'une nation européenne dans une autre partie du monde. — ⁸ *Afrique* : une des cinq parties du monde. — ⁹ Une *carte* est la reproduction d'un pays sur une feuille de papier comme on le verrait si on pouvait voler au-dessus du pays.

Corrigé de la dictée. — Corriger ou faire corriger la dictée avant d'en indiquer les applications.

Interrogations. — Qu'est-ce que l'*Inde* ? l'*Indo-Chine* ? le *cocotier* ? l'*indigotier* ? la *Bérésina* ? Que veut dire *fous* ? Qu'est-ce que les *colonies* ? l'*Afrique* ? une *carte* ?

→ (Voir les explications ci-dessus.)

Applications écrites. — 1. Écrire les participes contenus dans la dictée :

→ Déchirés, traversant, semé, traversant, rendant, pouvant.

2. Écrire les noms propres contenus dans la dictée :
→ Inde, Indo-Chine, Bérésina, Afrique.

3. Écrire les noms communs contenus dans la dictée :
→ Vêtements, voyageurs, cocotiers, indigotiers, blé, automne, été, soldats, colère, fous, actions, nom, colonies, carte, colonies.

DICTÉE N° 294 (2ᵉ année)

LE RAT [1]

Un jeune rat vit, un jour, une sorte de piège [2] percé de cinq trous ; dans chaque trou était un morceau de lard [3] suspendu par un fil. « C'est une ratière [4], dit-il. Mon père ne veut pas que j'entre dans cette machine, mais je puis bien l'examiner d'un peu plus près. » Il s'approche, il regarde, il flaire [5], il allonge son museau dans un des trous. Il trouve alors que ce lard sent très bon, il enfonce légèrement la dent dans le morceau, le fil casse, et couic ! voilà notre désobéissant étranglé.

Explication des mots. — ¹ *Rat* : petit animal très vorace, qui habite les greniers, les caves, les égouts. — ² *Piège* : instrument pour prendre certains animaux nuisibles. — ³ *Lard* : graisse qui se trouve entre la peau et la chair du porc. — ⁴ *Ratière* : piège pour prendre les rats. — ⁵ *Il flaire* : il sent.

Corrigé de la dictée. — Corriger ou faire corriger la dictée avant d'en indiquer les applications.

Interrogations. — Qu'est-ce qu'un *rat* ? un *piège* ? le *lard* ? une *ratière* ? Que signifie *il flaire* ?

→ (Voir les explications ci-dessus.)

Applications écrites. — 1. Écrire les participes contenus dans la dictée :
→ Percé, suspendu, étranglé.

LANGUE FRANÇAISE : LE VERBE

2. Écrire les verbes de la dictée et mettre, entre parenthèses, l'infinitif correspondant :

→ *Vit* (voir) ; *percé* (percer) ; *était* (être) ; *suspendu* (suspendre) ; *est* (être) ; *dit* (dire) ; *veut* (vouloir) ; *entre* (entrer) ; *puis* (pouvoir) ; *examiner* ; *approche* (approcher) ; *regarde* (regarder) ; *flaire* (flairer) ; *allonge* (allonger) ; *trouve* (trouver) ; *sent* (sentir) ; *enfonce* (enfoncer) ; *casse* (casser) ; *étrangle* (étrangler).

3. Écrire les adverbes de la dictée :

→ Ne pas, bien, un peu, plus, près, alors, très, légèrement.

5° Exercice écrit. — Indiquer l'exercice écrit à faire de la page 521 du livre de l'élève (exercice 642).

RÉPONSE A L'EXERCICE 642

642. — Écrire le participe présent des verbes : parler, chanter, réciter, aider, demander, agir, définir, affermir, rougir, départir, venir, dormir, courir, offrir, cueillir, recueillir, apercevoir, concevoir, décevoir, redevoir, devoir, suspendre, entendre, étendre, craindre, feindre, rougir, débattre, s'inspirer, s'enfuir, apercevoir, avoir, être.

→ Parlant, chantant, récitant, aidant, demandant, agissant, définissant, affermissant, rougissant, départant, venant, dormant, courant, offrant, cueillant, recueillant, apercevant, concevant, décevant, redevant, devant, suspendant, entendant, étendant, craignant, feignant, rougissant, débattant, s'inspirant, s'enfuyant, apercevant, ayant, étant.

6° Résumé de la leçon. — Faire copier les paragraphes 266, 267, 268 et 269 du résumé [*Le participe. — Participe présent. — Verbes avoir et être*], page 523 du livre de l'élève.

7° Morceau à apprendre. — Indiquer un morceau de récitation à apprendre, après l'avoir expliqué, ou un morceau déjà appris, à repasser (pages 89 à 95 du livre du maître).

8° Récitation et correction. — 1. Faire réciter le morceau. — 2. Corriger les applications de la dictée et l'exercice écrit qui a été indiqué.

148ᵉ Leçon. — LE VERBE (Suite) : PARTICIPE PASSÉ

1° Leçon. — Faire écrire au tableau : Langue française. — Le verbe (suite) : participe passé (page 522).

Faire apprendre la leçon (page 522 du livre de l'élève).

2° Interrogations. — Poser les questions 270, 271, 272, 273, 274, 275 et 276 (au bas de la page 522 du livre de l'élève).

3° Exercice oral. — Faire trouver aux élèves des participes passés masculins singuliers de verbes appartenant aux quatre conjugaisons, tels que :
- 1re conjugaison : Mangé, parlé, sauté, regardé, donné, souhaité, dansé, récité, étudié.
- 2e conjugaison : Fini, béni, couru, accouru, sorti, parti, vêtu, revêtu, cueilli.
- 3e conjugaison : Reçu, dû, vu, conçu, perçu, valu, prévalu, redu.
- 4e conjugaison : Rendu, pris, prétendu, compris, moulu, dit, bu, cru, lu, écrit.

4° Dictée n° 295 ou n° 296. — Faire faire l'une ou l'autre des deux dictées suivantes, selon la force des élèves :

DICTÉE N° 295 (1re année)

L'instituteur a rendu visite au grand-père si vieux et si cassé de cet enfant. — Cet homme est honoré à cause de sa vertu [1]. — Les jeunes gens étudiant avec ardeur [2] font des progrès rapides. — J'ai vu ce matin des enfants ayant des vêtements déchirés, courant, se bousculant et ne saluant pas leur Maître. — Au moment de la Révolution [3], les troupes françaises mal nourries et mal équipées [4] remportèrent de nombreuses victoires. — Le roi Louis XVI [5] fut guillotiné.

Explication des mots. — [1] *Vertu* : tendance naturelle à faire le bien et d'éviter le mal. — [2] *Étudiant avec ardeur* : travaillant beaucoup, avec le vif désir d'apprendre. — [3] *Révolution* : nom donné à une période de notre histoire pendant laquelle les lois françaises furent transformées, puis la royauté supprimée et remplacée par la République. — [4] *Mal équipées* : manquant de vêtements et de tout ce qui est nécessaire pour combattre. — [5] *Louis XVI* : roi de France qui vivait au moment de la Révolution.

Corrigé de la dictée. — Corriger ou faire corriger la dictée avant d'en indiquer les applications.

Interrogations. — Qu'est-ce que la *vertu* ? Que signifie *étudiant avec ardeur* ? Qu'est-ce que la *Révolution* ? Que signifie *mal équipées* ? Qui était *Louis XVI* ?
- (Voir les explications ci-dessus.)

Applications écrites. — 1. Écrire les participes présents contenus dans la dictée :
- Étudiant, ayant, courant, bousculant, saluant.

2. Écrire les participes passés contenus dans la dictée :
- Rendu, cassé, honoré, vu, déchirés, nourries, équipées, guillotiné.

3. Écrire les différentes formes que peuvent prendre les participes passés : rendu, cassé, honoré, déchiré.
- Rendu, rendue, rendus, rendues.
  Cassé, cassée, cassés, cassées.
  Honoré, honorée, honorés, honorées.
  Déchiré, déchirée, déchirés, déchirées.

DICTÉE N° 296 (2ᵉ année)

LE VIGNERON [1]

Dès le mois de mars, si tu traversais l'immensité de la Champagne, de la Bourgogne [2] et du Midi [3], une grande partie de la France, tu verrais des millions d'hommes replantant des échalas [4], relevant, liant, coupant la vigne, puis buttant [5] la terre autour. Toute l'année, le vigneron travaille pour mener à bien la vigne, cette délicate personne [6]. Pour la tuer, un brouillard [7] suffit.

Explication des mots. — [1] *Vigneron* : ouvrier qui cultive la vigne. — [2] La *Champagne* et la *Bourgogne* sont deux anciennes provinces qui sont situées à l'Est de la France. — [3] *Midi* : nom donné aux pays situés au Sud de la Loire et dans la région méditerranéenne. — [4] *Échalas* : pieux qui soutiennent les ceps de vigne. — [5] *Butter la terre* : c'est entourer de terre le cep de vigne de façon à former de petites *buttes*. — [6] *Cette délicate personne* : on désigne ainsi la vigne, parce qu'on doit l'entourer de soins pendant toute l'année et qu'il faut très peu de chose pour la rendre malade. — [7] *Brouillard* : nuage plus ou moins épais qui se forme à peu de distance au-dessus de la terre.

Corrigé de la dictée. — Corriger ou faire corriger la dictée avant d'en indiquer les applications.

Interrogations. — Qu'est-ce qu'un *vigneron* ? la *Champagne* et la *Bourgogne* ? le *Midi* ? des *échalas* ? Que signifie *butter la terre* ? *cette délicate personne* ? Qu'est-ce que le *brouillard* ?

→ (Voir les explications ci-dessus.)

Applications écrites. — 1. Écrire les verbes contenus dans la dictée :
→ Traversais, verrais, replantant, relevant, liant, coupant, buttant, travaille, mener, tuer, suffit.

2. Écrire le participe passé des verbes précédents :
→ Traversé, vu, replanté, relevé, lié, coupé, butté, travaillé, mené, tué, suffi.

3. Écrire les différentes formes que peuvent avoir les participes : traversé, vu, replanté, lié, mené, coupé.
→ Traversé, traversée, traversés, traversées.
Vu, vue, vus, vues.
Replanté, replantée, replantés, replantées.
Lié, liée, liés, liées.
Mené, menée, menés, menées.
Coupé, coupée, coupés, coupées.

5° Exercice écrit. — Indiquer l'exercice écrit à faire de la page 522 du livre de l'élève (exercice 644).

RÉPONSE A L'EXERCICE 644

644. — Donner les quatre formes du participe passé des verbes suivants : aimer, parler, chanter, allumer, réciter, aider, demander, finir, agir, chérir, définir, affermir, rougir, départir, servir, apercevoir, concevoir, percevoir,

suspendre, entendre, étendre, tondre, abattre, ranger, faner, cuire, mordre, avoir, être.

→ *(Aimer :)* Aimé, aimée, aimés, aimées.
(Parler :) Parlé, parlée, parlés, parlées.
(Chanter :) Chanté, chantée, chantés, chantées.
(Allumer :) Allumé, allumée, allumés, allumées.
(Réciter :) Récité, récitée, récités, récitées.
(Aider :) Aidé, aidée, aidés, aidées.
(Demander :) Demandé, demandée, demandés, demandées.
(Finir :) Fini, finie, finis, finies.
(Agir :) Agi (n'a ni féminin, ni pluriel).
(Chérir :) Chéri, chérie, chéris, chéries.
(Définir :) Défini, définie, définis, définies.
(Affermir :) Affermi, affermie, affermis, affermies.
(Rougir :) Rougi, rougie, rougis, rougies.
(Départir :) Départi, départie, départis, départies.
(Servir :) Servi, servie, servis, servies.
(Apercevoir :) Aperçu, aperçue, aperçus, aperçues.
(Concevoir :) Conçu, conçue, conçus, conçues.
(Percevoir :) Perçu, perçue, perçus, perçues.
(Suspendre :) Suspendu, suspendue, suspendus, suspendues.
(Entendre :) Entendu, entendue, entendus, entendues.
(Étendre :) Étendu, étendue, étendus, étendues.
(Tondre :) Tondu, tondue, tondus, tondues.
(Abattre :) Abattu, abattue, abattus, abattues.
(Ranger :) Rangé, rangée, rangés, rangées.
(Faner :) Fané, fanée, fanés, fanées.
(Cuire :) Cuit, cuite, cuits, cuites.
(Mordre :) Mordu, mordue, mordus, mordues.
(Avoir :) Eu, eue, eus, eues.
(Être :) Été (n'a ni féminin, ni pluriel).

6° Résumé de la leçon. — Faire copier le paragraphe 270 à 276 du résumé [*Participe passé*], page 523 du livre de l'élève.

7° Morceau à apprendre. — Indiquer un morceau de récitation à apprendre, après l'avoir expliqué, ou un morceau, déjà appris, à repasser (pages 89 à 95 du livre du maître).

8° Récitation et correction. — 1. Faire réciter le morceau. — 2. Corriger les applications de la dictée et l'exercice écrit qui a été indiqué.

149° Leçon. — **RÉSUMÉ DES LEÇONS 146, 147 et 148**

1° Leçon. — Faire écrire au tableau : *Langue française.* — Résumé des leçons *146, 147 et 148 (page 523).*

Faire apprendre le résumé des leçons 146, 147 et 148 (page 523 du livre de l'élève).

LANGUE FRANÇAISE : LE VERBE

2º Récitation. — Faire réciter le résumé des leçons 146, 147 et 148 (page 523 du livre de l'élève).

3º Exercices oraux. — Revenir sur les parties les moins bien sues des leçons 146, 147 et 148 et les expliquer aux élèves.

4º Dictée nº 297 ou nº 298. — Faire faire l'une ou l'autre des deux dictées suivantes, selon la force des élèves :

DICTÉE Nº 297 (1re année)

LES JOUETS

La petite fille s'amuse avec sa poupée, son ménage[1], son volant[2] et sa raquette. Le petit garçon est plus remuant ; il fait sauter son polichinelle, mais il joue de préférence[3] avec sa toupie, ses billes, son ballon et ses quilles qui l'obligent à courir. Si l'enfant a un bon cœur, il laisse volontiers[4] à ses camarades moins heureux que lui les joujoux qui l'amusent tant.

Explication des mots. — [1] *Ménage* : boîte renfermant de la vaisselle à l'usage des poupées. — [2] *Volant* : petit morceau de liège garni de plumes que l'on fait voler en le lançant avec des raquettes. — [3] *Il joue de préférence* : il affectionne davantage. — [4] *Volontiers* : de grand cœur, sans regret.

Corrigé de la dictée. — Corriger ou faire corriger la dictée avant d'en indiquer les applications.

Interrogations. — Qu'est-ce qu'un *ménage* ? un *volant* ? Que signifie *il joue de préférence* ? *volontiers* ?
→ (Voir les explications ci-dessus.)

Applications écrites. — 1. Écrire les verbes contenus dans la dictée :
→ Amuse, est, fait, sauter, joue, obligent, courir, a, laisse, amusent.
2. Écrire l'infinitif des verbes précédents :
→ Amuser, être, faire, sauter, jouer, obliger, courir, avoir, laisser, amuser.
3. Écrire le participe passé de ces mêmes verbes :
→ Amusé, été, fait, sauté, joué, obligé, couru, eu, laissé, amusé.

DICTÉE Nº 298 (2e année)

LA MAIRIE

La mairie s'appelle encore la maison commune, parce que c'est là qu'on s'occupe des affaires de la commune[1], des affaires de tous : entretien des routes[2], éclairage des rues, objets perdus ou trouvés, bon ordre[3] dans la commune.

A la porte de la mairie flotte[4] le drapeau de la France. Ce drapeau nous rappelle la Patrie que nous devons aimer, la Patrie dont nous devons respecter les lois[5].

Explication des mots. — [1] Les *affaires de la commune* : tout ce qui concerne la commune. — [2] *Entretien des routes* : soin que l'on prend de maintenir les routes en bon état. — [3] *Bon ordre* : maintien de la tranquillité, de la paix publique. — ^{4}*Flotte* : voltige. — ^{5}*Les lois* : on donne ce nom aux règles établies par les députés et les sénateurs et que tous les Français doivent suivre.

Corrigé de la dictée. — Corriger ou faire corriger la dictée avant d'en indiquer les applications.

Interrogations. — Que signifie les *affaires de la commune* ? *l'entretien des routes* ? *bon ordre* ? Qu'est-ce que *les lois* ?

→ (Voir les explications ci-dessus.)

Applications écrites. — 1. Écrire les verbes contenus dans la dictée :

→ Appelle, est, occupe, perdus, trouvés, flotte, rappelle, devons, aimer, devons, respecter.

2. Écrire le participe passé de chacun de ces verbes :

→ Appelé, été, occupé, perdu, trouvé, flotté, rappelé, dû, aimé, dû, respecté.

3. Écrire toutes les formes que peuvent avoir les verbes précédents au participe passé :

→ Appelé, appelée, appelés, appelées.
Été (n'a ni féminin, ni pluriel).
Occupé, occupée, occupés, occupées.
Perdu, perdue, perdus, perdues.
Trouvé, trouvée, trouvés, trouvées.
Flotté, flottée, flottés, flottées.
Rappelé, rappelée, rappelés, rappelées.
Dû, due, dus, dues.
Aimé, aimée, aimés, aimées.
Respecté, respectée, respectés, respectées.

5° Exercices écrits. — Indiquer les exercices écrits à faire parmi ceux de la page 523 du livre de l'élève (exercices 645 à 647).

RÉPONSES AUX EXERCICES 645 à 647

645. — Écrire, à l'infinitif, cinq verbes de chacune des quatre conjugaisons. Joindre un complément à chacun de ces verbes :

→ *(Exemple :) (1re conjugaison :)* Jouer, réciter, colorier, réparer, tracer.

(2° conjugaison :) Courir, attendrir, tenir, fournir, blanchir.

(3° conjugaison :) Apercevoir, pouvoir, savoir, devoir, prévoir.

(4° conjugaison :) Conduire, prendre, craindre, écrire, fendre.

Jouer *du violon.* — Réciter *une poésie.* — Colorier *ces dessins.* — Réparer *la route.* — Tracer *le chemin.* — Courir *avec sa sœur.* — Attendrir *un cœur dur.* — Tenir *un enfant.* — Fournir *du foin.* — Blanchir *la nappe.* — Apercevoir *un vaisseau.* — Pouvoir *se promener.* — Savoir *sa leçon.* — Devoir *de la reconnaissance.* — Prévoir *le temps.* — Conduire *un ami.* — Prendre *un billet.* — Craindre *le maître.* — Écrire *une lettre.* — Fendre *du bois.*

[646]. — 1° Mettre au pluriel : le plâtre ; un houx ; un puits ; le bourgeois ; la voix ; un agneau ; un arbrisseau ; le cordeau ; son tuyau ; l'adieu ; ce bijou ; cet aveu ; un écriteau ; le trou ; un caillou ; le coucou ; le bocal ; un caporal ; ce maréchal ; le journal ; un bal ; ce chacal.

→ Les plâtres; des houx; des puits; les bourgeois; les voix; des agneaux; des arbrisseaux; les cordeaux; ses tuyaux; les adieux; ces bijoux; ces aveux ; des écriteaux; les trous; des cailloux; les coucous; les bocaux; des caporaux; ces maréchaux; les journaux; des bals; ces chacals.

Le gérant : PAUL DUPONT.

LANGUE FRANÇAISE : LE VERBE

2° Mettre au féminin : un enfant sage, une fille ... ; un bouquet blanc, une fleur ... ; l'homme laborieux, la ménagère ... ; le chat gris, la chatte ... ; ce mouton gras, cette brebis ... ; son fruit sucré, sa fraise ... ; le villageois heureux, la villageoise ... ; le voyageur poli, la voyageuse ... ; ce chemin raboteux, cette route ... ; son sarrau clair, sa blouse ... ; mon chien fidèle, ma chienne ... ; leur maître instruit, leur maîtresse ... ; un livre instructif, une brochure ... .

→ Un enfant sage, une fille sage ; un bouquet blanc, une fleur blanche ; l'homme laborieux, la ménagère laborieuse ; le chat gris, la chatte grise ; ce mouton gras, cette brebis grasse ; son fruit sucré, sa fraise sucrée ; le villageois heureux, la villageoise heureuse ; le voyageur poli, la voyageuse polie ; ce chemin raboteux, cette route raboteuse ; son sarrau clair, sa blouse claire ; mon chien fidèle, ma chienne fidèle ; leur maître instruit, leur maîtresse instruite ; un livre instructif, une brochure instructive.

[647]. — Écrire le morceau « La bonbonnière » (page 523 du livre de l'élève), puis le mettre en prose :

A la discrétion de ses petits enfants
Sur la table une bonne mère
Avait laissé sa bonbonnière.
Doit-on ainsi tenter les gens ?
L'un d'eux y puise sans scrupule ;
Le bambin croque à belles dents ;
Mais que prend-il ? une pilule.

→ A proximité de ses jeunes enfants, sur un meuble, une tendre maman avait oublié sa boîte à bonbons. Est-il donc permis de donner ainsi des tentations aux gens ? L'un des enfants ouvre la bonbonnière et, sans éprouver de remords, enfonce sa petite main dedans, puis le cher bébé s'empresse de croquer ce qu'il a saisi ; mais qu'avait-il dérobé ? une pilule.

(Pour l'explication des mots de ce morceau, voir le livre du maître [Récitation n° 86], page 91.)

6° **Analyse grammaticale** (Deuxième année). — Donner à faire aux élèves de deuxième année l'analyse grammaticale suivante :

Analyse grammaticale n° 30. — La patience est la première condition de la réussite, le premier secret de l'habileté.

→ La	art. simp., fém. sing., annonce que *patience* est déterminé.
patience	n. comm., fém. sing., sujet de *est*.
est	v. subst. *être*, 4° conj., mode ind., temps prés., 3° pers. du sing.
la	art. simp., fém. sing., annonce que *condition* est déterminé.
première	adj. numéral ordinal, fém. sing., détermine *condition*.
condition	n. comm., fém. sing., attribut de *patience*.
de	prép.
la	art. simp., fém. sing., annonce que *réussite* est déterminé.
réussite,	n. comm., fém. sing., compl. déterminatif de *condition*.
le	art. simp., masc. sing., annonce que *secret* est déterminé.
premier	adj. numéral ordinal, masc. sing., détermine *secret*.
secret	n. comm., masc. sing., attribut de *patience*.
de	prép.
l'	art. élidé, mis pour *la*, fém. sing., annonce que *habileté* est déterminé.
habileté.	n. comm., fém. sing., compl. déterminatif de *secret*.

7° Morceau à apprendre. — Indiquer un morceau de récitation à apprendre, après l'avoir expliqué, ou un morceau, déjà appris à repasser (pages 89 à 95 du livre du maître).

8° Récitation et correction. — 1. Faire réciter le morceau. — 2. Corriger les applications de la dictée, l'analyse grammaticale et les exercices écrits qui ont été indiqués.

150° Leçon. — VERBES ALLER ET ENVOYER

1° Leçon. — Faire écrire au tableau : *Langue française. - Verbes aller et envoyer* (page 524).
Faire apprendre la leçon (page 524 du livre de l'élève).

2° Interrogations. — Poser les questions 277, 278 et 27? (au bas de la page 524 du livre de l'élève).

3° Exercice oral. — Faire réciter les verbes *aller* et *envoye*? à tous les temps, en ajoutant un complément.

4° Dictée n° 299 ou n° 300. — Faire faire l'une ou l'aut? des deux dictées suivantes, selon la force des élèves :

DICTÉE N° 299 (1re année)

Je vais à la promenade. — Tu allais à la campagne. — Il alla s? la montagne [1]. — Nous sommes allés voir notre parrain et notre marrain — Ils iraient à la plage [2], s'ils n'étaient pas malades. — Je voudra? que tu allasses à l'école. — J'envoie une lettre. — Tu envoyais u? paquet. — Il enverra un télégramme [3] demain. — Le jeune Bara? fut surpris et tué par les Vendéens [5].

Explication des mots. — [1] *Montagne* : grande masse de terre et ? roches très élevées au-dessus des pays environnants. — [2] *Plage* : endr? situé au bord de la mer où se rendent les baigneurs. — [3] *Télégramme* ?dépêche. — [4] *Bara* était un enfant de treize ans qui s'engagea volontaireme? pour combattre pendant la Révolution. — [5] *Vendéens* : nom donné a? nobles et aux paysans de la Vendée qui refusèrent de reconnaître la Rép? blique pendant la Révolution.

Corrigé de la dictée. — Corriger ou faire corriger la dictée avant d'? indiquer les applications.

Interrogations. — Qu'est-ce qu'une *montagne* ? la *plage* ? un *té? gramme* ? Qu'était *Bara* ? les *Vendéens* ?

➙ (Voir les explications ci-dessus.)

Application écrite. — Conjuguer le verbe *aller* au présent de l'indicat? au passé défini et au futur simple.

➙ *Présent de l'indicatif :* Je vais, tu vas, il ou elle va, nous allor? vous allez, ils ou elles vont.

Passé défini : J'allai, tu allas, il ou elle alla, nous allâmes, vous allâtes, ils ou elles allèrent.

Futur simple : J'irai, tu iras, il ou elle ira, nous irons, vous irez, ils ou elles iront.

DICTÉE N° 300 (2° année)

UN ENFANT MAL ÉLEVÉ [1]

Jules est un polisson [2]. Il aime à faire des sottises, bien qu'il soit encore tout petit. Hier soir, sa maman l'envoya faire une commission. Jules alla tirer les sonnettes [3] dans deux ou trois boutiques [4]. A la dernière, comme il voulait se sauver, il se sentit arrêté par le bras, et il entendit une voix lui crier : « Je te tiens, polisson ! » C'était l'épicier [5] qui l'avait vu venir et qui l'attendait. Jules fut tout honteux [6]. Il promit de ne plus recommencer.

Explication des mots. — [1] *Mal élevé* : qui a de vilaines manières, qui n'a pas une bonne éducation. — [2] *Polisson* : trop libre et impoli. — [3] *Sonnette* : petite cloche destinée à annoncer qu'une personne entre ou désire entrer dans une maison. — [4] *Boutique* : lieu où un marchand expose et vend ses marchandises. — [5] *Épicier* : marchand qui vend des *épices*, c'est-à-dire, le sucre, le café, le sel, le poivre, etc. — [6] *Honteux* : confus, embarrassé.

Corrigé de la dictée. — Corriger ou faire corriger la dictée avant d'en indiquer les applications.

Interrogations. — Qu'est-ce qu'un enfant *mal élevé* ? un *polisson* ? une *sonnette* ? une *boutique* ? un *épicier* ? Que signifie *honteux* ?
→ (Voir les explications ci-dessus.)

Applications écrites. — 1. Conjuguer le verbe *aller* à l'imparfait de l'indicatif et au passé indéfini.
→ *Imparfait de l'indicatif* : J'allais, tu allais, il ou elle allait, nous allions, vous alliez, ils ou elles allaient.
Passé indéfini : Je suis allé, tu es allé, il est allé ou elle est allée, nous sommes allés, vous êtes allés, ils sont allés ou elles sont allées.

2. Conjuguer le verbe *envoyer* au passé défini et à l'imparfait du subjonctif.
→ *Passé défini* : J'envoyai, tu envoyas, il ou elle envoya, nous envoyâmes, vous envoyâtes, ils ou elles envoyèrent.
Imparfait du subjonctif : Que j'envoyasse, que tu envoyasses, qu'il ou qu'elle envoyât, que nous envoyassions, que vous envoyassiez, qu'ils ou qu'elles envoyassent.

3. Écrire les noms de la dictée qui sont du féminin :
→ Sottises, maman, commission, sonnettes, boutiques, voix.

5° Exercices écrits. — Indiquer les exercices écrits à faire parmi les suivants :

1. Conjuguer le verbe *envoyer* au présent de l'indicatif, à l'imparfait de l'indicatif et au futur simple.
→ *Présent de l'indicatif* : J'envoie, tu envoies, il ou elle envoie, nous envoyons, vous envoyez, ils ou elles envoient.

Imparfait de l'indicatif : J'envoyais, tu envoyais, il ou elle envoyait, nous envoyions, vous envoyiez, ils ou elles envoyaient.
Futur simple : J'enverrai, tu enverras, il ou elle enverra, nous enverrons, vous enverrez, ils ou elles enverront.

2. Conjuguer le verbe *aller* et le verbe *envoyer* au présent du subjonctif.

→ *(Aller :)* Que j'aille, que tu ailles, qu'il ou qu'elle aille, que nous allions, que vous alliez, qu'ils ou qu'elles aillent.

(Envoyer :) Que j'envoie, que tu envoies, qu'il ou qu'elle envoie, que nous envoyions, que vous envoyiez, qu'ils ou qu'elles envoient.

RÉDACTION CONCENTRIQUE N° 59
(GARÇONS)

Votre père a été obligé de vendre un vieux cheval que vous aviez toujours vu chez vous. Avez-vous éprouvé quelque peine ?

(Le même sujet est traité dans la leçon correspondante du cours moyen.)

Plan. — Dire pourquoi vous aimiez ce cheval. — Expliquez les raisons qui ont obligé votre père à le vendre : il n'était pas assez riche pour nourrir une bête qui ne pouvait plus travailler. — Parlez de votre peine.

→ *Développement.* — Nous avions un vieux cheval gris qui s'appelait Ami. Il nous connaissait très bien et je crois qu'il nous aimait beaucoup. Dès l'âge de quatre ans, je montais sur le dos de ce bon cheval et il me promenait au pas dans la prairie, en faisant bien attention de ne pas m'effrayer par des mouvements trop vifs. Tous les jours, je lui portais un peu de pain qu'il mangeait sur ma main, en hennissant de plaisir.

Depuis le commencement de l'hiver, Ami était malade. Il toussait et il avait des douleurs dans les jambes. Papa avait consulté une fois le vétérinaire, qui lui avait dit que notre cheval était poussif et qu'on ne pouvait plus le faire travailler, mais qu'il fallait lui donner, tous les jours, un barbotage de son et d'orge.

Nous ne sommes pas riches, et, tous ces temps-ci, papa disait que vraiment ce n'était pas raisonnable de garder une bête qui ne travaillait plus et qui coûtait cher à nourrir. Un monsieur qui passait dans le village a dit qu'il cherchait un vieux cheval bien doux pour le faire monter par ses enfants, et papa lui a présenté Ami. Le monsieur a donné soixante francs à papa et il a emmené Ami.

Quand j'ai vu notre vieux cheval partir, je suis allé me cacher dans un coin de la grange et j'ai pleuré.

Ma tante est venue me chercher pour dîner et m'a dit :

— Voyons, ce n'est pas raisonnable de se faire de la peine comme cela pour une bête. Ami sera mieux soigné et mieux nourri que chez nous.

— Oui, mais il ne me verra plus et je ne pourrai plus lui parler, ai-je dit et j'ai encore pleuré.

Je ne crois pas, moi, que ce soit ridicule d'aimer une bonne bête comme Ami et d'avoir beaucoup de chagrin quand on la vend à des étrangers.

RÉDACTION CONCENTRIQUE N° 60

(FILLES)

Racontez l'éveil du printemps : premières feuilles aux arbres, chant des oiseaux, etc.

(Le même sujet est traité dans la leçon correspondante du cours moyen.)

Plan. — L'hiver a été long, vous attendez avec impatience la belle saison. — Vous guettez les premières feuilles. — Toute la nature semble préparer une fête. — Les oiseaux bâtissent leurs nids.

Développement.— L'hiver est une saison bien ennuyeuse ; on a froid, on n'y voit pas clair, on est triste. Quand arrive le mois de mars, on se sent revivre. Le printemps va arriver ! On regarde les bourgeons brillants des arbres et on se dit : Est-ce que les feuilles vont bientôt sortir ?

Aux premières feuilles, on est tout content. C'est le signal du printemps. Les oiseaux sentent, comme nous, l'approche de la belle saison. Ils se mettent à chanter pour dire bonjour au printemps. Et puis, on les voit passer avec des petits bâtons ou des brins de coton dans le bec ; ils ont l'air très occupés : ils bâtissent leurs nids.

Les bourgeons rouges des pivoines sortent de terre, les primevères et les perce-neige sont en fleurs, tous les arbres se couvrent de petits bouquets de feuilles qui ressemblent à de gentils papillons verts. C'est la saison de la joie, c'est le printemps, la saison des lilas, du chèvrefeuille, de l'aubépine et des roses.

Tout renaît. Les arbres qui semblaient morts ont repris des feuilles et des fleurs. Il y a une grande joie dans la nature. Vive le printemps ! C'est la saison des plus belles promenades, on n'a plus froid et on n'a pas encore trop chaud.

6° Morceau à apprendre. — Indiquer un morceau de récitation à apprendre, après l'avoir expliqué, ou un morceau, déjà appris, à repasser (pages 89 à 95 du livre du maître).

7° Récitation et correction. — 1. Faire réciter le morceau. — 2. Corriger les applications de la dictée, les rédactions et les exercices écrits qui ont été indiqués.

151ᵉ Leçon. — LA PRÉPOSITION : PRÉPOSITIONS SIMPLES PRÉPOSITIONS COMPOSÉES

1º Leçon. — Faire écrire au tableau : *Langue française.* — *La préposition : prépositions simples, prépositions composées* (page 525).

Faire apprendre la leçon (page 525 du livre de l'élève).

2º Interrogations. — Poser les questions 280, 281 et 282 (au bas de la page 525 du livre de l'élève).

3º Exercices oraux. — 1. Faire trouver aux élèves des prépositions simples, telles que :

→ De, avec, dans, dès, pour, sur, vers.

2. Faire trouver aux élèves des prépositions composées ou locutions prépositives, telles que :

→ Au-devant de, le long de, près de, à l'entour de, afin de.

4º Dictée nº 301 ou nº 302. — Faire faire l'une ou l'autre des deux dictées suivantes, selon la force des élèves :

DICTÉE Nº 301 (1ʳᵉ année)

La récréation vient après les études. — Réfléchissez bien avant de faire vos exercices de grammaire ; réfléchissez aussi avant de commencer votre rédaction. — Soyez studieux[1], attentifs[2] et appliqués pendant les leçons et les devoirs. — Depuis l'invention de l'imprimerie[3], tous les enfants peuvent lire dans des livres ; autrefois on lisait dans des manuscrits[4]. — Le filleul vient de voir son parrain et sa marraine qui demeurent dans ma maison ; j'habite devant la gendarmerie[5], près de la prison[6].

Explication des mots. — [1] *Studieux* : qui aime l'étude. — [2] *Attentif* : qui apporte beaucoup d'attention, beaucoup d'application à ce qu'il fait. — [3] *L'imprimerie* consiste à enduire d'encre des lettres de métal assemblées convenablement et à faire ensuite avec ces lettres des empreintes sur le papier. — [4] Les *manuscrits* sont des écrits faits à la main. — [5] *Gendarmerie* : caserne où résident les gendarmes. — [6] *Prison* : lieu où l'on enferme les accusés, les criminels.

Corrigé de la dictée. — Corriger ou faire corriger la dictée avant d'en indiquer les applications.

Interrogations. — Que signifie *studieux ? attentif ?* En quoi consiste *l'imprimerie ?* Qu'est-ce que des *manuscrits ?* la *gendarmerie ?* une *prison ?*

→ (Voir les explications ci-dessus.)

Applications écrites. — 1. Écrire les prépositions et les locutions prépositives contenues dans la dictée :

→ Après, avant de, de, avant de, pendant, depuis, de, dans, dans, de, dans, devant, près de.

LANGUE FRANÇAISE : LA PRÉPOSITION

2. Écrire les noms de la dictée qui sont au singulier avec l'article ou l'adjectif déterminatif qui les accompagne :
→ La récréation, grammaire, votre rédaction, l'invention, l'imprimerie, le filleul, son parrain, sa marraine, ma maison, la gendarmerie, la prison.

3. Mettre les noms précédents au pluriel :
→ Les récréations, grammaires, vos rédactions, les inventions, les imprimeries, les filleuls, (parrain, marraine, accompagnés de l'adjectif *son*, ne se mettent pas au pluriel parce qu'on ne peut avoir qu'un parrain, qu'une marraine), mes maisons, les gendarmeries, les prisons.

DICTÉE N° 302 (2ᵉ année)

L'ORTIE [1]

Les feuilles [2], les tiges [3], les moindres rameaux [4] de l'ortie sont hérissés [5] d'une infinité de poils raides [6], creux et remplis d'une liqueur vénéneuse [7]. Lorsqu'un de ces poils est enfoncé dans la peau, la pointe se casse. La petite fiole [8] à venin [9] s'ouvre et verse son contenu dans la blessure. De là résulte une douleur cuisante [10] mais sans gravité [11], qui se passe assez vite quand on peut plonger immédiatement sa main dans l'eau fraîche.

Explication des mots. — [1] *L'ortie* : plante commune dans nos contrées. — [2] *Feuilles* : lames vertes et plates placées les unes au-dessus des autres et portées par les tiges. — [3] *Tige* : partie de la plante qui porte les feuilles. — [4] *Rameaux* : petites branches des arbres et des arbustes. — [5] *Hérissés* : couverts. — [6] *Raides* : qu'on a de la peine à plier. — [7] *Vénéneuse* : qui contient du poison. — [8] *La petite fiole* : la petite poche où est renfermé le venin. — [9] *Venin* : poison contenu dans certaines plantes et dans le corps de certains animaux. — [10] *Douleur cuisante* : qui donne la sensation d'une brûlure. — [11] *Sans gravité* : sans danger.

Corrigé de la dictée. — Corriger ou faire corriger la dictée avant d'en indiquer les applications.

Interrogations. — Qu'est-ce que *l'ortie* ? les *feuilles* ? la *tige* ? des *rameaux* ? Que signifie *hérissés* ? *raides* ? *vénéneuse* ? *la petite fiole* ? Qu'est-ce que le *venin* ? Que signifie *douleur cuisante* ? *sans gravité* ?
→ (Voir les explications ci-dessus.)

Applications écrites. — 1. Écrire les prépositions contenues dans la dictée :
→ De, d', de, d', de, dans, à, dans, de, sans, dans.

2. Écrire les noms de la dictée qui sont au pluriel :
→ Feuilles, tiges, rameaux, poils, poils.

3. Joindre à chacun des noms précédents un adjectif qui lui convienne :
→ (*Exemple :*) Feuilles *vertes*, *longues* tiges, *faibles* rameaux, *longs* poils, *poils* blancs.

5° Exercices écrits. — Indiquer les exercices écrits à faire parmi ceux de la page 525 du livre de l'élève (exercices 649 et 650).

RÉPONSES AUX EXERCICES 649 et 650

[649]. — Écrire les phrases suivantes, souligner les prépositions :
→ Je reviens **de** la ville. — Travaille **avec** ardeur. — On fait le **pain**

avec le blé. — Range tes livres **dans** ton pupitre. — Il y a des fruits **sur** les arbres **de** notre jardin. — Le coq chante **dès** le matin.

[650]. — 1° Écrire les prépositions suivantes, souligner les prépositions simples :

→ **Outre**, au-devant de, **parmi**, le long de, **près de**, **dès**, **devant**, **par**, **à**, à l'entour de, afin de, **sous**, **suivant**, **envers**.

2° Écrire les mêmes mots, souligner les prépositions composées :

→ Outre, **au-devant de**, parmi, **le long de**, **près de**, dès, devant, par, à, **à l'entour de**, **afin de**, sous, suivant, envers.

6° Morceau à apprendre. — Indiquer un morceau de récitation à apprendre, après l'avoir expliqué, ou un morceau, déjà appris, à repasser (pages 89 à 95 du livre du maître).

7° Récitation et correction. — 1. Faire réciter le morceau. — 2. Corriger les applications de la dictée et les exercices écrits qui ont été indiqués.

152° Leçon. — **CLASSEMENT DES PRÉPOSITIONS**

1° Leçon. — Faire écrire au tableau : *Langue française. — Classement des prépositions (page 526).*

Faire apprendre la leçon (page 526 du livre de l'élève).

2° Interrogations. — Poser les questions 283 et 284 (au bas de la page 526 du livre de l'élève).

3° Exercices oraux. — 1. Faire trouver aux élèves deux phrases simples contenant chacune une préposition qui marque le temps, telles que :

→ Finissez votre devoir pendant mon absence. — Il est arrivé avant moi.

2. Faire trouver aux élèves trois phrases simples contenant chacune une préposition qui marque le lieu, telles que :

→ Nous sommes allés chez notre oncle. — J'habite derrière votre maison. — Le chien est couché auprès de son maître.

4° Dictée n° 303 ou n° 304. — Faire faire l'une ou l'autre des deux dictées suivantes, selon la force des élèves :

DICTÉE N° 303 (1re année)

Nous visiterons l'Égypte[1] avant l'Algérie[2]. — Le ballon[3] se soutenait au-dessus de la maison. — Ne sucez pas les plantes qui poussent dans les prairies, elles pourraient être vénéneuses. — Les Espagnols[4] résistèrent aux troupes de Napoléon, avec une énergie[5] admirable. — J'ai arrosé les fleurs qui sont près de ces poiriers. — Notre pendule[6] sonne avant la vôtre. — Je vous ai donné deux jouets, lequel est brisé? — Ne marchez pas derrière vos parents, vous pourriez vous perdre.

Explication des mots. — [1] *Égypte* : contrée du Nord de l'Afrique, qui a pour capitale Le Caire. — [2] *Algérie* : colonie française située au Nord de l'Afrique. — [3] *Ballon* : enveloppe d'étoffe qu'on a gonflée avec du gaz d'éclairage ; un grand filet entoure le ballon et soutient la nacelle. — [4] *Espagnols* : habitants de l'Espagne qui a pour capitale Madrid. — [5] *Énergie* : courage, fermeté. — [6] *Pendule* : sorte d'horloge.

Corrigé de la dictée. — Corriger ou faire corriger la dictée avant d'en indiquer les applications.

Interrogations. — Qu'est-ce que l'*Égypte*? l'*Algérie*? un *ballon*? Où habitent les *Espagnols*? Qu'est-ce que l'*énergie*? une *pendule*?

→ (Voir les explications ci-dessus.)

Applications écrites. — 1. Écrire les prépositions de la dictée qui marquent le temps :

→ Avant, ayant.

2. Écrire les prépositions de la dictée qui marquent le lieu :

→ Au-dessus de, dans, près de, derrière.

3. Écrire les verbes contenus dans la dictée :

→ Visiterons, soutenait, sucez, poussent, pourraient, être, résistèrent, ai arrosé, sont, sonne, ai donné, est brisé, marchez, pourriez, perdre.

DICTÉE N° 304 (2e année)

LA POMME DE TERRE

La pomme de terre fut importée[1] d'Amérique[2] en Europe, au seizième siècle, par les Espagnols. On la cultiva d'abord dans les Pays-Bas, dans les Flandres[3] et dans une partie de la Lorraine[4] ; mais la culture ne devint générale en France qu'à la fin du dix-huitième siècle, après les efforts de Parmentier[5] pour la propager[6]. Aujourd'hui, on consacre en France, chaque année, un million d'hectares[7] à la culture de cette plante.

Explication des mots. — [1] *Importée* : introduite (le contraire est exporter). — [2] *Amérique* : une des cinq parties du monde ; l'Amérique fut découverte par Christophe Colomb en 1492. — [3] Les *Pays-Bas* et les *Flandres* forment maintenant la Hollande et la Belgique. — [4] *Lorraine* : ancienne province française qui appartient en partie à l'Allemagne depuis 1871. — [5] *Parmentier* : Français qui importa en France la culture de la pomme de terre. — [6] *Propager* : répandre, faire connaître. — [7] *Hectare* : mesure de surface valant 100 ares.

Corrigé de la dictée. — Corriger ou faire corriger la dictée avant d'en indiquer les applications.

Interrogations. — Que signifie *importée*? Qu'est-ce que l'*Amérique*? Quelles contrées sont appelées les *Pays-Bas* et les *Flandres*? Qu'est-ce que la *Lorraine*? Qui était *Parmentier*? Qu'est-ce que *propager*? un *hectare*?

→ (Voir les explications ci-dessus.)

Applications écrites. — 1. Écrire les prépositions contenues dans la dictée :

→ De, d', en, par, dans, dans, dans, de, en, à, après, de, pour, en, d', à, de

2. Écrire les verbes contenus dans la dictée :

→ Fut importée, cultiva, devint, propager, consacre.

3. Conjuguer chacun de ces verbes à la première personne du singulier et à la première personne du pluriel de l'imparfait de l'indicatif :

→ J'importais, nous importions ; je cultivais, nous cultivions ; je devenais, nous devenions, je propageais, nous propagions je consacrais, nous consacrions.

5° Exercices écrits. — Indiquer les exercices écrits à faire parmi ceux de la page 526 du livre de l'élève. (exercices 652 et 653).

RÉPONSES AUX EXERCICES 652 et 653

[652]. — Écrire les phrases suivantes, souligner les prépositions qui marquent le temps :

→ Jouez **après** avoir travaillé. — **Dès** le matin, commencez vos devoirs.

[653]. — Écrire les phrases suivantes, souligner les prépositions qui marquent le lieu :

→ Aller **à** l'école. — Revenir **chez** soi. — Passer **dans** les champs. — Regarder **derrière** soi. — **Voici** le pont. — Être poli **avec** tout le monde.

6° Morceau à apprendre. — Indiquer un morceau de récitation à apprendre, après l'avoir expliqué, ou un morceau, déjà appris, à repasser (pages 89 à 95 du livre du maître).

7° Récitation et correction. — 1. Faire réciter le morceau.
— 2. Corriger les applications de la dictée et les exercices écrits qui ont été indiqués.

153ᵉ Leçon. — REMARQUES SUR QUELQUES PRÉPOSITIONS

1° Leçon. — Faire écrire au tableau : *Langue française. — Remarques sur quelques prépositions (page 527).*
Faire apprendre la leçon (page 527 du livre de l'élève).

2° Interrogations. — Poser les questions 285 et 286 (au bas de la page 527 du livre de l'élève).

3° Exercices oraux. — 1. Faire trouver aux élèves de petites phrases dans lesquelles ils emploieront *a*, verbe, et *à*, préposition, telles que :

→ Il *a* neigé ce matin *à* la ville. — Jean *a* récité ses leçons *à* son maître. — Cet enfant *a* dans sa main des fruits *à* pépins.

2. Faire trouver aux élèves de petites phrases dans lesquelles ils emploieront *des*, article, et *dès*, préposition, telles que :
→ *Des* alouettes ont chanté *dès* l'aurore. — *Des* moissons ont été faites *dès* le commencement de la semaine.

4° Dictée n° 305 ou n° 306. — Faire faire l'une ou l'autre des deux dictées suivantes, selon la force des élèves :

DICTÉE N° 305 (1re année)

Ce jardinier va à la ville porter ses légumes. — La petite Pauline a une bonne composition. — Mon oncle a un jardin à côté du parc[1] de la ville. — Le libraire a des livres à vendre. — Ma mère a acheté des pommes et des poires. — J'apprendrai ma leçon dès ce soir. — Les cultivateurs reviennent des champs dès le coucher du soleil[2]. — Soyez bons, ayez un caractère aimable et vous aurez des amis. — Cessez vos jeux dès la fin de la récréation.

Explication des mots. — [1] *Parc* : enclos d'une certaine étendue qui est souvent un lieu de promenade. — [2] *Coucher du soleil* : moment où la clarté du jour est moins vive et où l'on approche de la nuit.

Corrigé de la dictée. — Corriger ou faire corriger la dictée avant d'en indiquer les applications.

Interrogations. — Qu'est-ce qu'un *parc* ? Qu'est-ce que le *coucher du soleil* ?
→ (Voir les explications ci-dessus.)

Applications écrites. — 1. Écrire les phrases de la dictée qui renferment *dès*, préposition :
→ J'apprendrai ma leçon *dès* ce soir. — Les cultivateurs reviennent des champs *dès* le coucher du soleil. — Cessez vos jeux *dès* la fin de la récréation.

2. Composer trois phrases simples qui renferment *à*, préposition :
→ (*Exemple* :) Paul va *à* l'école. — La table *à* dessins est très haute. — Portez ces fleurs *à* votre maman.

3. Composer trois phrases simples qui renferment *a*, verbe :
→ (*Exemple* :) La couturière *a* des ciseaux, du fil, des aiguilles, des épingles et un dé. — L'élève studieux *a* de bonnes notes. — Jean *a* mal au doigt.

DICTÉE N° 306 (2° année)

NOS BOISSONS[1]

L'eau, le vin, le cidre et la bière sont des boissons rafraîchissantes et saines[2]. L'eau se trouve dans les puits[3], les rivières, les lacs[4] et la mer[5], mais l'eau de la mer ne peut être employée comme boisson. Le vin est le jus du raisin frais. Les vins de Bourgogne[6] et de Bordeaux[7] sont les plus estimés. Le cidre est le jus des pommes douces. On le fait en Bretagne[8] et en Normandie[9] dès le mois d'octobre. La bière est fabriquée dans le Nord de la France avec de l'orge[10] et du houblon[11]. Ces boissons nous soutiennent ; si l'on n'en abuse pas, elles ne causent aucun mal.

Explication des mots. — [1]*Boisson :* tout liquide qui se boit. — [2]*Saines :* qui contribuent à maintenir en bonne santé. — [3]*Puits :* trou profond et maçonné par lequel on fait monter l'eau d'une nappe souterraine. — [4]*Lac :* étendue d'eau entourée de terre de tous les côtés. — [5]*Mer :* grande étendue d'eau salée. — [6]*Bourgogne :* province située à l'Est de la France. — [7]*Bordeaux :* chef-lieu du département de la Gironde ; les vins de Bordeaux se font dans les environs de cette ville. — [8]*Bretagne :* ancienne province qui forme une grande presqu'île à l'Ouest de la France. — [9]*Normandie :* ancienne province de France située sur la mer de la Manche. — [10]*Orge :* plante à peu près semblable au blé. — [11]*Houblon :* plante grimpante employée pour la fabrication de la bière.

Corrigé de la dictée. — Corriger ou faire corriger la dictée avant d'en indiquer les applications.

Interrogations. — Qu'est-ce qu'une *boisson* ? Que signifie *saines* ? Qu'est-ce qu'un *puits* ? un *lac* ? la *mer* ? Où est située la *Bourgogne* ? *Bordeaux* ? la *Bretagne* ? la *Normandie* ? Qu'est-ce que l'*orge* ? le *houblon* ?

→ (Voir les explications ci-dessus.)

Applications écrites. — 1. Écrire la phrase de la dictée qui renferme *dès*, préposition :

→ On le fait en Bretagne et en Normandie *dès* le mois d'octobre.

2. Écrire les noms communs de la dictée qui sont au singulier :

→ L'eau, le vin, le cidre, la bière, l'eau, la mer, l'eau, la mer, boisson, le vin, le jus, du raisin, le cidre, le jus, le mois, la bière, le nord, l'orge, du houblon.

3. Composer trois phrases simples qui renferment *des*, article :

→ (*Exemple :*) Je cueille *des* fruits. — Nous traverserons *des* forêts. — Le renard a tué *des* poulets.

5° Exercices écrits. — Indiquer les exercices écrits à faire parmi ceux de la page 527 du livre de l'élève (exercices 655 et 656).

RÉPONSES AUX EXERCICES 655 et 656

655. — Écrire les phrases suivantes, indiquer entre parenthèses si *a* est verbe ou préposition :

→ Cette femme va à (préposition) la ville. — Julie *a* (verbe) fait de bons devoirs. — Son propriétaire *a* (verbe) un grand jardin. — Les abricots sont des fruits à (préposition) noyau. — J'aime à (préposition) étudier. — Le charron *a* (verbe) des voitures à (préposition) réparer.

656. — Écrire les phrases suivantes, indiquer entre parenthèses si *des* est article ou préposition :

→ Voici *des* (article) pommes bien mûres. — *Dès* (préposition) demain j'aurai *des* (article) nouvelles et je vous les porterai. — Il faut *des* (article) marteaux pour enfoncer *des* (article) clous. — *Dès* (préposition) l'aurore, les laboureurs vont dans les champs.

6° Résumé des leçons 151, 152 et 153. — Faire copier le paragraphe 280 à 286 du résumé [*Prépositions*], page 528 du livre de l'élève.

7° Morceau à apprendre. — Indiquer un morceau de récitation à apprendre, après l'avoir expliqué, ou un morceau, déjà appris, à repasser (pages 89 à 95 du livre du maître).

8° Récitation et correction. — 1. Faire réciter le morceau. — 2. Corriger les applications de la dictée et les exercices écrits qui ont été indiqués.

154ᵉ Leçon. — **RÉSUMÉ DES LEÇONS 151, 152 et 153**

1° Leçon. — Faire écrire au tableau : *Langue française. — Résumé des leçons 151, 152 et 153 (page 528).*

Faire apprendre le résumé des leçons 151, 152 et 153 (page 528 du livre de l'élève).

2° Récitation. — Faire réciter le résumé des leçons 151, 152 et 153 (page 528 du livre de l'élève).

3° Exercices oraux. — Revenir sur les parties les moins bien sues des leçons 151, 152 et 153 et les expliquer aux élèves.

4° Dictée n° 307 ou n° 308. — Faire faire l'une ou l'autre des deux dictées suivantes, selon la force des élèves :

DICTÉE N° 307 (1ʳᵉ année)

Cet homme de bien[1] a laissé des regrets[2]. — Ma hache[3] est dangereuse à manier[4]. — Toutes les élèves de cette classe ignorent la couture. — Leurs livres ne sont pas intéressants ; les miens me plaisent beaucoup. — Quelques chariots renversés par le vent sont détruits. — Ici, là, dessus, dessous, partout, je vois guirlandes[5] et drapeaux[6] envoyés par le maire[7]. — Le coq chante dès l'aube[8]. — L'isthme de Suez[9] qui rattachait l'Afrique[10] à l'Asie[11] est aujourd'hui coupé par un canal[12], le canal de Suez.

Explication des mots. — [1]*Homme de bien* : homme qui cherche à être utile aux autres hommes et qui a une bonne réputation. — [2]*A laissé des regrets* : les autres hommes éprouvent du chagrin de l'avoir perdu. — [3]*Hache* : instrument de fer tranchant adapté à un manche, dont on se sert pour fendre du bois. — [4]*Manier* : prendre avec la main, se servir. — [5]*Guirlandes* : fleurs ou branches d'arbre entrelacées et auxquelles on donne des formes variées. — [6]*Drapeau* : bannière militaire sous laquelle les soldats d'un même pays s'assemblent pour combattre l'ennemi. —

⁷*Maire :* homme choisi parmi les conseillers municipaux pour diriger une commune. — ⁸*Aube :* première partie du jour où la lumière est encore blanchâtre. — ⁹*L'isthme de Suez :* situé entre la Méditerranée et la mer Rouge. — ¹⁰*Afrique :* une des cinq parties du monde, située au Sud de l'Europe. — ¹¹*Asie :* une des cinq parties du monde, située à l'Est de l'Europe. — ¹²*Canal :* rivière creusée par la main des hommes.

Corrigé de la dictée. — Corriger ou faire corriger la dictée avant d'en indiquer les applications.

Interrogations. — Qu'est-ce qu'un *homme de bien* ? Que signifie *a laissé des regrets* ? Qu'est-ce qu'une *hache* ? Que signifie *manier* ? Qu'est-ce que des *guirlandes* ? le *drapeau* ? un *maire* ? l'*aube* ? Où est situé l'*isthme de Suez* ? l'*Afrique* ? l'*Asie* ? Qu'est-ce qu'un *canal* ?

→ (Voir les explications ci-dessus.)

Applications écrites. — 1. Écrire les adverbes contenus dans la dictée :
→ Ne pas, beaucoup, ici, là, dessus, dessous, partout, aujourd'hui.
2. Écrire les prépositions contenues dans la dictée :
→ De, à, de, par, par, dès, de, à, par, de.
3. Écrire les participes passés contenus dans la dictée :
→ Laissé, renversés, détruits, envoyés, coupé.

DICTÉE N° 308 (2ᵉ année)

LES AIGUILLES

Les aiguilles sont de petits instruments qui servent à coudre et à tricoter[1]. On fabrique les aiguilles avec de fines tiges[2] d'acier[3] coupées de même longueur. Divers ouvriers s'emparent[4] de ces tiges ; ils les aiguisent[5] d'un bout, s'efforcent d'aplatir l'autre bout et le percent d'un petit trou ; il ne reste plus qu'à polir[6] les aiguilles et à les mettre en boîtes.

Explication des mots. — ¹*Tricoter :* former des mailles, un tissu avec de la laine, du coton, à l'aide de longues aiguilles. — ²*Tiges :* petites baguettes. — ³*L'acier* est du fer combiné avec une faible quantité de charbon et devenu très dur par suite d'une préparation spéciale. — ⁴*S'emparent :* saisissent. — ⁵*Les aiguisent :* les rendent pointues. — ⁶*Polir :* rendre unies et luisantes.

Corrigé de la dictée. — Corriger ou faire corriger la dictée avant d'en indiquer les applications.

Interrogations. — Qu'est-ce que *tricoter* ? Quel est ici le sens du mot *tiges* ? Qu'est-ce que l'*acier* ? Que signifie *s'emparent* ? *les aiguisent* ? Qu'est-ce que *polir* ?

→ (Voir les explications ci-dessus.)

Applications écrites. — 1. Écrire les verbes contenus dans la dictée :
→ Sont, servent, coudre, tricoter, fabrique, coupées, s'emparent, aiguisent, s'efforcent, aplatir, percent, reste, polir, mettre.
2. Écrire l'infinitif des verbes précédents :
→ Être, servir, coudre, tricoter, fabriquer, couper, s'emparer, aiguiser, s'efforcer, aplatir, percer, rester, polir, mettre.
3. Écrire le participe passé des mêmes verbes :
→ Été, servi, cousu, tricoté, fabriqué, coupé, emparé, aiguisé, efforcé, aplati, percé, resté, poli, mis.

LANGUE FRANÇAISE : LA PRÉPOSITION

5° Exercices écrits. — — Indiquer les exercices écrits à faire parmi ceux de la page 528 du livre de l'élève (exercices 657 à 662).

RÉPONSES AUX EXERCICES 657 à 662

657. — Souligner l'*h* muet :

→ L'**h**irondelle nous quitte avant l'**h**iver. — Le hameau renferme six cents **h**abitants. — Les haricots cuisent dans la marmite. — Le hanneton est nuisible. — L'**h**ameçon s'est cassé.

658. — Remplacer les points par le mot convenable : Le forgeron bat le ... ; le bûcheron abat les ... ; le tailleur coud les ... ; le serrurier pose les ... ; le beurre se fait avec le ... ; le vigneron soigne la ... ; le soldat défend sa ... ; le chat attrape la ... et le ... .

→ Le forgeron bat le *fer* ; le bûcheron abat les *arbres* ; le tailleur coud les *vêtements* ; le serrurier pose les *serrures* ; le beurre se fait avec le *lait* ; le vigneron soigne la *vigne* ; le soldat défend sa *patrie* ; le chat attrape la *souris* et le *rat*.

659. — Mettre au singulier : les maisons, les fenêtres, les hiboux, les serpents, les instituteurs, les arbres, les nez, les croix, les bocaux, les animaux, les cheveux, ces bals, tes poireaux, les voix, les vitraux, nos bestiaux, tes fils, les époux, les salsifis.

→ La maison, la fenêtre, le hibou, le serpent, l'instituteur, l'arbre, le nez, la croix, le bocal, l'animal, le cheveu, ce bal, ton poireau, la voix, le vitrail, notre bétail, ton fils, l'époux, le salsifis.

660. — Conjuguer le verbe *avoir* au présent de l'indicatif, à l'imparfait, au passé défini, au futur, en ajoutant pour chaque temps le nom d'un outil en fer, et le verbe *être* au présent du conditionnel, au présent du subjonctif et à l'imparfait du subjonctif, en ajoutant pour chaque temps une qualité :

→ *(Exemple :)*   Verbe avoir.

Présent de l'indicatif :

J'ai une paire de tenailles.
Tu as une paire de tenailles.
Il ou elle a une paire de tenailles.
Nous avons une paire de tenailles.
Vous avez une paire de tenailles.
Ils ou elles ont une paire de tenailles.

Imparfait de l'indicatif :

J'avais un burin.
Tu avais un burin.
Il ou elle avait un burin.
Nous avions un burin.
Vous aviez un burin.
Ils ou elles avaient un burin.

Passé défini :

J'eus un étau.
Tu eus un étau.
Il ou elle eut un étau.
Nous eûmes un étau.
Vous eûtes un étau.
Ils ou elles eurent un étau.

Futur :

J'aurai une enclume.
Tu auras une enclume.
Il ou elle aura une enclume.
Nous aurons une enclume.
Vous aurez une enclume.
Ils ou elles auront une enclume.

Verbe être.

Présent du conditionnel :

Je serais charitable.
Tu serais charitable.
Il ou elle serait charitable.
Nous serions charitables.
Vous seriez charitables.
Ils ou elles seraient charitables.

Présent du subjonctif :

Que je sois obéissant.
Que tu sois obéissant.
Qu'il soit obéissant ou qu'elle soit obéissante.
Que nous soyons obéissants.
Que vous soyez obéissants.
Qu'ils soient obéissants ou qu'elles soient obéissantes.

Imparfait du subjonctif :

Que je fusse studieux.
Que tu fusses studieux.
Qu'il fût studieux ou qu'elle fût studieuse.
Que nous fussions studieux.
Que vous fussiez studieux.
Qu'ils fussent studieux ou qu'elles fussent studieuses.

661. — Mettre au féminin : un costume coquet, une coiffure ... ; l'amour fraternel, l'amitié ... ; un bon drap, une ... draperie ; son frère cadet, sa sœur ... ; un gros arbre, une ... branche ; ce fruit vermeil, cette pomme ... ; leur ancien bâtiment, leur ... maison ; un nouvel habit, une ... robe ; le sot orgueil, la ... vanité ; un bel arbre, une ... fleur ; cet homme actif, cette femme ... ; un ton bref, une parole ... ; un homme veuf, une femme ... ; ce récit instructif, cette leçon ... ; un cri plaintif, une parole ... ; le temps orageux, la journée ... ; mon cheval ombrageux, ma jument ... ; son frère jaloux, sa sœur ... .

→ Un costume coquet, une coiffure coquette ; l'amour fraternel, l'amitié fraternelle ; un bon drap, une bonne draperie ; son frère cadet, sa sœur cadette ; un gros arbre, une grosse branche ; ce fruit vermeil, cette pomme vermeille ; leur ancien bâtiment, leur ancienne maison ; un nouvel habit, une nouvelle robe ; le sot orgueil, la sotte vanité ; un bel arbre, une belle fleur ; cet homme actif, cette femme active ; un ton bref, une parole brève ; un homme veuf, une femme veuve ; ce récit instructif, cette leçon instructive ; un cri plaintif, une parole plaintive ; le temps orageux, la journée orageuse ; mon cheval ombrageux, ma jument ombrageuse ; son frère jaloux, sa sœur jalouse.

[662]. — Écrire les phrases suivantes, souligner les prépositions :

→ Le laboureur sème **pour** récolter. — Il faut faire l'aumône **selon** ses ressources. — Il est **en** retard **par** sa faute. — Revenez **par** le bois. — On n'aime pas les enfants **sans** cœur. — Il travaille **après** l'école. — Nous étudions **pendant** la classe.

6° Analyse grammaticale *(Deuxième année)*. — Donner à faire aux élèves de deuxième année l'analyse grammaticale suivante :

Analyse grammaticale n° 31. — La vie est souvent difficile et on rencontre souvent des gens méchants.

→ La	art. simp., fém. sing., annonce que *vie* est déterminé.
vie	n. comm., fém. sing., sujet de *est*.
est	v. subst. *être*, 4ᵉ conj., mode ind., temps prés., 3ᵉ pers. du sing.
souvent	adverbe.
difficile	adj. qualif., fém. sing., attribut de *vie*.

Le gérant : PAUL DUPONT.

LANGUE FRANÇAISE : LA PRÉPOSITION

et	conj.
on	pron. indéf., masc. sing., sujet de *rencontre*.
rencontre	v. actif *rencontrer*, 1re conj., mode ind., temps prés., 3e pers. du sing.
souvent	adverbe.
des	art. partitif, masc. plur., annonce que *gens* est pris dans un sens partitif.
gens	n. comm., masc. plur., compl. direct de *rencontre*.
méchants.	adj. qualif., masc. plur., qualifie *gens*.

7° Morceau à apprendre. — Indiquer un morceau de récitation à apprendre, après l'avoir expliqué, ou un morceau, déjà appris, à repasser (pages 89 à 95 du livre du maître).

8° Récitation et correction. — 1. Faire réciter le morceau. — 2. Corriger les applications de la dictée, l'analyse grammaticale et les exercices écrits qui ont été indiqués.

155e Leçon. — EXERCICES DE RÉCAPITULATION

1° Leçon. — Faire écrire au tableau : *Langue française. — Exercices de récapitulation (page 529).*

2° Interrogations. — Si les leçons 151, 152, 153 et 154 n'ont pas été suffisamment sues, poser de nouveau les questions 280 à 286 (au bas des pages 525, 526 et 527 du livre de l'élève) et faire réciter encore le résumé des leçons 151, 152 et 153 (page 528 du livre de l'élève).

3° Exercices oraux. — Expliquer les parties des leçons 151, 152 et 153 qui n'auraient pas été bien comprises.

4° Dictée n° 309 ou n° 310. — Faire faire l'une ou l'autre des deux dictées suivantes, selon la force des élèves :

DICTÉE N° 309 (1re année)

LA VACHE

La vache est un animal domestique très utile. Sa chair est une excellente nourriture [1] ; avec son lait on peut faire des fromages et la crème [2] de ce lait donne le beurre. La peau de cet animal devient du cuir [3] et ses cornes servent à fabriquer des peignes, des tabatières et beaucoup d'autres petits objets. La vache est aussi utile au cultivateur à qui elle donne son fumier [4].

Explication des mots. — [1] *Nourriture* : ce qui sert à notre alimentation. — [2] *Crème* : la partie la plus grasse du lait ; la crème monte à la surface du liquide lorsqu'on le laisse reposer. — [3]*Cuir* : peau de certains animaux qui a subi une préparation spéciale. — [4]*Fumier* : paille qui a servi de litière aux chevaux, aux bestiaux. Le fumier sert à engraisser la terre.

Corrigé de la dictée. — Corriger ou faire corriger la dictée avant d'en indiquer les applications.

Interrogations. — Qu'est-ce que la *nourriture* ? la *crème* ? le *cuir* ? le *fumier* ?

→ (Voir les explications ci-dessus.)

Applications écrites. — 1. Écrire l'infinitif des verbes contenus dans la dictée :

→ Être, être, pouvoir, faire, donner, devenir, servir, fabriquer, être, donner.

2. Écrire les noms de la dictée avec l'article ou l'adjectif déterminatif qui les accompagne :

→ La vache, un animal, sa chair, une nourriture, son lait, des fromages, la crème, ce lait, le beurre, la peau, cet animal, du cuir, ses cornes, des peignes, des tabatières, des objets, la vache, au cultivateur, son fumier.

3. Mettre au pluriel les noms qui sont au singulier et qui peuvent s'employer au pluriel :

→ Les vaches, des animaux, ses chairs, les crèmes, les peaux, ces animaux, des cuirs, les vaches, aux cultivateurs, ses fumiers. (Les mots *nourriture, lait* et *beurre* ne s'emploient généralement pas au pluriel.)

DICTÉE N° 310 (2e année).

LES BONS FILS

Les bons fils respectent leurs parents, leurs tuteurs [1] ; ils se sentent leurs inférieurs [2]. Malgré les rapports de tendresse [3] et d'affection qu'ils ont avec leur père et leur mère, ils ne voudraient jamais les traiter en égaux et en camarades.

C'est par leurs paroles, leurs actes, leur attitude [4] et leur application au travail que les bons fils témoignent leur respect pour leurs parents et leurs aïeuls [5]. Ces enfants respectent aussi le nom qu'ils portent.

Explication des mots. — [1]*Tuteur* : celui à qui la loi reconnaît de l'autorité sur un enfant qui a perdu ses parents. — [2]*Leurs inférieurs* : ils reconnaissent qu'ils ont moins d'expérience et de sagesse que leurs parents. — [3]*Rapports de tendresse* : l'échange réciproque de tendresse entre parents et enfants. — [4]*Leur attitude* : la façon de se tenir devant les parents. — [5]*Aïeul et aïeule* : grand-père et grand'mère.

Corrigé de la dictée. — Corriger ou faire corriger la dictée avant d'en indiquer les applications.

Interrogations. — Qu'est-ce qu'un *tuteur* ? Que signifie *leurs inférieurs* ? les *rapports de tendresse* ? *leur attitude* ? Qu'est-ce que leurs *aïeuls* ?

→ (Voir les explications ci-dessus.)

LANGUE FRANÇAISE : **LA PRÉPOSITION**

Applications écrites. — **1.** Écrire les verbes de la dictée et indiquer, entre parenthèses, à quelle conjugaison ils appartiennent :
→ *Respectent* (1re conj.) ; *sentent* (2e conj.) ; *ont* (3e conj.) ; *voudraient* (3e conj.) ; *traiter* (1re conj.) ; *est* (4e conj.) ; *témoignent* (1re conj.) ; *respectent* (1re conj.) ; *portent* (1re conj.).

2. Conjuguer chacun des verbes précédents à la deuxième personne du singulier et à la deuxième personne du pluriel du passé défini :
→ Tu respectas, vous respectâtes ; tu sentis, vous sentîtes ; tu eus, vous eûtes ; tu voulus, vous voulûtes ; tu traitas, vous traitâtes ; tu fus, vous fûtes ; tu témoignas, vous témoignâtes ; tu respectas, vous respectâtes ; tu portas, vous portâtes.

3. Conjuguer ces mêmes verbes à la deuxième personne du singulier et à la deuxième personne du pluriel du futur simple :
→ Tu respecteras, vous respecterez ; tu sentiras, vous sentirez ; tu auras, vous aurez ; tu voudras, vous voudrez ; tu traiteras, vous traiterez ; tu seras, vous serez ; tu témoigneras, vous témoignerez ; tu respecteras, vous respecterez ; tu porteras, vous porterez.

5° Exercices écrits. — Indiquer les exercices écrits à faire parmi ceux de la page 529 du livre de l'élève (exercices 663 à 666).

RÉPONSES AUX EXERCICES 663 à 666

663. — Mettre *l'*, *le*, *la* ou *les* devant les mots suivants : mer, serres, fleurs, cheval, lion, statue, cahier, France, oreilles, étoffe, noix, épine, marins, épaule, épaules, nez, pays, fontaine.
→ La mer, les serres, les fleurs, le cheval, le lion, la statue, le cahier, la France, les oreilles, l'étoffe, la noix, l'épine, les marins, l'épaule, les épaules, le nez, le pays, la fontaine.

664. — Mettre au féminin : l'enfant bavard, le lourd porte-plume, le long devoir, son petit chat, notre tableau noir, ce cheval rétif, ce rossignol prisonnier, le garçon fluet, le wagon complet, l'homme boudeur, le mot secret, le manteau blanc, l'âne vif et impétueux, le gentil animal, un bijou ancien.
→ La petite fille bavarde, la lourde règle, la longue copie, sa petite chatte, notre table noire, cette jument rétive, cette pie prisonnière, la fille fluette, la voiture complète, la femme boudeuse, la parole secrète, la mante blanche, l'ânesse vive et impétueuse, la gentille bête, une bague ancienne.

665. — Écrire en toutes lettres les adjectifs numéraux : Jean est le 1er à la 5e composition. Pierre n'est que le 7e à la 6e composition. — 10 fois 100 font 1.000. — 200 fois 20 font 4.000. — Nous sommes en l'année 1897. — Cet homme a économisé 5.700 francs, plus 8.420 francs en 25 ans. — Je viens de vendre 2.000 fagots, 290 bûches.
→ Jean est le *premier* à la *cinquième* composition. Pierre n'est que le *septième* à la *sixième* composition. — *Dix* fois *cent* font *mille*. — *Deux cents* fois *vingt* font *quatre mille*. — Nous sommes en l'année *mil huit cent quatre-vingt-dix-sept*. — Cet homme a économisé *cinq mille sept cents* francs, plus *huit mille quatre cent vingt* francs en *vingt-cinq* ans. — Je viens de vendre *deux mille* fagots, *deux cent quatre-vingt-dix* bûches.

666. — *C'est jour de congé. Deux petits garçons pêchent à la ligne. Faire un récit sur ce que représente cette figure.*

→ *Développement.* — C'est jeudi; Médéric Morillon et Paul Guillot profitent de leur congé pour aller à la pêche. C'est un plaisir pour eux de tendre la ligne sur le bord de la Charente qui coule non loin de la ferme de Douzillet.

Ce genre de distraction ne m'amuse pas du tout; je ne trouve aucun plaisir à faire souffrir les pauvres petits poissons; mais les goûts ne sont pas les mêmes chez tout le monde.

Les deux enfants, montés sur un bateau à laver, sont immobiles et attendent; l'un, assis sur un gros pieu, tient sa ligne de la main droite en regardant le vase de fer-blanc dans lequel il a mis des vers de terre pour amorcer sa ligne. L'autre petit garçon vient de prendre un joli goujon qui se débat au bout de l'hameçon; il avance en ce moment la main gauche pour le saisir. Mais il me semble que l'imprudent pêcheur est bien près du bord; s'il allait tomber dans l'eau! La pêche est un plaisir dangereux. Aussi les petits enfants comme moi doivent obéir à leur maman qui leur défend d'aller pêcher.

RÉDACTION CONCENTRIQUE N° 64

(GARÇONS)

Promenade à la campagne au printemps. Quelles fleurs voyez-vous ?

(Le même sujet est traité dans la leçon correspondante du cours moyen.)

Plan. — Vous allez à la campagne. Vous voyez des fleurs, des papillons

LANGUE FRANÇAISE : **LA PRÉPOSITION** 69

et des oiseaux. — Dites ce qui vous a le plus intéressé dans votre promenade.

→ *Développement.* — J'ai fait une bien belle promenade dimanche dernier. Je suis allé d'abord chez mon oncle, où j'ai vu des arbres tout blancs de fleurs et beaucoup de chèvrefeuille et de lilas. Il paraît que les arbres blancs de mon oncle sont des cerisiers, des amandiers et des pommiers, qui donneront des fruits à l'arrière-saison. S'il y a autant de fruits que de fleurs, quelle belle provision il y aura !

En quittant le jardin de mon oncle, nous sommes allés dans les champs. J'y ai vu beaucoup de fleurs de toutes couleurs dont je ne sais pas bien les noms ; mais, ce qui m'a le plus amusé, c'est de regarder les papillons et de courir après eux. A la fin, j'en ai attrapé un tout jaune que j'ai mis dans une petite boîte de carton, pour le rapporter à la maison. C'est bien joli, les papillons ! Seulement, dès qu'on y touche, on les abîme. Ils ont, sur les ailes, une poussière qui s'en va très facilement. A un moment, j'ai eu bien peur ; j'allais cueillir une pâquerette, lorsqu'un petit serpent a passé près de ma main. Il paraît que c'était un orvet, un petit serpent doux comme un lézard ; mon frère Henri voulait l'attraper, pour jouer avec lui, mais il n'a pas pu.

Et puis, à ma grande joie, j'ai trouvé, dans le cours de ma promenade, au pied d'un arbre, un chardonneret qui ne pouvait pas encore voler. Je l'ai emporté dans un petit nid que j'ai fait avec des herbes, et j'espère bien que je réussirai à l'élever. Je lui mets dans le bec du pain trempé dans du vin et des petits morceaux de mouche.

RÉDACTION CONCENTRIQUE N° 62
(FILLES)

La floraison des lilas.

(Le même sujet est traité dans la leçon correspondante du cours moyen.)

Plan. — Vous allez dans un jardin plein de lilas. — Parfum délicieux. — Vous faites des bouquets et des colliers.

→ *Développement.* — Le plus beau moment de l'année, c'est celui de la floraison des lilas. Les lilas sont en fleurs à peu près pendant quinze jours. C'est bien court, mais c'est si joli !

Cette année, les lilas ont fleuri pendant les vacances de Pâques et j'en ai profité. J'étais à la campagne, chez mon parrain.

Tous les jours, je faisais un bouquet de lilas pour mettre sur la table de la salle à manger. Une fois, j'avais mis un gros bouquet de ces belles fleurs dans ma chambre, mais le lendemain matin, j'ai presque été malade. Maman m'avait pourtant bien dit que l'odeur des lilas peut faire beaucoup de mal et qu'il est mauvais d'en garder la nuit dans sa chambre, mais je l'avais oublié.

Souvent, je ne cueillais pas de fleurs de lilas. Je m'asseyais sous les arbres et je ramassais les fleurs tombées. Je les enfilais, comme on enfile des perles, et j'en faisais un long collier que je mettais dans mes cheveux ou autour de mon cou.

Pendant que j'enfilais les lilas, j'entendais les oiseaux chanter. Je crois que les oiseaux sont comme moi, et qu'ils aiment beaucoup les lilas.

Il me tarde bien d'être à l'année prochaine pour revoir les lilas en fleurs et sentir leur doux parfum.

Vive la saison des lilas !

6° Morceau à apprendre. — Indiquer un morceau de récitation à apprendre, après l'avoir expliqué, ou un morceau, déjà appris, à repasser (pages 89 à 95 du livre du maître).

7° Récitation et correction. — 1. Faire réciter le morceau. — 2. Corriger les applications de la dictée, les rédactions et les exercices écrits qui ont été indiqués.

156° Leçon. — RÉSUMÉ DES 6°, 7° ET 8° MOIS

1° Leçon. — Faire écrire au tableau : *Langue française. — Résumé des 6°, 7° et 8° mois (page 530).*

Faire apprendre le résumé des 6°, 7° et 8° mois (page 530 du livre de l'élève).

2° Récitation. — Faire réciter le résumé des 6°, 7° et 8° mois (page 530 du livre de l'élève).

3° Exercices oraux. — Revenir sur les parties les moins bien sues du résumé des 6°, 7° et 8° mois et les expliquer aux élèves.

4° Dictée n° 311 ou n° 312. — Faire faire l'une ou l'autre des deux dictées suivantes, selon la force des élèves :

DICTÉE N° 311 (1re année)

Le livre du maître est gros, celui-ci est plus petit ; je prends ces livres-ci et je vais les porter sur le bureau. — Cette robe est la mienne ; celle-là, qui n'est pas neuve, est la vôtre. — Quiconque veut être heureux, doit travailler ; personne ne peut compter sur les faveurs [1] — Devant la maison, au-dessous de cette fenêtre, au-dessus de celle-ci, on posa des fleurs. — Les tambours [2] sont placés devant les soldats. — Henri IV[3] aimait beaucoup son peuple et surtout les paysans.

Explication des mots. — [1] *Les faveurs* : les bienfaits, les protections qu'on peut attendre des autres. — [2] *Tambours* : signifie ici les soldats qui portent des tambours. — [3] *Henri IV* : roi de France.

Corrigé de la dictée. — Corriger ou faire corriger la dictée avant d'en indiquer les applications.

Interrogations. — Qu'est-ce que les *faveurs* ? les *tambours* ? Qui était *Henri IV* ?
→ (Voir les explications ci-dessus.)

Applications écrites. — 1. Écrire les pronoms démonstratifs contenus dans la dictée et indiquer, entre parenthèses, quels noms ils remplacent :
→ Celui-ci (livre) ; celle-là (robe) ; celle-ci (fenêtre).

2. Écrire les prépositions et les locutions prépositives contenues dans la dictée :
→ Sur, sur, devant, au-dessous de, au-dessus de, devant.

3. Écrire les verbes contenus dans la dictée qui sont au mode indicatif :
→ Est, est, prends, vais, est, est, est, veut, doit, peut, posa, sont placés, aimait.

DICTÉE N° 312 (2ᵉ année)

LE SEL [1]

Vous pensez peut-être qu'il n'y a que l'homme qui s'alimente[2] de sel ? Point du tout. Les animaux, les herbivores[3] principalement, en sont tout à fait friands[4]. Et le meilleur moyen d'exciter leur appétit, c'est d'augmenter la saveur[5] de leur foin[6] en y ajoutant un peu de sel. Tout comme l'enfant qui aime mieux manger une tartine de confitures qu'un morceau de pain sec, le bœuf et le mouton mangent mieux le fourrage[7] qu'on leur sert additionné[8] de sel.

Explication des mots. — [1] *Le sel* est une substance que l'on tire soit de l'eau de mer (sel marin), soit du sol (sel gemme). — [2] *S'alimenter* : se nourrir. — [3] *Herbivores* : animaux qui se nourrissent d'herbes. — [4] *En sont friands* : le recherchent et le mangent avec délices. — [5] *La saveur* : le goût. — [6] *Foin* : herbe des prairies quand elle est sèche. — [7] *Fourrage*, c'est-à-dire l'herbe, le foin, la paille. — [8] *Additionné* : veut dire ici mélangé.

Corrigé de la dictée. — Corriger ou faire corriger la dictée avant d'en indiquer les applications.

Interrogations. — Qu'est-ce que le *sel* ? Que veut dire *s'alimenter* ? *en sont friands* ? Qu'est-ce que les *herbivores* ? la *saveur* ? le *foin* ? le *fourrage* ? Que signifie *additionné* ?
→ (Voir les explications ci-dessus.)

Applications écrites. — 1. Écrire les adverbes et les locutions adverbiales contenus dans la dictée :
→ Peut-être, n' que, point du tout, principalement, tout à fait, mieux, mieux.

2. Écrire les verbes contenus dans la dictée :
→ Pensez, a, alimente, sont, exciter, est, augmenter, ajoutant, aime, manger, mangent, sert, additionné.

3. Écrire le participe passé des verbes précédents :
→ Pensé, eu, alimenté, été, excité, été, augmenté, ajouté, aimé, mangé, mangé, servi, additionné.

5° Exercice écrit. — Faire conjuguer aux élèves les verbes : *sonner, bâtir, avoir* et *être* au présent du conditionnel et au présent du subjonctif.

6° Morceau à apprendre. — Indiquer un morceau de récitation à apprendre, après l'avoir expliqué, ou un morceau, déjà appris, à repasser (pages 89 à 95 du livre du maître).

7° Récitation et correction. — 1. Faire réciter le morceau. — 2. Corriger les applications de la dictée et l'exercice écrit qui a été indiqué.

157ᵉ Leçon. — RÉSUMÉ DES 6ᵉ, 7ᵉ ET 8ᵉ MOIS *(Suite)*

1° Leçon. — Faire écrire au tableau : *Langue française.* — *Résumé des 6ᵉ, 7ᵉ et 8ᵉ mois (suite) (page 531).*

Faire apprendre le résumé des 6ᵉ, 7ᵉ et 8ᵉ mois *(suite)* (page 531 du livre de l'élève).

2° Récitation. — Faire réciter le résumé des 6ᵉ, 7ᵉ et 8ᵉ mois *(suite)* (page 531 du livre de l'élève).

3° Exercices oraux. — Revenir sur les parties les moins bien sues du résumé des 6ᵉ, 7ᵉ et 8ᵉ mois *(suite)* et les expliquer aux élèves.

4° Dictée n° 313 ou n° 314. — Faire faire l'une ou l'autre des deux dictées suivantes, selon la force des élèves :

DICTÉE N° 313 (1ʳᵉ année)

A Lille[1] et aux environs on fabrique de la toile[2], du drap[3] et des tissus de coton[4]. — La respiration est l'action d'aspirer[5] et de rejeter[6] de l'air ; c'est par la respiration que le sang noir[7] se transforme en sang rouge[8]. — Mes petits enfants, aimez-vous les uns les autres. — Paris est une ville ancienne et superbe, bâtie sur les deux rives[9] de la Seine. — Les jardins de Versailles[10] sont magnifiques et étendus ; ils sont ornés de grandes pièces d'eau et de gracieuses statues[11].

Explication des mots. — [1] *Lille* : chef-lieu du département du Nord. — [2] *Toile* : tissu obtenu avec les fils du lin ou du chanvre. — [3] *Drap* : tissu fabriqué avec la laine des moutons. — [4] *Tissu de coton* : étoffe fabriquée avec le duvet qui enveloppe la graine du cotonnier. — [5] *Aspirer* : faire entrer de l'air dans la poitrine. — [6] *Rejeter l'air* : faire sortir de la poitrine l'air impur qu'elle contient. — [7] *Le sang noir* : le sang qui, pendant son passage dans les différentes parties du corps, s'est chargé d'un gaz impur appelé acide carbonique qui lui a donné une couleur plus foncée. — [8] *Sang rouge* : le sang noir amené dans les poumons se trouve au contact de l'air et redevient rouge, c'est-à-dire propre à nourrir le corps. — [9] *Rives* : bords. — [10] *Versailles* : chef-lieu du département de Seine-et-Oise.

Corrigé de la dictée. — Corriger ou faire corriger la dictée avant d'en indiquer les applications.

Interrogations. — Qu'est-ce que *Lille* ? de la *toile* ? du *drap* ? les *tissus de coton* ? Qu'est-ce que *aspirer* ? *rejeter l'air* ? Quand le sang est-il *noir* ? Quand est-il *rouge* ? Qu'est-ce que les *rives* d'un fleuve ? *Versailles* ?

→ (Voir les explications ci-dessus.)

Applications écrites. — 1. Écrire les noms propres contenus dans la dictée :

→ Lille, Paris, Seine, Versailles.

2. Écrire les noms communs contenus dans la dictée :

→ Environs, toile, drap, tissus, coton, respiration, action, air, respiration, sang, sang, enfants, ville, rives, jardins, pièces, eau, statues.

DICTÉE N° 314 (2e année)

LES NUAGES

Les nuages sont formés par de la vapeur d'eau [1]. En devenant plus froids, ils se transforment en pluie qui tombe sur le sol. En hiver, l'eau des nuages se gèle et il tombe de la neige [2]. En été, sous l'influence de l'électricité [3], il se forme parfois de la grêle [4]. Celle-ci cause souvent des dégâts considérables.

Explication des mots. — [1] *Vapeur d'eau* : eau qui est dans l'air à l'état de gaz. — [2] *Neige* : forme que prend la pluie lorsqu'elle traverse de l'air très froid. Si l'air est agité, la neige tombe en flocons irréguliers ; si l'air est calme, le flocon de neige a la forme d'une étoile à six rayons. — [3] *Électricité* : pouvoir qu'ont certains corps d'attirer ou de repousser d'autres corps. C'est l'électricité qui produit des étincelles électriques pendant les orages. — [4] *Grêle* : pluie qui tombe à l'état de glace.

Corrigé de la dictée. — Corriger ou faire corriger la dictée avant d'en indiquer les applications.

Interrogations. — Qu'est-ce que la *vapeur d'eau* ? la *neige* ? l'*électricité* ? la *grêle* ?

→ (Voir les explications ci-dessus.)

Applications écrites. — 1. Écrire les verbes contenus dans la dictée :

→ Sont formés, devenant, transforment, tombe, gèle, tombe, forme, cause.

2. Conjuguer les verbes précédents à la troisième personne du singulier et à la troisième personne du pluriel du futur simple :

→ Il formera, ils formeront ; il deviendra, ils deviendront ; il transformera, ils transformeront ; il tombera, ils tomberont ; il gèlera, ils gèleront ; il tombera, ils tomberont ; il formera, ils formeront ; il causera, ils causeront.

5° Exercices écrits. — Indiquer les exercices écrits à faire parmi ceux de la page 531 du livre de l'élève (exercices 668 à 671).

RÉPONSES AUX EXERCICES 668 à 671

668. — Mettre un sujet à la place des points : Le ... gronde. — L' ... chante. — L' ... est en fleurs. — La ... sonne. — La ... passe à Paris. —

... passe à Orléans et à Nantes. — La ... passe à Toulouse et à Bordeaux. — Le ... traverse Lyon. — L'... butine les fleurs et donne le miel. — La ... nous donne le lait.

→ Le *tonnerre* gronde. — L'*oiseau* chante. — L'*arbre* est en fleurs. — La *cloche* sonne. — La *Seine* passe à Paris. — La *Loire* passe à Orléans et à Nantes. — La *Garonne* passe à Toulouse et à Bordeaux. — Le *Rhône* traverse Lyon. — L'*abeille* butine les fleurs et donne le miel. — La *vache* nous donne le lait.

669. — Mettre un complément à la place des points : Le médecin soigne le ... . — Duguesclin battit les ... . — Jeanne d'Arc mourut à ... . — Le cerisier produit des ... . — Le pommier produit des ... . — Le berger conduit les ... .

→ Le médecin soigne le *malade*. — Duguesclin battit les *Anglais*. — Jeanne d'Arc mourut à *Rouen*. — Le cerisier produit des *cerises*. — Le pommier produit des *pommes*. — Le berger conduit les *moutons*.

670. — Conjuguer au présent de l'indicatif, à l'imparfait, au passé défini et au futur le verbe : *recevoir son parent*.

Présent de l'indicatif :

Je reçois mon parent.
Tu reçois ton parent.
Il ou elle reçoit son parent.
Nous recevons notre parent.
Vous recevez votre parent.
Ils ou elles reçoivent leur parent.

Imparfait :

Je recevais mon parent.
Tu recevais ton parent.
Il ou elle recevait son parent.
Nous recevions notre parent.
Vous receviez votre parent.
Ils ou elles recevaient leur parent.

Passé défini :

Je reçus mon parent.
Tu reçus ton parent.
Il ou elle reçut son parent.
Nous reçûmes notre parent.
Vous reçûtes votre parent.
Ils ou elles reçurent leur parent.

Futur :

Je recevrai mon parent.
Tu recevras ton parent.
Il ou elle recevra son parent.
Nous recevrons notre parent.
Vous recevrez votre parent.
Ils ou elles recevront leur parent.

671. — Conjuguer à l'impératif, au présent du conditionnel, au présent et à l'imparfait du subjonctif le verbe : *rendre la monnaie*.

Impératif :

Rends la monnaie.
Rendons la monnaie.
Rendez la monnaie.

Présent du conditionnel :

Je rendrais la monnaie.
Tu rendrais la monnaie.
Il ou elle rendrait la monnaie.
Nous rendrions la monnaie.
Vous rendriez la monnaie.
Ils ou elles rendraient la monnaie.

Présent du subjonctif :

Que je rende la monnaie.
Que tu rendes la monnaie.
Qu'il ou qu'elle rende la monnaie.
Que nous rendions la monnaie.
Que vous rendiez la monnaie.
Qu'ils ou qu'elles rendent la monnaie.

LANGUE FRANÇAISE : RÉSUMÉ DES 6ᵉ, 7ᵉ ET 8ᵉ MOIS

Imparfait :
Que je rendisse la monnaie.
Que tu rendisses la monnaie.
Qu'il ou qu'elle rendît la monnaie.
Que nous rendissions la monnaie.
Que vous rendissiez la monnaie.
Qu'ils ou qu'elles rendissent la monnaie.

6° Morceau à apprendre. — Indiquer un morceau de récitation à apprendre, après l'avoir expliqué, ou un morceau, déjà appris, à repasser (pages 89 à 95 du livre du maître).

7° Récitation et correction. — 1. Faire réciter le morceau. — 2. Corriger les applications de la dictée et les exercices écrits qui ont été indiqués.

158ᵉ Leçon. — **RÉSUMÉ DES 6ᵉ, 7ᵉ ET 8ᵉ MOIS** (*Fin*).

1° Leçon. — Faire écrire au tableau : *Langue française. — Résumé des 6ᵉ, 7ᵉ et 8ᵉ mois (fin) (page 532).*
Faire apprendre le résumé des 6ᵉ, 7ᵉ et 8ᵉ mois (*fin*) (page 532 du livre de l'élève).

2° Récitation. — Faire réciter le résumé des 6ᵉ, 7ᵉ et 8ᵉ mois (*fin*) (page 532 du livre de l'élève).

3° Exercices oraux. — Revenir sur les parties les moins bien sues du résumé des 6ᵉ, 7ᵉ et 8ᵉ mois (*fin*) et les expliquer aux élèves.

4° Dictée n° 315 ou n° 316. — Faire faire l'une ou l'autre des deux dictées suivantes, selon la force des élèves :

DICTÉE N° 315 (1ʳᵉ année)

Le Président de la République[1] est chargé de faire exécuter les lois[2] ; il est aidé par des ministres[3]. — Dans les régions de l'Ouest de la France, le climat[4] est généralement humide[5] et tempéré[6], à cause du voisinage de la mer. — On distingue dans le squelette[7] les os de la tête ; ceux qui sont en avant de la tête sont les os de la face[8] ; ceux qui sont en arrière sont les os du crâne[9]. — Il y a cent moyens de faire plaisir à ses parents et à ses amis. — J'aimerais que Jeanne offrît un bouquet à sa maman le jour de sa fête.

Explication des mots. — [1]*République* : gouvernement actuel de la France, établi depuis le 4 septembre 1870. — [2]*Les lois* : les règles établies par les députés et les sénateurs, et que tous les Français doivent observer. —

[3] *Les ministres* sont des hommes qui ont eu la confiance des députés et des sénateurs, et que le Président de la République nomme pour l'aider dans l'exercice de son pouvoir. — [4] *Le climat* : la température. — [5] Le climat est humide parce que l'air de cette région contient beaucoup de vapeur d'eau. — [6] *Tempéré* : qui n'est ni trop chaud ni trop froid. — [7] *Squelette* : ensemble de tous les os du corps humain. — [8] *La face* : le visage. — [9] *Crâne* : partie osseuse qui contient le cerveau.

Corrigé de la dictée. — Corriger ou faire corriger la dictée avant d'en indiquer les applications.

Interrogations. — Qu'est-ce que la *République* ? les *lois* ? les *ministres* ? le *climat* ? Quand un climat est-il *humide* ? Que signifie *tempéré* ? Qu'est-ce qu'un *squelette* ? la *face* ? le *crâne* ?

→ (Voir les explications ci-dessus.)

Applications écrites. — 1. Écrire les participes passés contenus dans la dictée :

→ Chargé, aidé, tempéré.

2. Écrire les différentes formes de ces participes passés :

→ Chargé, chargée, chargés, chargées.

Aidé, aidée, aidés, aidées.

Tempéré, tempérée, tempérés, tempérées.

3. Conjuguer le verbe *distinguer* au présent de l'indicatif et au futur simple.

→ *Présent de l'indicatif* : Je distingue, tu distingues, il ou elle distingue, nous distinguons, vous distinguez, ils ou elles distinguent.

Futur : Je distinguerai, tu distingueras, il ou elle distinguera, nous distinguerons, vous distinguerez, ils ou elles distingueront.

DICTÉE N° 316 (2ᵉ année)

LES GRAND'MÈRES

On ne rend pas assez justice aux grand'mères. On ne voit trop souvent en elles que l'affection qui gâte[1] ; elles représentent aussi l'affection qui guide[2]. Une maison où le fauteuil de l'aïeule[3] est vide[4] n'est jamais une maison tout à fait pleine ; car l'aïeule représente au foyer[5] domestique le passé, c'est-à-dire un trésor[6] d'expérience[7], de patience, de prévoyance[8].

Explication des mots. — [1] *Qui gâte* : qui entretient les défauts par trop d'indulgence. — [2] *Qui guide* : qui montre ce que l'on doit faire de bien. — [3] *L'aïeule* : la grand'mère. — [4] *Le fauteuil est vide* est mis pour la grand'mère est morte. — [5] *Au foyer* : dans la famille. — [6] *Un trésor* : une réunion de qualités précieuses. — [7] *Expérience* : connaissance des choses que l'on ne peut acquérir que soi-même et par un long usage. — [8] *Prévoyance* : habitude de voir ce qui peut arriver et de prendre de sages précautions.

Corrigé de la dictée. — Corriger ou faire corriger la dictée avant d'en indiquer les applications.

Interrogations. — Que signifie *qui gâte* ? *qui guide* ? Qu'est-ce que *l'aïeule* ? Que signifie *le fauteuil est vide* ? *au foyer* ? Qu'est-ce qu'un *trésor* ? *l'expérience* ? la *prévoyance* ?

→ (Voir les explications ci-dessus.)

Applications écrites. — 1. Écrire les verbes contenus dans la dictée et les faire précéder de leurs sujets :
→ On rend, on voit, qui gâte, elles représentent, qui guide, le fauteuil est, une maison est, l'aïeule représente.
2. Écrire les noms contenus dans la dictée :
→ Grand'mères, justice, grand'mères, affection, affection, maison, fauteuil, aïeule, maison, aïeule, foyer, passé, trésor, expérience, patience, prévoyance.
3. Ajouter à chacun des noms précédents un adjectif qui lui convient :
→ (Exemple :) Grand'mères infirmes, bonne justice, affectueuses grand'mères, profonde affection, sincère affection, grande maison, fauteuil confortable, bonne aïeule, gaie maison, prudente aïeule, foyer hospitalier, triste passé, riche trésor, pénible expérience, patience insuffisante, sage prévoyance.

5° Exercices écrits. — Indiquer les exercices écrits à faire parmi ceux de la page 532 du livre de l'élève (exercices 673 et 674).

RÉPONSES AUX EXERCICES 673 et 674

673. — Mettre au pluriel les phrases suivantes : Je mange peu. — Tu jouais beaucoup. — Il apporta un fruit. — Elle définit ce mot. — C'est moi qui parle tout haut. — C'est toi qui reçois le bon point. — Rendras-tu ce papier ? — Il faut que tu finisses cette page.
→ Nous mangeons peu. — Vous jouiez beaucoup. — Ils apportèrent des fruits. — Elles définirent ces mots. — C'est nous qui parlons tout haut. — C'est vous qui recevez les bons points. — Rendrez-vous ces papiers ? — Il faut que vous finissiez ces pages.

674. — Mettre au singulier les phrases suivantes : Nous recevrons nos amis. — Vous finirez vos devoirs. — Ils jouent pendant la récréation. — Elles marchent vite en revenant de classe. — Il faut que vous appreniez vos récitations.
→ Je recevrai mon ami. — Tu finiras ton devoir. — Il joue pendant la récréation. — Elle marche vite en revenant de classe. — Il faut que tu apprennes ta récitation.

6° Morceau à apprendre. — Indiquer un morceau de récitation à apprendre, après l'avoir expliqué, ou un morceau, déjà appris, à repasser (pages 89 à 95 du livre du maître).

7° Récitation et correction. — 1. Faire réciter le morceau. — 2. Corriger les applications de la dictée et les exercices écrits qui ont été indiqués.

159ᵉ Leçon. — EXERCICES DE RÉCAPITULATION

1° Leçon. — Faire écrire au tableau : *Langue française. — Exercices de récapitulation (page 533).*

2° Récitation. — Si les leçons 156, 157 et 158 n'ont pas été suffisamment sues, faire réciter de nouveau les leçons 156, 157 et 158 (résumés des 6e, 7e et 8e mois). (pages 530, 531 et 532 du livre de l'élève).

3° Exercices oraux. — Expliquer les parties des leçons 156, 157 et 158 qui n'auraient pas été bien comprises.

4° Dictée n° 317 ou n° 318. — Faire faire l'une ou l'autre des deux dictées suivantes, selon la force des élèves :

DICTÉE N° 317 (1re année)

Tous les élèves de la classe iraient à la promenade s'ils avaient de bonnes notes ; les douze premiers seuls iront. — Le palais du Louvre[1] fut longtemps la demeure des rois de France ; il renferme maintenant des musées[2] de peinture[3] et de sculpture[4]. — Les côtes sont des os allongés, courbés, qui sont attachés par derrière à la colonne vertébrale[5] et qui viennent se rejoindre en avant. — Reims[6] est le principal centre[7] pour le commerce des vins appelés vins de Champagne.

Explication des mots. — [1] *Palais du Louvre* : ce nom lui a été donné parce qu'au neuvième siècle le Louvre était une forteresse destinée à résister aux Normands, et aussi un rendez-vous de chasse à l'entrée d'une forêt où les *loups* étaient nombreux.— [2] *Musées* : lieu où l'on réunit des collections précieuses ou des œuvres d'art. — [3] *Peinture* : art de représenter les êtres et les choses à l'aide de traits combinés et de couleurs. — [4] *Sculpture* : art de représenter en relief les êtres et les choses en taillant dans la pierre, le marbre, le bois. — [5] *La colonne vertébrale* est formée par une suite d'os appelés vertèbres, qui sont placés les uns à la suite des autres. — [6] *Reims* : ville importante du département de la Marne où les rois de France se faisaient sacrer. — [7] *Le principal centre* : les vins de Champagne viennent des vignobles qui sont aux environs de Reims ; les vignerons les envoient à Reims ; et c'est dans cette ville qu'ils sont vendus.

Corrigé de la dictée. — Corriger ou faire corriger la dictée avant d'en indiquer les applications.

Interrogations. — Pourquoi le *palais du Louvre* porte-t-il ce nom ? Qu'est-ce qu'un *musée* ? la *peinture* ? la *sculpture* ? la *colonne vertébrale* ? Où est située la ville de *Reims* ? Que signifie *le principal centre* ?
→ (Voir les explications ci-dessus.)

Applications écrites. — 1. Écrire les adjectifs qualificatifs contenus dans la dictée :
→ Bonnes, vertébrale, principal.

2. Écrire les pronoms contenus dans la dictée et indiquer, entre parenthèses, quels noms ils remplacent :
→ Ils (élèves), il (palais), qui (os), qui (os), se (os).

3. Écrire les noms de la dictée qui sont au pluriel :
→ Élèves, notes, rois, musées, côtes, os, vins, vins.

DICTÉE N° 318 (2° année)

LES ROIS FAINÉANTS [1]

Après le règne de Dagobert[2], la décadence[3] des rois mérovingiens[4] fut complète. Plusieurs de ces princes moururent jeunes. Ils étaient sans autorité[5]. On les appelle les rois fainéants. Les ministres[6] de ces rois, sous le nom de maires du palais[7], eurent tout le pouvoir. Ils étaient les chefs des guerriers francs, ils commandaient les armées. Ils étaient les véritables rois.

Explication des mots. — [1] *Rois fainéants* : on désigne sous ce nom les rois qui succédèrent à Dagobert et qui ne se signalèrent par aucune action d'éclat. — [2] *Dagobert* : roi de France, descendant de Clovis, gouverna sagement. Il eut pour ministre saint Eloi. — [3] *Décadence* : ruine. — [4] *Rois mérovingiens* : rois de la famille de Mérovée, grand-père de Clovis. — [5] *Sans autorité* : sans puissance pour commander à leurs sujets. — [6] *Ministres* : hommes chargés d'aider le roi à gouverner. — [7] *Maires du palais* : chefs de la maison du roi.

Corrigé de la dictée. — Corriger ou faire corriger la dictée avant d'en indiquer les applications.

Interrogations. — Que signifie *rois fainéants* ? Qui était *Dagobert* ? Qu'est-ce que la *décadence* ? les *rois mérovingiens* ?, Que signifie *sans autorité* ? Qu'est-ce que des *ministres* ? les *maires du palais* ?
→ (Voir les explications ci-dessus.)

Applications écrites. — 1. Écrire les pronoms contenus dans la dictée, et indiquer, entre parenthèses, quels noms ils remplacent :
→ Ils (princes), on, les (rois), ils (ministres), ils (ministres), ils (ministres).
2. Écrire les verbes contenus dans la dictée :
→ Fut, moururent, étaient, appelle, eurent, étaient, commandaient, étaient.
3. Conjuguer à l'impératif les verbes *être, avoir* et *commander*.
→ (*Être :*) Sois, soyons, soyez.
(*Avoir :*) Aie, ayons, ayez.
(*Commander :*) Commande, commandons, commandez.

5° Exercices écrits. — Indiquer les exercices écrits à faire parmi ceux de la page 533 du livre de l'élève (exercices 675 à 682).

RÉPONSES AUX EXERCICES 675 à 682

675. — Mettre au pluriel les phrases suivantes : Le gourmand vit pour manger. — Le troupier marche vers le camp. — Le camionneur suit son tombereau. — L'homme pauvre redoute peu la mort. — L'enfant va à sa place.
→ Les gourmands vivent pour manger. — Les troupiers marchent vers le camp. — Les camionneurs suivent leurs tombereaux. — Les hommes pauvres redoutent peu la mort. — Les enfants vont à leur place.

[676]. — Mettre au singulier les phrases suivantes : Nous buvons du vin coupé d'eau. — Vous écouterez le conférencier. — Les petites filles dansent

des rondes. — Les pères écrivaient à leurs fils. — Les mères ont suivi le convoi de cette jeune fille.

→ Je bois du vin coupé d'eau. — Tu écouteras le conférencier. — La petite fille danse une ronde. — Le père écrivait à ses fils. — La mère a suivi le convoi de cette jeune fille.

677. — Analyser grammaticalement: Le soldat défend courageusement son pays contre les invasions de l'étranger.

→ Le	art. simp., masc. sing., annonce que *soldat* est déterminé.
soldat	n. comm., masc. sing., sujet de *défend*.
défend	v. actif *défendre*, 4ᵉ conj., mode ind., temps prés., 3ᵉ pers. du sing.
courageusement	adv., modifie *défend*.
son	adj. poss., masc. sing., détermine *pays*.
pays	n. comm., masc. sing., compl. direct de *défend*.
contre	prép.
les	art. simp., fém. plur., annonce que *invasions* est déterminé.
invasions	n. comm., fém. plur., compl. indirect de *défend*.
de	prép.
l'	art. élidé, mis pour *le*, masc. sing., annonce que *étranger* est déterminé.
étranger.	n. comm., masc. sing., compl. déterminatif de *invasions*.

[678]. — Analyser logiquement la phrase suivante : L'homme vertueux est aimé de tout le monde.

→ L'homme (vertueux).	sujet simple et complexe, ayant pour complément *vertueux*.
est	verbe.
aimé (de tout le monde).	attribut simple et complexe, ayant pour complément *de tout le monde*.

679. — Conjuguer au passé indéfini, au passé antérieur, au plus-que-parfait et au futur antérieur le verbe : *chanter à l'école*.

→ *Passé indéfini :*

J'ai chanté à l'école.
Tu as chanté à l'école.
Il ou elle a chanté à l'école.
Nous avons chanté à l'école.
Vous avez chanté à l'école.
Ils ou elles ont chanté à l'école.

Passé antérieur :

J'eus chanté à l'école.
Tu eus chanté à l'école.
Il ou elle eut chanté à l'école.
Nous eûmes chanté à l'école.
Vous eûtes chanté à l'école.
Ils ou elles eurent chanté à l'école.

Plus-que-parfait :

J'avais chanté à l'école.
Tu avais chanté à l'école.
Il ou elle avait chanté à l'école.
Nous avions chanté à l'école.
Vous aviez chanté à l'école.
Ils ou elles avaient chanté à l'école.

Futur antérieur :

J'aurai chanté à l'école.
Tu auras chanté à l'école.
Il ou elle aura chanté à l'école.
Nous aurons chanté à l'école.
Vous aurez chanté à l'école.
Ils ou elles auront chanté à l'école.

Le gérant : PAUL DUPONT.

LANGUE FRANÇAISE : RÉSUMÉ DES 6°, 7° ET 8° MOIS

680. — Conjuguer au passé du conditionnel, au passé et au plus-que-parfait du subjonctif le verbe : *agir avec prudence.*

→   *Passé du conditionnel :*
J'aurais agi avec prudence.
Tu aurais agi avec prudence.
Il ou elle aurait agi avec prudence.
Nous aurions agi avec prudence.
Vous auriez agi avec prudence.
Ils ou elles auraient agi avec prudence.

Passé du subjonctif :
Que j'aie agi avec prudence.
Que tu aies agi avec prudence.
Qu'il ou qu'elle ait agi avec prudence.
Que nous ayons agi avec prudence.
Que vous ayez agi avec prudence.
Qu'ils ou qu'elles aient agi avec prudence.

Plus-que-parfait du subjonctif :
Que j'eusse agi avec prudence.
Que tu eusses agi avec prudence.
Qu'il ou qu'elle eût agi avec prudence.
Que nous eussions agi avec prudence.
Que vous eussiez agi avec prudence.
Qu'ils ou qu'elles eussent agi avec prudence.

681. — Conjuguer au passé indéfini, au passé antérieur, au plus-que-parfait et au futur antérieur le verbe : *avoir un cahier.*

→

Passé indéfini :	*Passé antérieur :*
J'ai eu un cahier.	J'eus eu un cahier.
Tu as eu un cahier.	Tu eus eu un cahier.
Il ou elle a eu un cahier.	Il ou elle eut eu un cahier.
Nous avons eu un cahier.	Nous eûmes eu un cahier.
Vous avez eu un cahier.	Vous eûtes eu un cahier.
Ils ou elles ont eu un cahier.	Ils ou elles eurent eu un cahier.
Plus-que-parfait :	*Futur antérieur :*
J'avais eu un cahier.	J'aurai eu un cahier.
Tu avais eu un cahier.	Tu auras eu un cahier.
Il ou elle avait eu un cahier.	Il ou elle aura eu un cahier.
Nous avions eu un cahier.	Nous aurons eu un cahier.
Vous aviez eu un cahier.	Vous aurez eu un cahier.
Ils ou elles avaient eu un cahier.	Ils ou elles auront eu un cahier.

682. — Conjuguer le verbe *aller* à tous les temps de l'indicatif. Conjuguer le verbe *envoyer* au présent et à l'imparfait de l'indicatif.

→   *Aller.*

Présent de l'indicatif :	*Imparfait :*	*Passé défini :*
Je vais.	J'allais.	J'allai.
Tu vas.	Tu allais.	Tu allas.
Il ou elle va.	Il ou elle allait.	Il ou elle alla.
Nous allons.	Nous allions.	Nous allâmes.
Vous allez.	Vous alliez.	Vous allâtes.
Ils ou elles vont.	Ils ou elles allaient.	Ils ou elles allèrent.

COURS ÉLÉM. IV.

Passé indéfini :
Je suis allé.
Tu es allé.
Il est allé ou elle est allée.
Nous sommes allés.
Vous êtes allés.
Ils sont allés ou elles sont allées.

Passé antérieur :
Je fus allé.
Tu fus allé.
Il fut allé ou elle fut allée.
Nous fûmes allés.
Vous fûtes allés.
Ils furent allés ou elles furent allées.

Plus-que-parfait :
J'étais allé.
Tu étais allé.
Il était allé ou elle était allée.
Nous étions allés.
Vous étiez allés.
Ils étaient allés ou elles étaient allées.

Futur :
J'irai.
Tu iras.
Il ou elle ira.
Nous irons.
Vous irez.
Ils ou elles iront.

Futur antérieur :
Je serai allé.
Tu seras allé.
Il sera allé ou elle sera allée.
Nous serons allés.
Vous serez allés.
Ils seront allés ou elles seront allées.

Envoyer.

Présent de l'indicatif :
J'envoie.
Tu envoies.
Il ou elle envoie.
Nous envoyons.
Vous envoyez.
Ils ou elles envoient.

Imparfait :
J'envoyais.
Tu envoyais.
Il ou elle envoyait.
Nous envoyions.
Vous envoyiez.
Ils ou elles envoyaient.

6° Analyse grammaticale (*Deuxième année*). — Donner à faire aux élèves de deuxième année l'analyse grammaticale suivante :

Analyse grammaticale n° 32. — La douceur désarme les méchants et les calme. — Les injures sont les raisons de ceux qui ont tort.

→ La	art. simp., fém. sing., annonce que *douceur* est déterminé.
douceur	n. comm., fém. sing., sujet de *désarme*.
désarme	v. actif *désarmer*, 1re conj., mode ind., temps prés., 3e pers. du sing.
les	art. simp., masc. plur., annonce que *méchants* est déterminé.
méchants	n. comm., masc. plur., compl. direct de *désarme*.
et	conj.
les	pron. pers., 3e pers. du plur., compl. direct de *calme*.
calme.	v. actif *calmer*, 1re conj., mode ind., temps prés., 3e pers. du sing.
Les	art. simp., fém. plur., annonce que *injures* est déterminé.
injures	n. comm., fém. plur., sujet de *sont*.

LANGUE FRANÇAISE : RÉSUMÉ DES 6ᵉ, 7ᵉ ET 8ᵉ MOIS 83

sont	v. subst. *être*, 4ᵉ conj., mode ind., temps prés., 3ᵉ pers. du plur.
les	art. simp., fém. plur., annonce que *raisons* est déterminé.
raisons	n. comm., fém. plur., attribut de *injures*.
de	prép.
ceux	pron. démonst., masc. plur., complément de *raisons*.
qui	pron. conjonctif, 3ᵉ pers. du plur., sujet de *ont*, son antécédent est *ceux*.
ont	v. actif *avoir*, 3ᵉ conj., mode ind., temps prés., 3ᵉ pers. du plur.
tort.	n. comm., masc. sing., compl. direct de *ont*.

7° Morceau à apprendre. — Indiquer un morceau de récitation à apprendre, après l'avoir expliqué, ou un morceau, déjà appris, à repasser (pages 89 à 95 du livre du maître).

8° Récitation et correction. — 1. Faire réciter le morceau. — 2. Corriger les applications de la dictée, l'analyse grammaticale et les exercices écrits qui ont été indiqués.

160ᵉ Leçon. — **EXERCICES DE RÉCAPITULATION**

1° Leçon. — Faire écrire au tableau : *Langue française. — Exercices de récapitulation (page 534).*

2° Récitation. — Si les leçons 156, 157 et 158 n'ont pas été suffisamment sues, faire réciter de nouveau les leçons 156, 157 et 158 (résumé des 6ᵉ, 7ᵉ et 8ᵉ mois) (pages 530, 531 et 532 du livre de l'élève).

3° Exercices oraux. — Revenir sur les parties des leçons 156, 157 et 158 qui n'auraient pas été bien comprises.

4° Dictée n° 319 ou n° 320. — Faire faire l'une ou l'autre des deux dictées suivantes, selon la force des élèves :

DICTÉE N° 319 (1ʳᵉ année)

LES ANGUILLES [1]

Les anguilles vivent dans les eaux douces [2] et dans les eaux salées [3]. On les trouve souvent dans les étangs et dans les rivières. Elles sortent souvent de l'eau pour faire la chasse aux vers [4], aux insectes [5], ou pour chercher un autre domicile [6]. Les anguilles sont très fortes, très agiles [7], très voraces [8], et causent de grands dégâts dans les étangs lorsqu'elles sont trop nombreuses.

Explication des mots. — [1] *Anguille* : poisson dont le corps allongé à la forme d'un serpent. — ²*Eaux douces* : eaux non salées, comme celles des fleuves, des rivières, des lacs. — ³*Eaux salées* : eaux de la mer. — ⁴*Ver* : petit animal qui rampe sur la terre dont le corps est mou, allongé. — ⁵*Insectes* : petits animaux à six pattes et dont le corps est composé de trois parties. — ⁶*Domicile* : demeure. — ⁷*Agiles* : vives. — ⁸*Voraces* : qui mangent gloutonnement, sans pouvoir se rassasier.

Corrigé de la dictée. — Corriger ou faire corriger la dictée avant d'en indiquer les applications.

Interrogations. — Qu'est-ce que l'*anguille* ? les *eaux douces* ? les *eaux salées* ? un *ver* ? des *insectes* ? Que signifie *domicile* ? *agiles* ? *voraces* ?
→ (Voir les explications ci-dessus.)

Applications écrites. — 1. Écrire les adjectifs qualificatifs contenus dans la dictée :
→ Douces, fortes, agiles, voraces, grands, nombreuses.

2. Ajouter un nom à chacun des adjectifs précédents :
→ (*Exemple :*) Douces personnes, fortes pluies, renards agiles, poissons voraces, grands chênes, nombreuses colonies.

3. Conjuguer les verbes *habiter* et *chercher* au présent du subjonctif.
→ (*Habiter :*) Que j'habite, que tu habites, qu'il ou qu'elle habite, que nous habitions, que vous habitiez, qu'ils ou qu'elles habitent.
(*Chercher :*) Que je cherche, que tu cherches, qu'il ou qu'elle cherche, que nous cherchions, que vous cherchiez, qu'ils ou qu'elles cherchent.

DICTÉE N° 320 (2ᵉ année)

LE PRINTEMPS

L'hiver s'en va. Déjà les hirondelles[1] reviennent en foule. Plus de frimas[2], plus de neiges, plus de givre[3]. Voici mars et le premier éveil des plantes[4]. Les buis[5] et les sapins[6] qui croissent sur nos monts sont redevenus verts et les vieilles feuilles ont cette couleur jaunâtre qui annonce leur chute. Viennent quelques jours de soleil, des brises[7] plus tièdes, et la nature entière sera transformée.

Explication des mots. — ¹*Hirondelles* : oiseaux voyageurs dont le retour dans nos pays annonce les beaux jours. — ²*Frimas* : brouillard très froid qui se gèle en tombant. — ³*Givre* : gelée blanche qui s'attache aux arbres, aux buissons. — ⁴*Le premier éveil des plantes* : les plantes semblent sortir de leur sommeil, les bourgeons commencent à se former. — ⁵*Buis* : arbrisseau toujours vert. — ⁶*Sapins* : arbres toujours verts dont on tire la résine. — ⁷*Brise* : vent qui souffle sans violence.

Corrigé de la dictée. — Corriger ou faire corriger la dictée avant d'en indiquer les applications.

Interrogations. — Qu'est-ce que les *hirondelles* ? des *frimas* ? le *givre* ? Que signifie *le premier éveil des plantes* ? Qu'est-ce que le *buis* ? les *sapins* ? la *brise* ?
→ (Voir les explications ci-dessus.)

Applications écrites. — 1. Écrire les verbes de la dictée et les faire précéder de leurs sujets :
→ L'hiver va, les hirondelles reviennent, qui croissent, les buis et les

LANGUE FRANÇAISE : RÉSUMÉ DES 6°, 7° ET 8° MOIS

sapins sont redevenus, les feuilles ont, qui annonce, quelques jours viennent, la nature sera transformée.

2. Écrire les adjectifs qualificatifs contenus dans la dictée :
→ Verts, vieilles, jaunâtre, tièdes, entière.

3. Conjuguer au présent du subjonctif les verbes *aller, revenir* et *être*.
→ *(Aller :)* Que j'aille, que tu ailles, qu'il ou qu'elle aille, que nous allions, que vous alliez, qu'ils ou qu'elles aillent.
(Revenir :) Que je revienne, que tu reviennes, qu'il ou qu'elle revienne, que nous revenions, que vous reveniez, qu'ils ou qu'elles reviennent.
(Être :) Que je sois, que tu sois, qu'il ou qu'elle soit, que nous soyons, que vous soyez, qu'ils ou qu'elles soient.

5° Exercices écrits. — Indiquer les exercices écrits à faire parmi ceux de la page 534 du livre de l'élève (exercices 683 à 687).

RÉPONSES AUX EXERCICES 683 à 687

683. — Indiquer les participes présents des verbes : prendre, fondre, tordre, pouvoir, savoir, voir, courir, mourir, manger, aimer, piquer.
→ Prenant, fondant, tordant, pouvant, sachant, voyant, courant, mourant, mangeant, aimant, piquant.

684. — Souligner et analyser les participes présents :
→ Les petits enfants s'amusent en **chantant**. — Je plains les oiseaux **voltigeant** par les temps de pluie. — Les abeilles vont **butinant** les fleurs.
Chantant, verbe *chanter*, 1re conjugaison, mode participe, temps présent.
Voltigeant, verbe *voltiger*, 1re conjugaison, mode participe, temps présent.
Butinant, verbe *butiner*, 1re conjugaison, mode participe, temps présent.

685. — Conjuguer au passé défini, au passé antérieur, au plus-que-parfait et au futur antérieur le verbe : *apercevoir son ami*.

→ *Passé défini :*
J'aperçus mon ami.
Tu aperçus ton ami.
Il ou elle aperçut son ami.
Nous aperçûmes notre ami.
Vous aperçûtes votre ami.
Ils ou elles aperçurent leur ami.

Passé antérieur :
J'eus aperçu mon ami.
Tu eus aperçu ton ami.
Il ou elle eut aperçu son ami.
Nous eûmes aperçu notre ami.
Vous eûtes aperçu votre ami.
Ils ou elles eurent aperçu leur ami.

Plus-que-parfait :
J'avais aperçu mon ami.
Tu avais aperçu ton ami.
Il ou elle avait aperçu son ami.
Nous avions aperçu notre ami.
Vous aviez aperçu votre ami.
Ils ou elles avaient aperçu leur ami.

Futur antérieur :
J'aurai aperçu mon ami.
Tu auras aperçus ton ami.
Il ou elle aura aperçu son ami.
Nous aurons aperçu notre ami.
Vous aurez aperçu votre ami.
Ils ou elles auront aperçu leur ami.

686. — Conjuguer au passé du conditionnel, au passé et au plus-que-parfait du subjonctif le verbe : *vendre des livres*.

Passé du conditionnel :

J'aurais vendu des livres.
Tu aurais vendu des livres.
Il ou elle aurait vendu des livres.
Nous aurions vendu des livres.
Vous auriez vendu des livres.
Ils ou elles auraient vendu des livres.

Passé du subjonctif :

Que j'aie vendu des livres.
Que tu aies vendu des livres.
Qu'il ou qu'elle ait vendu des livres.
Que nous ayons vendu des livres.
Que vous ayez vendu des livres.
Qu'ils ou qu'elles aient vendu des livres.

Plus-que-parfait du subjonctif :

Que j'eusse vendu des livres.
Que tu eusses vendu des livres.
Qu'il ou qu'elle eût vendu des livres.
Que nous eussions vendu des livres.
Que vous eussiez vendu des livres.
Qu'ils ou qu'elles eussent vendu des livres.

687. — *Un petit imprudent est allé prendre une abeille à l'entrée d'une ruche.*
Faire un récit sur ce que représente cette figure.

→ *Développement.* — Voilà un petit garçon qui ne sera pas fier tout à l'heure ! Sa maman a dû lui défendre bien souvent d'approcher du rucher et de tourmenter les abeilles. Mais il est curieux et il a désobéi.

Voyez-le au fond du jardin, près des quatre ruches en forme de chapeau, abritées par une grande branche.

Il se sauve à toutes jambes, après s'être trop approché. De sa main gauche, il se préserve les yeux et sa main droite est portée en avant. Son veston est ouvert. Une multitude d'abeilles bourdonnent autour de lui et quelques-unes vont le piquer, si ce n'est déjà fait.

En arrivant chez lui, il aura la tête enflée; il faudra prévenir le médecin, mettre ammoniaque, compresses et cataplasmes. Oh! le petit désobéissant!

RÉDACTION CONCENTRIQUE N° 63
(GARÇONS)

Cueillette des fraises dans les bois.

(Le même sujet est traité dans la leçon correspondante du cours moyen.)

Plan. — Un de vos petits camarades vous a raconté que sa mère passait toute sa journée dans les bois pour ramasser des fraises qu'elle vendait au marché. — Vous avez proposé à votre camarade de passer un jeudi à ramasser des fraises pour que sa mère en ait davantage à vendre. — Racontez comment s'est passé votre jeudi.

→ *Développement.* — Mathurin nous a dit l'autre jour qu'il était bien ennuyé qu'il pleuve, parce que sa maman était obligée, pour gagner sa vie, d'aller dans les bois chercher des fraises, et que, lorsqu'il faisait mauvais temps, elle prenait froid et toussait.

— « Ta mère vend des fraises au marché? » ai-je demandé à Mathurin.

— « Oui, a-t-il dit, et il faut qu'elle travaille toute la journée pour en vendre pour dix sous. »

Alors, une idée nous est venue. Nous avons dit à Mathurin que nous profiterions jeudi de notre jour de congé pour aller dans le bois ramasser des fraises à sa mère. De cette façon, elle pourrait en vendre pour plus d'argent. Hier, jeudi, chacun de nous a emporté un panier et nous sommes allés au bois avec Mathurin. Nous avons choisi un endroit entouré de ronces, où la mère de notre camarade ne peut aller. Là, il y avait beaucoup de fraises qui dégageaient un parfum délicieux. Nous en avons mangé pour savoir si elles étaient bonnes, puis nous nous sommes dépêchés d'en remplir nos paniers. Quand ils ont été pleins, nous avons été trouver la mère de Mathurin, et nous lui avons dit :

— « Madame, nous nous sommes amusés à vous aider. Voulez-vous nous laisser vider nos petits paniers dans le vôtre? »

Elle était bien étonnée, la mère de Mathurin; mais bientôt elle a compris et nous a remerciés avec des larmes dans les yeux.

— « J'étais si fatiguée aujourd'hui, a-t-elle dit, que je croyais de ne pas pouvoir ramasser seulement pour quatre sous de fraises et voilà que j'en ai au moins pour deux francs. Quels bons petits enfants, vous êtes ! »

Nous sommes partis bien contents en nous promettant de revenir, le jeudi suivant, cueillir des fraises pour la mère de Mathurin.

RÉDACTION CONCENTRIQUE N° 64
(FILLES)

Une de vos camarades de classe vient de perdre sa mère. Quelle sera votre attitude à son égard, lorsqu'elle reviendra à l'école ?

(Le même sujet est traité dans la leçon correspondante du cours moyen.)

Plan. — Qu'avez-vous pensé lorsque vous avez appris la mort de la mère de votre petite camarade ? — Vous serez bien affectueuse pour elle, lorsque vous la reverrez. — Vous avez pensé à donner chacune un sou pour acheter un bouquet pour la tombe de la maman de votre compagne.

→ *Développement.* — Ce matin au commencement de la classe, l'Institutrice nous a dit que Lucie Berthet ne viendrait pas, parce que sa mère était morte.

Je savais que la mère de Lucie était malade, mais je ne croyais pas qu'elle pourrait mourir si vite. J'ai pensé à maman qui est malade aussi et j'ai eu envie de pleurer. Je n'ai jamais vu mourir personne, mais il me semble que ce doit être bien triste. Pauvre Lucie ! comme elle doit avoir du chagrin ! On va mettre sa maman au cimetière et elle ne pourra plus jamais l'embrasser, lui rapporter des bonnes notes, lui dire qu'elle sera sage pour lui faire plaisir...

En écrivant la dictée, je pensais au chagrin de Lucie et des larmes tombaient sur mon papier. L'Institutrice s'en est aperçue ; elle m'a fait venir un instant près d'elle, m'a embrassée et m'a dit : « Marthe, vous êtes une bonne petite fille. Je vous souhaite de conserver longtemps votre mère ! »

A la récréation, nous n'avons pas joué, nous avons parlé de Lucie. J'ai dit qu'il faudrait être bien gentille pour elle, lorsqu'elle reviendrait en classe, ne pas la taquiner, lui montrer que nous l'aimions plus qu'avant, puisqu'elle avait beaucoup de chagrin. Alors, Gabrielle a eu une bonne idée. Elle a dit : « Si vous voulez me donner chacune un sou, j'achèterai un bouquet et nous l'enverrons à Lucie, en lui écrivant que nous sommes bien tristes de son malheur et que nous la prions de mettre ces fleurs de notre part sur la tombe de sa pauvre maman. »

Toutes, nous avons trouvé l'idée de Gabrielle excellente et nous

LANGUE FRANÇAISE : RÉCITATIONS

avons donné chacune, avec joie, notre sou. Pauvre Lucie ! Je voudrais bien que nos fleurs la consolent un peu ; mais rien ne doit consoler quand on a perdu sa maman.

MARTHE.

6° Morceau à apprendre. — Indiquer un morceau de récitation à apprendre, après l'avoir expliqué, ou un morceau, déjà appris, à repasser (pages 89 à 95 du livre du maître).

7° Récitation et correction. — 1. Faire réciter le morceau. — 2. Corriger les applications de la dictée, les rédactions et les exercices écrits qui ont été indiqués.

Récitations

RÉCITATION N° 82
(Page 518 du livre de l'élève)

LE COURAGE

Un jour Paul, en courant, donna[1] contre une pierre.
Il était maladroit, mais il fut courageux,
Et, sans pousser un cri, recommença ses jeux
    Pour ne pas effrayer[2] sa mère.
Il avait une bosse au front, mais il riait,
Disant : « Je n'ai pas mal ! » à sa sœur qui criait.
Son père dit : « Bravo[3] ! cette bosse, à ton âge,
Ne t'enlaidira pas[4] ; c'est celle du courage[5] ! »

(Ratisbonne.)

Explication des mots. — [1]*Donna* : se heurta. — [2]*Effrayer* : causer de l'effroi, de la peur, de la crainte. — [3]*Bravo !* marque d'approbation — [4]*Ne t'enlaidira pas* : ne te rendra pas laid, pas vilain. — [5]On attribue aux différentes bosses du crâne une signification particulière. *Avoir la bosse du courage* signifie *être né courageux*.

Sens général. — A la bonne heure ! le petit Paul s'est montré courageux. Quand il tombe, il se relève seul sans crier, sans apitoyer les autres sur son mal, imitez-le. De même, quand vous avez mal réussi un devoir, lorsque après une composition vous avez perdu quelque bonne place, au lieu de vous désoler inutilement, d'attribuer votre échec à telle cause étrangère, comme le font les petits enfants mal élevés, reprenez courage et travaillez assidûment.

Habitués tout jeunes à être courageux, vous serez armés dans la lutte pour la vie.

RÉCITATION N° 83
(Page 519 du livre de l'élève)

LE CHAMPIGNON[1]

Être ainsi fait, que c'est donc bête[2] !
Un beau chapeau et pas de tête ;
Un joli pied,
Mais sans soulier.

(A. Vessiot.)

Explication des mots. — [1] *Champignons* : végétaux dont certaines espèces sont bonnes à manger et les autres vénéneuses, c'est-à-dire renferment un poison mortel. Le champignon se compose en effet d'un pied dont l'extrémité est plate, large et arrondie en forme de chapeau. — [2] *Que c'est donc bête !* que c'est donc ridicule de n'être pas comme les autres.

Sens général. — Ces quatre vers contiennent une petite devinette que vous auriez trouvée sans doute, même si le titre avait été omis. En effet quel est le petit enfant qui ne connaît pas le végétal qui repose sur un pied planté en terre et surmonté d'un beau chapeau ? De tête sous le chapeau il n'y en a point, pas plus que de soulier au bout du pied.
Ajoutons qu'il faut se méfier des champignons, car tous ne sont pas bons à manger. Il faut être prudent et ne pas porter à la bouche, comme le font trop souvent les enfants étourdis, les champignons que l'on trouve dans la forêt ou au pied des vieux murs ; ils peuvent renfermer un poison terrible et donner la mort.

RÉCITATION N° 84
(Page 520 du livre de l'élève)

L'ENFANT ET LA NOIX

Fanfan[1] vit une noix[2] dans le fond d'une armoire ;
De ce fruit il était friand[3] ;
Il s'en empare au même instant,
Comme il est aisé de le croire[4].
Mais, en cassant la noix, ô fatal[5] accident !
Mon drôle[6] se casse une dent,
Et la maudite noix se trouve toute noire[7].

(Le Bailly.)

Explication des mots. — [1] *Fanfan* : nom signifiant enfant dans le langage des bébés et donné souvent aux petits enfants. — [2] *Noix* : fruit du noyer. Écrasée, la noix donne une huile estimée. — [3] *Il était friand* : il aimait et recherchait ce fruit. — [4] *Comme il est aisé de le croire* : comme on peut le croire facilement. — [5] *Fatal* : c'est-à-dire malheureux, fâcheux. — [6] *Mon drôle* : mon petit vaurien. — [7] *Toute noire* : pourrie.

Sens général. — Cet enfant est gourmand et imprudent. Il est gourmand parce qu'il s'empare vite d'une noix qu'il trouve dans une armoire ; il est imprudent, car, au lieu de prendre une pierre ou un marteau pour la casser et voir ce qu'elle contient, il se sert de ses dents.

Mais un double malheur punit le bambin : il casse une de ses jolies quenottes, se fait grand mal et ne trouve rien dans la noix.
N'agissez donc jamais sans réflexion, et surtout évitez la gourmandise qui est un vilain défaut.

Récitation N° 85
(Page 521 du livre de l'élève)

L'ENFANT ET LE CHAT

Tout en se promenant, un bambin[1] déjeunait
    De la galette[2] qu'il tenait.
Attiré par l'odeur, un chat vient, le caresse,
Fait le gros dos[3], tourne et vers lui se dresse.
« Oh! le joli minet[4]!... » Et le marmot[5], charmé,
Partage avec celui dont il se croit aimé.
Mais le flatteur à peine obtient ce qu'il désire,
    Qu'au loin il se retire.
« Ha! ha! ce n'est pas moi, dit l'enfant consterné[6],
    Que tu suivais ; c'était mon déjeuner. »
                        (Guichard.)

Explication des mots. — [1] *Un bambin* : un petit enfant. — [2] *Galette* : gâteau fait de farine, d'œufs et de beurre. — [3] *Le gros dos* : quand on le caresse, le chat se voûte. — [4] *Minet* : nom qu'on donne communément au chat. — [5] *Marmot* : autre nom donné aux petits enfants. — [6] *Consterné* : tout abattu et surpris.

Sens général. — L'action du chat de cette fable vous rappelle celle du renard avec le corbeau. Les flatteurs sont tous les mêmes : ils vous disent des paroles douces, et quand ils ont obtenu ce qu'ils convoitaient, ils abandonnent la place pour courir ailleurs. Il en est même qui se moquent de leurs victimes et rient de leur naïveté.
Ne soyez pas flatteurs, mes enfants, dites la vérité à vos camarades et rien que la vérité. De plus, ne vous laissez pas prendre aux flatteries de condisciples plus ou moins bien intentionnés.

Récitation N° 86
(Page 523 du livre de l'élève)

LA BONBONNIÈRE[1]

A la discrétion[2] de ses petits enfants
Sur la table une bonne mère
Avait laissé sa bonbonnière.
Doit-on ainsi tenter[3] les gens ?
L'un d'eux y puise[4] sans scrupule[5] ;
Le bambin[6] croque[7] à belles dents[8] ;
Mais que prend-il ? une pilule[9].
                      (Du Tremblant.)

Explication des mots. — [1] *Bonbonnière* : petite boîte où l'on conserve les bonbons. — ²*A la discrétion* : à la volonté, à la portée de la main. — ³ *Tenter* : donner la tentation, le désir. — ⁴ *Puise* : prend. — ⁵ *Sans scrupule* : sans que la conscience s'en inquiète. — ⁶ *Bambin* : nom donné aux petits enfants. — ⁷ *Croque* : mange en faisant du bruit avec la dent. — ⁸ *A belles dents* : gloutonnement. — ⁹ *Pilule* : petite boule qui renferme une composition médicinale, ordinairement amère.

Sens général. — Non seulement la gourmandise est un vilain défaut, mais elle expose celui qui en est atteint à bien des ennuis. Ainsi le petit garçon dont il est question dans ces vers, profitant de l'absence de sa mère, prend vite dans la bonbonnière quelque chose qu'il croit délicieux. Horreur ! C'est une pilule, ce qu'il y a de plus mauvais à manger. Il est bien puni, n'est-ce pas ? Il est doublement puni par le malaise que lui occasionne la pilule qu'il vient de croquer et par les rires de ses petits camarades qui vont se moquer du gourmand.

―――

RÉCITATION Nº 87

(Page 526 du livre de l'élève)

PETITS OISEAUX, PETITS ENFANTS

A l'horizon¹, le jour se lève ;
Déjà, là-bas, vers les coteaux²,
Le soleil paraît et s'élève³
Vous réveillant, petits oiseaux !

. . . .

Dans les buissons, sous la ramée⁴,
Près du grand lac⁵ aux verts roseaux,
Partout la nature est charmée
Par vos doux chants, petits oiseaux !

Quel est ce bruit ?... ce vrai tapage ?...
Qui jette ces cris éclatants⁶ ?...
Ah ! je les vois ! Mais c'est votre âge !
Amusez-vous, petits enfants !

(A. Michel.)

Explication des mots. — ¹ *A l'horizon* : à la partie du ciel qui semble se confondre avec la terre. — ² *Coteaux* : toutes petites montagnes. — ³ *S'élève* : il paraît s'élever, alors qu'au contraire il est immobile et que c'est la terre qui tourne autour de lui. — ⁴ *La ramée* : les branches avec leurs feuilles vertes. — ⁵ *Lac* : étendue d'eau entourée de terre de tous côtés. — ⁶ *Éclatants* : qui font de l'éclat, un bruit violent.

Sens général. — Les enfants sont comme les petits oiseaux. Dès que le jour paraît, les oiseaux chantent dans nos haies, dans nos bois, dans nos champs et leurs chansons charment la nature, l'égayent délicieusement. Il est de même des petits enfants : ils charment, eux aussi, ils égayent la maison paternelle par leurs jolies voix. Soyez donc toujours, petits amis, joyeux et bons comme les petits oiseaux, comme eux inoffensifs, et l'on vous chérira.

RÉCITATION N° 88

(Page 527 du livre de l'élève)

LES DEUX SŒURS

Voulez-vous voir Rose et Marie ?
Quelles bonnes petites sœurs !
Dans leurs jeux point de brusquerie [1] ;
Point de mots piquants [2] et railleurs [3].
C'est toujours : « S'il te plaît ! » et « Merci, ma chérie ! »
Quand il s'agit d'échanger un jouet.
Mais, hélas ! pour Marthe et Christine,
Ce n'est pas le même portrait.
Toujours l'une ou l'autre taquine :
Elles ne savent se parler
Doucement, sans se quereller,
Et disent de gros mots [4], comme « laide, méchante ! »
On ne les aime point, leur mère est mécontente,
Et chacun peut voir dans leurs yeux
Que la mauvaise humeur ne rend personne heureux.

(Mme Ferrier-Gex.)

Explication des mots. — [1] *Brusquerie* : action ou parole brusque. — [2] *Piquants* : qui offensent. — [3] *Mots railleurs* : dits pour se moquer. — [4] *De gros mots* : des mots malsonnants, méchants.

Sens général. — Qu'il est charmant le spectacle de deux petites filles, de deux sœurs, qui s'amusent gentiment ensemble, le sourire aux lèvres, la joie rayonnant sur le visage. Elles se parlent poliment, elles partagent leurs jouets et sont prêtes ensuite à travailler, quand leur maman les appelle.

Au contraire, les sœurs qui se querellent, se taquinent, se battent même, font peine à voir. Les gros mots sont toujours sur leurs lèvres et la maman ne prend aucun plaisir à regarder ses fillettes. Elles-mêmes sont maussades, jouent sans plaisir ; la mauvaise humeur les empêche de bien employer le temps consacré au repos et à la récréation. Imitez, mes enfants, Rose et Marie ; gardez-vous surtout de mériter les critiques qu'on adresse à Marthe et à Christine.

RÉCITATION N° 89

(Page 529 du livre de l'élève)

LA POULE INDISCRÈTE

« Cot ! cot ! cot ! cot [1] ! Quel bel œuf j'ai pondu ! »
Ainsi chantait une jeune poulette
Sortant du poulailler [2]. Son cri fut entendu :
La fermière prit l'œuf pour faire une omelette.
Voilà ce que rapporte une langue indiscrète [3].

(F. Bataille.)

Explication des mots. — [1] *Cot ! cot ! cot ! cot !* expression qui reproduit le bruit même que fait la poule. — ²*Poulailler* : endroit où se tiennent les poules à l'abri. — ³*Indiscrète* : qui raconte ce qui se passe.

Sens général. — Non seulement il ne faut pas toujours dire ce que l'on pense, mais encore ne faut-il pas raconter à tout propos ce que l'on fait. Il est bon d'être discret, de ne pas trop se faire remarquer. On est souvent dupe de ses bavardages. Pour vivre en paix, il faut faire le moins de bruit possible. Causer peu, mais causer bien est essentiel. Un sage proverbe dit : « Le silence est d'or si la parole est d'argent. »

RÉCITATION N° 90

(Page 533 du livre de l'élève)

COMPLIMENT

Bonne maman, je suis savante¹,
Je sais compter sur mes dix doigts ;
Je sais que notre ère² présente³
Est mil huit cent quatre-vingt-trois ;
Je sais qu'aujourd'hui c'est ta fête,
Que de toutes parts⁴ on s'apprête
A la célébrer pour le mieux ;
Mais moi, qui suis fière, grand'mère,
Je viens t'embrasser la première :
Le premier baiser en vaut deux.

Pour bien commencer cette année
Je te fais ici le serment⁵
De ne pleurer, chaque journée,
Que deux ou trois fois seulement.
Ce n'est pas tout et je m'engage
A ne plus faire de tapage⁶
Lorsque le soir on causera ;
A m'aller coucher⁷ de bonne heure,
A manger du pain⁸ si je pleure
Quand on me débarbouillera.

Je te promets d'être occupée
De choses bonnes à savoir,
De ne jouer à la poupée
Que le matin et que le soir ;
De donner tout ce qu'on me donne
Aux pauvres gens à qui l'aumône
Rend l'espérance⁹ avec la foi,
Et d'être une bonne grand'mère
Si j'ai, dans ma saison dernière¹⁰,
Des petits-enfants comme moi.

(Alexandre Dumas fils.)

Explication des mots. — ¹*Je suis savante* : je sais beaucoup de choses. — ²*Ère* : ici ère est mis pour *année*. — ³*Présente* : actuelle, année dans laquelle nous nous trouvons. — ⁴*De toutes parts* : tous nos parents et nos amis. — ⁵*Le serment* : la promesse solennelle. — ⁶*Tapage* : bruit violent. — ⁷*A m'aller coucher* : mis pour : à aller me coucher. — ⁸*Du pain* : c'est-à-dire du pain sec. — ⁹*Rend l'espérance* : donne l'idée de jours meilleurs. — ¹⁰*Ma saison dernière* : quand je serai vieille.

Sens général. — Voilà une gentille petite fille. A l'occasion de la fête de sa grand'mère, elle prend de bonnes résolutions. Elle ne veut plus pleurer comme elle le faisait jadis souvent et sans propos ; elle ne fera plus de tapage quand il y aura du monde à la maison ; elle s'en ira chaque soir se coucher de bonne heure sans mauvaise humeur. Même elle acceptera de manger du pain sec si elle n'est pas gentille quand sa bonne la débarbouillera le matin à l'eau froide. Ce n'est pas tout, elle s'amusera bien encore un peu avec sa poupée, mais ce ne sera qu'incidemment, comme

LANGUE FRANÇAISE : RÉCITATIONS

récréation; toute la journée elle travaillera bien pour connaître tout ce qu'une fillette modèle doit savoir. Si quelque pauvre passe, elle lui fera l'aumône. Et elle s'efforcera plus tard, quand elle sera vieille, si elle a des petits-enfants, d'être une bonne grand'mère.

Efforcez-vous aussi, mes petites amies, de faire comme cette petite fille. Vos parents en seront enchantés et vos maîtresses aussi.

RÉCITATION N° 91
(Page 534 du livre de l'élève)

CE QUE CHACUN DIT

Le causeur dit tout ce qu'il sait;
L'étourdi[1], ce qu'il ne sait guère[2];
Les jeunes, ce qu'ils font; les vieux, ce qu'ils ont fait
Et les sots[3], ce qu'ils veulent faire.

(Panard.)

Explication des mots. — [1] *Étourdi* : celui qui agit sans réflexion. — [2] *Ce qu'il ne sait guère* : c'est-à-dire ce qu'il ne connaît pas assez pour en parler savamment. — [3] *Sots* : gens sans esprit, sans jugement.

Sens général. — Celui qui aime à causer raconte tout ce qu'il a vu ou entendu. C'est un bavard et son incessant babillage fatigue ceux qui l'écoutent. Ne l'imitez pas, enfants; n'imitez pas non plus l'étourdi qui parle à tort et à travers, c'est-à-dire sans penser si ce qu'il dit est vrai ou seulement sensé.

Il est tout naturel que les jeunes gens disent ce qu'ils font et que les vieux racontent les actions de leur jeune âge. Ces derniers font ainsi profiter la jeunesse de l'expérience qu'ils ont acquise et la mettent en garde contre les erreurs qu'ils ont commises.

Bien ridicules sont les sots qui, sans réflexion, disent ce qu'ils veulent faire. On se moque d'eux, car est-on jamais sûr de ce que l'on fera demain?

HISTOIRE

Huitième Mois
du Cours élémentaire

57ᵉ Leçon. — LE CONSULAT

1° Leçon. — Faire écrire au tableau : *Histoire.* — *Le Consulat (page 535).*

Faire apprendre la leçon, sans le récit (page 535 du livre de l'élève).

2° Interrogations. — Poser les questions du n° 50 (au bas de la page 535 du livre de l'élève).

3° Récit et explication de la figure. — 1. Faire lire le récit.

2. *Explication de la figure.* — La figure 57 (livre de l'élève et

Fig. 57. — Bonaparte et Desaix à Marengo.

livre du maître) représente le champ de bataille de Marengo.
Nous remarquons d'abord deux hommes que nous devinons être

Le gérant. PAUL DUPONT.

HISTOIRE : NAPOLÉON Ier

Bonaparte et Desaix. Tous deux sont montés sur des chevaux blancs. Bonaparte a l'air triste ; il peut l'être, en effet, car il vient de perdre une bataille. Mais le général Desaix vient d'arriver, nous dit l'histoire. Bonaparte lui demande ce qu'il pense et le général lui répond, en tirant sa montre que l'on distingue bien dans sa main : « C'est une bataille perdue, mais nous avons le temps d'en gagner une autre. »

Des soldats à cheval suivent Bonaparte et Desaix, d'autres soldats les précèdent.

On distingue dans la plaine de la fumée blanche, puis des points noirs qui nous indiquent l'emplacement des troupes.

3. Faire raconter le récit.

4° Exercices écrits de grammaire sur la 57° leçon. — Dicter aux élèves quelques-uns des exercices suivants :

1. Écrire les noms propres contenus dans le récit :
→ Français, Autrichiens, Marengo, Italie, Français, Bonaparte, Desaix, Desaix.

2. Écrire les noms communs contenus dans le récit et en indiquer le genre et le nombre :
→ Bataille (fém. sing.) ; fois (fém. plur.) ; bataille (fém. sing.) ; général (masc. sing.) ; aide (fém. sing.) ; temps (masc. sing.) ; tête (fém. sing.) ; troupes (fém. plur.) ; soldats (masc. plur.) ; victoire (fém. sing.).

3. Trouver dans le récit un adjectif numéral cardinal, un adjectif possessif, un adjectif qualificatif et des pronoms personnels :
→ Adjectif numéral cardinal : deux.
Adjectif possessif : ses.
Adjectif qualificatif : éclatante.
Pronoms personnels : se ; lui ; nous ; en ; il.

4. Écrire les verbes ayant un sujet et énoncer le sujet :
→ Se livrèrent (sujet : Français et Autrichiens) ; furent repoussés (sujet : les Français) ; est perdue (sujet : la bataille) ; dit (sujet : Bonaparte) ; répondit (sujet : Desaix) ; avons (sujet : nous) ; s'élança (sujet : il) ; tomba (sujet : il) ; remportèrent (sujet : ses soldats).

5. Conjuguer au présent de l'indicatif et au passé défini les verbes *dire*, *accourir* et *venir*.

→ Je dis.	J'accours.	Je viens.
Tu dis.	Tu accours.	Tu viens.
Il ou elle dit.	Il ou elle accourt.	Il ou elle vient.
Nous disons.	Nous accourons.	Nous venons.
Vous dites.	Vous accourez.	Vous venez.
Ils ou elles disent.	Ils ou elles accourent.	Ils ou elles viennent.
Je dis.	J'accourus.	Je vins.
Tu dis.	Tu accourus.	Tu vins.
Il ou elle dit.	Il ou elle accourut.	Il ou elle vint.
Nous dîmes.	Nous accourûmes.	Nous vînmes.
Vous dîtes.	Vous accourûtes.	Vous vîntes.
Ils ou elles dirent.	Ils ou elles accoururent.	Ils ou elles vinrent.

5° Résumé de la leçon. — Faire copier le paragraphe 50 du résumé [*Napoléon empereur*], page 542 du livre de l'élève.

6° Correction. — Corriger les exercices écrits qui ont été indiqués.

58ᵉ Leçon. — ADMINISTRATION DU CONSULAT

1° Leçon. — Faire écrire au tableau : *Histoire.* — *Administration du Consulat (page 536).*

Faire apprendre la leçon, sans le récit (page 536 du livre de l'élève).

2° Interrogations. — Poser les questions du n° 51 (au bas de la page 536 du livre de l'élève).

3° Récit et explication de la figure. — 1. Faire lire le récit.

2. *Explication de la figure.* — La figure 58 (livre de l'élève et livre du maître) représente une estrade garnie de drapeaux. Sur

Fig. 58. — Napoléon distribuant des croix de la Légion d'honneur, au camp de Boulogne.

cette estrade sont réunis des soldats, en grande tenue. Au milieu d'eux est Napoléon. Il attache sur la poitrine d'un brave une croix de la Légion d'honneur. Un officier tient les autres croix qui vont être distribuées. Au bas et de chaque côté de l'estrade des soldats de différents grades et de différents corps sont groupés.

L'habillement de tous ces soldats ne diffère guère que par leurs coiffures qui sont remarquablement hautes.

3. Faire raconter le récit.

HISTOIRE : NAPOLÉON Ier

4° Exercices écrits de grammaire sur la 58° leçon. — Dicter aux élèves quelques-uns des exercices suivants :

1. Écrire en lettres le nombre 120,000.
→ Cent vingt mille.
2. Indiquer les verbes, les sujets et les différents compléments dans les phrases suivantes : Napoléon avait fait d'immenses préparatifs. — Bonaparte fonda l'ordre de la Légion d'honneur. — Il fit une distribution de croix au camp de Boulogne.
→ Napoléon (sujet) avait fait (verbe) d'immenses préparatifs (compl. direct).
Bonaparte (sujet) fonda (verbe) l'ordre (compl. direct) de la Légion d'honneur.
Il (sujet) fit (verbe) une distribution (compl. direct) de croix au camp (compl. indirect) de Boulogne.
3. Trouver dans le récit trois adjectifs possessifs et un pronom démonstratif :
→ Son, ses, leur (adjectifs possessifs) ; ceux (pronom démonstratif).
4. Écrire à l'infinitif les verbes contenus dans le récit, séparer le radical de la terminaison et indiquer la conjugaison :
→ Fai-re (4° conj.) ; opér-er (1re conj.) ; réun-ir (2° conj.) ; pouv-oir (3° conj.) ; mett-re (4° conj.) ; fond-er (1re conj.) ; récompens-er (1re conj.) ; mérit-er (1re conj.) ; faï-re (4° conj.) ; attend-re (4° conj.) ; risqu-er (1re conj.).
5. Écrire des noms formés par les verbes suivants : opérer, réunir, fonder, récompenser, mériter, attendre.
→ (Exemple :) Opération, réunion, fondation, récompense, mérite, attente.

5° Résumé de la leçon. — Faire copier le paragraphe 54 du résumé [*Administration du Consulat*], page 542 du livre de l'élève.

6° Correction. — Corriger les exercices écrits qui ont été indiqués.

59° Leçon. — **CAMPAGNE D'AUSTERLITZ**

1° Leçon. — Faire écrire au tableau : *Histoire*. — *Campagne d'Austerlitz (page 537)*.
Faire apprendre la leçon, sans le récit (page 537 du livre de l'élève).

2° Interrogations. — Poser les questions du n° 52 (au bas de la page 537 du livre de l'élève).

3° Récit et explication de la figure. — 1. Faire lire le récit.
2. *Explication de la figure.* — La figure 59 (livre de l'élève et livre du maître) nous représente la capitulation d'Ulm.
Le général autrichien Mack, vaincu, est obligé de se rendre. On le

représente au moment où il vient trouver Napoléon pour lui dire qu'il accepte les conditions que l'empereur lui impose. Il est tête nue et s'incline légèrement. Ses officiers l'accompagnent et, comme leur chef, ils se sont découverts, ce qui est ici une marque de soumission.

Napoléon, l'air toujours grave, les mains derrière le dos, son chapeau enfoncé sur ses yeux, écoute attentivement le général autrichien. Lui aussi est accompagné de ses officiers. Un grenadier, bien

Fig. 59. — Capitulation d'Ulm.

reconnaissable à son bonnet à poils, le fusil sur l'épaule, monte la garde.
On aperçoit au loin dans la plaine des soldats, des tentes et de nombreux fusils.

3. Faire raconter le récit.

4° **Exercices écrits de grammaire sur la 59° leçon.** — Dicter aux élèves quelques-uns des exercices suivants :

1. Copier le récit, souligner les sujets :
→ **Napoléon** avait forcé le général autrichien Mack à s'enfermer dans la ville d'Ulm. Entouré par toutes les forces de l'armée française, **Mack** dut capituler avec trente-trois mille hommes et deux cents canons. Avec les canons pris a Ulm, **on** a construit la colonne Vendôme, à Paris.

2. Copier le récit, souligner les compléments directs :
→ Napoléon avait forcé le **général** autrichien Mack à **s'enfermer** dans la ville d'Ulm. Entouré par toutes les forces de l'armée française, Mack dut **capituler** avec trente-trois mille hommes et deux cents canons. Avec les canons pris à Ulm on a construit la **colonne** Vendôme, à Paris.

3. Copier le récit, souligner les compléments indirects :
→ Napléon avait forcé le général autrichien Mack à **s'enfermer** dans la **ville** d'Ulm. Entouré par toutes les **forces** de l'armée française,

HISTOIRE : NAPOLÉON Ier

Mack dut capituler avec trente-trois mille **hommes** et deux cents **canons.**
Avec les **canons** pris à Ulm on a construit la colonne Vendôme, à Paris.
4. Écrire les prépositions contenues dans le récit :
→ A, dans, d', par, de, avec, à, h.
5. Écrire le pluriel de *général* et le féminin de *autrichien.*
→ Général, généraux; autrichien, autrichienne.
6. Écrire les verbes contenus dans le récit et en indiquer la conjugaison, le mode, le temps, le nombre et la personne :
→ *Avait forcé* : verbe *forcer*, 1re conj., mode indicatif, temps plus-que-parfait, 3e pers. du sing.
S'enfermer : 1re conj., mode infinitif, temps présent.
Entouré : verbe *entourer*, 1re conj., mode participe, temps passé.
Dut : verbe *devoir*, 3e conj., mode indicatif, temps passé défini, 3e pers. du sing.
Capituler : 1re conj., mode infinitif, temps présent.
Pris : verbe *prendre*, 4e conj., mode participe, temps passé.
A construit : verbe *construire*, 4e conj., mode indicatif, temps passé indéfini, 3e pers. du sing.
7. Écrire en chiffres les nombres trente-trois mille et deux cents contenus dans le récit.
→ 33.000 et 200.

5° Résumé de la leçon. — Faire copier le paragraphe 52 du résumé [*Austerlitz*], page 542 du livre de l'élève.

6° Correction. — Corriger les exercices écrits qui ont été indiqués.

60° Leçon. — **GUERRES D'ESPAGNE ET D'AUTRICHE**

1° Leçon. — Faire écrire au tableau : *Histoire.* — *Guerres d'Espagne et d'Autriche (page 538).*
Faire apprendre la leçon, sans le récit (page 538 du livre de l'élève).

2° Interrogations. — Poser les questions du n° 53 (au bas de la page 538 du livre de l'élève).

3° Récit et explication de la figure. — 1. Faire lire le récit.
2. *Explication de la figure.* — La figure 60 (livre de l'élève et livre du maître) nous représente la prise de Saragosse.
Par une brèche pratiquée dans un mur on aperçoit des soldats. Ce sont des soldats français commandés par le général Lannes. Au milieu de tous les fusils on distingue très bien l'épée du général. Il vient de commander l'assaut d'une petite forteresse où quelques hommes sont réunis. Ces hommes se défendent avec courage. Deux

sont déjà mortellement blessés. Des prêtres ont pris part au combat, l'un est armé d'un fusil; l'autre élève, à deux mains, au-dessus de sa tête, un ostensoir. Il s'apprête à en porter un coup terrible aux soldats qui l'attaquent. A quelques pas de lui, une femme regarde

Fig. 60. — Prise de Saragosse.

la lutte. Enfin, à droite un dernier combattant n'ayant sans doute pas de fusil s'est muni d'une énorme pierre, qu'il va lancer sur les soldats. Des murs à moitié détruits disparaissent sous la fumée, tout annonce qu'un sanglant combat vient d'avoir lieu.

3. Faire raconter le récit.

4° Exercices écrits de grammaire sur la 60° leçon. — Dicter aux élèves quelques-uns des exercices suivants :

1. Trouver dans le récit un adjectif démonstratif, des adjectifs numéraux, des pronoms personnels et des pronoms indéfinis :
→ Adjectif démonstratif : cette.
   Adjectifs numéraux : cinquante, trente, soixante mille.
   Pronoms personnels : la, il, leur.
   Pronoms indéfinis : l'une, l'autre.

2. Conjuguer au futur les verbes *défendre, franchir, prendre* et *périr*.

→ Je défendrai.   Je franchirai.
  Tu défendras.   Tu franchiras.
  Il ou elle défendra.   Il ou elle franchira.
  Nous défendrons.   Nous franchirons.
  Vous défendrez.   Vous franchirez.
  Ils ou elles défendront.   Ils ou elles franchiront.

HISTOIRE : NAPOLÉON Ier

Je prendrai.	Je périrai.
Tu prendras.	Tu périras.
Il ou elle prendra.	Il ou elle périra.
Nous prendrons.	Nous périrons.
Vous prendrez.	Vous périrez.
Ils ou elles prendront.	Ils ou elles périront.

3. Écrire les adverbes et les prépositions contenus dans le récit :
→ Pendant (prép.); d' mis pour de (prép.); de (prép.); par (prép.); après (prep.); de (prép.); peu (adv. de quantité); avec (prép.); encore (adv.); pour (prép.); d' mis pour de (prép.); après (prép.); de (prép.); pendant (prép.).

4. Écrire les verbes ayant un sujet et indiquer ce sujet :
→ Fut prise (sujet : ville); était fortifiée (sujet : ville); défendirent (sujet : habitants); eurent franchi (sujet : les Français); fallut (sujet : il); avaient péri (sujet : personnes).

5. Écrire les verbes correspondant aux noms suivants : guerre, siège, habitant, mur.
→ Guerroyer, assiéger, habiter, murer.

6. Trouver les noms correspondant aux verbes suivants : prendre, fortifier, défendre.
→ Prise, fortification, défense.

5° Résumé de la leçon. — Faire copier le paragraphe 53 du résumé [*Guerre d'Espagne. Bataille de Wagram*], page 542 du livre de l'élève.

6° Correction. — Corriger les exercices écrits qui ont été indiqués.

61° Leçon. — CAMPAGNE DE RUSSIE

1° Leçon. — Faire écrire au tableau : *Histoire. — Campagne de Russie (page 539)*.

Faire apprendre la leçon, sans le récit (page 539 du livre de l'élève).

2° Interrogations. — Poser les questions du n° 54 (au bas de la page 539 du livre de l'élève).

3° Récit et explication de la figure. — 1. Faire lire le récit.

2. *Explication de la figure.* — La figure 64 (livre de l'élève et livre du maître) représente les Français franchissant la Bérésina pendant la retraite de Russie. C'est l'hiver et la campagne est couverte de neige. Un pont a été jeté sur le fleuve. Les soldats le traversent et la fumée blanche qui sort de leurs rangs provient d'une bombe qui vient d'éclater. Sur la rive que l'on voit en avant de la figure, de malheureux soldats morts ou blessés disparaissent sous la neige. L'un d'eux, la tête bandée, lève la main vers ses compagnons d'armes qui fuient

et implore leur secours. Des oiseaux, corbeaux ou vautours, volent

Fig. 61. — Passage de la Bérésina.

au-dessus de la grande armée. Ils guettent le moment où ils pourront se repaître des cadavres des infortunés soldats.

3. Faire raconter le récit.

4° Exercices écrits de grammaire sur la 61° leçon. — Dicter aux élèves quelques-uns des exercices suivants :

1. Trouver dans le récit un article contracté, un adjectif possessif, un adjectif démonstratif, un adjectif indéfini et un pronom personnel :
→ Article contracté : des.
  Adjectif possessif : nos.
  Adjectif démonstratif : ces.
  Adjectif indéfini : une.
  Pronom personnel : se.

2. Écrire les verbes qui sont au participe passé :
→ Engourdis, commandés, pris, engloutis, massacrés.

3. Écrire les autres verbes contenus dans le récit et en indiquer la conjugaison, le mode, le temps, le nombre et la personne :
→ *Arriva* : verbe *arriver*, 1re conj., mode indicatif, temps passé défini, 3e pers. du sing.
  Traînaient : verbe *traîner*, 1re conj., mode indicatif, temps imparfait, 3e pers. du plur.
  Eurent : verbe *avoir*, 4e conj., mode indicatif, temps passé défini, 3e pers. du plur.
  Construire : 4e conj., mode infinitif, temps présent.
  Étaient : verbe *être*, 4e conj., mode indicatif, temps imparfait, 3e pers. du plur.
  Périrent : verbe *périr*, 2e conj., mode indicatif, temps passé défini, 3e pers. du plur.

4. Écrire les adverbes et les prépositions contenus dans le récit :
Pendant (prép.); de (prép.); à (prép.); par (prép.); péniblement (adv.); dans (prép.); par (prép.); à (prép.); sur (prép.); de (prép.); pour (prép.); de (prép.); environ (adv.); par (prép.).

5. Analyser les mots : soldats, ponts, fleuve.

Soldats	n. comm., masc. plur., sujet de se traînaient.
Ponts	n. comm., masc. plur., compl. direct de construire.
Fleuve	n. comm., masc. sing., compl. indirect de construire.

5º Résumé de la leçon. — Faire copier le paragraphe 54 du résumé [*Le roi de Rome. Campagne de Russie*], page 542 du livre de l'élève.

6º Correction. — Corriger les exercices écrits qui ont été indiqués.

62º Leçon. — ABDICATION DE NAPOLÉON LES CENT-JOURS

1º Leçon. — Faire écrire au tableau : *Histoire.* — *Abdication de Napoléon. Les Cent-Jours (page 540).*

Faire apprendre la leçon, sans le récit (page 540 du livre de l'élève).

Fig. 62. — Le maréchal Moncey défendant la barrière de Clichy.

2º Interrogations. — Poser la question 55 (au bas de la page 540 du livre de l'élève).

3º Récit et explication de la figure. — 1. Faire lire le récit.

2. Explication de la figure. — La figure 62 (livre de l'élève et livre du maître) représente le maréchal Moncey défendant la barrière de Clichy.

Le maréchal est à cheval, à la tête de ses soldats. De la main il donne des ordres aux soldats que l'on aperçoit à droite. Deux canonniers sont à l'affût d'un canon ; l'un d'eux met le feu aux poudres. Le combat est engagé, et les soldats, le fusil sur l'épaule, courent plutôt qu'ils ne marchent là où le devoir les appelle sans souci du danger qui les menace.

Hors des murs on lit sur une maison cette inscription : *Au père Lathuile*.

3. Faire raconter le récit.

4° Exercices écrits de grammaire sur la 62ᵉ leçon. — Dicter aux élèves quelques-uns des exercices suivants :

1. Copier le récit et souligner les verbes :
→ Paris se **défendit** vaillamment contre les soldats étrangers. La ville n'**avait** pas alors de fortifications et les Parisiens **étaient** sans armes. Les patriotes, **réunis** au peu de soldats qui **restaient**, **luttèrent** courageusement. Le maréchal Moncey se **distingua** à la barrière de Clichy.

2. Analyser les articles dans les phrases suivantes : les soldats, la ville, au peu.
→ Les soldats : *les*, art. simp., masc. plur.
La ville : *la*, art. simp., fém. sing.
Au peu : *au*, art. cont., mis pour *à le*, masc. sing.

3. Écrire les prépositions et les adverbes contenus dans le récit :
→ Vaillamment (adv.); contre (prép.); n'... pas (adv.); alors (adv.); sans (prép.); de (prép.); courageusement (adv.); à (prép.); de (prép.).

4. Conjuguer le verbe *défendre* au présent de l'indicatif; le verbe *avoir* à l'imparfait de l'indicatif; le verbe *être* au passé défini; le verbe *rester* au futur.

→ Je défends.
Tu défends.
Il ou elle défend.
Nous défendons.
Vous défendez.
Ils ou elles défendent.

J'avais.
Tu avais.
Il ou elle avait.
Nous avions.
Vous aviez.
Ils ou elles avaient.

Je fus.
Tu fus.
Il ou elle fut.
Nous fûmes.
Vous fûtes.
Ils ou elles furent.

Je resterai.
Tu resteras.
Il ou elle restera.
Nous resterons.
Vous resterez.
Ils ou elles resteront.

5° Résumé de la leçon. — Faire copier le paragraphe 55 du résumé [*Abdication de Napoléon. Les Cent-Jours*], page 542 du livre de l'élève.

6º Correction. — Corriger les exercices écrits qui ont été indiqués.

63º Leçon. — RÉSULTATS DU RÈGNE DE NAPOLÉON

1º Leçon. — Faire écrire au tableau : *Histoire.* — *Résultats du règne de Napoléon (page 541).*

Faire apprendre la leçon, sans le récit (page 541 du livre de l'élève).

2º Interrogations. — Poser la question 56 (au bas de la page 541 du livre de l'élève).

3º Récit et explication de la figure. — 1. Faire lire le récit.

2. *Explication de la figure.* — La figure 63 (livre de l'élève et livre du maître) nous représente Napoléon, non plus cette fois à la tête de son armée, mais seul sur une île déserte.

Fig. 63. — Napoléon à Sainte-Hélène.

Le grand empereur est en effet exilé à Sainte-Hélène. Nous le voyons sur une hauteur qui domine la mer. Les bras croisés sur sa poitrine il regarde tristement au loin. A quoi pense-t-il? Il pense à toutes ses victoires, à toutes ses défaites et surtout à la France qu'il ne reverra plus. Un soldat anglais le surveille. Un drapeau anglais flotte sur la forteresse où Napoléon passe ses longs jours d'exil.

3. Faire raconter le récit.

4° Exercices écrits de grammaire sur la 63ᵉ leçon. —
Dicter aux élèves quelques-uns des exercices suivants :

1. Écrire les adjectifs qualificatifs contenus dans le récit et mettre au masculin ceux qui sont au féminin et au féminin ceux qui sont au masculin :

→ Aride, masculin aride.
Brûlant, féminin brûlante.
Longue, masculin long.
Douloureuse, masculin douloureux.

2. Trouver dans le récit un adjectif possessif, deux adjectifs indéfinis et un adjectif numéral cardinal. Indiquer le genre et le nombre :

→ *Son* climat. *Son :* adj. poss., masc. sing.
Toute l'île. *Toute :* adj. indéf., fém. sing.
Une hauteur. *Une :* adj. indéf., fém. sing.
Six ans. *Six :* adj. num. card., masc. plur.

3. Écrire les prépositions et les adverbes contenus dans le récit :

→ De (prép.); où (adv. de lieu.); si (adv.); si (adv.); n'... pas (adv. de négation); y (adv. de lieu); presque (adv. de quantité); de (prép.); de (prép.); beaucoup (adv. de quantité); à (prép.); à (prép.); ne (adv. denégation); de (prép.); n'... pas (adv. de négation); de (prép.); plus (adv.); souvent (adv. de temps); sur (prép.); là (adv. de lieu); de (prép.); en (prép.); à (prép.); après (prép.); de (prép.).

4. Écrire les différents pronoms contenus dans le récit :

→ Il (pron. pers.); il (pron. pers.); le (pron. pers.); il (pron. pers.); se (pron. pers.); qui (pron. relatif); il (pron. pers.).

5. Écrire les verbes irréguliers contenus dans le récit et les conjuguer au passé défini et à l'impératif :

→ Pouvoir, faire, mourir.

Je pus.	Je fis.	Je mourus.
Tu pus.	Tu fis.	Tu mourus.
Il ou elle put.	Il ou elle fit.	Il ou elle mourut.
Nous pûmes.	Nous fîmes.	Nous mourûmes.
Vous pûtes.	Vous fîtes.	Vous mourûtes.
Ils ou elles purent.	Ils ou elles firent.	Ils ou elles moururent.
Le verbe pouvoir n'a pas d'impératif.	Fais.	Meurs.
	Faisons.	Mourons.
	Faites.	Mourez.

5° Résumé de la leçon. — Faire copier le paragraphe 56 du résumé [*Le règne de Napoléon*], page 542 du livre de l'élève.

6° Correction. — Corriger les exercices écrits qui ont été indiqués.

64ᵉ Leçon. — RÉSUMÉ DU HUITIÈME MOIS

1º Leçon. — Faire écrire au tableau : *Histoire. — Résumé du huitième mois (page 542)*

Faire apprendre le résumé du huitième mois (page 542 du livre de l'élève).

2º Récitation. — Faire réciter le résumé du huitième mois (page 542 du livre de l'élève).

3º Explication de la figure. — La figure 64 (livre de l'élève et livre du maître) représente la statue de Napoléon Bonaparte, général de la République, puis Consul, devenu empereur sous le nom de Napoléon Iᵉʳ. Il est vêtu du costume militaire et sa grande redingote grise, qu'il affectionnait tant, est largement ouverte et laisse voir ses épaulettes et de nombreuses décorations. Il a l'épée au côté gauche. Près du pommeau de cette épée on voit la croix de la Légion d'honneur, qu'il porte attachée à un large ruban. Il avait institué cet ordre en 1802, alors qu'il était Premier Consul. Napoléon a une physionomie accentuée et expressive dans laquelle les yeux assez enfoncés expriment toujours une profonde réflexion. Il est représenté dans son attitude favorite, la main gauche à moitié rentrée dans son gilet déboutonné.

Fig. 64. — Napoléon.

Napoléon est chaussé de grandes bottes qui lui montent jusqu'aux genoux ; derrière lui, à ses pieds se trouvent plusieurs boulets de canon qui rappellent ceux qui lui servirent à remporter tant de brillantes victoires.

Mais si Napoléon devint, par ses conquêtes, maître d'un immense empire, sa puissance s'écroula et il se vit relégué au milieu de l'Océan Atlantique, dans la petite île de Sainte-Hélène où il mourut après six années de captivité, en 1821.

GÉOGRAPHIE

Huitième Mois
du Cours élémentaire

57º Leçon. — LITTORAL DE L'ASIE

1º Leçon. — Faire écrire au tableau : *Géographie*. — *Littoral de l'Asie (page 545)*.
Faire apprendre la leçon (page 545 du livre de l'élève).

2º Interrogations. — Poser les questions 120 et 121 (au bas de la page 545 du livre de l'élève).

3º Explication de la carte. — La carte de la figure 74 (livre de l'élève et livre du maître) donne un aperçu général de la configuration physique de l'Asie.
L'Asie, la plus vaste des cinq parties du monde, est traversée au Nord par le Cercle polaire arctique, au centre par le Tropique du Cancer et touche au Sud presque à l'Équateur. L'Asie jouit donc à la fois d'un climat glacial, tempéré et équatorial.
L'Asie est séparée, au Nord-Est, de l'Amérique par un détroit relativement assez étroit ; au Sud-Est, des îles de l'Océanie par la mer de Chine du Sud ; au Sud-Ouest, de l'Afrique par le canal de Suez et enfin, à l'Ouest, où la frontière est indiquée par une ligne formée de petites croix, elle est séparée de l'Europe par le Caucase et les monts Ourals. L'Europe, sauf l'Espagne, est indiquée en entier. La France avec sa capitale Paris se détache bien des autres parties de l'Europe laissées en blanc. Un rapide coup d'œil permet également de comparer l'étendue des deux contrées : Europe et Asie, et de voir que la grandeur de l'Asie l'emporte de beaucoup sur celle de l'Europe.
Les côtes de l'Asie sont très découpées. L'Océan Pacifique et l'Océan Indien pénètrent dans les terres et y forment des mers et des golfes importants. De hautes montagnes couvrent le centre de l'Asie ; la chaîne la plus importante est celle des monts Himalaya. C'est de ces hauteurs que descendent les grands fleuves qui arrosent l'Asie.

L'Asie est partagée en un certain nombre d'États plus ou moins grands dont les limites sont indiquées sur la carte par des lignes alternativement ponctuées et rayées. Les noms de ces États et leurs capitales sont écrits en lettres de différentes grosseurs suivant leur importance.

4° Récit. — Lire ou faire lire aux élèves le récit suivant :

VOYAGE DE NORDENSKJÖLD [1]

Un soir d'hiver, après le dîner, le petit Maurice s'amusait à regarder des images :

— Oh! père, dit-il tout à coup, vois la belle fête de nuit, le grand feu d'artifice et cette mer toute parsemée de lumières, et ces palais étincelants de mille flambeaux ; c'est la réception du professeur Nordenskjöld à Stockholm. Qu'a donc fait ce monsieur, pour qu'on l'accueille ainsi à son retour dans sa patrie ?

— Le professeur Nordenskjöld, répondit le père, a découvert le passage du Nord-Est. Ceci ne t'apprend pas grand'chose, n'est-ce pas ? Eh bien, donne-toi la peine de m'écouter quelques instants et tu comprendras de quoi il s'agit.

Tous les peuples civilisés étaient préoccupés depuis longtemps de trouver la meilleure route pour aller aux Indes, c'est même cette recherche qui fit découvrir l'Amérique et qui fit faire pour la première fois le tour du monde. Il est donc tout naturel que l'on ait songé à la possibilité d'atteindre les Indes, le fameux pays des épices, après avoir gagné la Chine en contournant les côtes de la Sibérie, c'est-à-dire en suivant le chemin qu'on appelait le « passage du Nord-Est » avant même de savoir s'il était praticable.

Après les tentatives des Anglais et des Hollandais, des ordonnances russes défendirent, sous peine de mort, à tous les pilotes des mers septentrionales de servir de guides aux navires étrangers.

Cependant les peuples de la Sibérie avaient commencé à explorer les côtes de leur pays aux abords des deltas des grands fleuves, et, dans une de ces explorations, on avait découvert la pointe de l'ancien continent la plus avancée vers le Nord, le cap Tchéliouskine.

D'autre part quelques années auparavant le Danois Béring avait, sur les ordres de Pierre le Grand, traversé la Sibérie dans sa plus grande largeur et reconnu le détroit qui sépare l'Asie de l'Amérique. Au dix-neuvième siècle, on se préoccupa de nouveau du « passage du Nord-Est », non plus pour trouver une route pour aller aux Indes (le percement de l'isthme de Suez allait en donner une meilleure), mais pour connaître enfin la configuration des côtes dans cette partie de la

---

(1) Prononcez Nordenskieuld.

terre. Plusieurs expéditions furent tentées, mais, malgré l'emploi de

Fig. 74. — Carte de l'Asie montrant les mers, le littoral, les montagnes,

la navigation à vapeur, toutes échouèrent.

Le gérant : PAUL DUPONT.

GÉOGRAPHIE : L'ASIE

Cependant les esprits entreprenants ne se décourageaient pas. C'est

les fleuves et les différents États avec leurs limites et leurs villes importantes.

ainsi que le professeur Nordenskjöld résolut de tenter l'aventure à son tour. Il était tout désigné pour ce voyage et il ne s'y aventura pas à la légère. Ce savant avait déjà fait de nombreuses excursions dans les régions polaires et il connaissait par expérience les difficultés de l'entreprise comme aussi les précautions à prendre pour la mener à bonne fin.

Il s'embarqua à Tromsoë, ville du Nord de la Norvège, le 9 juillet 1878 à bord de *la Véga,* vaisseau construit spécialement pour résister le mieux possible au choc des glaces. Puis, pendant plus d'un an, on resta sans nouvelles du courageux navigateur et de ses compagnons. On les croyait perdus, quand un jour on apprit enfin que *la Véga* avait abordé au Japon le 2 septembre 1879.

La Véga rentra triomphalement à Stockholm le 24 avril 1880. C'était le premier navire qui eût fait le tour de l'ancien monde, et ceux qui le montaient étaient les premiers hommes qui avaient vu tout le profil des côtes sibériennes. Aussi la France crut-elle s'honorer en nommant aussitôt Nordenskjöld commandeur de la Légion d'honneur.

— Et il n'avait fait que ce voyage ? dit Maurice étonné.

— Tu trouves que c'est peu, reprit le père, mais que penseras-tu donc si j'ajoute qu'à part le résultat théorique d'affirmer l'existence du passage du Nord-Est, l'exploration de *la Véga* ne fut d'aucune conséquence pratique. Bien plus, jusqu'ici, aucun autre navire n'a pu repasser par cette route septentrionale et il faut que pour avoir réussi Nordenskjöld ait été favorisé par un temps tout à fait exceptionnel.

— Ce n'est donc que le succès d'un hasard heureux qu'on a fêté en Nordenskjöld ?

— Non, mon enfant, s'empressa de répondre le père de Maurice, tu te trompes. Ce qu'on a fêté en Nordenskjöld, c'est surtout le courage de l'homme qui osa partir pour un voyage d'où l'on ne revenait ordinairement pas et l'énergie du navigateur qui dans un seul but de gloire ne craignit pas d'affronter les glaces, le froid et la solitude la plus complète. Mais ce n'est pas tout, on a encore fêté en lui l'intelligence du savant qui surmonte les obstacles contre lesquels d'autres échouent parce qu'il les sait mieux prévoir ; et ce triomphe de l'esprit sur la nature on ne le célébrera jamais assez.

5° **Exercices.** — 1. Faire écrire par les élèves sur une carte muette d'Asie les noms suivants : Océan Glacial Arctique, Océan Pacifique, Océan Indien, Mer Rouge, Méditerranée, Mer Noire, Mer Caspienne, Monts Ourals.

2 Faire écrire par les élèves sur la même carte les noms suivants : Cap Tchéliouskine, Archipel du Japon (Yéso, Nipon, Kiou-Siou), Formose, Haï-nan, Mer de Béring, Mer d'Okhotsk, Mer du Japon, Mer Jaune, Mer de la Chine.

3. Faire écrire par les élèves sur la même carte les noms suivants : Indo-Chine, Hindoustan, Arabie, Golfe du Bengale, Mer d'Oman, Mer Rouge, Ceylan, Isthme de Suez, Asie Mineure.

6° Correction. — Corriger les exercices écrits qui ont été indiqués.

58ᵉ Leçon. — MONTAGNES ET FLEUVES DE L'ASIE

1° Leçon. — Faire écrire au tableau : *Géographie. — Montagnes et fleuves de l'Asie (page 548).*
Faire apprendre la leçon (page 548 du livre de l'élève).

2° Interrogations. — Poser les questions 122, 123 et 124 (au bas de la page 548 du livre de l'élève).

3° Récit. — Lire ou faire lire aux élèves le récit suivant :

LE GANGE

Le Gange n'est pas le plus grand fleuve du monde, mais c'est assurément le plus renommé. Depuis les temps les plus reculés, ses eaux sont sacrées pour les Hindous qui leur attribuent de telles vertus purificatrices qu'en boire une gorgée, c'est se laver, dit-on, de toute souillure et que flotter dans ses flots après la mort, c'est s'assurer toutes les félicités du ciel. Aussi s'est-il toujours fait, sur les bords du Gange, grand commerce de fioles remplies du breuvage merveilleux et, en dépit de toutes les ordonnances des Anglais, on continue aujourd'hui comme autrefois à jeter dans le fleuve le plus grand nombre possible de cadavres, ce qui fait vivre et prospérer tout un peuple de crocodiles.

Le Gange mesure plus de 3.000 kilomètres de longueur. Il descend de la haute chaîne de l'Himalaya et, coulant de l'Ouest à l'Est, va se jeter dans le golfe du Bengale entre l'Inde et l'Indo-Chine. Ce n'est tout d'abord qu'un simple torrent s'élançant d'une grotte de glace située à une très grande hauteur dans les montagnes.

Le Gange pénètre dans la plaine par le défilé appelé porte de Hardvar, et peu après, son cours est dérivé dans tous les sens par des milliers de canaux qui fécondent tout le pays et arrosent des champs de canne à sucre, d'indigo, de cotonniers, des rizières et mainte autre culture.

Par suite d'un régime particulier, le lit du Gange offre cette curiosité de se déplacer dans la plaine ; car ce fleuve ronge incessamment ses berges, si bien que le sommet du delta, jadis situé près des ruines de la ville de Gaour, s'en trouve aujourd'hui distant de 28 kilomètres. D'autre part, le débit du Gange est très inégal, il peut varier de 50.000 mètres cubes à 600 mètres cubes par seconde. Aussi ses rives sont-elles dévastées par de terribles inondations. Dans les campagnes, il faut faire succéder deux sortes de cultures, l'une pour les eaux basses, l'autre pour les hautes eaux. Quant aux villes, elles sont d'ordinaire protégées par de grands murs formant terrasse sur le fleuve.

Le delta commence à 500 kilomètres de la mer et s'étend sur une superficie de huit millions d'hectares. Il est vrai qu'il est commun au Gange et au Brahmapoutra. Ces deux fleuves sont divisés en plusieurs bras subdivisés eux-mêmes en plusieurs branches, et tout le pays du côté de la mer n'est, par suite, qu'un immense réseau d'îles basses, de rivières, de lacs, de terres fluides et d'eaux boueuses. L'ensemble de ce delta constitue la province du Bengale. Celle-ci jouit à profusion de toutes les merveilles de la zone tropicale, mais sa partie maritime est le berceau du choléra qui est comme le produit naturel de ce sol humide et putride.

Tout le cours du Gange est bordé de pieux sanctuaires, de lieux de pèlerinage et de villes nombreuses. Celles-ci se composent presque toujours aujourd'hui de deux villes différentes, accolées l'une à l'autre ; il y a la vieille ville hindoue avec ses rues étroites et ses maisons basses et la moderne ville anglaise aux larges avenues, aux belles constructions.

Parmi les cités baignées par le Gange, il en est quelques-unes dont les noms seuls suffisent pour remuer toute l'histoire de l'Inde.

C'est d'abord Bénarès, la cité sainte, aux 1.800 temples de toutes les formes et de tous les cultes, qui, depuis trente siècles, est la capitale religieuse des Indiens. Elle est encore aujourd'hui gouvernée par un rajah, mais la ville anglaise de Sécrole qui s'élève à côté de Bénarès dit assez que ce souverain ne possède que l'ombre du pouvoir.

Puis c'est Padna, la capitale de l'Inde au temps de la conquête d'Alexandre, qui bien déchue de cette ancienne splendeur n'est plus qu'un entrepôt.

Plus loin, c'est la ville française de Chandernagor, tout ce qui nous reste de ce grand empire oriental que Dupleix avait conquis pour la France et que Louis XV laissa lâchement tomber aux mains des Anglais.

Quant à la puissance des maîtres actuels de ce sol antique, elle s'affirme victorieusement, et dans son passé et dans son avenir, dans les deux grandes villes de Calcutta et d'Allahabad. Calcutta, la capitale et la résidence du vice-roi, est une belle et superbe ville remplie de colonnades, de jardins et de palais ; mais c'est aussi une ville de boue, bâtie sur un ancien marécage, au sol sans pente, et dans les plus mauvaises conditions au point de vue de la salubrité, ce qui lui fait bien mériter son nom de Kali-Kota, sanctuaire de la déesse de la Destruction.

Aussi tout le monde s'accorde-t-il à voir la capitale future dans la ville d'Allahabad, admirablement située dans la boucle du confluent du Gange et du Djemrah, sous de magnifiques ombrages de tamarins. Cette cité est à peu près au centre de la péninsule et elle se trouve comme Paris au point de croisement de tous les chemins de fer qui rayonnent vers les frontières. Enfin cette ville a tout pour elle, jusqu'à une légende qui veut que, dans sa plaine, appelée « le champ des aumônes », il soit plus méritoire de donner une pièce de monnaie que cent mille en tout autre lieu du monde.

4° Exercices. — 1. Faire écrire par les élèves sur une carte muette d'Asie les noms suivants : Plateau du Pamir, Himalaya, Gaurisankar, Monts Thian-Chan, Monts Kouen-Lun, Plateau du Thibet, Plateau de Mongolie, Désert de Gobi, Monts Altaï, Plateau de l'Iran.

2. Faire écrire par les élèves sur la même carte les noms suivants: Amour, Fleuve Jaune, Fleuve Bleu, Brahmapoutra, Gange, Sind ou Indus, Mer d'Aral, Lac Baïkal.

5° Correction. — Corriger les exercices écrits qui ont été indiqués.

59ᵉ Leçon. — CLIMATS ET PRODUCTIONS DE L'ASIE

1° Leçon. — Faire écrire au tableau : *Géographie. — Climats et productions de l'Asie (page 549)*

Faire apprendre la leçon (page 549 du livre de l'élève).

2° Interrogations. — Poser les questions 125 à 128 (au bas de la page 549 du livre de l'élève).

3° Récit — Lire ou faire lire aux élèves le récit suivant :

LES BÊTES DE LA JUNGLE

On donne dans l'Inde le nom de « jungles » à toutes les régions basses qui, sous la double influence de la très grande chaleur et de la fréquence des pluies, se recouvrent, en fourrés épais, de la végétation la plus luxuriante. Là, dans des massifs inextricables, les lianes les plus diverses s'enlacent comme les fibres d'un feutre aux roseaux, aux bambous, aux arbres à gomme, aux bois de tek et à ce figuier des Banians qui est, à lui seul, toute une forêt avec ses racines qui retombent des branches pour se fixer dans le sol.

La verdure de la jungle est aussi peuplée qu'elle est fleurie. Chaque feuille y cache un insecte, et chaque coin a sa bête fauve. C'est là que vivent en toute souveraineté singes, loups, léopards, chacals, sangliers, ours, buffles, tigres, éléphants, rhinocéros, serpents et crocodiles. La jungle appartient à l'animal. Elle offre comme un aperçu de ce que devait être la terre dans ces temps reculés, où l'homme nu, sans défense, dut lutter pour l'existence même de son espèce, en se défendant avec sa seule intelligence contre les êtres les mieux armés et les plus redoutables, alors maîtres et possesseurs du sol.

Aux alentours de la jungle, le duel de l'homme et de la bête dure encore et malheureusement le roi actuel de la création n'est pas toujours le vainqueur. Celui-ci a bien pu faire disparaître le lion de l'Inde; il a pu asservir à ses caprices le géant de la jungle, le massif éléphant, en se l'attachant comme un fidèle et docile serviteur. Mais jusqu'à présent ses conquêtes ne se sont pas étendues plus loin, et si, par hasard, il ose s'aventurer dans la jungle, le danger est toujours là pour lui, pressant et terrible de toutes parts, sur l'eau comme sur le sol, parmi les herbes comme entre les branches d'arbres.

Le maître de la jungle, le seigneur de la forêt, c'est « le mangeur d'hommes », le tigre royal, magnifique chat plus grand que le lion et aussi plus audacieux et plus féroce. Sa fourrure fauve doublée de blanc est irrégulièrement rayée de zébrures noires et quiconque a le rare bonheur de l'étendre par terre s'aperçoit qu'elle mesure le plus souvent du front à l'extrémité de la queue près de trois mètres de long. Il n'est pas d'animal qui ait un goût plus prononcé pour la chair humaine. Certains tigres dédaignent même toute autre nourriture et ils deviennent si habiles dans leur chasse, que, malgré toutes les précautions possibles, ils massacrent en moyenne une centaine d'hommes par an.

Ce n'est pourtant pas le tigre qui est l'ennemi le plus redoutable pour l'homme parmi ceux qui se cachent dans la jungle. Il en est un autre qui fait non pas cent, mais vingt mille victimes chaque année. C'est le cobra. Celui-ci n'est qu'un serpent de dimensions très ordinaires, mais sa piqûre suffit pour tuer en une heure l'être le plus robuste et sa puissance meurtrière l'emporte sur celle du tigre de toute la distance qu'il y a entre un ennemi invisible et un ennemi visible. Si le quadrupède bondit sur le passant au moment où celui-ci s'y attend le moins, le reptile a déjà piqué quand sa victime s'en aperçoit. De plus les cobras sont extrêmement nombreux dans l'Inde et certaines superstitions du pays viennent encore favoriser leur multiplication.

Chez les nations civilisées, les animaux malfaisants ont peu à peu disparu devant l'homme et la lutte séculaire ne s'y continue plus que sous la forme de primes accordées pour la destruction des vipères ou le meurtre de plus en plus exceptionnel de quelque loup oublié.

Il en sera sans doute ainsi dans l'avenir pour les bêtes de la jungle. L'homme en sera un jour définitivement vainqueur. Mais ce ne sera que dans un long espace de temps, malgré la présence des Européens sur le sol de l'Inde et les chasses et les battues qu'ils organisent sans cesse.

Si les terribles combats que les animaux livrent encore à l'homme dans la jungle donnent une idée des effroyables dangers qui entourèrent l'humanité à sa naissance, d'autre part la lenteur des progrès, accomplis dans cette lutte depuis cent ans d'occupation anglaise et malgré l'emploi de nos armes les plus perfectionnées, renseigne sur ce qu'il a fallu accumuler, pendant des siècles, d'intelligence et de courage pour faire du plus faible des êtres animés le maître et le roi de la création.

4º Exercices. — 1. Faire écrire par les élèves les noms des principaux végétaux utilisés de l'Asie.

→ Riz, thé, mûrier, café, cocotier, bananier, bambou, indigotier, pavot dont s'extrait l'opium.

2. Faire écrire par les élèves les noms des principaux animaux utiles et nuisibles de l'Asie.

→ Animaux utiles : renard bleu, hermine, ours, chameau, éléphant.

Animaux nuisibles : rhinocéros, tigre, panthère, serpents venimeux.

5º Résumé des leçons 57 à 59 et correction. — 1. Faire copier le premier paragraphe du résumé [*L'Asie physique* (120 à 128)], page 556 du livre de l'élève.

2. Corriger les exercices écrits qui ont été indiqués.

60º Leçon. — POPULATIONS ET ÉTATS DE L'ASIE

1º Leçon. — Faire écrire au tableau : *Géographie. — Populations et États de l'Asie (page 550).*

Faire apprendre la leçon (page 550 du livre de l'élève).

2º Interrogations. — Poser les questions 129 à 137 (au bas de la page 550 du livre de l'élève).

3º Récit. — Lire ou faire lire aux élèves la lettre suivante :

EXCURSION EN CHINE

A bord du vaisseau de l'État : *Le Bayard*, en vue des côtes de Chine

« Mes chers parents,

« Que je suis heureux que vous m'ayez permis d'être marin ! Soyez
« sans inquiétude sur mon sort : je ne cours aucun danger et je mène
« une vie très amusante. Sans cesse je vois des choses nouvelles, et,
« tout en restant très bon Français au fond du cœur, je deviens
« citoyen de l'Univers. Je commence à connaître toute notre planète :
« elle n'est pas grande, mais nous y avons des frères de toutes les
« couleurs, noirs, jaunes et rouges.

« Pour l'instant, je viens de rendre visite aux Chinois dans leur
« propre capitale. Par une heureuse chance c'est justement mon
« bateau qui a dû conduire le nouveau ministre de France à Pékin, au
« port de Tientsin. Arrivé là, j'obtins facilement une permission de
« quelques jours, en raison de ma bonne conduite et j'en ai profité pour
« explorer un peu le « Céleste Empire ». Je suis allé tout d'abord voir
« Pékin. Pour cela j'ai remonté le Peï-Ho jusqu'à Tong-Tchéou. Ce
« fleuve n'a ni la majesté ni la grandeur des autres fleuves chinois, mais
« il a sur eux l'avantage de desservir la capitale. On débarque à vingt
« kilomètres environ de celle-ci, et on s'y rend au moyen de chars
« qui ne rappellent guère, je vous assure, nos omnibus.

« Sur la route du fleuve à la ville, je remarquai tout de suite que
« l'affluence des passants et le grand mouvement de la circulation
« indiquaient le voisinage d'un centre commercial important ; cependant
« autour de moi ce n'était qu'une suite sans fin de faubourgs formés
« de maisons d'apparence assez modeste avec de grands et petits
« jardins maraîchers et entrecoupés de cimetières ou de tombeaux
« épars dans la campagne.

« Il faut que je vous dise que tel est le premier aspect de toutes
« les villes de la Chine. Il y a d'abord une ville extérieure exclusi-
« vement formée d'habitations isolées, de cours et de jardins, puis
« cette première ville en enferme deux autres qui sont entourées de
« murailles ; l'une comprend les quartiers tartares, silencieux, rela-
« tivement propres, et habités par les fonctionnaires ; l'autre, celle
« des quartiers chinois, est bruyante, sale, commerçante, bariolée
« d'affiches et remplie de boutiques.

« A Pékin, les deux cités intérieures ont la forme d'immenses
« rectangles : celui du Sud constitue la ville chinoise ; celui du Nord
« la ville tartare, mais cette dernière contient, en son milieu, une
« quatrième ville, la ville impériale qui, à son tour, comme une boîte

à surprise, caché une nouvelle ceinture de murailles laquelle clôt les jardins et les constructions du mystérieux palais impérial.

« Celui-ci n'est guère accessible qu'aux plus hauts personnages de l'Empire. Cependant j'ai pu m'en approcher assez près pour apercevoir des kiosques et des façades aux parements de porcelaines jaunes. Cette teinte est, vous le savez, la couleur nationale des Chinois, et le choix est justifié, car les gens, les eaux et la terre elle-même, tout est jaune dans le pays.

« A Pékin les rues sont toutes irrégulières et bordées de fossés en guise de trottoirs ; les maisons sont pour la plupart de pauvres baraques en bois aux toits de tuiles. Mais des canaux, des rivières traversent les rues, et les habitations sont séparées les unes des autres par des champs et des jardins, de sorte que, vue à distance, la ville entière semble n'être qu'un immense parc. Les deux quartiers de Pékin comptent beaucoup de pagodes (on désigne ainsi les églises de cette nation); mais, c'est dans la ville chinoise, que se trouvent les deux plus belles, « le temple du ciel » et le temple de l'agriculture. Le premier est une construction circulaire en bois précieux encastrant des faïences colorées et s'élevant au-dessus d'une terrasse de marbre. Dans l'autre, toute une forêt de pilastres, de balcons et d'escaliers supporte un toit pareil à trois immenses abat-jour superposés.

« Pour avoir une idée de ce que l'architecture chinoise peut offrir de gracieux dans son originalité, il faut sortir de Pékin et aller visiter aux environs les résidences d'été de la famille impériale; c'est là que l'on voit, au milieu de parcs splendides, des petits temples de bronze, des pagodes de porcelaine, des kiosques et des ponts de marbre aux élégantes courbures.

« Ce qui m'a le plus intéressé dans mon excursion en Chine, ce sont les Chinois. Ils ont beau se dire « fils du ciel », ils n'en sont pas moins laids pour cela. Ils sont petits ; ils ont le nez plat, les yeux obliques et portent au sommet de leur tête rasée une longue queue de cheveux qui pend souvent jusqu'à terre et à laquelle ils tiennent par-dessus tout. Ajoutez au portrait, qu'hommes et femmes sont vêtus comme des magots. Cette physionomie peu avenante n'empêche pas que les Chinois constituent une race sage, endurante, sobre, économe et pratiquent l'amour de la famille et le culte du foyer.

« Les Chinois sont essentiellement de nature pacifique ; ils ont le goût des jardins, des fleurs et des lettres, mais nul peuple n'a un plus grand mépris des choses militaires. C'est ce qui explique le succès de la poignée de conquérants mongols au moyen âge et celui tout récent du petit Japon sur le grand Empire du Milieu.

« C'est aussi ce qui permettra peut-être le partage de ce royaume, le
« plus ancien qui soit au monde, tant le manque d'énergie et de
« courage efface toutes les autres qualités. Ce passé et cet avenir
« laissent les Chinois également indifférents ; ils comptent sur leur
« grand nombre qui s'accroît de plus de vingt millions d'individus par
« an, pour supplanter un jour toutes les autres races humaines.
 « Voilà, mes chers parents, à peu près tout ce qui m'a frappé au
« cours de mon petit voyage d'exploration en Chine. Ah ! j'oubliais,
« les Chinois parlent une langue dont les mots n'ont qu'une syllabe
« et ils écrivent à l'envers, c'est-à-dire en commençant par la droite
« et en suivant des lignes verticales. S'ils me lisaient, ils diraient que
« j'écris tout de travers et ils auraient peut-être raison.
 « Adieu ; nous partons ce soir pour une destination inconnue, ainsi
« qu'il est d'usage à bord de l'escadre.

« Votre fils,
« JULIEN. »

4° Exercices. — 1. Faire écrire par les élèves sur une carte muette d'Asie les noms suivants : Sibérie, Irkoustk ; Transcaucasie, Tiflis ; Turkestan ; Turquie d'Asie, Smyrne, Jérusalem.

2. Faire écrire par les élèves sur cette même carte les noms suivants : Perse, Téhéran ; Afghanistan, Kaboul ; Baloutchistan ; Inde, Calcutta, Bombay, Bénarès ; Birmanie ; Singapour.

3. Faire écrire par les élèves sur cette même carte les noms suivants : Cochinchine, Saïgon ; Tonkin, Hanoï ; Cambodge ; Annam, Hué ; Siam.

4. Faire écrire par les élèves sur cette même carte les noms suivants : Chine, Pékin, Canton, Chang-Haï ; Japon, Tokio.

5° Résumé de la leçon et correction. — 1. Faire copier le deuxième paragraphe du résumé [*L'Asie politique* (129 à 137)], page 556 du livre de l'élève.

2. Corriger les exercices écrits qui ont été indiqués.

61° Leçon. — LITTORAL, MONTAGNES, FLEUVES CLIMAT ET PRODUCTIONS DE L'AFRIQUE

1° Leçon. — Faire écrire au tableau : *Géographie. — Littoral, montagnes, fleuves, climat et productions de l'Afrique* (page 551).

Faire apprendre la leçon (page 551 du livre de l'élève).

2° Interrogations. — Poser les questions 138 à 143 (au bas de la page 551 du livre de l'élève).

3° Explication de la carte. — La figure 75 (livre de l'élève et livre du maître) représente la carte de l'Afrique physique et politique.

L'Afrique est une grande île qui paraît reliée à l'Asie au Nord-Est, mais qui en est, en réalité, séparée par le détroit de Bab-el-Mandeb et par le canal de Suez qui commence à Suez, ville indiquée sur la carte par un petit rond. L'Afrique est également séparée de l'Europe (Espagne) par un détroit.

L'Afrique est traversée au Nord par le Tropique du Cancer et au Sud par le Tropique du Capricorne indiqués sur la carte par deux grandes lignes.

Les côtes de l'Afrique sont peu découpées, si on en excepte la côte méditerranéenne qui présente quelques golfes et la côte Ouest où l'Océan Atlantique creuse le profond golfe de Guinée.

Peu de montagnes en Afrique. La chaîne de l'Atlas couvre l'Algérie au Nord, on remarque encore les monts d'Abyssinie à l'Ouest, et au Sud quelques hauteurs dans la colonie du Cap, l'État libre d'Orange et le Transvaal.

L'Afrique est pourtant arrosée par de grands fleuves, mais ce sont des fleuves de plaines. Les principaux sont : le Nil qui arrose Le Caire et se jette dans la Méditerranée ; le Sénégal qui arrose Saint-Louis ; le Niger et le Congo qui se jettent dans l'Océan Atlantique et le Zambèze qui se jette dans l'Océan Indien.

L'Afrique est divisée en un certain nombre d'États parfaitement limités, au Sud, et séparés sur la carte par des lignes rayées. Les noms de ces États sont écrits, sur la carte, en gros caractères ainsi que quelques capitales, telles que Le Cap.

On remarque sur la côte méditerranéenne le Maroc, capitale Fez, l'Algérie, capitale Alger, la Tunisie, capitale Tunis, la Tripolitaine, capitale Tripoli et l'Égypte, capitale Le Caire. A l'Ouest, le Sénégal aux Français, capitale Saint-Louis, le Soudan français et le Cameroun.

Les limites de ces différents États ne sont pas bien déterminées, les unes se perdent dans le désert du Sahara, les autres dans le centre de l'Afrique qui n'est pas encore très bien connu.

Il faut encore remarquer au Sud-Est l'importante île de Madagascar, l'île de la Réunion, l'île Maurice et à l'Ouest, dans l'Océan Atlantique, les îles Açores, Madère, Canaries, du Cap-Vert et de Sainte-Hélène.

4° Récit. — Lire ou faire lire aux élèves le récit suivant :

LE SAHARA

Entre les monts Atlas et la vallée du Niger, entre l'Atlantique et le bassin du Nil, le Nord du continent africain ne présente qu'une seule et même région généralement aride et très peu peuplée que l'on ppelle le Sahara. Ce désert s'étend sur 1.500 kilomètres dans la direction Nord-Sud et sur 4.000 kilomètres de l'Ouest à l'Est; il est

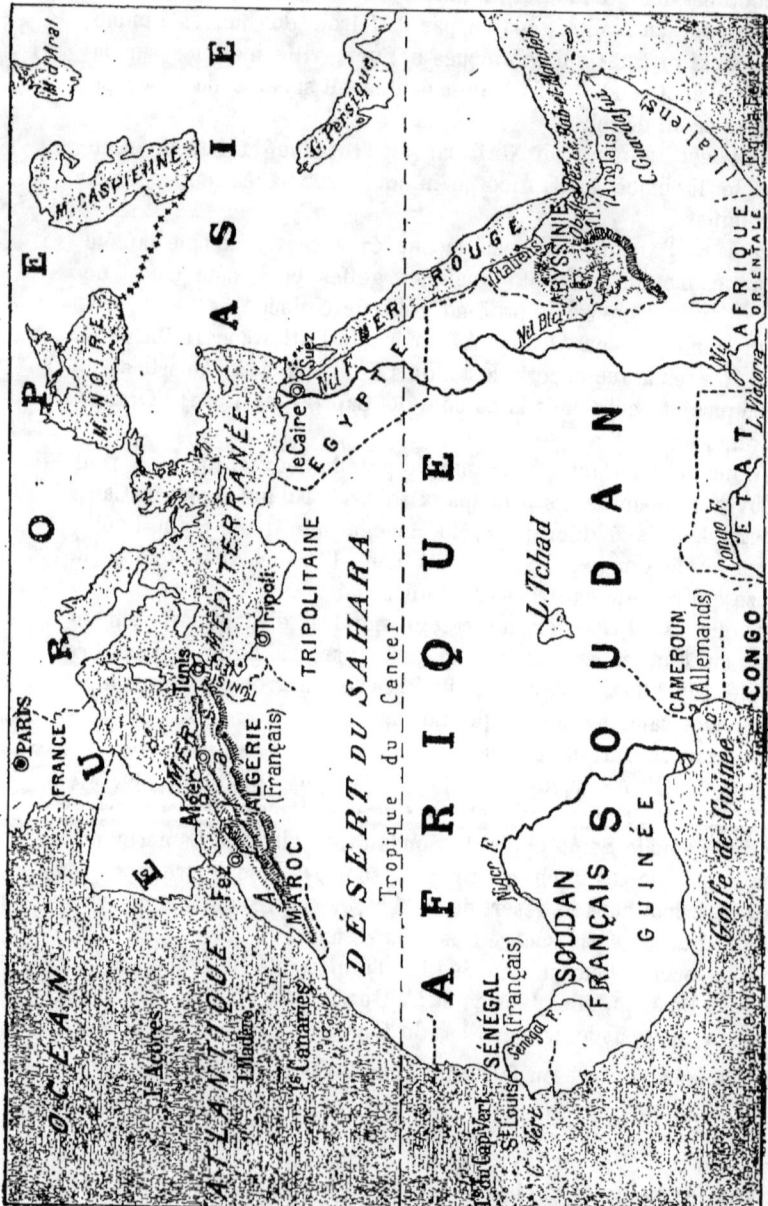

Fig. 75. — Carte de l'Afrique montrant les mers, le littoral, les montagnes,

environ douze fois plus grand que la France.

Sur cet immense territoire, souvent malsain et toujours brûlé par le soleil, il ne pleut presque jamais. Les quelques très rares centres habi-

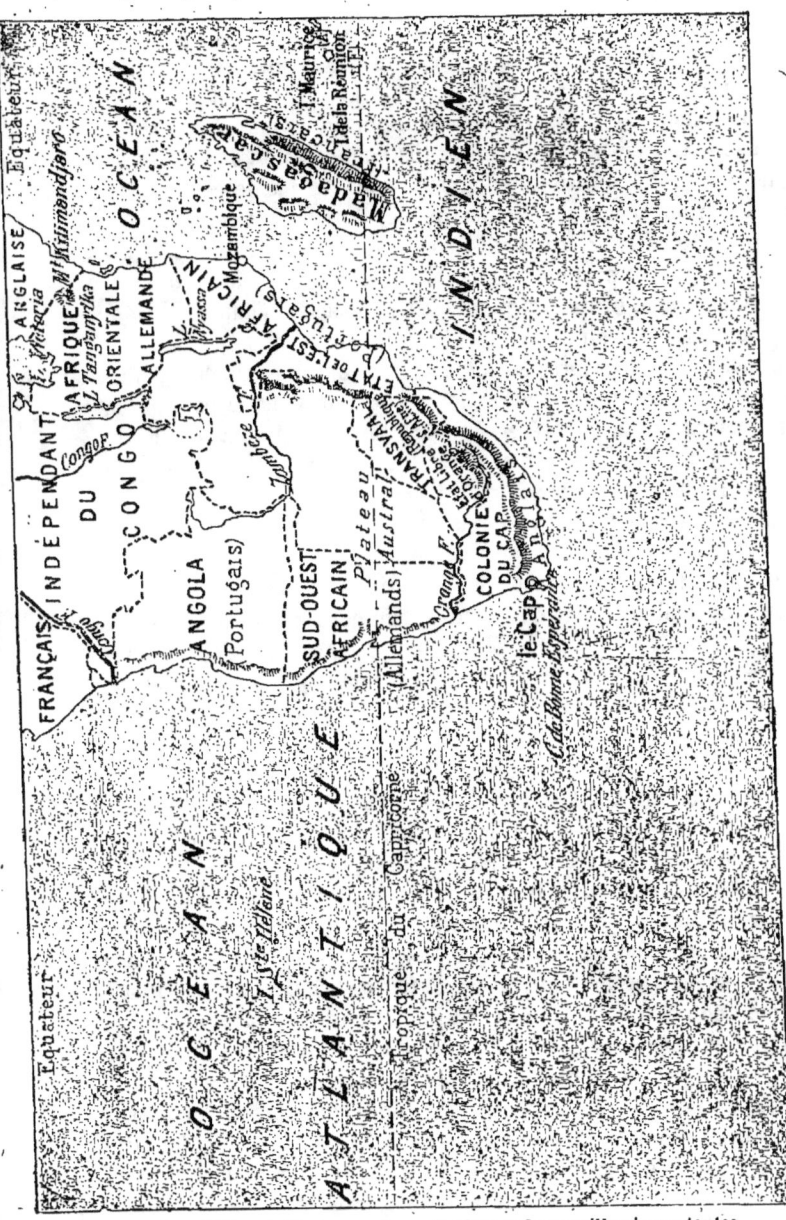

les fleuves et les différents États avec leurs limites et leurs villes importantes.

tés sont espacés de 300 à 500 kilomètres, et, sur les longs trajets que suivent les caravanes, on rencontre seulement ces bandits cruels entre tous que sont les Touaregs.

Le Sahara est la dernière « terre inconnue » qui reste à conquérir sur le globe, et, par une étrange coïncidence, c'est aussi de tous les pays mystérieux le plus rapproché de l'Europe. Cependant quelques hardis explorateurs — ceux du moins qui ont pu revenir de ce périlleux voyage — ont fait connaître un peu la configuration de ce désert.

A part un grand massif montagneux dans la partie centrale, le Sahara est surtout formé de longues plaines de sable et de plateaux plus ou moins élevés, arides et pierreux, nommés « Hamadas ». L'aspect du paysage est profondément triste. C'est la terre de la désolation, et l'air du ciel, brûlant et poussiéreux, en chasse l'animal comme le sol y repousse la plante.

Voilà certes un pays fort peu séduisant et dont la conquête n'offre guère d'attraits. Un traité international en a fait, dans le partage de l'Afrique intérieure, la part réservée à la France. — Le beau cadeau ! quelle dérision ! dira-t-on ; mieux vaudrait ne rien avoir que de s'embarrasser de ces millions d'arpents de sable !

— Eh bien, seraient-ils pires qu'ils ne sont, la France aurait le plus grand tort de renoncer à leur possession.

Et d'abord le Sahara n'est pas plus aride que l'Océan et l'Océan est sans cesse sillonné par des navires dans tous les sens. Le désert peut de même offrir la route la plus rapide pour atteindre les riches territoires de la vallée du Niger et du bassin du lac Tchad. Le Sahara sera certainement un jour la grande porte du centre de l'Afrique enfin civilisé.

Puis qui sait ce que pourra faire du plus affreux des déserts le travail de l'homme ? Est-ce que, sans ce travail, la riche Hollande serait autre chose qu'un infect marécage ? Du reste, pour si stérile qu'il soit, le sol du Sahara n'est pas un sol ingrat. A la moindre pluie (elles sont rares, il est vrai) il se recouvre, presque à vue d'œil, d'une belle végétation tout émaillée de fleurs. Mais si l'on ne sait pas encore faire pleuvoir, on peut creuser des puits, capter des sources ; tout autour des puits se créera un centre assez fertile pour alimenter un village ou même une petite ville comme Ghâdamès où tout pousse à l'ombre de magnifiques palmiers. Telle est, d'ailleurs, l'origine de toutes les oasis. De plus le Sahara cache plus d'eau qu'on ne croit ; sur de grandes étendues, on rencontre des nappes souterraines qui jaillissent au-dessus du sol, quand on perce les couches superficielles, en installant des puits artésiens. C'est ce qu'on a fait sur la frontière Sud de l'Algérie, et, par ce moyen, les Français ont déjà transformé en une fertile région un pays demeuré inculte et stérile jusqu'à l'arrivée de nos pionniers.

Quand on aura construit des chemins de fer à travers le désert, toutes les difficultés disparaîtront et les centres les plus éloignés deviendront plus voisins que ceux qui sont aujourd'hui les plus rapprochés.

Actuellement les moindres transports sont une fort grosse affaire et seraient même impossibles si l'on n'avait pas le chameau. Il faut marcher souvent dix jours sans rencontrer un puits, et seul ce précieux animal peut résister à une aussi longue privation d'eau.

L'organisation d'une caravane est une chose fort coûteuse et fort difficile. Non seulement il faut emporter de l'eau et des vivres pour tous les hommes, mais encore il faut se munir d'armes et de munitions pour se défendre contre les attaques fréquentes de bandes de pillards toujours à l'affût. Il faut aussi prévoir qu'on aura à camper sur les dunes et à nettoyer les puits qu'une précédente caravane aura comblés ou taris. Enfin, il faut surtout être capable de savoir se diriger dans les dédales, sans aucun repaire, de l'immense désert. Aussi les chefs caravaniers sont-ils de très grands personnages au Sahara. Il leur faut, outre des qualités rares de prudence et d'énergie, une assez grande fortune, car ils doivent laisser tous leurs biens comme gage des marchandises qu'on leur confie, quand la caravane part et s'enfonce dans le désert pour ne revenir — si elle revient — que trois, quatre ans après.

Combien tout cela changera quand la civilisation française aura passé par le Sahara.

5° Exercices. — 1. Faire écrire par les élèves sur une carte muette d'Afrique les noms suivants : Méditerranée, Mer Rouge, Océan Indien, Océan Atlantique, Cap Guardafui, Cap de Bonne-Espérance, Golfe de Guinée, Cap Vert, Ile Madère, Iles Canaries, Ile de Sainte-Hélène, Ile de Madagascar, Ile de la Réunion, Ile Maurice.

2. Faire écrire par les élèves sur la même carte muette les noms suivants : Atlas, Monts d'Abyssinie, Mont Kilimandjaro, Plateau central, Nil, Congo, Désert du Sahara.

3. Faire écrire par les élèves sur la même carte les noms suivants : Nil, Congo, Zambèze, Sénégal, Niger, Lac Tanganyika, Lac Nyassa, Lac Tchad.

6° Résumé de la leçon et correction. — 1. Faire copier le troisième paragraphe du résumé [*L'Afrique physique* (138 à 143)], page 556 de livre de l'élève.

2. Corriger les exercices écrits qui ont été indiqués.

62ᵉ Leçon. — POPULATIONS ET ÉTATS DE L'AFRIQUE

1° Leçon. — Faire écrire au tableau : *Géographie. Populations et États de l'Afrique (page 554).*
Faire apprendre la leçon (page 554 du livre de l'élève).

2° Interrogations. — Poser les questions 144 à 147 (au bas de la page 554 du livre de l'élève).

3° Récit. — Lire ou faire lire aux élèves la lettre suivante :

L'ILE DE LA RÉUNION

« Ma chère amie,

« Nous voici arrivés dans notre nouvelle résidence. Après vingt-cinq
« jours de traversée, dont quinze dans l'Océan Indien, nous avons
« enfin abordé à la Réunion qui appartient, comme tu le sais, à la
« France.

« Toute l'île n'est formée que par un haut et immense rocher
« couvert de montagnes et de plateaux élevés et dont les côtes ne
« présentent aucune échancrure. Vers le centre, se dresse par delà
« le massif des Salazes un grand volcan éteint, « le Piton des
« Neiges », qui a plus de 3.000 mètres de hauteur. Il y a aussi à la
« Réunion un volcan encore en activité, « le Grand Brûlé », mais je
« te parlerai tout à l'heure de ce dernier.

« Sur cette île il n'y a guère que le bord de la mer et les fonds
« de vallées qui soient peuplés. Un chemin de fer circulaire réunit les
« centres les plus importants et dessert les trois villes principales
« Saint-Denis, Saint-Pierre et Saint-Paul.

« Nous habitons la capitale, Saint-Denis. C'est une jolie ville
« entre deux rivières et dont le centre est occupé par un beau jardin
« botanique. Elle se trouve à l'extrémité Nord de l'île, ce qui est pour
« son port une condition très défavorable. Figure-toi — et ceci m'a
« bien surprise la première fois que j'en ai été témoin — que lors-
« qu'une tempête s'annonce, les bateaux, à l'inverse de ce qui se fait
« en France, se réfugient hors du port : ils sont forcés de gagner la
« haute mer pour ne pas être jetés à la côte.

« Une chose frappe de suite les arrivants, c'est qu'ici, même dans
« la meilleure société, on a pris l'habitude de prononcer le français
« d'une façon toute particulière : on ne fait pas sentir la lettre R.
« Ainsi l'on dit : « la Éunion » pour la Réunion et « Païs » pour
« Paris. J'ai peine à me faire à cette espèce de zézaiement et, pour
« ma part, j'aimerais mieux qu'on n'abîmât pas de la sorte notre
« belle langue.

Le gérant : PAUL DUPONT.

GÉOGRAPHIE : L'AFRIQUE

« Ce qui m'enchante à la Réunion, c'est le climat toujours beau et joyeux. On parle bien de terribles cyclones, mais je n'en ai pas encore vu. Et, le soir, assise sous la véranda de notre maison, je ne me lasse pas d'admirer les belles nuits du ciel austral et le brillant scintillement des eaux phosphorescentes de la mer des Indes, tandis que dans l'air, tout autour de moi, se répandent les brises parfumées du jardin. Celui-ci est pareil à un petit coin d'une forêt tropicale. Les bouquets des palmiers s'y mêlent aux éventails des ravenelles, aux fins panaches des fougères arborescentes, et, dans l'ombre, éclairent comme des lumières les ailes des colibris ou les grappes des orchidées.

« La grande industrie de la Réunion est celle du rhum ainsi qu'en témoignent les immenses champs de cannes à sucre qui s'étendent à perte de vue dans la campagne : mais on cultive encore ici la vanille et le café. Quand tu entendras parler du « Bourbon » chez un épicier, il s'agira du café de l'île de la Réunion dont Bourbon est l'ancien nom.

« Nous avons rendu visite au volcan de l'île. « Le Grand Brûlé » s'élève à l'extrémité orientale du Sud de l'île, au milieu du « Grand Enclos », vaste cirque remarquable par sa régularité, et, tout autour du cratère, il commence à se former une nouvelle ceinture circulaire de déjections. Le pays environnant est assez aride ; pourtant, çà et là, il y a, entre les coulées de laves, quelques jolis petits coins de verdure.

« Notre volcan est actuellement bien calme et ne laisse soupçonner son activité que par son panache de fumée. Je voudrais bien voir une grande éruption !

« Le mois prochain, nous irons probablement passer quelques jours à Maurice, l'île sœur, c'est le nom qu'on donne ici à l'ancienne Île-de-France qui, hélas ! n'est plus à la France. On doit me faire lire la triste histoire de deux enfants qui vécurent autrefois dans cette île et qu'un romancier a immortalisés dans un récit qui fit sa gloire. Toutes les grandes personnes connaissent cette histoire. Si tu veux la connaître à ton tour, demande donc à ta mère de te parler de la petite fille qui, comme ton amie bien affectueuse, s'appelait

« Virginie. »

4° Exercices. — 1. Faire écrire par les élèves sur une carte muette d'Afrique les noms suivants : Maroc, Fez ; Abyssinie ; Algérie, Alger ; Tunisie, Tunis.

2. Faire écrire par les élèves sur la même carte les noms suivants : Sénégal, Guinée, Congo français, Madagascar, Ile de La Réunion.

5° Correction. — Corriger les exercices écrits qui ont été indiqués.

63ᵉ Leçon. — ÉTATS DE L'AFRIQUE *(Suite)*

1° Leçon. — Faire écrire au tableau : *Géographie.* — *États de l'Afrique (suite) (page 555).*
Faire apprendre la leçon (page 555 du livre de l'élève).

2° Interrogations. — Poser les questions 148 à 152 (au bas de la page 555 du livre de l'élève).

3° Récit. — Lire ou faire lire aux élèves le récit suivant :

LE CAP
(Conversation entre deux commis voyageurs)

DAVID. — Ainsi vous revenez du pays des diamants. Il existe donc quelque part, ce pays-là ?

PASCAL. — Mais très certainement !

DAVID. — Donnez-moi alors vos impressions de voyage. Qu'est-ce d'abord que Le Cap ?

PASCAL. — Une belle et fertile contrée très riche au point de vue agricole et de plus aujourd'hui largement ouverte à la civilisation, entourée de ports et couverte de chemins de fer et de télégraphes.

DAVID. — Je croyais qu'on exagérait les progrès réalisés au Cap.

PASCAL. — Comment donc ? Mais ce pays a déjà son vignoble célèbre. Vous n'êtes pas sans avoir entendu parler des vins de Constance. Et, d'autre part, les habitants de cette colonie peuvent se glorifier d'avoir ajouté un nouvel animal aux espèces depuis longtemps domestiquées. Ils se livrent avec le plus grand succès à l'élevage de l'autruche qui n'est plus là-bas qu'un gros poulet dont tout est bon, même et surtout les plumes.

DAVID. — Quelle impression produit la ville du Cap ?

PASCAL. — Vue de la mer, elle est d'un magnifique aspect, dominée qu'elle est par la montagne de la Table, avec ses maisons s'étageant en amphithéâtre parmi des parcs et des jardins jusqu'à la baie de ce même nom.

DAVID. — Mais, si de loin c'est quelque chose, de près...

PASCAL. — De près, c'est une grande ville de 50.000 habitants, aux quartiers découpés en carrés réguliers par de larges avenues se croisant à angles droits, ainsi qu'il est d'usage dans les villes modernes. Et de plus ses environs sont charmants et tout remplis de sites délicieux.

David. — Et les habitants, comment sont-ils ?

Pascal. — Tout ce qu'il y a de plus mélangé. Il y a naturellement beaucoup d'Anglais, puis quelques autres blancs de tous les coins du monde, et des Hottentots, des nègres, des Cafres, des Chinois, des Malais. Ce mélange n'est pourtant rien encore en comparaison de ce qu'il sera quand les Anglais auront réalisé le projet dont ils rêvent, celui de joindre Le Cap à Alexandrie par un chemin de fer qui traversera toute l'Afrique.

David. — Cela, c'est une chimère ! La chose est impossible.

Pascal. — Pas du tout. D'un côté les rails sont déjà posés jusque dans le voisinage du Zambèze et de l'autre ils s'avancent rapidement vers les sources du Nil.

David. — N'y aurait-il donc de fabuleux au pays des diamants que ces précieux cailloux ? car, au fait, vous ne m'en dites rien.

Pascal. — Rassurez-vous, les diamants existent. Le Cap est même le seul pays de la terre, où l'on ait trouvé des mines de diamants. Ailleurs, au Brésil, dans l'Inde, ces morceaux de charbon, — car la plus coûteuse de toutes les matières n'est, vous le savez, qu'un charbon cristallisé — se rencontrent dans des terrains sablonneux. Au Cap, les diamants se trouvent au milieu de roches volcaniques dans des sortes de poches remplies d'une argile bleuâtre qui constitue la fameuse « terre bleue » des « claims » à diamants.

David. — Vous dites, « les claims » ?

Pascal. — Oui, c'est le nom que l'on donne là-bas aux portions soigneusement limitées et concédées à prix d'or du sol précieux entre tous. Les mines de diamants furent découvertes sur les bords du fleuve Orange en 1867 ; deux ou trois ans après, dix mille ouvriers étaient employés dans les « claims » et, depuis ce temps, le nombre s'en est accru dans des proportions considérables. On a d'abord exploité les mines à ciel ouvert, mais les routes construites pour les desservir n'ont guère tardé à s'effondrer. Alors on a remplacé ces routes par des câbles métalliques tendus au-dessus des fosses des « claims » qui s'approfondissaient de plus en plus, et sur ces câbles glissaient les seaux servant à transporter les boues à trier pour en extraire les diamants. Aujourd'hui, ce système a été abandonné à son tour ; on fait usage de galeries souterraines comme dans les mines ordinaires. Du reste, il n'y a pas que cet outillage qui ait changé au Griqualand (c'est le nom de la province la plus riche en « terres bleues »). Au lieu de voyager difficilement à travers le pays dans de grands chariots péniblement traînés par des bœufs, on s'y promène maintenant en wagon-salon ; et, à la place des anciens campements de sauvages, se voient des villes superbement éclairées à l'électricité comme Kimberley.

DAVID. — On m'a dit qu'on avait encore découvert au Cap de riches mines d'or ; est-ce exact ?

PASCAL. — Oui, et il y a en outre d'importantes mines de cuivre. Mais, voyez-vous, mon ami, à mon avis, ce ne sont pas toutes ces mines qui font la vraie richesse du pays. Rappelez-vous la fable du laboureur et ses enfants. « Le travail est un trésor », proclame La Fontaine. C'est même le seul vrai trésor ; eh bien, le grand bienfait des diamants du Cap, c'est d'avoir attiré sur ce sol inculte des légions de travailleurs.

4° Exercices. — 1. Faire écrire par les élèves les noms suivants sur la carte muette d'Afrique qui a servi pour les exercices de la leçon précédente : Afrique orientale anglaise, Colonie du Cap, Le Cap ; Afrique orientale allemande ; Sud-Ouest africain ; Cameroun.

2. Faire écrire par les élèves sur la même carte muette les noms suivants : État de l'Est Africain, Mozambique ; Angola ; Iles du Cap-Vert ; Ile de Madère.

3. Faire écrire par les élèves sur la même carte muette les noms suivants : État indépendant du Congo ; Tripolitaine, Tripoli ; Égypte, Le Caire.

4. Donner aux élèves des exercices à faire parmi les exercices 35 à 45 (page 555 du livre de l'élève).

5° Résumé des leçons 62 et 63 et correction. — 1. Faire copier le quatrième paragraphe du résumé [*L'Afrique politique* (144 à 152)], page 556 du livre de l'élève.

2. Corriger les exercices écrits qui ont été indiqués.

64° Leçon. — RÉSUMÉ DU HUITIÈME MOIS

1° Leçon. — Faire écrire au tableau : *Géographie.* — *Résumé du huitième mois (page 556).*

Faire apprendre le résumé du huitième mois (page 556 du livre de l'élève).

2° Interrogations. — Faire des questions sur le résumé du huitième mois et revenir, s'il y a lieu, sur les différents points des leçons 57 à 63 qui n'auraient pas été bien compris.

3° Exercices. — Donner aux élèves des exercices à faire parmi les exercices 35 à 45 (page 555 du livre de l'élève) et qui n'ont pas été donnés dans la leçon précédente.

4° Correction. — Corriger les exercices écrits qui ont été indiqués.

ARITHMÉTIQUE

Huitième Mois
du Cours élémentaire

141ᵉ Leçon. — DIVISION DES NOMBRES DÉCIMAUX

1° Leçon. — Faire écrire au tableau : *Arithmétique.* — *Division des nombres décimaux (page 557).*
Faire apprendre la leçon (page 557 du livre de l'élève).

2° Interrogations. — Poser la question 169 (vers le milieu de la page 557 du livre de l'élève).

3° Exercices au tableau. — I. *Première année.* — Poser aux élèves des questions dans le genre de celles-ci :

1. Faire les divisions suivantes : *(1°:)* 8,4 : 3 ; *(2°:)* 364,35 : 27 ; *(3°:)* 537,27 : 18 ; *(4°:)* 45,7 : 37 ; *(5°:)* 53,45 : 49 ; *(6°:)* 64,9 : 75 ; *(7°:)* 428,34 : 547 ; *(8°:)* 0,875 : 24.

→ *(1°:)* 8,4 | 3
      24 | 2,8 *(Quotient)*

(2°:) 364,35 | 27
      94 | 13,49 *(Quotient)*
    133
    255
(Reste:) 12

(3°:) 537,27 | 18
    177 | 29,84 *(Quotient)*
    152
     87
(Reste:) 15

(4°:) 45,7 | 37
    87 | 1,2 *(Quotient)*
(Reste:) 13

(5°:) 53,45 | 49
    445 | 1,09 *(Quotient)*
(Reste:) 4

(6°:) 64,9 | 75
    (Reste:) 49 | 0,8 *(Quotient)*

(7°:) 428,34 | 547
    4544 | 0,78 *(Quotient)*
(Reste:) 168

(8°:) 0,875 | 24
    155 | 0,036 *(Quotient)*
(Reste:) 11

2. Que coûteront 24 douzaines d'œufs à 0^{fr},125 la pièce ?
→ *(Nombre d'œufs :)* 12 × 24 = 288 œufs.
(Prix des œufs :) 0,125 × 288 = 36 francs.

II. *Deuxième année (ou 1re année si les élèves sont assez avancés).* — Poser aux élèves des questions dans le genre de celles-ci :

1. Écrire en lettres les nombres suivants : 2.506 ; 798.697 ; 32.064 ; 12.370.645.
→ Deux mille cinq cent-six ; sept cent quatre-vingt-dix-huit mille six cent quatre-vingt-dix-sept ; trente-deux mille soixante-quatre ; douze millions trois cent soixante-dix mille six cent quarante-cinq.

2. Un fermier vend du blé pour 180 francs et des pommes de terre pour 218 francs. Sur le produit de ces deux ventes il paye l'achat d'une vache qui lui a coûté 215 francs. Quelle somme lui reste-t-il ?
→ *(Montant de la récolte :)* 180 + 218 = 398 francs.
(Il reste au fermier :) 398 − 215 = 183 francs.

3. Combien une personne qui dépense 3^{fr},50 par jour peut-elle vivre de jours avec 875 francs ?
→ *(Elle peut vivre pendant :)* 875 : 3,50 = 250 jours.

4. Sur une pièce de drap on a coupé une première fois 15^m,20, une deuxième fois 3^m,50, une troisième fois 75 centimètres. Cette pièce contient encore 31 décimètres. Quelle était était sa longueur ?
→ 75 centimètres = 0^m,75.
31 décimètres = 3^m,10.
(Longueur de la pièce :) 15,20 + 3,50 + 0,75 + 3,10 = 22^m,55.

4° Exercices écrits. — I. *Première année.* — Indiquer les exercices écrits à faire parmi ceux de la page 557 du livre de l'élève (exercices 906 à 915).

RÉPONSES AUX EXERCICES 906 à 915

906 à 915. — Divisions : *(1°:)* 5,7 : 3 ; *(2°:)* 8,7 : 4 ; *(3°:)* 27,4 : 3 ; *(4°:)* 4,34 : 17 ; *(5°:)* 438,27 : 54 ; *(6°:)* 78456 : 92 ; *(7°:)* 0,548 : 32 ; *(8°:)* 0,017 : 8 ; *(9°:)* 728,43 : 14 ; *(10°:)* 0,111 : 11.

→ *(1°:)* 5,7 | 3
　　　　 27 | 1,9 *(Quotient)*

(2°:) 8,7 | 4
　　　　 7 | 2,1 *(Quotient)*
(Reste :) 3

(3°:) 27,4 | 3
　　　　 4 | 9,1 *(Quotient)*
(Reste :) 1

(4°:) 4,34 | 17
　　　　 94 | 0,25 *(Quotient)*
(Reste :) 9

ARITHMÉTIQUE : NOMBRES DÉCIMAUX

(5°:) 438,27 | 54
       62 | 8,11 *(Quotient)*
       87
(Reste :) 33

(6°:) 78456 | 92
      485 | 852 *(Quotient)*
      256
(Reste :) 72

(7°:) 0,548 | 32
    228 | 0,017 *(Quotient)*
(Reste :) 4

(8°:) 0,017 | 8
(Reste :) 1 | 0,002 *(Quotient)*

(9°:) 728,43 | 11
      68 | 66,22 *(Quotient)*
      24
      23
(Reste :) 1

(10°:) 0,111 | 11
(Reste :) 1 | 0,010 *(Quotient)*

II. *Deuxième année (ou 1re année si les élèves sont assez avancés).* — Dicter aux élèves les exercices écrits à faire parmi les suivants :

1. Écrire en lettres les nombres suivants : 8.604 ; 291.534 ; 48.052 ; 36.210.563.
→ Huit mille six cent quatre ; deux cent quatre-vingt-onze mille cinq cent trente-quatre ; quarante-huit mille cinquante-deux ; trente-six millions deux cent dix mille cinq cent soixante-trois.

2. Un fermier vend du blé pour 246 francs et des pommes de terre pour 165 francs. Sur le produit de ces deux ventes il paye l'achat d'une vache qui lui a coûté 232 francs. Quelle somme lui reste-t-il ?
→ *(Montant de la récolte :)* 246 + 165 = 411 francs.
   (Il reste au fermier :) 411 — 232 = 179 francs.

3. Combien une personne qui dépense 4^{fr},25 par jour peut-elle vivre de jours avec 637^{fr},50 ?
→ *(Elle peut vivre pendant :)* 637,50 : 4,25 = 150 jours.

4. Sur une pièce de drap on a coupé une première fois 18^m,50, une deuxième fois 2^m,75, une troisième fois 65 centimètres. Cette pièce contient encore 56 décimètres. Quelle était sa longueur ?
→ 65 centimètres = 0^m,65.
   56 décimètres = 5^m,60.
   (Longueur de la pièce :) 18,50 + 2,75 + 0,65 + 5,60 = 27^m,50.

5° Correction. — Corriger les exercices écrits qui ont été indiqués.

142° Leçon. — DIVISION DES NOMBRES DÉCIMAUX
(Suite)

1° Leçon. — Faire écrire au tableau : *Arithmétique.* — *Division des nombres décimaux (suite) (page 557).*
Faire apprendre la leçon (page 567 du livre de l'élève).

2° Interrogations. — Poser la question 170 (vers le bas de la page 557 du livre de l'élève).

3° Exercices au tableau. — I. *Première année.* — Poser aux élèves des questions dans le genre de celles-ci :

1. Faire les divisions suivantes : *(1°:)* 537,4 : 43,9 ; *(2°:)* 4589,357 : 9,28 ; *(3°:)* 3457,9 : 36,48 ; *(4°:)* 287,35 : 23,45 ; *(5°:)* 36459,74 : 684,294 ; *(6°:)* 8432,327 : 89,74.

→ *(1°:)* 5374 | 439
        984 | 12 *(Quotient)*
(Reste :) 106

(2°:) 458935,7 | 928
        8773 | 494,5 *(Quotient)*
        4215
        5037
(Reste :) 397

(3°:) 345790 | 3648
     17470 | 94 *(Quotient)*
(Reste :) 2878

(4°:) 28735 | 2345
     5285 | 12 *(Quotient)*
(Reste :) 595

(5°:) 36459740 | 684294
    2245040 | 53 *(Quotient)*
(Reste :) 192158

(6°:) 843232,7 | 8974
     35572 | 93,9 *(Quotient)*
     86507
(Reste :) 5741

2. 15 mètres d'étoffe ont coûté 142^{fr},50. Quel est le prix du mètre ?
→ *(Prix d'un mètre d'étoffe :)* 142,50 : 15 = 9^{fr},50.

II. *Deuxième année (ou 1re année si les élèves sont assez avancés).* — Poser aux élèves des questions dans le genre de celles-ci :

1. Décomposer en dizaines et en unités les nombres suivants : 95 ; 67 ; 50 ; 112.
→ *(95 :)* 9 dizaines et 5 unités.
    (67 :) 6 dizaines et 7 unités.
    (50 :) 5 dizaines et 0 unité.
    (112 :) 11 dizaines et 2 unités.

2. Un jardinier a planté des arbres pendant 12 jours, et il en a planté 30 par jour. Combien ce jardinier a-t-il planté d'arbres en tout ?
→ *(Nombre total d'arbres plantés :)* 30 × 12 = 360 arbres.

3. Une personne a acheté 53 mètres de toile pour 185^{fr},50 ; trouver : 1° le prix d'achat du mètre ; 2° la somme que cette personne doit recevoir d'une parente à qui elle a cédé 21^m,50 de cette toile.
→ *(Prix du mètre :)* 185,50 : 53 = 3^{fr},50.
    (Somme à recevoir :) 3,50 × 21,50 = 75^{fr},25.

4. Combien faut-il de pavés de 1^{dmq},6, pour paver une cour de 24 mètres carrés ?
→ 24 mètres carrés = 2.400 décimètres carrés.
    (Nombre de pavés :) 2.400 : 1,6 = 1.500 pavés.

ARITHMÉTIQUE : NOMBRES DÉCIMAUX

4° Exercices écrits. — I. *Première année.* — Indiquer les exercices écrits à faire parmi ceux de la page 557 du livre de l'élève (exercices 916 à 922).

RÉPONSES AUX EXERCICES 916 à 922

916 à 922. — Divisions : *(1°:)* 572,3 : 47,8 ; *(2°:)* 279,48 : 31,57 ; *(3°:)* 48,375 : 5,7 ; *(4°:)* 798,56 : 0,78 ; *(5°:)* 0,485 : 0,38 ; *(6°:)* 0,0567 : 0,007 ; *(7°:)* 4,007 : 0,05.

→ *(1°:)* 5723 | 478
           943 | 11 *(Quotient)*
(Reste :) 465

(2°:) 27948 | 3157
  (Reste :) 2692 | 8 *(Quotient)*

(3°:) 483,75 | 57
       277 | 8,48 *(Quotient)*
       495
(Reste :) 39

(4°:) 79856 | 78
      185 | 1023 *(Quotient)*
      296
(Reste :) 62

(5°:) 48,5 | 38
     105 | 1,2 *(Quotient)*
(Reste :) 29

(6°:) 56,7 | 7
       7 | 8,1 *(Quotient)*

(7°:) 400,7 | 5
        7 | 80,1 *(Quotient)*
(Reste :) 2

II. *Deuxième année (ou 1re année si les élèves sont assez avancés).* — Dicter aux élèves les exercices écrits à faire parmi les suivants :

1. Décomposer en dizaines et en unités les nombres suivants : 73 ; 26 ; 49 ; 236.
→ *(73 :)* 7 dizaines et 3 unités.
   (26 :) 2 dizaines et 6 unités.
   (49 :) 4 dizaines et 9 unités.
   (236 :) 23 dizaines et 6 unités.

2. Un jardinier a planté des arbres pendant 15 jours, et il en a planté 25 par jour. Combien ce jardinier a-t-il planté d'arbres en tout ?
→ *(Nombre total d'arbres plantés :)* $25 \times 15 = 375$ arbres.

3. Une personne a acheté 65 mètres de toile pour 178^{fr},75, trouver : 1° le prix d'achat du mètre ; 2° la somme que cette personne doit recevoir d'une parente à qui elle a cédé 36^m,20 de cette toile.
→ *(Prix du mètre :)* $178,75 : 65 = 2^{fr},75$.
   (Somme à recevoir :) $2,75 \times 36,20 = 99^{fr},55$.

4. Combien faut-il de pavés de 1^{dmq},45 pour paver une cour de 58 mètres carrés ?
→ 58 mètres carrés = 5.800 décimètres carrés.
   (Nombre de pavés :) $5.800 : 1,45 = 4.000$ pavés.

5° Correction. — Corriger les exercices écrits qui ont été indiqués.

143ᵉ Leçon. — DIVISION DES NOMBRES DÉCIMAUX

(Suite)

1° Leçon. — Faire écrire au tableau : *Arithmétique. — Division des nombres décimaux (page 558)*.
Faire apprendre la leçon (page 558 du livre de l'élève).

2° Interrogations. — Poser les questions 171, 172, 173 et 174 (vers le bas de la page 558 du livre de l'élève).

3° Exercices au tableau. — I. *Première année.* — Poser aux élèves des questions dans le genre de celle-ci :

Faire les divisions suivantes avec la preuve : *(1°:)* 43,9 : 9,28 ; *(2°:)* 634,97 : 9,724 ; *(3°:)* 843,5 : 47,3 ; *(4°:)* 94827,2 : 8,45.

```
(1°:) 4390  | 928              (1°Preuve:) 928
(Reste:) 678| 4 (Quotient)                    4
                                            3712
                                             678
                                            ────
                                            4390
```

```
(2°:) 634970 | 9724             (2°Preuve:) 9724
       51530 | 65 (Quotient)                  65
(Reste:) 2910                              48620
                                           58344
                                          ──────
                                          632060
                                            2910
                                          ──────
                                          634970
```

```
(3°:) 8435 | 473                (3°Preuve:) 473
      3705 | 17 (Quotient)                   17
(Reste:) 394                               3311
                                            473
                                          ─────
                                           8041
                                            394
                                          ─────
                                           8435
```

```
(4°:) 9482720 | 845             (4°Preuve:) 11222
        1032  | 11222 (Quotient)              845
        1877                               56110
        1872                               44888
        1820                               89776
(Reste:) 130                             ───────
                                         9482590
                                             130
                                         ───────
                                         9482720
```

ARITHMÉTIQUE : NOMBRES DÉCIMAUX

II. *Deuxième année (ou 1re année si les élèves sont assez avancés).* — Poser aux élèves des questions dans le genre de celles-ci :

1. Écrire en chiffres les nombres suivants : soixante-douze, deux cent trente-huit, quatre-vingt-dix-sept, six mille neuf cent quarante et un.
→ 72 ; 238 ; 97 ; 6.941.

2. Un boucher achète 75 moutons au prix de 22 francs chacun et 26 veaux coûtant chacun 28 francs. Quel est le montant de cet achat ?
→ *(Prix total des moutons :)* $22 \times 75 = 1.650$ francs.
(Prix total des veaux :) $28 \times 26 = 728$ francs.
(Montant total de l'achat :) $1.650 + 728 = 2.378$ francs.

3. Un menuisier pose 96^{mq},50 de parquet. Quelle somme lui doit-on si chaque mètre carré lui est payé 6^{fr},80, lambourdes comprises ?
→ *(Somme due :)* $6,80 \times 96,50 = 656^{fr},20$.

4. Quand le kilogramme de fromage coûte 1^{fr},75, combien peut-on en acheter de quintaux avec une somme de 2.800 francs ?
→ Le quintal = 100 kilogrammes.
(Prix du quintal :) $1,75 \times 100 = 175$ francs.
(Nombre de quintaux :) $2.800 : 175 = 16$ quintaux.

4° Exercices écrits. — I. *Première année.* — Indiquer les exercices écrits à faire parmi ceux de la page 558 du livre de l'élève (exercices 923 à 928).

RÉPONSES AUX EXERCICES 923 à 928

923 à 927. — Divisions : *(1°:)* 57,82 : 47,345 ; *(2°:)* 279,84 : 9765 ; *(3°:)* 45 : 7,495 ; *(4°:)* 1,078 : 0,97 ; *(5°:)* 0,006 : 0,0007.

→ *(1°:)* 57820 | 47345   *(2°:)* 279,84 | 9765
   (Reste :) 10475 | 1 *(Quotient)*   *(Reste :)* 8454 | 0,02 *(Quotient)*

                                 (4°:) 107,8 | 97
                                         108 | 1,1 *(Quotient)*
   (3°:) 45000 | 7495   *(Reste :)* 11
   (Reste :) 30 | 6 *(Quotient)*

              (5°:) 60 | 7
              (Reste :) 4 | 8 *(Quotient)*

928. — Un ouvrier gagne 4^{fr},25 par jour. Il ne travaille pas le dimanche. Il dépense chaque jour 2^{fr},75. Combien économise-t-il en une semaine, en 52 semaines ?
→ *(Gain pour une semaine de 6 jours de travail à 4^{fr},25 par jour :)*
   $4,25 \times 6 = 25^{fr},50$.
(Dépense pour les 7 jours de la semaine à 2^{fr},75 par jour :)
   $2,75 \times 7 = 19^{fr},25$.
(Économie pour une semaine :) $25,50 - 19,25 = 6^{fr},25$.
(Économie pour 52 semaines :) $6,25 \times 52 = 325$ francs.

II. *Deuxième année (ou 1re année si les élèves sont assez avancés).* — Dicter aux élèves les exercices écrits à faire parmi les suivants :

1. Écrire en chiffres les nombre suivants : soixante-sept, quatre cent vingt-cinq, quatre-vingt-douze, huit mille cinq cent vingt-trois.
→ 67 ; 425 ; 92 ; 8.523.

2. Un boucher achète 108 moutons au prix de 23 francs chacun et 32 veaux coûtant chacun 25 francs. Quel est le montant de cet achat ?
→ *(Prix total des moutons :)* $23 \times 108 = 2.484$ francs.
(Prix total des veaux :) $25 \times 32 = 800$ francs.
(Montant total de l'achat :) $2.484 + 800 = 3.284$ francs.

3. Un menuisier pose 112mq,25 de parquet. Quelle somme lui doit-on si chaque mètre-carré lui est payé 7fr,10, lambourdes comprises ?
→ *(Somme due :)* $7,10 \times 112,25 = 796^{fr},975$.

4. Quand le kilogramme de fromage coûte 1fr,50, combien peut-on en acheter de quintaux avec une somme de 3.000 francs ?
→ Le quintal = 100 kilogrammes.
(Prix du quintal :) $1,50 \times 100 = 150$ francs.
(Nombre de quintaux :) $3.000 : 150 = 20$ quintaux.

5° Résumé des leçons 141 à 143. — Faire copier le paragraphe du résumé [*Division des nombres décimaux (169 à 174)*], page 567 du livre de l'élève.

6° Correction. — Corriger les exercices écrits qui ont été indiqués.

144e Leçon. — SYSTÈME MÉTRIQUE
LES MESURES DE LONGUEUR

1° Leçon. — Faire écrire au tableau : *Arithmétique. — Système métrique : les mesures de longueur (page 559).*
Faire apprendre la leçon (page 559 du livre de l'élève).

2° Interrogations. — Poser les questions 175 et 176 (vers le haut de la page 559 du livre de l'élève).

3° Exercices au tableau. — I. *Première année.* — Poser aux élèves des questions dans le genre de celle-ci :
Trouver à 0,1 ; à 0,01 ; à 0,001 près le quotient des divisions suivantes : *(1°:)* 349 : 56 ; *(2°:)* 9.287 : 375 ; *(3°:)* 86.457 : 948 ; *(4°:)* 45.824 : 247 ; *(5°:)* 8.574 : 24.

→ *(1°:)* 349 | 56
        130 | 6,2 *(Quotient)*
(Reste :) 18

349 | 56
130 | 6,23 *(Quotient)*
180
(Reste :) 12

```
          349  | 56
          130  | 6,232(Quotient)
          180
          120
    (Reste:)  8
```

```
(2°:) 9287 | 375              9287 | 375
      1787 | 24,7(Quotient)   1787 | 24,76(Quotient)
      2870                    2870
(Reste:) 245                  2450
                         (Reste:) 200

           9287 | 375
           1787 | 24,765(Quotient)
           2870
           2450
           2000
       (Reste:) 125
```

```
(3°:) 86457 | 948             86457 | 948
      1137  | 91,1(Quotient)  1137  | 91,19(Quotient)
      1890                    1890
(Reste:) 942                  9420
                         (Reste:) 888

          86457 | 948
          1137  | 91,199(Quotient)
          1890
          9420
          8880
      (Reste:) 348
```

```
(4°:) 45824 | 247             45824 | 247
      2112  | 185,5(Quotient) 2112  | 185,52(Quotient)
      1364                    1364
      1290                    1290
(Reste:) 55                   550
                         (Reste:) 56

          45824 | 257
          2112  | 185,522(Quotient)
          1364
          1290
          550
          560
       (Reste:) 66
```

(5°.) 8574 | 24
        137 | 357,2 (Quotient)
        174
         60
(Reste:) 12

          8574 | 24
           137 | 357,25 (Quotient)
           174
            60
           120

          8574 | 24
           137 | 357,250 (Quotient)
           174
            60
           120

II. *Deuxième année (ou 1re année si les élèves sont assez avancés).* — Poser aux élèves des questions dans le genre de celles-ci :

1. Combien y a-t-il d'unités du premier ordre et d'unités du second ordre dans les nombres suivants : 42 ; 31 ; 17 ; 67 ; 92 ; 50 ?
→ *(42 :)* 2 unités du premier ordre et 4 unités du second ordre.
(31 :) 1 unité du premier ordre et 3 unités du second ordre.
(17 :) 7 unités du premier ordre et 1 unité du second ordre.
(67 :) 7 unités du premier ordre et 6 unités du second ordre.
(92 :) 2 unités du premier ordre et 9 unités du second ordre.
(50 :) 0 unité du premier ordre et 5 unités du second ordre.

2. Un tailleur a acheté 26 mètres de doublure pour 130 francs. Quel est le prix du mètre ?
→ *(Prix du mètre :)* 130 : 26 = 5 francs.

3. Un jardinier a vendu aujourd'hui des légumes comme il suit, savoir : 56 bottes de carottes à $0^{fr},25$; 92 têtes de salades à $0^{fr},10$; 25 têtes de choux à $0^{fr},20$. Combien doit-il recevoir ?
→ *(Prix des carottes :)* $0,25 \times 56 = 14$ francs.
(Prix des salades :) $0,10 \times 92 = 9^{fr},20$.
(Prix des choux :) $0,20 \times 25 = 5$ francs.
(Somme à recevoir :) $14 + 9,20 + 5 = 28^{fr},20$.

4. Une pompe donne 2.325 décimètres cubes d'eau par heure, quel temps lui faudra-t-il pour remplir un bassin de $37^{mc},2$?
→ $37^{mc},2 = 37.200$ décimètres cubes.
(Temps nécessaire :) $37.200 : 2.325 = 16$ heures.

4° Exercices écrits. — I. *Première année.* — Indiquer les exercices écrits à faire parmi ceux de la page 559 du livre de l'élève (exercices 929 à 933).

RÉPONSES AUX EXERCICES 929 à 933

929 à 932. — Trouver à 0,1 ; à 0,01 ; à 0,001 près les quotients des

ARITHMÉTIQUE : SYSTÈME MÉTRIQUE

divisions suivantes : *(1º:)* 148 : 57 ; *(2º)* 39 : 7 ; *(3º:)* 738 : 13 ; *(4º:)* 4.588 : 173.

(1º:) 148 | 57
    340 | 2,5 *(Quotient)*
(Reste :) 55

148 | 57
340 | 2,59 *(Quotient)*
550
(Reste :) 37

148 | 57
340 | 2,596 *(Quotient)*
550
370
(Reste :) 28

(2º:) 39 | 7
  40 | 5,5 *(Quotient)*
(Reste :) 5

39 | 7
40 | 5,57 *(Quotient)*
50
(Reste :) 1

39 | 7
40 | 5,571 *(Quotient)*
50
10
(Reste :) 3

(3º:) 738 | 13
   88 | 56,7 *(Quotient)*
100
(Reste :) 9

738 | 13
88 | 56,76 *(Quotient)*
100
90
(Reste :) 12

738 | 13
88 | 56,769 *(Quotient)*
100
90
120
(Reste :) 3

(4º:) 4588 | 173
  1128 | 26,5 *(Quotient)*
   900
(Reste :) 35

4588 | 173
1128 | 26,52 *(Quotient)*
900
350
(Reste :) 4

4588 | 173
1128 | 26,520 *(Quotient)*
900
350
(Reste :) 40

933. — Les cheveux d'un enfant se sont allongés de 1 centimètre en 38 jours. De combien se sont-ils allongés en un jour, en une heure (le jour ayant 24 heures) ?

→ *(En 1 jour les cheveux s'allongent de :)* 1 : 38 = 0^{cm},02.
   (En 1 heure ils s'allongent de :) 0,02 : 24 = 0^{cm},0008.

II. *Deuxième année (ou 1ʳᵉ année si les élèves sont assez avancés).* — Dicter aux élèves les exercices écrits à faire parmi les suivants :

1. Combien y a-t-il d'unités du premier ordre et d'unités du second ordre dans les nombres suivants : 35 ; 47 ; 12 ; 78 ; 99 ; 40 ?
→ *(35 :)* 5 unités du premier ordre et 3 unités du second ordre.
(47 :) 7 unités du premier ordre et 4 unités du second ordre.
(12 :) 2 unités du premier ordre et 1 unité du second ordre.
(78 :) 8 unités du premier ordre et 7 unités du second ordre.
(99 :) 9 unités du premier ordre et 9 unités du second ordre.
(40 :) 0 unité du premier ordre et 4 unités du second ordre.

2. Un tailleur a acheté 38 mètres de doublure pour 228 francs. Quel est le prix du mètre ?
→ *(Prix du mètre :)* $228 : 38 = 6$ francs.

3. Un jardinier a vendu aujourd'hui des légumes comme il suit, savoir : 42 bottes de carotte à $0^{fr},30$; 68 têtes de salades à $0^{fr},15$; 36 têtes de choux à $0^{fr},25$. Combien doit-il recevoir ?
→ *(Prix des carottes :)* $0,30 \times 42 = 12^{fr},60$.
(Prix des salades :) $0,15 \times 68 = 10^{fr},20$.
(Prix des choux :) $0,25 \times 36 = 9$ francs.
(Somme à recevoir :) $12,60 + 10,20 + 9 = 31^{fr},80$.

4. Une pompe donne 1.890 décimètres cubes d'eau par heure, quel temps lui faudra-t-il pour remplir un bassin de $39^{mc},69$?
→ $39^{mc},69 = 39.690$ décimètres cubes.
(Temps nécessaire :) $39.690 : 1.890 = 21$ heures.

5° Correction. — Corriger les exercices écrits qui ont été indiqués.

145ᵉ Leçon. — LES MESURES DE LONGUEUR *(Suite)*

1° Leçon. — Faire écrire au tableau : *Arithmétique. — Les mesures de longueur (suite) (page 559).*
Faire apprendre la leçon (page 559 du livre de l'élève).

2° Interrogations. — Poser les questions 177 et 178 (vers le bas de la page 559 du livre de l'élève).

3° Exercices au tableau. — I. *Première année.* — Poser aux élèves des questions dans le genre de celles-ci :

1. Faire les divisions suivantes avec la preuve : *(1° :)* $375,9 : 36,45$; *(2° :)* $2943,45 : 8,945$; *(3° :)* $68274,374 : 64,24$.

→ *(1° :)* 37590 | 3645   *(1° Preuve :)* $3645 \times 10 = 36450$
(Reste :) 1140 | 10 *(Quotient)*   1140
                                                                   ─────
                                                                   37590

Le gérant : PAUL DUPONT.

ARITHMÉTIQUE : SYSTÈME MÉTRIQUE

```
(2°:)  2943450 | 8945                (2° Preuve :)    8945
        25995  | 329 (Quotient)                        329
        81050                                         80505
(Reste:)  545                                         17890
                                                      26835
                                                    2942905
                                                        545
                                                    2943450
```

```
(3°:)  6827437,4 | 6424              (3° Preuve :)   1062,8
         040343  | 1062,8 (Quotient)                   6424
         17997                                        42512
         51494                                        21256
(Reste:)   102                                        42512
                                                      63768
                                                   6827427,2
                                                        102
                                                   6827437,4
```

2. Une marchande a acheté 6 douzaines de verres à 0^{fr},90 la douzaine ; elle en a cassé 9 dans le transport. Combien doit-elle vendre chacun de ceux qui restent pour gagner 4^{fr},05 sur le tout ?

→ (Prix des 6 douzaines de verres :) 0,90 × 6 = 5^{fr},40.
(Nombre de verres achetés :) 12 × 6 = 72.
(A l'arrivée, il en reste :) 72 — 9 = 63.
(Prix de vente des 63 verres :) 5,40 + 4,05 = 9^{fr},45.
(Prix de vente d'un verre :) 9,45 : 63 = 0^{fr},15.

II. *Deuxième année (ou 1re année si les élèves sont assez avancés)*. — Poser aux élèves des questions dans le genre de celles-ci :

1. Combien faut-il de pommes pour faire 4 dizaines de pommes ?
→ 40 pommes.

2. Trois ouvriers font : le premier 3 mètres d'ouvrage par heure, le deuxième 4 mètres, le troisième 6 mètres. Combien d'heures mettront-ils pour faire 1.742 mètres, en travaillant ensemble ?
→ (En 1 heure les 3 ouvriers font en tout :) 3 + 4 + 6 = 13 mètres.
(Temps employé pour faire 1.742 mètres :) 1.742 : 13 = 134 heures.

3. Une ménagère achète pour 3^{fr},40 de beurre, pour 1^{fr},70 de fromage et pour 2^{fr},45 d'œufs. Combien lui reste-t-il d'argent si elle avait 20 francs ?
→ (Dépense totale :) 3,40 + 1,70 + 2,45 = 7^{fr},55.
(Il lui reste :) 20 — 7,55 = 12^{fr},45.

4. J'ai acheté trois lots d'avoine : le premier de 3 hectolitres, le

deuxième de 21 décalitres et le troisième de 215 litres. Que dois-je à raison de 0^{fr},30 le litre ?

→ 3 hectolitres = 300 litres.
21 décalitres = 210 litres.
(*Avoine achetée :*) 300 + 210 + 215 = 725 litres.
(*Prix de l'avoine :*) 0,30 × 725 = 217^{fr},50.

4° Exercices écrits. — I. *Première année.*— Indiquer l'exercice écrit à faire de la page 559 du livre de l'élève (exercice 934).

RÉPONSE A L'EXERCICE 934

934. — Une marchande a acheté 8 douzaines d'œufs à 0^{fr},80 la douzaine ; elle en casse 7. Combien doit-elle vendre chacun des œufs qui lui restent, si elle veut gagner 4^{fr},28 ?

→ (*Nombre d'œufs :*) 12 × 8 = 96 œufs.
(*Nombre d'œufs non cassés :*) 96 — 7 = 89.
(*Prix d'achat des 8 douzaines :*) 0,80 × 8 = 6^{fr},40.
(*Prix de vente des 89 œufs :*) 6,40 + 4,28 = 10^{fr},68.
(*Prix de vente d'un œuf :*) 10,68 : 89 = 0^{fr},12.

II. *Deuxième année (ou 1re année si les élèves sont assez avancés).* — Dicter aux élèves les exercices écrits à faire parmi les suivants :

1. Combien faut-il de pommes pour faire 6 dizaines de pommes ?
→ 60 pommes.

2. Trois ouvriers font : le premier 4 mètres d'ouvrage par heure, le deuxième 6 mètres, le troisième 7 mètres. Combien d'heures mettront-ils pour faire 1.445 mètres en travaillant ensemble ?
→ (*En 1 heure les 3 ouvriers font en tout :*) 4 + 6 + 7 = 17 mètres.
(*Temps employé pour faire 1.445 mètres :*) 1.445 : 17 = 85 heures.

3. Une ménagère achète pour 2^{fr},75 de beurre, pour 1^{fr},50 de fromage et pour 2^{fr},10 d'œufs. Combien lui reste-t-il d'argent si elle avait 8 francs ?
→ (*Dépense totale :*) 2,75 + 1,50 + 2,10 = 6^{fr},35.
(*Il lui reste :*) 8 — 6,35 = 1^{fr},65.

4. J'ai acheté trois lots d'avoine : le premier de 5 hectolitres, le deuxième de 18 décalitres et le troisième de 156 litres. Que dois-je à raison de 0^{fr},40 le litre ?
→ 5 hectolitres = 500 litres.
18 décalitres = 180 litres.
(*Avoine achetée :*) 500 + 180 + 156 = 836 litres.
(*Prix de l'avoine :*) 0,40 × 836 = 334^{fr},40.

5° Correction. — Corriger les exercices écrits qui ont été indiqués.

146° Leçon. — LES MESURES DE LONGUEUR (*Suite*)

1° Leçon. — Faire écrire au tableau : *Arithmétique.* — *Les mesures de longueur (suite)* (*page 560*).

Faire apprendre la leçon (page 560 du livre de l'élève).

2° Interrogations. — Poser la question 179 (vers le haut de la page 560 du livre l'élève).

3° Exercices au tableau. — I. *Première année.* — Poser aux élèves des questions dans le genre de celles-ci :

1. Combien le kilomètre et le myriamètre valent-ils de décimètres, de décamètres, de centimètres, d'hectomètres et de millimètres ?
→ Le kilomètre vaut 10.000 décimètres ; 100 décamètres ; 100.000 centimètres ; 10 hectomètres ; 1.000.000 de millimètres.
Le myriamètre vaut 100.000 décimètres ; 1.000 décamètres ; 1.000.000 de centimètres ; 100 hectomètres ; 10.000.000 de millimètres.

2. Une mère de famille achète $8^m,25$ de drap à $7^{fr},50$ le mètre, $12^m,50$ de calicot à $0^{fr},75$ et $6^m,75$ de cachemire à $4^{fr},25$ le mètre. Elle donne pour payer un billet de 100 francs ; combien doit-on lui rendre ?
→ *(Prix du drap :)* $7,50 \times 8,25 = 61^{fr},875$.
(Prix du calicot :) $0,75 \times 12,5 = 9^{fr},375$.
(Prix du cachemire :) $4,25 \times 6,75 = 28^{fr},6875$.
(Dépense totale :) $61,875 + 9,375 + 28,6875 = 99^{fr},9375$.
(Somme à rendre :) $100 - 99,9375 = 0^{fr},0625$.

II. *Deuxième année (ou 1re année si les élèves sont assez avancés).* — Poser aux élèves des questions dans le genre de celles-ci :

1. Écrire en lettres tous les nombres de 8.604 à 8.620.
→ Huit mille six cent quatre, huit mille six cent cinq, huit mille six cent six, huit mille six cent sept, huit mille six cent huit, huit mille six cent neuf, huit mille six cent dix, huit mille six cent onze, huit mille six cent douze, huit mille six cent treize, huit mille six cent quatorze, huit mille six cent quinze, huit mille six cent seize, huit mille six cent dix-sept, huit mille six cent dix-huit, huit mille six cent dix-neuf, huit mille six cent vingt.

2. Sur une dette de 600 francs, je paye 215 francs et 118 francs. Que me reste-t-il à payer pour m'acquitter ?
→ *(Somme payée :)* $215 + 118 = 333$ francs.
(Somme due :) $600 - 333 = 267$ francs.

3. Pour 38 billets de chemin de fer de 3ᵉ classe, il a été payé $235^{fr},20$. Quel est le prix du voyage pour une seule personne ?
→ *(Prix d'un billet :)* $235,20 : 38 = 6^{fr},18$.

4. Un voyageur parcourt 54 kilomètres à l'heure. Combien mettra-t-il de temps pour parcourir 27 myriamètres ?
→ 27 myriamètres = 270 kilomètres.
(Le voyageur mettra :) $270 : 54 = 5$ heures.

148 COURS ÉLÉMENTAIRE : HUITIÈME MOIS

4° Exercices écrits. — I. *Première année.* — Indiquer l'exercice écrit à faire de la page 560 du livre de l'élève (exercice 935).

RÉPONSE A L'EXERCICE 935

935. — Une ménagère achète 12^m,50 de flanelle à 3^fr,75 le mètre, 6^m,30 de calicot à 0^fr,65 le mètre et 9 mètres de toile à 3^fr,20 le mètre. Elle paye son acquisition avec un billet de 100 francs. Que doit-on lui rendre ?
→ (*Prix de 12^m,50 de flanelle à 3^fr,75 le mètre :*) $3,75 \times 12,50 = 46^{fr},875$.
(*Prix de 6^m,30 de calicot à 0^fr,65 le mètre :*) $0,65 \times 6,30 = 4^{fr},095$.
(*Prix de 9 mètres de toile à 3^fr,20 le mètre :*) $3,20 \times 9 = 28^{fr},80$.
(*Dépense totale :*) $46,875 + 4,095 + 28,80 = 79^{fr},77$.
(*Somme à rendre :*) $100 - 79,77 = 20^{fr},23$.

II. *Deuxième année* (ou *1re année si les élèves sont assez avancés*). — Dicter aux élèves les exercices écrits à faire parmi les suivants :

1. Écrire en lettres tous les nombres de 5.875 à 5.890.
→ Cinq mille huit cent soixante-quinze, cinq mille huit cent soixante-seize, cinq mille huit cent soixante-dix-sept, cinq mille huit cent soixante-dix-huit, cinq mille huit cent soixante-dix-neuf, cinq mille huit cent quatre-vingts, cinq mille huit cent quatre-vingt-un, cinq mille huit cent quatre-vingt-deux, cinq mille huit cent quatre-vingt-trois, cinq mille huit cent quatre-vingt-quatre, cinq mille huit cent quatre-vingt-cinq, cinq mille huit cent quatre-vingt-six, cinq mille huit cent quatre-vingt-sept, cinq mille huit cent quatre-vingt-huit, cinq mille huit cent quatre-vingt-neuf, cinq mille huit cent quatre-vingt-dix.

2. Sur une dette de 725 francs, je paye 342 francs et 160 francs. Que me reste-t-il à payer pour m'acquitter ?
→ (*Somme payée :*) $342 + 160 = 502$ francs.
(*Somme due :*) $725 - 502 = 223$ francs.

3. Pour 42 billets de chemin de fer de 3e classe, il a été payé 226^fr,80. Quel est le prix du voyage pour une seule personne ?
→ (*Prix d'un billet :*) $226,80 : 42 = 5^{fr},40$.

4. Un voyageur parcourt 52 hectomètres à l'heure. Combien mettra-t-il de temps pour parcourir 13 myriamètres ?
→ 13 myriamètres = 1.300 hectomètres.
(*Le voyageur mettra :*) $1.300 : 52 = 25$ heures.

5° Correction. — Corriger les exercices écrits qui ont été indiqués.

147e Leçon. — LES MESURES DE LONGUEUR *(Suite)*

1° Leçon. — Faire écrire au tableau : *Arithmétique.* — *Les mesures de longueur (suite) (page 560).*
Faire apprendre la leçon (page 560 du livre de l'élève).

ARITHMÉTIQUE : SYSTÈME MÉTRIQUE

2° Interrogations. — Poser la question 180 (vers le bas de la page 560 du livre de l'élève).

3° Exercices au tableau. — I. *Première année.* — Poser aux élèves des questions dans le genre de celles-ci :

1. Un marchand d'étoffe a acheté 8 pièces d'étoffe contenant chacune 56 mètres à raison de $2^{fr},95$ le mètre. Il veut gagner $179^{fr},20$ sur le tout; combien doit-il vendre le mètre d'étoffe ?
→ *(Nombre de mètres :)* $56 \times 8 = 448$ mètr
 (Prix d'achat :) $2,95 \times 448 = 1.321^{fr},60$.
 (Prix de vente :) $1.321,60 + 179,20 = 1.500^{fr},80$.
 (Prix de vente d'un mètre :) $1.500,80 : 448 = 3^{fr},35$.

2. Un commerçant envoie par mois 150 lettres avec timbres de $0^{fr},15$; 60 avec timbres de $0^{fr},10$; 104 avec timbres de $0^{fr},05$; 250 imprimés avec timbres de $0^{fr},01$. Quelle est sa dépense de timbres par mois ?
→ *(Prix des timbres à $0^{fr},15$:)* $0,15 \times 150 = 22^{fr},50$.
 (Prix des timbres à $0^{fr},10$:) $0,10 \times 60 = 6$ francs.
 (Prix des timbres à $0^{fr},05$:) $0,05 \times 104 = 5^{fr},20$.
 (Prix des timbres à $0^{fr},01$:) $0,01 \times 250 = 2^{fr},50$.
 (Dépense totale :) $22,50 + 6 + 5,20 + 2,50 = 36^{fr},20$.

II. *Deuxième année (ou 1re année si les élèves sont assez avancés).* — Poser aux élèves des questions dans le genre de celles-ci :

1. Quels sont les nombres que l'on obtient en écrivant un zéro à la droite des nombres : 5; 7; 4; 9; 12; 937 ? Écrire ces nouveaux nombres en toutes lettres.
→ Cinquante, soixante-dix, quarante, quatre-vingt-dix, cent vingt, neuf mille trois cent soixante-dix.

2. Un train express parcourt 55 kilomètres par heure. Quelle distance parcourt-il en 2 jours ?
→ *(2 jours contiennent :)* $24 \times 2 = 48$ heures.
 (Distance parcourue en 2 jours :) $55 \times 48 = 2.640$ kilomètres.

3. On paye 32 francs pour l'achat de 4 kilogrammes de café à $4^{fr},70$ le kilogramme et d'un pain de sucre de 12 kilogrammes. Dire le prix du kilogramme de sucre.
→ *(Prix total du café :)* $4,70 \times 4 = 18^{fr},80$.
 (Prix total du sucre :) $32 - 18,80 = 13^{fr},20$.
 (Prix du kilogramme de sucre :) $13,20 : 12 = 1^{fr},10$.

4. Un jardin avait 642 mètres carrés de surface; on y a annexé un terrain de $5^{a},35$. Trouver en ares la nouvelle surface du jardin.
→ 642 mètres carrés ou centiares $= 6^{a},42$.
 (Surface nouvelle du jardin :) $6,42 + 5,35 = 11^{a},77$.

4° Exercices écrits. — I. *Première année*. — Indiquer l'exercice écrit à faire de la page 560 du livre de l'élève (exercice 936).

RÉPONSE A L'EXERCICE 936

936. — Un négociant envoie par an 1.500 lettres avec timbres de $0^{fr},15$; 987 avec timbres de $0^{fr},10$; 1.248 avec timbres de $0^{fr},05$; 4.250 cartes avec timbres de $0^{fr},01$. Quelle est sa dépense en timbres par année ?
→ *(Prix d'envoi des 1.500 lettres avec timbres de $0^{fr},15$:)*
    $0,15 \times 1.500 = 225$ francs.
  (Prix d'envoi des 987 lettres avec timbres de $0^{fr},10$:)
    $0,10 \times 987 = 98^{fr},70$.
  (Prix d'envoi des 1.248 lettres avec timbres de $0^{fr},05$:)
    $0,05 \times 1.248 = 62^{fr},40$.
  (Prix d'envoi des 4.250 cartes avec timbres de $0^{fr},01$:)
    $0,01 \times 4.250 = 42^{fr},50$.
  (Prix total des timbres :) $225 + 98,70 + 62,40 + 42,50 = 428^{fr},60$.

II. *Deuxième année (ou 1re année si les élèves sont assez avancés)*. — Poser aux élèves des questions dans le genre de celles-ci :

1. Quels sont les nombres que l'on obtient en écrivant un zéro à la droite des nombres : 8 ; 3 ; 6 ; 19 ; 842 ? Écrire ces nouveaux nombres en toutes lettres.
→ Quatre-vingts, trente, soixante, cent quatre-vingt-dix, huit mille quatre cent vingt.

2. Un train express parcourt 57 kilomètres par heure. Quelle distance parcourt-il en 3 jours ?
→ *(3 jours contiennent :)* $24 \times 3 = 72$ heures.
  (Distance parcourue en 3 jours :) $57 \times 72 = 4.104$ kilomètres.

3. On paye 29 francs pour l'achat de 3 kilogrammes de café à $5^{fr},10$ le kilogramme et d'un pain de sucre de 11 kilogrammes. Dire le prix du kilogramme de sucre.
→ *(Prix total du café :)* $5,10 \times 3 = 15^{fr},30$.
  (Prix total du sucre :) $29 - 15,30 = 13^{fr},70$.
  (Prix du kilogramme de sucre :) $13,70 : 11 = 1^{fr},24$.

4. Un jardin avait 518 mètres carrés de surface ; on y a annexé un terrain de $3^a,40$. Trouver en ares la nouvelle surface du jardin.
→ 518 mètres carrés ou centiares $= 5^a,18$.
  (Surface nouvelle du jardin :) $5,18 + 3,40 = 8^a,58$.

5° Correction. — Corriger les exercices écrits qui ont été indiqués.

148ᵉ Leçon. — LES MESURES DE LONGUEUR *(Suite)*

1° Leçon. — Faire écrire au tableau : *Arithmétique. — Les mesures de longueur (suite) (page 561)*.
Faire apprendre la leçon (page 561 du livre de l'élève).

ARITHMÉTIQUE : SYSTÈME MÉTRIQUE

2° Interrogations. — Poser la question 181 (vers le milieu de la page 561 du livre de l'élève).

3° Exercices au tableau. — I. *Première année.* — Poser aux élèves des questions dans le genre de celles-ci :

1. Écrire en chiffres les nombres suivants en prenant le mètre pour unité : 27 hectomètres ; 438 centimètres ; 94.350 millimètres ; 52 myriamètres ; 45.827 centimètres ; 654 kilomètres ; 4.584 décimètres ; 34 millimètres.

→ 2.700 mètres ; $4^m,38$; $94^m,350$; 520.000 mètres ; $458^m,27$; 654.000 mètres ; $458^m,4$; $0^m,034$.

2. Un facteur a fait lundi $8^{Km},54$; mardi $9^{Km},043$; mercredi $6^{Km},2743$; jeudi $10^{Km},5$; vendredi $8^{Km},24$; samedi $12^{Km},487$ et dimanche $7^{Km},4537$. Quelle distance a-t-il parcourue dans la semaine ? Exprimer cette distance en myriamètres.

→ *(Il a parcouru :)* $8,54 + 9,043 + 6,2743 + 10,5 + 8,24 + 12,487 + 7,4537 = 62^{Km},538$ ou $6^{Mm},2538$.

II. *Deuxième année (ou 1re année si les élèves sont assez avancés).* — Dicter aux élèves les exercices écrits à faire parmi les suivants :

1. Quels nombres forme-t-on avec 6 unités de mille et 8 unités simples ; 5 dizaines de mille et 9 unités simples ?
→ 6.008 et 50.009.

2. Un homme dépense 4 francs par jour pour sa nourriture, 30 francs par mois pour son logement, et par an 250 francs pour ses habits, 75 francs pour sa blanchisseuse et 125 francs pour ses menues dépenses. Quelle est sa dépense totale de l'année ?

→ *(Dépense totale pour sa nourriture :)* $4 \times 365 = 1.460$ francs.
(Dépense totale pour son logement :) $30 \times 12 = 360$ francs.
(Dépense totale annuelle :) $1.460 + 360 + 250 + 75 + 125 = 2.270$ francs.

3. On a partagé une somme entre 18 personnes, de manière que chacune d'elles a reçu $2^{fr},45$; quelle était la somme ?
→ *(Somme totale :)* $2,45 \times 18 = 44^{fr},10$.

4. On a acheté une substance à 954 francs le kilogramme et on la revend $1^{fr},25$ le gramme. Que gagne-t-on par kilogramme ?
→ 1 kilogramme = 1.000 grammes.
(Prix de vente du kilogramme :) $1,25 \times 1.000 = 1.250$ francs.
(Bénéfice par kilogramme :) $1.250 - 954 = 296$ francs.

4° Exercices écrits. — I. *Première année.* — Indiquer les exercices écrits à faire parmi ceux de la page 561 du livre de l'élève (exercices 937 à 942).

RÉPONSES AUX EXERCICES 937 à 942

937 à 942. — Écrire en chiffres les nombres suivants en prenant le mètre pour unité : 7 mètres 25 centimètres; 482 centimètres; 28 décimètres; 42 kilomètres; 257 décamètres; 23 millimètres.

→ $7^m,25$; $4^m,82$; $2^m,8$; 42.000 mètres; 2.570 mètres; $0^m,023$.

II. *Deuxième année (ou 1re année si les élèves sont assez avancés).* — Dicter aux élèves les exercices écrits à faire parmi les suivants :

1. Quels nombres forme-t-on avec 3 unités de mille et 5 unités simples; 9 dizaines de mille et 2 unités simples ?

→ 3.005 et 90.002.

2. Un homme dépense 3 francs par jour pour sa nourriture, 25 francs par mois pour son logement, et par an 180 francs pour ses habits, 62 francs pour sa blanchisseuse et 68 francs pour ses menues dépenses. Quelle est sa dépense totale de l'année ?

→ *(Dépense totale pour sa nourriture :)* $3 \times 365 = 1.095$ francs.
(Dépense totale pour son logement :) $25 \times 12 = 300$ francs.
(Dépense totale :) $1.095 + 300 + 180 + 62 + 68 = 1.705$ francs.

3. On a partagé une somme entre 22 personnes, de manière que chacune d'elles a reçu $3^{fr},15$; quelle était la somme ?

→ *(Somme totale :)* $3,15 \times 22 = 69^{fr},30$.

4. On a acheté une substance à 248 francs le kilogramme et on la revend $0^{fr},45$ le gramme. Que gagne-t-on par kilogramme ?

→ 1 kilogramme = 1.000 grammes.
(Prix de vente du kilogramme :) $0,45 \times 1.000 = 450$ francs.
(Bénéfice par kilogramme :) $450 - 248 = 202$ francs.

5° Correction. — Corriger les exercices écrits qui ont été indiqués.

149e Leçon. — LES MESURES DE LONGUEUR *(Suite)*

1° Leçon. — Faire écrire au tableau : *Arithmétique. — Les mesures de longueur (suite) (page 561).*

Faire apprendre la leçon (page 561 du livre de l'élève).

2° Interrogations. — Poser la question 182 (vers le bas de la page 561 du livre de l'élève).

3° Exercices au tableau. — I. *Première année.* — Poser aux élèves des questions dans le genre de celles-ci :

1. Écrire en toutes lettres les nombres suivants : $4^m,8$; $64^m,235$; $18^m,05$; $457^m,27$; $34^m,006$; $4^{Km},27$; $8^{Mm},234$; $6^{Dm},47$; $19^{Hm},435$.

→ Quatre mètres huit décimètres; soixante-quatre mètres deux cent trente-cinq millimètres; dix-huit mètres cinq centimètres;

quatre cent cinquante-sept mètres vingt-sept centimètres ; trente quatre mètres six millimètres ; quatre kilomètres vingt-sept décamètres ; huit myriamètres deux ceux cent trente-quatre décamètres ; six décamètres quarante-sept décimètres ; dix-neuf hectomètres quatre cent trente-cinq décimètres.

2. Convertir 8.435 mètres en centimètres, kilomètres, décimètres, myriamètres.

→ 8.435 mètres = 843.500 centimètres.
  8.435 mètres = 8^{Km},435.
  8.435 mètres = 84.350 décimètres.
  8.435 mètres = 0^{Mm},8435.

II. *Deuxième année (ou 1re année si les élèves sont assez avancés)*. — Poser aux élèves des questions dans le genre de celles-ci :

1. Écrire tous les nombres de 4 en 4 de 28 à 100.

→ 28 ; 32 ; 36 ; 40 ; 44 ; 48 ; 52 ; 56 ; 60 ; 64 ; 68 ; 72 ; 76 ; 80 ; 84 ; 88 ; 92 ; 96 ; 100.

2. Trouver le nombre d'habitants par kilomètre carré de la France, sachant que la superficie du pays est de 528.572 kilomètres carrés et la population de 38.228.969 habitants.

→ (*Nombre d'habitants par kilomètre carré :*) 38.228.969 : 528.572 = 72 habitants.

3. On achète 31 objets à raison de 0^{fr},35. Combien doit-on ajouter à une pièce de 10 francs pour payer cet achat ?

→ (*Prix total des objets :*) 0,35 × 31 = 10^{fr},85.
  (*Somme à ajouter :*) 10,85 — 10 = 0^{fr},85.

4. Combien faut-il de briques de 1^{dmc},5 pour faire un mur ayant un volume de 42 mètres cubes ?

→ 42 mètres cubes = 42.000 décimètres cubes.
  (*Nombre de briques :*) 42.000 : 1,5 = 28.000 briques.

4° Exercices écrits. — I. *Première année.* — Indiquer les exercices écrits à faire parmi ceux de la page 561 du livre de l'élève (exercices 943 à 952).

RÉPONSES AUX EXERCICES 943 à 952

943 à 951. — Écrire en toutes lettres les nombres suivants : 53^m,12 ; 5^{Km},188 ; 62^m,47 ; 0^m,237, 2^{dm},57 ; 17^{mm},3 ; 17^{Hm},28 ; 7^m,025 ; 57^{Dm},873.

→ Cinquante-trois mètres douze centimètres ; cinq kilomètres cent quatre-vingt-huit mètres ; soixante-deux mètres quarante-sept centimètres ; deux cent trente-sept millimètres ; deux décimètres cinquante-sept millimètres ; dix-sept millimètres trois dix-millièmes de mètre ; dix-sept hectomètres vingt-huit mètres ; sept mètres vingt-cinq millimètres ; cinquante-sept décamètres huit cent soixante-treize centimètres.

952. — Une marchande achète une étoffe à 2^{fr},75 le mètre. Elle veut gagner 0^{fr},30 par mètre. Combien doit-elle revendre un coupon de 8 mètres?
→ (*Prix de vente d'un mètre :*) 2,75 + 0,30 = 3^{fr},05.
(*Prix de vente du coupon :*) 3,05 × 8 = 24^{fr},40.

II. *Deuxième année (ou 1re année si les élèves sont assez avancés).* — Dicter aux élèves les exercices écrits à faire parmi les suivants :

1. Écrire tous les nombres de 6 en 6 de 30 à 120.
→ 30; 36; 42; 48; 54; 60; 66; 72; 78; 84; 90; 96; 102; 108; 114; 120.
2. Trouver le nombre d'habitants par kilomètre carré de l'empire russe, sachant que la superficie est de 22.430.000 kilomètres carrés et la population de 123 millions d'habitants.
→ (*Nombre d'habitants par kilomètre carré :*) 123.000.000 : 22.430.000 = 5 habitants.
3. On achète 28 objets à raison de 0^{fr},65. Combien doit-on ajouter à une pièce de 10 francs pour payer cet achat?
→ (*Prix total des objets :*) 0,65 × 28 = 18^{fr},20.
(*Somme à ajouter :*) 18,20 − 10 = 8^{fr},20.
4. Combien faut-il de briques de 1^{dmc},8 pour faire un mur ayant un volume de 27 mètres cubes?
→ 27 mètres cubes = 27.000 décimètres cubes.
(*Nombre de briques :*) 27.000 : 1,8 = 15.000 briques.

5° Correction. — Corriger les exercices écrits qui ont été indiqués.

150° Leçon. — LES MESURES DE LONGUEUR *(Suite)*

1° Leçon. — Faire écrire au tableau : *Arithmétique. — Les mesures de longueur (suite) (page 562).*
Faire apprendre la leçon (page 562 du livre de l'élève).

2° Interrogations. — Poser la question 183 (vers le haut de la page 562 du livre de l'élève).

3° Exercices au tableau. — I. *Première année* — Poser aux élèves des questions dans le genre de celles-ci :

1. Combien faut-il de tuyaux de fonte ayant 15^{dm},4 de longueur pour conduire l'eau d'une source à une habitation qui est à 385 mètres de la source?
→ (*Nombre de tuyaux :*) 3.850 : 15,4 = 250.
2. Un facteur rural fait par minute 130 pas, chacun de 60 centimètres. Combien met-il de temps à faire sa tournée journalière qui est de 25^{Km},350; ses stations le retiennent une heure ou 60 minutes?
→ (*Chemin parcouru en 1 minute :*) 0,60 × 130 = 78 mètres.

ARITHMÉTIQUE : SYSTÈME MÉTRIQUE

(*Temps nécessaire pour faire* $25^{Km},350$:) $25,350 : 78 =$ 325 minutes.
(*Temps employé pour la tournée entière* :) $325 + 60 =$ 385 minutes.
(*Nombre d'heures* :) $385 : 60 = 6$ heures 25 minutes.

II. *Deuxième année (ou 1re année si les élèves sont assez avancés)*. — Poser aux élèves des questions dans le genre de celles-ci :

1. Décomposer en unités, dizaines, centaines et unités de mille chacun des nombres suivants : 107 ; 895 ; 9.640 ; 1.204.
→ *(107 :)* 7 unités, 0 dizaine et 1 centaine.
(*895 :*) 5 unités, 9 dizaines et 8 centaines.
(*9.640 :*) 0 unité, 4 dizaines, 6 centaines et 9 mille.
(*1.204 :*) 4 unités, 0 dizaine, 2 centaines et 1 mille.

2. Je dépense par mois 18 francs de menus frais et 72 francs de nourriture. Quelle est ma dépense quotidienne ?
→ (*Dépense totale par mois :*) $18 + 72 = 90$ francs.
(*Dépense quotidienne :*) $90 : 30 = 3$ francs.

3. Je paye $56^{fr},20$ de contributions ; déjà j'ai versé au percepteur $28^{fr},10$, puis $14^{fr},05$. Combien dois-je encore ?
→ (*Somme versée :*) $28,10 + 14,05 = 42^{fr},15$.
(*Je dois encore :*) $56,20 - 42,15 = 14^{fr},05$.

4. Combien y a-t-il de bouteilles de $0^l,80$ dans un tonneau de 2 hectolitres ?
→ 2 hectolitres = 200 litres.
(*Nombre de bouteilles :*) $200 : 0,80 = 250$ bouteilles.

4° Exercices écrits. — I. *Première année*. — Indiquer les exercices écrits à faire parmi ceux de la page 562 du livre de l'élève (exercices 953 à 955).

RÉPONSES AUX EXERCICES 953 à 955

953. — Un facteur rural fait par minute 120 pas, chacun de 70 centimètres. Combien met-il de temps pour faire sa tournée journalière qui est de $26^{Km},880$; ses stations le retiennent une heure ? On sait que l'heure est de 60 minutes.
→ (*Longueur des 120 pas à 70 centimètres chacun :*) $70 \times 120 = 8.400$ centimètres ou 84 mètres ou $0^{Km},084$.
(*Temps employé pour faire $26^{Km},880$:*) $26,880 : 0,084 = 320$ minutes.
(*Temps employé pour la tournée entière :*) $320 + 60 = 380$ minutes.
(*Nombre d'heures :*) $380 : 60 = 6$ heures 20 minutes.

954. — Combien faut-il de tuyaux de fonte ayant $18^{dm},5$ de longueur pour conduire à une habitation l'eau d'une source qui est à 259 mètres ?
→ (*Nombre de tuyaux :*) $2.590 : 18,5 = 140$.

955. — J'ai parcouru 3 kilomètres 8 hectomètres : il me reste 450 décamètres à parcourir. Combien devais-je parcourir de mètres ?
→ 3 kilomètres 8 hectomètres font 380 décamètres.
(*Chemin à parcourir :*) 380 + 450 = 830 décamètres ou 8.300 mètres.

II. *Deuxième année (ou 1re année si les élèves sont assez avancés).* — Dicter aux élèves les exercices écrits à faire parmi les suivants :

1. Décomposer en unités, dizaines, centaines et unités de mille chacun des nombres suivants : 204 ; 641 ; 8.570 ; 3.608 ; 6.423.
→ (*204 :*) 4 unités, 0 dizaine et 2 centaines.
(*641 :*) 1 unité, 4 dizaines et 6 centaines.
(*8.570 :*) 0 unité, 7 dizaines, 5 centaines et 8 unités de mille.
(*3.608 :*) 8 unités, 0 dizaine, 6 centaines et 3 unités de mille.
(*6.423 :*) 3 unités, 2 dizaines, 4 centaines et 6 unités de mille.

2. Je dépense 35 francs par mois de menus frais et 85 francs de nourriture. Quelle est ma dépense quotidienne ?
→ (*Dépense totale par mois :*) 35 + 85 = 120 francs.
(*Dépense quotidienne :*) 120 : 30 = 4 francs.

3. Je paye 92^{fr},50 de contributions ; déjà j'ai versé au percepteur 36^{fr},40, puis 25^{fr},35. Combien dois-je encore ?
→ (*Somme versée :*) 36,40 + 25,35 = 61^{fr},75.
(*Je dois encore :*) 92,50 — 61,75 = 30^{fr},75.

4. Combien y a-t-il de bouteilles de 0^l,70 dans un tonneau de 5 hectolitres ?
→ 5 hectolitres = 500 litres.
(*Nombre de bouteilles :*) 500 : 0,70 = 714 bouteilles.

5° Résumé des leçons 144 à 150. — Faire copier le premier paragraphe du résumé [*Système métrique, mesures de longueur* (175 à 183)], page 568 du livre de l'élève.

6° Correction. — Corriger les exercices écrits qui ont été indiqués.

151° Leçon. — LES MESURES DE SURFACE

1° Leçon. — Faire écrire au tableau : *Arithmétique. — Les mesures de surface (page 562).*
Faire apprendre la leçon (page 562 du livre de l'élève).

2° Interrogations. — Poser la question 184 (vers le bas de la page 562 du livre de l'élève).

3° Exercices au tableau. — I. *Première année.* — Poser aux élèves des questions dans le genre de celles-ci :

1. Écrire en toutes lettres les nombres suivants : 5^{Mm},27 ; 4^{Km},8745 ; 9^{Hm},87 ; 64^m,7 ; 84^{Dm},456.
→ Cinq myriamètres vingt-sept hectomètres ; quatre kilomètres

huit mille sept cent quarante-cinq décimètres; neuf hectomètres quatre-vingt-sept mètres; soixante-quatre mètres sept décimètres; quatre-vingt-quatre décamètres quatre cent cinquante-six centimètres.

2. Deux communes sont espacées de 25 kilomètres. Exprimer cette distance en myriamètres et en décamètres.

→ 25 kilomètres = 2^{Mm},5.
25 kilomètres = 2.500 décamètres.

3. D'une pièce d'étoffe de 24^m,75 on a vendu 15^m,35. Quelle longueur reste-t-il ?

→ (Reste de la pièce d'étoffe :) 24,75 — 15,35 = 9^m,40.

II. *Deuxième année (ou 1re année si les élèves sont assez avancés).* — Poser aux élèves des questions dans le genre de celles-ci :

1. Rendre 100 fois plus grands les nombres suivants et écrire en lettres les résultats : 4.237; 725; 29.873; 3.008.

→ Quatre cent vingt-trois mille sept cents; soixante-douze mille cinq cents; deux millions neuf cent quatre-vingt-sept mille trois cents; trois cent mille huit cents.

2. Un employé gagne 120 francs par mois, il dépense 70 francs pour sa nourriture et 18 francs pour son entretien. Que peut-il économiser ?

→ (Dépense totale :) 70 + 18 = 88 francs.
(Économies :) 120 — 88 = 32 francs.

3. Avec une somme de 4.520^{fr},10 on a acheté 6.954 litres de vin. Quel était le prix du litre ?

→ (Prix du litre :) 4.520,10 : 6.954 = 0^{fr},65.

4. On monte à une tour par un escalier dont les marches ont 22 centimètres de hauteur. Il y a 325 marches. Quelle est la hauteur de la tour ?

→ (Hauteur de la tour :) 22 × 325 = 7.150 centimètres.
7.150 centimètres = 71^m,50.

4° Exercices écrits. — I. *Première année.* — Indiquer les exercices écrits à faire parmi ceux de la page 562 du livre de l'élève (exercices 956 à 965).

RÉPONSES AUX EXERCICES 956 à 965

956 à 961. — Écrire en remplaçant l'initiale par le nom de l'unité : 43^{Km}; 7^{Mm}; 23^{dm}; 149^{Hm}; 134^{Dm}; 83^{mm}.

→ 43 kilomètres; 7 myriamètres; 23 décimètres; 149 hectomètres; 134 décamètres; 83 millimètres.

962. — D'un coupon de 3ᵐ,25, on a retranché 75 centimètres. Quelle longueur reste-t-il ?
→ *(Reste :)* 3,25 — 0,75 = 2ᵐ,50.

963. — On a tracé 3 hectomètres de chemin ; quand on aura encore tracé 50 décamètres, quelle longueur en hectomètres sera tracée ?
→ 50 décamètres font 5 hectomètres.
(Longueur tracée :) 5 + 3 = 8 hectomètres.

964. — Un vélocipédiste se rendant de Boulogne à Arras a fait ainsi son itinéraire : de Boulogne à Montreuil, 35 kilomètres ; de Montreuil à Hesdin, 22 hectomètres ; d'Hesdin à Saint-Pol, 1ᴹᵐ,16 et de Saint-Pol à Arras 32ᴷᵐ,5. Dites en mètres la distance parcourue.
→ *(Distance parcourue :)* 350 + 22 + 116 + 325 = 813 hectomètres ou 81.300 mètres.

965. — Deux villes sont distantes l'une de l'autre de 37 kilomètres. Exprimer cette même distance en myriamètres et en hectomètres.
→ 3ᴹᵐ,7 ; 370 hectomètres.

II. *Deuxième année (ou 1ʳᵉ année si les élèves sont assez avancés).* — Dicter aux élèves les exercices écrits à faire parmi les suivants :

1. Rendre 100 fois plus grands les nombres suivants et écrire en lettres les résultats : 6.542 ; 836 ; 37.594 ; 5.006.
→ Six cent cinquante-quatre mille deux cents ; quatre-vingt-trois mille six cents ; trois millions sept cent cinquante-neuf mille quatre cents ; cinq cent mille six cents.

2. Un employé gagne 136 francs par mois, il dépense 82 francs pour sa nourriture et 20 pour son entretien. Que peut-il économiser ?
→ *(Dépense totale :)* 82 + 20 = 102 francs.
(Economies :) 136 — 102 = 34 francs.

3. Avec une somme de 3.925ᶠʳ,50 on a acheté 5.234 litres de vin. Quel était le prix du litre ?
→ *(Prix du litre :)* 3.925,50 : 5.234 = 0ᶠʳ,75.

4. On monte à une tour par un escalier dont les marches ont 23 centimètres de hauteur. Il y a 412 marches. Quelle est la hauteur de la tour ?
→ *(Hauteur de la tour :)* 23 × 412 = 9.476 centimètres.
9.476 centimètres = 94ᵐ,76.

5° Correction. — Corriger les exercices écrits qui ont été indiqués.

152ᵉ Leçon. — LES MESURES DE SURFACE *(Suite)*

1° Leçon. — Faire écrire au tableau : *Arithmétique. — Les mesures de surface (suite) (page 563).*
Faire apprendre la leçon (page 563 du livre de l'élève).

2° Interrogations. — Poser la question 185 (vers le haut de la page 563 du livre de l'élève).

ARITHMÉTIQUE : SYSTÈME MÉTRIQUE

3° Exercices au tableau. — I. *Première année.* — Poser aux élèves des questions dans le genre de celles-ci :

1. Un homme fait des pas de $0^m,75$ de longueur. Combien de décamètres feront 100 de ces pas ? Combien de kilomètres aura parcourus un voyageur qui aura fait 15.825 pas ?

→ *(Longueur de 100 pas :)* $0,75 \times 100 = 75$ mètres ou $7^{Dm},5$.
(Longueur de 15.825 pas :) $0,75 \times 15.825 = 11.868^m,75$ ou $11^{Km},86875$.

2. Un livre a 135 feuilles ayant chacune 8 centièmes de millimètre d'épaisseur ; les deux couvertures ont chacune 2 millimètres d'épaisseur. Quelle est l'épaisseur totale du livre ?

→ 8 centièmes de millimètre s'écrivent $0^{mm},08$.
(Épaisseur des 135 feuilles :) $0,08 \times 135 = 10^{mm},80$.
(Épaisseur des deux couvertures :) $2 \times 2 = 4$ millimètres.
(Épaisseur totale :) $10,8 + 4 = 14^{mm},8$.

II. *Deuxième année (ou 1re année si les élèves sont assez avancés).* — Poser aux élèves des questions dans le genre de celles-ci :

1. Écrire les nombres formés de quatre mille et vingt-cinq dizaines ; huit cent dix mille et cinq dizaines ; trois cent quatre-vingt-onze mille et dix-neuf unités.

→ 4.250 ; 810.050 ; 391.019.

2. Une fontaine donne 57 litres d'eau par minute ; combien donne-t-elle en 12 heures ?

→ *(12 heures valent :)* $60 \times 12 = 720$ minutes.
(Eau fournie :) $57 \times 720 = 41.040$ litres.

3. Une pièce d'étoffe avait 25 mètres, on en a fait 13 pantalons et il reste encore $2^m,25$; combien a-t-il fallu d'étoffe pour chaque pantalon ?

→ *(Longueur totale de l'étoffe employée :)* $25 - 2,25 = 22^m,75$.
(Étoffe pour 1 pantalon :) $22,75 : 13 = 1^m,75$.

4. Quelle est la valeur d'un jardin de $11^a,05$, sachant que le mètre carré de terrain vaut $0^{fr},72$?

→ $11^a,05 = 1.105$ centiares ou mètres carrés.
(Valeur du jardin :) $0,72 \times 1.105 = 795^{fr},60$.

4° Exercices écrits. — I. *Première année.* — Indiquer les exercices écrits à faire parmi ceux de la page 563 du livre de l'élève (exercices 966 et 967).

RÉPONSES AUX EXERCICES 966 et 967

966. — Le pas d'un homme est en moyenne de $0^m,86$. Combien de décamètres font 100 pas d'un homme ? Combien de kilomètres aura parcourus un voyageur qui aura fait 47.512 pas ?

→ *(Longueur de 100 pas :)* $0,86 \times 100 = 86$ mètres ou $8^{Dm},6$.
(Longueur de 47.512 pas :) $0,86 \times 47.512 = 40.860^m,32$ ou $40^{Km},86032$.

967. — Un dictionnaire a 520 feuillets ayant chacun une épaisseur de 9 centièmes de millimètre, les couvertures ont chacune 3 millimètres d'épaisseur. Quelle est l'épaisseur totale de ce dictionnaire ?
→ 9 centièmes de millimètre s'écrivent $0^{mm},09$.
(Épaisseur des 520 feuillets :) $0,09 \times 520 = 46^{mm},80$.
(Épaisseur des deux couvertures :) $3 \times 2 = 6$ millimètres.
(Épaisseur totale :) $46,80 + 6 = 52^{mm},80$.

II. *Deuxième année (ou 1re année si les élèves sont assez avancés).* — Dicter aux élèves les exercices écrits à faire parmi les suivants :

1. Écrire les nombres formés de huit mille et dix-sept dizaines ; cinq cent quarante mille et deux dizaines ; neuf cent soixante-douze mille et quinze unités.
→ 8.170 ; 540.020 ; 972.015.

2. Une fontaine donne 63 litres d'eau par minute ; combien donne-t-elle en 15 heures ?
→ (15 heures valent :) $60 \times 15 = 900$ minutes.
(Eau fournie :) $63 \times 900 = 56.700$ litres.

3. Une pièce d'étoffe avait 34 mètres ; on en a fait 18 pantalons et il reste $3^m,40$; combien a-t-il fallu d'étoffe pour chaque pantalon ?
→ (Longueur totale de l'étoffe employée :) $34 - 3,40 = 30^m,60$.
(Étoffe pour 1 pantalon :) $30,60 : 18 = 1^m,70$.

4. Quelle est la valeur d'un jardin de $15^a,20$, sachant que le mètre carré de terrain vaut $0^{fr},85$?
→ $15^a,20 = 1.520$ centiares ou mètres carrés.
(Valeur du jardin :) $0,85 \times 1.520 = 1.292$ francs.

5° Correction. — Corriger les exercices écrits qui ont été indiqués.

153e Leçon. — LES MESURES DE SURFACE *(Suite)*

1° Leçon. — Faire écrire au tableau : *Arithmétique. — Les mesures de surface (suite) (page 563).*
Faire apprendre la leçon (page 563 du livre de l'élève).

2° Interrogations. — Poser les questions 186 et 187 (vers le bas de la page 563 du livre de l'élève).

3° Exercices au tableau. — I. *Première année.* — Poser aux élèves des questions dans le genre de celles-ci :

1. Sur le plan d'une propriété les dimensions sont réduites au millième de leur grandeur réelle. Quelle est la largeur d'un terrain qui n'a sur ce plan que 215 millimètres ? Et la longueur d'une route qui n'a que $1^m,25$?
→ (Largeur du terrain :) $215 \times 1.000 = 215.000$ millimètres ou 215 mètres.
(Longueur de la route :) $1,25 \times 1.000 = 1.250$ mètres.

Le gérant : PAUL DUPONT.

ARITHMÉTIQUE : SYSTÈME MÉTRIQUE

2. On a tracé 6 hectomètres de chemin. Dites en kilomètres la longueur tracée quand on aura encore fait 45 décamètres.
→ 45 décamètres font $4^{Hm},5$.
(*Longueur totale :*) $6 + 4,5 = 10^{Hm},5$ ou $1^{Km},05$.

3. Convertir 8.435 mètres en hectomètres et en myriamètres.
→ $84^{Hm},35$; $0^{Mm},8435$.

II. *Deuxième année (ou 1re année si les élèves sont assez avancés).* — Poser aux élèves des questions dans le genre de celles-ci :

1. Compter de 6 en 6 de 70 à 160.
→ 70 ; 76 ; 82 ; 88 ; 94 ; 100 ; 106 ; 112 ; 118 ; 124 ; 130 ; 136 ; 142 ; 148 ; 154 ; 160.

2. Un ouvrier gagnant 6 francs par jour a travaillé 40 jours. Sur son salaire, il a payé une dette de 75 francs. Quelle somme lui reste-t-il ?
→ (*Gain en 40 jours :*) $6 \times 40 = 240$ francs.
(*Il lui reste :*) $240 - 75 = 165$ francs.

3. Un marchand de drap achète 8 pièces mesurant chacune $26^m,50$; le prix du mètre étant de $10^{fr},75$, combien le marchand doit-il payer ?
→ (*Longueur totale des 8 pièces :*) $26,50 \times 8 = 212$ mètres.
(*Prix total :*) $10,75 \times 212 = 2.279$ francs.

4. Pour peser un pain, le boulanger emploie le poids de 1 kilogramme, celui de 1 hectogramme et celui de 2 décagrammes. Quelle est la valeur de ce pain à raison de $0^{fr},35$ le kilogramme ?
→ 1 hectogramme = $0^{Kg},1$.
2 décagrammes = $0^{Kg},02$.
(*Poids du pain :*) $1 + 0,1 + 0,02 = 1^{Kg},12$.
(*Valeur de ce pain :*) $0,35 \times 1,12 = 0^{fr},392$.

4° Exercices écrits. — I. *Première année.* — Indiquer l'exercice écrit à faire de la page 563 du livre de l'élève (exercice 968).

RÉPONSE A L'EXERCICE 968

968. — Sur le plan d'une propriété, les dimensions sont réduites au centième de leur grandeur réelle. Quelle est la largeur réelle d'un terrain qui n'a sur ce plan que 352 millimètres ? Et la longueur réelle d'une route qui n'a que $1^m,19$?
→ 352 millimètres s'écrivent $0^m,352$.
(*Largeur réelle du terrain :*) $0,352 \times 100 = 35^m,20$.
(*Longueur réelle de la route :*) $1,19 \times 100 = 119$ mètres.

II. *Deuxième année (ou 1re année si les élèves sont assez* *avancés*). — Dicter aux élèves les exercices écrits à faire parmi les suivants :

1. Compter de 8 en 8 de 80 à 200.
→ 80; 88; 96; 104; 112; 120; 128; 136; 144; 152; 160; 168; 176; 184; 192; 200.

2. Un ouvrier gagnant 5 francs par jour a travaillé 25 jours. Sur son salaire, il a payé une dette de 28 francs. Quelle somme lui reste-t-il ?
→ (*Gain en 25 jours :*) $5 \times 25 = 125$ francs.
(*Il lui reste :*) $125 - 28 = 97$ francs.

3. Un marchand de drap achète 12 pièces mesurant chacune $15^m,40$; le prix du mètre étant de $9^{fr},50$, combien le marchand doit-il payer ?
→ (*Longueur totale des 12 pièces :*) $15,40 \times 12 = 184^m,80$.
(*Prix total :*) $9,50 \times 184,80 = 1.755^{fr},60$.

4. Pour peser une marchandise, on emploie le poids de 2 kilogrammes, celui de 2 hectogrammes et celui de 1 décagramme. Quelle est la valeur de cette marchandise à raison de $0^{fr},65$ le kilogramme ?
→ 2 hectogrammes $= 0^{Kg},2$.
1 décagramme $= 0^{Kg},01$.
(*Poids de la marchandise :*) $2 + 0,2 + 0,01 = 2^{Kg},21$.
(*Valeur :*) $0,65 \times 2,21 = 1^{fr},4365$.

5° Correction. — Corriger les exercices écrits qui ont été indiqués.

154° Leçon. — LES MESURES DE SURFACE (*Suite*)

1° Leçon. — Faire écrire au tableau : *Arithmétique. — Les mesures de surface (suite) page (564)*.
Faire apprendre la leçon (page 564 du livre de l'élève).

2° Interrogations. — Poser les questions 188 et 189 (au bas de la page 564 du livre de l'élève).

3° Exercices au tableau. — I. *Première année.* — Poser aux élèves des questions dans le genre de celles-ci :

1. Un marchand de nouveautés a reçu 7 pièces d'étoffe contenant chacune 35 mètres. Il a payé cette étoffe $4^{fr},75$ le mètre. Combien doit-il vendre le tout pour gagner $0^{fr},45$ par mètre ?
→ (*Nombre total de mètres :*) $35 \times 7 = 245$ mètres.
(*Bénéfice total :*) $0,45 \times 245 = 110^{fr},25$.
(*Prix d'achat :*) $4,75 \times 245 = 1.163^{fr},75$.
(*Prix de vente :*) $1.163,75 + 110,25 = 1.274$ francs.

2. Une mère de famille achète $26^m,40$ de toile à 24 francs le décamètre. Elle paye $1^{fr},15$ de façon par chemise. Quelle est sa dépense et quel est le prix de revient d'une chemise s'il faut $2^m,20$ de toile par chemise ?
→ (*Prix du mètre :*) $24 : 10 = 2^{fr},10$.

ARITHMÉTIQUE : SYSTÈME MÉTRIQUE

(Prix de la toile :) $2,10 \times 26,40 = 55^{fr},44$.
(Nombre de chemises :) $26,40 : 2,20 = 12$ chemises.
(Prix de la façon :) $1,15 \times 12 = 13^{fr},80$.
(Dépense totale :) $55,44 + 13,80 = 69^{fr},24$.
(Prix de revient d'une chemise :) $69,24 : 12 = 5^{fr},77$.

II. *Deuxième année (ou 1re année si les élèves sont assez avancés).* — Poser aux élèves des questions dans le genre de celles-ci :

1. Écrire en chiffres les nombres suivants : trente mille trente ; huit cent mille huit cents; six millions six mille six.
→ 30.030 ; 800.800 ; 6.006.006.

2. Combien faut-il de tuyaux de 6 mètres pour faire une longueur de 5.640 mètres ?
→ (Nombre de tuyaux :) $5.640 : 6 = 940$ tuyaux.

3. Dans un atelier, il y a 42 ouvriers à 6 francs par jour; 18 ouvriers à $5^{fr},25$ et 15 ouvriers à $3^{fr},45$. Combien doit-on débourser pour les payer par semaine de 6 jours de travail ?
→ (Gain de 42 ouvriers en 1 jour :) $6 \times 42 = 252$ francs.
(Gain de 18 ouvriers en 1 jour :) $5,25 \times 18 = 94^{fr},50$.
(Gain de 15 ouvriers en 1 jour :) $3,45 \times 15 = 51^{fr},75$.
(Somme à débourser par jour :) $252 + 94,50 + 51,75 = 398^{fr},25$.
(Somme à débourser par semaine :) $398,25 \times 6 = 2.389^{fr},50$.

4. Que doit-on payer pour 36 stères de bois à raison de 78 francs le décastère ?
→ 36 stères = $3^{Dst},6$.
(Valeur totale :) $78 \times 3,6 = 280^{fr},80$.

4° Exercices écrits. — I. *Première année.* — Dicter aux élèves les exercices écrits à faire parmi les suivants :

1. On a acheté $45^m,25$ de ruban à $0^{fr},29$ le décimètre. Que doit-on ?
→ $45^m,25 = 452^{dm},5$.
(Somme due :) $0,29 \times 452,5 = 131^{fr},225$.

2. Un marchand a acheté 2 pièces de drap pour 540 francs. La première pièce contient 50 mètres et a coûté $4^{fr},50$ le mètre ; la deuxième a coûté $5^{fr},25$ le mètre ; quel est le nombre de mètres contenus dans cette deuxième pièce ?
→ (Prix de la 1re pièce :) $4,50 \times 50 = 225$ francs.
(Prix total de la 2e pièce :) $540 - 225 = 315$ francs.
(Longueur de la 2e pièce :) $315 : 5,25 = 60$ mètres.

3. Convertir 54.827 mètres en myriamètres, centimètres, décamètres et kilomètres.
→ 54.827 mètres = $5^{Mm},4827$.
54.827 mètres = 5.482.700 centimètres.
54.827 mètres = $5.482^{Dm},7$.
54.827 mètres = $54^{Km},827$.

II. *Deuxième année (ou 1ʳᵉ année si les élèves sont assez avancés).* — Dicter aux élèves les exercices écrits à faire parmi les suivants :

1. Écrire en chiffres des nombres suivants : cinquante mille cinquante ; neuf cent mille neuf cents ; trois millions trois mille trois.

→ 50.050 ; 900.900 ; 3.003.003.

2. Combien faut-il de tuyaux de 3 mètres pour faire une longueur de 2.532 mètres ?

→ (*Nombre de tuyaux :*) 2.532 : 3 = 844 tuyaux.

3. Dans un atelier il y a 28 ouvriers à 5 francs par jour ; 22 ouvriers à 4^{fr},75 et 16 ouvriers à 3^{fr},15. Combien doit-on débourser pour les payer par mois de 25 jours de travail ?

→ (*Gain de 28 ouvriers en 1 jour :*) $5 \times 28 = 140$ francs.
(*Gain de 22 ouvriers en 1 jour :*) $4,75 \times 22 = 104^{fr},50$.
(*Gain de 16 ouvriers en 1 jour :*) $3,15 \times 16 = 50^{fr},40$.
(*Somme à débourser par jour :*) $140 + 104,50 + 50,40 = 294^{fr},90$.
(*Somme à débourser par mois :*) $294,90 \times 25 = 7.372^{fr},50$.

4. Que doit-on payer pour 21 stères de bois à raison de 82 francs le décastère ?

→ 21 stères = 2^{Dst},1.
(*Valeur totale :*) $82 \times 2,1 = 172^{fr},20$.

5° Correction. — Corriger les exercices écrits qui ont été indiqués.

155ᵉ Leçon. — LES MESURES DE SURFACE (Suite)

1° Leçon. — Faire écrire au tableau : *Arithmétique. — Les mesures de surface (suite) (page 565).*

Faire apprendre la leçon (page 565 du livre de l'élève).

2° Interrogations. — Poser la question 190 (vers le milieu de la page 565 du livre de l'élève).

3° Exercices au tableau. — I. *Première année.* — Poser aux élèves des questions dans le genre de celles-ci :

1. Écrire en chiffres les nombres suivants en prenant le mètre carré pour unité : 458 décimètres carrés ; 45 décamètres carrés ; 5 hectomètres carrés 38 décimètres carrés ; 15 millimètres carrés ; 45 mètres carrés 5 centimètres carrés ; 435 mètres carrés 8756 millimètres carrés.

→ 4^{mq},58 ; 4.500^{mq} ; 50.000^{mq},38 ; 0^{mq},000015 ; 45^{mq},0005 ; 435^{mq},008756.

2. Convertir 87.836 mètres carrés en décimètres carrés, hecto-

mètres carrés, centimètres carrés, décamètres carrés, millimètres carrés, kilomètres carrés, myriamètres carrés.

→ 87.836 mètres carrés = 8.783.600 décimètres carrés.
87.836 mètres carrés = 8^{Hmq},7836.
87.836 mètres carrés = 878.360.000 centimètres carrés.
87.836 mètres carrés = 878^{Dmq},36.
87.836 mètres carrés = 87.836.000.000 millimètres carrés.
87.836 mètres carrés = 0^{Kmq},087836.
87.836 mètres carrés = 0^{Mmq},00087836.

3. Que coûte un terrain de 25 décamètres carrés à raison de 6^{fr},50 le mètre carré?

→ 25 décamètres carrés = 2.500 mètres carrés.
(Prix du terrain:) 6,5 × 2.500 = 16.250 francs.

II. *Deuxième année (ou 1re année si les élèves sont assez avancés).* — Poser aux élèves des questions dans le genre de celles-ci :

1. Décomposer en leurs divers ordres d'unités les nombres suivants : 702.885 ; 2.004 ; 3.840.592 ; 6.524.

→ *(702.885 :)* 5 unités, 8 dizaines, 8 centaines, 2 unités de mille, 0 dizaine de mille, 7 centaines de mille.

(2.004 :) 4 unités, 0 dizaine, 0 centaine, 2 unités de mille.

(3.840.592 :) 2 unités, 9 dizaines, 5 centaines, 0 unité de mille, 4 dizaines de mille, 8 centaines de mille, 3 unités de millions.

(6.524 :) 4 unités, 2 dizaines, 5 centaines, 6 unités de mille.

2. Un marchand a acheté 4 pièces de drap à 18 francs le mètre pour une somme de 2.646 francs. La première contient 31 mètres, la deuxième 25 mètres, la troisième 42 mètres, combien la quatrième a-t-elle de mètres?

→ *(Nombre total de mètres :)* 2.646 : 18 = 147 mètres.
(Contenance totale des 3 premières pièces :) 31 + 25 + 42 = 98 mètres.
(Contenance de la 4e pièce :) 147 — 98 = 49 mètres.

3. Sur une pièce d'étoffe de 52^m,60 de long, on a pris une fois 18^m,75, une deuxième fois 9^m,40, une troisième fois 15^m,25. Quelle est la longueur du reste de la pièce ?

→ *(Longueur totale enlevée :)* 18,75 + 9,40 + 15,25 = 43^m,40.
(Il reste :) 52,60 — 43,40 = 9^m,20.

4. Un cafetier gagne 0^{fr},20 par litre de vin qu'il vend. Sachant qu'il a gagné 62^{fr},50 dans un mois pour sa vente de vin, on demande en hectolitres le vin vendu dans le mois.

→ *(Vin vendu :)* 62,50 : 0,20 = 312^l,5.
312^l,5 = 3^{Hl},125.

4° Exercices écrits. — I. *Première année.* — Indiquer les exercices écrits à faire parmi ceux de la page 565 du livre de l'élève (exercices 969 à 973).

RÉPONSES AUX EXERCICES 969 à 973

969 à 973. — Écrire en chiffres et avec les initiales des unités indiquées les nombres suivants : 34 mètres carrés 2758 millimètres carrés; 328 centimètres carrés 12 millimètres carrés; 17 mètres carrés 23 centimètres carrés; 438 décamètres carrés, 8 mètres carrés.

→ $34^{mq},002758^{mmq}$; $328^{cmq},12^{mmq}$; $17^{mq},0023^{cmq}$; $438^{Dmq},08^{mq}$.

II. *Deuxième année (ou 1re année si les élèves sont assez avancés.)* — Dicter aux élèves les exercices écrits à faire parmi les suivants :

1. Décomposer en leurs divers ordres d'unités les nombres suivants : 604.543; 6.008; 4.230.693; 7.421.

→ (604.543 :) 3 unités, 4 dizaines, 5 centaines, 4 unités de mille, 0 dizaine de mille, 6 centaines de mille.

(6.008 :) 8 unités, 0 dizaine, 0 centaine, 6 unités de mille.

(4.230.693 :) 3 unités, 9 dizaines, 6 centaines, 0 unité de mille, 3 dizaines de mille, 2 centaines de mille, 4 unités de millions.

(7.421 :) 1 unité, 2 dizaines, 4 centaines, 7 unités de mille.

2. Un marchand a acheté 3 pièces de drap à 12 francs le mètre pour une somme de 1.224 francs. La première contient 46 mètres, la deuxième 21 mètres, combien la troisième a-t-elle de mètres ?

→ (Nombre total de mètres :) 1.224 : 12 = 102 mètres.

(Contenance totale des 2 premières pièces :) 46 + 21 = 67 mètres.

(Contenance de la 3e pièce :) 102 — 67 = 35 mètres.

3. Sur une pièce d'étoffe de $48^m,50$ de long, on a pris une fois $12^m,45$, une deuxième fois $6^m,70$, une troisième fois $14^m,85$. Quelle est la longueur du reste de la pièce ?

→ (Longueur totale enlevée :) 12,45 + 6,70 + 14,85 = 34 mètres.

(Il reste :) 48,50 — 34 = $14^m,50$.

4. Un cafetier gagne $0^{fr},15$ par litre de vin qu'il vend. Sachant qu'il a gagné $75^{fr},30$ dans un mois pour sa vente de vin, on demande en hectolitres le vin vendu dans le mois.

→ (Vin vendu :) 75,30 : 0,15 = 502 litres.

502 litres = $5^{Hl},02$.

5° Correction. — Corriger les exercices écrits qui ont été indiqués.

156e Leçon. — LES MESURES DE SURFACE *(Suite)*

1° Leçon. — Faire écrire au tableau : *Arithmétique. — Les mesures de surface (suite) (page 565).*

Faire apprendre la leçon (page 565 du livre de l'élève).

ARITHMÉTIQUE : SYSTÈME MÉTRIQUE

2° Interrogations. — Poser la question 191 (vers le bas de la page 565 du livre de l'élève).

3° Exercices au tableau. — I. *Première année.* — Poser aux élèves des questions dans le genre de celles-ci :

1. Écrire en toutes lettres les nombres suivants en indiquant séparément chaque unité : $4^{Dmq},8745$; $8^{mq},04$; $67.459^{mq},400074$; $6^{Kmq},00400007$; $538^{Hmq},04$; $54^{Mmq},48749$.

→ Quatre décamètres carrés, quatre-vingt-sept mètres carrés, quarante-cinq décimètres carrés ; huit mètres carrés, quatre décimètres carrés ; six hectomètres carrés, soixante-quatorze décamètres carrés, cinquante-neuf mètres carrés, quarante décimètres carrés, zéro centimètre carré, soixante-quatorze millimètres carrés ; six kilomètres carrés, zéro hectomètre carré, quarante décamètres carrés, zéro mètre carré, sept décimètres carrés ; cinq kilomètres carrés, trente-huit hectomètres carrés, quatre décamètres carrés ; cinquante-quatre myriamètres carrés, quarante-huit kilomètres carrés, soixante-quatorze hectomètres carrés, quatre-vingt-dix décamètres carrés.

2. Convertir 794.582.574 décimètres carrés en kilomètres carrés et en décamètres carrés.

→ $7^{Kmq},94582574$; $79.458^{Dmq},2574$.

II. *Deuxième année (ou 1re année si les élèves sont assez avancés).* — Poser aux élèves des questions dans le genre de celles-ci :

1. Combien y a-t-il de mille dans 4.830 centaines et dans 500 dizaines ?

→ 483 mille et 5 mille.

2. Il y avait dans un train de plaisir 725 voyageurs, dont 140 en 1re classe et 315 en 2° classe. Quel était le nombre des voyageurs de 3° classe ?

→ (*Nombre total des voyageurs de 1re et de 2° classe :*) $140 + 315 = 455$ voyageurs.

(*Voyageurs de 3° classe :*) $725 - 455 = 270$ voyageurs.

3. Une personne a un loyer annuel de $895^{fr},20$; combien paye-t-elle par trimestre, sachant qu'il y a 4 trimestres dans l'année ?

→ (*Prix du loyer par trimestre :*) $895,20 : 4 = 223^{fr},80$.

4. Un pré ayant 125 mètres de longueur et $67^m,4$ de largeur est entouré d'un fossé qu'on veut faire réparer ; combien cela coûtera-t-il si l'on donne $1^{fr},60$ par décamètre ?

→ (*Longueur du fossé :*) $125 + 67,4 + 125 + 67,4 = 384^m,8$.
$384^m,8 = 38^{Dm},48$.

(*Dépense :*) $1,60 \times 38,48 = 61^{fr},568$.

4° Exercices écrits. — I. *Première année.* — Indiquer les exercices écrits à faire parmi ceux de la page 565 du livre de l'élève (exercices 974 à 979).

RÉPONSES AUX EXERCICES 974 à 979

974 à 979. — Écrire en toutes lettres les nombres suivants : $27^{mq},4568$; $237^{mq},0245$; $0^{mq},4529$; $0^{mq},0307$; $0^{dmq},47$; $0^{dmq},4$.
→ 27 mètres carrés, 45 décimètres carrés, 68 centimètres carrés ; 237 mètres carrés, 02 décimètres carrés, 45 centimètres carrés ; 45 décimètres carrés, 29 centimètres carrés ; 3 décimètres carrés, 7 centimètres carrés ; 47 centimètres carrés, 40 centimètres carrés.

II. *Deuxième année (ou 1re année si les élèves sont assez avancés.)* — Dicter aux élèves les exercices écrits à faire parmi les suivants :

1. Combien y a-t-il de mille dans 5.640 centaines et dans 900 dizaines ?
→ 564 mille et 9 mille.

2. Il y avait dans un train de plaisir 590 voyageurs, dont 85 en 1re classe et 210 en 2e classe. Quel était le nombre des voyageurs de 3e classe ?
→ (*Nombre total des voyageurs de 1re et de 2e classe :*) $85 + 210 = 295$ voyageurs.
(*Voyageurs de 3e classe :*) $590 - 295 = 295$ voyageurs.

3. Une personne a un loyer annuel de $1.240^{fr},80$; combien paye-t-elle par trimestre, sachant qu'il y a 4 trimestres dans l'année ?
→ (*Prix du loyer par trimestre :*) $1.240,80 : 4 = 310^{fr},20$.

4. Un pré ayant 136 mètres de longueur et $58^m,6$ de largeur est entouré d'un fossé qu'on veut faire réparer ; combien cela coûtera-t-il si l'on donne $2^{fr},10$ par décamètre ?
→ (*Longueur du fossé :*) $136 + 58,6 + 136 + 58,6 = 389^m,2$.
$389^m,2 = 38^{Dm},92$.
(*Dépense :*) $2,10 \times 38,92 = 81^{fr},732$.

5° Correction. — Corriger les exercices écrits qui ont été indiqués.

157e Leçon. — LES MESURES DE SURFACE (*Suite*)

1° Leçon. — Faire écrire au tableau : *Arithmétique. — Les mesures de surface (suite) (page 566).*
Faire apprendre la leçon (page 566 du livre de l'élève).

2° Interrogations. — Poser les questions 192 et 193 (vers le milieu de la page 566 du livre de l'élève).

3° Exercices au tableau. — I. *Première année.* — Poser aux élèves des questions dans le genre de celles-ci :

1. Combien y a-t-il de centiares, d'ares et d'hectares dans 145 mètres

ARITHMÉTIQUE : SYSTÈME MÉTRIQUE

carrés ; 75 mètres carrés ; 48.743 mètres carrés ; 94 décamètres carrés ; 8.564 hectomètres carrés ?

→ 145 mètres carrés = 145 centiares ; $1^a,45$; $0^{Ha},0145$.
75 mètres carrés = 75 centiares ; $0^a,75$; $0^{Ha},0075$.
48.743 mètres carrés = 48.743 centiares ; $487^a,43$; $4^{Ha},8743$.
94 décamètres carrés = 9.400 centiares ; 94 ares ; $0^{Ha},94$.
8.564 hectomètres carrés = 85.640.000 centiares ; 856.400 ares ; 8.564 hectares.

2. Un propriétaire a trois champs : l'un de $4^{Ha},0845$; le deuxième de $2^{Ha},843$; le troisième de $96^a,4874$. Exprimer en décamètres carrés la superficie totale des trois champs et leur valeur à raison de $4^{fr},25$ le centiare.

→ (*Superficie totale :*) $408,45 + 284,3 + 96,4874 = 789^a,2374$ ou $789^{Dmq},2374$.

$789^a,2374$ font $78.923^{ca},74$.

(*Valeur totale des trois champs :*) $4,25 \times 78.923,74 = 335.425^{fr},895$.

II. *Deuxième année (ou 1re année si les élèves sont assez avancés).* — Poser aux élèves des questions dans le genre de celles-ci :

1. Écrire en lettres le plus grand nombre de six chiffres.

→ Neuf cent quatre-vingt-dix-neuf mille neuf cent quatre-vingt-dix-neuf.

2. La machine d'un bateau à vapeur brûle 495 kilogrammes de charbon par heure. Combien ce bateau doit-il prendre de charbon pour une traversée de 21 jours ?

→ (*21 jours valent :*) $24 \times 21 = 504$ heures.
(*Charbon nécessaire :*) $495 \times 504 = 249.480$ kilogrammes.

3. Avec 100 litres de blé qui coûtaient $29^{fr},40$ on a fait 14 pains de chacun 5 kilogrammes. A combien revient le kilogramme de ce pain ?

→ (*Poids total des pains :*) $5 \times 14 = 70$ kilogrammes.
(*Prix du kilogramme :*) $29,40 : 70 = 0^{fr},42$.

4. Une pièce de terre de 6 hectares coûte 2.562 francs. Deux acquéreurs se la partagent : le premier doit avoir $218^a,50$ et le second le reste. Combien chacun doit-il payer ?

→ $218^a,50 = 2^{Ha},185$.
(*Prix de l'hectare :*) $2.562 : 6 = 427$ francs.
(*Le 1er acquéreur doit payer :*) $427 \times 2,185 = 932^{fr},995$.
(*Le 2e doit payer :*) $2.562 - 932,995 = 1.629^{fr},005$.

4° Exercices écrits. — I. *Première année.* — Indiquer les exercices écrits à faire parmi ceux de la page 566 du livre de l'élève (exercices 980 à 990).

RÉPONSES AUX EXERCICES 980 à 990

980. — Un cultivateur a labouré trois pièces de terre ; la superficie de la première est de 1^{Ha},78, celle de le deuxième de 135 ares, et celle de la troisième de 7^{Ha},504 : trouver en ares la surface totale de la terre labourée.
→ 135 ares font 1^{Ha},35.
(*Surface totale* :) 1,78 + 1,35 + 7,504 = 10^{Ha},634 ou 1.063^a,4.

981 à 984. — Combien y a-t-il de centiares dans 34 décamètres carrés, dans 23 hectomètres carrés, dans 12 kilomètres carrés ?
→ 34 décamètres carrés font 3.400 mètres carrés ou 3.400 centiares.
23 hectomètres carrés font 230.000 mètres carrés ou 230.000 centiares.
12 kilomètres carrés font 12.000.000 mètres carrés ou 12.000.000 centiares.

985. — Une tige de fer longue de 12 mètres est employée à faire des clous ayant chacun 4 centimètres de longueur ; combien de douzaines de clous pourra-t-elle fournir ?
→ 12 mètres font 1.200 centimètres.
(*Nombre de clous* :) 1.200 : 4 = 300 clous.
(*Nombre de douzaines de clous* :) 300 : 12 = 25.

986. — Avec 4^m,85 on a fait un habit ; combien en ferait-on avec 33^m,95 ?
→ (*Nombre d'habits* :) 33,95 : 4,85 = 7.

987. — Une bougie longue de 0^m,27 diminue en brûlant de 0^m,0015 par minute ; dans combien de temps sera-t-elle consumée ?
→ (*Nombre de minutes* :) 0,27 : 0,0015 = 180 minutes.

988. — Un champ qui contient 87^a,35 a coûté 1.346 francs. A combien revient l'hectare ? le centiare ?
→ (*Prix d'un are* :) 1.346 : 87,35 = 15^{fr},4092.
(*Prix d'un hectare ou 100 ares* :) 15,4092 × 100 = 1.540^{fr},92.
(*Prix d'un centiare ou 100° partie d'un are* :) 15,4092 : 100 = 0^{fr},154092.

989. — 26 moissonneurs ont mis 9 jours pour faucher un champ de 45 hectares. Combien d'ares fauchaient-ils par jour et combien chacun d'eux a-t-il gagné, s'ils ont reçu 1.586 francs pour ce travail ?
→ 45 hectares font 4.500 ares.
(*Nombre d'ares fauchés en un jour* :) 4.500 : 9 = 500 ares.
(*Gain d'un ouvrier en 9 jours* :) 1.586 : 26 = 61 francs.
(*Gain d'un ouvrier en un jour* :) 61 : 9 = 6^{fr},77.

990. — Le tour des grandes roues d'une voiture a une longueur de 4.354 millimètres. Dans un voyage, ces roues ont fait 22.748 tours. Quelle était la longueur de la route en myriamètres ?
→ (*Longueur des 22.748 tours* :) 4.354 × 22.748 = 99.044.792 millimètres ou 9^{Mm},9044792.

II. *Deuxième année (ou 1re année si les élèves sont assez avancés).* — Dicter aux élèves les exercices écrits à faire parmi les suivants :

1. Écrire en lettres le plus petit nombre de six chiffres.
→ Cent mille.

2. La machine d'un bateau à vapeur brûle 512 kilogrammes de charbon par heure. Combien ce bateau doit-il prendre de charbon pour une traversée de 15 jours ?
→ (*15 jours valent* :) 24 × 15 = 360 heures.
(*Charbon nécessaire* :) 512 × 360 = 184.320 kilogrammes.

ARITHMÉTIQUE : SYSTÈME MÉTRIQUE

3. Avec 1.000 litres de blé qui coûtaient 292 francs on a fait 115 pains de chacun 6 kilogrammes. A combien revient le kilogramme de pain ?
→ *(Poids total des pains :)* $6 \times 115 = 690$ kilogrammes.
(Prix du kilogramme :) $292 : 690 = 0^{fr},423..$

4. Une pièce de terre de 8 hectares coûte 3.248 francs. Deux acquéreurs se la partagent : le premier doit avoir $302^a,25$ et le second le reste. Combien chacun doit-il avoir à payer ?
→ $302^a,25 = 3^{Ha},0225$.
(Prix de l'hectare :) $3.248 : 8 = 406$ francs.
(Le 1er acquéreur doit payer :) $406 \times 3,0225 = 1.227^{fr},135$.
(Le 2e doit payer :) $3.248 - 1.227,135 = 2.020^{fr},865$.

5° Correction. — Corriger les exercices écrits qui ont été indiqués.

158e Leçon. — LES MESURES DE SURFACE *(Suite)*

1° Leçon. — Faire écrire au tableau : *Arithmétique. — Les mesures de surface (suite) (page 567).*
Faire apprendre la leçon (page 567 du livre de l'élève).

2° Interrogations. — Poser la question 194 (vers le milieu de la page 567 du livre de l'élève).

3° Exercices au tableau. — I. *Première année.* — Poser aux élèves des questions dans le genre de celles-ci :

1. Écrire en lettres les nombres suivants : $42^a,02$; $0^a,45$; $4.853^a,45$; $3^a,25$; $14^a,6$; $24^a,05$; $145^a,6$ (en donnant le nom de chaque unité).
→ Quarante-deux ares deux centiares ; zéro are quarante-cinq centiares ; quarante-huit hectares cinquante-trois ares quarante-cinq centiares ; trois ares vingt-cinq centiares ; quatorze ares soixante centiares ; vingt-quatre ares cinq centiares ; un hectare quarante-cinq ares soixante centiares.

2. Convertir 8 hectares 18 centiares en mètres carrés, décamètres carrés, hectomètres carrés, ares et centiares.
→ 80.018 mètres carrés ; $800^{Dmq},18$; $8^{Hmq},0018$; $800^a,18$; 80.018 centiares.

3. Écrire en chiffres les nombres suivants en prenant l'hectare pour unité : 2 ares 36 centiares ; 4.124 ares 9 centiares ; 348 centiares ; 3 hectares 2 ares 4 centiares ; 4 hectares 5 centiares.
→ $0^{Ha},0236$; $41^{Ha},2409$; $0^{Ha},0348$; $3^{Ha},0204$; $4^{Ha},0005$.

II. *Deuxième* année (ou *1re* année si les élèves sont assez avancés). — Poser aux élèves des questions dans le genre de celles-ci :

1. Rendre les nombres suivants 100 fois plus grands et écrire en toutes lettres les résultats : 32 ; 4.825 ; 370.

→ Trois mille deux cents ; quatre cent quatre-vingt-deux mille cinq cents ; trente-sept mille.

2. Une marchande avait 3 milliers d'oranges ; elle en a vendu 56 douzaines. Combien lui reste-t-il d'oranges ?

→ 3 milliers = 3.000 oranges.
(*56 douzaines contiennent :*) $12 \times 56 = 672$ oranges.
(*Il lui reste :*) $3.000 - 672 = 2.328$ oranges.

3. Un mouton qui pèse 18 kilogrammes (après avoir été dépouillé) est acheté à raison de $1^{fr},55$ le kilogramme. Quel est le prix de ce mouton ?

→ (*Prix du mouton :*) $1,55 \times 18 = 27^{fr},90$.

4. Un épicier fait venir 20 pains de sucre dont 8 pèsent $6^{Kg},40$ chacun et les autres $72^{Hg},25$. Que doit-il pour le tout à raison de $1^{fr},40$ le kilogramme ?

→ $72^{Hg},25 = 7^{Kg},225$.
(*Nombre des seconds pains de sucre :*) $20 - 8 = 12$.
(*Poids des 8 pains :*) $6,40 \times 8 = 51^{Kg},20$.
(*Poids des 12 pains :*) $7,225 \times 12 = 86^{Kg},70$.
(*Poids total :*) $51,2 + 86,7 = 137^{Kg},9$.
(*Valeur totale :*) $1,40 \times 137,9 = 193^{fr},06$.

4° Exercices écrits. — I. *Première année.* — Dicter aux élèves les exercices écrits à faire parmi les suivants :

1. Dans le nombre 45.827 mètres carrés, quels chiffres représentent les ares ?
→ 58.

2. Convertir le nombre 45.827 mètres carrés en centiares, ares et hectares.
→ 45.827 centiares ; $458^a,27$; $4^{Ha},5827$.

3. Un champ a une longueur de 115 mètres et une largeur de 38 mètres. Quelle est sa valeur à raison de $0^{fr},90$ le centiare ?
→ (*Surface du champ :*) $115 \times 38 = 4.370$ mètres carrés.
Le centiare équivaut au mètre carré.
(*Valeur du champ :*) $0,90 \times 4.370 = 3.933$ francs.

4. Écrire en chiffres les nombres suivants en prenant le centiare pour unité : $75^a,4$; 638 ares ; 32 hectares ; $3^a,2$; $45^{Ha},3$.
→ 7.504 centiares ; 63.800 centiares ; 320.000 centiares ; 320 centiares ; 450.300 centiares.

II. *Deuxième année (ou 1re année si les élèves sont assez avancés).* — Dicter aux élèves les exercices écrits à faire parmi les suivants :

1. Rendre les nombres suivants 100 fois plus grands et écrire en toutes lettres les résultats : 45 ; 6.542 ; 790.
→ Quatre mille cinq cents ; six cent cinquante-quatre mille deux cents ; soixante-dix-neuf mille.

ARITHMÉTIQUE : SYSTÈME MÉTRIQUE

2. Une marchande avait cinq milliers d'oranges ; elle en a vendu 74 douzaines. Combien lui reste-t-il d'oranges ?
→ 5 milliers = 5.000 oranges.
(74 douzaines contiennent :) 12 × 74 = 888 oranges.
(Il lui reste :) 5.000 — 888 = 4.112 oranges.

3. Un mouton qui pèse 21 kilogrammes (après avoir été dépouillé) est acheté à raison de 1^{fr},70 le kilogramme. Quel est le prix de ce mouton ?
→ (Prix du mouton :) 1,70 × 21 = 35^{fr},70.

4. Un épicier fait venir 18 pains de sucre dont 5 pèsent 7^{Kg},30 chacun et les autres 65^{Hg},45. Quelle somme doit-il payer pour le tout à raison de 1^{fr},10 le kilogramme ?
→ 65^{Hg},45 = 6^{Kg},545.
(Nombre des seconds pains de sucre :) 18 — 5 = 13.
(Poids des 5 pains :) 7,30 × 5 = 36^{Kg},50.
(Poids des 13 pains :) 6,545 × 13 = 85^{Kg},085.
(Poids total :) 36,50 + 85,085 = 121^{Kg},585.
(Valeur totale :) 1,10 × 121,585 = 133^{fr},7435.

5° Résumé des leçons 151 à 158. — Faire copier le deuxième paragraphe du résumé [*Les mesures de surface* (184 à 194)], page 568 du livre de l'élève.

6° Correction. — Corriger les exercices écrits qui ont été indiqués.

159° Leçon. — RÉSUMÉ DU HUITIÈME MOIS (169 à 174)

1° Leçon. — Faire écrire au tableau : *Arithmétique. — Résumé du huitième mois (169 à 174) (page 567).*
Faire apprendre le résumé du huitième mois (169 à 174) (page 567 du livre de l'élève).

2° Récitation. — Faire réciter le résumé du huitième mois (169 à 174) (page 567 du livre de l'élève) et revenir, s'il y a lieu, sur les parties des leçons 141 à 143 qui n'auraient pas été bien comprises (pages 557 et 558 du livre de l'élève).

3° Exercices au tableau. — Poser aux élèves des questions dans le genre de celle-ci :
Faire les divisions suivantes avec la preuve : *(1° :)* 458,27 : 38 ; *(2° :)* 659,87463 : 94,24 ; *(3° :)* 684,5 : 927 ; *(4° :)* 45836,458 : 27,45.

→ *(1° :)*   458,27 | 38   *(1° Preuve :)*   12,05
             78 | 12,05 *(Quotient)*   38
             227   ─────
    (Reste :) 37   9640
                                                     3615
                                                     ─────
                                                     457,90
                                                         37
                                                     ─────
                                                     458,27

(2°:) 65987,463 | 9424   (2° Preuve:)   9424
         19463 | 7,002 (Quotient)   7,002
(Reste:)   615   18848
                                               65968.
                                              ‾‾‾‾‾‾‾‾‾
                                              65986,848
                                                    615
                                              ‾‾‾‾‾‾‾‾‾
                                              65987,463

(3°:)   684,5 | 927   (3° Preuve:)   927
(Reste:)   356 | 0,7 (Quotient)   0,7
                                               ‾‾‾‾‾
                                                6489
                                                 356
                                               ‾‾‾‾‾
                                                684,5

(4°:) 4583645,8 | 2745   (4° Preuve:)   1669,8
         18386 | 1669,8 (Quotient)   2745
         19164   ‾‾‾‾‾‾
         26945   83490
         22408   66792
(Reste:)   448   116886
                                                33396
                                              ‾‾‾‾‾‾‾‾
                                              4583601,0
                                                    448
                                              ‾‾‾‾‾‾‾‾
                                              4583645,8

II. *Deuxième année (ou 1re année si les élèves sont assez avancés).* — Poser aux élèves des questions dans le genre de celles-ci :

1. Combien y a-t-il de centaines dans 3 unités de millions; 4 dizaines de mille; 567 dizaines; 18 centaines de mille ?

→ 30.000; 400; 56; 18.000.

2. Une personne possède un revenu annuel de 2.190 francs; combien peut-elle dépenser par jour, l'année étant de 365 jours ?

→ *(Dépense par jour:)* 2.190 : 365 = 6 francs.

3. J'avais un billet de 50 francs. J'ai acheté 12 douzaines de mouchoir à $3^{fr},40$ la douzaine; que me redoit-on ?

→ *(Prix des mouchoirs:)* 3,40 × 12 = $40^{fr},80$.

(On me doit:) 50 — 40,80 = $9^{fr},20$.

4. Un bûcher renferme $218^{mc},325$ de bois de chauffage; l'orme entre pour $58^{st},6$ et le chêne pour 172 décistères dans cette quantité. Quel est le volume des autres essences de bois ?

→ $58^{st},6 = 58^{mc},6$.

172 décistères = $17^{st},2 = 17^{mc},2$.

(Volume total de l'orme et du chêne:) 58,6 + 17,2 = $75^{mc},8$.

(Volume des autres essences:) 218,325 — 75,8 = $142^{mc},525$.

4° Exercices écrits. — I. *Première année.* — Indiquer les exercices écrits à faire parmi ceux de la page 567 du livre de l'élève (exercices 991 à 994).

ARITHMÉTIQUE : SYSTÈME MÉTRIQUE

RÉPONSES AUX EXERCICES 991 à 994

991. — Un champ ayant 3 hectares de superficie a été partagé en 6 lots d'égale grandeur. On demande d'exprimer en mètres carrés l'étendue de chaque lot.

➤ (*Étendue de chaque lot :*) $3 : 6 = 0^{Ha},5$ ou $0^{Ha},50$ ou 50 ares ou 5.000 centiares ou 5.000 mètres carrés.

992. — Combien coûtera un jardin ayant 247 mètres carrés de superficie, et vendu à raison de 350 francs l'are ?

➤ 247 mètres carrés font 247 centiares ou $2^a,47$.
(*Prix du jardin :*) $350 \times 2,47 = 864^{fr},50$.

993. — Dans 3 heures, j'ai fait 12 kilomètres : combien ai-je fait de kilomètres, de décamètres à l'heure ?

➤ (*Nombre de kilomètres faits en une heure :*) $12 : 3 = 4$ kilomètres.
Le kilomètre est 100 fois plus grand que le décamètre, donc 4 kilomètres font 400 décamètres.

994. — On a eu $7^m,86$ d'une étoffe pour $10^{fr},58$. A combien revient le mètre de cette étoffe ?

➤ (*Prix du mètre d'étoffe :*) $10,58 : 7,86 = 1^{fr},346$.

II. *Deuxième année (ou 1re année si les élèves sont assez avancés).* — Dicter aux élèves les exercices écrits à faire parmi les suivants :

1. Combien y a-t-il de centaines dans 6 unités de millions ; 7 dizaines de mille ; 842 dizaines ; 25 centaines de mille ?

➤ 60,000 ; 700 ; 84 ; 25.000.

2. Une personne possède un revenu annuel de 2.600 francs ; combien peut-elle dépenser par jour, l'année étant de 365 jours ?

➤ (*Dépense par jour :*) $2.600 : 365 = 7^{fr},13$.

3. J'avais un billet de 100 francs. J'ai acheté 18 douzaines de mouchoirs à $4^{fr},50$ la douzaine. Que me redoit-on ?

➤ (*Prix des mouchoirs :*) $4,50 \times 18 = 81$ francs.
(*On me redoit :*) $100 - 81 = 19$ francs.

4. Un bûcher renferme $256^{mc},418$ de bois de chauffage ; l'orme entre pour $63^{st},8$ et le chêne pour 215 décistères dans cette quantité. Quel est le volume des autres essences de bois ?

➤ $63^{st},8 = 63^{mc},8$.
215 décistères $= 21^{st},5 = 21^{mc},5$.
(*Volume total de l'orme et du chêne :*) $63,8 + 21,5 = 85^{mc},3$.
(*Volume des autres essences :*) $256,418 - 85,3 = 171^{mc},118$.

5° **Correction.** — Corriger les exercices écrits qui ont été indiqués.

160° Leçon. — **RÉSUMÉ DU HUITIÈME MOIS (175 à 194)**

1° Leçon. — Faire écrire au tableau : *Arithmétique — Résumé du huitième mois (175 à 194) (page 568).*

Faire apprendre le résumé du huitième mois (175 à 194) (page 568 du livre de l'élève).

2° Récitation. — Faire réciter le résumé du huitième mois (175 à 194) (page 568 du livre de l'élève) et revenir, s'il y a lieu sur les parties des leçons 144 à 158 qui n'auraient pas été bien comprises (pages 559 à 567 du livre de l'élève).

3° Exercices au tableau. — I. *Première année.* — Poser aux élèves des questions dans le genre de celles-ci :

1. Écrire en chiffres les nombres suivants en prenant le mètre pour unité : 18 décimètres; 4 mètres 5 millimètres; 8 millimètres; 49 mètres 5 centimètres ; 1.638 centimètres; 18 mètres 35 millimètres.

→ $1^m,8$; $4^m,005$; $0^m,008$; $49^m,05$; $16^m,38$; $18^m,035$.

2. Écrire en lettres : $4^{mq},025$; $4^{mq},6$; $18^{mq},4738$; $45^{mq},045$.

→ Quatre mètres carrés deux décimètres carrés cinquante centimètres carrés; quatre mètres carrés soixante décimètres carrés ; dix-huit mètres carrés quarante-sept décimètres carrés trente-huit centimètres carrés; quarante-cinq mètres carrés quatre décimètres carrés cinquante centimètres carrés.

3. Convertir $45^{mq},4305$ en décimètres carrés, hectomètres carrés, centimètres carrés, décamètres carrés.

→ $4.543^{dmq},05$; $0^{Hmq},00454305$; 454.305 centimètres carrés ; $0^{Dmq},454305$.

4. Convertir 58 hectares en ares et centiares.

→ 5.800 ares ; 580.000 centiares.

5. Convertir 458.273 mètres carrés en ares, hectares et centiares.

→ 458.273 centiares ; $4.582^a,73$; $45^{Ha},8273$.

II. *Deuxième année (ou 1re année si les élèves sont assez avancés).* — Poser aux élèves des questions dans le genre de celles-ci :

1. Écrire tous les nombres de 8 en 8 de 1.260 à 1.340.

→ 1.260; 1.268; 1.276; 1.284; 1.292; 1.300; 1.308; 1.316; 1.324; 1.332; 1.340.

2. Combien faut-il de rouleaux contenant chacun 12 pièces de 5 francs pour faire 840 francs ?

→ *(12 pièces de 5 francs valent :)* $5 \times 12 = 60$ francs.
   (Nombre de rouleaux :) $840 : 60 = 14$ rouleaux.

3. Une pièce de vin m'a coûté $92^{fr},50$, d'achat, $36^{fr},25$ de faux frais et je la vends 180 francs. Quel est mon bénéfice ?

→ *(Prix de revient :)* $92,50 + 36,25 = 128^{fr},75$.
   (Bénéfice :) $180 - 128,75 = 51^{fr},25$.

4. Un marchand a acheté 120 hectolitres de blé à $4^{fr},30$ le double décalitre. Que doit-il ?

→ *(Prix du décalitre :)* $4,30 : 2 = 2^{fr},15$.

Le gérant : PAUL DUPONT.

ARITHMÉTIQUE : SYSTÈME MÉTRIQUE

120 hectolitres = 1.200 décalitres.
(*Prix du blé :*) $2,15 \times 1.200 = 2.580$ francs.

4° Exercices écrits. — I. *Première année.* — Indiquer les exercices écrits à faire parmi ceux de la page 568 du livre de l'élève (exercices 995 à 1005).

RÉPONSES AUX EXERCICES 995 à 1005

995. — Un ouvrier, qui doit couvrir d'ardoises le toit d'une maison, fait par heure 90 décimètres carrés de cet ouvrage : dans combien de jours l'aura-t-il terminé, sachant qu'il travaille 8 heures par jour et que le toit présente une superficie de 36 mètres carrés ?
→ 36 mètres carrés font 3.600 décimètres carrés.
(*Nombre d'heures employées :*) $3.600 : 90 = 40$ heures.
(*Nombre de jours de 8 heures de travail :*) $40 : 8 = 5$ jours.

996. — Deux terrains ont coûté ensemble 700 francs ; le mètre carré vaut $0^{fr},50$. Dites la surface du deuxième champ, sachant que le premier a 560 mètres carrés.
→ (*Nombre total de mètres carrés :*) $700 : 0,50 = 1.400$ mètres carrés.
(*Surface du 2° champ :*) $1.400 - 560 = 840$ mètres carrés.

997. — Un terrain de $4^{Ha}25^{ca}$ a été payé 24.450 francs. Combien doit-on revendre le mètre carré pour gagner 9 francs par are ?
→ $4^{Ha}25^{ca}$ font $400^a,25$.
(*Bénéfice qu'on veut réaliser :*) $9 \times 400,25 = 3.602^{fr},25$.
(*Prix de vente :*) $24.450 + 3.602,25 = 28.052^{fr},25$.

998. — On a dépensé 90 francs pour ensemencer un champ de luzerne. Le prix du kilogramme de luzerne est de $1^{fr},20$, et il en faut 25 kilogrammes par hectare. Quelle est la contenance du champ ?
→ (*Nombre de kilogrammes de luzerne :*) $90 : 1,20 = 75$ kilogrammes.
(*Nombre d'hectares ensemencés :*) $75 : 25 = 3$ hectares.

999. — On a dépensé 108 francs pour l'achat d'une égale quantité de satin et de velours ; le satin ayant coûté $5^{fr},25$ le mètre et le velours $6^{fr},75$, combien a-t-on acheté de mètres de chaque étoffe ?
→ (*Un mètre des deux étoffes réunies revient à :*) $5,25 + 6,75 = 12$ francs.
(*Nombre de mètres de chaque étoffe :*) $108 : 12 = 9$ mètres.

1000. — Un propriétaire a un terrain de $3^{Ha}40$ qui lui a coûté 12.500 francs ; il voudrait gagner 1.100 francs en le revendant ; à quel prix doit-il vendre l'hectare ?
→ (*Prix de vente du terrain :*) $12.500 + 1.100 = 13.600$ francs.
(*Prix de vente d'un hectare :*) $13.600 : 3,40 = 4.000$ francs.

1001. — J'ai acheté une terre de $3^{Ha}9^a12^{ca}$ à 14 francs l'are. Que dois-je ? Je paye comptant 2.500 francs. Que dois-je encore ?
→ $3^{Ha}9^a12^{ca} = 309^a,12$.
(*Prix des $309^a,12$ à 14 francs l'are :*) $14 \times 309,12 = 4.327^{fr},68$.
(*Je dois encore :*) $4.327,68 - 2.500 = 1.827^{fr},68$.

1002. — Une plante croît de 3 millimètres par jour : combien de jours mettra-t-elle pour croître de 12 centimètres ?
→ 12 centimètres font 120 millimètres.
(*Nombre de jours :*) $120 : 3 = 40$ jours.

1003. — Pour faire une douzaine de chemises, il a fallu 30 mètres de toile à $2^{fr},50$ le mètre. Quel sera le prix de la toile pour les 12 chemises? Pour une chemise?

→ (*Prix des 30 mètres de toile à $2^{fr},50$ le mètre :*) $2,50 \times 30 = 75$ francs.
(*Prix de la toile pour une chemise :*) $75 : 12 = 6^{fr},25$.

1004. — Un épicier a donné 15 kilogrammes de café du prix de $5^{fr},20$ le kilogramme pour payer 29 mètres de toile. Quel est le prix du mètre de toile?

→ (*Prix des 15 kilogrammes de café à $5^{fr},20$ le kilogramme :*) $5,20 \times 15 = 78$ francs.
(*Prix d'un mètre de toile :*) $78 : 29 = 2^{fr},689$.

1005. — Une robe revient à 52 francs. La façon a été payée 18 francs; les fournitures ont coûté $7^{fr},05$ et il a fallu $10^{m},75$ d'étoffe. Combien a-t-on payé le mètre de cette étoffe?

→ (*Prix total de la façon et des fournitures :*) $18 + 7,05 = 25^{fr},05$.
(*Prix de l'étoffe :*) $52 - 25,05 = 26^{fr},95$.
(*Prix d'un mètre d'étoffe :*) $26,95 : 10,75 = 2^{fr},50$.

II. *Deuxième année (ou 1re année si les élèves sont assez avancés).* — Dicter aux élèves les exercices écrits à faire parmi les suivants :

1. Écrire tous les nombres de 6 en 6 de 1.340 à 1.400.
→ 1.340 ; 1.346 ; 1.352 ; 1.358 ; 1.364 ; 1.370 ; 1.376 ; 1.382 ; 1.388 ; 1.394 ; 1.400.

2. Combien faut-il de rouleaux contenant chacun 15 pièces de 2 francs pour faire 6.810 francs?
→ (*15 pièces de 2 francs valent :*) $2 \times 15 = 30$ francs.
(*Nombre de rouleaux :*) $6.810 : 30 = 227$ rouleaux.

3. Une pièce de vin m'a coûté $118^{fr},40$ d'achat, $42^{fr},50$ de faux frais et je la vends 210 francs. Quel est mon bénéfice?
→ (*Prix de revient :*) $118,40 + 42,50 = 160^{fr},90$.
(*Bénéfice :*) $210 - 160,90 = 49^{fr},10$.

4. Un marchand a acheté 96 hectolitres de blé à $5^{fr},25$ le double décalitre. Que doit-il?
→ (*Prix du décalitre :*) $5,25 : 2 = 2^{fr},625$.
96 hectolitres = 960 décalitres.
(*Prix du blé :*) $2,625 \times 960 = 2.520$ francs.

5° Correction. — Corriger les exercices écrits qu ont été indiqués.

SCIENCES USUELLES

Huitième Mois
du Cours élémentaire

57ᵉ Leçon. — LA PLANTE

1° Leçon. — Faire écrire au tableau : *Sciences usuelles. — La plante (page 569).*

Faire apprendre la leçon (page 569 du livre de l'élève).

2° Interrogations. — Poser les questions du n° 109 (au bas de la page 569 du livre de l'élève).

3° Explication de la figure. — La figure 69 (livre de l'élève et livre du maître) représente une plante complète de ricin, espèce des pays chauds que l'on cultive assez souvent dans les jardins à cause de ses feuilles qui sont d'un bel effet ornemental. On suppose que la plante a été enlevée du sol avec soin et qu'on a retiré la terre qui empêchait de voir les racines (r) ; au-dessus des racines qui s'enfonçaient dans la terre, on voit se dresser la tige (t) qui porte les feuilles (f). Dans cette plante

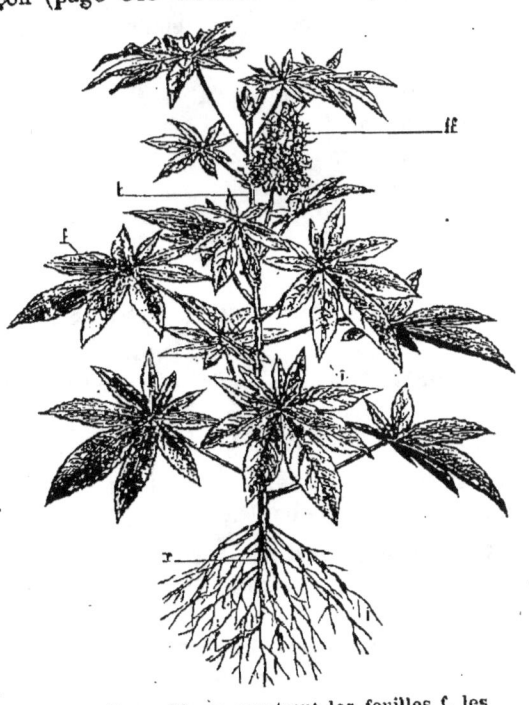

Fig. 69. — Plante montrant les feuilles f, les tiges t, les racines r, et les fleurs ff.

chaque feuille se compose d'une queue assez longue qui part de la tige et se termine par une partie plate verte et découpée en éventail. Une des branches de la tige porte un grand nombre de fleurs ff.

4° Objets utiles pour cette leçon. — Un certain nombre de plantes quelconques arrachées avec précaution de manière à ce qu'il y ait des racines. Faire germer d'avance (en vue des leçons suivantes), à divers jours d'intervalle, dans des pots remplis de terre ou dans des verres renfermant de la mousse humide, des haricots, des graines de moutarde ou de toute autre espèce de plante.

5° Leçons de choses. — 1. Montrer aux élèves sur diverses plantes, et pour chacune d'elles, les racines, les tiges, les feuilles et les fleurs.

2. Distribuer aux élèves des plantes et des épingles et leur faire écrire sur de petits morceaux de papier les mots racine, tige, feuille, fleur. Puis leur faire épingler ces petits morceaux de papier sur les parties correspondantes des plantes qu'ils ont entre leurs mains. Pour chaque plante, ces mots racine, feuille, tige, fleur, figureront une fois seulement.

6° Résumé de la leçon. — 1. Faire copier le premier paragraphe du résumé [*Différentes parties d'une plante* (109)], page 576 du livre de l'élève.

2. Corriger ce devoir écrit.

58° Leçon. — LES DIVERSES PLANTES

1° Leçon. — Faire écrire au tableau : *Sciences usuelles. — Les diverses plantes* (page 570).

Faire apprendre la leçon (page 570 du livre de l'élève).

2° Interrogations. — Poser les questions du n° 110 (au bas de la page 570 du livre de l'élève).

3° Explication de la figure. — La figure 70 (livre de l'élève et livre du maître) représente un bouquet de fleurs cueillies dans une prairie.

b est une fleur jaune de bouton d'or ou renoncule ; on voit une autre fleur entr'ouverte de cette même plante à gauche et au-dessus de la grande marguerite, et au-dessus, à gauche encore, un bouton de renoncule.

s est une fleur lilas de scabieuse ou plus exactement une réunion de petites fleurs serrées les unes contre les autres ; au-dessus est une cabieuse en bouton, à gauche de celle-ci une autre en bouton également, et au-dessus une autre scabieuse épanouie.

m est une grande marguerite vue par-dessous ; à droite on en voit une autre de face. Tout le monde sait que la grande marguerite est jaune au milieu et blanche tout autour. C'est encore, en réalité, comme la scabieuse, une réunion de petites fleurs serrées les unes contre les autres. Le cœur jaune de la marguerite est formé par une masse de petites fleurs jaunes, en tube court ; le pourtour est constitué par des fleurs en languettes blanches.

Au-dessus de cette marguerite qui est au centre de la figure se trouvent encore quelques scabieuses, et tout le reste du bouquet est formé par de fines graminées en fleurs, mais dont les fleurs sont vertes ou jaunâtres.

g est la graminée appelée fromental ou avoine sauvage ; à sa droite est un vulpin dont les petites fleurs vertes sont réunies en pinceau ; à sa droite encore une fétuque. En haut du

Fig. 70. — Bouquet de plantes des prairies : *b*, bouton d'or ; *m*, marguerite ; *s*, scabieuse ; *g*, graminées.

bouquet est un brome aux fleurs retombantes, à gauche un paturin. Toutes ces graminées sont d'excellents fourrages.

4° Objets utiles pour cette leçon. — Diverses plantes cueillies dans les champs ou dans les prairies.

5° Leçon de choses. — Montrer aux élèves comme dans la leçon précédente de nouveaux exemples de plantes diverses en leur faisant reconnaître les racines, les tiges, les feuilles, attirer leur attention sur la diversité de forme des fleurs.

COURS ÉLÉMENTAIRE : **HUITIÈME MOIS**

59ᵉ Leçon. — LES DIVERSES PLANTES (Suite)

1° Leçon. — Faire écrire au tableau : *Sciences usuelles.* — *Les diverses plantes (suite) (page 571).*

Faire apprendre la leçon (page 571 du livre l'élève).

2° Interrogations. — Poser les questions du n° 111 (au bas de la page 571 du livre de l'élève).

3° Explication des figures. — Les figures 71 à 74 (livre de l'élève et livre du maître) représentent divers états du développement d'un haricot depuis la graine jusqu'à la formation des fleurs et des fruits qui produisent de nouvelles graines semblables à celle qui a produit le plant de haricot.

En *1*, on voit une graine de haricot représentée sur la figure à peu près de moitié de la grandeur naturelle.

En *2*, cette graine *germe*, c'est-à-dire qu'étant dans l'air à la sur-

Fig. 71 à 74. — Développement d'une plante à fleurs. — Le haricot change de forme avec l'âge : *1*, graine ; *2*, graine germant ; *3*, jeune plant ; *4*, sommet d'une plante développée, avec fleurs et fruits.

face de la terre humide, et dans un endroit suffisamment chaud, les enveloppes de la graine se déchirent et on voit apparaître la première racine qui s'enfonce dans le sol.

En *3*, on voit ce qu'on observe un peu plus tard. La racine enfoncée dans le sol a produit d'autres racines, la tige s'est dressée et porte d'abord deux feuilles particulières qui étaient déjà dans la graine et qui sont devenues vertes, puis au-dessus d'autres feuilles qui ont bientôt la forme ordinaire de feuilles de haricot.

En 4, la figure représente ce que produit beaucoup plus tard le plant de haricot, ce sont des tiges grimpantes portant des feuilles et aussi des fleurs, puis des fruits qui, lorsqu'ils sont mûrs, sont les gousses de haricot que l'on connaît bien. Ces gousses lorsqu'elles sont desséchées s'ouvrent en long par deux fentes et laissent tomber des graines pareilles à celle que nous avons semée et qui a produit le plant de haricot.

4° Objets utiles pour cette leçon. — On a fait germer à l'avance, à plusieurs jours d'intervalle, des graines de haricots ; on a ainsi au même moment des graines germant à différents états de développement.

Un moyen très simple de faire germer des graines et qui permet de montrer aux élèves le développement des racines, c'est de les semer sur de la mousse humide placée dans un verre. Si on met au-dessus du vase ainsi préparé un bocal en verre servant de cloche, mais dont l'air peut se renouveler par en bas (il suffit que le bocal renversé ne pose pas exactement sur la table) et si le tout est placé dans un endroit qui ne soit pas trop froid, on aura un développement rapide.

De bonnes graines à semer ainsi sont les suivantes : haricot, lupin, belle-de-nuit, moutarde, lin, blé.

Si l'on n'a pas disposé ces germinations d'avance, on peut le faire pendant cette leçon et les jours suivants. On en montrera le résultat aux élèves dans la 64° leçon.

5° Leçons de choses. — 1. Montrer aux élèves les états successifs du développement d'une graine de haricot ; leur faire remarquer que la racine apparaît d'abord, puis la tige, puis les feuilles. Ce n'est que plus tard que la plante donne des fleurs qui se transformeront en fruits renfermant les graines.

2. Faire semer des graines par les élèves soit dans le jardin de l'école, soit sur de la mousse humide dans des verres. Ils verront les jours suivants comment se fait leur développement.

3. Montrer aux élèves d'autres graines que le haricot germant à divers états de développement.

4. Montrer aux élèves soit en nature, soit par des dessins ou des tableaux divers exemples de plantes sans fleurs : fougères, mousses, champignons, algues.

6° Résumé des leçons 58 et 59. — 1. Faire copier le deuxième paragraphe du résumé [*Diverses plantes* (110 et 111)], page 576 du livre de l'élève.

2. Corriger ce devoir écrit.

60ᵉ Leçon. — LES PLANTES DU POTAGER

1° Leçon. — Faire écrire au tableau : *Sciences usuelles. — Les plantes du potager (page 572).*
Faire apprendre la leçon (page 572 du livre de l'élève).

2° Interrogations. — Poser les questions du n° 112 (au bas de la page 572 du livre de l'élève).

3° Explication de la figure. — La figure 75 (livre de l'élève et livre du maître) représente un potager entouré de murs. Au fond est un laurier, dont les feuilles servent de condiment. Les carrés à

Fig. 75. — On cultive dans le potager les plantes dont on se sert habituellement.

gauche renferment des salades, ceux à droite des artichauts et des melons. A gauche est un tonneau mis en terre dans lequel arrive de l'eau et qui sert à l'arrosage.

4° Objets utiles pour cette leçon. — Des légumes divers : carottes, choux, salades, haricots, pois, etc.

5° Leçons de choses. — 1. S'il y a un potager à l'école, on peut y mener les élèves et leur apprendre à reconnaître les principaux légumes.

SCIENCES USUELLES : BOTANIQUE AGRICOLE

2. Montrer divers légumes aux élèves et leur faire reconnaître pour chacun de ces légumes les tiges, les racines, les feuilles et, s'il y a lieu, les fleurs et les fruits. Leur demander quelle est la partie de la plante qui est utilisée.

61ᵉ Leçon. — LE BLÉ ET LA POMME DE TERRE

1º Leçon. — Faire écrire au tableau : *Sciences usuelles. — Le blé et la pomme de terre (page 573).*

Faire apprendre la leçon (page 573 du livre de l'élève).

2º Interrogations. — Poser les questions 113 et 114 (au bas de la page 573 du livre de l'élève).

3º Explication des figures. — La figure 76 (livre de l'élève et livre du maître) représente un épi de blé au moment où il est en fleurs. Ces fleurs ne sont pas revêtues de riche couleurs comme les fleurs de jardin, ni même colorées comme la plupart des fleurs sauvages ; elles sont vertes et jaunes ; mais ce sont bien cependant les fleurs du blé, car ce sont elles qui produisent les grains de blé.

La figure 77 (livre de l'élève et livre du maître) représente un plant de pomme de terre. La ligne de petits points indique la limite de la terre. Au-dessus de cette ligne, se réunissent la tige, les feuilles et les fleurs du plant de pomme de terre ; au-dessous se trouvent des tiges rampantes qui ressemblent à des racines et qui sont de temps en temps renflées en tubercules. Ces tubercules formés par les tiges souterraines renflées sont les pommes de terre.

Fig. 77. — Plant de pomme de terre.

Fig. 76. — Épi de blé en fleurs.

Le plant de pomme de terre a aussi de vraies racines, qui n'ont aucun renflement et s'enfoncent de haut en bas.

On peut remarquer encore que les fleurs du plant de pomme de terre ont la forme d'étoiles à cinq branches (elles sont blanches, rosées ou lilas) et que les feuilles sont divisées chacune en feuilles secondaires ou folioles, avec une foliole qui termine la feuille.

4° Objets utiles pour cette leçon. — Du blé, des grains de blé, du son, de la farine ; des pommes de terre nouvelles encore attachées à la tige souterraine qui les porte ; des pommes de terre germant, produisant des tiges avec feuilles et racines.

5° Leçons de choses. — 1. Montrer aux élèves des grains de blé, des grains de blé germant, des épis de blé en fleurs (desséchés ou dessinés), du son, de la farine.

2. Montrer aux élèves des pommes de terre germant, leur faire reconnaître sur ce qui commence à pousser : la tige, les feuilles, les racines.

6° Résumé des leçons 60 et 61. — 1. Faire copier le troisième paragraphe du résumé [*Plantes alimentaires* (112 à 114)], page 576 du livre de l'élève.

2. Corriger ce devoir écrit.

62ᵉ Leçon. — LES ARBRES

1° Leçon. — Faire écrire au tableau : *Sciences usuelles. — Les arbres (page 574)*.

Faire apprendre la leçon (page 574 du livre de l'élève).

Fig. 78. — On fait des poutres avec les gros troncs des arbres.

2° Interrogations. — Poser les questions 115 et 116 (au bas de la page 574 du livre de l'élève).

3º Explication de la figure. — La figure 78 (livre de l'élève et livre du maître) représente des bûcherons qui sont dans une grande forêt. Des arbres ont été abattus et les bûcherons les taillent à coups de hache pour en séparer l'écorce et une partie du bois. Le reste servira à faire des charpentes ou des planches.

4º Résumé de la leçon. — 1. Faire copier le quatrième paragraphe du résumé [*Les arbres* (115 et 116)], page 576 du livre de l'élève.

2. Corriger ce devoir écrit.

63º Leçon. — LES PLANTES MÉDICINALES ET VÉNÉNEUSES

1º Leçon. — Faire écrire au tableau : *Sciences usuelles. — Les plantes médicinales et vénéneuses (page 575)*.

Faire apprendre la leçon (page 575 du livre de l'élève).

2º Interrogations. — Poser les questions 117 et 118 (au bas de la page 575 du livre de l'élève).

3º Explication des figures. — La figure 79 (livre de l'élève et livre du maître) représente un fragment de mauve en fleurs. On y

Fig. 79. — Mauve.

Fig. 80. — Tabac.

distingue la tige qui porte des feuilles, une fleur épanouie vue de face et, au-dessus, plusieurs boutons non encore ouverts.

La figure 80 (livre de l'élève et livre du maître) représente le sommet d'une plante de tabac fleurie. On remarque la tige portant des feuilles et un grand nombre de fleurs, les unes épanouies en forme d'entonnoir dont les bords forment cinq pointes, les autres en boutons entr'ouverts, et vers le bas, à droite, des fleurs passées qui commencent à se transformer en fruits renfermant des graines.

4° Objets utiles pour cette leçon. — Diverses plantes médicinales en nature ou en dessin : mauve, camomille, petite centaurée, bourrache, violette, tilleul, etc.; diverses plantes vénéneuses en nature ou en dessin : tabac, ciguë, colchique, douce-amère, jusquiame, aconit, etc.

5° Leçon de choses. — Faire reconnaître aux élèves les tiges, les feuilles, les fleurs et, s'il y a lieu, les racines sur les divers exemples de plantes qui leur sont montrés.

6° Résumé de la leçon. — 1. Faire copier le dernier paragraphe du résumé [*Plantes médicinales et vénéneuses* (117 et 118)], page 576 du livre de l'élève.

2. Corriger ce devoir écrit.

64° Leçon. — RÉSUMÉ DU HUITIÈME MOIS

1° Leçon. — Faire écrire au tableau : *Sciences usuelles.* — *Résumé du huitième mois (page 576).*

Faire apprendre ce résumé (page 576 du livre de l'élève).

2° Récitation. — Faire réciter le résumé de huitième mois (page 576 du livre de l'élève) et revenir, s'il y a lieu, sur les parties des leçons 57 à 63 qui n'auraient pas été bien comprises.

LECTURES

Huitième Mois
du Cours élémentaire

Lecture N° 71

UN JEUNE HÉROS PICARD

C'était le 15 janvier 1871, alors que la pauvre France, envahie de toutes parts par les ennemis, cherchait encore à se défendre. Un détachement d'infanterie prussienne traversait un petit village de la Picardie et se dirigeait sur Saint-Quentin. Déjà il est presque nuit, le chef de la petite troupe arrête un jeune garçon à la mine éveillée et lui ordonne de le conduire au but de son voyage. Le petit Jacques — c'est son nom — conduit les Prussiens dans la ferme de son père. On les réconforte. Après un signal entre le père et le fils, la troupe se met en marche sous la conduite du jeune guide improvisé. Les chemins étaient mauvais ; on allait lentement et les Prussiens se défiaient. — Si tu nous trompais, gamin, tu passerais un mauvais quart d'heure. — Vous auriez raison, répondit l'intrépide enfant. Après deux heures d'une marche pénible, on aperçut quelques points lumineux. — Où sommes-nous? demanda le capitaine. — Bientôt dans un petit village où un ami de mon père a une ferme importante. Entrons là, vous y trouverez de bonne eau-de-vie de cidre. On entre. — Pan! pan! Deux coups de feu étendent raide mort dans la chambre le jeune guide qui avait trompé les Prussiens et, à la faveur d'une nuit épaisse, les avait ramenés au point de départ. Alors vingt coups de feu vinrent frapper les Prussiens affolés. Toutes les issues étaient gardées. Le père de Jacques, fou de douleur et de rage, avait mis le feu en dix endroits.

Pas un Prussien ne sortit vivant de ce brasier.

— Mon fils est mort au champ d'honneur, sanglotait le pauvre père; mais, au moins, ceux-là n'iront pas à Saint-Quentin.

(*Pour les enfants.*) L. GAUDELETTE.

LECTURE N° 72

NOS OISEAUX

On savait que nous aimions beaucoup les bêtes, aussi un jour des cousins nous apportèrent un beau corbeau qui devint bientôt le favori de la famille. Il avait été blessé d'un coup de fusil par un chasseur et son aile était cassée. On le soigna; l'aile se remit peu à peu et l'oiseau, qui était très sauvage au début, s'apprivoisa facilement.

Il allait et venait partout, surtout dans la cour et le jardin; mais son perchoir favori était le seuil de la porte. Il aimait aussi énormément se promener sur le trottoir et dans le milieu de la rue. Nous avions toujours peur qu'il ne se fasse écraser, car il était très hardi. Quand arrivait une voiture et qu'il était occupé à manger quelque grain ou quelque miette de pain, il ne se dérangeait point. Il levait la tête et regardait le cocher d'un air moqueur, sans bouger de place. Et les cochers, qui le connaissaient pour la plupart, riaient et faisaient écarter leur cheval.

Hélas! nous n'avons pas possédé longtemps ce pauvre corbeau qui nous amusait tant! Des passants nous le volèrent et l'emportèrent au loin. On en eut un tel chagrin à la maison, qu'on se promit bien de ne plus jamais avoir d'oiseau.

Mais, nos cousins ne nous laissèrent pas nous ennuyer longtemps; ils nous apportèrent un jour une pie qu'ils venaient de dénicher. On refusa d'abord de la prendre ; puis on se laissa gagner et on l'éleva. Ce ne fut pas difficile : elle ouvrait le bec et nous y jetions tout ce qui nous tombait sous la main : du pain, de la viande, des cerises. A mesure qu'elle grandissait, elle devenait plus familière ; elle accourait à nous en sautillant du plus loin qu'elle nous apercevait dans le jardin, elle nous suivait, se perchait sur notre chaise. Quand elle fut tout à fait grande, qu'elle eut une belle queue et de longues ailes, elle ne chercha pas à s'en aller, bien qu'elle fût tout à fait libre.

Malheureusement, Margot devenait malicieuse. Si, pour se débarrasser d'elle, on la renvoyait par la fenêtre, on n'avait pas eu le temps de refermer celle-ci que la pie avait déjà remonté l'escalier et était rentrée dans la chambre. Quand nous semions des graines dans le jardin, elle venait les déterrer une à une derrière nous.

Les jeux devenaient impossibles pour les enfants : Margot embrouillait tout ; elle démolissait les petits monts de sable qu'ils élevaient ; elle dérangeait les soldats de plomb alignés en bataille.

Le chien était aussi sa victime. Tandis qu'il dormait au soleil, elle lui piquait la queue; après tous ces beaux exploits, Margot prenait un air d'innocence, regardant d'un autre côté.

Margot alla de progrès en progrès et devint bientôt insupportable; tout disparaissait dans la maison : lunettes, ciseaux, crayons, etc. Elle se mit bientôt à entrer dans le bureau. Un jour elle fouilla du bec dans l'encrier et tacha tout d'encre ; une autre fois, elle vint cacher entre deux pages écrites une tranche de veau prise à la cuisine. De ce jour, on décida de la donner à des voisins qui eurent peut-être plus de patience que nous.

Drôle de Margot! En la regardant avec son long bec, son œil moqueur, on ne pouvait s'empêcher de penser à quelque vieille sorcière, à quelque méchante fée. Elle en avait bien l'esprit diabolique. Décidément, nous n'avions pas de chance avec nos oiseaux.

(*D'après* le *Magasin pittoresque.*)

Lecture N° 73

LE GRAND FRÉDÉRIC ET SON DOMESTIQUE

Un jour le grand Frédéric sonne et personne ne vient lui répondre. Il ouvre la porte et trouve son domestique endormi. Il s'avance vers lui et se dispose à l'éveiller, lorsqu'il aperçoit un bout de billet qui sort de sa poche. Curieux de savoir ce que c'est, il le prend et le lit : c'est une lettre de la mère du jeune homme qui le remercie de ce qu'il lui envoie une partie de ses gages pour la soulager dans sa misère. Elle finit par lui dire que Dieu le bénira, à cause de l'amour filial qu'il a pour elle. Le roi, ayant lu ce billet, prend un rouleau de pièces d'or, le glisse avec la lettre dans la poche du page et rentre doucement dans sa chambre. Un peu après, il sonne si fort, que le domestique se réveille et vient vers le roi. « Tu as bien dormi ! » lui dit Frédéric. Le page cherche à s'excuser, et, dans son embarras, il met la main dans sa poche. Il sent le rouleau, il le tire et il est au comble de l'étonnement et de l'affliction ! Il pâlit et regarde le roi en pleurant, sans pouvoir prononcer un mot.
— Qu'est-ce? dit le roi; qu'as-tu donc ? — Ah! Sire, dit le jeune homme en se précipitant à ses genoux, on veut me faire prendre pour un voleur. D'où vient tout cet argent ? Quelque méchant l'a mis dans ma poche pendant que je dormais, sans doute. Que vais-je devenir ?

— Mon ami, dit Frédéric, c'est moi qui t'ai glissé cet argent pendant ton sommeil. J'ai eu l'indiscrétion de lire le petit billet dans lequel ta mère te remerciait de tes bontés pour elle. Ce que tu fais est bien. Tu te conduis en bon fils. Je veux te récompenser. Envoie cet argent à ta mère et dis-lui que désormais je lui donnerai tout ce dont elle aura besoin. Je m'occuperai aussi de ton avenir, car non seulement tu as bon cœur mais tu es un honnête garçon !

Le gérant : PAUL DUPONT.

LECTURES

Lecture N° 74

UNE CHASSE A LA PANTHÈRE

Je voulais chasser la panthère. Des Arabes me dirent qu'un de ces animaux habitait des rochers aux environs. Je partis immédiatement.

Il pouvait être cinq heures du soir. Un homme du pays me montrait le chemin.

J'arrive au pied du rocher. La panthère rentre justement dans sa demeure, en portant dans sa gueule un petit animal. Je suis décidé à attendre sa sortie et dis à l'Arabe de repartir avec mon cheval et de me l'amener le lendemain matin.

Je m'approche aussitôt de la caverne dans laquelle la panthère a disparu ; mais l'entrée est si étroite que je me demande comment elle a pu y passer.

Je m'appuie contre un arbre et j'attends. Au bout d'un certain temps la panthère sort. Je me retourne ; mais mon fusil frotte contre une branche ; j'entends une espèce de souffle comme celui d'un chat, et, me levant très vite, j'aperçois de nouveau la panthère qui rentre dans son rocher.

J'attends jusqu'au jour ; mais la bête n'ose plus sortir. Elle a peur de l'homme la nuit.

L'Arabe ayant ramené mon cheval, je repars, me promettant bien de revenir le soir.

Mais la seconde nuit, je ne réussis pas mieux que la première.

La panthère vient deux ou trois fois regarder à l'entrée de la caverne, et, chaque fois, rentre effrayée.

Je passe ainsi dix nuits, sans jamais avoir l'occasion de tirer un coup de fusil.

Enfin, le onzième jour, un berger vient me dire qu'il a vu vers midi la panthère buvant à une source voisine de son rocher. Je me dirige vers la source et vois en effet des traces de l'animal qui doit y venir boire tous les jours, à l'heure où il fait très chaud et où les Arabes sont rentrés avec leurs troupeaux.

Près de cette source est un buisson dans lequel je me

mets en embuscade, afin de pouvoir, sans être vu, tirer à bout portant sur la panthère. Vers midi, une compagnie de perdreaux arrivent pour se désaltérer.

Ils commencent à boire; mais ils semblent très inquiets et disparaissent bientôt sous le bois.

Au même moment, j'entends un léger bruit dans les branches, et la panthère apparaît, le cou tendu. Elle est à cinq ou six pas de moi et me présente le flanc. J'ajuste entre l'œil et l'oreille, et je tire.

Elle tombe foudroyée, sans même pousser un cri.

La pauvre panthère est affreusement maigre. Je suis tellement étonné de cette maigreur que je me décide à ouvrir la bête pour l'examiner à l'intérieur.

Elle n'avait pas mangé depuis le jour où elle avait aperçu un homme près de sa demeure.

Depuis ce temps, j'ai jugé que la panthère est un animal rusé, patient, mais inoffensif et timide.

Les Arabes ont peu à souffrir du voisinage de la panthère qui arrive rarement jusqu'à leurs troupeaux; aussi ne la chassent-ils pas souvent.

(La chasse au lion.)   (*D'après* Jules GÉRARD.)

LECTURE N° 75

LÉGENDES RETROUVÉES

LA FONTAINE A L'ORATOIRE

Le 7 juillet 1621, Jean de La Fontaine naissait à Château-Thierry.

Son père, qui était maître des eaux et forêts, lui fit faire, au collège de sa ville natale, des études qui furent, dit-on, assez médiocres. Ses maîtres lui reprochaient d'être surtout très « dissipé ». Son inattention et son étourderie devinrent peu à peu célèbres.

Un jour, comme il lisait un livre de piété, il lui vint le désir de se faire prêtre.

Sans plus attendre, M. Jean prit le coche, et sans prévenir ses parents il s'en alla tout droit à Juilly où les prêtres Oratoriens avaient un collège.

Si l'on en croit la légende, ce trajet ne se fit pas sans incidents. Un bon provincial était assis comme lui dans la lourde voiture. Dans les anciennes pataches, où les voyages duraient souvent plusieurs jours consécutifs, on causait avec ses voisins pour passer le temps. La Fontaine, se cramponnant à la vocation qu'il croyait avoir, n'osait parler de peur que la vocation ne s'en allât.

Aux quelques paroles qu'on lui adressait, il répondait par un mutisme étrange, accompagné de gestes singuliers qui, dans les commencements, égayaient fort les voyageurs. On croyait avoir affaire à un boute-en-train et l'on s'amusait ferme.

La Fontaine restait toujours silencieux.

Le provincial, son voisin, ne s'occupait déjà plus de lui et, sans se soucier de l'avis de ses compagnons de voyage, s'était mis à manger les restes d'une volaille froide dont il jetait soigneusement les os par la fenêtre. Le futur prêtre le regardait faire avec un vif intérêt. Celui-là, sans s'occuper de son muet voisin, commençait à prendre des libertés qui n'étaient pas sans choquer les autres. Il déboutonnait son pourpoint, tirait ses bas, arrangeait ses chausses, il allait même jusqu'à enlever ses souliers. Tout le monde était suffoqué, mais personne n'osait réclamer. Et, du reste, qu'aurait-on pu dire? les chevaux filaient à toute vitesse en descendant la côte de Monceau, cette même côte qui, plus tard, inspirait au fabuliste : *Le Coche et la Mouche*.

Mais alors, est-ce par distraction ou est-ce pour toute autre cause, La Fontaine prend, avec soin, les deux souliers du provincial stupéfait, et leur fait suivre le même chemin que celui-ci avait fait prendre déjà aux os de son poulet.

Tous les voyageurs l'applaudissent ; M. le muet, étonné, de se demander ce qu'on lui veut, tandis que le provincial, fort en colère, commence à malmener celui qui l'a privé de ses chaussures. Une courte bataille s'ensuit, bientôt apaisée par les gens de la voiture; pendant la lutte, le pauvre distrait laisse lui aussi son chapeau choir par la portière, et croit bien perdre en même temps sa vocation.

La Fontaine arrive à Juilly, va trouver le Père Supérieur et lui explique la soudaineté de ses sentiments religieux, lui raconte l'aventure de la guimbarde, à laquelle le bon Père ne comprend goutte, et lui certifie que sa vocation est sincère et définitive. On l'installe dans une chambre peu confortable où les seuls meubles sont un lit, une chaise, une table et beaucoup de livres de prières, plus un petit pressoir oublié là par hasard.

Cette partie du mobilier attire tout de suite son attention. Et bien vite, avec son imagination follette, il se voit moine vigneron.

Après quelque temps passé à Juilly, La Fontaine découvre dans le parc un prunier qu'il dévaste sans plus tarder, fourrant les fruits dans ses poches, dans son chapeau, un peu partout.

Aussitôt revenu dans sa cellule, il se met en devoir de commencer la fabrication d'une liqueur, pour laquelle il s'applique tout de suite à trouver un nom.

Celui d'*Oratorite* le séduit assez... et il presse, il presse ses prunes. Il s'agit alors de trouver un récipient pour mettre son nouveau produit.

Un vénérable Père lui prête, sans en demander l'emploi futur, quelques bouteilles entourées de liège dans lesquelles celui-ci conserve des amorces pour le poisson de l'étang.

Le frère La Fontaine, tout heureux, s'en retourne en sa cellule, range toutes les bouteilles en un coin, sauf deux ou trois qu'il nettoie avec soin ; il les remplit de sa liqueur qu'il goûte et trouve merveilleuse.

L'avenir pécuniaire de l'Oratoire est assuré.

Un jour, viennent au collège le marquis de Bellaye et ses deux fils. Par hasard, c'est La Fontaine, le frère Distrait comme on l'appelait là-bas, qui les reçoit. Il se dépense en amabilités, promène ses hôtes dans les splendides avenues du parc, leur fait admirer la belle nature et commence à poétiser quand il se souvient qu'Oratorien il n'a plus le droit de laisser divaguer son imagination folâtre. Il se ressaisit, et, sachant que les seules jouissances de l'estomac sont permises au ministre de Dieu, il offre à ses visiteurs des rafraîchissements.

— C'est un secret, marquis, c'est un grand secret. Mais nous sommes seuls et je vais vous le confier... Tenez, venez chez moi.

Intrigués, les trois gentilshommes le suivent dans sa cellule.

Là, l'excellent La Fontaine, après avoir de toutes les façons possibles excité leur curiosité, leur parle de l'*Oratorite*.

— L'*Oratorite*? qu'est-ce que c'est que ça ?

— Ce que c'est ? Mais c'est une mine d'or pour l'Oratoire.

— Une mine d'or ? Je ne comprends pas.

— Tenez, vous allez la goûter.

— La mine ?

— Mais non, l'*Oratorite*.

Et, mystérieux, avec ses gestes singuliers, La Fontaine tire du tas de flacons une bouteille, dont le contenu remplit trois gobelets d'un liquide verdâtre, très appétissant à l'œil, mais d'une odeur assez forte.

— Hein ! goûtez-moi ça.

Le marquis et ses deux fils, non sans hésitation, approchent de leurs lèvres les gobelets qu'ils rejettent bien vite avec une affreuse grimace.

— N'est-ce pas que c'est bon ? insiste La Fontaine, qui n'a rien vu du dégoût de ses hôtes.

Français avant tout, c'est-à-dire aimables, les gentilshommes déclarent la liqueur excellente.

— En voulez-vous encore un peu ?

— Non, merci, mon frère, répond le marquis, nous ne buvons que très rarement entre nos repas.

Et, satisfait, la brave La Fontaine leur explique les détails de la fabrication du nectar. Il en reste un peu au fond de la bouteille, il veut goûter, lui aussi, le chef-d'œuvre de sa distillation.

— Pouah ! fait-il, je vous ai donné l'appât que nous conservons pour les poissons de l'étang. Pouah ! crachez donc, marquis, crachez donc... mais crachez donc.

Ses hôtes étaient stupéfaits. Et La Fontaine, voulant réparer son erreur, accroupi, cherchait... cherchait dans les bouteilles celles qui pourraient bien contenir la vraie *Oratorite,* et, ne pouvant arriver à les trouver, il fut obligé de s'excuser auprès de MM. de Bellaye, qui partirent convaincus que le frère La Fontaine était un joyeux farceur.

CALDINE.

LECTURE N° 76

LE PRENEUR DE RATS

Il y a bien des années, les gens de Hameln furent tourmentés par une multitude innombrable de rats qui venaient du Nord, par troupes si épaisses que la terre en était toute noire et qu'un charretier n'aurait pas osé faire traverser à ses chevaux un chemin où ces animaux défilaient. Tout était dévoré en moins de rien : et dans une grange c'était une moindre affaire pour ces rats de manger un tonneau de blé que ce n'est pour moi de boire un verre de ce bon vin.

Souricières, ratières, pièges, poisons étaient inutiles. On avait fait venir de Bremen un bateau chargé de onze cents chats; mais rien n'y faisait. Pour mille qu'on en tuait, il en revenait dix mille, et plus affamés que les premiers. Bref, s'il n'était venu remède à ce fléau, pas un grain de blé ne fût resté dans Hameln, et tous les habitants seraient morts de faim.

Voilà qu'un certain vendredi se présente devant le bourgmestre de la ville un grand homme, basané, aux grands yeux, bouche fendue jusqu'aux oreilles, habillé d'un pourpoint rouge, avec un chapeau pointu, de grandes culottes garnies de rubans, des bas gris et des souliers avec des rosettes couleur de feu. Il avait un petit sac de peau au côté. Il me semble que je le vois encore. Il offrit au bourgmestre, moyennant cent ducats, de délivrer la ville du fléau qui la désolait. Vous pensez bien que le bourgmestre et les bourgeois y topèrent d'abord.

Aussitôt l'étranger tira de son sac une flûte de bronze et s'étant planté sur la place du marché, devant l'église, mais en lui tournant le dos, notez bien, il commença à jouer un air étrange et tel que jamais flûteur allemand n'en a joué. Voilà qu'en entendant cet air, de tous les greniers, de tous les trous des murs, de dessous les chevrons et les tuiles des toits, rats et souris, par centaines, par milliers, accourent à lui. L'étranger, toujours flûtant, s'achemine vers le Weser; et là, ayant tiré ses chausses, il entra dans l'eau suivi de tous les rats de Hameln, qui furent aussitôt noyés.

Il n'en restait plus qu'un seul dans toute la ville, et vous allez voir pourquoi. Le magicien, car c'en était un, demanda à un traînard, qui n'était pas encore entré dans le Weser, pourquoi Klauss, le rat blanc, n'était pas encore venu. « Seigneur, répondit le rat, il est si vieux qu'il ne peut plus marcher. — Va donc le chercher toi-même, » répondit le magicien. — Et le rat de rebrousser chemin vers la ville, d'où il ne tarda pas à revenir avec un vieux gros rat blanc, si vieux, si vieux qu'il ne pouvait pas se traîner. Les deux rats, le plus jeune tirant le vieux par la queue, entrèrent tous les deux dans le Weser et se noyèrent comme leurs camarades. Ainsi la ville en fut purgée.

Mais quand l'étranger se présenta à l'hôtel de ville pour toucher la récompense promise, le bourgmestre et les bourgeois, réfléchissant qu'ils n'avaient plus rien à craindre des rats et s'imaginant qu'ils auraient bon marché d'un homme sans protecteur, n'eurent pas honte de lui offrir dix ducats au lieu de cent qu'ils avaient promis. L'étranger réclama, on le renvoya bien loin. Il menaça alors de se faire payer plus cher, s'ils ne maintenaient leur marché au pied de la lettre. Les bourgeois firent de grands éclats de rire à cette menace, et le mirent à la porte de l'hôtel de ville, l'appelant *beau preneur de rats!* injure que répétèrent les enfants de la ville en le suivant par les rues jusqu'à la Porte-Neuve. Le vendredi suivant, à l'heure de midi, l'étranger reparut sur la place du marché, mais cette fois avec un chapeau de couleur pourpre, retroussé d'une façon toute bizarre. Il tira de son sac une flûte bien différente de la première, et dès qu'il eut commencé d'en jouer, tous les garçons de la ville, depuis six jusqu'à quinze ans, le suivirent et sortirent de la ville avec lui. Les habitants de Hameln les suivirent jusqu'à la montagne des Koppenberg, auprès d'une caverne qui est maintenant bouchée. Le joueur de flûte entra dans la caverne et tous les enfants avec lui. On entendit quelque temps le son de la flûte ; il diminua peu à peu ; enfin l'on n'entendit plus rien. Les enfants avaient disparu et depuis lors on n'en eut jamais de nouvelles.

Conte (CHARPENTIER, éditeur). MÉRIMÉE.

LECTURE N° 77

LE TIEN ET LE MIEN

C'était en automne. Deux enfants cheminaient le long d'un clos. Tout à coup l'un d'eux s'arrêta, les yeux en l'air ; il avait aperçu au-dessus de sa tête une belle pomme rouge luisante, appétissante, qui pendait au bout d'une branche par-dessus le mur et qui semblait lui dire : « Tu voudrais bien m'avoir, mais tu ne m'auras pas. » Jean restait immobile, comme fasciné, l'œil brillant, l'eau à la bouche.

— Viens donc, lui dit son camarade, en le tirant par la manche. Jean fit quelques pas, puis il se retourna et s'arrêta encore, regardant la pomme, qui se balançait doucement à la brise, d'un air moqueur et provocant.

— Nous verrons bien ; tu n'es pas si haut perchée, dit Jean, ramenant son camarade. — Jacques, il n'y a personne sur la route, appuie-toi contre le mur, les bras en avant, les jarrets tendus. Je vais monter sur ton dos, de là sur le mur ; j'attrape la branche, je l'abaisse, tu cueilles la pomme et nous la mangeons.

Comme on le voit, notre petit maraudeur avait lu la fable du *Bouc et du Renard ;* mais il en faisait mauvais usage, ainsi qu'il arrive des meilleures choses, quand l'esprit est tourné au mal.

Jacques ne bougeait pas ; il restait tout pensif, regardant tour à tour la pomme et son camarade.

— Elle n'est pas à nous, dit-il enfin.

— Elle est à tout le monde, puisqu'elle est sur le chemin.

— Elle tient à la branche, la branche tient à l'arbre, et l'arbre est dans le verger, répondit tranquillement Jacques.

— Que tu es sot! dit Jean ; si nous ne la cueillons pas, un autre la prendra.

— La prenne qui voudra, ce n'est pas mon affaire. De ce qu'on vole, est-ce une raison pour voler ?

— Voler ? tu appelles cela voler ?

— Sans doute, voler n'est-ce pas prendre le bien d'autrui ? cette pomme est-elle à nous, oui ou non ?

— Un beau vol, ma foi ! une pomme! voilà-t-il pas une belle affaire ? Il en a des milliers de pommes, le père Carreau ; une de plus, une de moins, qu'est-ce que cela peut lui faire ?

A ce moment il se fit un peu de bruit dans le clos ; l'arbre remua, et la tête du père Carreau sortit du feuillage et parut sur le mur. Le digne propriétaire, en se promenant dans son verger, avait entendu prononcer son nom. Curieux de savoir qui parlait de lui et comment, il était monté sur son pommier. Mais les deux petits interlocuteurs, se trouvant contre le mur et parlant avec animation, ne l'avaient ni vu ni entendu.

— Ce que cela peut lui faire, je n'en sais rien, ou plutôt je m'en doute ; car personne n'aime à être volé, si peu que ce soit. Ainsi toi-même, Jean, te rappelles-tu le jour où tu avais gagné tant de billes que tu ne savais où les mettre ? Pendant que tu les fourrais dans tes poches, il en tomba par terre et le petit Paul en ramassa une, croyant n'être pas vu. Te souviens-tu comme tu t'es jeté sur lui, en le battant, en l'appelant voleur ? S'il te l'avait demandée, au lieu de la prendre, je suis sûr que tu la lui aurais donnée et peut-être plus d'une, car tu n'as pas mauvais cœur ; mais il l'avait prise et tu l'as forcé à la rendre, est-ce vrai ?

Ce souvenir embarrassa visiblement le maraudeur ; cependant il ne voulut pas s'avouer vaincu ; il sentait bien qu'il avait tort, mais la maudite pomme l'attirait toujours.

— Quel si grand mal y a-t-il donc à prendre un fruit sur le chemin ? ces fruits-là sont pour les passants.

— Eh bien ! repartit Jacques, si quelqu'un passait, oserais-tu le prendre devant lui ? et si le père Carreau te voyait, le cueillerais-tu à son nez ?

Le père Carreau ne put s'empêcher de rire dans sa barbe et il avança un peu la tête pour mieux voir le petit bonhomme qui parlait si sérieusement et qui défendait si bien la cause du propriétaire.

Le malheur voulut qu'il eût envie d'éternuer ; il essaya bien de se retenir, mais l'envie fut la plus forte, et le père Carreau éternua.

Les deux enfants levèrent vivement la tête et, apercevant le propriétaire du pommier, Jean, dont la conscience n'était pas tranquille, se sauva à toutes jambes, sans plus songer à la pomme ; Jacques s'éloignait sans se presser, mais le père Carreau sortit par une petite porte qui donnait sur le chemin ; il vint à l'enfant et lui prenant la main paternellement, il le fit entrer dans son clos. Là, il cueillit un plein panier de pommes, et le donnant à Jacques : « Voilà, dit-il, mon enfant, pour toi et ton camarade ; il faut espérer que cela lui fera passer l'envie de prendre ce qui ne lui appartient pas. »

Jacques retourna au village, avec son gros panier qui sentait bon à dix pas à la ronde. Qui fut bien étonné en le voyant venir ? c'est l'ami Jean, et quand le petit Jacques lui offrit la moitié du panier, maître Jean, croyant qu'il se moquait de lui, tourna le dos et s'en fut tout pensif ; il sentait bien qu'il méritait toute autre chose que des pommes.

Vessiot.

Pour nos enfants (Lecène et Oudin, éditeurs).

Lecture N° 78

UNE HISTOIRE DE LOUPS

Un jeune Français Sylvain avait eu pour camarade de collège un Russe nommé Poff.

Une fois rentré dans son pays, Poff écrivit souvent à son ami pour l'inviter à venir le voir. Enfin, le Français se décida et partit pour la Russie où il fut très bien reçu.

Bientôt après l'arrivée de Sylvain, Poff fut appelé dans une ville assez éloignée. Il emmena le Français avec lui.

Les deux amis montèrent dans un traîneau tiré par un joli cheval noir. Dans le traîneau, on avait placé de la paille, une énorme peau d'ours, un fusil à deux coups, plus le chien de Poff.

Le sol était couvert de neige. Les voyageurs s'engagèrent bientôt dans une forêt. Le cheval allait comme le vent.

Sylvain admirait le pays en silence. De temps en temps une rafale couvrait les deux amis de poussière de neige.

— Quel froid de loup ! dit Poff.

— Nous avons tort de parler de loups. Nous pourrions bien en voir les queues.

Machinalement Sylvain se retourna, et il aperçut avec effroi une bande de ces terribles bêtes lancées à la poursuite du traîneau.

Le cheval, comprenant aussitôt le danger, doubla de vitesse. Le traîneau volait ; les clochettes tintaient ; malgré tout, les loups se rapprochaient.

— Que penses-tu faire ? demanda Sylvain au Russe. Si j'essayais de les retarder un peu ?

— Fais comme tu voudras.

Sylvain prit le fusil et tira. Un loup tomba. Toute la bande se rua sur lui et le dévora.

Cela donna un peu de repos aux voyageurs. Le traîneau filait toujours. Poff ne parlait plus, et Sylvain retourné comptait les loups. Il y en avait une vingtaine de toutes nuances, jeunes et vieux.

Il déchargea de nouveau le fusil, et cette fois deux loups furent tués et dévorés. Cela donna encore un instant de répit aux deux amis.

Au même instant, Poff prit une poignée de paille et l'alluma en battant le briquet. Il la jeta enflammée sur la route. (Les loups ont peur du feu.)

Tant que la paille brûla, ils s'arrêtèrent, n'osant avancer.

Pendant ce temps, le cheval tout frissonnant avait repris haleine et fendait l'air.

La nuit était venue, une nuit moitié claire et moitié obscure. Dès que le feu de paille fut éteint, les loups reprirent leur course folle, les yeux brillants.

— N'y a-t-il pas dans les environs un refuge où nous pourrions entrer pour attendre le jour, demanda Sylvain.

— Oui, dit Poff. Je connais, à droite de la route, une isba (maisonnette en Russie), mais je ne l'aperçois pas encore. Si par malheur la porte en est fermée, nous sommes perdus. En avant!

Et il fouetta encore le pauvre cheval qui allait pourtant aussi vite que possible.

— Ah! s'écria Poff tout à coup, j'aperçois l'isba.

Sylvain saisit le chien sous la couverture et, le prenant par la peau du cou, le précipita sur la route.

La pauvre bête poussa un hurlement plaintif et l'on n'entendit plus rien. Sacrifier le malheureux chien était la seule manière d'occuper les loups encore un instant avant d'arriver à la maisonnette.

— Nous y voici! dit Poff. Ouvre. Hâtons-nous!

Tout en parlant, il coupait les traits du cheval, le prenait par le mors et l'entraînait dans la cabane dont il refermait vivement la porte.

Il était temps. La pauvre bête se laissa tomber, n'en pouvant plus.

Déjà les loups poussaient des cris effrayants autour de l'isba. Les deux amis étaient pâles. Pour le moment, cependant, ils étaient hors de danger.

Dans la maison, ils avaient trouvé des branches d'arbres amoncelées pour faire du feu, et une échelle servant à monter afin d'ouvrir le trou qui remplaçait la cheminée.

Les voyageurs allumèrent quelques fagots. Ils entendaient au dehors un bruit étrange. On eût dit que les loups grimpaient le long des murs et cherchaient à enfoncer la porte. Le pauvre cheval s'était relevé et frissonnait.

— Qu'allons-nous faire? dit Sylvain à Poff.

— Il me vient une idée. Je vais jouer une farce à ces méchantes bêtes. Monte sur le toit par l'échelle; moi, je me

...drai derrière la porte afin de l'ouvrir, et me précipiterai ...uite à l'échelle, que tu retireras aussitôt que je t'aurai ...int là-haut.

...ylvain, sans savoir ce qui allait se passer, grimpa sur ...toit. Pendant ce temps, Poff soulevait le loquet de la ...te, après avoir jeté dans le foyer tout le bois qui se ...uvait dans la cabane. Les flammes montèrent en quelques ...nutes ; alors, se tenant au bas de l'échelle, Poff ouvrit ...cipitamment la porte et s'élança aussitôt vers le toit.

La porte ouverte, les loups s'engouffrèrent dans la cabane ...se jetèrent sur le malheureux cheval qu'ils couvrirent de ...rs museaux enfoncés dans son corps.

Alors, un bruit sourd se fit entendre, c'était Poff qui ...nait de sauter du toit par terre. Du dehors, il tira la porte ...lui et passa une bûche dans l'anneau de fer de la poignée.

— Les voilà enfermés ! Ils vont tous être rôtis. Descends ...te du toit, car il va faire chaud là-dedans.

Les loups continuaient leur repas : mais bientôt le feu du ...asier se communiqua à la cabane ; on entendit alors à ...ntérieur des sauts furieux, les loups hurlaient, se dévo...ient entre eux, tandis que les flammes les attaquaient.

L'isba flambait au clair de la lune. C'était effrayant. On ...ntait l'odeur de chair grillée. Poff se frottait les mains, et ...ylvain le félicitait sur la façon dont il s'était débarrassé ...es ennemis.

— J'ai lu un jour ce moyen de griller les loups et j'ai ...oulu en essayer, voilà tout.

Poff et Sylvain causèrent de choses et d'autres jusqu'au ...our en se chauffant au brasier. Ils ne pouvaient se remettre ...n route avec leur traîneau sans cheval. Heureusement une ...oiture, qui conduisait trois voyageurs à Moscou, vint à ...asser et les emmena.

Ils partirent en jetant un dernier coup d'œil à l'isba qui ...es avait sauvés d'une mort certaine.

(*D'après* Bénédict-Henry Révoil.)

Les mains géantes (Lefort, éditeur).

Lecture N° 79

PAUVRE GRAND-PÈRE !

Il y avait une fois un pauvre homme, si vieux, si vieux, qu'il pouvait à peine marcher; ses genoux tremblaient; il ne voyait presque plus clair et il n'avait plus de dents. Lorsqu'il était à table, n'ayant pas la force de tenir sa cuiller, il laissait tomber une partie de sa soupe sur la nappe. Son fils et la femme de son fils, qui n'avaient pas bon cœur, se fatiguèrent de voir cela et forcèrent le vieux grand-père à se mettre dans un coin, derrière le poêle. Ils le servaient dans une écuelle de terre et ne lui donnaient même pas assez de nourriture. Le pauvre vieux regardait tristement la table où étaient assis ses enfants, et de grosses larmes coulaient le long de ses joues ridées.

Un jour ses mains tremblantes ayant laissé échapper l'écuelle, celle-ci tomba et se cassa. La jeune femme le gronda sévèrement; le pauvre vieux ne dit rien et se contenta de pleurer encore. Alors, ils lui achetèrent une petite assiette de bois dans laquelle il dut manger désormais.

Pendant ce temps, son petit-fils âgé de quatre ans s'amusait, assis sur le plancher, à rapprocher quelques petites planches : « Que fais-tu là ? lui demanda son père. — Je fais une petite auge ; papa et maman mangeront dedans, quand je serai grand et qu'ils seront devenus vieux. »

A ces mots, le mari et la femme se regardèrent en silence, puis, s'étant mis à pleurer, ils permirent de nouveau au vieux grand-père de s'asseoir à leur table, de manger comme eux dans des assiettes ; ils ne lui dirent plus jamais rien quand il répandait un peu de sa soupe sur la nappe.

(*D'après* Grimm.)

Lecture N° 80

PAUVRE PIERRE !

Mon petit ami Pierre était un bien gai camarade ; du matin au soir il chantait et sifflait ; on le trouvait toujours de bonne humeur.

n matin, par un temps splendide, il partit pour faire promenade dans le bois, et, bientôt, il fit entendre sa use chanson.

rrivé au bord d'un ruisseau, Pierre voulut boire un peu ette eau limpide qui reflétait toute sa petite personne; s comme il se penchait, il se sentit saisi violemment et rouva entre les mains d'un être énorme, d'une sorte de nt qui fixait sur lui deux gros yeux terribles.

etit Pierre crut sa dernière heure arrivée; cependant le nt ne lui fit aucun mal, il se contenta de l'emporter dans grandes mains; Pierre fit tout ce qu'il put pour s'échap-, il griffa les mains qui le retenaient prisonnier, il cria utta de toutes ses forces, mais rien ne put attendrir le nt qui, au contraire, riait beaucoup des efforts désespérés mon ami.

Arrivé chez lui, dans une maison triste et froide d'où l'on percevait ni arbres, ni jardin, le géant enferma petit rre dans une prison toute garnie de barreaux de fer et donna, pour toute nourriture, du pain sec et de l'eau.

Privé de sa chère liberté, le pauvre Pierre se laissa aller désespoir, il se frappa la tête contre les barreaux de sa ison, il se lança à droite, à gauche, en avant, en arrière, is bientôt il tomba, épuisé par tous ces efforts, dans un ofond découragement!

Le lendemain, son terrible maître, voyant qu'il n'avait s mangé, le retira un instant de sa prison et lui introdui-de force de la nourriture dans la bouche; puis il lui dit être gai et joyeux comme il l'était dans le bois; mais le uvre prisonnier avait l'âme trop triste pour reprendre ses ansons; il pensait à sa famille, à ses amis, aux bois, aux és, aux fleurs!

A la fin, le géant entra dans une violente colère; il prit ierrot et lui ordonna de chanter. Mon pauvre ami, saisi de ayeur, meurtri, déchiré, épuisé de fatigue et de faim, oussa des cris plaintifs, s'agita quelques instants et tomba aide mort dans les mains de son bourreau!

Ce conte est une *histoire vraie* : l'ami Pierrot était un etit oiseau et le géant cruel un méchant enfant.

(D'après une fable anglaise.)

Le gérant : PAUL DUPONT.

Neuvième Mois

Juin

MORALE

Neuvième Mois
du Cours élémentaire

LA DIGNITÉ PERSONNELLE

65° Entretien. — **HONNÊTETÉ**

1° Entretien. — Faire écrire au tableau : *Morale.* — *Honnêteté* (page 577).
Lire cet entretien aux élèves (page 577 du livre de l'élève).

2° Développement. — Vous comprenez que c'est par l'honnêteté que nous nous distinguons des animaux.
Si nous faisions ce qui est mal, si nous avions le malheur de voler ou de tromper quelqu'un, nous agirions envers nos semblables comme agissent entre eux les animaux qui ne savent pas reconnaître ce qui est bien de ce qui est mal. Veillons avec soin sur notre dignité. Soyons d'honnêtes gens, profondément malheureux dès que nous avons fait le mal et capables d'employer toute notre force à le réparer.

3° Questions à faire. — Quand vous commettez une mauvaise action, lorsque vous désobéissez à vos parents ou que vous leur dérobez en cachette quelque friandise, est-ce que vous n'avez pas bientôt des remords d'avoir agi ainsi ?

Quand bien même personne ne devait jamais le savoir, est-ce que vous voleriez?

N'est-ce pas pour vous-mêmes que vous tenez à être de braves enfants?

Est-ce que vous voudriez qu'on vous traitât comme des bêtes et qu'on ne vous apprît pas à distinguer ce qui est bien de ce qui est mal?

89ᵉ Maxime

1º Maxime. — Faire écrire au tableau : *Morale.* — *89ᵉ Maxime: En nous, il y a beaucoup à édifier, beaucoup à détruire* (au bas de la page 577 du livre de l'élève).

2º Développement. — Connaissez-vous, mes enfants, la signification du mot édifier? Édifier, ici, veut dire élever, construire; on dit édifier un monument, c'est-à-dire élever, construire ce monument.

En nous, dit la maxime, il y a beaucoup à édifier et beaucoup à détruire : cela veut dire que, si nous avons une foule de bonnes qualités à acquérir, nous avons aussi beaucoup de défauts à combattre.

Il ne faut pas dire, comme on le répète trop souvent : « Si je ne suis pas doux, patient, si je n'aime pas l'étude, ce n'est pas de ma faute, j'ai été créé ainsi. » Où serait donc le mérite de la vertu si nous étions tous parfaits?

Un enfant qui ne sent en lui aucun désir de bien faire, aucun remords d'avoir mal fait, est un enfant nul, il ne vit pas. Comprenez-vous cela : un enfant plein de santé qui ne vit pas. Vivre ce n'est pas seulement être sur terre et se bien porter, c'est encore montrer qu'on a, en soi, quelque chose de plus élevé : l'âme. C'est aimer le bien, le beau; c'est avoir le désir de réussir. C'est encore vouloir être bon, travailleur, quoi qu'il en coûte. C'est désirer l'amour de ses semblables, amour qu'on ne peut mériter si on n'a pas de volonté et si on ne cherche pas à se corriger de ses défauts pour acquérir à la place de bonnes et solides vertus.

3º Conclusion. — *Je suis certain, mes enfants, que vous avez tous ces sentiments. Si bons que vous soyez, vous avez un défaut à combattre ou une vertu à acquérir. Soyez ambitieux, c'est-à-dire ayez le désir de faire toujours mieux que vous n'avez fait. Cherchez à obtenir les meilleures places par votre ardeur au travail, vous obtiendrez aussi des récompenses. Plus tard vous comprendrez que le désir de recevoir des louanges n'est pas nécessaire pour faire le bien.*

90° Maxime

1° Maxime. — Faire écrire au tableau : *Morale.* — *90° Maxime : N'hésite pas à choisir pour guides la justice et la raison* (au bas de la page 577 du livre de l'élève).

2° Développement. — Dans notre dernière leçon de morale, mes enfants, je vous ai dit : « Soyez ambitieux, essayez de faire toujours mieux que vous n'avez fait; » aujourd'hui j'ajouterai : « Soyez prudents, c'est-à-dire réfléchissez et ne laissez pas votre ambition vous entraîner à faire des choses déraisonnables ou mauvaises. »

Ainsi supposons qu'un de vous veuille être le premier de sa classe. Le travail l'effraye un peu, aussi essaye-t-il d'obtenir de bonnes notes en copiant sur le cahier d'un de ses camarades, en trompant son Maître, ou en se faisant aider par ses parents. Il obtient ainsi la place qu'il ambitionnait. Eh bien croyez-vous que cet enfant aura la conscience tranquille et qu'il aura gagné justement sa place? Non, n'est-ce pas; aussi n'ai-je fait qu'une simple supposition, car je suis certain que vous n'emploierez jamais ces honteux moyens. Si, plus tard, on vous offrait quoi que ce fût en échange d'une mauvaise action, serait-ce la fortune, des honneurs, n'acceptez jamais. Il vaut mieux posséder peu et être honnête que d'être riche et honoré par des moyens malhonnêtes.

3° Conclusion. — *Dites-vous toujours, avant d'accomplir une action d'une certaine importance : Ce que je vais faire est-il juste? est-ce raisonnable? Ma conscience ne me reprochera-t-elle rien?*

Écoutez toujours la voix de votre conscience, alors même qu'elle serait en contradiction avec vos intérêts.

66° Entretien. — SANTÉ MORALE

1° Entretien. — Faire écrire au tableau : *Morale.* — *Santé morale* (page 578).

Lire cet entretien aux élèves (en haut de la page 578 du livre de l'élève).

2° Développement. — Il faut soigner notre âme, c'est-à-dire la préserver des maladies qu'on appelle l'égoïsme, la colère, la jalousie, la paresse, etc. Pour que votre âme soit bien portante, il faut que vous soyez bons, actifs, aimables. Ornez votre âme, cultivez-la comme vous cultiveriez un beau jardin, dans lequel vous voudriez faire pousser des fleurs et des fruits et dans lequel vous ne laisseriez pas croître une seule mauvaise herbe.

3° Questions à faire. — Croyez-vous que les gens qui ont mauvais caractère, qui ne savent jamais voir que le mauvais côté des choses soient des gens bien portants?

Est-ce que, si on vous obligeait de jouer du matin au soir, vous ne finiriez pas par vous ennuyer?

Est-ce que vous ne vous sentiriez pas tristes, fatigués, presque malades?

Lorsque vous avez beaucoup travaillé, ne vous sentez-vous pas, au contraire, gais, robustes, contents?

Ne croyez-vous pas que ceux qui font beaucoup de bien et qui travaillent avec courage se portent mieux que les égoïstes et les paresseux?

91ᵉ Maxime

1° Maxime. — Faire écrire au tableau : *Morale.* — *91ᵉ Maxime: L'homme fait lui-même sa destinée. Il s'élève ou il tombe, suivant ses œuvres* (au milieu de la page 578 du livre de l'élève).

2° Développement. — Vous êtes bien jeunes, mes enfants, pour qu'on vous parle de l'avenir. Vous êtes à un âge où tout semble beau, où l'on est gai, insouciant, où l'on ne pense qu'à rire et s'amuser. Cependant il faut bien vous parler un peu de ce que vous pourrez être plus tard, pour corriger les paresseux de leur vilain défaut et leur donner l'amour du travail.

La maxime nous dit : L'homme fait lui-même sa destinée. Il s'élève ou il tombe, suivant ses œuvres. C'est-à-dire que ceux qui n'ont pas su choisir un état, qui sont trop ignorants pour faire un travail utile ne peuvent pas espérer être un jour à l'abri du besoin. Si nous sommes malheureux, bien souvent c'est par notre faute.

Tout le bonheur dépend de l'éducation des premières années. L'enfant qui, à l'école, aura su mettre à profit les leçons de son Maître, qui se sera efforcé de se corriger le plus possible de ses défauts, qui aura acquis une bonne instruction, ne tombera jamais tout à fait. Son intelligence développée par l'étude, sa force de caractère l'aideront à se faire une place honorable.

Il ne faudrait pas pour cela mépriser les malheureux et les accuser de lâcheté. Le malheur atteint souvent ceux qui ne le méritent pas; vous être trop jeunes pour juger et comprendre cela.

3° Conclusion. — *N'oubliez pas, vous qui avez de bons parents et qui avez le bonheur de passer de longues années à*

MORALE : LA DIGNITÉ PERSONNELLE 213

l'école, n'oubliez pas, dis-je, que vous avez tout ce qu'il faut pour vous élever et pour devenir des hommes utiles.

67ᵉ Entretien. — SANTÉ PHYSIQUE

1° Entretien. — Faire écrire au tableau : *Morale*. — *Santé physique (page 578)*.

Lire cet entretien aux élèves (au milieu de la page 578 du livre de l'élève).

2° Développement. — La santé est un instrument indispensable. Il ne faut pas jouer avec elle. La santé nous aide puissamment à nous rendre utiles à ceux que nous aimons ; la maladie, au contraire, paralyse notre bonne volonté.

Voyez ce malheureux jeune homme, qui n'a aucune force à dix-huit ans et qui en est réduit à laisser sa mère travailler pour lui. Voyez, au contraire, cette brave jeune fille qui s'est appliquée à acquérir une santé robuste et qui a le bonheur de gagner, par son travail, sa vie et celle de sa mère.

3° Questions à faire. — Comprenez-vous à quoi sert la santé ? Que faites-vous pour fortifier votre santé ?

Ne seriez-vous pas très malheureux, si, quand vous serez grands, vous ne pouviez pas travailler pour gagner votre vie ?

Ne souffririez-vous pas beaucoup d'être une charge et non une aide pour vos parents ?

92ᵉ Maxime

1° Maxime. — Faire écrire au tableau : *Morale*. — *92ᵉ Maxime : La santé de l'esprit ne peut bien se conserver sans celle de l'âme et du corps* (au bas de la page 578 du livre de l'élève).

2° Développement. — Cette maxime est très vraie, mes enfants, et vous la comprenez certainement.

Vous savez malheureusement trop bien qu'il vous est impossible d'étudier lorsque vous êtes malades ; vous ne pouvez fixer votre attention sans éprouver une grande fatigue.

La santé de l'âme nous est tout aussi nécessaire que la santé du corps. L'âme peut donc être malade, me direz-vous ? Certainement, mes enfants. Vous entendrez dire souvent : « Chez cette personne, l'âme est plus malade que le corps. » Les maladies de l'âme sont les mauvaises passions et le plus souvent l'ennui.

Est-ce que vous vous ennuyez parfois? J'espère bien que non; car savez-vous ce que l'on dit : « L'ennui est entré dans le monde avec la paresse. » Si vous vous ennuyez, c'est parce que vous ne savez pas employer votre temps utilement, que rien ne vous intéresse; vous êtes, pour cette raison, un personnage bien à plaindre.

Donc si nous voulons avoir des idées nettes, guérir notre âme de ses mauvaises passions, chasser l'ennui, il nous faut la force que seule une bonne santé peut nous donner.

3° Conclusion. — *Pour acquérir une bonne santé, il faut, enfants, que vous ne vous laissiez pas aller à la mollesse et que vous suiviez les principes d'hygiène qui vous sont donnés.*

93° Maxime

1° Maxime. — Faire écrire au tableau : *Morale.* — *93° Maxime : La santé est de tous les trésors le plus précieux et le plus mal gardé* (au bas de la page 578 du livre de l'élève).

2° Développement. — L'explication de cette maxime me permet de vous montrer une fois de plus à quoi s'exposent les enfants qui, soit par bravade, soit par négligence, font bon marché des conseils de prudence qui leur sont donnés chaque jour.

Retenez bien ceci, mes enfants : la santé est le bien le plus précieux. A quoi vous serviront tous les trésors de la terre si votre mauvaise santé ne vous permet pas d'en jouir?

Il ne faut pas abuser de ses forces, ni jouer avec sa santé quand on est jeune.

On joue avec sa santé quand on boit froid lorsqu'on est en transpiration; on s'expose à avoir la jambe cassée quand on court derrière les voitures. On se prépare une mauvaise santé quand on se lève tard, quand on mange trop ou pas assez, quand on n'est pas propre, la malpropreté pouvant occasionner de graves maladies.

Il ne faut pas non plus abuser de vos forces et faire plus qu'il ne vous est demandé. Les forces perdues sont trop longues à revenir.

3° Conclusion. — *Vous voulez tous, mes enfants, posséder une bonne santé. Pour cela rappelez-vous qu'il faut être propre et ne pas commettre d'imprudence mettant la vie en danger. Prenez beaucoup d'exercice; jouez de tout votre cœur à la récréation et aimez la gymnastique qui assouplit vos membres et vous rend forts.*

68ᵉ Entretien. — MODESTIE

1° Entretien. — Faire écrire au tableau : *Morale. — Modestie* (page 579).

Lire cet entretien aux élèves (page 579 du livre de l'élève).

2° Développement. — Les petites filles qui ont des goûts modestes, qui s'habillent et se coiffent avec soin, mais avec simplicité, font preuve d'esprit. Elles n'ont pas la sottise de penser qu'en mettant des ceintures et des rubans pour paraître riches, elles se font bien juger. Les gens qui voient une petite paysanne parée comme une grande dame pensent qu'elle est orgueilleuse et bête et se moquent d'elle.

3° Questions à faire. — Trouvez-vous que cette vieille marquise ait bien fait de choisir pour héritière la petite fille la plus simple et la plus modeste ?

Est-ce bien, lorsqu'on a une belle robe, de regarder avec mépris les petites filles vêtues pauvrement ?

N'est-ce pas la preuve d'un mauvais cœur ?

Comprenez-vous que la simplicité et la bonté sont les plus belles parures ?

94ᵉ Maxime

1° Maxime. — Faire écrire au tableau : *Morale. — 94ᵉ Maxime : La vanité est l'amour-propre qui se montre ; la modestie est l'amour-propre qui se cache* (au bas de la page 579 du livre de l'élève).

2° Développement. — Qu'est-ce que la vanité ? La vanité est un orgueil ridicule qui se manifeste dans les petites choses. Par exemple, un enfant tirera vanité de ses avantages physiques, de ses vêtements, de son intelligence, de sa facilité à apprendre. L'enfant vaniteux fait valoir ses qualités et recherche les compliments vrais ou faux.

L'enfant modeste, au contraire, évite de faire connaître ses qualités et se dérobe aux compliments. Il fait preuve d'un grand cœur en ne se vantant jamais devant ses camarades moins heureux que lui des succès qu'il a remportés. Il se rend très bien compte des qualités qui lui manquent et trouve qu'il en possède trop peu de bonnes.

Le vaniteux, au contraire, ne voit pas ses mauvaises qualités et ne s'en trouve que de bonnes.

3° Conclusion. — *N'ayez pas l'air trop contents de vous quand vous avez bien fait, ne vous vantez pas, vous vous exposez à ce que, pour abaisser votre vanité, on dévoile vos défauts. Si vous êtes modestes, on vous recherchera davantage, on sera disposé à plus d'indulgence quand vous n'aurez pas bien agi. Vous goûterez aussi avec plus de plaisir les compliments qui vous seront faits.*

69° Entretien. — IL FAUT AVOIR HONTE DE L'IGNORANCE

1° Entretien. — Faire écrire au tableau : *Morale*. — *Il faut avoir honte de l'ignorance (page 580).*

Lire cet entretien aux élèves (en haut de la page 580 du livre de l'élève).

2° Développement. — On n'a pas à rougir d'être pauvre et infirme, mais on doit avoir honte d'être ignorant. Tous les enfants vont maintenant à l'école sans rien payer, les paresseux sont donc les seuls qui restent complètement ignorants. Tous ceux qui veulent s'instruire le peuvent.

L'instruction est bien plus précieuse que la richesse, car on peut perdre les trésors qu'on possède, tandis que personne ne peut nous voler ce que nous savons.

3° Questions à faire. — Aimeriez-vous mieux être riches ou savants?

Êtes-vous contents de venir à l'école?

Êtes-vous heureux d'apprendre tout ce qu'on vous enseigne?

Comprenez-vous le bonheur de ce philosophe grec Bias qui n'avait à craindre ni les voleurs, ni les incendies, ni les naufrages, parce qu'il portait toute sa richesse en lui-même?

95° Maxime

1° Maxime. — Faire écrire au tableau : *Morale*. — *95° Maxime: Toute la dignité de l'homme consiste en la pensée* (au milieu de la page 580 du livre de l'élève).

2° Développement. — Avez-vous déjà pensé? Avez-vous déjà réfléchi? Les étourdis comme les plus sérieux me diront : Oui, j'ai déjà pensé à toutes sortes de choses.

A quoi donc avez-vous pensé? Je vais vous le dire. Vous avez souvent pensé à vos parents, vous avez considéré pendant quelques instants tous les sacrifices qu'ils s'imposent pour vous élever et vous avez cherché le moyen de les en récompenser. Puis vous avez pu penser, d'après les leçons de morale qui vous sont données, à la nécessité du travail, à l'amitié que vous devez à vos camarades, que sais-je encore?

Peut-être avez-vous été plus loin et en regardant toutes les choses qui vous entourent vous êtes-vous demandé qui les a faites et comment elles ont été faites?

La pensée est salutaire, nécessaire même, surtout quand on a mal agi. Dans ce cas elle nous fait voir les conséquences de notre mauvaise action et nous en donne le repentir. Elle nous élève au-dessus des animaux et nous montre ainsi notre supériorité.

3º Conclusion. — *L'étourderie est un défaut particulier à votre âge, la réflexion viendra avec les années.*

Cependant, enfants, faites usage de votre pensée, surtout quand vous voulez agir. Vous vous éviterez bien des petits chagrins et peut-être aussi des remords.

96ᵉ Maxime

1º Maxime. — Faire écrire au tableau : *Morale*. — *96ᵉ Maxime : Il vaut mieux être pauvre qu'ignorant ; un pauvre peut ne manquer que d'argent ; l'ignorant manque d'une foule de choses plus précieuses* (au milieu de la page 580 du livre de l'élève).

2º Développement. — On vous a déjà parlé bien des fois, mes enfants, de l'utilité de l'étude et vous commencez à en comprendre l'importance. Cette maxime vient apporter une consolation à ceux qui ne sont pas favorisés de la fortune. Elle leur dit : « Tu es riche, malgré ta pauvreté, si tu es instruit. Tu possèdes des trésors que les voleurs ne pourront te prendre, des trésors que tu ne perdras jamais. » Elle dit au contraire à l'ignorant : « Si tu es riche et ignorant, tu es pauvre, car les biens que tu possèdes, tu peux les perdre ; les voleurs peuvent te les prendre et, comme tu n'as aucune instruction, tu ne trouveras jamais le moyen de les recouvrer. »

On cite dans l'histoire maints exemples d'enfants pauvres qui, par leur travail et leur volonté, sont devenus des hommes célèbres. Je veux vous en citer un.

Georges Stephenson, qui inventa la locomotive, était fils d'un pauvre ouvrier mineur. A quinze ans Georges gagnait douze sous par jour en travaillant à la mine. A dix-sept ans, ne sachant pas lire, il se mit à l'apprendre seul. Pénétré du désir de s'instruire, il employait une grande partie de ses nuits à raccommoder les vieux souliers de ses camarades pour se procurer les moyens d'acheter des livres.

Voilà un bel exemple d'amour de l'étude. Retenez-le, mes enfants; il vous donnera le courage de vous instruire.

3° Conclusion. — *Aimez l'étude, mes enfants; qu'elle soit votre plus chère distraction. Vous ne vous ennuierez jamais, vous n'envierez pas les biens de la fortune tant que vous serez travailleurs et que vous prendrez plaisir à orner votre intelligence de belles et utiles connaissances.*

70° Entretien. — IL FAUT TOUJOURS ÊTRE VRAI

1° Entretien. — Faire écrire au tableau : *Morale.* — *Il faut toujours être vrai (page 580).*

Lire cet entretien aux élèves (au milieu de la page 580 du livre de l'élève).

2° Développement. — Il est très honteux de mentir pour se dérober à un châtiment mérité. Cela est lâche, et, par conséquent, indigne d'un brave enfant. Quand on a commis une faute, il faut avoir le courage de l'avouer. Par sa franchise et son sincère repentir, on se fait souvent pardonner; dans tous les cas, on se fait estimer.

3° Questions à faire. — Avez-vous l'habitude de dire toujours la vérité?

Comprenez-vous combien il est lâche de mentir?

Trouvez-vous que Washington fit bien de dire la vérité à son père?

Auriez-vous fait comme lui?

Est-ce que son père a bien fait de lui pardonner?

Est-ce que vous estimeriez quelqu'un qui dirait toujours des choses fausses?

97° Maxime

1° Maxime. — Faire écrire au tableau : *Morale.* — *97° Maxime : Tu ne mentiras point* (au bas de la page 580 du livre de l'élève).

2° Développement. — Le mensonge, mes enfants, est un bien vilain défaut qui ne sied pas du tout à l'enfance. Un enfant menteur ne mérite pas son nom d'enfant. Savez-vous pourquoi? Parce que quand on parle d'un enfant, on se représente une petite figure rose avec de grands yeux clairs qui vous regardent bien en face, des yeux purs comme le ciel par un beau jour d'été, des yeux enfin dans lesquels on voit la bonté et l'innocence. C'est pour cela qu'on ne peut croire que de ces petites lèvres roses sorte quelquefois un gros mensonge. On comprend très bien que l'enfant commette des fautes; on sait qu'il est jeune, étourdi; on sait aussi qu'il se corrigera et on est porté à l'excuser.

Mais on ne reconnaît plus l'enfant qui se cache quand il a mal agi ou qui n'ose s'avouer coupable. On est peiné, on est mal disposé envers le petit menteur et quoi qu'il dise on ne le croit plus.

3° Conclusion. — *Dites toujours la vérité, mes enfants, votre faute paraîtra moins grande et votre conscience sera plus tranquille. Vous vous attirerez ainsi l'estime et la confiance de tous ceux qui vous entourent.*

71° Entretien. — IL FAUT ÊTRE UTILE.

1° Entretien. — Faire écrire au tableau : *Morale. — Il faut être utile (page 581)*.

Lire cet entretien aux élèves (page 581 du livre de l'élève).

2° Développement. — Nous sommes dans la vie pour nous rendre utiles. C'est pour atteindre ce but que nous travaillons. L'ignorant est très malheureux, parce qu'il a moins de facilités que l'homme instruit pour se rendre utile.

Il faut que chacun ait un métier, sache travailler de ses mains ou de son intelligence, pour rendre service à autrui.

Quel bonheur de sentir qu'on est utile à ceux qu'on aime!

3° Questions à faire. — Est-ce que vous voudriez ne jamais être bons à rien?

Que faites-vous pour vous rendre utiles?

Êtes-vous contents lorsque vous rendez un petit service à vos parents?

Tâchez-vous d'être utiles à vos camarades?

Comprenez-vous qu'un petit ouvrier, qui travaille de son mieux, vaut mieux qu'un paresseux qui n'est capable que de dépenser de l'argent?

98° Maxime

1° Maxime. — Faire écrire au tableau : *Morale. — 98° Maxime: Ne soyez à charge à personne* (au bas de la page 581 du livre de l'élève).

2° Développement. — Cette maxime est un peu sérieuse pour vous, mes enfants; cependant vous pouvez, dès maintenant, la mettre en pratique.

Lorsque vous serez grands, vous ne serez à charge à personne si vous avez su apprendre un métier qui vous mette à l'abri du besoin et qui vous permette de vivre sans le secours d'autrui. Le travail est un devoir imposé à chacun de nous. Nous devons tous occuper notre vie utilement et ne compter sur personne pour vivre.

En ce moment vous avez besoin de vos parents; que deviendriez-vous sans eux? C'est pour eux une douce tâche de vous élever, car ils vous aiment; mais c'est aussi une charge bien pénible! Vous le savez, n'est-ce pas?

Il faut donc que vous allégiez cette charge en vous rendant utiles. Il y a des enfants qui ne dérangent personne, qui savent se tirer d'affaire tout seuls et dont on n'est pas obligé de s'occuper constamment. D'autres, au contraire, pleurent pour la moindre des choses, ne sont jamais contents et veulent toujours qu'on s'occupe d'eux. Ils donnent ainsi beaucoup de peine à ceux qui les élèvent; ce sont de petits égoïstes.

3° Conclusion. — *Ne soyez pas égoïstes, mes enfants; faites-vous encore plus petits s'il est possible, c'est-à-dire ne faites pas sentir votre présence par vos exigences. Soyez prévenants, au contraire, et rendez-vous utiles.*

99° Maxime

1° Maxime. — Faire écrire au tableau : *Morale*. — *99° Maxime : On aime à donner au soleil et à recevoir à l'ombre* (au bas de la page 584 du livre de l'élève).

2° Développement. — Ces paroles signifient, mes enfants, que nous sommes très heureux lorsque chacun peut voir et louer notre charité, mais qu'il n'en est pas de même quand c'est nous qui recevons.

Pour que la charité mérite bien son nom, il faut qu'elle soit faite discrètement, sans témoins. La satisfaction que donne une bonne action doit nous suffire.

C'est blesser la délicatesse de celui qui reçoit que de faire voir à tous qu'on lui vient en aide. N'aurions-nous pas beaucoup de peine si, étant dans la même situation, on agissait ainsi envers nous?

Celui qui reçoit, au contraire, n'aime pas à se montrer au grand jour. Il est pénible, en effet, d'avoir recours à la charité publique.

Mais si humiliant que cela soit, nous ne devons pas oublier que celui qui reçoit doit toujours être reconnaissant.

3° Conclusion. — Vous êtes tous plus ou moins choyés, mes enfants. Que ceux qui le sont beaucoup viennent en aide à leurs camarades. Faites le bien en silence, sans qu'on s'en aperçoive. Ceux que vous aiderez vous aimeront; si personne ne connaît votre charité, vous aurez la satisfaction intérieure d'avoir bien agi.

72° Entretien. — IL FAUT S'AMÉLIORER

1° Entretien. — Faire écrire au tableau : *Morale. — Il faut s'améliorer (page 582).*
Lire cet entretien aux élèves (page 582 du livre de l'élève).

2° Développement. — Chaque jour, il faut être meilleur que la veille.
Vous voyez cet enfant qui devient plus fort, en portant de jour en jour un fardeau plus lourd. De même, vous pouvez devenir de plus en plus bienfaisants, en faisant chaque jour un effort plus généreux. Occupez-vous aujourd'hui d'un enfant malheureux, demain vous voudrez en soulager deux, et ainsi de suite.

3° Questions à faire. — Est-ce que vous désirez devenir meilleurs que vous n'êtes?
Que faites-vous pour vous exercer à la bonté?
Est-ce que vous êtes heureux, lorsque vous donnez quelque chose à un pauvre?
Si, au moment où vous allez manger une bonne tartine de confitures, un pauvre enfant passait et vous disait qu'il n'a rien mangé depuis deux jours, que feriez-vous?

RÉSUMÉ DU NEUVIÈME MOIS

1. Faire écrire au tableau : *Morale. — Résumé du neuvième mois (page 582).*
2. Faire apprendre ce résumé (page 582 du livre de l'élève).
3. Faire réciter ce résumé.
4. Lire la conclusion suivante :

Conclusion du neuvième mois. — Rappelez-vous, mes enfants, que l'honnêteté doit être la base de votre conduite; écoutez toujours la voix de votre conscience. Mieux que personne elle vous guidera : c'est elle qui arrêtera sur vos lèvres toute parole mensongère et qui vous montrera la satisfaction qu'on trouve dans l'amour de l'étude et du travail.

Si vous l'écoutez, vous serez gais et contents, comme doivent l'être les enfants de votre âge. Pleins de santé, vous trouverez qu'on est heureux de vivre, lorsqu'on s'efforce d'être bon et de faire le bien.

ENSEIGNEMENT CIVIQUE

Neuvième Mois
du Cours élémentaire

L'ORGANISATION DE L'ARMÉE

33ᵉ Leçon. — LE TIRAGE AU SORT

1° Leçon. — Faire écrire au tableau : *Enseignement civique.— Le tirage au sort (page 583).*
Faire apprendre la leçon (page 583 du livre de l'élève).

2° Interrogations. — 1. Poser les questions 1 et 2 (au bas de la page 583 du livre de l'élève).
2. Poser les questions suivantes se rapportant au récit :
Pourquoi la petite Louise aimait-elle tout particulièrement son grand frère Henri ?
Quand Henri eut vingt ans, quel gros chagrin éprouva Louise ?
Henri se rendit-il seul au chef-lieu de canton le jour du tirage au sort ?
Quel était, ce jour-là, l'aspect du chef-lieu de canton ?
Comment les habitants accueillaient-ils tous ces jeunes conscrits ?
En voyant cela, Louise eut-elle autant de chagrin ? Que fit-elle ?

34ᵉ Leçon. — LE SERVICE OBLIGATOIRE

1° Leçon. — Faire écrire au tableau : *Enseignement civique.— Le service obligatoire (page 584).*
Faire apprendre la leçon (page 584 du livre de l'élève).

2° Interrogations. — 1. Poser les questions 1 et 2 (au bas de la page 584 du livre de l'élève).
2. Poser les questions suivantes se rapportant au récit :
Par quels mots Louise commença-t-elle la lettre qu'elle écrivit à son grand frère ?

Dites, en la faisant parler, comment elle se représentait son frère.
Que lui dit-elle de la musique militaire?
Pourquoi ses parents et elle pleuraient-ils en lisant les lettres du soldat?
Comment Louise termina-t-elle sa lettre?
Qu'ajouta-t-elle en P.-S.?
Redites la lettre comme si c'était vous qui l'écriviez.

35ᵉ Leçon. — ORGANISATION DE L'ARMÉE

1° Leçon. — Faire écrire au tableau : *Enseignement civique. — Organisation de l'armée (page 585).*
Faire apprendre la leçon (page 585 du livre de l'élève).

2° Interrogations. — Poser les questions 1 et 2 (au bas de la page 585 du livre de l'élève).
2. Poser les questions suivantes se rapportant au récit :
Henri fut-il content de la lettre de Louise? Rapportez les paroles qui montrent son contentement.
Est-il heureux au régiment? Qu'en dit-il?
Henri sera-t-il un bon soldat? Pourquoi?
Que pense-t-il du régiment?
Refaites la lettre d'Henri comme si c'était vous qui l'écriviez.

36ᵉ Leçon. — LA MARINE ET SON ORGANISATION

1° Leçon. — Faire écrire au tableau : *Enseignement civique. — La marine et son organisation (page 586).*
Faire apprendre la leçon (page 586 du livre de l'élève).

2° Interrogations. — 1. Poser les questions 1 et 2 (au bas de page 586 du livre de l'élève).
2. Poser les questions suivantes se rapportant au récit :
Quand Jean eut quinze ans que voulut-il faire?
N'avait-il pas déjà montré son goût pour la marine?
Quel était son plus grand bonheur lorsqu'il était enfant?
Que ressentait-il quand il voyait partir de grands navires?
Qu'aurait-il voulu faire?
Les parents de Jean acquiescèrent-ils à la demande de leur fils?
Eurent-ils à s'en repentir? Pourquoi?

3° Explication de la figure. — La figure 8 (livre de l'élève

Le gérant : PAUL DUPONT

ENSEIGNEMENT CIVIQUE : ORGANISATION DE L'ARMÉE

et livre du maître) représente le retour au foyer d'un jeune officier de marine.

Une pauvre vieille assise frappe d'abord nos regards. La porte vient de s'ouvrir et un jeune homme entre. A sa vue, la bonne vieille a quitté précipitamment son ouvrage. Son saisissement est si grand qu'elle peut à peine se soulever sur sa chaise. Sa figure exprime la surprise et la joie et elle tend les bras vers son fils. Car c'est lui, c'est son Jean tant aimé qui revient. Comme il est beau dans son uniforme qu'il porte avec aisance! C'est la gaieté qui revient avec lui : voyez ce rayon de soleil qui entre par la porte grande ouverte et illumine la chambrette. Si la pauvre vieille est heureuse, son fils ne l'est pas moins qu'elle. Il doit certes la trouver changée, cette bonne mère, depuis trois ans qu'il ne l'a vue.

Fig. 8. — Jean revenant de l'École navale.

Quelle joie de pouvoir enfin l'embrasser!

4° Résumé du neuvième mois. — **1**. Dicter aux élèves le résumé suivant :

Le tirage au sort. — Tous les jeunes gens âgés de vingt et un ans se disposent à être *soldats*. A cet effet ils doivent se présenter à la *conscription*, c'est-à-dire *tirer au sort* à la mairie du chef-lieu de canton.

La durée du service militaire est de vingt-cinq ans répartis comme il suit : trois ans dans *l'armée active*, dix ans dans la *réserve de l'armée active*, six ans dans *l'armée territoriale* et six ans dans la *réserve de l'armée territoriale*.

Organisation de l'armée. — L'armée est partagée en un grand nombre de régiments commandés par des officiers. Ces régiments appartiennent soit à *l'infanterie*, soit à la *cavalerie*, à *l'artillerie* ou au *génie*.

La marine. — A côté de l'armée de terre il y a l'armée de mer établie pour protéger nos colonies et défendre la France sur mer. L'ensemble des vaisseaux et des matelots commandés par des officiers de marine et des amiraux constitue notre *marine*.

2. Corriger ce devoir écrit.

LANGUE FRANÇAISE
Grammaire et Récitation

Neuvième Mois
du Cours élémentaire

161ᵉ Leçon. — LE VERBE *(Suite)* **: PARTICIPE PASSÉ EMPLOYÉ SANS AUXILIAIRE**

1° Leçon. — Faire écrire au tableau : *Langue française. — Le verbe (suite) : participe passé employé sans auxiliaire* (page 587).

Faire apprendre la leçon (page 587 du livre de l'élève).

2° Interrogations. — Poser les questions 287 et 288 (au bas de la page 587 du livre de l'élève).

3° Exercices oraux. — 1. Faire trouver aux élèves l'infinitif du verbe auquel appartient chacun des participes passés suivants : donné, regardé, couru, mangé, averti, prêté, conservé, sorti, parti, vu, reconnu, lu, récité.

→ Donner, regarder, courir, manger, avertir, prêter, conserver, sortir, partir, voir, reconnaître, lire, réciter.

2. Faire trouver aux élèves le genre et le nombre des participes en italique dans les expressions suivantes : Une leçon bien *récitée*; des arbres *taillés*; des jardins *cultivés*; un succès *obtenu*; des progrès *accomplis*; des robes *brossées*; des villages *parcourus*.

→ *Récitée* est au féminin singulier; *taillés* est au masculin pluriel; *cultivés* est au masculin pluriel; *obtenu* est au masculin singulier; *accomplis* est au masculin pluriel; *brossées* est au féminin pluriel; *parcourus* est au masculin pluriel.

4° Dictée n° 321 ou n° 322. — Faire faire l'une ou l'autre des deux dictées suivantes, selon la force des élèves :

DICTÉE N° 321 (1ʳᵉ année)

Je n'aime pas voir à mes petits élèves des livres tachés. — Arrachez les plantes sèches et portez-les dans la carrière[1]. — Un enfant soigneux ne doit pas sortir avec des vêtements déchirés. — Les montagnes Rocheuses sont situées dans l'Amérique². — La santé de l'âme ne peut se conserver sans celle du corps³. — Répandez ce sable fin dans l'allée principale du jardin. — Un enfant montre du courage⁴ lorsqu'il avoue une faute.

Explication des mots. — ¹*Carrière* : lieu d'où l'on retire de la pierre. Les carrières sont creusées dans le sol. — ²*Amérique* : une des cinq parties du monde. L'Amérique fut découverte par Christophe Colomb en 1492. — ³*La santé de l'âme ne peut se conserver sans celle du corps* : cette phrase signifie que les personnes bien portantes ont généralement le caractère gai et égal, tandis que les personnes souffrantes ont parfois un caractère difficile. — ⁴*Montre du courage* : il fait preuve d'une grande fermeté d'âme, en avouant sa faute, car il connaît les conséquences que peut avoir sa franchise.

Corrigé de la dictée. — Corriger ou faire corriger la dictée avant d'en indiquer les applications

Interrogations. — Qu'est-ce qu'une *carrière* ? Qu'est-ce que l'*Amérique* ? Que signifie *la santé de l'âme ne peut se conserver sans celle du corps* ? *montre du courage* ?

→ (Voir les explications ci-dessus.)

Applications écrites. — 1. Écrire les participes passés contenus dans la dictée :

→ Tachés, déchirés, situées.

2. Écrire les différentes formes que peuvent prendre les participes précédents :

→ Taché, tachés, tachée, tachées.
Déchiré, déchirés, déchirée, déchirées.
Situé, situés, située, situées.

3. Écrire les verbes de la dictée et mettre entre parenthèses l'infinitif de ces verbes :

→ *Aime* (aimer) ; *voir* ; *tachés* (tacher) ; *arrachez* (arracher) ; *portez* (porter) ; *doit* (devoir) ; *sortir* ; *déchirés* (déchirer) ; *situées* (situer, verbe aujourd'hui inusité) ; *peut* (pouvoir) ; *conserver* ; *répandez* (répandre) ; *montre* (montrer) ; *avoue* (avouer).

DICTÉE N° 322 (2ᵉ année)

LE CHEVAL

Le cheval, dont les talents¹ sont développés, dont l'art² a perfectionné³ les qualités naturelles dès le premier âge du monde⁴, fut soigné et ensuite exercé, dressé⁵ au service de l'homme. C'est par la perte de sa liberté⁶ que commence son éducation. C'est par la contrainte⁷ qu'elle se termine. Dans leurs travaux, les chevaux ont toujours des harnais⁸ sur le corps ; et si on les laisse quelquefois errer⁹ en liberté dans les pâturages¹⁰, ils y portent toujours les marques de la servitude.¹¹

Explication des mots. — ¹*Les talents* : les aptitudes particulières. — ²*L'art* : l'habileté, l'adresse des hommes. — ³*A perfectionné* : a amélioré, a rendu presque parfaites. — ⁴*Dès le premier âge du monde :* quand l'homme n'était pas depuis longtemps sur la terre. — ⁵*Dressé :* habitué. — ⁶*La perte de sa liberté :* on enferme le *poulain* (jeune cheval), on l'empêche de courir où il veut. — ⁷*La contrainte :* la gêne, on arrête les mouvements du cheval par le mors et les harnais. — ⁸*Harnais :* ensemble des pièces de cuir qui maintiennent les chevaux entre les brancards de la voiture. — ⁹*Errer :* aller de côté et d'autre selon sa fantaisie. — ¹⁰*Pâturages :* prairies naturelles. — ¹¹*Servitude :* dépendance, esclavage.

Corrigé de la dictée. — Corriger ou faire corriger la dictée avant d'en indiquer les applications.

Interrogations. — Que signifie les *talents ? l'art ? a perfectionné ? dès le premier âge du monde? dressé ? la perte de sa liberté? la contrainte?* Qu'est-ce que les *harnais ?* Que signifie *errer ?* Qu'est-ce que les *pâturages ?* la *servitude ?*

→ (Voir les explications ci-dessus.)

Applications écrites. — 1. Écrire les participes passés contenus dans la dictée :

→ Développés, perfectionné, soigné, exercé, dressé.

2. Joindre à chacun des participes précédents un substantif qui lui convienne :

→ (*Exemple :*) Enfants développés, dessin perfectionné, vieillard soigné, soldat exercé, chien dressé.

3. Écrire les autres verbes de la dictée, en laissant de côté ceux qui accompagnent les participes :

→ Est, commence, est, termine, ont, laisse, errer, portent.

4. Écrire le participe passé de chacun des verbes précédents :

→ Été, commencé, été, terminé, eu, laissé, erré, porté.

5° Exercices écrits. — Indiquer les exercices écrits à faire parmi ceux de la page 587 du livre de l'élève (exercices 689 à 692).

RÉPONSES AUX EXERCICES 689 à 692

[689]. — Souligner les participes passés employés sans auxiliaire :
→ Un soulier **verni**, une bottine **vernie**, une pomme **tachée**, un manteau **déchiré**, un meuble bien **placé**, une pièce bien **éclairée**, une amie bien **reçue**, un village **aperçu**.

690. — Mettre l'exercice précédent au pluriel :
→ Des souliers vernis, des bottines vernies, des pomme tachées, des manteaux déchirés, des meubles bien placés, des pièces bien éclairées, des amies bien reçues, des villages aperçus.

691. — Écrire les participes passés suivants : donné, lu, venu, demandés, reliés, rendus, entendues, associés, fleuris, partis, laissés, délaissée, compris, entreprises ; indiquer l'infinitif du verbe auquel ils appartiennent :
→ Donner, lire, venir, demander, relier, rendre, entendre, associer, fleurir, partir, laisser, délaisser, comprendre, entreprendre.

692. — Indiquer le genre et le nombre des participes passés de l'exercice précédent :
→ *Donné* (masc. sing.) ; *lu* (masc. sing.) ; *venu* (masc. sing.); *demandés* (masc. plur.) ; *reliés* (masc. plur.) ; *rendus* (masc. plur.) ;

entendues (fém. plur.); *associés* (masc. plur.); *fleuris* (masc. plur.); *partis* (masc. plur.); *laissés* (masc. plur.); *délaissée* (fém. sing.); *compris* (masc. sing.); *entreprises* (fém. plur.).

6° Morceau à apprendre. — Indiquer un morceau de récitation à apprendre, après l'avoir expliqué (pages 292 à 297 du livre du maître).

7° Récitation et correction. — 1. Faire réciter le morceau. — 2. Corriger les applications de la dictée et les exercices écrits qui ont été indiqués.

162ᵉ Leçon. — LE VERBE (Suite) : PARTICIPE PASSÉ EMPLOYÉ AVEC L'AUXILIAIRE ÊTRE

1° Leçon. — Faire écrire au tableau : *Langue française. — Le verbe (suite) : participe passé employé avec l'auxiliaire être (page 588).*
Faire apprendre la leçon (page 588 du livre de l'élève).

2° Interrogations. — Poser les questions 289 et 290 (au bas de la page 588 du livre de l'élève).

3° Exercices oraux. — 1. Faire composer aux élèves des phrases très courtes, qui renferment un participe passé employé avec l'auxiliaire *être*, telles que :
→ La moisson est *achevée*. — Les armées ont été *vaincues*. — Ce fossé sera *creusé*. — Ces légumes ont été *arrachés*. — Les fleurs seront *cueillies*.

2. Faire indiquer aux élèves la règle des participes contenus dans les phrases précédentes :
→ *Achevée* : est au féminin singulier, parce que le sujet du verbe *moisson* est du féminin singulier ; *vaincues* : est au féminin pluriel, parce que le sujet du verbe *armées* est du féminin pluriel ; *creusé* : est au masculin singulier, parce que le sujet du verbe *fossé* est du masculin singulier ; *arrachés* : est au masculin pluriel, parce que le sujet du verbe *légumes* est du masculin pluriel ; *cueillies* : est au féminin pluriel, parce que le sujet du verbe *fleurs* est du féminin pluriel.

4° Dictée n° 323 ou n° 324. — Faire faire l'une ou l'autre des deux dictées suivantes, selon la force des élèves :

DICTÉE N° 323 (1ʳᵉ année)

Les manches de votre robe verte sont boutonnées. — La farine[a] est répandue dans le moulin[b] du meunier. — Ce petit chat fut étouffé par sa mère. — La haie³ sera coupée au printemps. — Ces routes furent exécutées par l'agent voyer⁴ précédent. — La chair des animaux très jeunes est moins estimée que celle des animaux un peu plus âgés. — Le menteur n'est jamais écouté, même lorsqu'il est sincère⁵. — Troyes⁶ est une ville importante; on y fabrique de la bonneterie : des tricots en coton⁷, des chaussettes, des caleçons.

Explication des mots. — ¹ *Farine* : poudre blanche que l'on obtient lorsqu'on écrase les céréales et après que le son a été mis à part. — ² *Moulin* : ensemble des pièces qui servent à moudre les grains. — ³ *Haie* : clôture composée d'épines et de branchages entrelacés. — ⁴ *Agent voyer* : homme chargé de surveiller le bon entretien des routes ; il demeure généralement au chef-lieu de canton. — ⁵ *Être sincère* : c'est être franc, dire la vérité. — ⁶ *Troyes* : chef-lieu du département de l'Aube. — ⁷ *Coton* : tissu que l'on obtient avec le duvet qui enveloppe la graine du cotonnier.

Corrigé de la dictée. — Corriger ou faire corriger la dictée avant d'en indiquer les applications.

Interrogations. — Qu'est-ce que la *farine* ? le *moulin* ? une *haie* ? un *agent voyer* ? Que signifie *être sincère* ? Qu'est-ce que *Troyes* ? du *coton* ?
→ (Voir les explications ci-dessus.)

Applications écrites. — 1. Écrire les participes passés de la dictée qui sont accompagnés du verbe *être* :
→ Sont boutonnées, est répandue, fut étouffé, sera coupée, furent exécutées, est estimée, est écouté.

2. Écrire les expressions précédentes en accompagnant chacune d'elles du sujet du verbe :
→ Les manches sont boutonnées, la farine est répandue, ce chat fut étouffé, la haie sera coupée, ces routes furent exécutées, la chair est estimée, le menteur est écouté.

DICTÉE N° 324 (2ᵉ année)

UNE NOUVELLE EXTRAORDINAIRE (1)

Je m'en vais vous mander¹ la chose la plus étonnante, la plus surprenante, la plus merveilleuse², la plus miraculeuse³, la plus triomphante, la plus étourdissante, la plus inouïe⁴, la plus singulière, la plus extraordinaire, la plus incroyable⁵, la plus imprévue⁶, la plus grande, la plus petite, la plus rare, la plus commune, la plus éclatante, la plus secrète jusqu'aujourd'hui.

MADAME DE SÉVIGNÉ⁷.

Explication des mots. — ¹ *Mander* : mot employé dans le vieux français et qui signifie vous faire part de — ² *Merveilleuse* : extraordinaire. — ³ *Miraculeuse* : contraire aux circonstances ordinaires de la vie, qui vient d'un miracle, de la puissance divine. — ⁴ *Inouïe* : qu'on n'a jamais ouï, entendu. — ⁵ *Incroyable* : qu'on ne peut croire. — ⁶ *Imprévue* : qu'on ne pouvait prévoir, attendre. — ⁷ *Madame de Sévigné* : écrivain

---

(1) Madame de Sévigné annonçait le mariage de M. de Lauzun, simple capitaine aux gardes, avec Mademoiselle de Montpensier, cousine de Louis XIV.

distingué qui vivait sous le règne de Louis XIV et qui a écrit des lettres admirables, surtout à sa fille.

Corrigé de la dictée. — Corriger ou faire corriger la dictée avant d'en indiquer les applications.

Interrogations. — Que signifie *mander ? merveilleuse ? miraculeuse ? inouïe ? incroyable ? imprévue ?* Qui était *madame de Sévigné ?*

→ (Voir les explications ci-dessus.)

Applications écrites. — 1. Écrire les adjectifs qualificatifs contenus dans la dictée :

→ Extraordinaire, étonnante, surprenante, merveilleuse, miraculeuse, triomphante, étourdissante, inouïe, singulière, extraordinaire, incroyable, imprévue, grande, petite, rare, commune, éclatante, secrète.

2. Écrire les adjectifs précédents au masculin :

→ Extraordinaire, étonnant, surprenant, merveilleux, miraculeux, triomphant, étourdissant, inouï, singulier, extraordinaire, incroyable, imprévu, grand, petit, rare, commun, éclatant, secret.

3. Joindre à chacun de ces adjectifs au masculin un nom qui lui convienne :

→ (*Exemple :*) Progrès extraordinaire, silence étonnant, voyage surprenant, tableau merveilleux, sauvetage miraculeux, retour triomphant, concert étourdissant, courage inouï, caractère singulier, talent extraordinaire, engourdissement incroyable, événement imprévu, grand édifice, petit chalet, enthousiasme rare, lieu commun, succès éclatant, projet secret.

5° Exercices écrits. — Indiquer les exercices écrits à faire parmi ceux de la page 588 du livre de l'élève (exercices 694 à 697).

RÉPONSES AUX EXERCICES 694 à 697

[694]. — 1° Écrire les phrases suivantes, souligner les participes passés employés sans auxiliaire :

→ Je vois deux voitures **cassées**. — Les chevaux sont détélés. — Ces habits sont brossés. — Voilà des routes bien **tracées**. — Ces clous sont trop enfoncés. — Les taillis sont abattus. — Je corrige des devoirs **terminés**.

2° Écrire les mêmes phrases, souligner les participes passés des verbes accompagnés de l'auxiliaire *être* :

→ Je vois deux voitures cassées. — Les chevaux sont **détélés**. — Ces habits sont **brossés**. — Voilà des routes bien tracées. — Ces clous sont trop **enfoncés**. — Les taillis sont **abattus**. — Je corrige des devoirs terminés.

695. — Expliquer l'orthographe des participes passés de l'exercice précédent :

→ *Cassées :* participe passé, employé sans auxiliaire, s'accorde en genre et en nombre avec le mot *voitures,* qu'il qualifie.

Détélés : participe passé, employé avec l'auxiliaire *être,* s'accorde en genre et en nombre avec le sujet du verbe, *chevaux.*

Brossés : participe passé, employé avec l'auxiliaire *être,* s'accorde en genre et en nombre avec le sujet du verbe, *habits.*

Tracées : participe passé, employé sans auxiliaire, s'accorde en genre et en nombre avec le mot *routes,* qu'il qualifie.

Enfoncés : participe passé, employé avec l'auxiliaire *être*, s'accorde en genre et en nombre avec le sujet du verbe, *clous*.

Abattus : participe passé, employé avec l'auxiliaire *être*, s'accorde en genre et en nombre avec le sujet du verbe, *taillis*.

Terminés : participe passé, employé sans auxiliaire, s'accorde en genre et en nombre avec le mot *devoirs*, qu'il qualifie.

[696]. — 1° Écrire les phrases suivantes, souligner les participes passés accompagnés de l'auxiliaire *être* :

→ Les bouteilles seront **bouchées**. — Les chemins étaient **parcourus**. — Les champs furent **détruits**. — Les maisons de ce village ont été **incendiées**. — Des grosses baleines ont été **pêchées**. — Nos parents sont **partis** hier. — Les moissons sont **faites**. — Les blés seront **rentrés**.

2° Mettre au singulier les phrases de cet exercice :

→ La bouteille sera bouchée. — Le chemin était parcouru. — Le champ fut détruit. — La maison de ce village a été incendiée. — Une grosse baleine a été pêchée. — Notre père est parti hier. — La moisson est faite. — Le blé sera rentré.

[697]. — Écrire le morceau « La patience » (page 588 du livre de l'élève), puis indiquer l'enseignement qu'on doit en tirer :

→ L'eau qui tombe goutte à goutte finit par creuser la pierre ; avec de petits coups de dents une souris coupe un câble ; avec de petits coups de hache on abat de grands chênes.

Avec de la patience et des efforts répétés on arrive à vaincre toutes les difficultés.

(Pour l'explication des mots de ce morceau, voir le livre du maître *Récitation n° 92*], page 292.)

6° Morceau à apprendre — Indiquer un morceau de récitation à apprendre, après l'avoir expliqué, ou un morceau, déjà appris, à repasser (pages 292 à 297 du livre du maître).

7° Récitation et correction. — 1. Faire réciter le morceau. — 2. Corriger les applications de la dictée et les exercices écrits qui ont été indiqués.

163° Leçon. — LE VERBE *(Suite)* : PARTICIPE PASSÉ EMPLOYÉ AVEC L'AUXILIAIRE AVOIR

1° Leçon. — Faire écrire au tableau : *Langue française. — Le verbe (suite) : participe passé employé avec l'auxiliaire avoir (page 589).*

Faire apprendre la leçon (page 589 du livre de l'élève).

2° Interrogations. — Poser les questions 291 et 292 (au bas de la page 589 du livre de l'élève).

3° Exercices oraux. — **1.** Faire trouver aux élèves des phrases qui renferment le participe passé employé avec l'auxiliaire *avoir*, le complément direct étant placé avant, telles que :

→ Les leçons que nous avons *récitées*. — Les journaux qu'ils ont *reçus*. — Le jardin que tu as *cultivé*. — La moisson qu'ils ont *faite*. — Les armées que nos soldats ont *vaincues*.

2. Faire trouver aux élèves des phrases qui renferment le participe passé employé avec l'auxiliaire *avoir*, le complément direct étant placé après, telles que :

→ Charlemagne a *encouragé* les savants. — Sous le règne de Charles X la France a *commencé* la conquête de l'Algérie. — La première moitié du XIX° siècle a *produit* de grands poètes. — Vous avez bien *su* vos leçons.

3. Faire trouver aux élèves des phrases qui renferment un participe passé employé avec l'auxiliaire *avoir*, le verbe n'ayant pas de complément direct, telles que :

→ Vous avez *chanté*. — Ils ont *dormi*. — Tu as *voyagé*. — J'ai *accouru*. — Elle a bien *parlé*. — Nous avons *espéré*.

4° Dictée n° 325 ou n° 326 — Faire faire l'une ou l'autre des deux dictées suivantes, selon la force des élèves :

DICTÉE N° 325 (1re année)

Les noix[1] que nous avons ramassées sont bonnes. — Avez-vous vendangé[2] les vignes de votre propriété ? — Vous aviez transporté votre bibliothèque[3] dans le cabinet de travail. — Vous avez fait dans ce devoir une faute que j'ai aperçue tout de suite. — Je t'ai conseillé de ne pas jouer avec les méchants enfants. — Nous avons parcouru les belles prairies de la Charente[4]. — On a vendu les arbres que le bûcheron[5] a abattus.

Explication des mots. — [1]*Noix* : fruit du noyer, qui est renfermé dans une coque dure recouverte d'une enveloppe verte appelée *brou*. — [2]*Vendanger* : faire la récolte du raisin. — [3]*Bibliothèque* : meuble où l'on enferme une collection de livres. — [4]*Charente* : petit fleuve de France qui se jette dans l'Océan Atlantique au Sud de la Loire et donne son nom à deux départements. — [5]*Bûcheron* : ouvrier qui taille les arbres et les abat.

Corrigé de la dictée. — Corriger ou faire corriger la dictée avant d'en indiquer les applications.

Interrogations. — Qu'est-ce que la *noix* ? *vendanger* ? une *bibliothèque* ? la *Charente* ? un *bûcheron* ?

→ (Voir les explications ci-dessus.)

Applications écrites. — **1.** Écrire les participes passés de la dictée avec l'auxiliaire qui les accompagne :

→ Avons ramassées, avez vendangé, aviez transporté, avez fait, ai aperçue, ai conseillé, avons parcouru, a vendu, a abattus.

2. Écrire les adjectifs qualificatifs contenus dans la dictée :
→ Bonnes, méchants, belles.
3. Joindre un nom à chacun des adjectifs précédents :
→ *(Exemple :)* Bonnes notes, méchants tigres, belles étoffes.

DICTÉE N° 326 (2° année)

UNE FÈVE [1]

J'ai pris une vingtaine de grosses fèves. J'en ai ouvert deux ou trois, et j'ai remarqué qu'elles étaient composées en dedans de deux parties qui se séparent aisément[2]. J'ai su qu'on appelle ces deux parties des feuilles nourricières; que la jeune plante était attachée à l'une et à l'autre de ces grosses feuilles; que d'un côté elle se terminait en pointe vers le dehors, et que de l'autre côté un jeune bourgeon se cachait entre les deux feuilles nourricières.

Explication des mots. — [1] *Fève* : graine d'une plante alimentaire appelée aussi fève. — [2] *Aisément* : facilement.

Corrigé de la dictée. — Corriger ou faire corriger la dictée avant d'en indiquer les applications.

Interrogations. — Qu'est-ce qu'une *fève ?* Que signifie *aisément ?*
→ (Voir les explications ci-dessus.)

Applications écrites. — 1. Écrire les participes passés de la dictée avec l'auxiliaire qui les accompagne :
→ Ai pris, ai ouvert, ai remarqué, étaient composées, ai su, était attachée.

2. Écrire les pronoms de la dictée et indiquer, entre parenthèses, quels noms ils remplacent :
→ J' (la personne qui parle), j' (la personne qui parle), j' (la personne qui parle), elles (fèves), qui (parties), se (parties), j' (la personne qui parle), on (personne inconnue), elle (jeune plante), se (jeune plante), se (bourgeon).

5° Exercices écrits. — Indiquer les exercices écrits à faire parmi ceux de la page 589 du livre de l'élève (exercices 699 et 700).

RÉPONSES AUX EXERCICES 699 et 700

[699]. — Écrire les phrases suivantes, souligner les participes passés employés avec l'auxiliaire *avoir* :
→ Les paquets que j'ai **reçus**. — Les lettres que nous avons **écrites**. — Les champs que les fermiers ont **cultivés**.

700. — Expliquer l'orthographe des participes passés soulignés dans l'exercice précédent :
→ *Reçus* : participe passé, s'accorde en genre et en nombre avec le complément direct *paquets* représenté par le pronom relatif *que* et placé avant.
Écrites : participe passé, s'accorde en genre et en nombre avec le complément direct *lettres* représenté par *que* et placé avant.
Cultivés : participe passé, s'accorde en genre et en nombre avec le complément direct *champs* représenté par *que* et placé avant.

6° Résumé des leçons 161, 162 et 163. — Faire copier le paragraphe 287 à 292 du résumé [*Accord du participe passé*], page 590 du livre de l'élève.

7° Morceau à apprendre. — Indiquer un morceau de récitation à apprendre, après l'avoir expliqué, ou un morceau, déjà appris, à repasser (pages 292 à 297 du livre du maître).

8° Récitation et correction. — 1. Faire réciter le morceau. — 2. Corriger les applications de la dictée et les exercices écrits qui ont été indiqués.

164° Leçon. — **RÉSUMÉ DES LEÇONS 161, 162 et 163**

1° Leçon. — Faire écrire au tableau : *Langue française. — Résumé des leçons 161, 162 et 163 (page 590).*

Faire apprendre le résumé des leçons 161, 162 et 163 (page 590 du livre de l'élève).

2° Récitation. — Faire réciter le résumé des leçons 161, 162 et 163 (page 590 du livre de l'élève).

3° Exercices oraux. — Revenir sur les parties les moins bien sues des leçons 161, 162 et 163 et les expliquer aux élèves.

4° Dictée n° 327 ou n° 328. — Faire faire l'une ou l'autre des deux dictées suivantes, selon la force des élèves :

DICTÉE N° 327 (1re année)

Une petite fille instruite donne de la satisfaction à sa famille. — La toile peinte est posée sur le grand mur de la chambre. — La sangsue[1] est placée sur la jambe du malade. — Un coup de vent a renversé quatre petits arbres à l'entrée du bois. — Les mauvaises herbes que mon oncle a arrachées sont brûlées. — Les légumes que j'ai mangés étaient excellents. — Les gardes ont aperçu deux braconniers[3], ils les ont menés en prison. — Le sol[4] est formé par différentes pierres, mais ces roches sont presque partout cachées par de la terre.

Explication des mots. — [1] *Sangsue* : sorte de ver qui suce le sang. La sangsue est utilisée en médecine. — [2] *Légumes* : nom général donné aux plantes que le jardinier cultive pour notre alimentation. — [3] *Braconniers* : hommes qui chassent sans permission sur les terres d'autrui ; pour chasser, ils se cachent. — [4] *Sol* : nom que l'on donne à la partie solide qui forme notre globe.

Corrigé de la dictée. — Corriger ou faire corriger la dictée avant d'en indiquer les applications.

Interrogations. — Qu'est-ce qu'une *sangsue?* des *légumes?* des *braconniers?* le *sol?*
→ (Voir les explications ci-dessus.)
Applications écrites. — 1. Écrire les participes passés de la dictée qui ne sont accompagnés d'aucun auxiliaire :
→ Instruite, peinte.
2. Écrire les participes passés qui sont accompagnés de l'auxiliaire *être.*
→ Est posée, est placée, sont brûlées, est formé, sont cachées.
3. Écrire les participes passés qui sont accompagnés de l'auxiliaire *avoir* :
→ A renversé, a arrachées, ai mangés, ont aperçu, ont menés.

DICTÉE N° 328 (2ᵉ année)

LA BONTÉ

Soyez bons, mes amis. Ne vous contentez pas de ne point faire de peine à ceux qui vous entourent. Tâchez de leur rendre la vie aussi douce que possible. Soyez heureux chaque fois qu'il vous sera donné[1] de faire plaisir à vos parents, à vos maîtres, à vos camarades. La bonté attire et conserve les amitiés : elle procure à l'âme la paix[2] et une sécurité[3] profonde[4]. Il n'y a pas de plus douce satisfaction que de faire du bien à ses semblables[5].

Explication des mots. — [1] *Qu'il vous sera donné* : chaque fois qu'il se présentera une circonstance qui vous permettra de faire plaisir à vos parents. — [2] *La paix* : le calme, le repos, la tranquillité. — [3] *Sécurité* : grande confiance. — [4] *Profonde* : très grande. — [5] *A ses semblables* : aux autres hommes.

Corrigé de la dictée. — Corriger ou faire corriger la dictée avant d'en indiquer les applications.

Interrogations. — Que signifie *qu'il vous sera donné?* Qu'est-ce que la *paix?* la *sécurité?* Que signifie *profonde?* à *ses semblables?*
→ (Voir les explications ci-dessus.)

Applications écrites. — 1. Écrire les verbes contenus dans la dictée :
→ Soyez, contentez, faire, entourent, tâchez, rendre, soyez, sera donné, faire, attire, conserve, procure, a, faire.
2. Écrire les participes passés des verbes précédents :
→ Été, contenté, fait, entouré, tâché, rendu, été, donné, fait, attiré, conservé, procuré, eu, fait.
3. Mettre ces participes au féminin pluriel :
→ Été (invariable), contentées, faites, entourées, tâché (invariable), rendues, été (invariable), données, faites, attirées, conservées, procurées, eues, faites.

5° Exercices écrits. — Indiquer les exercices écrits à faire parmi ceux de la page 590 du livre de l'élève (exercices 701 à 706).

RÉPONSES AUX EXERCICES 701 à 706

701. — Donner le participe passé masculin singulier des verbes suivants, joindre un nom à chaque participe passé : demander, aimer, fleurir, obtenir, recevoir, apercevoir, rendre, apprendre, avoir, être.
→ (*Exemple :*) Pain demandé, frère aimé, jardin fleuri, congé obtenu,

paquet reçu, étranger aperçu, couteau rendu, morceau appris, (tu as) eu un ami, (j'ai) été professeur.

702. — Donner le participe passé féminin pluriel des verbes suivants, joindre un nom à chaque participe passé : demander, aimer, fleurir, obtenir, recevoir, apercevoir, rendre, apprendre.

→ *(Exemple :)* Lettres demandées, sœurs aimées, vallées fleuries, sommes obtenues, pages reçues, amies aperçues, cartes rendues, leçons apprises.

703. — Mettre dans les phrases suivantes les verbes au participe passé et faire l'accord : J'ai reçu une bouteille (cacheter). — Jeanne a donné une page bien (écrire). — Jules et Jacques reviennent de l'école (construire) le mois dernier. — Le printemps est l'époque pendant laquelle les champs (ensemencer) se reconnaissent. — Ces bouquets (fleurir) sentent bon.

→ J'ai reçu une bouteille *cachetée*. — Jeanne a donné une page bien *écrite*. — Jules et Jacques reviennent de l'école *construite* le mois dernier. — Le printemps est l'époque pendant laquelle les champs *ensemencés* se reconnaissent. — Ces bouquets *fleuris* sentent bon.

704. — Même exercice avec les phrases suivantes : Les leçons sont (savoir), — La terre est (ensemencer). — Les jardins sont (embaumer). — Voyez ces routes, elles étaient toutes (tordre) et sinueuses. — Ces murailles sont solidement (briqueter).

→ Les leçons sont *sues*. — La terre est *ensemencée*. — Les jardins sont *embaumés*. — Voyez ces routes, elles étaient toutes *tordues* et sinueuses. — Ces murailles sont solidement *briquetées*.

705. — Même exercice avec les phrases suivantes : Voilà une fable que l'enfant n'a pas (savoir). — Pauvres sœurs, comme je les ai (aimer) ! — Voyez ces plats que les enfants ont (casser). — Je vois les pages que les écoliers ont (finir).

→ Voilà une fable que l'enfant n'a pas *sue*. — Pauvres sœurs, comme je les ai *aimées* ! — Voyez ces plats que les enfants ont *cassés*. — Je vois les pages que les écoliers ont *finies*.

[706]. — Même exercice avec les phrases suivantes : Les élèves ont (écouter) les observations du maître. — Votre père et votre mère avaient bien (dire) ce qui arriva.

→ Les élèves ont *écouté* les observations du maître. — Votre père et votre mère avaient bien *dit* ce qui arriva.

6° **Analyse grammaticale** *(Deuxième année).* — Donner à faire aux élèves de deuxième année l'analyse grammaticale suivante :

Analyse grammaticale n° 33. — L'homme fait sa destinée. — Respectons toujours la vérité. — Ayons honte de l'ignorance.

→ L'	art. élidé, mis pour *le,* masc. sing., annonce que *homme* est déterminé.
homme	n. comm., masc. sing., sujet de *fait*.
fait	v. actif *faire,* 4° conj., mode ind., temps prés., 3° pers. du sing.
sa	adj. poss., fém. sing., détermine *destinée*.
destinée.	n. comm., fém. sing., compl. direct de *fait*.
Respectons	v. actif *respecter,* 1re conj., mode imp., 1re pers. du plur.
toujours	adverbe.
la	art. simp., fém. sing., annonce que *vérité* est déterminé.
vérité.	n. comm., fém. sing., compl. direct de *respectons*.

Ayons	v. actif *avoir*, 3ᵉ conj., mode imp., 1ʳᵉ pers. du plur.
honte	n. comm., fém. sing., compl. direct de *ayons*.
de	prép.
l'	art. élidé, mis pour *la*, fém. sing., annonce que *ignorance* est déterminé.
ignorance.	n. comm.; fém. sing., compl. indirect de *ayons*.

7° Morceau à apprendre. — Indiquer un morceau de récitation à apprendre, après l'avoir expliqué, ou un morceau, déjà appris, à repasser (pages 292 à 297 du livre du maître).

8° Récitation et correction. — 1. Faire réciter le morceau. — 2. Corriger les applications de la dictée, l'analyse grammaticale et les exercices écrits qui ont été indiqués.

165ᵉ Leçon. — EXERCICES DE RÉCAPITULATION

1° Leçon. — Faire écrire au tableau : *Langue française.* — *Exercices de récapitulation (page 591).*

2° Interrogations. — Si les leçons 161, 162, 163 et 164 n'ont pas été suffisamment sues, poser de nouveau les questions 287 à 292 (au bas des pages 587, 588 et 589 du livre de l'élève) et faire réciter encore le résumé des leçons 161, 162, 163 (page 590 du livre de l'élève).

3° Exercices oraux. — Expliquer les parties des leçons 161, 162 et 163 qui n'auraient pas été bien comprises.

4° Dictée n° 329 ou n° 330. — Faire faire l'une ou l'autre des deux dictées suivantes, selon la force des élèves :

DICTÉE N° 329 (1ʳᵉ année)

LA TENUE

Vos habits ne sont pas à vous; ils sont à vos parents qui travaillent et s'imposent souvent des privations[1] pour vous les acheter. Lorsqu'un enfant est malpropre, lorsqu'il déchire ses vêtements, on pense qu'il n'aime pas ses parents. Vous ne voulez pas mériter un semblable reproche[2]. Soyez donc toujours soigneux et efforcez-vous[3] de conserver longtemps vos effets en bon état.

Explication des mots. — [1] *Des privations* : des sacrifices; vos parents n'achètent pas les choses qui leur seraient nécessaires, pour pouvoir vous donner tout ce qui vous est utile. — [2] *Un semblable reproche* : une telle remontrance. — [3] *Efforcez-vous* : faites tous vos efforts pour conserver vos vêtements.

Corrigé de la dictée. — Corriger ou faire corriger la dictée avant d'en indiquer les applications.

Interrogations. — Qu'est-ce que des *privations?* Que signifie *un semblable reproche? efforcez-vous?*
→ (Voir les explications ci-dessus.)
Applications écrites. — 1. Écrire les verbes de la dictée qui sont à l'indicatif et les faire précéder de leurs sujets :
→ Habits sont, ils sont, qui travaillent, qui s'imposent, enfant est, il déchire, on pense, il aime, vous voulez.
2. Écrire les adverbes et locutions adverbiales contenus dans la dictée :
→ Ne pas, souvent, n' pas, ne pas, toujours, longtemps.
3. Conjuguer à l'impératif le verbe *être* et le verbe *aimer*.
→ (*Être :*) Sois, soyons, soyez.
 (*Aimer :*) Aime, aimons, aimez.

DICTÉE N° 330 (2° année)

LES CANONS

Les canons sont les armes que manœuvrent[1] les artilleurs[2]. Ce sont d'énormes tubes[3] en cuivre[4] ou mieux en acier[5], montés sur un support[6] qui a des roues. Ce support se nomme l'affût. Les canons de campagne[7] sont à la suite des régiments en marche ; dans les forteresses[8] et sur les côtes, on aperçoit d'énormes canons qui envoient des boulets monstres[9] à des distances effrayantes. Le bruit du canon ressemble de loin aux coups sourds du tonnerre[10].

Explication des mots. — [1]*Manœuvrent* : dirigent, conduisent. — [2]*Artilleurs* : soldats employés au maniement des canons. — [3]*Tubes* : cylindres creux. — [4]*Cuivre* : métal rougeâtre moins dur que le fer. — [5]*Acier* : fer combiné avec une faible quantité de charbon et devenu très dur par suite d'une préparation spéciale. — [6]*Support* : pièce qui porte, qui soutient le tube. — [7]*Canons de campagne* : canons que l'on transporte assez aisément et qui accompagnent une armée en marche. — [8]*Forteresses* : lieux défendus par des fortifications pour résister aux attaques des ennemis. — [9]*Boulets monstres* : boulets très gros. — [10]*Tonnerre* : bruit que produit la foudre pendant un orage.

Corrigé de la dictée. — Corriger ou faire corriger la dictée avant d'en indiquer les applications.

Interrogations. — Que signifie *manœuvrent?* Qu'est-ce que des *artilleurs?* des *tubes?* le *cuivre?* l'*acier?* un *support?* des *canons de campagne?* des *forteresses?* des *boulets monstres?* le *tonnerre?*
→ (Voir les explications ci-dessus.)

Applications écrites. — 1. Écrire les pronoms de la dictée qui sont employés comme sujets :
→ Ce, qui, on, qui.
2. Écrire les pronoms de la dictée qui sont employés comme compléments :
→ Que, se.
3. Écrire les prépositions contenues dans la dictée :
→ En, en, sur, de, à, en, dans, sur, à, de.

5° Exercices écrits. — Indiquer les exercices écrits à faire parmi ceux de la page 591 du livre de l'élève (exercices 707 à 711).

RÉPONSES AUX EXERCICES 707 à 711

707. — Dans l'exercice suivant, faire accorder chacun des participes passés en italique avec les noms qui suivent ce participe : *cueilli* : l'abricot, la pomme, les abricots, les pommes ; *cassé* : le banc, la chaise, les bancs, les chaises ; *éloigné* : le village, la forêt, les villages, les forêts ; *reçu* : un paquet, une lettre, des paquets, des lettres.

→ L'abricot cueilli, la pomme cueillie, les abricots cueillis, les pommes cueillies ; le banc cassé, la chaise cassée, les bancs cassés, les chaises cassées ; le village éloigné, la forêt éloignée, les villages éloignés, les forêts éloignées ; un paquet reçu, une lettre reçue, des paquets reçus, des lettres reçues.

708. — Écrire les phrases suivantes, souligner les participes passés employés et expliquer l'orthographe de ces participes :

→ Après l'orage, on voit des arbres **abattus**, des moissons **détruites**, des maisons **renversées**, des récoltes **perdues**. — La cerise, la framboise, la groseille sont **recueillies** pour être **employées** à divers usages.

Abattus : participe passé, employé sans auxiliaire, s'accorde en genre et en nombre avec le mot *arbres*, qu'il qualifie.

Détruites : participe passé, employé sans auxiliaire, s'accorde en genre et en nombre avec le mot *moissons*, qu'il qualifie.

Renversées : participe passé, employé sans auxiliaire, s'accorde en genre et en nombre avec le mot *maisons*, qu'il qualifie.

Perdues : participe passé, employé sans auxiliaire, s'accorde en genre et en nombre avec le mot *récoltes*, qu'il qualifie.

Recueillies : participe passé, employé avec l'auxiliaire *être*, s'accorde en genre et en nombre avec les sujets du verbe *cerise, framboise, groseille*.

Employées : participe passé, employé avec l'auxiliaire *être*, s'accorde en genre et en nombre avec les sujets du verbe *cerise, framboise, groseille*.

709. — Écrire les phrases suivantes, souligner les participes et expliquer leur orthographe :

→ Cette ville est bien **située**. — Ce petit garçon **a rendu** les objets qu'il avait **trouvés**. — Ta sœur est **venue**, l'as-tu **vue** ? — As-tu **vu** ta jeune sœur ? — Combien de chevaux le fermier a-t-il **achetés** ?

Située : participe passé, employé avec l'auxiliaire *être*, s'accorde en genre et en nombre avec le sujet du verbe, *cette ville*.

Rendu : participe passé, employé avec l'auxiliaire *avoir*, est invariable parce que son complément direct *objets* est placé après.

Trouvés : participe passé, employé avec l'auxiliaire *avoir*, s'accorde en genre et en nombre avec son complément direct *que* représentant *objets*, qui est placé avant.

Venue : participe passé, employé avec l'auxiliaire *être*, s'accorde en genre et en nombre avec le sujet du verbe, *sœur*.

Vue : participe passé, employé avec l'auxiliaire *avoir*, s'accorde en genre et en nombre avec son complément direct *l'*, qui est placé avant. Ce pronom remplace *sœur*.

Vu : participe passé, employé avec l'auxiliaire *avoir*, reste invariable parce que son complément direct *sœur* est placé après.

Le gérant : PAUL DUPONT.

LANGUE FRANÇAISE : LE VERBE

Achetés : participe passé, employé avec l'auxiliaire *avoir*, s'accorde en genre et en nombre avec son complément direct *chevaux*, qui est placé avant.

710. — Même exercice avec les phrases suivantes :

→ Les lapins ont **envahi** nos bois. — Avez-vous **fumé** vos terres ? — Combien la fermière a-t-elle **vendu** ses poulets ? — Les braconniers ont **tendu** des pièges dans la forêt. — Les voyageurs ont beaucoup **vu** et **observé**. — La rivière a **débordé** cette nuit. — Notre navire a **échoué** sur les côtes de l'Océan. — Vos travaux n'ont **commencé** que la semaine dernière.

Envahi : participe passé, employé avec l'auxiliaire *avoir*, est invariable parce que son complément direct *bois* est placé après.

Fumé : participe passé, employé avec l'auxiliaire *avoir*, est invariable parce que son complément direct *terres* est placé après.

Vendu : participe passé, employé avec l'auxiliaire *avoir*, est invariable parce que son complément direct *poulets* est placé après.

Tendu : participe passé, employé avec l'auxiliaire *avoir*, est invariable parce que son complément direct *pièges* est placé après.

Vu : participe passé, employé avec l'auxiliaire *avoir*, est invariable parce qu'il n'a pas de complément direct.

Observé : participe passé, employé avec l'auxiliaire *avoir*, est invariable parce qu'il n'a pas de complément direct.

Débordé : participe passé, employé avec l'auxiliaire *avoir*, est invariable parce qu'il n'a pas de complément direct.

Échoué : participe passé, employé avec l'auxiliaire *avoir*, est invariable parce qu'il n'a pas de complément direct.

Commencé : participe passé, employé avec l'auxiliaire *avoir*, est invariable parce qu'il n'a pas de complément direct.

711. — *On coupe les foins.*
Faire un récit sur ce que représente cette figure.

→ *Développement.* — Comme tout le monde travaille en la saison des foins !

Les paysans, que je vois sur la figure de mon livret, sont tous occupés. Tout au fond, la charrette, traînée par des chevaux robustes, disparaît presque sous le foin dont on la charge. A l'aide de longues fourches, deux hommes vont puiser à un grand tas qui diminue au fur et à mesure que la charrette se remplit. Plus près, un autre travailleur de la ferme, les bras nus, les épaules légèrement voûtées, arrange un second tas. C'est qu'il ne faut pas laisser mouiller le bon foin ! On a eu tant de peine pour le couper, le faner, le ratisser.

La fermière même n'est pas inactive : les manches de la chemise retroussées, elle donne çà et là un dernier coup de râteau, tandis que son petit enfant, profitant du congé du jeudi, porte à tous ces travailleurs un bon verre de cidre frais. Son panier contient, en effet, des verres et de la main gauche l'enfant tient encore le pichet.

RÉDACTION CONCENTRIQUE N° 65
(GARÇONS)

Vous recueillez un chien qui a eu la patte écrasée. Racontez son accident et la reconnaissance qu'il a envers vous.

(Le même sujet est traité dans la leçon correspondante du cours moyen.)

Plan. — La roue d'une charrette est passée sur la patte du pauvre chien. — Des passants conseillaient à son propriétaire de le tuer, parce qu'il ne serait plus bon pour la chasse. — Vous avez demandé à l'emmener et il est devenu le chien de l'école, le meilleur ami de ses bienfaiteurs.

→ *Développement.* — Nous sortions de l'école, quelques-uns de mes camarades et moi, lorsque nous avons vu passer une grande charrette pleine de fourrage. Nous avons entendu tout à coup un cri de douleur : c'était un pauvre chien qui avait voulu passer sous la charrette et qui avait eu une patte écrasée par une roue de la lourde voiture.

Le propriétaire du chien, un monsieur qui allait à la chasse, se mit à injurier l'homme qui menait la charrette, au lieu de s'occuper de son chien. Enfin, il s'approcha de l'animal blessé et dit :

— Une bête qui avait un si bon nez et rapportait si fidèlement le gibier !

— Oh ! pour la chasse, dit un passant, vous pouvez en faire votre deuil. Ce chien boitera toute sa vie, autant vaudrait l'achever.

— Vous avez peut-être raison, dit le propriétaire. Un chien de chasse boiteux n'est plus bon qu'à jeter à la rivière.

Le pauvre chien gémissait. Alors, mes camarades et moi, nous avons eu l'idée de demander au propriétaire du chien s'il voulait le donner à l'école. Le monsieur, enchanté d'être débarrassé de la pauvre bête infirme, nous a donné deux francs pour la faire panser, par le vétérinaire. Nous avons pris le chien avec précautions et nous l'avons conduit chez le médecin des bêtes, qui a mis des baguettes de bois autour de la patte cassée et l'a bandée soigneusement.

L'Instituteur a été très satisfait de la bonne action que nous avions faite; il a recueilli notre chien qui est presque guéri. Le pauvre animal boitera toute sa vie, mais nous l'aimons bien malgré cela, et lui, la brave bête, il nous témoigne sa reconnaissance d'une façon vraiment touchante. Il nous connaît, il nous rapporte les objets que nous laissons tomber, il cherche constamment à nous faire plaisir. Nous sommes bien contents d'avoir recueilli une bête qui a si bon cœur.

RÉDACTION CONCENTRIQUE N° 66

(FILLES)

Le Certificat d'Études.

(Le même sujet est traité dans la leçon correspondante du cours moyen.)

Plan. — Lucie écrit à une de ses amies pour lui annoncer que sa sœur Marie a été reçue au Certificat d'Études. — Difficulté des compositions. — Examen oral. — Prochaines occupations de Marie.

→ *Développement:*

Ma chère Suzanne,

J'ai une bonne nouvelle à t'annoncer. Marie a été reçue hier au Certificat d'Études.

Tu sais que ma sœur aînée avait beaucoup travaillé et qu'elle méritait bien de réussir. Dans quatre ans, ce sera notre tour. Puissions-nous réussir aussi !

Marie a eu des compositions très difficiles que je n'aurais pas su faire. Pour la dictée, on ne dit pas la ponctuation; il faut savoir la mettre toute seule. Est-ce que tu saurais, toi ?

J'ai assisté à l'examen oral. Marie était bien troublée, et on ne pouvait presque pas entendre dans la salle ce qu'elle répondait à l'examinateur, un monsieur avec une grande barbe noire, qui avait l'air très sévère. Il me semble que, moi, je n'aurais osé lui rien dire.

Marie est bien contente d'être reçue. A la maison, nous sommes tous heureux de son succès, moi surtout. Marie pourra maintenant s'occuper un peu de moi. Elle me fera apprendre mes leçons, elle m'aidera pour mes devoirs, elle m'indiquera ce qu'il faut faire pour arriver à passer, moi aussi, le Certificat d'Études.

Il me tarde tant d'en être arrivée là !
Je t'embrasse, ma chère Suzanne, en te souhaitant beaucoup d'ardeur au travail.

Ton amie,
LUCIE.

6° Morceau à apprendre. — Indiquer un morceau de récitation à apprendre, après l'avoir expliqué, ou un morceau, déjà appris, à repasser (pages 292 à 297 du livre du maître).

7° Récitation et correction. — 1. Faire réciter le morceau. — 2. Corriger les applications de la dictée, les rédactions et les exercices écrits qui ont été indiqués.

166ᵉ Leçon. — LA CONJONCTION : CONJONCTIONS SIMPLES ET COMPOSÉES

1° Leçon. — Faire écrire au tableau : *Langue française. — La conjonction : conjonctions simples et composées (page 592)*. Faire apprendre la leçon (page 592 du livre de l'élève).

2° Interrogations. — Poser les questions 293, 294 et 295 (au bas de la page 592 du livre de l'élève).

3° Exercices oraux. — 1. Faire trouver aux élèves des phrases simples contenant une conjonction simple, telles que :
→ Vous serez récompensés *si* vous travaillez bien. — Réponds *quand* je t'appelle. — Charles est venu à la maison, *mais* j'étais absent *et* je ne l'ai pas vu.

2. Faire trouver aux élèves des phrases contenant une conjonction composée, telles que :
→ J'irai vous voir *dès que* je le pourrai. — Tâchez d'écrire *aussi bien que* Marguerite. — Dépêchez-vous *parce que* la cloche va sonner.

4° Dictée nº 331 ou nº 332. — Faire faire l'une ou l'autre des deux dictées suivantes, selon la force des élèves :

DICTÉE Nº 331 (1ʳᵉ année)

Le cheval de mon oncle est grand, gros, épais, gras et cependant vif. — Ce bel enfant est joyeux et tapageur pendant la récréation. — Pendant la guerre turque et grecque¹, qui eut lieu sous Charles X, les grandes puissances² sont intervenues. — Les fruits nouveaux sont chers. — La mère et la fille travailleuses méritent notre estime[3]. — Nous quitterons Chicago[4] dès que nos amis seront partis. — A la dernière composition, Henri fut le cinquième, car il avait mal travaillé tout le mois.

Explication des mots. — [1] *Turque et grecque* : entre la Turquie et la Grèce ; les adjectifs turque et grecque s'écrivent au masculin : *turc, grec*. — [2] *Les grandes puissances* : la France, la Russie et l'Angleterre. — [3] *Estime* : considération qui est inspirée par le mérite des personnes. — [4] *Chicago* : grande ville des États-Unis.

Corrigé de la dictée. — Corriger ou faire corriger la dictée avant d'en indiquer les applications.

Interrogations. — Que signifie *turque et grecque* ? *les grandes puissances* ? *l'estime* ? Qu'est-ce que *Chicago* ?
→ (Voir les explications ci-dessus.)

Applications écrites. — 1. Écrire les conjonctions contenues dans la dictée :
→ Et, cependant, et, et, et, dès que, car.

2. Écrire les prépositions contenues dans la dictée :
→ De, pendant, pendant, sous, à.

3. Écrire les adjectifs qualificatifs contenus dans la dictée :
→ Grand, gros, épais, gras, vif, bel, joyeux, tapageur, turque, grecque, grandes, nouveaux, chers, travailleuses, dernière.

4. Mettre au féminin les adjectifs précédents qui sont au masculin :
→ Grande, grosse, épaisse, grasse, vive, belle, joyeuse, tapageuse, nouvelles, chères.

DICTÉE N° 332 (2e année)

LE SOLEIL

Le soleil[1] est une étoile[2]. Son éclat est si éblouissant[3] que, lorsqu'il brille au milieu d'un ciel pur, à une certaine hauteur au-dessus de l'horizon[4], il est tout à fait impossible de l'observer[5] à l'œil nu[6], mais si on le regarde au moyen d'un verre noirci à la fumée, on le distingue nettement. Le soleil est rond ; c'est un immense globe[7], un océan en feu. De tous les points de sa surface partent des flammes.

Explication des mots. — [1] *Soleil* : astre qui nous donne la lumière et la chaleur. — [2] *Étoile* : astre qui est lumineux par lui-même. — [3] *Éblouissant* : si brillant qu'on ne peut le regarder fixement. — [4] *Horizon* : ligne courbe qui sépare le ciel de tout ce qu'on voit sur la terre lorsqu'on regarde au loin. — [5] *Observer* : regarder attentivement. — [6] *A l'œil nu* : sans aucun instrument, avec les yeux seulement. — [7] *Globe* : corps sphérique.

Corrigé de la dictée. — Corriger ou faire corriger la dictée avant d'en indiquer les applications.

Interrogations. — Qu'est-ce que le *soleil* ? une *étoile* ? Que signifie *éblouissant* ? *observer* ? *à l'œil nu* ? Qu'est-ce que l'*horizon* ? un *globe* ?
→ (Voir les explications ci-dessus.)

Applications écrites. — 1. Écrire les adverbes contenus dans la dictée :
→ Si, tout à fait, nettement.
2. Écrire les prépositions contenues dans la dictée :
→ A, au-dessus de, de, à, d', à, en, de, de.
3. Écrire les conjonctions contenues dans la dictée :
→ Que, lorsque, mais, si.

5° Exercices écrits. — Indiquer les exercices écrits à faire parmi ceux de la page 592 du livre de l'élève (exercices 713 à 715).

RÉPONSES AUX EXERCICES 713 à 715

[713]. — 1° Écrire les conjonctions suivantes, souligner les conjonctions simples :
→ **Ni, que,** aussi bien que, **lorsque, quand,** au reste, **comme,** par conséquent, **encore, ou,** tout de même, du moins, **quoique,** du reste, parce que, **puisque, donc.**
2° Écrire les mêmes mots, souligner les conjonctions composées :
→ Ni, que, **aussi bien que,** lorsque, quand, **au reste,** comme, **par conséquent,** encore, ou, **tout de même, du moins,** quoique, **du reste, parce que,** puisque, donc.
714. — Écrire les phrases suivantes et remplacer les points par une conjonction : Je vous préviendrai ... je devrai venir. — On vous aime ... vous êtes bon. — Le lis ... la rose sont de jolies fleurs.
→ Je vous préviendrai *quand* je devrai venir. — On vous aime *si* vous êtes bon. — Le lis *et* la rose sont de jolies fleurs.
715. — Indiquer dans l'exercice précédent quels mots ou quelles propositions les conjonctions unissent :
→ *Quand* unit *je vous préviendrai* à *je devrai venir.*
Si unit *on vous aime* à *vous êtes bon.*
Et unit *le lis* à *la rose.*

6° Morceau à apprendre. — Indiquer un morceau de récitation à apprendre, après l'avoir expliqué, ou un morceau, déjà appris, à repasser (pages 292 à 297 du livre du maître).

7° Récitation et correction. — 1. Faire réciter le morceau.
2. Corriger les applications de la dictée et les exercices écrits qui ont été indiqués.

167ᵉ Leçon. — REMARQUES SUR LES CONJONCTIONS

1° Leçon. — Faire écrire au tableau : *Langue française. — Remarques sur les conjonctions (page 593).*
Faire apprendre la leçon (page 593 du livre de l'élève).

2° Interrogations. — Poser les questions 296 et 297 (au bas de la page 593 du livre de l'élève).

LANGUE FRANÇAISE : LA CONJONCTION

3° Exercices oraux. — 1. Faire trouver aux élèves des phrases dans lesquelles *ou* sera conjonction, telles que :
→ Vous viendrez *ou* nous irons. — Restez *ou* partez. — Le vin est rouge *ou* blanc ; il peut être naturel *ou* fabriqué.

2. Faire trouver aux élèves des phrases dans lesquelles *où* sera adverbe, telles que :
→ *Où* allez-vous ? — Nous nous plaisons *où* nous sommes. — Nous irons *où* vous serez.

3. Faire distinguer aux élèves, dans les phrases suivantes, *si* conjonction de *si* adverbe :
→ Vous réussirez *si* (conjonction) vous vous appliquez. — Ils sont *si* (adverbe) étourdis qu'ils oublient leurs leçons. — Nous jouerons *si* (conjonction) nous avons bien travaillé. — Le chant de cet oiseau est *si* (adverbe) doux qu'on aime à l'écouter.

4° Dictée n° 333 ou n° 334. — Faire faire l'une ou l'autre des deux dictées suivantes, selon la force des élèves :

DICTÉE N° 333 (1re année)

Pierre ou son frère doit aller à la foire[1]. — Juliette ne sait pas où aller passer ses vacances ; ce sera ou à la campagne ou au bord de la mer. — Et vous, où irez-vous ? — Où courez-vous si vite ? — C'est Jeanne ou vous que la maîtresse récompensera samedi. — Mon oncle m'achètera une poupée si je sais lire à la fin de l'année. — Le soleil est si éblouissant que l'aigle[2] seul peut le regarder en face. — Si vous venez pour vous promener avec moi, pourquoi marchez-vous si vite ?

Explication des mots. — [1] *Foire* : grand marché public se tenant à des époques fixes. — [2] *Aigle* : gros oiseau de proie.
Corrigé de la dictée. — Corriger ou faire corriger la dictée avant d'en indiquer les applications.
Interrogations. — Qu'est-ce qu'une *foire* ? Qu'est-ce que l'*aigle* ?
→ (Voir les explications ci-dessus.)
Applications écrites. — 1. Écrire les phrases de la dictée dans lesquelles *où* est adverbe :
→ Juliette ne sait pas *où* aller passer ses vacances. — Et vous, *où* irez-vous ? — *Où* courez-vous si vite ?

2. Composer deux phrases simples dans lesquelles *ou* sera conjonction :
→ (Exemple :) Nous irons à la campagne samedi *ou* dimanche. — Jean doit apprendre l'anglais *ou* l'allemand.

3. Écrire les phrases de la dictée dans lesquelles *si* est conjonction :
→ Mon oncle m'achètera une poupée *si* je sais lire à la fin de l'année. — *Si* vous venez pour vous promener avec moi, pourquoi marchez-vous si (adverbe) vite ?

DICTÉE N° 334 (2° année)

L'ÉCOLE

On ne nous enseigne que des choses utiles ou nécessaires. L'arithmétique[1] nous permettra de régler nous-mêmes nos comptes, l'histoire[2], et surtout l'histoire de France, nous montrera où nous vivons et quelle place notre pays occupe dans le monde. Si on nous enseigne la morale, c'est pour que nous soyons de braves et honnêtes garçons ; on nous exerce à la gymnastique pour que nous devenions si souples[3], si agiles[4] et si robustes[5], que nous ne craignions aucun travail du corps.

Explication des mots. — [1]*L'arithmétique* est la science qui nous apprend à compter, à calculer. — [2]*L'histoire* est le récit des événements qui se sont accomplis depuis les temps très anciens jusqu'à notre époque. — [3]*Souple :* qui peut se plier. — [4]*Agiles :* vifs, prompts. — [5]*Robustes :* vigoureux, presque insensibles à la fatigue.

Corrigé de la dictée. — Corriger ou faire corriger la dictée avant d'en indiquer les applications.

Interrogations. — Qu'est-ce que *l'arithmétique? l'histoire?* Que signifie *souples? agiles? robustes?*
→ (Voir les explications ci-dessus.)

Applications écrites. — 1. Écrire le mot *si* de la dictée lorsqu'il est adverbe et le faire suivre du mot qu'il modifie :
→ Si souples, si agiles, si robustes.
2. Écrire les conjonctions contenues dans la dictée :
→ Que, ou, et, et, si, que, et, que, que.
3. Composer trois phrases dans lesquelles *où* sera adverbe :
→ (Exemple :) Le garde forestier voudrait savoir *où* le chasseur a tué ces perdrix. — Montrez-moi *où* vous avez trouvé ce livre. — *Où* voulez-vous que nous nous retrouvions ?

5° Exercices écrits. — Indiquer les exercices écrits à faire parmi ceux de la page 593 du livre de l'élève (exercices 717 à 720).

RÉPONSES AUX EXERCICES 717 à 720

[717]. — 1° Écrire les phrases suivantes, souligner la conjonction *ou* :
→ Avec le lin **ou** le chanvre on fait des nappes **ou** des serviettes. — Où passerez-vous vos vacances ? — **Ou** j'irai vous voir, **ou** vous viendrez me voir.

2° Écrire les mêmes phrases, souligner l'adverbe *où* :
→ Avec le lin ou le chanvre on fait des nappes ou des serviettes. — **Où** passerez-vous vos vacances ? — Ou j'irai vous voir, ou vous viendrez me voir.

718. — Expliquer l'emploi des mots *ou* et *où* dans l'exercice précédent :
→ Avec le lin *ou* (c'est-à-dire *ou bien*) le chanvre on fait des nappes *ou* (c'est-à-dire *ou bien*) des serviettes. — *Où* (c'est-à-dire *en quel lieu*) passerez-vous vos vacances ? — *Ou* (c'est-à-dire *ou bien*) j'irai vous voir, *ou* (c'est-à-dire *ou bien*) vous viendrez me voir.

[719]. — 1° Écrire les phrases suivantes, souligner la conjonction *si* :

→ On vous aimera **si** vous êtes bon. — Le fermier est si actif, si travailleur, que tout prospère autour de lui. — On ne vous croira plus **si** vous avez menti une seule fois. — Ce livre est si intéressant que je l'ai relu avec plaisir.

2° Écrire les mêmes phrases, souligner l'adverbe *si* :

→ On vous aimera si vous êtes bon. — Le fermier est **si** actif, **si** travailleur, que tout prospère autour de lui. — On ne vous croira pas si vous avez menti une seule fois. — Ce livre est **si** intéressant que je l'ai relu avec plaisir.

3° Expliquer l'emploi du mot *si* dans l'exercice précédent :

→ On vous aimera *si* (unit les deux parties de la phrase) vous êtes bon. — Le fermier est *si* (c'est-à-dire *tellement*) actif, *si* (c'est-à-dire *tellement*) travailleur, que tout prospère autour de lui. — On ne vous croira pas *si* (unit les deux parties de la phrase) vous avez menti une seule fois. — Ce livre est *si* (c'est-à-dire *tellement*) intéressant que je l'ai relu avec plaisir.

[720]. — Écrire le morceau « Ne forçons point notre talent », (page 593 du livre de l'élève), puis indiquer l'enseignement qu'on peut en tirer :

→ Ne forçons point notre talent,
Nous ne ferions rien avec grâce.

Il ne faut pas croire que nous sommes capables de tout exécuter; nous ne devons entreprendre que ce que nous savons faire, sinon on se moquera de nous, et nous ne réussirons pas.

(Pour l'explication des mots de ce morceau, voir, le livre du maître [*Récitation n° 94*], page 293.)

6° Résumé des leçons 166 et 167. — Faire copier le paragraphe 293 à 297 du résumé [*Conjonction*], page 595 du livre de l'élève.

7° Morceau à apprendre. — Indiquer un morceau de récitation à apprendre, après l'avoir expliqué, ou un morceau, déjà appris, à repasser (pages 292 à 297 du livre du maître).

8° Récitation et correction. — 1. Faire réciter le morceau. — 2. Corriger les applications de la dictée et les exercices écrits qui ont été indiqués.

168ᵉ Leçon. — **L'INTERJECTION**

1° Leçon. — Faire écrire au tableau : *Langue française. — L'interjection (page 594).*
Faire apprendre la leçon (page 594 du livre de l'élève).

2° Interrogations. — Poser les questions 298, 299 et 300 (au bas de la page 594 du livre de l'élève).

3° Exercices oraux. — **1.** Faire trouver aux élèves des phrases contenant une interjection simple, telles que :

→ *Chut !* ne faites pas de bruit. — *Fi !* que c'est laid de mentir. — *Bravo !* vous avez très bien chanté.

2. Faire trouver aux élèves des phrases contenant une interjection composée, telles que :

→ *Ah çà !* croyez-vous que j'aie le temps d'attendre. — *Juste ciel !* il va tomber. — *Halte-là !* arrêtez.

4° Dictée n° 335 ou n° 336. — Faire faire l'une ou l'autre des deux dictées suivantes, selon la force des élèves :

DICTÉE N° 335 (1re année)

Chut ! ne parlez pas si fort. — Oh ! que grand'mère dort bien. — Bravo ! Léon sait sa leçon sans faute aujourd'hui. — Halte-là ! on ne passe pas, cria la sentinelle[1]. — Fi ! ce petit garçon a les mains sales. — Ciel ! cet enfant va tomber dans la rivière[2]. — Eh bien ! que décidez-vous maintenant : devons-nous rester ou partir ?

Explication des mots. — [1] *Sentinelle* : soldat qui garde le camp, la caserne, fait le guet. — [2] *Rivière* : cours d'eau qui se jette dans un fleuve ou dans une autre rivière.

Corrigé de la dictée. — Corriger ou faire corriger la dictée avant d'en indiquer les applications.

Interrogations. — Qu'est-ce qu'une *sentinelle ?* une *rivière ?*
→ (Voir les explications ci-dessus.)

Applications écrites. — **1.** Écrire les interjections contenues dans la dictée :
→ Chut ! oh ! bravo ! halte-là ! fi ! ciel ! eh bien !
2. Écrire les adverbes contenus dans la dictée :
→ Ne pas, si, bien, aujourd'hui, ne pas, maintenant.
3. Écrire les adjectifs qualificatifs contenus dans la dictée :
→ Petit, sales.
4. Ajouter un nom à chacun des adjectifs précédents :
→ *(Exemple :)* Petit bateau, tabliers sales.

DICTÉE N° 336 (2e année)

Les singes[1] mangent principalement des fruits tels que les noix, noisettes, amandes, figues, prunes ou même les melons. — Les lions[2], les tigres[3], les panthères[4], les chats sont des animaux carnassiers[5] ; hélas ! ils dévorent les bêtes vivantes. — Oh ! les belettes[6], les fouines livrent une rude guerre à notre basse-cour ; eh bien ! les renards[7] y causent encore de plus grands dégâts[8] : les vieux coqs, les poules, les poulets, tout leur est bon. Ils ne dédaignent[9] pas non plus certains fruits de nos vergers. Mais halte-là ! le chien veille.

Explication des mots. — [1] *Singe* : animal qui ressemble le plus à l'homme. Le singe a quatre mains. — [2] *Lion* : grand quadrupède féroce qui habite l'Afrique. — [3] *Tigre* : grand animal carnassier qui habite les pays chauds. Le tigre ressemble au chat ; il est plus féroce que le lion. — ⁴ *Panthère* : animal très féroce ; elle est plus petite que le tigre et sa peau est semée de taches noires. — ⁵ *Carnassiers*: nom donné aux animaux qui mangent de la chair crue. — ⁶ Les *belettes* et les *fouines* sont de petits animaux carnassiers qui parviennent souvent à entrer dans les poulaillers et qui les dévastent. — ⁷ *Renard* : animal plus petit que le chien qui dévaste les poulaillers. — ⁸ *Dégâts*: dommages. — ⁹ *Ils ne dédaignent pas* : ils mangent très volontiers.

Corrigé de la dictée. — Corriger ou faire corriger la dictée avant d'en indiquer les applications.

Interrogations. — Qu'est-ce que le *singe* ? le *lion* ? le *tigre* ? la *panthère* ? Que signifie *carnassiers* ? Qu'est-ce que les *belettes* et les *fouines* ? le *renard* ? des *dégâts* ? Que signifie *ils ne dédaignent pas* ?

→ (Voir les explications ci-dessus.)

Applications écrites. — 1. Écrire les interjections contenues dans la dictée :

→ Hélas ! oh ! eh bien ! halte-là !

2. Écrire les noms contenus dans la dictée :

→ Singes, fruits, noix, noisettes, amandes, figues, prunes, melons, lions, tigres, panthères, chats, animaux, bêtes, belettes, fouines, guerre, basse-cour, renards, dégâts, coqs, poules, poulets, fruits, vergers, chien.

3. Joindre à chacun des noms précédents un adjectif qui lui convienne :

→ (*Exemple :*) Singes agiles, fruits exquis, grosses noix, excellentes noisettes, amandes vertes, figues sèches, belles prunes, gros melons, lions affamés, tigres cruels, panthères féroces, traîtres chats, animaux nuisibles, bêtes sauvages, vives belettes, petites fouines, guerre civile, grande basse-cour, renards habiles, dégâts importants, coqs vigilants, poules grises, poulets craintifs, fruits rouges, vergers immenses, chiens fidèles.

5° Exercices écrits. — Indiquer les exercices écrits à faire parmi ceux de la page 594 du livre de l'élève (exercices 722 et 723).

RÉPONSES AUX EXERCICES 722 et 723

[722]. — 1° Écrire les mots suivants, souligner les interjections simples :

→ **Ah!** holà! ah çà! **bravo!** fi donc! eh bien! **halte! chut!** juste ciel! **hé!** halte-là! **oh!** hélas! **Oh!** que dites-vous? **Chut!** ne faites pas de bruit. Halte-là! on ne passe pas ici. **Hein!** qu'en pensez-vous? Fi donc! que c'est mal. **Eh!** à quoi pensez-vous là?

2° Écrire les mêmes mots, souligner les interjections composées :

→ Ah! holà! **ah çà!** bravo! **fi donc! eh bien!** halte! chut! **juste ciel!** hé! **halte-là!** oh! hélas! Oh! que dites-vous? Chut! ne faites pas de bruit. **Halte-là!** on ne passe pas ici. Hein! qu'en pensez-vous? **Fi donc!** que c'est mal. Eh! à quoi pensez-vous là?

[723]. — Écrire le morceau « Il faut aimer ses frères et ses sœurs » (page 594 du livre de l'élève), puis indiquer l'enseignement qu'on doit en tirer :

→ Combien on doit aimer ses frères et ses sœurs !
Que ces liens sont doux ! Ensemble dès l'enfance,
Unis par les devoirs, unis par la naissance,
Où trouver des amis et plus sûrs et meilleurs ?

La plus grande union doit toujours régner entre les frères et les sœurs. Persuadons-nous bien que nous n'aurons jamais d'amis plus fidèles et plus désintéressés.

(Pour l'explication des mots de ce morceau, voir le livre du maître [*Récitation* n° 95], page 293.)

6° Résumé de la leçon. — Faire copier le paragraphe 298 à 300 du résumé [*Interjection*], page 595 du livre de l'élève.

7° Morceau à apprendre. — Indiquer un morceau de récitation à apprendre, après l'avoir expliqué, ou un morceau, déjà appris, à repasser (pages 292 à 297 du livre du maître).

8° Récitation et correction. — **1.** Faire réciter le morceau. — **2.** Corriger les applications de la dictée et les exercices écrits qui ont été indiqués.

169ᵉ Leçon. — **RÉSUMÉ DES LEÇONS 166, 167 et 168**

1° Leçon. — Faire écrire au tableau : *Langue française.* — *Résumé des leçons 166, 167 et 168 (page 595).*
Faire apprendre le résumé des leçons 166, 167 et 168 (page 595 du livre de l'élève).

2° Récitation. — Faire réciter le résumé des leçons 166, 167 et 168 (page 595 du livre de l'élève).

3° Exercices oraux. — Revenir sur les parties les moins bien sues des leçons 166, 167 et 168 et les expliquer aux élèves.

4° Dictée n° 337 ou n° 338. — Faire faire l'une ou l'autre des deux dictées suivantes, selon la force des élèves :

DICTÉE N° 337 (1ʳᵉ année)

Pour défendre son pays, Abd-el-Kader[1] lutta avec beaucoup de courage. — Sous le règne de Charles X[2], la France aida la Grèce[3] à devenir indépendante[4] et la conquête de l'Algérie[5] fut commencée. — Dans plusieurs pays on brûle les mauvaises herbes, et leurs cendres sont répandues ensuite dans les champs. — L'argent dont on se sert pour faire des monnaies est mêlé avec un peu de cuivre. — L'Australie[6] est un pays mal arrosé; on y remarque un seul fleuve[7] important : le Murray.

Explication des mots. — [1] *Abd-el-Kader* : chef des Arabes algériens ; il défendit vaillamment son pays, lorsque les Français voulurent s'en emparer. — [2] *Charles X* : roi de France qui succéda à Louis XVIII, son frère. — [3] *Grèce* : presqu'île située au Sud de l'Europe. — [4] *Indépendante* :

libre, les Grecs réussirent à se soustraire à la domination de la Turquie. — ⁵ *Algérie :* colonie française située au Nord de l'Afrique. — ⁶ *Australie :* île de l'Océanie, plus grande que l'Europe, appartient à l'Angleterre. — ⁷ *Fleuve :* cours d'eau qui se jette directement dans la mer.

Corrigé de la dictée. — Corriger ou faire corriger la dictée avant d'en indiquer les applications.

Interrogations. — Qui était *Abd-el-Kader ? Charles X ?* Où est située la *Grèce ?* Que signifie *indépendante ?* Qu'est-ce que l'*Algérie ?* l'*Australie ?* un *fleuve ?*
→ (Voir les explications ci-dessus.)

Applications écrites. — 1. Écrire les noms propres contenus dans la dictée :
→ Abd-el-Kader, Charles X, France, Grèce, Algérie, Australie, Murray.
2. Écrire les prépositions contenues dans la dictée :
→ Pour, avec, de, sous, de, à, de, dans, dans, pour, avec, de.
3. Écrire les participes passés contenus dans la dictée :
→ Commencée, répandues, mêlé, arrosé.

DICTÉE N° 338 (2ᵉ année)

LA FRATERNITÉ[1]

Marguerite et Louis vont à l'école. Les voilà qui s'avancent tous deux, leurs livres sous le bras. Le froid est vif, la neige[2] couvre la terre ; le frère de Marguerite (pauvre petit !) tremble de froid. Marguerite s'en aperçoit, elle retire son manteau de laine : — « Enveloppe-toi[3] dans ce manteau, » commande-t-elle à son frère ; et elle lui étend le chaud vêtement sur les épaules. Marguerite est une bonne petite sœur, elle sera plus tard une bonne mère.

Explication des mots. — ¹ *Fraternité :* amitié, union entre frères et sœurs. — ² *Neige :* nom donné à l'eau gelée qui tombe en flocons blancs et légers. — ³ *Enveloppe-toi :* entoure-toi de ce manteau pour en être bien couvert et être ainsi préservé du froid.

Corrigé de la dictée. — Corriger ou faire corriger la dictée avant d'en indiquer les applications.

Interrogations. — Quel est le sens du mot *fraternité ?* Qu'est-ce que la *neige ?* Que signifie *enveloppe-toi ?*
→ (Voir les explications ci-dessus.)

Applications écrites. — 1. Écrire les adjectifs qualificatifs contenus dans la dictée :
→ Vif, pauvre, chaud, bonne, petite, bonne.
2. Écrire les prépositions de la dictée et indiquer, entre parenthèses, les deux mots entre lesquels il y a un rapport :
→ A (rapport entre *vont* et *école*); sous (rapport entre *placés* (sous-entendu) et *bras*); de (rapport entre *frère* et *Marguerite*); de (rapport entre *tremble* et *froid*); de (rapport entre *manteau* et *laine*); dans (rapport entre *enveloppe-toi* et *manteau*); à (rapport entre *commande* et *frère*); sur (rapport entre *étend* et *épaules*).

5° Exercices écrits. — Indiquer les exercices écrits à faire parmi ceux de la page 595 du livre de l'élève (exercices 724 à 726).

RÉPONSES AUX EXERCICES 724 à 726

724. — Remplacer les points par une conjonction simple : Je suis heureux ... je travaille. — Venez me voir ... vous le dites. — Je me réchauffe ... je marche.

→ Je suis heureux *puisque* je travaille. — Venez me voir *comme* vous le dites. — Je me réchauffe *quand* je marche.

725. — Remplacer les points par une conjonction composée : Vous avez la plus forte note, ... placez-vous le premier. — Je vous payerai, mais dans vingt-quatre heures, ... demain. — Il fait froid, mais venez me voir ...

→ Vous avez la plus forte note, *par conséquent* placez-vous le premier. — Je vous payerai, mais dans vingt-quatre heures, *c'est-à-dire* demain. — Il fait froid, mais venez me voir *quand même*.

726. — Remplacer les points par *ou* conjonction ou par *où* adverbe. Pierre ... Paul viendra ce soir. — Je vais ... je veux. — A la campagne ... à la ville, il faut travailler. — C'est ici ... à côté que les soldats vont s'arrêter.

→ Pierre *ou* Paul viendra ce soir. — Je vais *où* je veux. — A la campagne *ou* à la ville, il faut travailler. — C'est ici *ou* à côté que les soldats vont s'arrêter.

6° Analyse grammaticale (*Deuxième année*). — Donner à faire aux élèves de deuxième année l'analyse grammaticale suivante :

Analyse grammaticale n° 34. — N'hésitons pas à choisir la justice et la raison pour guides.

→ Ne pas	locution adverbiale.
hésitons	v. neutre *hésiter*, 1ʳᵉ conj., mode imp., temps prés., 1ʳᵉ pers. du plur.
à	prép.
choisir	v. actif *choisir*, 2ᵉ conj., mode inf., temps prés., complément de *hésitons*.
la	art. simp., fém. sing., annonce que *justice* est déterminé.
justice	n. comm., fém. sing., compl. direct de *choisir*.
et	conj.
la	art. simp., fém. sing., annonce que *raison* est déterminé.
raison	n. comm., fém. sing., compl. direct de *choisir*.
pour	prép.
guides.	n. comm., masc. plur., compl. indirect de *choisir*.

7° Morceau à apprendre. — Indiquer un morceau de récitation à apprendre, après l'avoir expliqué, ou un morceau, déjà appris, à repasser (pages 292 à 297 du livre du maître).

8° Récitation et correction. — 1. Faire réciter le morceau. — 2. Corriger les applications de la dictée, l'analyse grammaticale et les exercices écrits qui ont été indiqués.

LANGUE FRANÇAISE : CONJONCTION ET INTERJECTION 255

170ᵉ Leçon. — EXERCICES DE RÉCAPITULATION

1° Leçon. — Faire écrire au tableau : *Langue française.* — *Exercices de récapitulation* (page 596).

2° Interrogations. — Si les leçons 166, 167, 168 et 169 n'ont pas été suffisamment sues, poser de nouveau les questions 293 à 300 (au bas des pages 592, 593 et 594 du livre de l'élève) et faire réciter encore le résumé des leçons 166, 167 et 168 (page 595 du livre de l'élève).

3° Exercices oraux. — Expliquer les parties des leçons 166, 167 et 168 qui n'auraient pas été bien comprises.

4° Dictée n° 339 ou n° 340. — Faire faire l'une ou l'autre des deux dictées suivantes, selon la force des élèves :

DICTÉE N° 339 (1ʳᵉ année)

LE JARDIN [1]

Le jardin porte différents noms. Dans le potager, on cultive les légumes [2] tels que les choux, les poireaux, les haricots, les pois, les panais, les carottes, les oignons. Le verger renferme les arbres qui nous donnent leurs fruits : le poirier, le pommier, le prunier, le pêcher, l'abricotier. Le jardin d'agrément offre une immense variété [3] de fleurs que nous aimons tant à voir.

Explication des mots. — [1]*Jardin* : terrain généralement entouré de murs ou de haies, dans lequel on cultive des légumes, des fruits et aussi des fleurs. — [2]*Légumes* : nom général donné aux plantes qui servent à notre nourriture. — [3]*Variété* : diversité ; on cultive dans ce jardin un grand nombre de fleurs différentes.

Corrigé de la dictée. — Corriger ou faire corriger la dictée avant d'en indiquer les applications.

Interrogations. — Qu'est-ce qu'un *jardin* ? des *légumes* ? une *variété* ?
→ (Voir les explications ci-dessus.)

Applications écrites. — 1. Écrire les noms de la dictée, avec l'article qui les accompagne :
→ Le jardin, le potager, les légumes, les choux, les poireaux, les haricots, les pois, les panais, les carottes, les oignons, le verger, les arbres, leurs fruits, le poirier, le pommier, le prunier, le pêcher, l'abricotier, le jardin, agrément, une variété, fleurs.
2. Écrire les adjectifs qualificatifs contenus dans la dictée :
→ Différents, immense.
3. Écrire les verbes contenus dans la dictée :
→ Porte, cultive, renferme, donnent, offre, aimons, voir.

DICTÉE N° 340 (2° année)

L'ÉCOLE

La maison d'école est située au centre[1] du village. Sa façade[2] blanche forme de loin une tache[3] claire et gaie au milieu des autres habitations. Derrière se trouvent le joli préau[4] planté de marronniers[5] et le modeste jardin de l'instituteur. La salle de classe, vaste, égayée d'un rayon de soleil, tapissée[6] de cartes, de tableaux, d'images, semble inviter au travail et à l'étude. C'est là que nous passons les meilleures années de notre vie. Heureux l'enfant qui aime l'école et qui s'y rend avec plaisir !

Explication des mots. — [1] *Centre :* milieu. — [2] *Façade :* face d'une construction. — [3] *Tache :* veut dire ici une place, un endroit. — [4] *Préau :* lieu où les élèves se mettent en rang pour entrer en classe et où ils jouent. — [5] *Marronnier :* grand arbre dont les fruits sont appelés marrons. — [6] *Tapissée,* c'est-à-dire dont les murs sont ornés.

Corrigé de la dictée. — Corriger ou faire corriger la dictée avant d'en indiquer les applications.

Interrogations. — Qu'est-ce que le *centre ?* la *façade ?* Que signifie une *tache ?* Qu'est-ce qu'un *préau ?* un *marronnier ?* Que signifie *tapissée ?*
→ (Voir les explications ci-dessus.)

Applications écrites. — 1. Écrire les adjectifs qualificatifs contenus dans la dictée :
→ Blanche, claire, gaie, joli, modeste, vaste, meilleures, heureux.

2. Écrire les verbes de la dictée qui sont à un mode personnel, en les faisant précéder de leurs sujets :
→ La maison est située, sa façade forme, le préau et le jardin se trouvent, la salle semble, c'est, nous passons, qui aime, qui se rend.

3. Écrire les mots invariables de la dictée et indiquer, entre parenthèses, la nature de ces différents mots :
→ D' (préposition), de loin (locution adverbiale), et (conjonction), au milieu de (locution prépositive), derrière (adverbe), de (préposition), et (conjonction), de (préposition), de (préposition), d' (préposition), de (préposition), de (préposition), de (préposition), d' (préposition), et (conjonction), à (préposition), là (adverbe), que (conjonction), de (préposition), et (conjonction), y (adverbe), avec (préposition).

5° **Exercices écrits.** — Indiquer les exercices écrits à faire parmi ceux de la page 596 du livre de l'élève (exercices 727 à 732).

RÉPONSES AUX EXERCICES 727 à 732

[727]. — 1° Écrire les phrases suivantes, souligner les conjonctions :
→ Partons, **car** nous sommes en retard. — Ils vous payeront, **mais** plus tard. — Nous vous récompenserons **si** vous étudiez bien. — Vous êtes si étourdi **que** le maître vous gronde souvent. — Où alliez-vous ce matin, **lorsque** je vous ai rencontré ? — Vous vous promènerez **ou** vous travaillerez.

Le gérant : PAUL DUPONT.

LANGUE FRANÇAISE : CONJONCTION ET INTERJECTION

2° Écrire les mêmes phrases, souligner les adverbes :
→ Partons, car nous sommes en retard. — Ils vous payeront, mais **plus tard**. — Nous vous récompenserons si vous étudiez **bien**. — Vous êtes **si** étourdi que le maître vous gronde **souvent**. — **Où** alliez-vous ce matin, lorsque je vous ai rencontré ? — Vous vous promènerez ou vous travaillerez.

728. — Écrire dix conjonctions simples :
→ (Exemple :) Car, donc, quand, puisque, lorsque, alors, si, et, que, ni.

729. — Écrire dix conjonctions composées :
→ (Exemple :) Afin que, ainsi que, de peur que, parce que, tandis que, ou bien, d'ailleurs, alors que, du moins, par conséquent.

[730]. — 1° Écrire les phrases suivantes, souligner les interjections simples :
→ **Oh !** que je souffre. — **Bravo !** voilà qui est bien. — **Ah çà !** venez donc. — **Juste ciel !** qu'arrive-t-il ? — **Hé !** bonjour, mes amis. — **Hélas !** que de malheurs.

2° Écrire les mêmes phrases, souligner les interjections composées :
→ Oh ! que je souffre. — Bravo ! voilà qui est bien. — **Ah çà !** venez donc. — **Juste ciel !** qu'arrive-t-il ? — Hé ! bonjour, mes amis. — Hélas ! que de malheurs.

731. — Composer une phrase dans laquelle entrera chacune des interjections suivantes : fi ! ouf ! chut ! gare ! hélas ! bravo !
→ (Exemple :) Fi ! la vilaine action que vous avez faite là ! — Ouf ! nous voilà enfin arrivés ! — Chut ! écoutez ce qu'on va dire ! — Gare ! le train va passer. — Je le lui ai dit, hélas ! mais il est trop tard. — Bravo ! vous avez bien répondu.

732. — *Deux gendarmes emmènent un voleur.*
Faire un récit sur ce que représente cette figure.

→ Développement. — Le voleur que les gendarmes emmènent est pauvrement vêtu ; ses mains sont attachées ; il ne pourra s'enfuir. Du reste, les gendarmes, montés sur leurs robustes chevaux, l'auraient bien vite rejoint, s'il tentait de s'échapper. Dans le fond de la gravure on aperçoit plusieurs paysans qui sont sortis de chez eux pour voir passer le voleur.

Si l'on a du mépris pour les criminels tout en les plaignant de n'avoir pas su devenir de braves travailleurs, il faut, en retour, avoir de la reconnaissance pour les gendarmes. Leur tâche est rude ; parfois, ils sont eux-mêmes victimes des voleurs qu'ils ont mission de conduire en prison. C'est une guerre continuelle qu'ils font aux mauvaises gens. Respectons et honorons ces braves soldats, serviteurs de tout le monde.

RÉDACTION CONCENTRIQUE N° 67
(GARÇONS)

Le plaisir du bain.

(Le même sujet est traité dans la leçon correspondante du cours moyen.)

Plan. — On vous a mené vous baigner à la rivière. — Plaisir de se trouver dans l'eau fraîche par un jour chaud. — Vous apprenez à nager.

→ *Développement.* — Hier, nous avons été nous baigner à la rivière. On nous a menés à un endroit très sûr, installé exprès pour les bains. Il y a une corde qu'il faut avoir soin de ne pas dépasser.

Il faisait très chaud et j'ai été bien content lorsque je me suis trouvé dans l'eau fraîche. Mes camarades et moi, nous nous débattions comme de vrais canards et nous nous jetions de l'eau à la figure. Ceux qui savent nager doivent nous donner des leçons de natation. C'est le moment où l'on s'amuse le plus. On vous soutient par le menton, et puis on vous lâche, et, si vous ne vous tirez pas d'affaire, on vient à votre secours. C'est aussi très drôle de faire la planche. Je ne comprends pas comment on ne va pas au fond de l'eau, mais l'Instituteur m'a promis de m'expliquer pourquoi, dans cette position, on se soutient à la surface de l'eau, comme si l'on était en liège.

Après notre bain, nous avons fait une longue marche au pas gymnastique ; il paraît que c'est très dangereux de prendre froid en sortant de l'eau, et c'est pourquoi on doit prendre de l'exercice après le bain.

Les poissons sont bien heureux de vivre toujours dans l'eau ; j'aimerais mieux, cependant, rester à la surface comme les cygnes et pouvoir aller me promener un peu sur terre, quand j'en aurais envie. Il y a un de mes camarades qui plonge dans l'eau et reparaît au bout d'un instant. Je n'ose pas faire comme lui, j'ai peur de me noyer, mais je vais me hâter d'apprendre à nager.

Comme on s'amuse bien dans l'eau, les jours de chaleur !

RÉDACTION CONCENTRIQUE N° 68
(FILLES)
Cueillette des cerises.

(Le même sujet est traité dans la leçon correspondante du cours moyen.)
Plan. — Dites comment sont les arbres avec leurs fruits. — Vous montez dans un arbre et une de vos amies vous tend un panier pour recevoir les fruits. — Vous jouez avec les cerises et vous en mangez.

→ *Développement.* — C'est très amusant de cueillir des cerises. Hier je suis allée avec mon amie Berthe chez mon oncle, qui a un jardin rempli de cerisiers.

Ces arbres sont magnifiques, en ce moment. A chaque petite branche pend un paquet de grosses cerises rouges bien mûres qui font vraiment envie.

Berthe, qui est plus petite que moi, est restée au pied de l'arbre avec un panier ; moi, je suis montée dans le cerisier. Il y avait des oiseaux qui se sont envolés, en me voyant dans l'arbre. Les petits gourmands ne se gênaient pas ; ils déjeunaient avec les cerises de mon oncle. C'étaient même les plus grosses qu'ils choisissaient. J'ai lancé des cerises dans le panier de Berthe, mais il ne se remplissait pas vite : Berthe les mangeait à mesure que je les cueillais. Alors, je me suis bien installée dans le milieu du cerisier, je me suis mis de belles boucles d'oreille en cerises et j'ai déjeuné comme un moineau, avec les plus beaux fruits. Ensuite, j'en ai lancé de nouveau dans le panier de Berthe, qui, cette fois, n'a pas osé les manger avant que je sois descendue de l'arbre.

Nous avons alors joué toutes les deux avec les cerises ; nous en avons mis dans nos cheveux, sur nos oreilles, à notre ceinture et nous sommes allées remercier mon oncle du plaisir qu'il nous avait procuré.

6° Morceau à apprendre. — Indiquer un morceau de récitation à apprendre, après l'avoir expliqué, ou un morceau, déjà appris, à repasser (pages 292 à 297 du livre du maître).

7° Récitation et correction. — 1. Faire réciter le morceau. — 2. Corriger les applications de la dictée, les rédactions et les exercices écrits qui ont été indiqués.

171ᵉ Leçon. — LES DIX PARTIES DU DISCOURS

1° Leçon. — Faire écrire au tableau : *Langue française. — Les dix parties du discours (page 597).*
Faire apprendre la leçon (page 597 du livre de l'élève).

2° Interrogations. — Poser les questions 301, 302 et 303 (au bas de la page 597 du livre de l'élève).

3° Exercices oraux. — 1. Faire trouver aux élèves des exemples de chacune des dix parties du discours, tels que :
→ Table, beau, le, tu, marcher, vendu, plus, pour, car, ah !
2. Faire trouver aux élèves des exemples de mots variables, tels que :
→ Cheval, studieux, la, nous, finir, aimé.
3. Faire trouver aux élèves des exemples de mots invariables, tels que :
→ Sagement, par, et, fi !

4° Dictée n° 341 ou n° 342. — Faire faire l'une ou l'autre des deux dictées suivantes, selon la force des élèves :

DICTÉE N° 341 (1re année)

Le soldat doit obéissance à ses supérieurs, sous-officiers et officiers. — Dans la classe il y a des tables, des bancs, des encriers, des cartes. — Les habitants de Lyon[1] s'appellent des Lyonnais ; ceux de Nantes[2], des Nantais ; ceux de Bordeaux[3], des Bordelais ; ceux de Marseille[4], des Marseillais ; ceux de Paris, des Parisiens. — La voix de l'écolier est souvent aiguë. — Le général a puni le caporal. — Le travail de l'émail[5] est difficile. — Le caillou a frappé le genou de l'enfant. — Avec un sou on peut acheter un joujou.

Explication des mots. — [1] *Lyon* : chef-lieu du département du Rhône, la seconde ville de France par sa population, et la première ville du monde par son commerce de soieries. — [2] *Nantes* : chef-lieu du département de la Loire-Inférieure — [3] *Bordeaux* : chef-lieu du département de la Gironde ; grand port de commerce, expédie du vin dans toutes les parties du monde. — [4] *Marseille* : le plus grand port et la plus ancienne ville de France ; Marseille est sur la mer Méditerranée. — [5] *Émail* : matière composée avec du verre dont on recouvre certains objets.

Corrigé de la dictée. — Corriger ou faire corriger la dictée avant d'en indiquer les applications.

Interrogations. — Qu'est-ce que *Lyon ? Nantes ? Bordeaux ? Marseille ? l'émail ?*
→ (Voir les explications ci-dessus.)

Applications écrites. — 1. Écrire les mots invariables contenus dans la dictée :
→ A, et, dans, y, de, de, de, de, de, de, souvent, de, de, avec.
2. Écrire les noms communs de la dictée qui sont au singulier :
→ Soldat, obéissance, classe, voix, écolier, général, caporal, travail, émail, caillou, genou, enfant, sou, joujou.
3. Mettre ces noms au pluriel :
→ Soldats, obéissance (ne s'emploie pas au pluriel), classes, voix, écoliers, généraux, caporaux, travaux, émaux, cailloux, genoux, enfants, sous, joujoux.
4. Écrire les noms propres de la dictée :
→ Lyon, Lyonnais, Nantes, Nantais, Bordeaux, Bordelais, Marseille, Marseillais, Paris, Parisiens.

DICTÉE N° 342 (2ᵉ année)

L'HUILE

On peut tirer de l'huile d'une infinité[1] de graines : graines de lin[2], de chènevis[3], de soleil[4], de colza[5], d'œillette[6], des noix, des olives[7], etc. On tire aussi l'huile de certains animaux : baleine[8], morue[9], et même de certaines parties d'animaux : huile de pied de bœuf, de pied de mouton. Certaines de ces huiles sont employées comme assaisonnement. Les autres servent pour l'éclairage.

Explication des mots. — [1] *Infinité* : quantité considérable. — [2] *Lin* : plante textile avec laquelle on fabrique de la toile. — [3] *Chènevis* : graine du chanvre. — [4] *Soleil* : plante à larges fleurs jaunes, appelé aussi *tournesol*. — [5] *Colza* : plante dont la graine fournit de l'huile. — [6] *Œillette* : nom vulgaire du *pavot*. — [7] *Olives* : fruits de l'olivier. — [8] *Baleine* : gros mammifère qui vit dans l'eau, mais vient respirer à la surface. — [9] *Morue* : poisson de mer ; le foie de ce poisson donne une huile qui est employée en médecine.

Corrigé de la dictée. — Corriger ou faire corriger la dictée avant d'en indiquer les applications.

Interrogations. — Que signifie *infinité* ? Qu'est-ce que le *lin* ? le *chènevis* ? un *soleil* ? le *colza* ? l'*œillette* ? les *olives* ? une *baleine* ? une *morue* ?

→ (Voir les explications ci-dessus.)

Applications écrites. — 1. Écrire les mots invariables contenus dans la dictée :
→ De, d', de, de, de, de, de, d', aussi, de, et, de, d', de, de, de, de, de, comme, pour.

2. Écrire les noms de la dictée qui sont au féminin :
→ Huile, huile, infinité, graines, graines, œillette, noix, olives, huile, baleine, morue, parties, huile, huiles.

3. Écrire les verbes contenus dans la dictée :
→ Peut, tirer, tire, sont employées, servent.

5° Exercices écrits. — Indiquer les exercices écrits à faire parmi ceux de la page 597 du livre de l'élève (exercices 734 à 736).

RÉPONSES AUX EXERCICES 734 à 736

734. — Écrire les mots suivants, indiquer à quelle partie du discours appartient chacun d'eux :

→ Maison (nom).
Grenier (nom).
Le (article).
La (article).
Les (article).
Beau (adjectif).
Grand (adjectif).
Poule (nom).
Honnête (adjectif).
Venir (verbe).
Arriver (verbe).
De (préposition).
Entre (préposition).
Dès (préposition).
Ou (conjonction).
Maintenant (adverbe).
Oh ! (interjection).
Holà ! (interjection).

735. — Écrire dix mots variables (noms, adjectifs, verbes) :
→ *(Exemple:)* Chemin, nouveau, ardoise, gris, balcon, haut, chanter, craindre, surprendre, savourer.

736. — Écrire dix mots invariables (adverbes, prépositions, conjonctions, interjections) :
→ *(Exemple:)* Demain, hier, là, ici, avant, de, par, si, car, holà !

6° Résumé de la leçon. — Faire copier le paragraphe 301 à 303 du résumé [*Les dix parties du discours*], page 600 du livre de l'élève.

7° Morceau à apprendre. — Indiquer un morceau de récitation à apprendre, après l'avoir expliqué, ou un morceau, déjà appris, à repasser (pages 292 à 297 du livre du maître).

8° Récitation et correction. — 1. Faire réciter le morceau. — 2. Corriger les applications de la dictée et les exercices écrits qui ont été indiqués.

172° Leçon. — LES SIGNES ORTHOGRAPHIQUES

1° Leçon. — Faire écrire au tableau : *Langue française. — Les signes orthographiques (page 598).*
Faire apprendre la leçon (page 598 du livre de l'élève).

2° Interrogations. — Poser les questions 304, 305, 306 et 307 (au bas de la page 598 du livre de l'élève).

3° Exercices oraux. — 1. Faire trouver aux élèves des mots renfermant un ou plusieurs e surmontés d'un accent aigu, tels que :
→ Bonté, loyauté, été, habileté, café.

2. Faire trouver aux élèves des mots contenant chacun une voyelle (e ou a) surmontée d'un accent grave, tels que :
→ Succès, siège, manège, cortège, procès, mère, père, déjà, là, çà.

3. Faire trouver aux élèves des mots contenant chacun une voyelle surmontée d'un accent circonflexe, tels que :
→ Pâté, pâtre, âne, âme, fête, tête, bête, forêt, épître, gîte, côte, hôte, apôtre, flûte, bûche.

4. Faire trouver aux élèves des mots devant lesquels ils emploieront un article élidé, tels que :
→ L'oiseau, l'habit, l'âme, l'histoire, l'animal, l'ours, l'idée, l'arme, l'épée.

4° Dictée n° 343 ou n° 344. — Faire faire l'une ou l'autre des deux dictées suivantes, selon la force des élèves.

LANGUE FRANÇAISE : SIGNES ORTHOGRAPHIQUES 263

DICTÉE N° 343 (1re année)

Un enfant doit obéir à son père et à sa mère. — La maison et l'étable du fermier[1] sont placées sous la surveillance[2] particulière de la fermière. — Le chien est le seul animal dont la fidélité[3] soit à toute épreuve. — La charité, l'honnêteté[4] et la bonté sont trois belles vertus. — L'estomac est l'organe de la digestion. — La grand'mère et la grand'tante se rencontrèrent dans la grand'rue. — Mon aïeul[5] a souvent les yeux levés vers ce tableau.

Explication des mots. — [1] *Fermier* : homme qui prend en location une exploitation agricole. — [2] *Surveillance* : résultat de l'action de surveiller ; la fermière veille spécialement et avec autorité sur ces parties de la ferme. — [3] *Fidélité* : attachement constant. — [4] *Honnêteté* : habitude de se conduire suivant les règles de l'honneur, de la vertu. — [5] *Aïeul* : grand-père.

Corrigé de la dictée. — Corriger ou faire corriger la dictée avant d'en indiquer les applications.

Interrogations. — Qu'est-ce qu'un *fermier* ? la *surveillance* ? la *fidélité* ? l'*honnêteté* ? un *aïeul* ?
↠ (Voir les explications ci-dessus.)

Applications écrites. — 1. Écrire les mots de la dictée qui ont un e fermé surmonté d'un accent aigu :
↠ Obéir, étable, placées, fidélité, épreuve, charité, honnêteté, bonté, levés.

2. Écrire les mots de la dictée qui ont un e ouvert surmonté d'un accent grave :
↠ Père, mère, particulière, fermière, grand'mère, rencontrèrent.

3. Écrire les mots de la dictée qui ont une apostrophe :
↠ L'étable, l'honnêteté, l'estomac, l'organe, grand'mère, grand'tante, grand'rue.

DICTÉE N° 344 (2e année)

LA VIE DU FERMIER

La vie du fermier nous enseigne ce qu'un homme laborieux[1] et intelligent peut exécuter. Un bon fermier se lève tôt et se couche tard ; il veille[2] à ce que les chevaux et les bœufs aient du foin et de l'eau en quantité suffisante, que les moutons et les vaches soient conduits aux champs et que chacun commence les travaux de la journée à l'heure convenue. S'il n'agissait[3] pas ainsi, il serait bientôt l'homme le plus pauvre du voisinage. Il n'ignore pas qu'en sa présence[4] tout va bien, mais que, s'il s'absente, tout va mal.

Explication des mots. — [1] *Laborieux* : qui travaille beaucoup. — [2] *Veille* : prend garde. — [3] *S'il n'agissait ainsi* : s'il ne faisait pas de cette manière. — [4] *En sa présence* : lorsqu'il est dans sa ferme.

Corrigé de la dictée. — Corriger ou faire corriger la dictée avant d'en indiquer les applications.

Interrogations. — Que signifie le mot *laborieux*? il veille? s'il *n'agissait ainsi*? en sa présence?

→ (Voir les explications ci-dessus.)

Applications écrites. — 1. Écrire tous les mots de la dictée qui ont un *e* fermé :

→ Fermier, et, exécuter, fermier, et, et, quantité, et, et, journée, présence.

2. Écrire des mots de la dictée qui ont un *e* ouvert :

→ Fermier, enseigne, intelligent, fermier, lève, veille, les, les, les, les, les.

3. Écrire les mots de la dictée qui ont une apostrophe :

→ Qu'un, l'eau, l'heure, s'il, n'agissait, l'homme, n'ignore, qu'en, s'il, s'absente.

5° Exercices écrits. — Indiquer les exercices écrits à faire parmi ceux de la page 598 du livre de l'élève (exercices 738 et 739).

RÉPONSES AUX EXERCICES 738 et 739

738. — Écrire cinq noms dans chacun desquels il y aura au moins un *e* fermé et cinq noms dans chacun desquels il y aura au moins un *e* ouvert :

→ *(Exemple :)* Ondée, nuée, éclat, dictée, gelée.

Tanière, rivière, indigène, primevère, mère.

[739]. — 1° Écrire les phrases suivantes, souligner la lettre *a*, verbe :

→ Il **a** un beau cheval. — Nous irons à la campagne. — Donnez-lui une leçon à apprendre. — Paul **a** bien fait son devoir. — Regardez cette abeille, elle **a** déjà puisé le suc de beaucoup de fleurs.

2° Écrire les mêmes phrases, souligner la lettre *à*, préposition :

→ Il a un beau cheval. — Nous irons **à** la campagne. — Donnez-lui une leçon **à** apprendre. — Paul a bien fait son devoir. — Regardez cette abeille, elle a déjà puisé le suc de beaucoup de fleurs.

6° Morceau à apprendre. — Indiquer un moreau de récitation à apprendre, après l'avoir expliqué, ou un morceau, déjà appris, à repasser (pages 292 à 297 du livre du maître).

7° Récitation et correction. — 1. Faire réciter le morceau.

— 2. Corriger les applications de la dictée et les exercices écrits qui ont été indiqués.

173° Leçon. — LES SIGNES ORTHOGRAPHIQUES *(Suite)*

1° Leçon. — Faire écrire au tableau : *Langue française. — Les signes orthographiques (suite) (page 599).*

Faire apprendre la leçon (page 599 du livre de l'élève).

2° Interrogations. — Poser les questions 308, 309, 310 et 311 (au bas de la page 599 du livre de l'élève).

3° Exercices oraux. — 1. Faire trouver aux élèves des mots renfermant un *c* avec une cédille, tels que :

→ Façade, glaçon, colimaçon, maçon, vous aperçûtes,

LANGUE FRANÇAISE : SIGNES ORTHOGRAPHIQUES

2. Faire trouver aux élèves des mots renfermant chacun une voyelle surmontée d'un tréma, tels que :
→ Maïs, naïf, Noël, faïence, aiguë.

3. Faire trouver aux élèves des noms composés, tels que :
→ Arc-en-ciel, chou-fleur, basse-cour, hôtel-Dieu, reine-marguerite, pot-au-feu.

4° Dictée n° 345 ou n° 346. — Faire faire l'une ou l'autre des deux dictées suivantes, selon la force des élèves :

DICTÉE N° 345 (1re année)

Les Français ont l'âme généreuse et bonne. — Les maçons[1] ont élevé l'école rapidement. — Le charpentier[2] a donné un reçu à son client[3]. — Ne haïssez[4] jamais vos camarades. — La ciguë[5] est un poison. — La petite fille se promène dans la basse-cour. — Je regardais l'arc-en-ciel[6]. — Le bourgeois qui habite près de vous vient de louer un pied-à-terre[7] dans mon village. — Essayez de vous rendre utiles.

Explication des mots. — [1] *Maçons* : ouvriers qui mettent en œuvre dans les constructions la pierre et le plâtre. — [2] *Charpentier* : ouvrier qui assemble et qui pose les pièces de bois servant à une construction. — [3] *Client* : homme qui est en relation d'affaires avec un commerçant, un industriel. — [4] *Haïr* : détester. — [5] *Ciguë* : herbe qui ressemble au persil. — [6] *Arc-en-ciel* : phénomène qui se produit dans l'air après la pluie ; l'arc-en-ciel a la forme d'un arc et reproduit les sept couleurs : violet, indigo, bleu, vert, jaune, orangé, rouge. — [7] *Pied-à-terre* : petit logement que l'on n'habite que rarement et en passant.

Corrigé de la dictée. — Corriger ou faire corriger la dictée avant d'en indiquer les applications.

Interrogations. — Qu'est-ce qu'un *maçon* ? un *charpentier* ? un *client* ? Que signifie *haïr* ? Qu'est-ce que la *ciguë* ? un *arc-en-ciel* ? un *pied-à-terre* ?
→ (Voir les explications ci-dessus.)

Applications écrites. — 1. Écrire les mots de la dictée qui ont une cédille :
→ Français, maçons, reçu.

2. Écrire les mots de la dictée qui ont un tréma :
→ Haïssez, ciguë.

3. Écrire les mots de la dictée qui ont un trait d'union :
→ Basse-cour, arc-en-ciel, pied-à-terre.

DICTÉE N° 346 (2e année)

NOTRE SOLEIL

Le soleil[1] a des flammes hautes de vingt-cinq à trente mille lieues[2]. Si brillant que nous semble le soleil, il a pourtant des taches que l'on pense être de vastes trous obscurs[3], s'enfonçant jusqu'au centre même de l'astre. Il en est dont les dimensions sont effrayantes[4]; elles mesurent un diamètre[5] de trente mille lieues, c'est-à-dire qu'elles sont dix fois plus larges que la terre. Si notre globe y tombait, il s'y perdrait comme une pierre dans un trou.

Explication des mots. — [1] *Soleil* : astre qui nous donne la lumière et la chaleur. — [2] *Lieue* : mesure de longueur qui vaut quatre kilomètres. — [3] *Obscurs* : qui ne sont pas éclairés. — [4] *Effrayantes* : qui causent de l'effroi, de l'épouvante. — [5] *Diamètre* : ligne droite qui joint deux points d'une circonférence en passant par le centre.

Corrigé de la dictée. — Corriger ou faire corriger la dictée avant d'en indiquer les applications.

Interrogations. — Qu'est-ce que le *soleil* ? une *lieue* ? Que signifie *obscurs* ? *effrayantes* ? Qu'est-ce qu'un *diamètre* ?
→ (Voir les explications ci-dessus.)

Applications écrites. — 1. Écrire les mots de la dictée qui ont un trait d'union :
→ Vingt-cinq, c'est-à-dire.

2. Écrire le mot de la dictée qui a une cédille :
→ S'enfonçant.

3. Écrire les mots de la dictée qui ont un accent circonflexe :
→ Être, même.

4. Écrire les mots de la dictée qui ont une apostrophe :
→ L'on, s'enfonçant, jusqu'au, l'astre, c'est-à-dire, qu'elles, s'y.

5° Exercices écrits. — Indiquer les exercices écrits à faire parmi ceux de la page 599 du livre de l'élève (exercices 741 à 746).

RÉPONSES AUX EXERCICES 741 à 746

[741]. — 1° Écrire les phrases suivantes, souligner le mot *des*, article :
→ **Des** laboureurs partent aux champs dès la pointe du jour. — Dès l'arrivée de votre amie, vous irez cueillir **des** fleurs. — **Des** troupeaux paissent l'herbe **des** prairies. — Dès demain l'école s'ouvrira.

2° Écrire les mêmes phrases, souligner le mot *dès*, préposition :
→ Des laboureurs partent aux champs **dès** la pointe du jour. — **Dès** l'arrivée de votre amie, vous irez cueillir des fleurs. — Des troupeaux paissent l'herbe des prairies. — **Dès** demain l'école s'ouvrira.

742. — Écrire cinq mots dans chacun desquels il y aura un e surmonté d'un accent circonflexe et cinq mots qui seront précédés d'une apostrophe :
→ (Exemple :) Dépêche, bêche, revêche, guêpe, bête.
L'avoine, l'orge, l'épi, l'émeraude, l'aube.

743. — Avec chacun des mots suivants, composer une phrase simple : façade, glaçon, colimaçon, hameçon.
→ (Exemple :) La façade de l'édifice n'est pas encore achevée. — La rivière charrie des glaçons. — Nous montâmes par un escalier en colimaçon. — Certains poissons ne se laissent pas prendre à l'hameçon.

744. — Écrire cinq mots dans chacun desquels une voyelle sera surmontée d'un tréma :
→ (Exemple :) Ciguë, aiguë, aïeul, baïonnette, haïr.

LANGUE FRANÇAISE : SIGNES ORTHOGRAPHIQUES

745. — Composer une phrase très simple avec chacun des mots de l'exercice précédent :
→ *(Exemple :)* Socrate fut condamné à boire la *ciguë*. — Nous gravîmes une roche *aiguë*. — Mon vénérable *aïeul* viendra me voir. — La *baïonnette* est une arme terrible. — Il faut *haïr* le mensonge.

746. — Écrire cinq noms composés au singulier, joindre un adjectif qualificatif à chacun de ces noms composés :
→ *(Exemple :)* Bel arc-en-ciel, basse-cour bruyante, passe-partout doré, jolie reine-marguerite, vaste garde-manger.

6° Résumé des leçons 172 et 173. — Faire copier le paragraphe 304 à 311 du résumé [*Signes orthographiques*], page 600 du livre de l'élève.

7° Morceau à apprendre. — Indiquer un morceau de récitation à apprendre, après l'avoir expliqué, ou un morceau, déjà appris, à repasser (pages 292 à 297 du livre du maître).

8° Récitation et correction. — 1. Faire réciter le morceau. — 2. Corriger les applications de la dictée et les exercices écrits qui ont été indiqués.

174ᵉ Leçon. — RÉSUMÉ DES LEÇONS 171, 172 et 173

1° Leçon. — Faire écrire au tableau : *Langue française. — Résumé des leçons 171, 172 et 173 (page 600).*
Faire apprendre le résumé des leçons 171, 172 et 173 (page 600 du livre de l'élève).

2° Récitation. — Faire réciter le résumé des leçons 171, 172 et 173 (page 600 du livre de l'élève).

3° Exercices oraux. — Revenir sur les parties les moins bien sues des leçons 171, 172 et 173 et les expliquer aux élèves.

4° Dictée n° 347 ou n° 348. — Faire faire l'une ou l'autre des deux dictées suivantes, selon la force des élèves.

DICTÉE N° 347. (1ʳᵉ année)

La cloche de l'école nous appelle, pressons-nous. — La marchande a apporté aujourd'hui et apportera demain sa marchandise sur la place. — Les bergers [1] avaient tondu leurs moutons [2] avant les grandes chaleurs. — Je voudrais bien que vous arrivassiez plus tôt. — En me promenant, j'ai vu des abeilles [3] entrer dans leurs ruches [4] et en sortir. — Un champ qui contient beaucoup d'arbres fruitiers [5] se nomme un verger.

Explication des mots. — [1] *Bergers* : hommes qui gardent les moutons et les conduisent au pâturage. — ²*Moutons* : animaux domestiques qui nous fournissent la laine. — ³*Abeille* : sorte de mouche qui produit le miel et la cire. — ⁴*Ruches* : corbeilles de paille ou boîtes en bois qui servent d'habitation aux abeilles. — ⁵*Arbres fruitiers* : arbres dont les fruits sont bons à manger. Les arbres fruitiers sont taillés pour qu'ils produisent de meilleurs fruits.

Corrigé de la dictée. — Corriger ou faire corriger la dictée avant d'en indiquer les applications.

Interrogations. — Qu'est-ce que des *bergers* ? des *moutons* ? une *abeille* ? une *ruche* ? des *arbres fruitiers* ?

→ (Voir les explications ci-dessus.)

Applications écrites. — 1. Écrire les mots qui ont une apostrophe et indiquer entre parenthèses la voyelle remplacée :

→ L'école (a), aujourd'hui (e), j'ai (e), d'arbres (e).

2. Écrire les mots de la dictée qui ont un accent et indiquer entre parenthèses comment s'appelle chaque accent :

→ École (accent aigu), apporté (accent aigu), tôt (accent circonflexe).

3. Écrire les pronoms contenus dans la dictée :

→ Nous, nous, je, vous, me, j', en, qui, se.

DICTÉE N° 348 (2ᵉ année)

LE ROSSIGNOL¹

Souvent, au milieu des solitudes² les plus sauvages³ de la nature, au moment où tout est tranquille, on entend le chant du rossignol. Il commence par un son bas, timide, comme s'il préludait⁴ à ses glorieuses⁵ roulades⁶ en essayant le pouvoir de sa voix. Écoutez : le son s'étend et augmente par degrés ; il éclate en intonations⁷ brillantes et sonores. Quoique coulant encore avec une grande fluidité⁸, il s'affaisse et vous n'entendez plus qu'un doux murmure.

Explication des mots. — ¹*Rossignol* : petit oiseau de nos pays dont le chant est très agréable. — ²*Solitudes* : lieux où les hommes pénètrent rarement. — ³*Sauvages* : incultes, inhabitées. — ⁴*Préludait* : essayait sa voix. — ⁵*Glorieuses* : qui donnent du succès, de la gloire. — ⁶*Roulades* : suite modulée de sons rapides. — ⁷*Intonations* : signifie ici différents tons de voix. — ⁸*Fluidité* : état de ce qui est coulant, qui glisse pour ainsi dire.

Corrigé de la dictée. — Corriger ou faire corriger la dictée avant d'en indiquer les applications.

Interrogations. — Qu'est-ce qu'un *rossignol* ? des *solitudes* ? Que signifie *sauvages* ? *préluder* ? *glorieuses* ? Qu'est-ce que des *roulades* ? des *intonations* ? Que signifie la *fluidité* ?

→ (Voir les explications ci-dessus.)

Applications écrites. — 1. Écrire les adjectifs qualificatifs contenus dans la dictée :

→ Sauvages, tranquille, bas, timide, glorieuses, brillantes, sonores, grande, doux.

2. Ajouter à chacun des adjectifs précédents un nom qui lui convienne :

→ (*Exemple* :) Peuplades sauvages, eau tranquille, mur bas, enfant timide, glorieuses victoires, fêtes brillantes, voûtes sonores, grande rue, cidre doux.

LANGUE FRANÇAISE : SIGNES ORTHOGRAPHIQUES

3. Conjuguer au présent de l'indicatif le verbe *entendre* et le verbe *étendre*.
→ (*Entendre :*) J'entends, tu entends, il ou elle entend, nous entendons, vous entendez, ils ou elles entendent.
(*Étendre :*) J'étends, tu étends, il ou elle étend, nous étendons, vous étendez, ils ou elles étendent.

5° **Exercices écrits**. — Indiquer les exercices écrits à faire parmi ceux de la page 600 du livre de l'élève (exercices 747 à 751).

RÉPONSES AUX EXERCICES 747 à 751

747. — Écrire cinq noms, trois articles, cinq adjectifs, trois pronoms :
→ (*Exemple :*) Parc, porte, boulevard, bois, terre.
Le, la, les.
Beau, grand, petit, noir, blanc.
Je, tu, il.

748. — Composer une phrase très simple avec chacun des mots de l'exercice précédent :
→ (*Exemple :*) Ton *parc* est beau. — La *porte* est large. — Le *boulevard* est plein de monde. — Le *bois* à brûler coûte cher. — Le paysan aime la *terre*.
Le chien mord. — La poule pond. — Les animaux souffrent.
Ce cheval est *beau*. — Le jardin est *grand*. — J'ai un *petit* frère. — Mon chien est *noir*. — Ce mouton est *blanc*.
Je suis malade. — *Tu* me trompes. — *Il* ne viendra pas.

749. — Écrire à l'infinitif trois verbes de chacune des quatre conjugaisons, joindre un complément à chacun de ces verbes :
→ (*Exemple :*) Aimer la campagne, chanter une chanson, contempler un panorama.
Finir son repas, noircir du papier, salir ses mains.
Devoir de l'argent, recevoir ses amis, percevoir l'impôt.
Comprendre une lecture, attendre un ami, apprendre sa leçon.

[750]. — 1° Écrire les phrases suivantes, souligner les pronoms personnels sujets :
→ **Il** bêche son jardin. — **Tu** ratisses tes allées. — **Il** regarde son maître et **il** le salue. — **Nous** vous écoutons. — **Vous** leur parlez. — **Ils** vous répondent.

2° Écrire les mêmes phrases, souligner les pronoms personnels compléments :
→ Il bêche son jardin. — Tu ratisses tes allées. — Il regarde son maître et il **le** salue. — Nous **vous** écoutons. — Vous **leur** parlez. — Ils **vous** répondent.

[751]. — 1° Écrire les phrases suivantes, souligner l', le, la, les, articles :
→ Je la regarde. — **Le** cheval est **l'**ami de **l'**homme. — **Les** fruits que nous vous offrons, prenez-les. — **Le** coq et **la** poule protègent **les** petits poussins.

2° Écrire les mêmes phrases, souligner *le, la, les*, pronoms personnels :
→ Je **la** regarde. — Le cheval est l'ami de l'homme. — Les fruits que nous vous offrons, prenez-**les**. — Le coq et la poule protègent les petits poussins.

6° Analyse grammaticale *(Deuxième année).* — **1.** Donner à faire aux élèves de deuxième année l'analyse grammaticale suivante:

Analyse grammaticale n° 35. — Tâchons d'aider nos parents et nos amis et de servir notre pays. — Tu ne mentiras point.

Tâchons	v. neutre *tâcher*, 1re conj., mode imp., 1re pers. du plur.
d'	mis pour *de*, prép.
aider	v. actif *aider*, 1re conj., mode inf., temps prés.
nos	adj. poss., masc. plur., détermine *parents*.
parents	n. comm., masc. plur., compl. direct de *aider*.
et	conj.
nos	adj. poss., masc. plur., détermine *amis*.
amis	n. comm., masc. plur., compl. direct de *aider*.
et	conj.
de	prép.
servir	v. actif *servir*, 2e conj., mode inf., temps prés.
notre	adj. poss., masc. sing., détermine *pays*.
pays	n. comm., masc. sing., compl. direct de *servir*.
Tu	pron. pers., 2e pers. du sing., sujet de *mentiras*.
ne point	locution adverbiale.
mentiras	v. neutre *mentir*, 2e conj., mode ind., temps futur simple, 2e pers. du sing.

7° Morceau à apprendre. — Indiquer un morceau de récitation à apprendre, après l'avoir expliqué, ou un morceau, déjà appris, à repasser (pages 292 à 297 du livre du maître).

8° Récitation et correction. — **1.** Faire réciter le morceau. — **2.** Corriger les applications de la dictée, l'analyse grammaticale et les exercices écrits qui ont été indiqués.

175e Leçon. — EXERCICES DE RÉCAPITULATION

1° Leçon. — Faire écrire au tableau : *Langue française.* — *Exercices de récapitulation (page 601).*

2° Interrogations. — Si les leçons 171, 172, 173 et 174 n'ont pas été suffisamment sues, poser de nouveau les questions 301 à 311 (au bas des pages 597, 598 et 599 du livre de l'élève) et faire réciter encore le résumé des leçons 171, 172 et 173 (page 600 du livre de l'élève).

3° Exercices oraux. — Expliquer les parties des leçons 171, 172 et 173 qui n'auraient pas été bien comprises.

4° Dictée n° 349 ou n° 350. — Faire faire l'une ou l'autre des deux dictées suivantes, selon la force des élèves :

DICTÉE N° 349 (1re année)

L'ÉLÉPHANT[1]

Les éléphants à l'état sauvage [2] ne sont pas féroces ; ils n'emploient leur force que pour se défendre. Ils aiment la compagnie et vont souvent par bandes ; le plus âgé dirige la troupe, les jeunes et les faibles sont au milieu des autres ; les mères portent leurs petits. Leurs aliments [3] ordinaires sont des racines, des herbes, des feuilles et du bois tendre. Comme ils mangent beaucoup, ils changent souvent de régions, et causent des dégâts [4] dans les pays qu'ils traversent.

Explication des mots. — [1] *Éléphant* : gros mammifère remarquable par ses défenses et par sa trompe. — [2] *A l'état sauvage* : lorsqu'ils habitent les forêts, qu'ils ne sont pas apprivoisés. — [3] *Aliments :* ce qui forme la nourriture. — [4] *Dégâts :* dommages.

Corrigé de la dictée. — Corriger ou faire corriger la dictée avant d'en indiquer les applications.

Interrogations. — Qu'est-ce qu'un *éléphant* ? Que signifie à *l'état sauvage* ? Qu'est-ce que des *aliments* ? des *dégâts* ?

→ (Voir les explications ci-dessus.)

Applications écrites: — 1. Écrire les mots de la dictée qui ont un des signes orthographiques et indiquer la nature de ce signe entre parenthèses:

→ L' (apostrophe), éléphant (deux accents aigus), à (accent grave), l' (apostrophe), état (accent aigu), féroces (accent aigu), n' (apostrophe), défendre (accent aigu), âgé (accent circonflexe et accent aigu), mères (accent grave), régions (accent aigu), dégâts (accent aigu et accent circonflexe), qu' (apostrophe).

2. Écrire les adjectifs qualificatifs contenus dans la dictée :

→ Sauvage, féroces, âgé, jeunes, faibles, ordinaires, tendre.

3. Écrire les verbes contenus dans la dictée :

→ Sont, emploient, défendre, aiment, vont, dirige, sont, portent, sont, mangent, changent, causent, traversent.

DICTÉE N° 350 (2e année)

LA LEÇON DE L'HIRONDELLE

La première leçon est curieuse. La mère se soutient sur ses deux ailes ; le petit, joyeux, la regarde attentivement et se redresse un peu aussi. Puis la mère commence à voleter [1]. Le petit la regarde, a moins peur, agite ses ailes. Cette première épreuve [2] se passe bien et le petit imite sa mère dans le nid [3] frais et beau. La difficulté vient quand l'oiseau doit en sortir. La mère l'appelle ; elle s'efforce de l'attirer par l'appât [4] de quelque moucheron. Cette hirondelle se donne beaucoup de peine pour communiquer sa science à son fils.

Explication des mots. — [1] *Voleter* : voler à plusieurs reprises. — [2] *Épreuve* : essai. — [3] *Nid* : lieu où les oiseaux dorment et déposent leurs œufs. — [4] *Appât* : pâture que désire l'oiseau ; pour l'obtenir il fera un effort et sortira du nid.

Corrigé de la dictée. — Corriger ou faire corriger la dictée avant d'en indiquer les applications.

Interrogations. — Que signifie *voleter* ? Qu'est-ce qu'une *épreuve* ? un *nid* ? un *appât* ?

→ (Voir les explications ci-dessus.)

Applications écrites. — **1.** Écrire les mots de la dictée qui ont un signe orthographique et indiquer entre parenthèses la nature de ce signe :

→ Leçon (cédille), l' (apostrophe), première (accent grave), leçon (cédille), mère (accent grave), mère (accent grave), à (accent grave), première (accent grave), épreuve (accent aigu), mère (accent grave), difficulté (accent aigu), l' (apostrophe), mère (accent grave), l' (apostrophe), s' (apostrophe), l' (apostrophe), l' (apostrophe), appât (accent circonflexe), à (accent grave).

2. Écrire les verbes de la dictée, en les faisant précéder de leur sujet :

→ La leçon est, la mère soutient, le petit regarde, le petit redresse, la mère commence, voleter (pas de sujet), le petit regarde, le petit a, le petit agite, cette épreuve passe, le petit imite, la difficulté vient, l'oiseau doit, sortir (pas de sujet), la mère appelle, elle efforce, attirer (pas de sujet), cette hirondelle donne, communiquer (pas de sujet).

3. Conjuguer le verbe *venir* au présent de l'indicatif, à l'imparfait et au futur.

→ *Présent de l'indicatif* : Je viens, tu viens, il ou elle vient, nous venons, vous venez, ils ou elles viennent.

Imparfait : Je venais, tu venais, il ou elle venait, nous venions, vous veniez, ils ou elles venaient.

Futur : Je viendrai, tu viendras, il ou elle viendra, nous viendrons, vous viendrez, ils ou elles viendront.

5° Exercices écrits. — Indiquer les exercices écrits à faire parmi ceux de la page 601 du livre de l'élève (exercices 752 à 755).

RÉPONSES AUX EXERCICES 752 à 755

752. — Écrire les mots suivants et indiquer entre parenthèses, pour chaque mot, l'accent qui surmonte les voyelles :

→ Bonté (accent aigu), procès (accent grave), tête (accent circonflexe), pâte (accent circonflexe), vêtu (accent circonflexe), épître (accent aigu et accent circonflexe), succès (accent grave), à (accent grave), dès (accent grave), apôtre (accent circonflexe), fête (accent circonflexe), père (accent grave).

753. — Écrire les mots suivants, indiquer, pour chacun d'eux, le signe orthographique employé :

→ L'histoire (apostrophe), le glaçon (cédille), les oiseaux-mouches (trait d'union), le collège (accent grave), l'hôtesse (apostrophe et accent circonflexe), la bête (accent circonflexe), l'île (apostrophe et accent circonflexe), le garder-manger (trait d'union).

754. — Écrire les phrases suivantes et les mettre ensuite au singulier : Prêtez-nous vos livres, nous leur avons prêté les nôtres. — Nous vous écoutons. — Vous leur enseignez la géographie. — Gardez ces feuilles de papier, nous prendrons celles-là, si vous le voulez bien.

→ Prête-moi ton livre, je lui ai prêté le mien. — Je t'écoute. — Tu lui enseignes la géographie. — Garde cette feuille de papier, je prendrai celle-là, si tu le veux bien.

Le gérant : PAUL DUPONT.

LANGUE FRANÇAISE : SIGNES ORTHOGRAPHIQUES

755. — *Des ouvriers construisent une maison.*
L'architecte dirige leur travail.
Faire un récit sur ce que représente cette figure.

→ *Développement.* — M. Mathurin fait construire une maison à l'angle de la route de Chevreuse à Rambouillet. Les murs sont déjà hauts et partout les échafaudages se dressent. On voit sur ces échafaudages les maçons qui vont et viennent activement. A gauche, un cric permet de monter, sans peine, un sac de ciment.

Sur le devant de la figure, j'aperçois l'architecte qui a étendu ses plans sur une grosse pierre taillée et les explique au contremaître, pendant que deux ouvriers écoutent la tête légèrement penchée. Le contremaître est nu-tête ; il a retiré sa veste et les manches de sa chemise sont retroussées ; on voit son mètre sortir de sa poche gauche. L'architecte, lui, n'a quitté que son chapeau. Sa main gauche est levée pendant que sa main droite est placée sur le papier et suit les lignes et les dessins.

RÉDACTION CONCENTRIQUE N° 69
(GARÇONS)

Comment avez-vous passé le lundi de Pentecôte ?

(Le même sujet est traité dans la leçon correspondante du cours moyen.)

Plan. — Pierre est allé avec son père à la pêche à la ligne. — Il a pris des goujons, que sa mère a fait frire le soir. — Plaisir de manger du poisson qu'on a pêché.

→ *Développement.* — Hier, lundi de la Pentecôte, je suis allé à la pêche avec mon père. Nous avions emporté du pain, du saucisson et du vin, pour déjeuner au bord de l'eau, et puis nos lignes, nos cannes à pêche et une boîte pleine de vers de terre, pour attirer le poisson.

Nous nous sommes installés sur les bords du gave et nous avons lancé nos lignes dans cette eau claire qui descend des Pyrénées.

Deux fois, le poisson a mordu mon hameçon, mais j'ai levé ma ligne trop vite. Je n'avais encore pu prendre aucun poisson que papa avait déjà pêché dix goujons. Enfin, mon tour est venu et j'ai pris aussi plusieurs petits poissons.

Nous avons déjeuné en regardant l'eau. C'est bien joli, ce gave qui court sur des pierres et qui a l'air si clair et si propre qu'on a plaisir à boire son eau.

Après le déjeuner, nous avons recommencé à pêcher, et, à six heures du soir, nous avions pris, papa et moi, quatre-vingt-dix-sept goujons.

Nous avons rapporté notre pêche à la maison. Maman a fait frire les petits poissons et tout le monde les a trouvés excellents. Moi surtout, j'ai mangé avec un grand plaisir une part de ma pêche.

C'est bien agréable de pêcher à la ligne. Il faut rester tranquille, mais on est bien récompensé de sa peine lorsque le poisson mord.

J'ai passé un lundi de Pentecôte bien amusant.

PIERRE.

RÉDACTION CONCENTRIQUE N° 70
(FILLES)

Comment avez-vous passé le lundi de Pentecôte ?

(Le même sujet est traité dans la leçon correspondante du cours moyen.)

Plan. — Marthe et ses petites amies devaient aller à la campagne. — La pluie les en a empêchées. — Elles ont joué à la poupée et fait cuire du chocolat.

→ *Développement.* — Maman m'avait promis de me mener à la campagne, le lundi de Pentecôte, avec mes amies Suzanne, Renée et Gabrielle. Nous devions aller dans une ferme et boire du lait tout chaud qu'on aurait trait devant nous.

La pluie nous a empêchées de sortir. Il a fallu jouer à la maison. Eh bien ! nous nous sommes tout de même bien amusées.

Maman nous a donné des chiffons et nous avons fait des robes à nos poupées, puis nous avons joué à la dame avec nos petites filles, c'est-à-dire avec nos poupées.

Enfin, l'heure du goûter est venue et maman nous a permis de faire cuire du chocolat nous-mêmes. Nous avons mis dans une casserole

LANGUE FRANÇAISE : **PONCTUATION**

deux tablettes de chocolat coupées en petits morceaux et un peu de sucre, puis nous avons rempli la casserole d'eau et nous avons fait bouillir notre chocolat en le remuant tout le temps avec une cuiller de bois.

Nous avons pris nos poupées sur nos genoux et nous avons fait semblant de les faire manger, mais c'est nous qui avons bu le chocolat. Il était très bon, et maman qui l'a goûté nous a fait des compliments sur la manière dont nous l'avions préparé.

Après le goûter, nous avons fait une ronde, en mettant nos poupées entre nous.

Enfin, nous nous sommes bien amusées, autant peut-être que si nous étions allées à la campagne.

MARTHE.

6° Morceau à apprendre. — Indiquer un morceau de récitation à apprendre, après l'avoir expliqué, ou un morceau, déjà appris, à repasser (pages 292 à 297 du livre du maître).

8° Récitation et correction. — 1. Faire réciter le morceau. — 2. Corriger les applications de la dictée, les rédactions et les exercices écrits qui ont été indiqués.

176ᵉ Leçon. — LES SIGNES DE PONCTUATION

1° Leçon. — Faire écrire au tableau : *Langue française. — Les signes de ponctuation (page 602).*
Faire apprendre la leçon (page 602 du livre de l'élève).

2° Interrogations. — Poser les questions 312, 313 et 314 (au bas de la page 602 du livre de l'élève).

3° Exercices oraux. — 1. Faire dire aux élèves dans quel cas on doit placer un point dans une phrase.
→ Le point se place à la fin d'une phrase qui a un sens complet.
2. Faire dire aux élèves où l'on doit placer les virgules.
→ Les virgules se placent entre les termes d'une énumération et dans le courant d'une phrase. Elles indiquent de légères pauses.
3. Faire dire aux élèves où l'on doit placer un point-virgule.
→ On place le point-virgule quand la phrase n'est point entièrement terminée, pour indiquer un arrêt plus long que celui de la virgule.

4° Dictée n° 351 ou n° 352. — Faire faire l'une ou l'autre des deux dictées suivantes, selon la force des élèves :

DICTÉE N° 351 (1re année)

Le cheval, l'âne, le mulet, le bœuf, la vache, le veau, le mouton, la poule, le canard, l'oie, le pigeon, le lapin sont des animaux domestiques[1] ; ils sont dans la ferme. — Pour éviter le travail, le paresseux ne recule pas devant une mauvaise action. — Plaignez les égoïstes[2], personne ne les aime. — Pour protéger nos colonies[3] et pour défendre la France sur mer, nous avons des vaisseaux[4] que montent des matelots[5] ; les matelots sont commandés par des officiers de marine ayant au-dessus d'eux des amiraux.

Explication des mots. — [1] *Animaux domestiques* : animaux qui sont élevés et soignés par l'homme et qui souvent habitent dans sa demeure. — [2] *Égoïste* : celui qui a le défaut de s'aimer plus que tout, de ne penser qu'à lui. — [3] *Colonies* : possessions d'une nation européenne dans une autre partie du monde. — [4] *Vaisseaux* : grands bâtiments pour naviguer. — [5] *Matelot* : homme qui sert à la manœuvre d'un navire ; les matelots de la marine de l'État sont des soldats.

Corrigé de la dictée. — Corriger ou faire corriger la dictée avant d'en indiquer les applications.

Interrogations. — Qu'est-ce que des *animaux domestiques*? un *égoïste*? des *colonies*? des *vaisseaux*? un *matelot*?
→ (Voir les explications ci-dessus.)

Applications écrites. — 1. Écrire la dernière phrase de la dictée et indiquer entre parenthèses le nom de chaque signe de ponctuation :
→ Pour protéger nos colonies et pour défendre la France sur mer, (virgule) nous avons des vaisseaux que montent des matelots ; (point et virgule) les matelots sont commandés par des officiers de marine ayant au-dessus d'eux des amiraux. (point)

2. Écrire les noms de la dictée avec l'article ou l'adjectif déterminatif qui les accompagnent :
→ Le cheval, l'âne, le mulet, le bœuf, la vache, le veau, le mouton, la poule, le canard, l'oie, le pigeon, le lapin, des animaux, la ferme, le travail, le paresseux, une action, les égoïstes, nos colonies, la France, mer, des vaisseaux, des matelots, les matelots, des officiers, marine, des amiraux.

3. Mettre au pluriel les noms précédents qui sont au singulier :
→ Les chevaux, les ânes, les mulets, les bœufs, les vaches, les veaux, les moutons, les poules, les canards, les oies, les pigeons, les lapins, les fermes, les travaux, les paresseux, des actions, mers, marines.

DICTÉE N° 352 (2e année)

LA ROUILLE[1] USE PLUS QUE LE TRAVAIL

Voyez les outils d'un bon menuisier[2] qui est à l'œuvre[3] du matin au soir. Ils sont bien affilés[4], nets et reluisants. Tout annonce qu'ils feront un long et bon service. Au contraire, jetez les yeux sur cet établi⁵ d'un amateur⁶ nonchalant qui laisse passer des mois sans mettre la main à sa varlope⁷ et à son ciseau : le fer de ses outils est taché, émoussé⁸, rongé par la rouille. Encore un peu, tout cela sera digne de la charrette du marchand de vieilles ferrailles⁹.

Explication des mots. — ¹*Rouille* : corps rougeâtre qui se forme sur le fer. — ²*Menuisier* : ouvrier qui travaille le bois et fait les ouvrages en bois nécessaires pour l'intérieur des maisons, tels que fenêtres, portes, etc. — ³*A l'œuvre* : au travail. — ⁴*Affilés* : aiguisés. — ⁵*Établi* : sorte de table sur laquelle travaillent certains ouvriers. — ⁶*Amateur* : celui qui a un goût particulier pour une chose, qui ne fait pas un travail pour gagner sa vie, mais pour se distraire. — ⁷*Varlope* : grand rabot. — ⁸*Émoussé* : moins tranchant, moins aigu. — ⁹*Ferrailles* : morceaux de fer usés, qui sont hors de service.

Corrigé de la dictée. — Corriger ou faire corriger la dictée avant d'en indiquer les applications.

Interrogations. — Qu'est-ce que la *rouille*? un *menuisier*? Que signifie *à l'œuvre*? *affilés*? Qu'est-ce qu'un *établi*? un *amateur*? une *varlope*? Que signifie *émoussé*? Qu'est-ce que la *ferraille*?

→ (Voir les explications ci-dessus.)

Applications écrites. — 1. Écrire les verbes de la dictée et les faire suivre de leur complément direct s'ils en ont un :

→ Use, voyez les outils, sont affilés, annonce, feront un long et bon service, jetez les yeux, laisse passer des mois, mettre la main, est taché, émoussé, rongé, sera.

2. Conjuguer au présent de l'indicatif les verbes *voir*, *avoir* et *être*.

→ (*Voir :*) Je vois, tu vois, il ou elle voit, nous voyons, vous voyez, ils ou elles voient.

(*Avoir :*) J'ai, tu as, il ou elle a, nous avons, vous avez, ils ou elles ont.

(*Être :*) Je suis, tu es, il ou elle est, nous sommes, vous êtes, ils ou elles sont.

3. Conjuguer à l'impératif les verbes *annoncer*, *voir* et *être*.

→ (*Annoncer :*) Annonce, annonçons, annoncez.

(*Voir :*) Vois, voyons, voyez.

(*Être :*) Sois, soyons, soyez.

5° Exercices écrits. — Indiquer les exercices écrits à faire parmi ceux de la page 602 du livre de l'élève (exercices 757 à 760).

RÉPONSES AUX EXERCICES 757 à 760

[757]. — 1° Écrire les phrases suivantes, souligner les mots variables :

→ **Comme tu sèmeras, tu récolteras. — Le rossignol chante** et **le petit oiseau écoute** attentivement dans **son nid. — La violette fleurit au printemps. — La chouette vole** pendant **la nuit ; elle reste cachée** pendant **le jour.**

2° Écrire les mêmes phrases, souligner les mots invariables :

→ **Comme** tu sèmeras, tu récolteras. — Le rossignol chante **et** le petit oiseau écoute **attentivement dans** son nid. — La violette fleurit au printemps. — La chouette vole **pendant** la nuit ; elle reste cachée **pendant** le jour.

758. — Écrire les phrases suivantes, dire à quoi servent les signes de ponctuation employés :

→ Entre les pattes d'un lion, (la virgule indique ici une pause légère) un rat sortit de terre ; (le point et virgule indique ici une pause plus longue que celle de la virgule) le roi des animaux, (pause légère) en cette occasion, (pause légère) montra ce qu'il était, (pause légère) et lui donna la vie. (repos prolongé ; phrase finie)

759. — Écrire les pronoms suivants, dire à quel genre et à quel nombre ils appartiennent : je, nous, celui, tu, toi, ce, cela, le mien, le nôtre, autrui, qui, que, vous, ils, quoi, dont, certain, quelqu'un, la tienne, celui-ci, les vôtres, la leur.

→ Je (masc. ou fém. sing.).
Nous (masc. ou fém. plur.).
Celui (masc. sing.).
Tu (masc. ou fém. sing.).
Toi (masc. ou fém. sing.).
Ce (masc. sing.).
Cela (masc. sing.).
Le mien (masc. sing.).
Le nôtre (masc. sing.).
Autrui (masc. sing.).
Qui (masc. ou fém. sing. ou plur.).

Que (masc. ou fém. sing. ou plur.).
Vous (masc. ou fém. plur.).
Ils (masc. plur.).
Quoi (masc. sing.).
Dont (masc. ou fém. sing. ou plur.).
Certain (masc. sing.).
Quelqu'un (masc. sing.).
La tienne (fém. sing.).
Celui-ci (masc. sing.).
Les vôtres (masc. ou fém. plur.).
La leur (fém. sing.).

760. — Écrire les phrases suivantes, les mettre ensuite au pluriel : Je lui prête mon livre. — Il t'envoie une lettre. — Elle m'a écrit. — Tu lui as répondu. — Cette aiguille est la mienne. — Je traverse ton jardin. — La personne à laquelle tu as parlé m'a reconnu.

→ Nous leur prêtons nos livres. — Ils vous envoient des lettres. — Elles nous ont écrit. — Vous leur avez répondu. — Ces aiguilles sont les nôtres. — Nous traversons vos jardins. — Les personnes auxquelles vous avez parlé nous ont reconnus.

6° Morceau à apprendre. — Indiquer un morceau de récitation à apprendre, après l'avoir expliqué, ou un morceau, déjà appris, à repasser (pages 292 à 297 du livre du maître).

7° Récitation et correction. — 1. Faire réciter le morceau. — 2. Corriger les applications de la dictée et les exercices écrits qui ont été indiqués.

177° Leçon. — LES SIGNES DE PONCTUATION *(Suite)*

1° Leçon. — Faire écrire au tableau : *Langue française. — Les signes de ponctuation (suite) (page 603).*
Faire apprendre la leçon (page 603 du livre de l'élève).

2° Interrogations. — Poser les questions 315, 316 et 317 (au bas de la page 603 du livre de l'élève).

LANGUE FRANÇAISE : PONCTUATION

3° Exercices oraux. — 1. Faire dire aux élèves dans quels cas on doit, dans une phrase, employer les deux points.
→ On emploie les deux points, dans une phrase, pour indiquer que l'on rapporte les paroles de quelqu'un.
On les emploie aussi pour indiquer une légère pause, comme la virgule.

2. Faire trouver aux élèves des phrases très simples contenant une interrogation, telles que :
→ Que pensez-vous ? — Quand reviendront les hirondelles ? — Comment s'appelle ce petit garçon ?

3. Faire trouver aux élèves des phrases très simples qui se termineront par un point d'exclamation, telles que :
→ Ah! que je suis triste! — Enfin, vous voilà arrivés! — Chut, mes enfants!

4° Dictée n° 353 ou n° 354. — Faire faire l'une ou l'autre des deux dictées suivantes, selon la force des élèves :

DICTÉE N° 353 (1re année)

Les trois couleurs de notre drapeau[1] sont : le bleu, le blanc, le rouge. — Quel jour irez-vous à la campagne ? — Au secours! cet enfant va se noyer. — Les quatre saisons[2] de l'année sont : le printemps, l'été, l'automne et l'hiver. — Pour peser, on emploie des instruments qui sont appelés des balances. — Aujourd'hui, l'Amérique[3] est surtout peuplée par des descendants[4] des Européens[5].

Explication des mots. — [1] *Drapeau* : bannière militaire sous laquelle les soldats d'un même pays s'assemblent soit pour combattre l'ennemi, soit pour exécuter certains exercices. — [2] *Saison* : période de trois mois pendant laquelle la terre accomplit le quart de son mouvement autour du soleil. — [3] *Amérique* : une des cinq parties du monde qui comprend l'Amérique du Nord et l'Amérique du Sud. — [4] *Descendants* : arrière-petits-fils. — [5] *Européens* : habitants de l'Europe.

Corrigé de la dictée. — Corriger ou faire corriger la dictée avant d'en indiquer les applications.

Interrogations. — Qu'est-ce qu'un *drapeau* ? une *saison* ? l'*Amérique* ? des *descendants* ? des *Européens* ?
→ (Voir les explications ci-dessus.)

Applications écrites. — 1. Écrire les quatre premières phrases de la dictée et indiquer entre parenthèses le nom des signes de ponctuation :
→ Les trois couleurs de notre drapeau sont : (deux points) le bleu, (virgule) le blanc, (virgule) le rouge. (point) — Quel jour irez-vous à la campagne ? (point d'interrogation) — Au secours! (point d'exclamation) cet enfant va se noyer. (point) — Les quatre saisons de l'année sont : (deux points) le printemps, (virgule) l'été, (virgule) l'automne et l'hiver. (point)

2. Écrire les mots invariables contenus dans la dictée :
→ De, à, de, et, pour, aujourd'hui, surtout, par.

DICTÉE N° 354 (2ᵉ année)

LA CHÈVRE [1]

Voyez-vous, là-bas, sur la colline [2] où croissent les oliviers [3], ma chèvre en train de brouter le thym [4] ou la lavande [5] ? Comme les enfants de la maison aiment à boire son lait frais et écumant [6] !

Avec le lait de la chèvre, on fabrique d'excellents fromages.

Le poil même de la chèvre sert à faire des étoffes et de superbes châles que portent les dames de la ville.

J'aime ma bonne chèvre au poil brillant.

Explication des mots. — [1] *Chèvre* : petit animal domestique ; la chèvre aime à grimper sur les hauteurs. — [2] *Colline* : petite montagne. — [3] *Olivier* : arbre qui pousse dans les pays chauds ; ses fruits sont les olives. — [4] *Thym* : petite plante odoriférante employée en cuisine. — [5] *Lavande* : plante aromatique dont on tire un parfum. — [6] *Écumant* : qui se couvre d'une mousse blanche.

Corrigé de la dictée. — Corriger ou faire corriger la dictée avant d'en indiquer les applications.

Interrogations. — Qu'est-ce qu'une *chèvre* ? une *colline* ? un *olivier* ? du *thym* ? la *lavande* ? Que signifie *écumant* ?

→ (Voir les explications ci-dessus.)

Applications écrites. — 1. Écrire les mots de la dictée qui ont un signe orthographique et indiquer entre parenthèses le nom de ces signes :

→ Chèvre (accent grave); voyez-vous (trait d'union); là-bas (accent grave et trait d'union); où (accent grave); chèvre (accent grave); à (accent grave); écumant (accent aigu); chèvre (accent grave); d'excellents (apostrophe); même (accent circonflexe); chèvre (accent grave); à (accent grave); étoffes (accent aigu); châles (accent circonflexe); j'aime (apostrophe); chèvre (accent grave).

2. Écrire les adjectifs qualificatifs de la dictée avec les noms auxquels ils se rapportent :

→ Lait frais, lait écumant, excellents fromages, superbes châles, bonne chèvre, poil brillant.

3. Écrire les pronoms contenus dans la dictée :

→ Vous, on, que, j'.

5° Exercices écrits. — Indiquer les exercices écrits à faire parmi ceux de la page 603 du livre de l'élève (exercices 762 à 764).

RÉPONSES AUX EXERCICES 762 à 764

762. — Écrire les phrases suivantes, mettre les points et les deux points où ils doivent être placés : Nos amis nous ont dit Venez nous voir — Les horlogers réparent les montres — Voilà ce que je leur ai écrit Travaillez mes enfants pour devenir des hommes — Nous aimons les écoliers et les écolières dociles.

→ Nos amis nous ont dit : Venez nous voir. — Les horlogers réparent les montres. — Voilà ce que je leur ai écrit : Travaillez, mes enfants, pour devenir des hommes. — Nous aimons les écoliers et les écolières dociles.

763. — Faire la liste des noms contenus dans l'exercice précédent et indiquer le genre et le nombre de ces noms :

→ Amis (masc. plur.).
Horlogers, (masc. plur.).
Montres (fém. plur.).
Enfants (masc. plur.).

Hommes (masc. plur.).
Écoliers (masc. plur.).
Écolières (fém. plur.).

764. — Écrire les phrases suivantes, indiquer ce que représentent les signes de ponctuation employés :

→ Viendrez-vous nous rejoindre ? (point d'interrogation) — Comme vous êtes tristes, (virgule) mes amis ! (point d'exclamation) — Que faites-vous là ? (point d'interrogation) — Hélas ! (point d'exclamation) que je vous plains ! (point d'exclamation) — Ah ! (point d'exclamation) que vous m'avez fait peur ! (point d'exclamation) — Pourquoi riez-vous ? (point d'interrogation)

6° Morceau à apprendre. — Indiquer un morceau de récitation à apprendre, après l'avoir expliqué, ou un morceau, déjà appris, à repasser (pages 292 à 297 du livre du maître).

7° Récitation et correction. — 1. Faire réciter le morceau. — 2. Corriger les applications de la dictée et les exercices écrits qui ont été indiqués.

178° Leçon. — LES SIGNES DE PONCTUATION (Suite)

1° Leçon. — Faire écrire au tableau : *Langue française. — Les signes de ponctuation (suite) (page 604).*
Faire apprendre la leçon (page 604 du livre de l'élève).

2° Interrogations. — Poser les questions 318, 319, 320 et 321 (au bas de la page 604 du livre de l'élève).

3° Exercices oraux. — 1. Faire dire aux élèves à quoi sert le tiret.
→ Le tiret indique dans une conversation qu'une autre personne va parler.
2. Faire dire aux élèves à quoi servent les guillemets.
→ Les guillemets se placent avant et après les paroles qu'on cite.
3. Faire dire aux élèves à quoi sert la parenthèse.
→ La parenthèse sert à renfermer les mots qui pourraient être retranchés.

4° Dictée n° 355 ou n° 356. — Faire faire l'une ou l'autre des deux dictées suivantes, selon la force des élèves :

DICTÉE N° 355 (1re année)

Le petit Georges a peur et sa sœur Jeanne aussi ; Jeanne pleure. Paul dit alors : « Ne craignez rien, je suis là, personne n'entrera ici. »

— Lamartine[1] dit au peuple devant l'Hôtel de Ville[2] : « Citoyens,[3] le drapeau[4] tricolore a fait le tour du monde. » — Le général de Mac-Mahon[5] (au sommet de la tour de Malakoff[6]) prononça ces fières paroles : « J'y suis, j'y reste. » — Je croyais (comme on se trompe !) que tous les petits enfants étaient sages. — Partirez-vous bientôt à la campagne ? — Oui, la semaine prochaine.

Explication des mots. — [1]*Lamartine* : grand poète du XIXe siècle. — [2]*Hôtel de ville* : grande construction où se réunissent le maire et les conseillers municipaux d'une grande ville pour s'occuper des intérêts de tous. — [3]*Citoyens* : nom donné aux habitants d'une cité. — [4]*Mac-Mahon* : général français sous le règne de Napoléon III ; Mac-Mahon commandait l'armée pendant la guerre contre les Russes. Plus tard, il devint maréchal, puis président de la République. — [5]*Malakoff* : tour qui défendait l'entrée de Sébastopol.

Corrigé de la dictée. — Corriger ou faire corriger la dictée avant d'en indiquer les applications.

Interrogations. — Qu'était *Lamartine* ? Qu'est-ce qu'un *hôtel de ville* ? Qu'est-ce que des *citoyens* ? Qu'était *Mac-Mahon* ? Qu'est-ce que la tour *Malakoff* ?

→ (Voir les explications ci-dessus.)

Applications écrites. — 1. Écrire les mots invariables contenus dans la dictée :

→ Et, aussi, alors, ne rien, là, n', ici, devant, de, de, de, y, y, comme, que, bientôt, à, oui.

2. Écrire la dictée et dire entre parenthèses le nom de chacun des signes de ponctuation (ne pas écrire le signe appelé virgule) :

→ Le petit Georges a peur et sa sœur Jeanne aussi ; (point et virgule) Jeanne pleure. (point) Paul dit alors : (deux points, guillemets) « Ne craignez rien, je suis là, personne n'entrera ici. » (point, guillemets) — Lamartine dit au peuple devant l'Hôtel de Ville : (deux points, guillemets) « Citoyens, le drapeau tricolore a fait le tour du monde. » (point, guillemets) — Le général de Mac-Mahon (au sommet de la tour de Malakoff) [parenthèse] prononça ces fières paroles : (deux points, guillemets) « J'y suis, j'y reste. » (point, guillemets) — Je croyais, (comme on se trompe !) [parenthèse, point d'exclamation] que tous les petits enfants étaient sages. (point) — Partirez-vous bientôt à la campagne ? — (point d'interrogation, tiret) Oui, la semaine prochaine. (point)

DICTÉE N° 356 (2ᵉ année)

L'INDISCRET[1]

Léon et Georges étaient deux jeunes garçons en apprentissage[2] chez un serrurier. Le maître venait de sortir et ils se trouvaient seuls dans la boutique. — « Notre maître, s'écria Léon, a oublié de fermer à clef son armoire. Viens, regardons ce qu'il y a dedans. J'ai vu une lettre ouverte, nous la lirons ». — « Non, répondit Georges, chercher à connaître ce que quelqu'un veut garder pour lui, c'est être indiscret.

L'indiscret, qui dérobe[3] les pensées et les secrets,[4] est comme le voleur qui dérobe l'argent. Tous les deux volent à leur manière. Tous les deux se déshonorent[5]. Je ne veux pas être indiscret. »

Explication des mots. — [1]*Indiscret* : celui qui fait connaître un secret qu'on lui a confié ou qui cherche à connaître ceux qu'on ne lui confie pas. — [2]*Apprentissage* : temps pendant lequel on apprend un métier. — [3]*Qui dérobe* : qui vole en cachette. — [4]*Secret* : ce que l'on veut tenir caché. — [5]*Se déshonorent* : perdent l'honneur.

Corrigé de la dictée. — Corriger ou faire corriger la dictée avant d'en indiquer les applications.

Interrogations. — Que signifie *indiscret* ? Qu'est-ce qu'un *apprentissage* ? Que signifie *qui dérobe* ? *se déshonorent* ? Qu'est-ce qu'un *secret* ?
→ (Voir les explications ci-dessus.)

Applications écrites. — 1. Écrire le nom des signes de ponctuation employés dans la dictée :
→ Le point, le tiret, les guillemets, la virgule.

2. Écrire les verbes de la dictée qui sont au mode indicatif :
→ Étaient, venait, trouvaient, s'écria, a oublié, a, ai vu, lirons, répondit, veut, est, dérobe, est, dérobe, volent, se déshonorent, veux.

3. Conjuguer à l'imparfait de l'indicatif les verbes *être, trouver, vouloir* (comme *pouvoir*).
→ (*Être :*) J'étais, tu étais, il ou elle était, nous étions, vous étiez, ils ou elles étaient.
(*Trouver :*) Je trouvais, tu trouvais, il ou elle trouvait, nous trouvions, vous trouviez, ils ou elles trouvaient.
(*Vouloir :*) Je voulais, tu voulais, il ou elle voulait, nous voulions, vous vouliez, ils ou elles voulaient.

5° Exercices écrits. — Indiquer les exercices écrits à faire parmi ceux de la page 604 du livre de l'élève (exercices 766 et 767).

RÉPONSES AUX EXERCICES 766 et 767

766. — Écrire les phrases suivantes, expliquer à quoi servent les signes de ponctuation employés :
→ Qui vous a dit cela ? (ce signe indique l'interrogation) — (ce tiret indique qu'une autre personne va parler) Moi. (ce point sert à marquer la fin de la phrase) — Le laboureur a dit à ses enfants : (ce signe indique qu'on va citer les paroles du laboureur) « Le travail est un trésor. » (ces guillemets indiquent qu'on rapporte les paroles du laboureur telles qu'elles ont été dites) — Où irez-vous vous promener ? (ce signe indique une interrogation) — (ce tiret indique qu'une autre personne va répondre) Nous irons au village voisin. (ce point indique la fin de la phrase)

767. — Écrire les phrases suivantes, expliquer à quoi servent les signes de ponctuation employés :
→ Je croyais, (ce signe marque une légère pause) moi (j'avais bien tort) [cette parenthèse indique des mots qui pourraient être retranchés], (ce signe marque une légère pause) que cet enfant était très sage. (ce point indique que la phrase est finie) — La Fontaine nous montre : (ces deux points indiquent qu'on va citer les paroles de La Fontaine)

« Qu'il se faut entr'aider les uns les autres. » (ces guillemets indiquent qu'on a cité les paroles mêmes de La Fontaine)—Hélas! (ce signe indique une exclamation) vous êtes arrivés trop tard. (ce point indique la fin de la phrase) — Comment vous rendrez-vous au village? (ce signe marque une interrogation). — (ce tiret indique qu'une autre personne va répondre) En voiture. (ce point marque la fin de la phrase)

6° Résumé des leçons 176, 177 et 178. — Faire copier le paragraphe 312 à 321 du résumé [*Signes de ponctuation*], page 605 du livre de l'élève.

7° Morceau à apprendre. — Indiquer un morceau de récitation à apprendre, après l'avoir expliqué, ou un morceau déjà appris, à repasser (pages 292 à 297 du livre du maître).

8° Récitation et correction. — 1. Faire réciter le morceau. — 2. Corriger les applications de la dictée et les exercices écrits qui ont été indiqués.

179° Leçon. — RÉSUMÉ DES LEÇONS 176, 177 et 178

1° Leçon. — Faire écrire au tableau : *Langue française. — Résumé des leçons 176, 177 et 178 (page 605).*

Faire apprendre le résumé des leçons 176, 177 et 178 (page 605 du livre de l'élève).

2° Récitation. — Faire réciter le résumé des leçons 176, 177 et 178 (page 605 du livre de l'élève).

3° Exercices oraux. — Revenir sur les parties les moins bien sues des leçons 176, 177 et 178 et les expliquer aux élèves.

4° Dictée n° 357 ou n° 358. — Faire faire l'une ou l'autre des deux dictées suivantes, selon la force des élèves :

DICTÉE N° 357 (1re année)

L'homme charitable est doux, patient, modeste, bienfaisant[1]. — La société[2] doit protéger tout le monde, mais elle doit se montrer sévère pour les paresseux et les parasites[3]. — On ne doit jamais se moquer des misérables[4], car qui peut s'assurer d'être toujours heureux ? — Oh ! comme on est bien assis à l'ombre quand il fait chaud ! — En lisant, on fait un repos prolongé après un point ; une pause légère après une virgule; un arrêt plus long après le point-virgule. — Écoutez cette parole de Vauvenargues[5] : « Les belles pensées viennent du cœur. »

Explication des mots. — [1]*Bienfaisant* : celui qui aime à faire le bien et à rendre service. — ²*Société* : groupe d'hommes réunis par des lois. — ³*Parasites* : hommes qui vivent aux dépens des autres. — ⁴*Misérables* : ceux qui sont dans la misère, qui excitent la compassion. — ⁵*Vauvenargues* : écrivain du XVIII⁰ siècle.

Corrigé de la dictée. — Corriger ou faire corriger la dictée avant d'en indiquer les applications.

Interrogations. — Qu'est-ce qu'un homme *bienfaisant*? une *société*? des *parasites*? des *misérables*? Qui était *Vauvenargues*?

→ (Voir les explications ci-dessus.)

Applications écrites. — 1. Écrire tous les noms contenus dans la dictée :

→ Homme, société, monde, paresseux, parasites, misérables, ombre, repos, point, pause, virgule, arrêt, point-virgule, parole, Vauvenargues, pensées, cœur.

2. Écrire tous les adjectifs qualificatifs contenus dans la dictée :

→ Charitable, doux, patient, modeste, bienfaisant, sévère, heureux, chaud, légère, long, belles.

3. Écrire les mots invariables contenus dans la dictée :

→ Mais, pour, et, ne, jamais, car, d', toujours, oh, comme, bien, à, quand, en, après, après, plus, après, de.

DICTÉE N° 358 (2ᵉ année)

LES PROVERBES

Écoutez ces paroles : Un peu de science et beaucoup de sagesse¹ prolongent les jours de l'homme. Elles forment un proverbe. On nomme proverbe une vérité morale, une règle de conduite, une observation dont l'expression originale² est tombée dans la langue courante³.

Il y en a d'éloquents⁴, exprimant le devoir sous sa forme la plus pure et la plus haute. Tels sont : Meurs où tu dois. — Une noble mort embellit⁵ toute la vie. — Faites bien et laissez dire. — Qui veille⁶ quand tout le monde dort? Le soldat.

Explication des mots. — ¹*Sagesse* : prudence, modération, retenue. — ²*Expression originale* : expression forte, remarquable. — ³*Langue courante* : que l'on parle habituellement. — ⁴*Éloquents* : qui ont le pouvoir de persuader. — ⁵*Embellit* : fait paraître à la postérité la vie de cet homme plus belle, plus noble. — ⁶*Veille* : ne se livre pas au sommeil.

Corrigé de la dictée. — Corriger ou faire corriger la dictée avant d'en indiquer les applications.

Interrogations. — Qu'est-ce que la *sagesse*? une *expression originale*? une *langue courante*? Que signifie *éloquents*? *embellit*? *veille*?

→ (Voir les explications ci-dessus.)

Applications écrites. — 1. Écrire les verbes de la dictée et indiquer entre parenthèses à quel mode ils sont conjugués :

→ *Écoutez* (impératif); *prolongent* (indicatif); *forment* (indicatif); *nomme* (indicatif); *est tombée* (indicatif); *a* (indicatif); *exprimant* (participe); *sont* (indicatif); *meurs* (impératif); *dois* (indicatif); *embellit* (indicatif); *faites* (impératif); *laissez* (impératif); *dire* (infinitif); *veille* (indicatif); *dort* (indicatif).

2. Conjuguer au présent de l'impératif les verbes *écouter*, *prolonger*, *embellir*.

→ *(Écouter :)* Écoute, écoutons, écoutez.
(Prolonger :) Prolonge, prolongeons, prolongez.
(Embellir :) Embellis, embellissons, embellissez.

5° Exercices écrits. — Indiquer les exercices écrits à faire parmi ceux de la page 605 du livre de l'élève (exercices 768 à 771).

RÉPONSES AUX EXERCICES 768 à 771

[768]. — 1° Écrire les phrases suivantes, souligner les adverbes :
→ Son frère viendra avec lui. — Il parle **sagement**. — Nous courons devant vous. — Travaillez **d'abord**, vous vous reposerez **ensuite**.
2° Écrire les mêmes phrases, souligner les prépositions :
→ Son frère viendra **avec** lui. — Il parle sagement. — Nous courons **devant** vous. — Travaillez d'abord, vous vous reposerez ensuite.

[769]. — 1° Écrire les phrases suivantes, souligner les conjonctions :
→ Chut ! ne faites pas de bruit. — **Or**, il arriva **que** l'enfant fut le premier de sa classe. — Fi ! que c'est laid ! — Où courez-vous ? — Hélas ! que cela est triste ! — Ne perdons pas le temps, **car** il est précieux.
2° Écrire les mêmes phrases, souligner les interjections :
→ **Chut !** ne faites pas de bruit. — Or, il arriva que l'enfant fut le premier de sa classe. — **Fi !** que c'est laid ! — Où courez-vous ? — **Hélas !** que cela est triste ! — Ne perdons pas le temps, car il est précieux.

770. — Écrire les mots suivants, expliquer tous les signes orthographiques employés :
→ Été (deux accents aigus); thé (accent aigu); succès (accent grave); arrêt (accent circonflexe); pâtre (accent circonflexe); gîte (accent circonflexe); maïs (tréma); façade (cédille); l'habitation (apostrophe); l'aumône (apostrophe et accent circonflexe).

[771]. — 1° Écrire les mots suivants, souligner les mots variables :
→ **Navire**, jamais, **grand**, ou, où, hein, **maison**, quand, depuis, hélas ! oh ! **voiture, chat, bon, méchant**, mais, maintenant, car, or, **quoi, dont**, chut !
2° Écrire les mêmes mots, souligner les mots invariables :
→ Navire, **jamais**, grand, **ou, où, hein**, maison, **quand, depuis, hélas ! oh !** voiture, chat, bon, méchant, **mais, maintenant, car, or,** quoi, dont, **chut !**

6° Analyse grammaticale *(Deuxième année).* — Donner à faire aux élèves de deuxième année l'analyse grammaticale suivante :

Analyse grammaticale n° 36. — La vanité est l'amour-propre qui se montre, la modestie est l'amour-propre qui se cache.

→ La	art. simp., fém. sing., annonce que *vanité* est déterminé.
vanité	n. comm., fém. sing., sujet de *est*.
est	v. subst. *être*, 4° conj., mode ind., temps prés., 3° pers. du sing.
l'	art. élidé, mis pour *le*, masc. sing., annonce que *amour-propre* est déterminé.
amour-propre	n. comm., masc. sing., attribut de *vanité*.

qui	pron. conjonctif, 3ᵉ pers. du sing.; sujet de *montre;* son antécédent est *amour-propre.*
se	pron. pers., masc. sing., compl. direct de *montre.*
montre,	v. *montrer,* 1ʳᵉ conj., mode ind., temps prés., 3ᵉ pers. du sing.
la	art. simp., fém. sing., annonce que *modestie* est déterminé.
modestie	n. comm., fém. sing., sujet de *est.*
est	v. subst. *être,* 4ᵉ conj., mode ind., temps prés.; 3ᵉ pers. du sing.
l'	art. élidé, mis pour *le,* masc. sing., annonce que *amour-propre* est déterminé.
amour-propre	n. comm., masc. sing., attribut de *modestie.*
qui	pron. conjonctif, 3ᵉ pers. du sing., sujet de *cache;* son antécédent est *amour-propre.*
se	pron. pers., masc. sing., compl. direct de *cache.*
cache.	v. *cacher,* 1ʳᵉ conj., mode ind., temps prés., 3ᵉ pers. du sing.

7° Morceau à apprendre. — Indiquer un morceau de récitation à apprendre, après l'avoir expliqué, ou un morceau, déjà appris, à repasser (pages 292 à 297 du livre du maître).

8° Récitation et correction. — 1. Faire réciter le morceau. — 2. Corriger les applications de la dictée, l'analyse grammaticale et les exercices écrits qui ont été indiqués.

180ᵉ Leçon. — EXERCICES DE RÉCAPITULATION

1° Leçon. — Faire écrire au tableau : *Langue française. — Exercices de récapitulation (page 606).*

2° Interrogations. — Si les leçons 176, 177, 178 et 179 n'ont pas été suffisamment sues, poser de nouveau les questions 312 à 321 (au bas des pages 602, 603 et 604 du livre de l'élève) et faire réciter encore le résumé des leçons 176, 177 et 178 (page 605 du livre de l'élève).

3° Exercices oraux. — Expliquer les parties des leçons 176, 177 et 178, qui n'auraient pas été bien comprises.

4° Dictée n° 359 ou n° 360. — Faire faire l'une ou l'autre des deux dictées suivantes, selon la force des élèves :

DICTÉE N° 359 (1ʳᵉ année)

LE NID ABANDONNÉ [1]

La neige [2] couvrait la terre et des milliers de cristaux de givre [3] brillaient aux rameaux [4] des arbres. Un pauvre petit oiseau volait de buisson[5] en buisson, presque mort de froid et de faim; il reconnut le nid où il était né un beau matin du mois de mai. Il reconnut le nid, mais il ne vit plus le feuillage touffu, la jolie primevère, l'aubépine[6] fleurie qu'il aimait tant; une couche de neige couvrait le nid désert. Alors, très triste, notre oiseau quitta le berceau où il était seul maintenant.

Explication des mots. — [1]*Abandonné* : que l'on a quitté. — [2]*Neige* : pluie qui traverse de l'air très froid, passe presque à l'état solide et tombe en flocons légers. — [3]*Givre* : gelée blanche qui s'attache aux arbres, aux buissons. — [4]*Rameaux* : petites branches. — [5]*Buisson* : touffe d'arbustes. — [6]*Aubépine* : fleur blanche que l'on voit au printemps dans les haies.

Corrigé de la dictée. — Corriger ou faire corriger la dictée avant d'en indiquer les applications.

Interrogations. — Que signifie *abandonné* ? Qu'est-ce que la *neige* ? le *givre* ? des *rameaux* ? un *buisson* ? l'*aubépine* ?
→ (Voir les explications ci-dessus.)

Applications écrites. — 1. Écrire les noms contenus dans la dictée :
→ Nid, neige, terre, milliers, cristaux, givre, rameaux, arbres, oiseau, buisson, buisson, froid, faim, nid, matin, mois, mai, nid, feuillage, primevère, aubépine, couche, neige, nid, oiseau, berceau.

2. Écrire les adjectifs qualificatifs contenus dans la dictée :
→ Pauvre, petit, beau, touffu, jolie, désert, triste, seul.

3. Écrire les verbes de la dictée et les faire suivre de leur complément direct :
→ Couvrait la terre, brillaient, volait, mort, reconnut le nid, était né, reconnut le nid, vit le feuillage, la primevère, l'aubépine, fleurie, aimait qu' (mis pour *aubépine*), couvrait le nid, quitta le berceau, était.

DICTÉE N° 360 (2ᵉ année)

LA CLASSE

Quel est l'endroit où les enfants vont quelquefois avec plaisir, quelquefois aussi avec peine; où ils rient beaucoup et pleurent souvent; où ils sont heureux et malheureux, suivant leur caractère[1] ? un endroit qui a vu bien des joies et aussi bien des tristesses pour... les paresseux; un endroit qu'on désire quitter par instants et qu'on regrette[2] plus tard, et où les petits ignorants se changent en petits garçons instruits ? — C'est une classe.

Explication des mots. — [1]*Caractère* : bonne ou mauvaise disposition de l'âme. — [2]*Qu'on regrette* : où l'on voudrait revenir.

Corrigé de la dictée. — Corriger ou faire corriger la dictée avant d'en indiquer les applications.

Interrogations. — Qu'est-ce que le *caractère* ? Que signifie *qu'on regrette* ?
→ (Voir les explications ci-dessus.)

Applications écrites. — 1. Écrire les verbes de la dictée avec leur sujet :
→ L'endroit est, les enfants vont, ils rient, ils pleurent, ils sont, qui a vu, on désire, quitter, on regrette, les ignorants se changent, c'est.

Le gérant : PAUL DUPONT.

LANGUE FRANÇAISE : PONCTUATION

2. Écrire les pronoms de la dictée et indiquer entre parenthèses quels noms ils remplacent :
→ Ils (enfants); ils (enfants); qui (endroit); qu' (endroit); on; qu' (endroit); on; se (ignorants); c' (endroit).

3. Écrire les verbes de la dictée, les faire suivre de leur complément direct :
→ Est, vont, rient, pleurent, sont, a vu des joies, désire quitter, quitter qu' (mis pour *endroit*), regrette qu' (mis pour *endroit*), changent se, est.

4. Écrire les mots invariables contenus dans la dictée :
→ Où, quelquefois, avec, quelquefois, aussi, avec, où, beaucoup, et, souvent, où, et, suivant, bien, et, aussi, bien, pour, par, et, plus, tard, et, où, en.

5° Exercices écrits. — Indiquer les exercices écrits à faire parmi ceux de la page 606 du livre de l'élève (exercices 772 à 777).

RÉPONSES AUX EXERCICES 772 à 777

[772]. — Écrire le morceau « La basse-cour », mettre les signes de ponctuation convenables : — Voici la basse-cour Entendez-vous le coq qui chante les poules qui caquettent les poulets qui piaulent les dindons qui gloussent Voyez-vous là-bas sur le bord de la mare où croassent les grenouilles les canards qui barbotent avec leurs canes et leurs canetons Quant aux oies elles paissent le long des chemins creux
→ Voici la basse-cour. Entendez-vous le coq qui chante, les poules qui caquettent, les poulets qui piaulent, les dindons qui gloussent ? Voyez-vous, là-bas, sur le bord de la mare où croassent les grenouilles, les canards qui barbotent avec leurs canes et leurs canetons ? Quant aux oies, elles paissent le long des chemins creux.

773. — Faire la liste de tous les noms contenus dans le morceau précédent en indiquant le genre et le nombre :
→ Basse-cour (fém. sing.); coq (masc. sing.); poules (fém. plur.); poulets (masc. plur.); dindons (masc. plur.); bord (masc. sing.); mare (fém. sing.); grenouilles (fém. plur.); canards (masc. plur.); canes (fém. plur.); canetons (masc. plur.); oies (fém. plur.); long (masc. sing.); chemins (masc. plur.).

[774]. — Écrire le morceau « Le général », mettre les signes de ponctuation convenables : — Ce jour-là mes enfants ils étaient bien au moins sept contre un Le général nous dit qu'il nous fallait tous mourir ou leur passer dessus Nous aimions le général il était si joli si brave si vaillant le plus brave de nous tous Nous répondîmes Oui général Et le général dit Tant qu'elle vous aura camarades la patrie ne risquera rien
→ Ce jour-là, mes enfants, ils étaient bien au moins sept contre un. Le général nous dit qu'il nous fallait tous mourir ou leur passer dessus. Nous aimions le général : il était si joli, si brave, si vaillant, le plus brave de nous tous. Nous répondîmes : « Oui, général. » Et le général dit : « Tant qu'elle vous aura, camarades, la patrie ne risquera rien ! »

775. — Faire la liste de tous les verbes contenus dans le morceau de l'exercice précédent
→ Étaient, dit, fallait, mourir, passer, aimions, était, répondîmes, dit, aura; risquera.

776. — Écrire l'infinitif des verbes de l'exercice précédent et dire, pour chacun d'eux, à quelle conjugaison il appartient :
→ Être (4ᵉ conj.) ; dire (4ᵉ conj.) ; falloir (3ᵉ conj.) ; mourir (2ᵉ conj.); passer (1ʳᵉ conj.) ; aimer (1ʳᵉ conj.) ; être (4ᵉ conj.) ; répondre (4ᵉ conj.) ; dire (4ᵉ conj.) ; avoir (3ᵉ conj.) ; risquer (1ʳᵉ conj.).

777. — *Le cheval d'une voiture s'est emporté. Un courageux agent de police cherche à l'arrêter.*
Faire une description sur ce que représente cette figure.

→ *Développement.* — Oh ! quelle conduite courageuse ! Ce brave agent de police va peut-être se faire écraser. Mais qu'importe ! il saisit la bride du cheval qu'il maintient de toutes ses forces. Le brancard lui touche la poitrine et va peut-être lui enfoncer quelques côtes. L'agent, sans hésiter, continue son œuvre de dévouement, au péril de sa vie. Il est à moitié renversé, ses pieds vont être meurtris par le sabot du cheval cabré et furieux ; le képi tombe sur la chaussée. Tout à côté, accourt un deuxième agent qui va pouvoir venir en aide à son collègue.

Mais où est donc le cocher ? Il est tombé peut-être à quelques mètres de là, car les guides sont à l'abandon… Dans le fiacre, tremblante et prête à sauter dans la rue, une dame a entre-bâillé la porte. Sa figure bouleversée montre son effroi.

Il n'y aura, je l'espère, aucun accident. Et je serais heureux de savoir que le courageux agent n'a pas été blessé non plus. C'est une belle médaille de sauvetage que le gouvernement devra mettre sur cette poitrine.

RÉDACTION CONCENTRIQUE N° 71
(GARÇONS)

Le Certificat d'Études.

(Le même sujet est traité dans la leçon correspondante du cours moyen.)

Plan. — Vous avez assisté à l'examen de votre frère. — Vous avez pensé que dans quelques années ce serait votre tour et vous avez bien écouté les questions qu'on lui posait. — Bonheur de voir votre frère reçu.

→ *Développement.* — Mon frère Justin a treize ans et il vient de passer l'examen du Certificat d'Études. Il avait bien fait ses compositions écrites : la dictée, le devoir français et le problème, et il avait été admissible. Alors, j'ai voulu assister à son examen oral, pour écouter ce qu'on demandait, car, moi aussi, j'aurai treize ans un jour, et je passerai mon Certificat d'Études ; il faut que je sache d'avance ce qu'on pourra me demander.

Mon cœur battait, lorsque je suis entré dans la salle où Justin passait son examen. Il m'avait dit de ne pas le regarder, alors je suis resté caché derrière une dame.

On a demandé à Justin des choses que je savais, par exemple, le nom du fleuve qui passe à Toulouse ; mais on lui a posé aussi des questions auxquelles je n'aurais pas su répondre.

Justin, lui, a bien répondu à tout, sauf à une des questions d'histoire. J'ai été bien heureux, lorsqu'on lui a dit qu'il était reçu. Je me suis montré et il est vite venu me trouver. Je l'ai embrassé de tout mon cœur et je lui ai dit que je travaillerai pour être savant comme lui.

Justin va quitter l'école et entrer en apprentissage. C'est un homme maintenant, mais il dit qu'il veut continuer à s'instruire et qu'il ira au cours d'adultes.

Je voudrais bien être reçu, lorsque je me présenterai au Certificat d'Études, aussi je vais travailler de toutes mes forces. J'ai trois ans devant moi ; il faut que j'apprenne beaucoup de choses.

RÉDACTION CONCENTRIQUE N° 72
(FILLES)

Une petite tourterelle est tombée dans la cour de l'école. Vous soignez sa patte malade et vous l'adoptez.

(Le même sujet est traité dans la leçon correspondante du cours moyen.)

Plan. — Parlez des soins que vous avez donnés à la tourterelle. — L'Institutrice a permis que vous l'installiez dans un coin de la classe. — Gentillesse de la tourterelle apprivoisée.

→ *Développement.* — Il y a deux mois, une jolie petite tourterelle grise avec un collier noir est tombée dans la cour de l'école.

Nous l'avons trouvée près du banc de pierre. Nous l'avons tout de suite portée à Madame l'Institutrice, qui a vu qu'elle avait mal à la patte et nous a montré à bander cette pauvre patte, en la soutenant avec des morceaux d'allumettes.

Madame a fait manger à la tourterelle du pain trempé dans du vin, puis nous a dit :

« Mes enfants, si cela vous fait plaisir, je vous autorise à garder cette tourterelle dans l'école. »

Nous avons bien remercié notre Institutrice de sa bonté.

Voilà un mois que notre tourterelle est tout à fait guérie. Elle est bien gentille. Sa cage est placée dans la classe, près de la Maîtresse, et la porte de cette cage reste toujours ouverte. La tourterelle sait qu'elle ne doit pas bouger pendant que Madame parle. Mais, lorsque la dictée est finie, par exemple, elle vole sur son épaule, puis vient dire bonjour à celles d'entre nous qui l'ont soignée, enfin s'arrête un peu près de chaque élève.

Un jour que l'Institutrice écrivait les mauvais points, notre tourterelle donna des coups de bec à sa plume, comme pour lui dire : « Marque donc des bonnes notes à mes amies. » — Alors notre Institutrice nous dit : « Pour cette fois, je vous pardonne, mais c'est bien à cause de cette gentille tourterelle. » A la récréation, la tourterelle vient avec nous dans la cour, mais il n'y a pas de danger qu'elle s'en aille.

6° Morceau à apprendre. — Indiquer un morceau de récitation à apprendre, après l'avoir expliqué, ou un morceau, déjà appris, à repasser (pages 292 à 297 du livre du maître).

7° Récitation et correction. — 1. Faire réciter le morceau. — 2. Corriger les applications de la dictée, les rédactions et les exercices écrits qui ont été indiqués.

Récitations

RÉCITATION N° 92
(Page 588 du livre de l'élève)

LA PATIENCE

L'eau qui tombe goutte à goutte finit par creuser la pierre ; avec de petits coups de dents une souris coupe un câble[1] ; avec de petits coups de hache on abat de grands chênes.

(Franklin.)

Explication des mots. — [1] *Câble* : très grosse corde.

Sens général. — Ces phrases de Franklin veulent dire qu'avec de la patience, avec de petits efforts souvent répétés, on peut arriver à de grands résultats.

Récitation N° 93
(Page 590 du livre de l'élève)

LES SOLDATS

Rantanplan[1], les petits soldats
Deviendront l'orgueil de la France.
Dans la paix et dans les combats[2]
L'honneur guidera tous leurs pas.
S'ils ont la mort pour récompense[3],
Mères et sœurs, n'oubliez pas,
Rantanplan, les petits soldats.
(Cordelais.)

Explication des mots. — [1] *Rantanplan* : bruit que fait le tambour. — [2] *Dans les combats* : pendant les batailles. — [3] *S'ils ont la mort pour récompense* : s'ils meurent frappés par les balles ennemies.

Sens général. — Le soldat s'expose en effet pour tout le monde, pour défendre les propriétés et les familles, pour empêcher que le territoire ne soit envahi. S'il tombe au milieu de la mêlée, en suivant le drapeau, les mères et les sœurs comme tous les Français doivent un souvenir ému à ce vaillant et à ce brave.

Récitation N° 94
(Page 593 du livre de l'élève)

NE FORÇONS POINT NOTRE TALENT

Ne forçons point notre talent[1],
Nous ne ferions rien avec grâce[2].
(La Fontaine.)

Explication des mots. — [1] *Talent* : veut dire ici la capacité que nous avons de faire quelque chose. — [2] *Grâce* : veut dire ici d'une manière parfaite.

Sens général. — Ces deux vers de La Fontaine sont placés au commencement d'une fable où l'on parle d'un âne qui veut imiter un petit chien et qui se précipite dans les bras de son maître pour faire le gentil.
Ils signifient que, si nous avons un talent ou si nous sommes capables de faire quelque chose à peu près bien, il ne faut pas croire pour cela que nous sommes très forts. Si vous avez appris un peu de dessin ou de musique, il ne faut pas croire que vous êtes un dessinateur ou un musicien.

Récitation N° 95
(Page 594 du livre de l'élève)

IL FAUT AIMER SES FRÈRES ET SES SŒURS

Combien on doit aimer ses frères et ses sœurs !
Que ces liens[1] sont doux ! Ensemble dès l'enfance,
Unis par les devoirs, unis par la naissance,
Où trouver[2] des amis et plus sûrs[3] et meilleurs ?
(Morel de Vindé.)

Explication des mots. — [1] *Liens* : tout ce qui attache et unit. —

²*Où trouver* : où prendre, où choisir. — ³*Sûrs* : c'est-à-dire fidèles, sincères.

Sens général. — Les frères et les sœurs doivent s'aimer parce qu'ils ont mêmes parents, même éducation, parce qu'ils vivent ensemble, qu'ils ont les mêmes joies et les mêmes peines. Rien ne peut et ne doit briser l'amour fraternel, ni les événements, ni le temps, ni le caprice. Les frères et sœurs doivent se témoigner toujours leur tendresse, leur confiance, leur complaisance. Les aînés doivent veiller sur les plus jeunes et leur donner le bon exemple. Les plus jeunes doivent, en retour, aimer beaucoup les aînés et chercher à leur être agréables.

RÉCITATION N° 96
(Page 595 du livre de l'élève)

LA CIGOGNE¹ ET LE RAMIER²

« L'homme n'est pas si méchant qu'on le pense,
Disait une cigogne au ramier, son voisin.
Il ne nous fait jamais la plus légère offense³
  Et vous l'appelez assassin⁴.
  — Tu jases⁵ là fort à ton aise,
Reprit le ramier ; sache bien
Qu'il t'épargne, pauvre niaise⁶,
Parce que ta chair ne vaut rien⁷ »

(Savatier-Laroche.)

Explication des mots. — ¹*Cigogne* : gros oiseau de passage de l'ordre des échassiers. — ²*Ramier* : nom du pigeon sauvage. — ³*Offense* : injure. — ⁴*Assassin* : celui qui tue volontairement. — ⁵*Tu jases* : tu parles sans raisonner. — ⁶*Niaise* : sans esprit. — ⁷*Ne vaut rien* : ne peut se manger.

Sens général. — La cigogne parle comme les étourdis, sans juger de la valeur de ses paroles.

Sa chair, en effet, n'est ni délicate, ni bonne comme celle du ramier. Elle ne redoute donc guère le chasseur. Le ramier, lui, au contraire, a tout à craindre.

La cigogne rappelle la fatuité et la niaiserie des gens qui ne s'aperçoivent point que, si on dédaigne de s'occuper d'eux, c'est parce qu'ils n'ont aucune valeur.

RÉCITATION N° 97
(Page 596 du livre de l'élève)

TRAVAIL

Séparons le grain de la paille,
Broyons¹ le blé, chauffons le four² !
Il faut bien que chacun travaille,
Car tout homme a faim chaque jour.

(Jean Aicard.)

Explication des mots. — ¹*Broyons* : réduisons en poudre, en farine. — ²*Le four* : l'endroit où le pain cuit.

Sens général. — Les hommes travaillent les uns pour les autres. Le maçon et le charpentier font la maison du cultivateur, le cultivateur laboure son champ, fait la moisson, le meunier broie le blé et le boulanger cuit le pain de l'ouvrier. De même sur toute la terre, il y a échange de travail et c'est ce va-et-vient incessant qui donne naissance au commerce et à l'industrie.

RÉCITATION N° 98
(Page 597 du livre de l'élève)

LE FRONT

Max se frottait le front : « Quel est ce blanchissage[1] ?
Lui demanda sa sœur. As-tu donc le front noir[2] ?
— J'étais un peu méchant, maman pourrait le voir.
C'est écrit sur mon front quand je ne suis pas sage. »
    Et Max frotte encor[3] davantage.
Il croit qu'en s'essuyant, les marques s'en iront.
    Pas du tout ; son front devient rouge.
Et sa mère, en entrant, dit, avant qu'il ne bouge[4] :
« Max vient d'être méchant : c'est écrit sur son front ! »
                         (L. Ratisbonne.)

Explication des mots. — [1] *Ce blanchissage* : ce moyen de se blanchir. — [2] *Le front noir* : as-tu une tache au front ? — [3] *Encor* : en poésie pour la mesure des vers, on peut écrire *encor* ou *encore*. — [4] *Qu'il ne bouge* : qu'il ne remue, qu'il ne vienne au-devant de sa mère.

Sens général. — Le petit Max est un peu naïf. Il croit que, chaque fois qu'il est méchant, son front porte une marque. Aussi, ayant fait une sottise, il essaye d'enlever le signe révélateur. Et en frottant, il se désigne lui-même à l'attention de sa mère.

Chaque fois que vous faites mal, mes enfants, soit par votre attitude embarrassée, soit par vos paroles d'excuses, vous vous montrez coupables.

En écoutant les conseils de vos parents et de vos maîtres, en vous conduisant correctement, vous n'avez aucune crainte à avoir. Votre maintien et votre mine réjouie feront plaisir à tous.

RÉCITATION N° 99
(Pages 598, 600 et 601 du livre de l'élève)

LES CHEVAUX DE LABOUR[1]

Tout en sueur, voici les bêtes de labour
Qui reviennent, traînant la herse et la charrue ;
Et leurs pas réguliers résonnent dans la rue
Comme ceux des soldats qu'anime le tambour.

Voyez-les s'avancer, les serviteurs[2] des hommes,
Eux qui se réservaient le plus dur du travail :
Percherons[3] accouplés[4], par le large portail[5]
Ils rentrent au logis des fermiers économes.

Le robuste garçon qui s'assied sur leur dos,
Les cinglant[6] de son fouet, souvent les importune[7],
Quoiqu'ils aient tout le jour creusé la terre brune,
Et bien gagné le foin, l'avoine et le repos.

Ils ont de bons regards, à défaut de paroles,
Pour saluer de loin le gros chien aboyeur[8].
Les tout petits enfants les touchent sans frayeur[9]
Et le couchant vermeil[10] leur fait des auréoles[11].

(Léon Duvauchel.)

Explication des mots. — [1] *Chevaux de labour* : ceux qui par leur force sont spécialement employés au labourage des terres. — [2] *Les serviteurs* : ces animaux utiles qui nous rendent tant de services. — [3] *Percherons* : race de chevaux originaires du Perche. — [4] *Accouplés* : attelés deux à deux devant la charrue. — [5] *Portail* : l'entrée principale de la cour de la ferme. — [6] *Cinglant* : les frappant avec quelque chose de souple et d'enveloppant. — [7] *Importune* : ennuie. — [8] *Aboyeur* : qui aboie, mais souvent sans mordre. — [9] *Sans frayeur* : sans avoir peur. — [10] *Le couchant vermeil* : le soleil se couche en teintant l'horizon d'une couleur rouge. — [11] *Auréoles* : cercles lumineux dont le poète entoure ici les chevaux.

Sens général. — Les chevaux qui viennent d'aider le cultivateur dans ses travaux des champs reviennent bien las vers la maison. Ils avancent d'un pas régulier comme les soldats qui marchent au son du tambour. Les animaux, surtout ceux qui sont les auxiliaires du cultivateur et vivent toujours à côté de lui, sont des êtres sensibles à la douleur et sensibles au plaisir. Le garçon de ferme a donc grand tort de donner inutilement des coups de fouet aux bons chevaux de labour. Il devrait au contraire les traiter avec ménagement aux champs, avec douceur à l'écurie où ils prennent la nourriture et le repos. Ces chevaux semblent pleins de qualités et en les développant, en les éduquant, il sera facile d'en tirer tout le parti possible.

RÉCITATION N° 100

(Page 603 du livre de l'élève)

LA MÈRE

Elle écoute, la nuit, son paisible sommeil[1];
Par un souffle, elle craint de hâter[2] son réveil.
Elle entoure de soins sa fragile[3] existence;
Avec celle d'un fils la sienne recommence.

(Millevoye.)

Explication des mots. — [1] *Paisible sommeil* : sommeil calme, sans rêve ni cauchemar. — [2] *De hâter* : de faire venir trop vite. — [3] *Fragile* : précieuse, délicate.

Sens général. — La maman, toujours bonne et jamais fatiguée quand son enfant a besoin d'elle, l'écoute dormir la nuit. Elle arrête son souffle pour ne pas l'éveiller. Que de soins pour ce petit être ! que de peines ! Aussi soyez reconnaissants envers vos mères; et un jour, à votre tour, soignez les vieillards qui se sont abîmés la santé pour vous.

Récitation N° 101
(Page 605 du livre de l'élève)

UN HÉROS[1] EN PAROLES

« Moi, disait petit Paul, je n'ai pas peur du loup[2] ! »
  Et sur un ton menaçant et superbe[3] :
« Qu'il vienne ! ajoutait-il : je l'étrangle du coup
  Et je le fais rouler[4] sur l'herbe.
  Moi, je suis fort, je suis brave, je suis... »
      Une souris,
    Sortant de sa cachette,
Interrompt le héros qui pâlit, perd la tête
  Et se sauve en poussant des cris.
  La vaillance[5] n'est pas dans les belles paroles :
  C'est aux actes surtout que l'on juge nos rôles[6].
               (F. Bataille.)

Explication des mots. — [1]*Héros* : celui qui accomplit de grandes et belles actions. — [2]*Loup* : l'animal dont on parle souvent aux enfants, comme le type de celui qui mange les bébés méchants. — [3]*Superbe* : orgueilleux et présomptueux. — [4]*Rouler* : en tombant morts les animaux roulent un peu sur le dos. — [5]*Vaillance* : valeur, courage. — [6]*Nos rôles* : notre manière d'agir.

Sens général. — Le courage ne consiste pas en effet dans des paroles, mais à savoir surmonter la crainte du danger moral ou physique. Il ne faut pas se troubler en face d'un péril ; il faut garder son sang-froid quand on ne sait quel danger vous menace. Rappelez-vous ces mots : « L'homme courageux l'est partout : au combat, contre l'ennemi ; dans une réunion, en faveur des absents ; dans son lit, contre les attaques de la douleur et de la mort. »

Récitation N° 102
(Page 606 du livre de l'élève)

AIMEZ LES VIEILLARDS

Aimez bien les bons vieux, tout blancs[1], dont le front tremble[2],
Aimez tous ceux à qui le grand-père ressemble...
Les plus forts d'entre vous auront ces yeux, ce front,
Cette faiblesse... Eh oui ! les plus forts — vieilliront.
               (Jean Aicard.)

Explication des mots. — [1]*Tout blancs* : c'est-à-dire dont les cheveux sont blancs. — [2]*Le front tremble* : l'âge fait souvent branler la tête des vieillards.

Sens général. — Aimez bien les vieillards, enfants. Ce sont des grands-pères, des grand'mères qui méritent votre affection et votre respect. Rappelez-vous leur longue vie de fatigues et de peines où ils ont épuisé leurs forces : ce sont les soucis, les inquiétudes causés par leurs enfants qui ont fait blanchir leurs têtes. Pensez à tout cela, enfants, et ne manquez jamais de respect aux vieillards. Ecoutez avec déférence leurs sages avis et sachez profiter de leur longue expérience.

HISTOIRE

Neuvième Mois
du Cours élémentaire

65ᵉ Leçon. — RÈGNE DE LOUIS XVIII

1° Leçon. — Faire écrire au tableau : *Histoire*. — *Règne de Louis XVIII (page 607)*.

Faire apprendre la leçon, sans le récit (page 607 du livre de l'élève)..

2° Interrogations. — Poser la question 57 (au bas de la page 607 du livre de l'élève).

3° Récit et explication de la figure. — 1. Faire lire le récit.

2. *Explication de la figure.* — Le maréchal Brune vient d'être

Fig. 65. — Assassinat du maréchal Brune.

assassiné. Sur la figure 65 (livre de l'élève et livre du maître) nous le voyons gisant inanimé sur le parquet et la figure contre terre. De sa tête s'échappe une mare de sang. Son assassin ose encore mettre le pied sur le corps de sa victime pour s'assurer qu'elle est bien morte. Le misérable, les manches relevées jusqu'aux coudes, serre encore dans sa main l'arme meurtrière.

Par la fenêtre grande ouverte on voit deux hommes armés qui, au moyen d'une échelle, vont pénétrer dans la chambre. Le premier a déjà posé un pied sur le bord de la fenêtre. Son chapeau enfoncé sur les yeux lui donne un air sinistre.

Dans cette chambre on aperçoit encore deux tableaux accrochés au mur, une chaise, une table qui ne paraît pas être à sa place. L'assassin a dû tout déranger pour atteindre l'infortuné maréchal.

3. Faire raconter le récit.

4° **Exercices écrits de grammaire sur la 65ᵉ leçon.** — Dicter aux élèves quelques-uns des exercices suivants :

1. Trouver dans le récit deux adjectifs possessifs, un adjectif indéfini, un pronom relatif et des pronoms personnels :
→ Sa, adjectif possessif; son, adjectif possessif; une, adjectif indéfini; qui, pronom relatif; se, pronom personnel; il, pronom personnel; le (devant un verbe), pronom personnel.

2. Relever les participes passés contenus dans le récit :
→ Reconnu, dénoncé, attaqué, envahi, poursuivi, atteint.

3. Indiquer pour chacun des autres verbes la conjugaison, le mode, le temps, le nombre et la personne :
→ Trouvait (1ʳᵉ conj., mode indicatif, temps imparfait, 3ᵉ pers. du sing.); osèrent (1ʳᵉ conj., mode indicatif, temps passé défini, 3ᵉ pers. du plur.); briser (1ʳᵉ conj., mode infinitif, temps présent); renfermait (1ʳᵉ conj., mode indicatif, temps imparfait, 3ᵉ pers. du sing.); traînèrent (1ʳᵉ conj., mode indicatif, temps passé défini, 3ᵉ pers. du plur.); précipitèrent (1ʳᵉ conj., mode indicatif temps passé défini, 3ᵉ pers. du plur.).

4. Quelle est la fonction grammaticale des mots suivants : hôtel, balle, cercueil, corps, flots ?
→ Hôtel (compl. indirect de se *trouvait*); balle (compl. indirect de *atteint*); cercueil (compl. direct de *briser*); corps (compl. direct de *renfermait*); flot (compl. indirect de *précipitèrent*).

5. Conjuguer à l'impératif les verbes *être, avoir, reconnaître, poursuivre, atteindre*.
→ Sois, soyons, soyez; aie, ayons, ayez; reconnais, reconnaissons, reconnaissez; poursuis, poursuivons, poursuivez; atteins, atteignons, atteignez.

5° **Résumé de la leçon.** — Faire copier le paragraphe 57 du résumé [*Louis XVIII*], page 614 du livre de l'élève.

6° **Correction.** — Corriger les exercices écrits qui ont été indiqués.

66ᵉ Leçon. — RÈGNE DE CHARLES X

1º Leçon. — Faire écrire au tableau : *Histoire.* — *Règne de Charles X (page 608).*

Faire apprendre la leçon, sans le récit (page 608 du livre de l'élève).

2º Interrogations. — Poser les questions du nº 58 (au bas de la page 608 du livre de l'élève).

3º Récit et explication de la figure. — 1. Faire lire le récit.

2. *Explication de la figure.* — Dans la figure 66 (livre de l'élève et livre du maître) deux hommes sont occupés à dresser la guillotine sur une sorte d'estrade à laquelle on monte par des marches.

Nous remarquons ensuite quatre jeunes gens. Les mains attachées

Fig. 66. — Les quatre sergents de la Rochelle.

derrière le dos, les cheveux rasés, le col de la chemise largement échancré afin de laisser le cou libre, tout dénote en eux des condamnés à mort. Ce sont en effet les quatre sergents de la Rochelle qui, accusés d'être les chefs d'une révolte, vont mourir sur l'échafaud. L'un d'eux s'apprête à monter au supplice. Il cause avec un prêtre qui l'engage à mourir courageusement.

Ces jeunes gens n'ont pas l'attitude des suppliciés ordinaires. Ils portent haut la tête et semblent ne pas craindre la mort.

Tout autour de l'échafaud des soldats font la haie pour empêcher la foule d'approcher.

3. Faire raconter le récit.

4° Exercices écrits de grammaire sur la 66° leçon. — Dicter aux élèves quelques-uns des exercices suivants :

1. Trouver dans le récit un adjectif numéral ordinal, un adjectif numéral cardinal, un adjectif démonstratif, un adjectif possessif :
→ Adjectif numéral ordinal : quarante-cinquième.
Adjectif numéral cardinal : quatre.
Adjectif démonstratif : ce.
Adjectif possessif : leurs.

2. Que sont les mots *les* et *leur* dans les phrases suivantes : Les faire évader, leur offraient ?
→ *Les* et *leur* sont pronoms personnels.

3. Relever les prépositions contenues dans le récit :
→ De, en, à, à, avec, de, d', en, de, à.

4. Expliquer l'orthographe des participes passés contenus dans le récit :
→ (*Furent*) *accusés* : participe passé, conjugué avec l'auxiliaire *être*, s'accorde avec le sujet du verbe *sergents*, masculin pluriel.
(*Furent*) *arrêtés* et (*furent*) *jetés* : participes passés, conjugués avec l'auxiliaire *être*, s'accordent avec le sujet *ils*, mis pour *sergents*, masculin pluriel.
(*Furent*) *exécutés* : participe passé, conjugué avec l'auxiliaire *être*, s'accorde avec le sujet *ils*, mis pour *sergents*, masculin pluriel.

5. Indiquer la conjugaison, le mode, le temps, le nombre et la personne des verbes suivants : semblait, essayèrent, offraient, voulaient, avons, répondirent.
→ *Semblait* : verbe *sembler*, 1re conj., mode indicatif, temps imparfait, 3e pers. du sing.
Essayèrent : verbe *essayer*, 1re conj., mode indicatif, temps passé défini, 3e pers. du plur.
Offraient : verbe *offrir*, 2e conj., mode indicatif, temps imparfait, 3e pers. du plur.
Voulaient : verbe *vouloir*, 3e conj., mode indicatif, temps imparfait, 3e pers. du plur.
Avons : verbe *avoir*, 3e conj., mode indicatif, temps présent, 1re pers. du plur.
Répondirent : verbe *répondre*, 4e conj., mode indicatif, temps passé défini, 3e pers. du plur.

5° Résumé de la leçon. — Faire copier le paragraphe 58 du résumé [*Charles X*], page 614 du livre de l'élève.

6° Correction. — Corriger les exercices écrits qui ont été indiqués.

67ᵉ Leçon. — RÈGNE DE LOUIS-PHILIPPE

1° Leçon. — Faire écrire au tableau : *Histoire*. — *Règne de Louis-Philippe (page 609).*

Faire apprendre la leçon, sans le récit (page 609 du livre de l'élève).

2° Interrogations. — Poser les questions du n° 59 (au bas de la page 609 du livre de l'élève).

3° Récit et explication de la figure. — 1. Faire lire le récit.

2. *Explication de la figure.* — La figure 67 (livre de l'élève et livre du maître) nous représente Abd-el-Kader et sa suite.

Le chef des Arabes est monté sur un petit cheval dont la longue

Fig. 67. — Abd-el-Kader.

crinière flotte au vent. Abd-el-Kader est vêtu d'un grand manteau blanc qu'on appelle un burnous. Il est coiffé d'un turban et se tient bien droit sur son cheval.

Il est escorté d'une troupe de soldats algériens vêtus aussi de longs burnous blancs et portant des fusils.

A gauche de la figure on aperçoit des tentes, puis, au loin et à droite, quelques arbres. Ce sont des palmiers que nous reconnaissons bien à leur tronc droit et nu, terminé par un bouquet de feuilles.

HISTOIRE : DE LOUIS XVIII A NAPOLÉON III

Abd-el-Kader et sa suite se trouvent dans une immense plaine, un désert sans doute, brûlé par le soleil. Il n'y a d'ombres que celles qui sont projetées par les chevaux et les cavaliers.

3. Faire raconter le récit.

4° Exercices écrits de grammaire sur la 67° leçon. — Dicter aux élèves quelques-uns des exercices suivants :

1. Trouver dans le récit deux adjectifs possessifs, deux adjectifs indéfinis, un adjectif démonstratif :
→ Adjectifs possessifs : son et sa.
  Adjectifs indéfinis : tout et une.
  Adjectif démonstratif : cet.

2. Relever les pronoms personnels contenus dans le récit et les analyser :
→ Il (fut vaincu) : Il, pron. pers., 3° pers. du sing., sujet de *fut vaincu*.
  L' (avaient abandonné) : L', pron. pers., 3° pers. du sing., compl. direct de *avaient abandonné*, mis pour *Abd-el-Kader*.
  S'en (emparèrent) : S', pron. pers. réfléchi, 3° pers. du plur., compl. direct de *emparèrent*.
  En : pron. pers., 3° pers. du sing., compl. indirect de *s'emparèrent*, mis pour *smala*.

3. Quelle est la fonction grammaticale des mots suivants : indépendance, troupes, Français, smala, événement, atteinte, prestige, guerre ?
→ Indépendance (compl. indirect de *lutta*); troupes (compl. indirect de *pourchassé*); Français (sujet de *surprirent*); smala (compl. direct de *surprirent*); événement (sujet de *porta*); atteinte (compl. direct de *porta*); prestige (compl. indirect de *porta*); guerre (sujet de *prit*).

4. Conjuguer les verbes *vaincre* et *surprendre* au présent de l'indicatif, au passé défini et au futur.

→

Je vaincs.	Je vainquis.	Je vaincrai.
Tu vaincs.	Tu vainquis.	Tu vaincras.
Il ou elle vainc.	Il ou elle vainquit.	Il ou elle vaincra.
Nous vainquons.	Nous vainquîmes.	Nous vaincrons.
Vous vainquez.	Vous vainquîtes.	Vous vaincrez.
Ils ou elles vainquent.	Ils ou elles vainquirent.	Ils ou elles vaincront.

Je surprends.	Je surpris.	Je surprendrai.
Tu surprends.	Tu surpris.	Tu surprendras.
Il ou elle surprend.	Il ou elle surprit.	Il ou elle surprendra.
Nous surprenons.	Nous surprîmes.	Nous surprendrons.
Vous surprenez.	Vous surprîtes.	Vous surprendrez.
Ils ou elles surprennent.	Ils ou elles surprirent.	Ils ou elles surprendront.

5. Relever les prépositions et les adverbes contenus dans le récit :
→ Prépositions : pour, de, avec, de, d', par, dans, parmi, de.
  Adverbes : beaucoup et enfin.

5° Résumé de la leçon. — Faire copier le paragraphe 59 du résumé [*Louis-Philippe. Conquête de l'Algérie*], page 614 du livre de l'élève.

6° Correction. — Corriger les exercices écrits qui ont été indiqués.

68° Leçon. — RÉPUBLIQUE DE 1848. — LES LETTRES ET LES ARTS

1° Leçon. — Faire écrire au tableau : *Histoire. — République de 1848. Les lettres et les arts (page 610)*.

Faire apprendre la leçon, sans le récit (page 610 du livre de l'élève).

2° Interrogations. — Poser les questions du n° 60 (au bas de la page 610 du livre de l'élève).

3° Récit et explication de la figure. — 1. Faire lire le récit.

2. *Explication de la figure.* — Parmi tous les hommes que repré-

Fig. 68. — Lamartine et le drapeau tricolore.

sente la figure 68 (livre de l'élève et livre du maître) il en est un qui attire surtout notre attention. Il est debout au pied d'un escalier. D'une main il tient un drapeau ; l'autre, il l'élève vers le peuple auquel il parle. Cet homme est le grand poète Lamartine.

Au pied et autour de l'escalier une foule nombreuse se presse, parmi laquelle nous distinguons quelques soldats. L'un tient un tambour, un autre essaye de repousser, avec son fusil, un homme qui s'approche

Le gérant : PAUL DUPONT.

trop près. Cet homme même paraît être fort en colère, il serre le poing et semble menacer le soldat.

Dans la foule flottent quelques drapeaux sur lesquels on lit ces mots : Révolution.

Bientôt, après les paroles de Lamartine, ces drapeaux n'existeront plus et seront remplacés par le drapeau aux trois couleurs.

3. Faire raconter le récit.

4° Exercices écrits de grammaire sur la 68° leçon. — Dicter aux élèves quelques-uns des exercices suivants :

1. Relever les verbes contenus dans le récit et en indiquer le mode et le temps :
→ Voulaient (mode indicatif, temps imparfait) ; faire (mode infinitif temps présent) ; accepter (mode infinitif, temps présent) ; opposa, (mode indicatif, temps passé défini) ; harangua (mode indicatif ; temps passé défini) ; s'écria (mode indicatif, temps passé défini) ; a fait (mode indicatif, temps passé indéfini) ; a fait (mode indicatif, temps passé indéfini) ; traîné (participe passé).

2. Quelle est la fonction grammaticale des mots suivants : ouvriers, drapeau, République, poète, peuple, drapeau, tour?
→ Ouvriers (sujet de *voulaient*) ; drapeau (compl. direct de *accepter*) ; République (compl. indirect de *accepter*) ; poète (sujet de *s'opposa*) ; peuple (compl. direct de *harangua*) ; drapeau (sujet de *a fait*) ; tour (compl. direct de *a fait*).

3. Trouver dans le récit un adjectif démonstratif, un adjectif possessif et des pronoms personnels :
→ Adjectif démonstratif : ces ; adjectif possessif : vos ; pronoms personnels : s'y, il.

4. Relever les prépositions contenues dans le récit :
→ Par, en, devant, avec, dans.

5. Analyser l'article dans les phrases suivantes : les ouvriers, le drapeau, la République, le tour du monde.

→ | Les | art. simp., masc. plur. |
Le	art. simp., masc. sing.
La	art. simp., fém. sing.
Le	art. simp., masc. sing.
Du	art. cont., mis pour *de le*, masc. sing.

5° Résumé de la leçon. — Faire copier le paragraphe 60 du résumé, page 614 du livre de l'élève.

6° Correction. — Corriger les exercices écrits qui ont été indiqués.

69° Leçon. — NAPOLÉON III. — CAMPAGNES DE CRIMÉE ET D'ITALIE

1° Leçon. — Faire écrire au tableau : *Histoire.* — *Napoléon III. Campagnes de Crimée et d'Italie (page 611).*

Faire apprendre la leçon, sans le récit (page 614 du livre de l'élève).

2° Interrogations. — Poser les questions du n° 61 (au bas de la page 611 du livre de l'élève).

3° Récit et explication de la figure. — 1. Faire lire le récit.

2. *Explication de la figure.* — La figure 69 (livre de l'élève et livre du maître) représente la prise de la tour de Malakoff.

Un bataillon de zouaves montent à l'assaut. Des trompettes sonnent

Fig. 69. — Prise de la tour de Malakoff.

pour exciter l'ardeur de leurs camarades. Le porte-drapeau est déjà arrivé et s'apprête à planter le drapeau. Il est précédé de zouaves qui, avec leurs baïonnettes, frappent sans pitié sur quelques soldats russes. Un soldat ennemi élève son épée au-dessus de sa tête et va tuer un Français. Deux canonniers sont embusqués derrière un parapet.

Plus loin, un zouave blessé mortellement gît au milieu de pierres et de paniers défoncés et brisés.

Enfin, commandant tout ce bataillon, un officier supérieur, le général de Mac-Mahon, monte à l'assaut suivi de tous ses soldats.

3. Faire raconter le récit.

4° Exercices écrits de grammaire sur la 69 leçon. — Dicter aux élèves quelques-uns des exercices suivants :

1. Relever tous les noms sujets et compléments contenus dans le récit et indiquer de quels verbes ils sont sujets et compléments :

→ *Ville* : sujet de *se défendit*.
Courage : compl. indirect de *défendit*.

Français : compl. indirect de *défendit*.
Soldats : sujet de *demandèrent*.
Privations : compl. indirect de *fatigués*.
Assaut : compl. direct de *demandèrent*.
Tour : sujet de *fut attaquée*.
Entrée : compl. direct de *défendait*.
Général : sujet de *arriva*.
Sommet : compl. indirect de *arriva*.
Parole : compl. direct de *prononça*.
Ville : sujet de *fut prise*.

2. Trouver les pronoms contenus dans le récit et indiquer leur fonction grammaticale :
→ *Se* : pron. pers., compl. direct de *défendit*.
Qui : pron. relatif, sujet de *défendait*.
Il : pron. pers., sujet de *prononça*.
J' : pron. pers., sujet de *suis* et *reste*.

3. Relever les prépositions et les adverbes contenus dans le récit :
→ Prépositions : avec, contre, par, de.
Adverbes : d'abord, où, y.

4. Analyser les articles contenus parmi les mots suivants : la ville, les soldats, les privations, le général, au sommet.
→ *La* (ville) : art. simple, fém. sing.
Les (soldats) : art. simple, masc. plur.
Les (privations) : art. simple, fém. plur.
Le (général) : art. simple, masc. sing.
Au (sommet) : art. contracté, mis pour *à le*, masc. sing.

5. Mettre au pluriel les phrases suivantes et indiquer à quel temps sont les verbes : le général arriva ; il prononça ; j'y suis, j'y reste ; la ville se défendit.
→ Les généraux arrivèrent (passé défini).
Ils prononcèrent (passé défini).
Nous y sommes (indicatif présent), nous y restons (indicatif présent).
Les villes se défendirent (passé défini).

5° Résumé de la leçon. — Faire copier le paragraphe 61 du résumé [*Napoléon III. Campagnes de Crimée et d'Italie*], page 614 du livre de l'élève.

6° Correction. — Corriger les exercices écrits qui ont été indiqués.

70ᵉ Leçon. — **NAPOLÉON III** *(Suite).* — **EXPÉDITIONS DE CHINE ET DU MEXIQUE**

1° Leçon. — Faire écrire au tableau : *Histoire.* — *Napoléon III (suite). Expéditions de Chine et du Mexique* (page 612).
Faire apprendre la leçon, sans le récit (page 612 du livre de l'élève).

2° Interrogations. — Poser les questions du n° 65 (au bas de la page 612 du livre de l'élève).

3° Récit et explication de la figure. — 1. Faire lire le récit.

2. *Explication de la figure.* — La figure 70 (livre de l'élève et livre du maître) représente la mort de l'empereur Maximilien.

Le long d'un mur, habillé à la française, un large chapeau à la main,

Fig. 70. — Exécution de l'empereur Maximilien.

l'empereur se tient debout. Il n'a pas peur, quoiqu'il attende la mort.

En effet, six Mexicains ont mis le fusil en joue et attendent le signal de celui qui les commande pour faire feu.

Dans la plaine, d'autres Mexicains à cheval surveillent l'exécution du malheureux empereur.

Les Mexicains sont vêtus d'une petite veste courte, d'une grande ceinture et de pantalons grandement fendus par le bas. Ils sont coiffés d'un chapeau à larges bords destiné à garantir leur visage des ardeurs du soleil.

3. Faire raconter le récit.

4° Exercices écrits de grammaire sur la 70° leçon. — Dicter aux élèves quelques-uns des exercices suivants :

1. Analyser les adjectifs qualificatifs contenus dans le récit :

→ Puissant	adj. qualif., masc. sing., qualifie *empire*.
Vives	adj. qualif., fém. plur., qualifie *observations*.
Infortuné	adj. qualif., masc. sing., qualifie *empereur*.
Ancien	adj. qualif., masc. sing., qualifie *président*.
Dérisoire	adj. qualif., masc. sing., qualifie *jugement*.

2. Analyser de même les différents adjectifs et les pronoms dans l'ordre où ils se présentent :

S'	pron. pers., 3ᵉ pers. du sing., compl. direct de *établir*.
Leur	adj. poss., fém. sing.; détermine *frontière*.
Ils	pron. pers., 3ᵉ pers. du plur., sujet de *firent*.
Celui-ci	pron. démonst., 3ᵉ pers. du sing., sujet de *dut*.
Qu'	pron. relatif, 3ᵉ pers. du plur., mis pour *troupes*, compl. direct de *avait envoyées*.
Il	pron. pers., 3ᵉ pers. du sing., sujet de *avait envoyées*.
Se	pron. pers., 3ᵉ pers. du sing., compl. direct de *maintenir*.
S'	pron. pers., 3ᵉ pers. du sing., compl. direct de *empara*.
Il	pron. pers., 3ᵉ pers. du sing., sujet de *fit*.
Qui	pron. relatif, 3ᵉ pers. du sing., mis pour *Maximilien*, sujet de *mourut*.

3. Donner la fonction grammaticale des mots suivants plaisir, empire, frontière, Napoléon III, observations, troupes, Mexique, trône, Maximilien, courage.

→ Plaisir (compl. indirect de *voir*); empire (compl. direct de *voir*); frontière (compl. indirect de *s'établir*); Napoléon III (compl. indirect de *firent*); observations (compl. direct de *firent*); troupes (compl. direct de *rappeler*); Mexique (compl. indirect de *avait envoyées*); trône (compl. indirect de *se maintenir*); Maximilien (compl. direct de *fusiller*); courage (compl. indirect de *mourut*).

4. Conjuguer au passé indéfini, au passé antérieur et au plus-que-parfait les verbes *voir* et *mourir*.

→ J'ai vu.	J'eus vu.	J'avais vu.
Tu as vu.	Tu eus vu.	Tu avais vu.
Il ou elle a vu.	Il ou elle eut vu.	Il ou elle avait vu.
Nous avons vu.	Nous eûmes vu.	Nous avions vu.
Vous avez vu.	Vous eûtes vu.	Vous aviez vu.
Ils ou elles ont vu.	Ils ou elles eurent vu.	Ils ou elles avaient vu.
Je suis mort.	Je fus mort.	J'étais mort.
Tu es mort.	Tu fus mort.	Tu étais mort.
Il est mort.	Il fut mort.	Il était mort.
Nous sommes morts.	Nous fûmes morts.	Nous étions morts.
Vous êtes morts.	Vous fûtes morts.	Vous étiez morts.
Ils sont morts.	Ils furent morts.	Ils étaient morts.

5° Résumé de la leçon. — Faire copier le paragraphe 62 du résumé [*Napoléon III (suite). Expéditions de Chine et du Mexique*], page 614 du livre de l'élève.

6° Correction. — Corriger les exercices écrits qui ont été indiqués.

71ᵉ Leçon. — RÉSULTATS DU RÈGNE DE NAPOLÉON III

1° Leçon. — Faire écrire au tableau : *Histoire. — Résultats du règne de Napoléon III (page 613)*.

Faire apprendre la leçon, sans le récit (page 613 du livre de l'élève).

2° Interrogations. — Poser les questions du n° 63 (au bas de la page 613 du livre de l'élève).

3° Récit et explication de la figure. — 1. Faire lire le récit.

2. *Explication de la figure.* — La figure 71 (livre de l'élève et livre du maître) représente une partie de l'exposition de 1867.

Fig. 71. — Exposition de 1867.

Au milieu s'élève un grand palais garni d'une multitude de drapeaux.

De place en place on voit de grandes cheminées comme celles des usines. Chacune indique une industrie quelconque.

De petits pavillons, surmontés du drapeau français, sont séparés les uns des autres par de belles pelouses garnies d'arbres.

Dans les allées se promènent quelques visiteurs.

3. Faire raconter le récit.

4° Exercices écrits de grammaire sur la 71° leçon. — Dicter aux élèves quelques-uns des exercices suivants :

1. Relever les différents adjectifs contenus dans le récit et les analyser :

Considérable	adj. qualif., masc. sing., qualifie *développement*.
Universelle	adj. qualif., fém. sing., qualifie *exposition*.
Brillante	adj. qualif., fém. sing., attribut de *qui*.
Nos	adj. poss., fém. plur., détermine *manufactures*.
Universelles	adj. qualif., fém. plur., qualifie *expositions*.
Fréquentes	adj. qualif., fém. plur., attribut de *qui*.
Tous	adj. indéf., masc. plur., détermine *pays*.
Leurs	adj. poss., masc. plur., détermine *produits*.

2. Analyser de même les pronoms :

Qui | pron. relatif, 3ᵉ pers. du sing., sujet de *fut*.
Se | pron. pers., 3ᵉ pers. du plur., compl. direct de *remarquer*.
Qui | pron. relatif, 3ᵉ pers. du plur., sujet de *sont devenues*.

3. Écrire en lettres le nombre 1867.
→ Mil huit cent soixante-sept.

4. Relever les prépositions et les adverbes contenus dans le récit :
→ Prépositions : sous, de, en, à, de, dans, de, à.
Adverbes : très, où, particulièrement, aujourd'hui, plus.

5. Expliquer l'orthographe des participes passés suivants : (avait) pris, (sont) devenues, (sont) invités.

→ *(Avait) pris* : participe passé, conjugué avec l'auxiliaire *avoir*, reste invariable parce que le complément direct *développement* est placé après.

(Sont) devenues : participe passé, conjugué avec l'auxiliaire *être*, s'accorde avec le sujet du verbe *qui*, mis pour *expositions*, qui est du féminin pluriel.

(Sont) invités : participe passé, conjugué avec l'auxiliaire *être*, s'accorde avec les sujets du verbe *fabricants* et *négociants*, qui sont du masculin pluriel.

5° Résumé de la leçon. — Faire copier le paragraphe 63 du résumé [*Résultats du règne de Napoléon III*], page 614 du livre de l'élève.

6° Correction. — Corriger les exercices écrits qui ont été indiqués.

72ᵉ Leçon. — RÉSUMÉ DU NEUVIÈME MOIS

1° Leçon. — Faire écrire au tableau : *Histoire. — Résumé du neuvième mois (page 614).*

Faire apprendre le résumé du neuvième mois (page 614 du livre de l'élève).

2° Récitation. — Faire réciter le résumé du neuvième mois (page 614 du livre de l'élève).

3° Explication de la figure. — La figure 72 (livre de l'élève et livre du maître) représente Victor Hugo.

Le grand poète est assis ; c'est un beau vieillard au front largement découvert, au regard profond et

Fig. 72. — Victor Hugo.

rêveur plongeant dans l'infini comme pour en découvrir les secrets.

Son attitude est celle d'un penseur ; sa main gauche est posée sur une feuille de papier qui semble là toute prête à reproduire les pensées qui s'agitent dans cette noble tête. A côté est une lyre, symbole de la poésie.

Victor Hugo, qui a si bien compris les enfants, composa sur eux des vers charmants, pleins de délicatesse et de tendresse.

Il mourut à l'âge de quatre-vingt-trois ans, après une vieillesse heureuse et respectée. Son enterrement, à Paris, fut une belle manifestation de tous les Français. Le corps de Victor Hugo repose au Panthéon.

GÉOGRAPHIE

Neuvième Mois
du Cours élémentaire

65ᵉ Leçon. — LITTORAL DE L'AMÉRIQUE

1° Leçon. — Faire écrire au tableau : *Géographie. — Littoral de l'Amérique (page 617).*
Faire apprendre la leçon (page 617 du livre de l'élève).

2° Interrogations. — Poser les questions 153 et 154 (au bas de la page 617 du livre de l'élève).

3° Explication des cartes. — La figure de la carte 76 (livre de l'élève et livre du maître) donne un aperçu général de la configuration physique de l'Amérique du Nord et de l'Amérique centrale.

L'Amérique du Nord est traversée au Nord par le Cercle polaire arctique qui embrasse un grand nombre de terres glacées et au Sud par le Tropique du Cancer ; les tropiques sont indiqués sur la carte par des demi-cercles.

L'Amérique du Nord forme une immense contrée baignée par trois Océans et séparée de l'Asie par le détroit de Béring. Elle se continue au Sud par une série de petits États qui forment l'Amérique centrale.

Ses côtes sont très découpées surtout au Nord et à l'Ouest. Les montagnes couvrent la côte occidentale et le Sud (Montagnes Rocheuses) ainsi qu'une partie de la côte orientale (Monts Alleghanys).

Les fleuves, dont le plus important est le Mississipi, descendent de ces montagnes et aussi de la région des grands lacs indiqués sur la carte par la lettre L. suivie du nom du lac.

L'Amérique du Nord est divisée en quatre États séparés les uns des autres par des lignes pointillées. Les noms de ces différents États sont écrits en lettres plus ou moins grosses. Les capitales et les villes importantes sont indiquées par un cercle ayant un gros point noir au centre, les villes secondaires par deux circonférences concentriques, ou par une simple circonférence.

Au Sud de l'Amérique du Nord et dans la mer des Antilles se trouve un groupe d'îles importantes : les grandes et les petites Antilles.

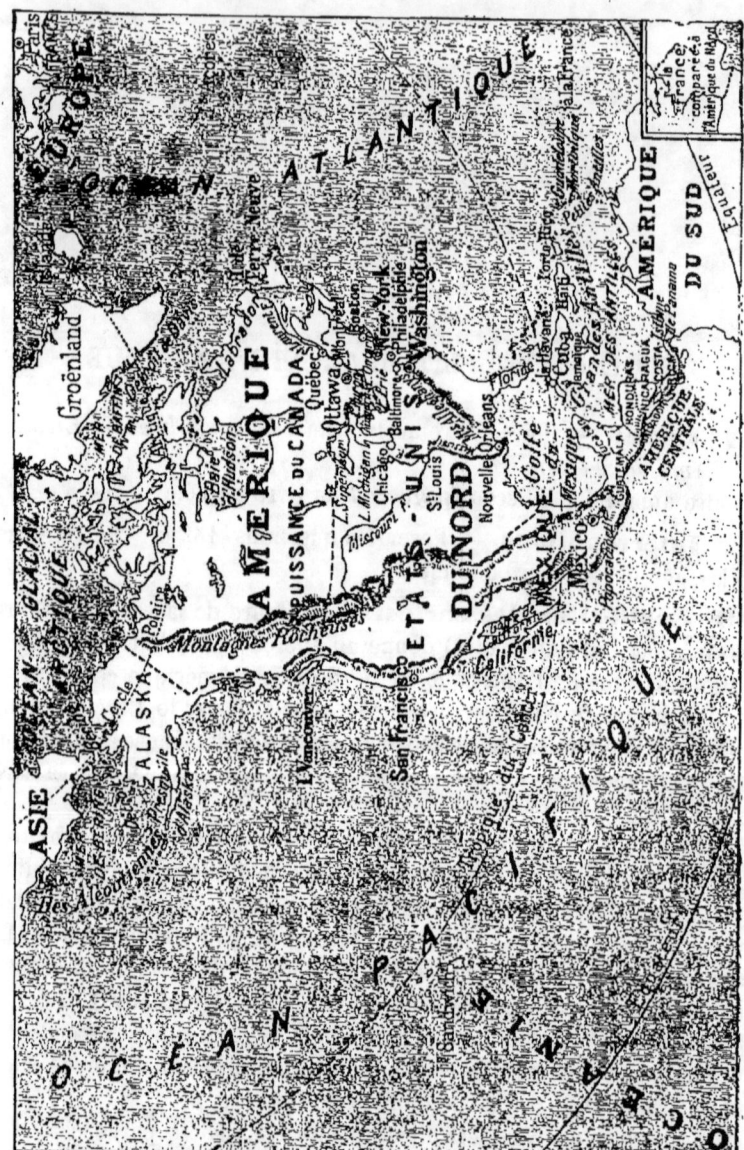

Fig. 76. — Carte de l'Amérique du Nord.

La figure de la carte 77 (livre de l'élève et du maître) représente l'Amérique du Sud. L'Amérique du Sud reliée à l'Amérique centrale par l'isthme de Panama, forme une immense presqu'île dont les côtes sont peu découpées. On voit cependant, le long de la côte, au Sud, une

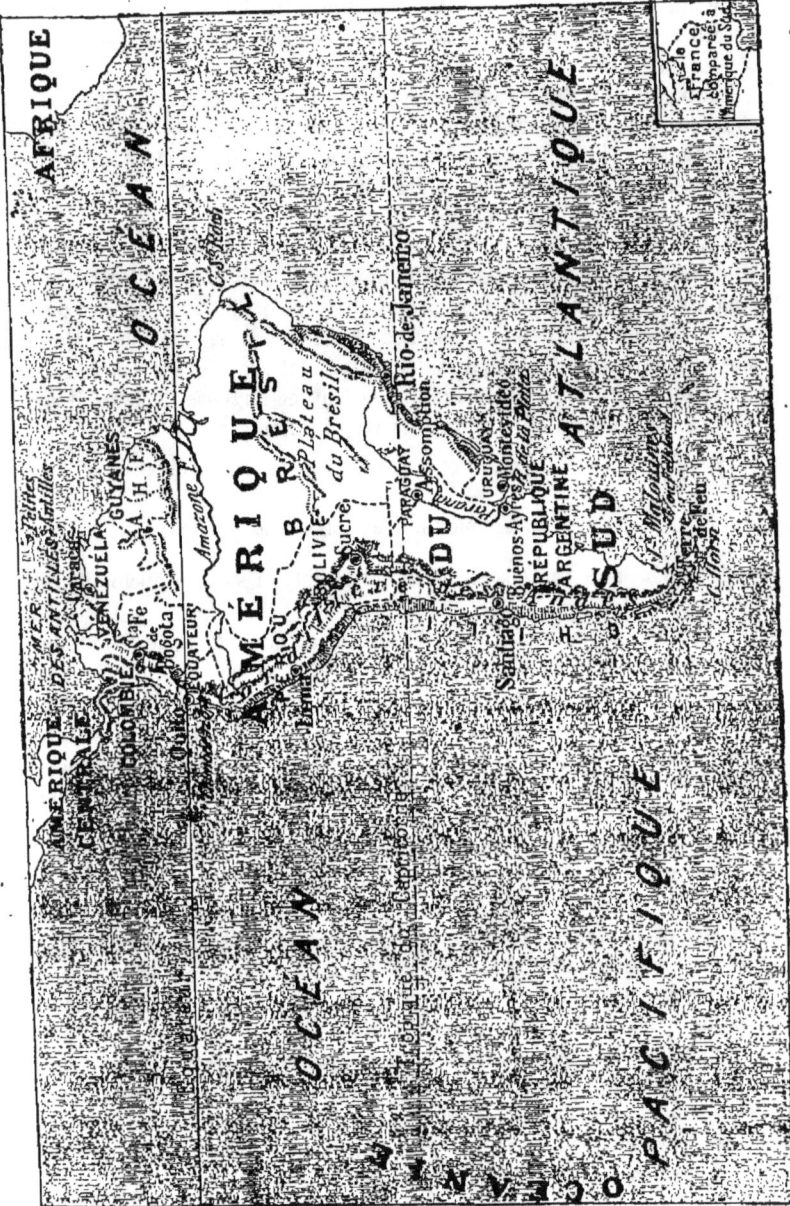

Fig. 77. — Carte de l'Amérique du Sud.

série de petites îles qui forment ce qu'on appelle l'archipel de la Terre de Feu.

La chaîne de montagnes qui longeait la côte occidentale de l'Amérique du Nord se continue dans l'Amérique du Sud sous le nom de Cordillère des Andes. Il y a aussi quelques montagnes le long de la côte orientale.

L'Amérique du Sud est arrosée par deux fleuves importants : l'Amazone qui prend sa source dans la Cordillère des Andes et le Rio de la Plata, formé du Paraguay et du Parana qui arrose Montevideo, Buenos-Ayres et Assomption, villes importantes, figurées sur la carte par un cercle ayant un gros point noir au centre.

L'Amérique du Sud est divisée en un certain nombre d'États qui sont pour la plupart couverts de montagnes. Tels sont, à l'Ouest, la Colombie, l'Équateur, le Pérou, la Bolivie et le Chili. Les limites de ces États sont bien déterminées. Les Guyanes sont séparées les unes des autres par des lignes pointillées et portent chacune au centre une lettre différente. La lettre A indique la Guyane anglaise, la lettre H la Guyane hollandaise et la lettre F la Guyane française.

4° Récit. — Lire ou faire lire aux élèves le récit suivant :

L'EMBOUCHURE DU MISSISSIPI

L'embouchure du Mississipi ne ressemble à celle d'aucun autre fleuve.

Le long et puissant cours d'eau qui se jette dans le golfe du Mexique présente en effet à la fois une *barre* et un *delta*.

La *barre* du Mississipi est due à la double action du courant des eaux fluviales et du mouvement des vagues qui, en se contrariant, accumulent les apports d'alluvions et de sables et forment ainsi une barrière mouvante s'éloignant ou se rapprochant du rivage, suivant la violence des crues ou des tempêtes.

Le *delta* s'avance constamment dans la mer et prolonge déjà à une distance des côtes de près de cent kilomètres le cours du fleuve limité, dans cette partie, par deux étroites langues de terre pareilles à des jetées et dont les extrémités s'étalent en éventail comme les doigts d'une main ouverte. Les immenses digues naturelles qui enserrent le fleuve à sa traversée du delta sont faites des débris et dépôts de toutes sortes que charrie le Mississipi à l'époque des grandes crues, et qu'il abandonne sitôt qu'arrivées à la mer ses eaux perdent avec leur vitesse leur puissance d'entraînement. Les charrois sont si importants qu'ils présentent souvent l'aspect de véritables îles flottantes dont les terres sont portées par l'amas des grands arbres déracinés et enchevêtrés par leurs branches et leurs racines. Ces îles descendent de la partie supérieure du cours du Mississipi ou de ses grands affluents : elles se forment dans ces régions de l'Amérique où de terribles tempêtes, d'effroyables débâcles de glaces dévastent les campagnes, ravinent les coteaux et combleraient les rivières si le courant des eaux avait moins d'impétuosité.

Le Mississipi est navigable sur la plus grande partie de son cours et il est accessible aux plus grands navires au moins jusqu'à la hauteur de la Nouvelle-Orléans.

Cette ville est la capitale de la province américaine qui porte encore aujourd'hui le doux nom français de Louisiane. C'est presque la seule partie des États-Unis où l'on parle notre langue et où elle soit familière à toutes les classes de la population. Cette colonie française, perdue au siècle dernier, est peut-être la plus belle région du globe ; c'est, entre tous, le pays des fleurs.

Le Mississipi traverse et arrose toute la Louisiane. Sa rive droite, basse et souvent inondée, n'offre guère que des savanes aux grands herbages, mais sur la rive gauche élevée et rocheuse poussent de merveilleuses forêts, des forêts d'arbres à grandes fleurs, tels que le tulipier et le magnolia.

C'est sur la lisière d'une de ces forêts qu'est bâtie la Nouvelle-Orléans ; agglomération de villes diverses plutôt que ville unique, elle s'étend sur les bords du fleuve sur une longueur de plus de quinze kilomètres, en formant comme un double croissant.

Cette cité, actuellement prospère, ne fut pendant longtemps qu'une ville de boue, fort malsaine et jouissant sous ce rapport du plus lugubre renom ; on l'a même accusée d'être le berceau de la fièvre jaune. Ceci tenait aux débordements du fleuve qui plusieurs fois par an la transformaient en un vaste marécage aux eaux croupissantes. Aujourd'hui une magnifique digue de vingt kilomètres de long met la ville à l'abri de ces inondations, si considérables qu'elles pouvaient noyer parfois tout l'isthme qui sépare le Mississipi du lac Pontchartrain.

A la Nouvelle-Orléans, le sol offre si peu de consistance qu'il a fallu fonder sur pilotis les édifices publics bâtis en pierres, et que pour les autres constructions on ne se sert que de bois, afin de les rendre plus légères. Les environs de la ville sont charmants et, parmi de superbes bois d'orangers, s'y cachent des villas toutes enguirlandées de jasmins.

5° Exercices. — 1. Faire écrire par les élèves sur une carte muette d'Amérique les noms suivants : Océan Glacial Arctique, Océan Atlantique, Océan Pacifique, Détroit de Béring, Iles Aléoutiennes, Alaska, Groënland, Mer de Baffin, Détroit de Davis, Baie d'Hudson, Labrador.

2. Faire écrire par les élèves sur la même carte les noms suivants :

Ile Vancouver, Californie, Golfe de Californie, Ile de Terre-Neuve, Floride, Golfe du Mexique, Yucatan, Grandes Antilles, Petites Antilles, Mer des Antilles, Cap Saint-Roch, Cap Horn, Iles Malouines, Terre de Feu.

6° Correction. — Corriger les exercices écrits qui ont été indiqués.

66° Leçon. — MONTAGNES, FLEUVES, CLIMATS ET PRODUCTIONS DE L'AMÉRIQUE

1° Leçon. — Faire écrire au tableau : *Géographie. — Montagnes, fleuves, climats et productions de l'Amérique (page 620).*
Faire apprendre la leçon (pages 620 et 621 du livre de l'élève).

2° Interrogations. — Poser les questions 155 à 158 (au bas des pages 620 et 621 du livre de l'élève).

3° Récit. — Lire ou faire lire aux élèves la lettre suivante :

LES CHUTES DU NIAGARA

« Ma chère petite sœur de France,

« Laisse-moi te donner ce nom, puisque j'appartiens à une de
« ces familles qui, malgré les Anglais, ont conservé et maintenu dans
« le Canada la langue et l'amour de la France.

« Tu désires apprendre ce que sont ces chutes du Niagara dont on
« te parle comme une des merveilles du monde. Rien ne m'est plus
« facile que de satisfaire ta curiosité. J'ai vu cette immense cascade
« et, de plus, tous les jours, j'entends le bruit affaibli de sa chute qui
« vient, porté par les vents, jusqu'à la ville que j'habite, à une
« distance de près de soixante kilomètres.

« Le mot « Niagara » signifie précisément « les hauteurs du grand
« bruit » dans la langue des Iroquois, sauvages qui peuplaient autre-
« fois tout le pays qui s'étend aux alentours des grands lacs de l'Amé-
« rique du Nord. Et ce mot désigne la partie du cours du Saint-
« Laurent comprise entre les lacs Érié et Ontario. Le fleuve en sortant
« du lac Érié coule d'abord à pleins bords, s'étalant sur une largeur
« de trois kilomètres environ ; puis il rencontre une grande île et se
« divise en deux bras qui se réunissent ensuite pour se séparer de
« nouveau devant la petite île de la Chèvre. Mais là, avant de se
« rejoindre, les eaux du fleuve rencontrent un seuil à pic d'une hau-
« teur de quarante-cinq mètres et elles le franchissent en se précipitant

« avec une violence inouïe dans un lit inférieur très profond et très
« resserré.

« Telle est la situation de la cataracte qui est assurément la plus
« belle et la plus célèbre du monde.

« De loin, on n'aperçoit d'abord qu'une sorte de lumineux brouil-
« lard, s'élevant au-dessus du fleuve ; on approche et alors, au milieu
« d'un fracas de tonnerre ininterrompu, on voit toute une mer se pré-
« cipiter et s'abattre en d'immenses colonnes de cristal, pour rejaillir
« pulvérisée par la violence du choc et éclabousser les arbres du
« rivage d'une pluie irisée de toutes les couleurs de l'arc-en-ciel.

« En hiver, la scène change, mais sans rien perdre de sa grandeur
« majestueuse, au contraire. Dans le haut, dans le bas du fleuve, les
« glaces s'amoncellent et les flots solidifiés, s'arrêtant dans leur cours,
« suspendent dans les airs les ruines de tout un palais éblouissant
« sous la neige.

« L'importance considérable et l'extraordinaire beauté des chutes
« du Niagara attirent de nombreux touristes. Parmi ceux-ci, il y a
« souvent des gens assez téméraires pour vouloir passer sous la voûte
« que forme l'épaisse nappe de la cascade. Ils prétendent ainsi tra-
« verser la rivière à pied sec, et cependant, malgré la précaution
« qu'ils prennent de revêtir des vêtements spéciaux, ils reviennent
« tous mouillés jusqu'aux os. On ne tente guère toutefois cette
« dangereuse aventure que lorsque l'hiver a de beaucoup réduit le
« débit du fleuve.

« Pendant plusieurs siècles, les magnifiques chutes du Niagara
« n'ont servi qu'à exciter l'admiration des voyageurs. De nos jours,
« on a cherché à en faire la conquête ; je veux dire qu'on a essayé
« de les utiliser, de les domestiquer en quelque sorte. On a calculé
« que la puissance de ces chutes équivaut au travail que pourraient
« faire six cent mille chevaux. C'est pourquoi, afin de ne point laisser
« se perdre plus longtemps cette immense force, on installe sur les
« bords du fleuve de nombreuses machines qui permettront d'alimen-
« ter d'électricité les usines et les villes comprises dans tous les pays
« voisins de la cataracte.

« Adieu, chère petite sœur d'au delà l'Océan ; si un jour ton désir
« de voir les chutes du Niagara te fait venir en Amérique, passe par
« le Canada. Je tâcherai de te prouver que la France n'a pas tout à
« fait perdu cette colonie, puisqu'on s'y souvient toujours d'elle.

« Laurence. »

4° Exercices. — 1. Faire écrire par les élèves sur une carte muette d'Amérique les noms suivants : Montagnes Rocheuses, Cordillère des Andes, Monts Alleghanys, Plateau du Brésil, Popocatepetl, Chimborazo.

2. Faire écrire par les élèves sur la même carte les noms suivants: Mississipi, Missouri, Saint-Laurent, Lac Supérieur, Lac Michigan, Lac Huron, Lac Erié, Lac Ontario, Niagara, Paranà devenant Rio de la Plata, Amazone.

3. Faire écrire par les élèves les noms des principaux végétaux cultivés en Amérique ou utilisés.

→ Blé, maïs, coton, canne à sucre, café, tabac, cacaotier (fournissant le cacao), quinquina, acajou, palissandre.

4. Faire écrire par les élèves les noms des principaux animaux d'Amérique.

→ Cougouars, ours, serpents, castors, jaguars, singes, pécaris, perroquets, lamas, bœufs, chevaux, moutons.

5° Résumé des leçons 65 et 66 et correction. —
1. Faire copier le premier paragraphe du résumé [*L'Amérique physique* (153 à 158)], page 628 du livre de l'élève.
2. Corriger les exercices écrits qui ont été indiqués.

67° Leçon. — POPULATIONS DE L'AMÉRIQUE
ÉTATS DE L'AMÉRIQUE DU NORD

1° Leçon. — Faire écrire au tableau : *Géographie.* — *Populations de l'Amérique. États de l'Amérique du Nord (page 622).* Faire apprendre la leçon (page 622 du livre de l'élève).

2° Interrogations. — Poser les questions 159 à 163 (au bas de la page 622 du livre de l'élève).

3° Récit. — Lire ou faire lire aux élèves le récit suivant :

LES DERNIERS PEAUX-ROUGES

On sait que les premiers explorateurs de l'Amérique ne découvrirent pas de terres absolument désertes. Du Nord au Sud, le nouveau continent était déjà habité. Au Pérou, au Mexique, les indigènes s'étaient élevés à des civilisations qui, pour être différentes de la civisation européenne, n'en étaient pas moins avancées et même jusqu'à un certain point fort remarquables. Dans d'autres régions, au contraire, vivaient de véritables sauvages dont la plupart ne craignaient pas de manger de la chair humaine. Ces premiers maîtres du sol américain appartenaient tous à une race spéciale, la race rouge. Celle-ci a aujourd'hui perdu toute importance. Dans l'Amérique méridionale, elle s'est fondue dans la race envahissante ; dans le Nord, elle s'es

GÉOGRAPHIE : L'AMÉRIQUE

laissé refouler au point de n'avoir plus à sa disposition les territoires nécessaires à la subsistance d'une nation dépourvue de tout commerce et de toute industrie. On appelle ces sauvages les Peaux-Rouges.

Quelle que puisse être la gloire possible du passé de leur race, les Peaux-Rouges qui subsistent aujourd'hui, car il y en a encore quelques-uns, sont de tristes représentants de l'espèce humaine. Ils ne forment plus que quelques misérables tribus fort méprisées et traquées de toutes parts par les nouveaux habitants de leur pays. Tel est le sort des Indiens occidentaux et en particulier de ceux qui peuplaient autrefois les États-Unis. Il eût assurément mieux valu pour ces malheureux avoir à faire à des maîtres français. Ceux-ci acceptent l'indigène, le regardent presque comme un égal et essayent de l'assimiler sans craindre de perdre leur temps dans une tâche souvent impossible. Les Anglais et les Américains n'ont point cette patience. Forts et fiers de leur réelle supériorité, ils brisent tous les obstacles qui peuvent retarder leur action civilisatrice. Ils rasent les forêts ; ils défrichent les prairies ; ils bâtissent des villes et construisent des chemins de fer, sans prendre souci des victimes qu'ils peuvent faire dans leur marche triomphante et, malgré tout, bienfaisante. C'est pour cela qu'après avoir de plus en plus refoulé les Indiens vers l'Ouest, et les avoir ensuite parqués dans des territoires spéciaux, ils les enserrent aujourd'hui de tous côtés et sont prêts à leur prendre ce dernier asile.

Du reste ce n'est pas la guerre qui pourrait suffire pour expliquer comment cette population indigène, forte autrefois de cinq millions d'hommes, est réduite tout au plus à deux ou trois centaines de mille d'individus disséminés en tribus éparses.

Le véritable ennemi de l'Indien, c'est lui-même. Il n'a pas pu se plier à une existence régulière, réformer ses mœurs nomades, se fixer à la terre et la travailler. Privé de la vie vagabonde de ses ancêtres, sans espoir de jamais la reconquérir, l'Indien croupit dans la misère et l'oisiveté. Il s'abandonne lui-même, puis l'alcool vient achever l'œuvre de déchéance. L'apathie, la nonchalance qui caractérisent aujourd'hui les Peaux-Rouges excuseraient presque les procédés plus ou moins coupables employés vis-à-vis d'eux. C'est victime de sa paresse et de son manque de bonne volonté que périt la race de ces sauvages.

4° Exercices — 1. Faire écrire par les élèves sur une carte muette d'Amérique les noms suivants : Canada, Ottawa, Montréal, Québec ; États-Unis, Washington, New-York, Philadelphie, Chicago, Boston, Baltimore, Saint-Louis, Nouvelle-Orléans, San-Francisco.

2. Faire écrire par les élèves sur la même carte muette les noms suivants : Mexique, Mexico ; Guatemala ; Honduras ; Salvador ; Nicara-

gua; Costa-Rica; Haïti; Cuba, La Havane; Porto-Rico; Jamaïque; Martinique; Guadeloupe.

5° Résumé de la leçon et correction. — 1. Faire copier le deuxième paragraphe du résumé [*États de l'Amérique du Nord* (159 à 163)], page 628 du livre de l'élève.
2. Corriger les exercices écrits qui ont été indiqués.

68ᵉ Leçon. — ÉTATS DE L'AMÉRIQUE DU SUD

1° Leçon. — Faire écrire au tableau : *Géographie.* — *États de l'Amérique du Sud (page 623).*
Faire apprendre la leçon (page 623 du livre de l'élève).

2° Interrogations. — Poser les questions 164 à 171 (au bas de la page 623 du livre de l'élève).

3° Récit. — Lire ou faire lire aux élèves le récit suivant :

LES FORÊTS DU BRÉSIL

S'il est quelque part sur le globe, en dehors des inaccessibles régions du pôle, un coin où l'homme, fût-ce le dernier des sauvages, n'ait encore jamais pénétré, cette « terre inconnue » doit assurément se trouver dans ces vastes, épaisses et inextricables forêts qui s'étendent au loin de chaque côté sur les deux rives de l'Amazone.

Ces forêts couvrent toute la partie septentrionale du Brésil, qui doit du reste son nom aux bois couleur de braise dont les débris flottent sur les côtes, portés à la mer par les flots de l'Amazone.

Ce fleuve, le plus grand de tous, dont le cours marque presque l'Équateur et qui coule de l'Ouest à l'Est, est si large à son embouchure qu'on le prendrait pour une mer. C'est au point que les successeurs de Christophe Colomb, dans l'œuvre de la découverte de l'Amérique, s'y trompèrent; ils crurent y trouver un immense canal traversant le nouveau continent.

Le vrai moyen de pénétrer dans les forêts du Brésil c'est de remonter le cours de l'Amazone. Le fleuve coule au travers d'un immense bosquet, mais ses rives sont pendant longtemps si distantes qu'on ne distingue que des rideaux de grands arbres, de hautes terres aux pentes gazonnées couronnées d'arbustes, et au delà des horizons de verdure aussi loin qu'on peut voir. Cependant de part et d'autre des rives, se dressent bientôt comme d'immenses murailles faites de troncs d'arbres pressés et enchevêtrés dans les mailles d'inextricables réseaux de lianes innombrables. Puis, peu à peu, la forêt se rapproche et vient encombrer de sa végétation sauvage et luxuriante le lit même de la grande rivière.

Mais pour jouir de toute la mystérieuse splendeur de ces déserts boisés, il faut quitter le fleuve et s'éloigner de ses bords pour s'enfoncer dans les profondeurs sombres des fourrés et dans l'ombre épaisse des taillis.

Deux choses surprennent tout d'abord. Il y a très peu de fleurs éclatantes ; on est dans le royaume du vert, ou plutôt, ici, la richesse du coloris, le chatoiement des teintes appartient aux fleurs de l'air, à des papillons grands comme des oiseaux, à des oiseaux petits comme des papillons.

C'est là qu'on trouve les grands arbres à essence, les gommiers et les bois de teinture, l'arbre au lait et celui dont le fruit à couvercle s'ouvre avec grand bruit pour répandre sur le sol une véritable pluie d'amandes exquises. Enfin dans les parties les plus hautes et les plus reculées de la forêt se rencontre l'un des arbres les plus utiles à l'humanité, le quinquina, qui fournit le meilleur des médicaments découverts dans les temps modernes.

Dans les clairières croissent partout et en abondance les ananas sauvages. Sur les rivières, s'élancent des lianes formant voûtes ou même quelquefois de véritables ponts, et ces lianes produisent des gousses ou des fruits qui sont le plus souvent bons à manger.

Il semble que dans les forêts du Brésil l'homme pourrait trouver une table toujours servie, que c'est bien là où pourrait se réaliser le rêve d'une vie sans travail et sans efforts puisqu'il n'est guère besoin de vêtements ni de maisons dans un climat chaud, sous de magnifiques ombrages. Et cependant nul coin du monde n'est aussi peu peuplé. C'est à peine si, sur le bord des cours d'eau, on voit se dresser quelques huttes de sauvages faites de branches enlacées et n'ayant pour porte qu'une feuille de palmier.

Les bateaux qui desservent l'Amazone mettent actuellement quarante-trois jours pour en remonter la partie navigable. Au delà de la limite extrême de cette partie, des chutes nombreuses interrompent la navigation du fleuve et il en est ainsi jusqu'à sa source dans les Andes du Pérou. Mais il est question de faire un chemin de fer pour franchir la région des rapides et atteindre le Pacifique, et certainement un jour viendra où quelque grande voie de communication, traversant les forêts du Brésil, permettra de les exploiter et répartira partout leurs immenses richesses, aujourd'hui presque inutiles à l'humanité.

4° Exercices. — 1. Faire écrire par les élèves sur une carte muette d'Amérique les noms suivants : Colombie, Santa-Fé-de-Bogota ;

République de l'Équateur, Quito; Pérou, Lima; Chili, Santiago; République Argentine, Buenos-Ayres; Uruguay, Montevideo.

2. Faire écrire par les élèves sur la même carte muette les noms suivants : Brésil, Rio-de-Janeiro ; Vénézuela, Caracas ; Bolivie, Sucre ; Paraguay, Assomption ; Guyane Anglaise; Guyane Hollandaise; Guyane Française.

5° Résumé de la leçon et correction. — 1. Faire copier le troisième paragraphe du résumé [*États de l'Amérique du Sud* (164 à 171)], page 628 du livre de l'élève.

2. Corriger les exercices écrits qui ont été indiqués.

69° Leçon. — L'OCÉANIE

1° Leçon. — Faire écrire au tableau : *Géographie.* — *L'Océanie (page 624).*

Faire apprendre la leçon (page 624 du livre de l'élève).

2° Interrogations. — Poser les questions 172 à 174 (au bas de la page 624 du livre de l'élève).

3° Explication de la carte. — La figure de la carte 78 (livre de l'élève et livre du maître) représente la carte de l'Océanie.

L'Océanie est traversée par le Tropique du Cancer, l'Équateur et le Tropique du Capricorne. Elle est divisée en trois parties : la Malaisie à l'Est et au Sud de l'Asie, la Mélanésie au Nord de l'Australie et la Polynésie qui comprend les nombreuses petites îles de l'Est.

L'Océanie se compose d'un grand nombre d'îles disséminées dans l'Océan Pacifique et l'Océan Indien. Les plus petites sont représentées par un point, ce point s'agrandit en raison de l'importance de l'île. Les îles plus grandes sont dessinées avec leur configuration réelle. Les plus grandes de ces îles sont donc : les îles Philippines, les îles de la Sonde dans la Malaisie, la Nouvelle-Guinée, la Nouvelle-Zélande et enfin l'Australie, la plus importante de toutes.

Une chaîne de montagnes court le long de la côte orientale de l'Australie. Elle donne naissance au Murray qui est le seul cours d'eau important. La capitale de l'Australie est Sydney, figurée sur la carte par un cercle ayant un point noir au centre ; la ville la plus importante ensuite est Melbourne.

4° Récit. — Lire ou faire lire aux élèves le récit suivant :

LES ATOLLS

— Père Christophe, n'avez-vous jamais fait naufrage ? demandait un jour à un ancien marin retraité un vieux soldat de son village.

GÉOGRAPHIE : L'OCÉANIE

— Si, une fois, et même dans des conditions assez étranges, puis-

Fig. 78. — Carte de l'Océanie.

qu'elles firent de mes compagnons et de moi, du moins pendant quelques jours, de véritables Robinsons.

C'était dans le Pacifique. Nous allions de Taïti aux Marquises, îles qui appartiennent à la France. Tout à coup une cyclone nous prit. Notre navire résista d'abord ; puis la violence de la tempête le brisa contre un de ces écueils à fleur d'eau dont est semée cette partie du Grand Océan. L'équipage échappa au désastre en se réfugiant dans un canot. Nous errâmes tout un jour au gré des flots sans vivres et sans grand espoir de salut, heureux pourtant de n'être pas déjà noyés. Le lendemain, à nos regards fatigués mais toujours avidement fixés sur l'horizon, apparut au loin comme une guirlande de feuillage surnageant sur les flots. C'était un atoll — Nous étions sauvés.

— Un atoll ? Qu'est-ce donc que cela peut être ?

— C'est une île, mais une île qui ne ressemble à aucune autre. Elle

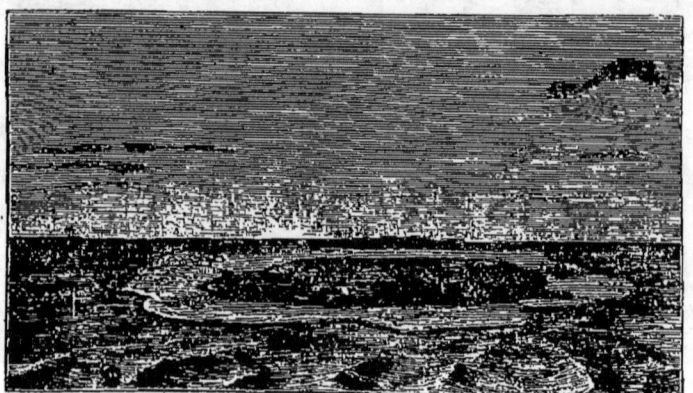

Fig. 78 bis. — Atoll, île de l'Océan Pacifique, en forme d anneau.

est constituée par un mur de corail s'élevant jusqu'au-dessus de la mer et édifié par de petits animaux marins qu'on prendrait plutôt pour des plantes et qu'on appelle des polypiers. Chose curieuse, ces bancs de coraux sont disposés suivant des anneaux ouverts ou même complètement fermés.

Une portion de la couronne des atolls est souvent cachée sous les flots et indiquée seulement par les brisants des vagues. L'autre se dresse comme une digue de pierres roses ou blanches dont la plus grande partie est couverte de verdure et d'herbes fleuries. La végétation se prolonge jusque dans la mer par des palétuviers dont les racines passent au-dessous des flots et dont les troncs à demi immergés se couvrent de coquillages. Enfin toute l'île est ombragée par les bouquets des splendides palmes de grands cocotiers. Ce frais paysage d'oasis étonne, car il semble vraiment sortir de l'eau. Il faut, pour s'en expliquer l'apparition, penser que, dans les excavations des récifs de corail, s'accumulent peu à peu les sables et les débris des roches, et qu'ainsi un jour peuvent y germer des graines apportées par les oiseaux, ou transportées de quelque plage lointaine sur la crête des vagues où elles surnagent. Quoi qu'il en soit, c'est bien heureux que des graines y soient venues, car, sans les arbres, nous serions morts de faim sur notre atoll. Nous n'y vécûmes pendant dix jours que grâce aux noix de coco.

Ces immenses noix contiennent une amande très nourrissante et une sorte de lait qui peut servir de boisson. Cependant il nous fut encore possible de nous procurer de l'eau douce, en creusant le sable. De cette façon nous commencions à nous trouver tout à fait bien dans notre atoll quand il fallut le quitter. J'avouerai que pour ma part j'ai toujours regretté de n'y avoir pu faire un plus long séjour.

— On vint donc vous chercher ?

— Pas précisément. Mais nous avions fait naufrage dans la saison où l'on fait la récolte des noix de coco et ce motif conduisit bientôt à notre atoll le légitime propriétaire de nos bienfaisants cocotiers. Celui-ci habitait à quelques milles de distance, dans les îles Pomotou. Ces terres sont également des atolls, mais beaucoup plus grands que celui où nous nous étions réfugiés : par suite elles se trouvent peuplées par quelques sauvages et par quelques animaux, ce qui n'empêche pas bêtes et gens de s'alimenter exclusivement de noix de coco.

Une fois sa récolte faite, l'homme de Pomotou nous offrit de nous ramener aux Marquises et, comme c'était une occasion unique, nous acceptâmes tous avec empressement.

En somme, vous le voyez, mon naufrage n'eut rien de bien tragique.

5° Exercices. — 1. Faire écrire par les élèves sur une carte muette d'Océanie les noms suivants : Détroit de Malacca ; Malaisie, Bornéo, Célèbes, Moluques, Philippines, Iles de la Sonde : Sumatra, Java, Batavia.

2. Faire écrire par les élèves les principales productions de la Malaisie.

→ Café, sucre, tabac, épices.

6° Correction. — Corriger les exercices écrits qui ont été indiqués.

70° Leçon. — L'OCÉANIE (Suite)

1° Leçon. — Faire écrire au tableau : *Géographie. — L'Océanie (suite) (page 626)*.

Faire apprendre la leçon (page 626 du livre de l'élève).

2° Interrogations. — Poser les questions 175 à 177 (au bas de la page 626 du livre de l'élève).

3° Récit. — Lire ou faire lire aux élèves la lettre suivante :

L'AUSTRALIE

« Mon cher ami,

« C'est décidé ! je pars ; je vais chercher fortune en Australie. Et
« cette résolution n'est pas un coup de tête. Je sais où je vais ; j'ai
« étudié la géographie du pays qui m'attire ; je me suis renseigné
« sur ses ressources et ses productions ; je connais son degré de civi-
« lisation.

« J'ai même appris sur ce sujet tant de choses surprenantes qu'il
« faut que je t'en fasse part. Alors seulement tu pourras comprendre
« quel grand désir m'a pris d'aller voir un monde qui n'a pas un
« siècle d'existence et qui déjà pourrait en remontrer à l'ancien et au
« nouveau continent.

« La route la plus courte pour se rendre en Australie, monde
« placé à nos antipodes, serait assurément celle qui passe par le centre
« de la terre ; seulement cette traversée nous étant pour longtemps
« impraticable, force est de s'y rendre par mer par la voie la plus
« rapide qui traverse l'isthme de Suez. Le voyage dure environ
« quarante jours.

« L'Australie fut découverte dans le courant du XVIᵉ siècle, mais
« la configuration de ses contours ne fut connue qu'après les voyages
« de Cook et de La Pérouse à la fin du siècle dernier, et ce n'est
« qu'à partir de ce moment que l'on commença à explorer la grande
« terre australe.

« On trouva sur presque toute l'étendue du littoral des régions
« fertiles, boisées, au climat très sain, disposées à l'entour de magni-
« fiques baies formant des ports naturels fort sûrs et très bien abrités.
« Plus loin, on rencontra des montagnes, de fraîches vallées et
« d'immenses forêts plantées d'arbres géants alors complètement
« inconnus, les eucalyptus. Là vivaient des animaux pour la plupart
« bien différents de ceux des autres parties du monde : tels ces kan-
« gourous, mammifères ne marchant que sur deux pattes et portant
« leurs petits dans une poche formée par un repli de leur peau ; tels
« aussi ces espèces de lapins à bec de canard qu'on appelle des
« ornithorinques, ou encore les petites autruches sans ailes, à la
« fourrure de chèvres, nommées casoars, sans parler d'innombrables
« oiseaux parés d'un merveilleux plumage, mais en revanche tous
« fort mauvais musiciens.

« Au delà de ces côtes australiennes agréables et charmantes, le

« paysage changeait du tout au tout ; et ce n'était plus qu'un vaste et
« aride désert, véritable Sahara rendu plus sinistre encore par son
« sable rougeâtre mal caché sous une herbe rare.

« C'est ce qui explique pourquoi les Anglais crurent d'abord leur
« nouvelle colonie bonne tout au plus à servir de pénitencier. On y
« relégua les condamnés aux travaux forcés, les convicts, de sorte
« que la nation australienne, comme le peuple romain qui, dit-on,
« commença par n'être qu'une bande de voleurs, fut constituée à
« l'origine par des groupes de malfaiteurs. On n'a pas trop lieu de le
« regretter, car ceux-ci, poussés par de bons sentiments, malheureu-
« sement un peu tardifs et surtout par les nécessités de la vie,
« furent de vaillants pionniers. Ils finirent même par devenir tellement
« sages qu'oubliant leur passé et craignant à leur tour les voleurs,
« ils protestèrent contre les envois de nouveaux convicts sur le sol
« qu'ils avaient défriché. Aujourd'hui, leurs petits-fils, mêlés à la
« foule des colons et des émigrants attirés plus tard par les champs
« d'or de l'Australie, comptent parmi les représentants les plus civi-
« lisés de l'humanité. Pense donc, l'Australie possède cinq Parlements
« et il s'y imprime plus d'un millier de journaux !

« Tu le vois, mon cher ami, ce n'est pas chez des sauvages que
« je vais m'installer. Au contraire, je dois convenir que ce qui m'a
« décidé à partir, c'est précisément le grand mouvement commercial
« et la fièvre d'action de la jeune nation australienne. Il me semble
« que c'est là mieux que partout ailleurs que l'énergie et l'esprit
« d'entreprise peuvent trouver à s'exercer.

« Je m'embarque dans quinze jours. Souhaite bonne chance à

« Ton ami,
« BERNARD »

4° Exercices. — 1. Faire écrire par les élèves sur une carte muette d'Océanie les noms suivants : Australie, Murray, Melbourne, Sydney ; Tasmanie ; Nouvelle-Zélande ; Mélanésie ; Polynésie.

2. Faire écrire par les élèves sur la même carte les noms suivants : Nouvelle-Guinée ; Nouvelle-Calédonie, Nouméa ; Iles de la Société.

5° Résumé des leçons 69 et 70 et correction. —
1. Faire copier le quatrième paragraphe du résumé [*Océanie* (172 à 177)], page 628 du livre de l'élève.

2. Corriger les exercices écrits qui ont été indiqués.

71° LEÇON. — EXERCICES

1° Leçon. — Faire écrire au tableau : *Géographie.* — *Exercices (page 627).*

2° Interrogations. — Faire des questions sur l'Amérique, l'Océanie et revenir, s'il y a lieu, sur les différents points des leçons 65 à 70 qui n'auraient pas été bien compris.

3° Exercices. — Donner aux élèves des exercices à faire parmi les exercices 46 à 64 (page 627 du livre de l'élève). Plusieurs de ces exercices pourront être donnés dans les leçons suivantes comme exercices de récapitulation.

4° Récit. — Lire ou faire lire aux élèves le récit suivant :

LA MARTINIQUE

Dans une petite cité du Midi de la France, il y a un vaste et beau jardin public où, le jeudi, tous les enfants de la ville, riches et pauvres, grands et petits, se trouvent réunis pour jouer et pour distribuer aux cygnes les miettes de pain soigneusement recueillies aux tables paternelles.

Quand on a bien couru, quand on est fatigué de taquiner la cigogne ou d'admirer les paons bleus faisant la roue, alors on s'assied sur l'herbe odorante et fleurie, et l'on s'amuse... à la conférence.

Oui, à la conférence, ce qui veut dire que l'un des plus âgés parmi ce peuple d'enfants prend gravement la parole et s'efforce de distraire ses camarades, en traitant quelque sujet aussi sérieux que ceux qui sont agités dans les véritables conférences où les conduisent parfois leurs parents.

Or, voici le petit discours que fit l'autre jour l'un de ces conférenciers en herbe :

Mesdemoiselles, Messieurs,

On parle beaucoup de colonies en France, et je crois bien aussi dans tout le reste de l'Europe. Ne croyez-vous pas que nous devrions en causer un peu entre nous ? Mais, à moins de vouloir imiter ces aveugles qui jugent des couleurs, pour parler des colonies, il faut commencer par apprendre à les connaître. Eh bien, moi, tel que vous me voyez, je reviens de la Martinique. Si vous voulez m'accorder un moment votre bienveillante attention, vous en saurez bientôt autant que moi sur cette île.

— Ce n'est pas d'aujourd'hui seulement que la France est une grande puissance coloniale ; cependant ses vastes colonies sont toutes d'acquisition récente. Si, dans les siècles qui ont précédé le nôtre, notre chère patrie a conquis les plus beaux coins de l'Amérique, de l'Asie et de l'Afrique, l'Inde, le Canada et l'Égypte, nous avons perdu tous ces pays comme bien d'autres, hélas ! Ainsi, nous avons possédé la plupart des grandes et petites Antilles et de ces magnifiques établissements, il ne nous reste que les modestes îlots de la Guadeloupe et de la Martinique. Encore sont-ils séparés par l'île anglaise de Dominique.

Ne croyez pas pourtant que ces toutes petites Antilles soient à dédaigner. La Martinique, pour sa part, est une terre charmante. Des voyageurs, dit-on, l'ont appelée le « doux pays des revenants », et, moi, comme eux, je ne rêve à mon tour que d'y retourner. Le climat est si doux, les bois si ombreux, et les rivières coulent en cascades si jolies.

Vous ne serez donc pas surpris d'apprendre que cette île est fort peuplée.

La Martinique doit son nom à Christophe Colomb qui y aborda le jour de la Saint-Martin. Elle était alors habitée par des Caraïbes, sauvages qui ont aujourd'hui presque complètement disparu.

Souhaitons que disparaissent également les derniers ennemis de l'homme dans cette île délicieuse, je veux parler de serpents très méchants et très meurtriers, les vipères « fer de lance, » espèce d'autant plus dangereuse que la peau de l'animal imite par les taches qui la décorent les écorces des troncs d'arbres au point de se confondre avec celles-ci et de ne pas permettre de distinguer la présence de la bête.

Vous avez tous entendu parler du café de la Martinique. Tous les caféiers de l'île ont pour origine un petit pied transporté par un colon bien inspiré qui se l'était procuré au Jardin des Plantes de Paris où il provenait d'une graine venue d'Arabie. Cette culture fit longtemps la fortune de l'île, mais aujourd'hui elle est abandonnée pour les plantations plus belles et plus productives de la canne à sucre.

La capitale de la Martinique s'appelle Fort-de-France. Elle est bâtie au fond d'une grande baie et entoure une belle promenade décorée par une statue de l'impératrice Joséphine, originaire, comme vous le savez, de cette colonie.

Mais j'aime mieux la ville de Saint-Pierre avec ses maisons jaunes et ses jardins ombragés de palmiers, étagés à flanc de coteaux et avec des ruisseaux descendant en cascades tandis que les rues montent en escaliers.

Il y a des choses très intéressantes à voir à la Martinique. D'abord, la mer qui la borde ; la mer des Antilles est belle, chaude et bleue comme la Méditerranée. Puis les fleurs y sont très éclatantes et les oiseaux plus encore, puisque ce sont précisément ces petits oiseaux-mouches qui ont l'air de pierres précieuses animées. Quant aux papillons, ils offrent ce caractère singulier de n'avoir que de toutes petites ailes.

En somme, mes chers amis, la Martinique est un séjour charmant. Mais, si j'ai essayé de vous la décrire, c'est parce que je voudrais vous intéresser à cette terre lointaine mais bien française et surtout vous inspirer pour elle assez d'attachement pour que plus tard vous n'admettiez jamais qu'un voisin jaloux nous prenne cette île ou, ce qui serait pire, que nous l'abandonnions nous-mêmes pour n'avoir pas à la défendre.

Et maintenant, Mesdemoiselles et Messieurs, si vous êtes contents de votre conférencier, criez avec lui :

Vivent la France et la Martinique !

5° Correction. — Corriger les exercices écrits qui ont été indiqués.

72ᵉ Leçon. — RÉSUMÉ DU NEUVIÈME MOIS

1° Leçon. — Faire écrire au tableau : *Géographie.* — *Résumé du neuvième mois (page 628).*

Faire apprendre le résumé du neuvième mois (page 628 du livre de l'élève).

2° Interrogations. — Faire des questions sur le résumé du neuvième mois et revenir, s'il y a lieu, sur les différents points des leçons 65 à 70 qui n'auraient pas été bien compris.

3° Exercices. — Donner aux élèves des exercices à faire parmi les exercices 46 à 64 (page 627 du livre de l'élève) et qui n'ont pas été donnés dans la leçon précédente.

4° Correction. — Corriger les exercices écrits qui ont été indiqués.

ARITHMÉTIQUE

Neuvième Mois
du Cours élémentaire

161ᵉ Leçon. — LES MESURES DE VOLUME

1º Leçon. — Faire écrire au tableau : *Arithmétique*. — *Les mesures de volume (page 629)*.
Faire apprendre la leçon (page 629 du livre de l'élève).

2º Interrogations. — Poser les questions 195 et 196 (vers le milieu de la page 629 du livre de l'élève).

3º Exercices au tableau. — I. *Première année.* — Poser aux élèves des questions dans le genre de celles-ci :

1. Un terrain a une superficie de 5 hectares 4 centiares ; il est vendu à raison de 6^{fr},75 le mètre carré. Quelle somme retirera-t-on de cette vente?
→ 5 hectares 4 centiares s'écrivent 50.004 centiares ou 50.004 mètres carrés.
(*Prix de ce terrain :*) 6,75 × 50.004 = 337.527 francs.

2. Convertir 45.827 mètres carrés en ares, hectares et centiares.
→ 458^a,27 ; 4^{Ha},5827 ; 45.827 centiares.

3. Convertir 64.548^a,92 en mètres carrés, décamètres carrés, hectomètres carrés, kilomètres carrés, myriamètres carrés.
→ 6.454.892 mètres carrés; 64.548^{Dmq},92; 645^{Hmq},4892; 6^{Kmq},454892; 0^{Mmq},06454892.

4. Écrire en chiffres les nombres suivants en prenant l'hectare pour unité : 45 ares ; 638 centiares ; 5^{Ha},93^{ca} ; 198^a,97 ; 6.845^a,9.
→ 0^{Ha},45 ; 0^{Ha},0638 ; 5^{Ha},0093 ; 1^{Ha},9897 ; 68^{Ha},4509.

II. *Deuxième année* (ou 1re année si les élèves sont assez avancés). — Poser aux élèves des questions dans le genre de celles-ci :

1. Écrire en toutes lettres les nombres suivants : 8,7 ; 54,36 ; 9,04 ; 8,231.

→ Huit unités sept dixièmes ; cinquante-quatre unités trente-six centièmes ; neuf unités quatre centièmes ; huit unités deux cent trente et un millièmes.

2. Trois frères ont ensemble 61 ans. Sachant que le plus jeune a 16 ans, le deuxième 20 ans, on demande l'âge du frère aîné.
→ (Age total des deux premiers :) $16 + 20 = 36$ ans.
(Age du frère aîné :) $61 - 36 = 25$ ans.

3. Je paye $35^{fr},40$ de contributions par an. Quelle somme dois-je payer par mois ?
→ (Somme à payer par mois :) $35,40 : 12 = 2^{fr},95$.

4. Une table avait 2 mètres de longueur ; je la fais diminuer de 45 centimètres ; quelle est maintenant sa longueur en mètres, décimètres, centimètres ?
→ 45 centimètres $= 0^m,45$.
(Longueur de la table :) $2 - 0,45 = 1^m,55$.
$1^m,55 = 15^{dm},5 = 155$ centimètres.

4° Exercices écrits. — I. *Première année.* — Indiquer l'exercice écrit à faire de la page 629 du livre de l'élève (exercice 1006).

RÉPONSE A L'EXERCICE 1006

1006. — Un terrain d'une surface de 7 ares et demi a été vendu au prix de 5 francs le mètre carré. Qu'a-t-on retiré de cette vente ?
→ 7 ares et demi font 7 ares 50 centiares ou 750 mètres carrés.
(Prix de ce terrain :) $5 \times 750 = 3.750$ francs.

II. *Deuxième année (ou 1re année si les élèves sont assez avancés).* — Dicter aux élèves les exercices écrits à faire parmi les suivants :

1. Écrire en toutes lettres les nombres suivants : 5,4 ; 12,73 ; 6,09 ; 3,425.
→ Cinq unités quatre dixièmes ; douze unités soixante-treize centièmes ; six unités neuf centièmes ; trois unités quatre cent vingt-cinq millièmes.

2. Trois frères ont ensemble 56 ans. Sachant que le plus jeune a 15 ans, le deuxième 18 ans, on demande l'âge du frère aîné.
→ (Age total des deux premiers :) $15 + 18 = 33$ ans.
(Age du frère aîné :) $56 - 33 = 23$ ans.

3. Je paye $48^{fr},50$ de contributions par an. Quelle somme dois-je payer par mois ?
→ (Somme à payer par mois :) $48,50 : 12 = 4^{fr},041$.

4. Une table avait $2^m,60$ de longueur ; je la fais diminuer de 85 centimètres ; quelle est maintenant sa longueur en mètres, décimètres et centimètres ?
→ 85 centimètres $= 0^m,85$.
(Longueur de la table :) $2,60 - 0,85 = 1^m,75$.
$1^m,75 = 17^{dm},5 = 175$ centimètres.

5° Correction. — Corriger les exercices écrits qui ont été indiqués.

162ᵉ Leçon. — **LES MESURES DE VOLUME** (Suite)

1º Leçon. — Faire écrire au tableau : *Arithmétique — Les mesures de volume (suite) (page 629).*
Faire apprendre la leçon (page 629 du livre de l'élève).

2º Interrogations. — Poser les questions 197 et 198 (vers le bas de la page 629 du livre de l'élève).

3º Exercices au tableau. — I. *Première année.* — Poser aux élèves des questions dans le genre de celles-ci :

1. Écrire en mètres cubes la valeur de chacun des multiples du mètre cube.
→ Le décamètre cube vaut 1.000 mètres cubes
  L'hectomètre cube vaut 1.000.000 mètres cubes.
  Le kilomètre cube vaut 1.000.000.000 mètres cubes.
  Le myriamètre cube vaut 1.000.000.000.000 mètres cubes.

2. Une personne loue une ferme 115^{fr},60, elle paye en outre 11^{fr},80 d'impôts par hectare de terre. Que paye-t-elle en tout pour la ferme et pour une terre de 321^a,54 ?
→ 321^a,54 font 3^{Ha},2154.
  (*Impôt payé pour la terre :*) 11,80 × 3,2154 = 37^{fr},942 (par excès).
  (*Elle paye en tout :*) 37,942 + 115,60 = 153^{fr},542.

3. Écrire en toutes lettres 6^a,4 ; 0^a,09 ; 45^a,079 ; 0^a,2.
→ Six ares quarante centiares ; neuf centiares ; quarante-cinq ares soixante-dix-neuf millièmes d'are ; vingt centiares.

II. *Deuxième année (ou 1re année si les élèves sont assez avancés).* — Poser aux élèves des questions dans le genre de celles-ci :

1. Combien le dixième vaut-il de millièmes ?
→ 100.

2. Quelle longueur font 158 tuyaux mesurant chacun 5 mètres ?
→ (*Longueur totale :*) 5 × 158 = 790 mètres.

3. Une pièce d'étoffe avait 85 mètres. On en a fait 42 pantalons et il en reste encore 9^m,40. Combien a-t-il fallu d'étoffe pour chaque pantalon ?
→ (*Longueur totale des pantalons :*) 85 — 9,40 = 75^m,60.
  (*Étoffe nécessaire par pantalon :*) 75,60 : 42 = 1^m,80.

4. J'ai acheté successivement 3^{Ha} 6^a 15^{ca}, puis 2^{Ha} 74^a 9^{ca}, puis 1^{Ha} 8^{ca} de terrain. Dites en ares l'étendue totale de ces trois acquisitions.
→ 3^{Ha} 6^a 15^{ca} = 306^a,15.

COURS ÉLÉMENTAIRE : NEUVIÈME MOIS

$2^{Ha} 74^a 9^{ca} = 274^a,09$.
$1^{Ha} 8^{ca} = 100^a,08$.
(*Étendue totale :*) $306,15 + 274,09 + 100,08 = 680^a,32$.

4° Exercices écrits. — I. *Première année.* — Indiquer l'exercice écrit à faire de la page 629 du livre de l'élève (exercice 1007).

RÉPONSE A L'EXERCICE 1007

1007. — Un fermier paye $64^{fr},75$ de fermage et $13^{fr},80$ d'impôts par hectare de terre. Combien paye-t-il en tout pour une terre de $548^a,24$?
→ $548^a,24 = 5^{Ha},4824$.
(*Montant des impôts :*) $13,80 \times 5,4824 = 75^{fr},65712$.
(*Il paye en tout :*) $64,75 + 75,65712 = 140^{fr},40712$.

II. *Deuxième année (ou 1re année si les élèves sont assez avancés).* — Dicter aux élèves les exercices écrits à faire parmi les suivants :

1. Combien le centième vaut-il de millièmes ?
→ 10.
2. Quelle longueur font 126 tuyaux mesurant chacun 3 mètres ?
→ (*Longueur totale :*) $3 \times 126 = 378$ mètres.
3. Une pièce d'étoffe avait 76 mètres. On en a fait 36 pantalons et il en reste encore $14^m,80$. Combien a-t-il fallu d'étoffe pour chaque pantalon ?
→ (*Longueur totale des pantalons :*) $76 - 14,80 = 61^m,20$.
(*Étoffe nécessaire par pantalon :*) $61,20 : 36 = 1^m,70$.
4. J'ai acheté successivement $1^{Ha} 8^a 12^{ca}$, puis $3^{Ha} 25^a 6^{ca}$, puis $2^{Ha} 3^{ca}$ de terrain. Dites en ares l'étendue totale de ces acquisitions.
→ $1^{Ha} 8^a 12^{ca} = 108^a,12$.
$3^{Ha} 25^a 6^{ca} = 325^a,06$.
$2^{Ha} 3^{ca} = 200^a,03$.
(*Étendue totale :*) $108,12 + 325,06 + 200,03 = 633^a,21$.

5° Correction. — Corriger les exercices écrits qui ont été indiqués.

163° Leçon. — LES MESURES DE VOLUME (*Suite*)

1° Leçon. — Faire écrire au tableau : *Arithmétique. — Les mesures de volume (suite) (page 630).*
Faire apprendre la leçon (page 630 du livre de l'élève).

2° Interrogations. — Poser la question 199 (vers le bas de la page 630 du livre de l'élève).

3° Exercices au tableau. — I. *Première année.* — Poser aux élèves des questions dans le genre de celles-ci :

1. Un livre à $0^{mq},03$ de surface, un autre n'a que $0^{mq},015$. Exprimer en centimètres carrés la différence de surface de ces deux livres ?

Le gérant : PAUL DUPONT.

ARITHMÉTIQUE : SYSTÈME MÉTRIQUE

→ (Différence de surface :) $0,03 - 0,015 = 0^{mq},015$ ou 150 centimètres carrés.

2. Une rue a $3^{Hm},45^{dcm}$ de longueur. Pour faire des trottoirs à droite et à gauche, on emploie des bordures en pierre de $0^m,70$ de longueur. Combien faudra-t-il de ces bordures ?

→ $3^{Hm},45^{dcm} = 304^m,50$.
  (Nombre de bordures pour un côté :) $304,5 : 0,7 = 435$ bordures
  (Nombre de bordures pour les deux côtés :) $435 \times 2 = 870$ bordures.

3. Le mètre carré d'une étoffe coûte 15 francs, que coûtera 1 décimètre carré ?

→ Le décimètre carré est 100 fois plus petit que le mètre carré.
  (Prix de 1 décimètre carré :) $15 : 100 = 0^{fr},15$.

II. Deuxième année (ou 1re année si les élèves sont assez avancés). — Poser aux élèves des questions dans le genre de celles-ci :

1. Écrire en chiffres les nombres suivants : cinq unités trois dixièmes ; huit dixièmes ; dix-huit unités trois centièmes ; vingt-cinq millièmes.

→ 5,3 ; 0,8 ; 18,03 ; 0,025.

2. On a acheté pour faire un vêtement 3 mètres de drap à 12 francs, 3 mètres de doublure à 5 francs, des boutons et autres fournitures pour 8 francs ; à combien revient ce vêtement, sachant qu'on a payé 25 francs pour la façon ?

→ (Prix du drap :) $12 \times 3 = 36$ francs.
  (Prix de la doublure :) $5 \times 3 = 15$ francs.
  (Prix de revient du vêtement :) $36 + 15 + 8 + 25 = 84$ francs.

3. Avec un char de foin de 25 quintaux, combien peut-on faire de bottes pesant chacune $4^{kg},5$?

→ 25 quintaux = 2.500 kilogrammes.
  (Nombre de bottes :) $2.500 : 4,5 = 555$ bottes.

4° Exercices écrits. — I. *Première année.* — Indiquer les exercices écrits à faire parmi ceux de la page 630 du livre de l'élève (exercices 1008 à 1012).

RÉPONSES AUX EXERCICES 1008 à 1012

1008. — Une glace a $0^{mq},68$ de surface ; un tableau a $0^{mq},59$. Combien la glace a-t-elle de centimètres carrés de plus que le tableau ?

→ (Différence de surface entre la glace et le tableau :) $0,68 - 0,59 = 0^{mq},09$ ou 900 centimètres carrés.

1009. — Si le mètre carré d'une étoffe coûte 8 francs, que coûte le décimètre carré ?

→ Le décimètre carré est 100 fois plus petit que le mètre carré.
  (Prix de 1 décimètre carré :) $8 : 100 = 0^{fr},08$.

1010. — Un propriétaire achète, au prix de $1^{fr},25$ le mètre carré, un terrain pour lequel il paye 8.400 francs. Exprimer en décamètres carrés la surface de ce terrain.

→ (*Nombre de décamètres carrés :*) $8.400 : 1,25 = 6.720$ mètres carrés ou $67^{Dmq},20$.

1011. — On achète 50 mètres d'étoffe pour $187^{fr},50$. Combien valent 1 décamètre, 1 décimètre, une pièce de 100 mètres ?

→ (*Prix d'un mètre :*) $187,50 : 50 = 3^{fr},75$.
(*Prix de 1 décamètre :*) $3,75 \times 10 = 37^{fr},50$.
(*Prix de 1 décimètre :*) $3,75 : 10 = 0^{fr},375$.
(*Prix de 100 mètres :*) $3,75 \times 100 = 375$ francs.

1012. — Une rue a 1 hectomètre 8 mètres de longueur. Pour établir des trottoirs à droite et à gauche, on emploie des bordures en pierre de $0^m,90$ de longueur. Combien faudra-t-il de ces bordures ?

→ $1^{Hm}, 8^m = 108$ mètres.
(*Longueur totale des trottoirs :*) $108 \times 2 = 216$ mètres.
(*Nombre de bordures :*) $216 : 0,90 = 240$ bordures.

II. *Deuxième année (ou 1re année si les élèves sont assez avancés).* — Dicter aux élèves les exercices écrits à faire parmi les suivants :

1. Écrire en chiffres les nombres suivants : deux unités quatre dixièmes ; neuf dixièmes ; quinze unités sept centièmes ; quarante-trois millièmes.

→ $2,4$; $0,9$; $15,07$; $0,043$.

2. On a acheté pour faire un vêtement 2 mètres de drap à 16 francs, 3 mètres de doublure à 4 francs, des boutons et autres fournitures pour 6 francs ; à combien revient ce vêtement, sachant qu'on a payé 21 francs pour la façon ?

→ (*Prix du drap :*) $16 \times 2 = 32$ francs.
(*Prix de la doublure :*) $4 \times 3 = 12$ francs.
(*Prix de revient du vêtement :*) $32 + 12 + 6 + 21 = 71$ francs.

3. Avec un char de foin de 32 quintaux, combien peut-on faire de bottes pesant chacune $3^{Kg},8$.

→ 32 quintaux $= 3.200$ kilogrammes.
(*Nombre de bottes :*) $3.200 : 3,8 = 842$ bottes.

5° Correction. — Corriger les exercices écrits qui ont été indiqués.

164ᵉ Leçon. — LES MESURES DE VOLUME (*Suite*)

1° Leçon. — Faire écrire au tableau : *Arithmétique. — Les mesures de volume (suite) (page 631).*

Faire apprendre la leçon (page 631 du livre de l'élève).

2° Interrogations. — Poser la question 200 (vers le haut de la page 631 du livre de l'élève).

3° Exercices au tableau. — I. *Première année*. — Poser aux élèves des questions dans le genre de celles-ci :

1. Quels sont les volumes des cubes dont l'arête est 9 mètres ; 12 mètres ; 36 mètres ?

→ *(Volume du cube de 9 mètres de côté :)* $9 \times 9 \times 9 = 729$ mètres cubes.

(Volume du cube de 12 mètres de côté :) $12 \times 12 \times 12 = 1.728$ mètres cubes.

(Volume du cube de 36 mètres de côté :) $36 \times 36 \times 36 = 46.656$ mètres cubes.

2. Une chambre a 5 mètres de longueur, $3^m,50$ de largeur et $4^m,20$ de hauteur. Quel est son volume ?

→ *(Son volume est :)* $5 \times 3,5 \times 4,2 = 73^{mc},5$.

3. Au prix de $2^{fr},35$ le mètre carré de terrain, combien aura-t-on de mètres carrés pour $6.749^{fr},20$?

→ *(Nombre de mètres carrés :)* $6.749,20 : 2,35 = 2.872$ mètres carrés.

II. *Deuxième année (ou 1re année si les élèves sont assez avancés)*. — Poser aux élèves des questions dans le genre de celles-ci :

1. Écrire, parmi les nombres suivants, ceux qui sont plus grands que l'unité : 6,009 ; 1,01 ; 0,98 ; 0,84 ; 1,25 ; 170,04.

→ 6,009 ; 1,01 ; 1,25 ; 170,04.

2. On compte 7 harengs salés au kilogramme. Dire le poids d'une caque de 630 harengs.

→ *(Poids :)* $630 : 7 = 90$ kilogrammes.

3. Une ménagère achète chez l'épicier différentes marchandises pour $8^{fr},75$, elle paye avec 2 pièces de 5 francs. Combien lui rendra l'épicier ?

→ *(Somme remise :)* $5 \times 2 = 10$ francs.
(On doit lui rendre :) $10 - 8,75 = 1^{fr},25$.

4. Une construction a nécessité $968^{mc},315$ de meulière, 78.695 décimètres cubes de moellon et $35.843.015$ centimètres cubes de plâtre et ciment. Quel est le volume des matériaux de cette construction ?

→ 78.695 décimètres cubes $= 78^{mc},695$.
35.843.015 centimètres cubes $= 35^{mc},843015$.
(Volume totale :) $968,315 + 78,695 + 35,843015 = 1.082^{mc},853015$.

4° Exercices écrits. — I. *Première année.* — Indiquer l'exercice écrit à faire de la page 631 du livre de l'élève (exercice 1013).

RÉPONSE A L'EXERCICE 1013

1013. — Quels sont les volumes des cubes dont l'arête est 6 mètres; 7 mètres; 8 mètres; 10 mètres; 15 mètres?
→ *(Volume du cube dont l'arête est 6 mètres :)* $6 \times 6 \times 6 = 216$ mètres cubes.
(Volume du cube dont l'arête est 7 mètres :) $7 \times 7 \times 7 = 343$ mètres cubes.
(Volume du cube dont l'arête est 8 mètres :) $8 \times 8 \times 8 = 512$ mètres cubes.
(Volume du cube dont l'arête est 10 mètres :) $10 \times 10 \times 10 = 1.000$ mètres cubes.
(Volume du cube dont l'arête est 15 mètres :) $15 \times 15 \times 15 = 3.375$ mètres cubes.

II. *Deuxième année (ou 1re année si les élèves sont assez avancés).* — Dicter aux élèves les exercices écrits à faire parmi les suivants :

1. Écrire, parmi les nombres suivants, ceux qui sont plus grands que l'unité : 8,003 ; 2,02 ; 0,75 ; 0,63 ; 2,64 ; 136,07.
→ 8,003 ; 2,02 ; 2,64 ; 136,07.

2. On compte 9 harengs salés au kilogramme. Dire le poids d'une caque de 540 harengs.
→ *(Poids :)* $540 : 9 = 60$ kilogrammes.

3. Une ménagère achète chez l'épicier différentes marchandises pour $7^{fr},60$; elle paye avec 4 pièces de 2 francs. Combien lui rendra l'épicier ?
→ *(Somme remise :)* $2 \times 4 = 8$ francs.
(On doit lui rendre :) $8 - 7,60 = 0^{fr},40$.

4. Une construction a nécessité $750^{mc},840$ de meulière, 69.873 décimètres cubes de moellon et 32.652.307 centimètres cubes de plâtre et ciment. Quel est le volume des matériaux de cette construction?
→ 69.873 décimètres cubes $= 69^{mc},873$.
32.652.307 centimètres cubes $= 32^{mc},652307$.
(Volume total :) $750,840 + 69,873 + 32,652307 = 853^{mc},365307$.

5° Correction. — Corriger les exercices écrits qui ont été indiqués.

165e Leçon. — LES MESURES DE VOLUME *(Suite)*

1° Leçon. — Faire écrire au tableau : *Arithmétique.* — *Les mesures de volume (suite) (page 631).*
Faire apprendre la leçon (page 631 du livre de l'élève).

2° Interrogations. — Poser la question 204 (vers le bas de la page 631 du livre de l'élève).

ARITHMÉTIQUE : SYSTÈME MÉTRIQUE   341

3° Exercices au tableau. — I. *Première année.* — Poser aux élèves des questions dans le genre de celles-ci :

1. Écrire en lettres les nombres suivants en donnant le nom de chaque unité : $4^{mc},028$; $0^{mc},5$; $64^{mc},00043$; $6^{mc},4157345$; $98^{mc},000136$; $15^{mc},04$; $6.543^{mc},7$.

→ Quatre mètres cubes vingt-huit décimètres cubes ; zéro mètre cube cinq cents décimètres cubes ; soixante-quatre mètres cubes zéro décimètre cube quatre cent trente centimètres cubes ; six mètres cubes quatre cent quinze décimètres cubes sept cent trente-quatre centimètres cubes cinq cents millimètres cubes ; quatre-vingt-dix-huit mètres cubes zéro décimètre cube cent trente-six centimètres cubes ; quinze mètres cubes quarante décimètres cubes ; six décamètres cubes cinq cent quarante-trois mètres cubes sept cents décimètres cubes.

2. Écrire en chiffres les nombres suivants en prenant le mètre cube comme unité : 3 mètres cubes 7 centimètres cubes ; 6.435 millimètres cubes ; 45 mètres cubes 15 décimètres cubes ; 435 mètres cubes 12 millimètres cubes ; 15.425 millimètres cubes ; 64.214 centimètres cubes.

→ $3^{mc},000007$; $0^{mc},000006435$; $45^{mc},015$; $435^{mc},000000012$; $0^{mc},000015425$; $0^{mc},064214$.

II. *Deuxième année (ou 1re année si les élèves sont assez avancés).* — Poser aux élèves des questions dans le genre de celles-ci :

1. Combien y a-t-il de dixièmes dans 5 unités ; 192 unités ; 80 unités ?
→ 50 dixièmes ; 1.920 dixièmes ; 800 dixièmes.

2. Combien faut-il de rouleaux contenant chacun 6 pièces de 5 francs pour faire 1.200 francs ?
→ (*Valeur d'un rouleau :*) $5 \times 6 = 30$ francs.
(*Nombre de rouleaux :*) $1.200 : 30 = 40$ rouleaux.

3. Sur une pièce de toile de $40^m,25$ on a pris une première fois $18^m,85$ et une seconde fois $12^m,50$. Combien reste-t-il ?
→ (*Toile enlevée :*) $18,85 + 12,50 = 31^m,35$.
(*Il reste :*) $40,25 - 31,35 = 8^m,90$.

4. Combien y a-t-il de litres de lait dans trois boîtes qui contiennent la première $1^{Dl},8$, la deuxième 2 doubles litres et la troisième 80 centilitres ?
→ $1^{Dl},8 = 18$ litres.
2 doubles litres $= 4$ litres.
80 centilitres $= 0^l,80$.
(*Nombre total de litres :*) $18 + 4 + 0,80 = 22^l,80$.

4° Exercices écrits. — I. *Première année.* — Indiquer les exercices écrits à faire parmi ceux de la page 631 du livre de l'élève (exercices 1014 à 1021).

RÉPONSES AUX EXERCICES 1014 à 1021

1014. — Écrire les nombres suivants : 22 mètres cubes 738 décimètres cubes ; 3 mètres cubes 75 décimètres cubes ; 2 mètres cubes 7 décimètres cubes.
→ $22^{mc},738$; $3^{mc},075$; $2^{mc},007$.

[1015 à 1021]. — Écrire en lettres $57^{mc},895$; $42^{mc},078$; $3^{mc},005$; $2^{mc},000057$; $0^{mc},008$; $0^{mc},000048$; $0^{mc},000000038$.
→ Cinquante-sept mètres cubes huit cent quatre-vingt-quinze décimètres cubes ; quarante-deux mètres cubes soixante-dix-huit décimètres cubes ; trois mètres cubes cinq décimètres cubes ; deux mètres cubes zéro décimètre cube cinquante-sept centimètres cubes ; zéro mètre cube huit décimètres cubes ; zéro mètre cube zéro décimètre cube quarante-huit centimètres cubes ; zéro mètre cube zéro décimètre cube zéro centimètre cube trente-huit millimètres cubes.

II. *Deuxième année (ou 1re année si les élèves sont assez avancés).* — Dicter aux élèves les exercices écrits à faire parmi les suivants :

1. Combien y a-t-il de dixièmes dans 9 unités ; 235 unités ; 70 unités ?
→ 90 dixièmes ; 2.350 dixièmes ; 700 dixièmes.

2. Combien faut-il de rouleaux contenant chacun 8 pièces de 5 francs pour faire 2.400 francs ?
→ (*Valeur d'un rouleau :*) $5 \times 8 = 40$ francs.
(*Nombre de rouleaux :*) $2.400 : 40 = 60$ rouleaux.

3. Sur une pièce de toile de $36^m,60$ on a pris une première fois $15^m,45$ et une seconde fois $8^m,10$. Combien reste-t-il ?
→ (*Toile enlevée :*) $15,45 + 8,10 = 23^m,55$.
(*Il reste :*) $36,60 - 23,55 = 13^m,05$.

4. Combien y a-t-il de litres de lait dans trois boîtes qui contiennent la première $2^{Dl},6$, la deuxième 3 doubles litres et la troisième 75 centilitres ?
→ $2^{Dl},6 = 26$ litres.
3 doubles litres $= 6$ litres.
75 centilitres $= 0^l,75$.
(*Nombre total de litres :*) $26 + 6 + 0,75 = 32^l,75$.

5° Correction. — Corriger les exercices écrits qui ont été indiqués.

166ᵉ Leçon. — LES MESURES DE VOLUME (*Suite*)

1° Leçon. — Faire écrire au tableau : *Arithmétique.* — *Les mesures de volume (suite) (page 632).*
Faire apprendre la leçon (page 632 du livre de l'élève).

ARITHMÉTIQUE : SYSTÈME MÉTRIQUE

2° Interrogations. — Poser la question 202 (vers le haut de la page 632 du livre de l'élève).

3° Exercices au tableau. — I. *Première année.* — Poser aux élèves des questions dans le genre de celles-ci :

1. Écrire en lettres les nombres suivants : $3^{st},2$; $159^{st},4$; $0^{st},5$; $4^{st},06$; $45^{st},8$.

→ Trois stères deux décistères ; quinze décastères neuf stères quatre décistères ; zéro stère cinq décistères ; quatre stères six centièmes de stère ; quatre décastères cinq stères huit décistères.

2. Écrire en chiffres les nombres suivants et prendre le stère pour unité : 5 stères 8 décistères ; 4.537 décistères ; 45 décistères ; 6.435 décastères ; 90 décastères 5 stères 3 décistères ; 104 décastères 5 décistères.

→ $5^{st},8$; $453^{st},7$; $4^{st},5$; 64.350 stères ; $905^{st},3$; $1.040^{st},5$.

3. Un marchand de bois a acheté 45 décastères de bois à raison de $15^{fr},5$ le stère. Quelle somme doit-il ?

→ 45 décastères = 450 stères.

(Somme due :) $15,50 \times 450 = 6.975$ francs.

II. *Deuxième année (ou 1re année si les élèves sont assez avancés).* — Poser aux élèves des questions dans le genre de celles-ci :

1. Écrire en chiffres les nombres suivants : dix-sept millièmes ; trois cent vingt-cinq dixièmes ; huit centièmes ; mille huit cent quarante-deux millièmes ; trente-deux dixièmes.

→ 0,017 ; 32,5 ; 0,08 ; 1,842 ; 3,2.

2. Un marchand de volailles porte au marché 104 poulets, 58 canards, 61 pigeons et 35 oies. Il vend 95 poulets, 39 canards, 48 pigeons et 27 oies. Combien rapporte-t-il de pièces ?

→ (Pièces portées :) $104 + 58 + 61 + 35 = 258$ pièces.
(Pièces vendues :) $95 + 39 + 48 + 27 = 209$ pièces.
(Pièces rapportées :) $258 - 209 = 49$ pièces.

3. Un libraire a vendu 100 volumes d'un certain ouvrage à 45 francs. A combien revient le volume ?

→ (Prix du volume :) $45 : 100 = 0^{fr},45$.

4. Un voyageur qui avait 250 kilomètres à parcourir a marché pendant 8 jours, faisant chaque jour 18.520 mètres ; quelle distance lui reste-t-il à parcourir ?

→ (Chemin parcouru :) $18.520 \times 8 = 148.160$ mètres.
148.160 mètres = $148^{Km},16$.
(Il lui reste à faire :) $250 - 148,16 = 101^{Km},84$.

4° Exercices écrits. — I. *Première année.* — Dicter aux élèves les exercices écrits à faire parmi les suivants :

1. Écrire en chiffres les nombres suivants en prenant le mètre cube pour unité : 5 mètres cubes 35 centimètres cubes ; 15 décamètres cubes 315 décimètres cubes ; 46 mètres cubes 4506 millimètres cubes.
→ $5^{mc},000035$; $15.000^{mc},315$; $46^{mc},000004506$.

2. Écrire en lettres les nombres suivants : $46^{mc},002$; $27^{mc},000415$; $0^{mc},000002015$; $84.763^{mc},000003$.
→ Quarante-six mètres cubes deux décimètres cubes ; vingt-sept mètres cubes quatre cent quinze centimètres cubes ; deux centimètres cubes quinze millimètres cubes ; quatre-vingt-quatre décamètres cubes sept cent soixante-trois mètres cubes trois centimètres cubes.

3. Un champ a 9 mètres de longueur, $6^m,50$ de largeur. On y répand une couche de fumier de $0^m,10$ d'épaisseur. Quelle est la dépense si le fumier coûte $9^{fr},75$ le mètre cube ?
→ (Volume du fumier :) $9 \times 6,50 \times 0,10 = 5^{mc},85$.
(Dépense pour le fumier :) $9,75 \times 5.85 = 57^{fr},0375$.

II. *Deuxième année (ou 1re année si les élèves sont assez avancés).* — Dicter aux élèves les exercices écrits à faire parmi les suivants :

1. Écrire en chiffres les nombres suivants : douze millièmes ; six cent dix-huit dixièmes ; cinq centièmes ; trois mille cinq cent trente-sept millièmes ; cinquante-quatre dixièmes.
→ 0,012 ; 61,8 ; 0,05 ; 3,537 ; 5,4.

2. Un marchand de volailles porte au marché 112 poulets, 61 canards, 58 pigeons et 26 oies. Il vend 103 poulets, 52 canards, 40 pigeons et 19 oies. Combien rapporte-t-il de pièces ?
→ (Pièces portées :) $112 + 61 + 58 + 26 = 257$ pièces.
(Pièces vendues) $103 + 52 + 40 + 19 = 214$ pièces.
(Pièces rapportées :) $257 - 214 = 43$ pièces.

3. Un libraire a vendu 100 volumes d'un certain ouvrage à 68 francs. A combien revient le volume ?
→ (Prix du volume :) $68 : 100 = 0^{fr},68$.

4. Un voyageur qui avait 310 kilomètres à parcourir a marché pendant 12 jours, faisant chaque jour 17.975 mètres ; quelle distance lui reste-t-il à parcourir ?
→ (Chemin parcouru :) $17.975 \times 12 = 215.700$ mètres.
215.700 mètres $= 215^{Km},7$.
(Il lui reste à faire :) $310 - 215,7 = 94^{Km},3$.

5° Résumé des leçons 161 à 166. — Faire copier le premier paragraphe du résumé [*Mesures de volume* (195 à 202)], page 640 du livre de l'élève.

6° Correction. — Corriger les exercices écrits qui ont été indiqués.

167e Leçon. — LES MESURES DE CAPACITÉ

1° Leçon. — Faire écrire au tableau : *Arithmétique.* — *Les mesures de capacité (page 632).*

Faire apprendre la leçon (page 632 du livre de l'élève).

ARITHMÉTIQUE : SYSTÈME MÉTRIQUE

2° Interrogations. — Poser les questions 203, 204, 205, 206 et 207 (au bas de la page 632 du livre de l'élève).

3° Exercices au tableau. — I. *Première année.* — Poser aux élèves des questions dans le genre de celles-ci :

1. Écrire en lettres les nombres suivants : $4^l,05$; $16^l,824$; $0^l,004$, $18^l,7$; $6^l,045$; $40^l,603$; $4^l,05$; $18^l,5$; $6^l,045$.

→ Quatre litres cinq centilitres ; seize litres huit cent vingt-quatre millilitres ; zéro litre quatre millilitres ; dix-huit litres sept décilitres ; six litres quarante-cinq millilitres ; quarante litres six cent trois millilitres ; quatre litres cinq centilitres ; dix-huit litres cinq décilitres ; six litres quarante-cinq millilitres.

2. Écrire en chiffres les nombres suivants en prenant le décalitre pour unité : 4.538 litres 4 centilitres ; 156 litres 974 millilitres ; 5 litres 75 centilitres ; 745 litres 84 centilitres ; 49 litres 8 décilitres ; 4 litres 5 centilitres.

→ $453^{Dl},804$; $15^{Dl},6974$; $0^{Dl},575$; $74^{Dl},584$; $4^{Dl},98$; $0^{Dl},405$.

3. Combien 5 hectolitres font-ils de litres et de décalitres ?
→ 500 litres = 50 décalitres.

II. *Deuxième année* (ou *1re année si les élèves sont assez avancés*). — Poser aux élèves des questions dans le genre de celles-ci :

1. Rendre les nombres suivants 10 fois plus grands : 10,5 ; 27,643 ; 0,34 ; 1,64 ; 0,8.
→ 105 ; 276,43 ; 3,4 ; 16,4 ; 8.

2. Un épicier a fait venir 120 caisses d'oranges, chaque caisse contenant 50 oranges. Combien y a-t-il d'oranges en tout ?
→ (*Nombre total d'oranges :*) $50 \times 120 = 6.000$ oranges.

3. Combien aura-t-on de mètres de toile pour $46^{fr},80$ si 5 mètres coûtent 9 francs.
→ (*Prix du mètre :*) $9 : 5 = 1^{fr},80$.
(*Nombre de mètres :*) $46,80 : 1,80 = 26$ mètres.

4. Une petite propriété de $8^a,3$ a été vendue à raison de $0^{fr},65$ le mètre carré. Dire le prix de vente de la propriété.
→ $8^a,3 = 830$ centiares ou 830 mètres carrés.
(*Prix de vente de la propriété :*) $0,65 \times 830 = 539^{fr},50$.

4° Exercices écrits. — I. *Première année.* — Dicter aux élèves les exercices écrits à faire parmi les suivants :

1. Écrire en chiffres les nombres suivants en prenant le litre comme unité : 3 litres 5 centilitres ; 6 décalitres 8 décilitres ; 5 hectolitres 3 litres ; 13 décalitres 2 centilitres.
→ $3^l,05$; $60^l,8$; 503 litres ; $130^l,02$.

2. Écrire en toutes lettres les nombres suivants : $4^l,5$; $468^l,09$; $65^l,496$; $384^l,003$.

→ Quatre litres cinq décilitres ; quatre cent soixante-huit litres neuf centilitres ; soixante-cinq litres quatre cent quatre-vingt-seize millilitres ; trois cent quatre-vingt-quatre litres trois millilitres.

3. Un épicier achète 840 litres de vin à 63 francs l'hectolitre ; il le revend $0^{fr},80$ le litre. Quel est son bénéfice ?

→ 840 litres = $8^{Hl},40$.
(*Prix d'achat du vin :*) $63 \times 8,40 = 529^{fr},20$.
(*Prix de vente du vin :*) $0,80 \times 840 = 672$ francs.
(*Bénéfice total :*) $672 - 529,20 = 142^{fr},80$.

II. *Deuxième année (ou 1re année si les élèves sont assez avancés).* — Dicter aux élèves les exercices écrits à faire parmi les suivants :

1. Rendre les nombres suivants 10 fois plus grands : 36,4 ; 51,247 ; 0,62 ; 3,25 ; 0,5.

→ 364 ; 512,47 ; 6,2 ; 32,5 ; 5.

2. Un épicier a fait venir 160 caisses d'oranges, chaque caisse contenant 40 oranges. Combien y a-t-il d'oranges en tout ?

→ (*Nombre total d'oranges :*) $40 \times 160 = 6.400$ oranges.

3. Combien aura-t-on de mètres de toile pour $73^{fr},50$ si 3 mètres coûtent $6^{fr},30$?

→ (*Prix du mètre :*) $6,30 : 3 = 2^{fr},10$.
(*Nombre de mètres :*) $73,50 : 2,10 = 35$ mètres.

4. Une petite propriété de $6^a,5$ a été vendue à raison de $0^{fr},45$ le mètre carré. Dire le prix de vente de la propriété.

→ $6^a,5 = 650$ centiares ou 650 mètres carrés.
(*Prix de vente de la propriété :*) $0,45 \times 650 = 292^{fr},50$.

5° Correction. — Corriger les exercices écrits qui ont été indiqués.

168e Leçon. — LES MESURES DE CAPACITÉ *(Suite)*

1° Leçon. — Faire écrire au tableau : *Arithmétique. — Les mesures de capacité (suite) (page 633).*

Faire apprendre la leçon (page 633 du livre de l'élève).

2° Interrogations. — Poser les questions 208 et 209 (vers le bas de la page 633 du livre de l'élève).

3° Exercices au tableau. — I. *Première année.* — Poser aux élèves des questions dans le genre de celles-ci :

1. Dans une boulangerie on a brûlé pendant 15 jours 6 stères de bois de chêne, 2 décastères de bois de hêtre, $12^{st},54$ de bois de sapin. Quelle quantité totale a-t-on brûlée ?

→ 2 décastères font 20 stères.
(*Quantité totale de bois brûlé :*) $6 + 20 + 12,54 = 38^{st},54$.

2. Une caisse a $1^{mc},14$; combien pourrait-elle contenir de petites boîtes de 150 centimètres cubes ?

→ $1^{mc},14 = 1.140.000$ centimètres cubes.
 (Nombre de boîtes :) $1.140.000 : 150 = 7.600$.

3. Un bassin a un volume de 15 mètres cubes ; il reçoit par minute 50 décimètres cubes d'eau ; dans combien de minutes sera-t-il rempli ?

→ 15 mètres cubes font 15.000 décimètres cubes.
 (Temps nécessaire pour remplir le bassin :) $15.000 : 50 = 300$ minutes.
 (Nombre d'heures :) $300 : 60 = 5$ heures.

II. *Deuxième année (ou 1re année si les élèves sont assez avancés).* — Poser aux élèves des questions dans le genre de celles-ci :

1. Écrire, parmi les suivants, les nombres plus petits que l'unité : 43,129 ; 0,8 ; 3,804 ; 4,02 ; 0,9 ; 1,1 ; 0,04 ; 1,009.

→ 0,8 ; 0,9 ; 0,04.

2. Pour faire un édredon, il faut 4 kilogrammes de plume à raison de 9 francs le kilogramme et 5 mètres de cretonne à raison de 3 francs le mètre. A combien revient un édredon ?

→ (Prix de la plume :) $9 \times 4 = 36$ francs.
 (Prix de la cretonne :) $3 \times 5 = 15$ francs.
 (Prix de revient de l'édredon :) $36 + 15 = 51$ francs.

3. Un ouvrier gagne $4^{fr},25$ par jour. Que gagne-t-il en 17 jours de travail ?

→ (En 17 jours il gagne :) $4,25 \times 17 = 72^{fr},25$.

4. Un litre de vin pèse 996 grammes. Quel est le poids : 1° d'un hectolitre de vin ; 2° d'une barrique pleine de 185 litres, la barrique vide pesant 18 kilogrammes ?

→ 1 hectolitre = 100 litres.
 (Poids de l'hectolitre :) $996 \times 100 = 99.600$ grammes $= 99^{Kg},6$.
 (Poids de 185 litres :) $996 \times 185 = 184.260$ grammes $= 184^{Kg},260$.
 (Poids total de la barrique :) $184,260 + 18 = 202^{Kg},260$.

4° Exercices écrits. — I. *Première année.* — Indiquer les exercices écrits à faire parmi ceux de la page 603 du livre de l'élève (exercices 1022 à 1025).

RÉPONSES AUX EXERCICES 1022 à 1025

1022. — Un marchand vend $47^{st},48$ de peuplier, $35^{st},74$ de bouleau, $64^{st},66$ de chêne et $43^{st},32$ d'aune. Quelle quantité totale vend-il ?

→ (Quantité totale vendue :) $47,48 + 35,74 + 64,66 + 43,32 = 191^{st},20$.

1023. — Un mur a coûté 942 francs à raison de 20 francs le mètre cube. Quel en est le volume ?
→ *(Nombre de mètres cubes :)* $942 : 20 = 47^{mc},1$.

1024. — Dans une caisse de $1^{mc},600$, combien pourrait-on mettre de petites boîtes de 125 centimètres cubes ?
→ $1^{mc},600 = 1.600.000$ centimètres cubes.
 (Nombre de boîtes :) $1.600.000 : 125 = 12.800$ boîtes.

1025. — Un bassin qui a 12 mètres cubes de volume reçoit par minute 4 décimètres cubes d'eau : dans combien de minutes sera-t-il rempli ?
→ 12 mètres cubes font 12.000 décimètres cubes.
 (Temps nécessaire pour remplir le bassin :) $12.000 : 4 = 3.000$ minutes ou $3.000 : 60 = 50$ heures.

II. *Deuxième année (ou 1re année si les élèves sont assez avancés).* — Dicter aux élèves les exercices écrits à faire parmi les suivants :

1. Écrire, parmi les suivants, les nombres plus petits que l'unité : 50,248 ; 0,9 ; 2,508 ; 6,06 ; 0,3 : 2,2 ; 0,07 ; 3,001.
→ 0,9 ; 0,3 ; 0,07.

2. Pour faire un édredon, il faut 3 kilogrammes de plume à raison de 7 francs le kilogramme et 6 mètres de cretonne à raison de 2 francs le mètre. A combien revient un édredon ?
→ *(Prix de la plume :)* $7 \times 3 = 21$ francs.
 (Prix de la cretonne :) $2 \times 6 = 12$ francs.
 (Prix de revient de l'édredon :) $21 + 12 = 33$ francs.

3. Un ouvrier gagne $3^{fr},75$ par jour. Que gagne-t-il en 15 jours de travail ?
→ *(En 15 jours il gagne :)* $3,75 \times 15 = 56^{fr},25$.

4. Un litre de vin pèse 992 grammes. Quel est le poids : 1° d'un hectolitre de ce vin ; 2° d'une barrique pleine de 216 litres, la barrique vide pesant 21 kilogrammes ?
→ 1 hectolitre = 100 litres.
 (Poids de l'hectolitre :) $992 \times 100 = 99.200$ grammes = $99^{Kg},2$.
 (Poids de 216 litres :) $992 \times 216 = 214.272$ grammes = $214^{Kg},272$.
 (Poids total de la barrique :) $214,272 + 21 = 235^{Kg},272$.

5° Résumé des leçons 167 et 168. — Faire copier le deuxième paragraphe du résumé [*Mesures de capacité* (203 à 209)], page 640 du livre de l'élève.

6° Correction. — Corriger les exercices écrits qui ont été indiqués.

169e Leçon. — LES MESURES DE POIDS

1° Leçon. — Faire écrire au tableau : *Arithmétique.* — *Les mesures de poids (page 634).*

Faire apprendre la leçon (page 634 du livre de l'élève).

ARITHMÉTIQUE : SYSTÈME MÉTRIQUE

2° Interrogations. — Poser les questions 210, 211 et 212 (vers le milieu de la page 634 du livre de l'élève).

3° Exercices au tableau. — I. *Première année.* — Poser aux élèves des questions dans le genre de celles-ci :

1. Un épicier a acheté quatre balles de café : la première pèse $10^{Kg},5$; la deuxième $5^{Kg},45$; la troisième $0^{Kg},748$; la quatrième $14^{Kg},6745$. Quel est le poids total de ce café ?

→ (*Poids total :*) $10,5 + 5,45 + 0,748 + 14,6745 = 31^{Kg},3725$.

2. Un mouton pèse $50^{Kg},45$; un autre ne pèse que $42^{Kg},827$. Combien le premier pèse-t-il de plus que le second ?

→ (*Différence de poids :*) $50,45 - 42,827 = 7^{Kg},623$.

3. Combien coûteront 45 décagrammes de café à $6^{fr},40$ le kilogramme ?

→ Le décagramme est 100 fois plus petit que le kilogramme.
(*Prix du décagramme :*) $6,40 : 100 = 0^{fr},064$.
(*Prix de 45 décagrammes :*) $0,064 \times 45 = 2^{fr},88$.

II. *Deuxième année* (ou *1re année si les élèves sont assez avancés*). — Poser aux élèves des questions dans le genre de celles-ci :

1. Combien y a-t-il de centièmes dans les nombres suivants : 8,5 ; 12,643 ; 0,4 ; 78,009 ; 95 ; 863,2 ?

→ 850 ; 1.264 ; 40 ; 7.800 ; 9.500 ; 86.320.

2. Une locomotive a parcouru en 15 heures une distance de 840 kilomètres. Trouver combien elle parcourrait de kilomètres par heure, en supposant qu'elle ait marché sans s'arrêter et avec la même vitesse.

→ (*Distance parcourue par heure :*) $840 : 15 = 56$ kilomètres.

3. Quelle somme a reçue un coutelier qui a vendu 9 rasoirs à $3^{fr},15$ la pièce et 18 couteaux à $2^{fr},05$ l'un ?

→ (*Prix des rasoirs :*) $3,15 \times 9 = 28^{fr},35$.
(*Prix des couteaux :*) $2,05 \times 18 = 36^{fr},90$.
(*Somme reçue :*) $28,35 + 36,90 = 65^{fr},25$.

4. Combien devra-t-on faire de voyages pour transporter 16 mètres cubes de pierres avec un tombereau de 800 décimètres cubes ?

→ 16 mètres cubes = 16.000 décimètres cubes.
(*Nombre de voyages :*) $16.000 : 800 = 20$ voyages.

4° Exercices écrits. — I. *Première année.* — Indiquer l'exercice écrit à faire de la page 634 du livre de l'élève (exercice 1026).

RÉPONSE A L'EXERCICE 1026

1026. — Combien coûteront 6 hectogrammes de café à raison de $2^{fr},50$ le kilogramme ?

→ L'hectogramme est 10 fois plus petit que le kilogramme.
(*Prix de l'hectogramme :*) 2,50 : 10 = 0^fr,25.
(*Prix de 6 hectogrammes :*) 0,25 × 6 = 1^fr,50.

II. *Deuxième année (où 1re année si les élèves sont assez avancés).* — Dicter aux élèves les exercices écrits à faire parmi les suivants :

1. Combien y a-t-il de centièmes dans les nombres suivants : 6,4 ; 36,271 ; 0,6 ; 54,007 ; 63 ; 452,3 ?
→ 640 ; 3.627 ; 60 ; 5.400 ; 6.300 ; 45.230.

2. Une locomotive a parcouru en 13 heures une distance de 754 kilomètres. Trouver combien elle parcourrait de kilomètres par heure, en supposant qu'elle ait marché sans s'arrêter et avec la même vitesse.
→ (*Distance parcourue par heure :*) 754 : 13 = 58 kilomètres.

3. Quelle somme a reçue un coutelier qui a vendu 8 rasoirs à 2^fr,75 la pièce et 15 couteaux à 1^fr,45 l'un ?
→ (*Prix des rasoirs :*) 2,75 × 8 = 22 francs.
(*Prix des couteaux :*) 1,45 × 15 = 21^fr,75.
(*Somme reçue :*) 22 + 21,75 = 43^fr,75.

4. Combien devra-t-on faire de voyages pour transporter 27 mètres cubes de pierres avec un tombereau de 900 décimètres cubes ?
→ 27 mètres cubes = 27.000 décimètres cubes.
(*Nombre de voyages :*) 27.000 : 900 = 30 voyages.

5° Correction. — Corriger les exercices écrits qui ont été indiqués.

170° Leçon. — LES MESURES DE POIDS (*Suite*)

1° Leçon. — Faire écrire au tableau : *Arithmétique. — Les mesures de poids (suite) (page 634).*
Faire apprendre la leçon (page 634 du livre de l'élève).

2° Interrogations. — Poser la question 243 (vers le bas de la page 634 du livre de l'élève).

3° Exercices au tableau. — I. *Première année.* — Poser aux élèves des questions dans le genre de celles-ci :

1. Écrire en lettres les nombres suivants : 4^gr,25 ; 0^gr,005 ; 14^gr,6 ; 143^gr,07 ; 6^gr,054 ; 3^gr,001 ; 64^gr,6 ; 41^gr,87 ; 5^Kg,27 ; 14^Dg,874 ; 5^Hg,47 ; 74^Mg,64378.

→ Quatre grammes vingt-cinq centigrammes ; zéro gramme cinq milligrammes ; quatorze grammes six décigrammes ; cent quarante-trois grammes sept centigrammes ; six grammes cinquante-quatre milligrammes ; trois grammes un milligramme ; soixante-quatre grammes six décigrammes ; quarante

ARITHMÉTIQUE : **SYSTÈME MÉTRIQUE**

et un grammes quatre-vingt-sept centigrammes ; cinq kilogrammes vingt-sept décagrammes ; quatorze décagrammes huit cent soixante-quatorze centigrammes ; cinq hectogrammes quarante-sept grammes ; soixante-quatorze myriagrammes, soixante-quatre mille trois cent soixante-dix-huit décigrammes.

2. Écrire en chiffres les nombres suivants en prenant le kilogramme pour unité : 4 décagrammes 12 centigrammes ; 6 décigrammes ; 4.874 centigrammes ; 436 décagrammes ; 4 kilogrammes 7 décigrammes ; 56 hectogrammes 58 décigrammes ; 45.627 grammes ; 642.464 milligrammes.

→ $0^{Kg},04012$; $0^{Kg},0006$; $0^{Kg},04874$; $4^{Kg},36$; $4^{Kg},0007$; $5^{Kg},6058$; $45^{Kg},627$; $0^{Kg},642464$.

II. *Deuxième année (ou 1re année si les élèves sont assez avancés).* — Poser aux élèves des questions dans le genre de celles-ci :

1. Rendre les nombres suivants 100 fois plus petits : 132,4 ; 9,31 ; 16,528 ; 45,604 ; 0,4 ; 2,65.

→ 1,324 ; 0,0931 ; 0,16528 ; 0,45604 ; 0,004 ; 0,0265.

2. Un maquignon achète des chevaux pour 3.800 francs ; en les revendant ensemble 4.200 francs, il gagne 50 francs par cheval. Combien a-t-il acheté de chevaux ?

→ (*Gain total :*) 4.200 — 3.800 = 400 francs.
(*Nombre de chevaux :*) 400 : 50 = 8 chevaux.

3. Une ménagère achète $1^{fr},20$ de pain, $3^{fr},15$ de viande, 2 francs de café, $1^{fr},65$ de sucre. Elle était partie avec 10 francs, que rapporte-t-elle ?

→ (*Dépense totale :*) 1,20 + 3,15 + 2 + 1,65 = 8 francs.
(*Elle rapporte :*) 10 — 8 = 2 francs.

4. Un marchand a acheté dans un marché 72 décalitres, puis $6^{Hl},9$, puis 1.425 litres de blé qu'il réunit à un tas de $15^{Hl},7$ qu'il avait déjà. Combien peut-il vendre d'hectolitres s'il veut garder 203 décalitres ?

→ 72 décalitres = $7^{Hl},2$.
1.425 litres = $14^{Hl},25$.
203 décalitres = $20^{Hl},3$.
(*Nombre d'hectolitres :*) 7,2 + 6,9 + 14,25 + 15,7 = $44^{Hl},05$.
(*Blé à vendre :*) 44,05 — 20,3 = $23^{Hl},75$.

4° **Exercices écrits**. — I. *Première année.* — Indiquer l'exercice écrit à faire de la page 634 du livre de l'élève (exercice 1027).

RÉPONSE A L'EXERCICE 1027

1027. — On revend 35 francs les 100 kilogrammes du blé qu'on a acheté 25 francs l'hectolitre et on gagne 72 francs sur le tout. Combien avait-on

acheté d'hectolitres, sachant que l'hectolitre de blé pèse 80 kilogrammes ?
→ (*Prix de vente d'un kilogramme :*) 35 : 100 = 0^{fr},35.
(*Prix de vente d'un hectolitre ou de 80 kilogrammes :*) 0,35 × 80 = 28 francs.
(*Bénéfice sur un hectolitre :*) 28 — 25 = 3 francs.
(*Nombre d'hectolitres :*) 72 : 3 = 24 hectolitres.

II. *Deuxième année* (ou *1*^{re} *année si les élèves sont assez avancés*). — Dicter aux élèves les exercices écrits à faire parmi les suivants :

1. Rendre les nombres suivants 100 fois plus petits : 425,2 ; 8,63 ; 32,712 ; 21,206 ; 0,7 ; 3,51.
→ 4,252 ; 0,0363 ; 0,32712 ; 0,21206 ; 0,007 ; 0,0351.

2. Un maquignon achète des chevaux pour 4.500 francs ; en les revendant ensemble 5.220 francs, il gagne 60 francs par cheval. Combien a-t-il acheté de chevaux ?
→ (*Gain total :*) 5220 — 4.500 = 720 francs.
(*Nombre de chevaux :*) 720 : 60 = 12 chevaux.

3. Une ménagère achète 0^{fr},80 de pain, 2^{fr},65 de viande, 1^{fr},40 de café, 0^{fr},55 de sucre. Elle était partie avec 12 francs, que rapporte-t-elle ?
→ (*Dépense totale :*) 0,80 + 2,65 + 1,40 + 0,55 = 5^{fr},40.
(*Elle rapporte :*) 12 — 5,40 = 6^{fr},60.

4. Un marchand a acheté dans un marché 65 décalitres, puis 5^{Hl},8, puis 1.350 litres de blé qu'il réunit à un tas de 10^{Hl},4 qu'il avait déjà. Combien peut-il vendre d'hectolitres, s'il veut garder 158 décalitres ?
→ 65 décalitres = 6^{Hl},5.
1.350 litres = 13^{Hl},5.
158 décalitres = 15^{Hl},8.
(*Nombre total d'hectolitres :*) 6,5 + 5,8 + 13,5 + 10,4 = 36^{Hl},2.
(*Blé à vendre :*) 36,2 — 15,8 = 20^{Hl},4.

5° Correction. — Corriger les exercices écrits qui ont été indiqués.

171e Leçon. — **LES MESURES DE POIDS** (Suite)

1° Leçon. — Faire écrire au tableau : *Arithmétique.* — *Les mesures de poids (suite) (page 635).*
Faire apprendre la leçon (page 635 du livre de l'élève).

2° Interrogations. — Poser la question 214 (au milieu de la page 635 du livre de l'élève).

3° Exercices au tableau. — I. *Première année.* — Poser aux élèves des questions dans le genre de celles-ci :

1. Un marchand de charbon a reçu 500 quintaux de charbon à 2^{fr},35 le demi-quintal. Quelle somme doit-il ?
→ (*Prix du quintal :*) 2,35 × 2 = 4^{fr},70.
(*Prix de 500 quintaux :*) 4,70 × 500 = 2.350 francs.

Le gérant : PAUL DUPONT.

ARITHMÉTIQUE : SYSTÈME MÉTRIQUE

2. Un boulanger a fourni pendant un mois, dans une pension, 124 pains de 3 kilogrammes. La moitié de ces pains coûte $1^{fr},10$ la pièce et l'autre moitié $1^{fr},30$. Que recevra-t-il ?

→ (Nombre de pains à chaque prix :) $124 : 2 = 62$ pains.
(Prix des 62 pains à $1^{fr},10$ le pain :) $1,10 \times 62 = 68^{fr},20$.
(Prix des 62 pains à $1^{fr},30$:) $1,30 \times 62 = 80^{fr},60$.
(Somme totale due au boulanger :) $68,20 + 80,60 = 148^{fr},80$.

II. *Deuxième année (ou 1re année si les élèves sont assez avancés)*. — Poser aux élèves des questions dans le genre de celles-ci :

1. Combien y a-t-il de millièmes dans les nombres suivants : 24,5 ; 842 ; 36,02 ; 1,009 ; 304,7 ; 67,08 ; 5,0895 ?

→ 24.500 ; 842.000 ; 36.020 ; 1.009 ; 304.700 ; 67.080 ; 5.089.

2. Un négociant a acheté 600 kilogrammes de sucre et 300 kilogrammes de chocolat. Il revend 218 kilogrammes de chaque espèce de denrée. Combien lui reste-t-il de kilogrammes en tout ?

→ (Poids total de l'achat :) $600 + 300 = 900$ kilogrammes.
(Poids de la vente :) $218 + 218 = 436$ kilogrammes.
(Il reste :) $900 - 436 = 464$ kilogrammes.

3. Un ouvrier a travaillé pendant 283 jours l'année dernière et il a reçu $990^{fr},50$. Quel est son gain quotidien ?

→ (Gain quotidien :) $990,50 : 283 = 3^{fr},50$.

4. On fait construire un escalier de 48 marches ; chaque marche a 218 millimètres ; combien coûte cet escalier, sachant que l'on paye $14^{fr},20$ pour chaque mètre de hauteur ?

→ (Hauteur totale de l'escalier :) $218 \times 48 = 10.464$ millimètres.
10.464 millimètres $= 10^m,464$.
(Dépense :) $14,20 \times 10,464 = 148^{fr},5888$.

4° Exercices écrits. — I. *Première année.* — Indiquer l'exercice écrit à faire de la page 635 du livre de l'élève (exercice 1028).

RÉPONSE A L'EXERCICE 1028

1028. — Le boulanger m'a fourni 114 pains de 3 kilogrammes dont la moitié à $1^{fr},25$ et l'autre moitié à $1^{fr},15$. Combien lui dois-je en tout ?

→ (Nombre de pains à chaque prix :) $114 : 2 = 57$ pains.
(Prix des 57 pains à $1^{fr},25$:) $1,25 \times 57 = 71^{fr},25$.
(Prix des 57 pains à $1^{fr},15$:) $1^{fr},15 \times 57 = 65^{fr},55$.
(Somme totale due au boulanger :) $71,25 + 65,55 = 136^{fr},80$.

II. *Deuxième année (ou 1re année si les élèves sont assez avancés)*. — Dicter aux élèves les exercices écrits à faire parmi les suivants :

1. Combien y a-t-il de millièmes dans les nombres suivants : 36,7 ; 971 ; 42,05 ; 3,002 ; 601,9 ; 53,04 ; 7,0127 ?

→ 36.700 ; 971.000 ; 42.050 ; 3.002 ; 601.900 ; 53.040 ; 7.012.

COURS ÉLÉMENTAIRE : NEUVIÈME MOIS

2. Un négociant a acheté 400 kilogrammes de sucre et 600 kilogrammes de chocolat. Il revend 315 kilogrammes de chaque espèce de denrée. Combien lui reste-t-il de kilogrammes en tout?
→ *(Poids total de l'achat :)* 400 + 600 = 1.000 kilogrammes.
   (Poids de la vente :) 315 + 315 = 630 kilogrammes.
   (Il reste :) 1.000 — 630 = 370 kilogrammes.

3. Un ouvrier a travaillé pendant 305 jours de l'année dernière et il a reçu 1.296^{fr},25. Quel est son gain quotidien?
→ *(Gain quotidien :)* 1.296,25 : 305 = 4^{fr},25.

4. On fait construire un escalier de 53 marches; chaque marche a 220 millimètres; combien coûte cet escalier, sachant que l'on paye 13^{fr},50 pour chaque mètre de hauteur?
→ *(Hauteur totale de l'escalier :)* 220 × 53 = 11.660 millimètres.
   11.660 millimètres = 11^m,66.
   (Dépense :) 13,50 × 11,66 = 157^{fr},41.

5° Correction. — Corriger les exercices écrits qui ont été indiqués.

172° Leçon — **LES MESURES DE POIDS** *(Suite)*

1° Leçon. — Faire écrire au tableau : *Arithmétique. — Les mesures de poids (suite) (page 635).*
Faire apprendre la leçon (page 635 du livre de l'élève).

2° Interrogations. — Poser la question 215 (vers le bas de la page 635 du livre de l'élève).

3° Exercices au tableau. — I. *Première année.* — Poser aux élèves des questions dans le genre de celles-ci :

1. Écrire en chiffres en prenant le gramme pour unité : 6 décigrammes; 5 centigrammes; 1 milligramme; 45.847 décigrammes; 54 décagrammes; 4 hectogrammes; 35 milligrammes; 5 kilogrammes 415 centigrammes.
→ 0^{gr},6 ; 0^{gr},05 ; 0^{gr},001 ; 4.584^{gr},7 ; 540 grammes ; 400 grammes; 0^{gr},035 ; 5.004^{gr},15.

2. Un hectolitre d'avoine pèse 75 kilogrammes. Combien coûte le quintal d'avoine à 12 francs l'hectolitre?
→ *(Prix d'un kilogramme :)* 12 : 75 = 0^{fr},16.
   Le quintal = 100 kilogrammes.
   (Prix de 100 kilogrammes :) 0,16 × 100 = 16 francs.

3. Combien y a-t-il de quintaux dans 458.950 kilogrammes?
→ Le quintal vaut 100 kilogrammes.
   (Nombre de quintaux :) 458.950 : 100 = 4.589^{qx},5.

II. *Deuxième année (ou 1re année si les élèves sont assez*

ARITHMÉTIQUE : SYSTÈME MÉTRIQUE

avancés). — Poser aux élèves des questions dans le genre de celles-ci :

1. Écrire en lettres les nombres suivants : 8,05 ; 0,0954 ; 2,1 ; 1,847 ; 0,90432.
→ Huit unités cinq centièmes ; neuf cent cinquante-quatre dix-millièmes ; deux unités un dixième ; une unité huit cent quarante-sept millièmes ; quatre-vingt-dix mille quatre cent trente-deux cent-millièmes.

2. Un négociant vend 41 pièces de vin au prix de 115 francs l'une. Quelle somme doit-il recevoir ?
→ *(Il doit recevoir :)* $115 \times 41 = 4.715$ francs.

3. Un cultivateur a acheté 18 moutons pour $365^{fr},40$; trois mois après il les a revendus pour 513 francs. Combien a-t-il gagné par mouton ?
→ *(Bénéfice total :)* $513 - 365,40 = 147^{fr},60$.
(Bénéfice par mouton :) $147,60 : 18 = 8^{fr},20$.

4. Un terrain a été vendu 6.540 francs, à raison de $0^{fr},40$ le mètre carré. Dites en ares la superficie de ce terrain.
→ *(Superficie du terrain :)* $6.540 : 0,40 = 16.350$ mètres carrés.
16.350 mètres carrés = 16.350 centiares = $163^a,5$.

4° Exercices écrits. — I. *Première année.* — Indiquer l'exercice écrit à faire de la page 635 du livre de l'élève (exercice 1029).

RÉPONSE A L'EXERCICE 1029

1029. — L'hectolitre de blé pèse 77 kilogrammes. Combien coûte le quintal de ce blé à 19 francs l'hectolitre ?
→ Un quintal vaut 100 kilogrammes.
(Prix d'un kilogramme :) $19 : 77 = 0^{fr},2467$.
(Prix de 100 kilogrammes :) $0,2467 \times 100 = 24^{fr},67$.

II. *Deuxième année (ou 1re année si les élèves sont assez avancés).* — Dicter aux élèves les exercices écrits à faire parmi les suivants :

1. Écrire en lettres les nombres suivants : 7,02 ; 0,0563 ; 3,2 ; 6,734 ; 0,80562.
→ Sept unités deux centièmes ; cinq cent soixante-trois dix-millièmes ; trois unités deux dixièmes ; six unités sept cent trente-quatre millièmes ; quatre-vingt mille cinq cent soixante-deux cent-millièmes.

2. Un négociant vend 34 pièces de vin au prix de 121 francs l'une. Quelle somme doit-il recevoir ?
→ *(Il doit recevoir :)* $121 \times 34 = 4.114$ francs.

3. Un cultivateur a acheté 16 moutons pour $318^{fr},80$; trois mois après il les a revendus pour $440^{fr},40$. Combien a-t-il gagné par mouton ?
→ *(Bénéfice total :)* $440,40 - 318,80 = 121^{fr},60$.
(Bénéfice par mouton :) $121,60 : 16 = 7^{fr},60$.

4. Un terrain a été vendu 5.430 francs, à raison de 0^{fr},60 le mètre carré. Dites en are la superficie de ce terrain.
→ *(Superficie du terrain :)* 5.430 : 0,60 = 9.050 mètres carrés.
9.050 mètres carrés = 9.050 centiares = 90^a,50.

5° Correction. — Corriger les exercices écrits qui ont été indiqués.

173ᵉ Leçon. — **LES MESURES DE POIDS** *(Suite)*

1° Leçon. — Faire écrire au tableau : *Arithmétique. — Les mesures de poids (suite) (page 636).*
Faire apprendre la leçon (page 636 du livre de l'élève).

2° Interrogations. — Poser la question 216 (vers le bas de la page 636 du livre de l'élève).

3° Exercices au tableau. — I. *Première année.* — Poser aux élèves des questions dans le genre de celles-ci :

1. Un charretier prend 0^{fr},60 pour transporter un quintal de marchandises à un myriamètre ; combien prendra-t-il pour transporter à la même distance 6.450 kilogrammes ?
→ 6.450 kilogrammes font 64^{qx},5.
(Prix du transport :) 0,60 × 64,5 = 387 francs.

2. Une fermière a 6 vaches qui lui donnent chaque semaine 31^{Kg},2 de beurre qu'elle vend 1^{fr},60 le demi-kilogramme. Quelle somme rapporte chaque jour une de ces vaches ?
→ *(Prix du kilogramme :)* 1,60 × 2 = 3^{fr},20.
(Quantité de beurre fourni par une vache en une semaine :)
31,2 : 6 = 5^{Kg},2.
(Somme que rapporte une vache en une semaine :) 3,20 × 5,2 = 16^{fr},64.
(Somme que rapporte une vache en un jour :) 16,64 : 7 = 2^{fr},377.

II. *Deuxième année (ou 1ʳᵉ année si les élèves sont assez avancés).* — Poser aux élèves des questions dans le genre de celles-ci :

1. Rendre les nombres suivants 1.000 fois plus grands : 75,03 ; 8,6 ; 24,0047 ; 0,0093 ; 132,25 ; 804,6 ; 0,1254.
→ 75.030 ; 8.600 ; 24.004,7 ; 9,3 ; 132.250 ; 804.600 ; 125,4.

2. Il y a dans une école 220 enfants répartis dans 5 classes.

ARITHMÉTIQUE : SYSTÈME MÉTRIQUE

Chacune des quatre premières compte 42 enfants. Quel est le nombre des élèves de la cinquième classe ?

→ (Nombre total des enfants des 4 premières classes :) $42 \times 4 = 168$.

(La 5ᵉ classe contient :) $220 - 168 = 52$ enfants.

3. Une crémière a vendu $18^{Kg},500$ de beurre au prix de $3^{fr},20$ l'un. Quelle somme doit-elle recevoir ?

→ (Somme à recevoir :) $3,20 \times 18,500 = 59^{fr},20$.

4. On pèse un objet avec le gramme, 3 doubles grammes et 15 centigrammes. Quel est le poids de cet objet ? Quelle est sa valeur, à raison de 4 francs par gramme ?

→ (Poids total :) $1 + 6 + 0,15 = 7^{gr},15$.

(Valeur de l'objet :) $4 \times 7,15 = 28^{fr},60$.

4° Exercices écrits. — I. *Première année.* — Indiquer les exercices écrits à faire parmi ceux de la page 636 du livre de l'élève (exercices 1030 et 1031).

RÉPONSES AUX EXERCICES 1030 et 1031

1030. — Les trois vaches d'une fermière fournissent dans une semaine $12^{Kg},6$ de beurre qu'elle vend à raison de $1^{fr},35$ le demi-kilogramme. Quelle somme rapporte chaque jour une de ces vaches ?

→ (Prix d'un kilogramme :) $1,35 \times 2 = 2^{fr},70$.

(Quantité de beurre fourni par une vache en une semaine :) $12,6 : 3 = 4^{Kg},2$.

(Somme que rapporte une vache en une semaine :) $2,70 \times 4,2 = 11^{fr},34$.

(Somme que rapporte une vache en un jour :) $11,34 : 7 = 1^{fr},62$.

1031. — L'huile d'olive pèse $0^{Kg},91$ par litre. Que vaut 1 kilogramme de cette huile, si le litre vaut $2^{fr},73$?

→ $0^{Kg},91$ font 910 grammes.

(Prix d'un gramme d'huile :) $2,73 : 910 = 0^{fr},003$.

(Prix du kilogramme ou 1.000 grammes :) $0,003 \times 1.000 = 3$ francs.

II. *Deuxième année* (ou *1ʳᵉ* année si les élèves sont assez avancés). — Dicter aux élèves les exercices écrits à faire parmi les suivants :

1 Rendre les nombres suivants 1.000 fois plus grands : 52,06 ; 9,4 ; 36,0025 ; 0,0087 ; 254,61 ; 307,4 ; 0,8426.

→ 52.060 ; 9.400 ; 36.002,5 ; 8,7 ; 254.610 ; 307.400 ; 842,6.

2. Il y a dans une école 190 élèves répartis dans 5 classes. Chacune des quatre premières compte 35 enfants. Quel est le nombre des élèves de la cinquième classe ?

→ (Nombre total des enfants des 4 premières classes :) $35 \times 4 = 140$.

(La 5ᵉ classe contient :) $190 - 140 = 50$ élèves.

3. Une crémière a vendu 12^{Kg},400 de beurre au prix de 2^{fr},80 l'un. Quelle somme doit-elle recevoir ?
→ (*Somme à recevoir :*) 2,80 × 12,400 = 34^{fr},72.

4. On pèse un objet avec le gramme, 2 doubles grammes et 12 centigrammes. Quel est le poids de cet objet ? Quelle est sa valeur, à raison de 5 francs par gramme ?
→ (*Poids total :*) 1 + 4 + 0,12 = 5^{gr},12.
(*Valeur de l'objet :*) 5 × 5,12 = 25^{fr},60.

5° Résumé des leçons 169 à 173. — Faire copier le troisième paragraphe du résumé [*Mesures de poids* (210 à 216)], page 640 du livre de l'élève.

6° Correction. — Corriger les exercices écrits qui ont été indiqués.

174ᵉ Leçon. — LES MONNAIES

1° Leçon. — Faire écrire au tableau : *Arithmétique. — Les monnaies (page 637).*
Faire apprendre la leçon (page 637 du livre de l'élève).

2° Interrogations. — Poser la question 217 (vers le haut de la page 637 du livre de l'élève).

3° Exercices au tableau. — I. *Première année.* — Poser aux élèves des questions dans le genre de celles-ci :

1. Je mets dans l'un des plateaux d'une balance un poids de 5 kilogrammes et un poids de 2 kilogrammes, dans l'autre je mets un poids de 5 hectogrammes, deux poids de 2 hectogrammes, deux poids de 1 kilogramme et deux poids de 2 kilogrammes. Combien dois-je ajouter dans ce dernier plateau pour que la balance soit en équilibre ?
→ (*Dans le 1er plateau il y a :*) 5 + 2 = 7 kilogrammes.
(*Dans le 2ᵉ plateau il y a :*) 0,5 + 0,2 + 0,2 + 1 + 1 + 2 + 2 = 6^{Kg},9.
(*Poids à ajouter au 2ᵉ plateau :*) 7 — 6,9 = 0^{Kg},1 = 1 hectogramme.

2. Un marchand achète 18 quintaux de pommes de terre à 0^{fr},09 le kilogramme. Il les revend à 11 francs le quintal. Quel est son bénéfice ?
→ (*Prix d'achat du quintal :*) 0,09 × 100 = 9 francs.
(*Bénéfice sur un quintal :*) 11 — 9 = 2 francs.
(*Bénéfice total :*) 2 × 18 = 36 francs.

II. *Deuxième année* (ou 1re année si les élèves sont assez

ARITHMÉTIQUE : SYSTÈME MÉTRIQUE

avancés). — Poser aux élèves des questions dans le genre de celles-ci :

1. Qu'exprime chaque décimale de 0,4356219 ?

→ 4 dixièmes, 3 centièmes, 5 millièmes, 6 dix-millièmes, 2 cent-millièmes, 1 millionième, 9 dix-millionièmes.

2. On veut mettre 852 kilogrammes de châtaignes dans 12 sacs d'égale grandeur. Combien mettra-t-on de kilogrammes dans chaque sac ?

→ *(Dans chaque sac on mettra :)* 852 : 12 = 71 kilogrammes.

3. Une mère de famille a récolté dans son jardin 60 salades à $0^{fr},10$ la pièce ; 58 choux à $0^{fr},15$; 51 bottes de poireaux à $0^{fr},15$; 18 bottes d'asperges à $2^{fr},40$; 36 têtes d'artichauts à $0^{fr},25$ pièce ; à combien se montent ces cinq produits de son jardin ?

→ *(Prix total des salades :)* $0,10 \times 60 = 6$ francs.
(Prix total des choux :) $0,15 \times 58 = 8^{fr},70$.
(Prix total des poireaux :) $0,15 \times 51 = 7^{fr},65$.
(Prix total des asperges :) $2,40 \times 18 = 43^{fr},20$.
(Prix total des artichauts :) $0,25 \times 36 = 9$ francs.
(Montant total de la récolte :) $6 + 8,70 + 7,65 + 43,20 + 9 = 74^{fr},55$.

4. Une famille a brûlé chaque jour pendant 6 mois $0^{dst},25$ de bois. Combien a-t-elle brûlé de stères pendant la saison ?

→ *(Nombre de jours :)* $30 \times 6 = 180$ jours.
(Consommation totale :) $0,25 \times 180 = 45$ décistères.
45 décistères = $4^{st},5$.

4° Exercices écrits. — I. *Première année.* — Indiquer l'exercice écrit à faire de la page 637 du livre de l'élève (exercice 1032).

RÉPONSE A L'EXERCICE 1032

1032. — On place dans l'un des plateaux d'une balance le poids de 5 kilogrammes et dans l'autre deux poids de 2 hectogrammes avec le demi-hectogramme, le décagramme et le double gramme. Combien de grammes faut-il ajouter au second plateau pour rétablir l'équilibre ?

→ *(Dans le 1ᵉʳ plateau il y a :)* 5 kilogrammes.
(Dans le 2ᵉ plateau il y a :) $0,2 + 0,2 + 0,05 + 0,01 + 0,002 = 0^{Kg},462$.
(Poids à ajouter dans le 2ᵉ plateau :) $5 - 0,462 = 4^{Kg},538$.

II. *Deuxième année (ou 1ʳᵉ année si les élèves sont assez avancés).* — Dicter aux élèves les exercices écrits à faire parmi les suivants :

1. Qu'exprime chaque décimale de 0,8754628 ?

→ 8 dixièmes, 7 centièmes, 5 millièmes, 4 dix-millièmes, 6 cent-millièmes, 2 millionièmes, 8 dix-millionièmes.

2. On veut mettre 1.224 kilogrammes de châtaignes dans 18 sacs d'égale grandeur. Combien mettra-t-on de kilogrammes dans chaque sac?
→ *(On mettra dans chaque sac :)* 1.224 : 18 = 68 kilogrammes.

3. Une mère de famille a récolté dans son jardin 65 salades à $0^{fr},056$ la pièce; 61 choux à $0^{fr},10$; 48 bottes de poireaux à $0^{fr},20$; 25 bottes d'asperges à $1^{fr},75$; 32 têtes d'artichauts à $0^{fr},20$ pièce; à combien se montent ces cinq produits de son jardin?
→ *(Prix total des salades :)* $0,056 \times 65 = 3^{fr},64$.
(Prix total des choux :) $0,10 \times 61 = 6^{fr},10$.
(Prix total des poireaux :) $0,20 \times 48 = 9^{fr},60$.
(Prix total des asperges :) $1,75 \times 25 = 43^{fr},75$.
(Prix total des artichauts :) $0,20 \times 32 = 6^{fr},40$.
(Montant total de la récolte :) $3,64 + 6,10 + 9,60 + 43,75 + 6,40 = 69^{fr},49$.

4. Une famille a brûlé chaque jour pendant 5 mois $0^{d\text{st}},34$ de bois. Combien a-t-elle brûlé de stères pendant la saison?
→ *(Nombre de jours :)* $30 \times 5 = 150$ jours.
(Consommation annuelle :) $0,34 \times 150 = 51$ décistères.
51 décistères = $5^{st},1$.

5° Correction. — Corriger les exercices écrits qui ont été indiqués.

175° Leçon. — LES MONNAIES *(Suite)*

1° Leçon. — Faire écrire au tableau : *Arithmétique. — Les monnaies (suite) (page 637)*.
Faire apprendre la leçon (page 637 du livre de l'élève).

2° Interrogations. — Poser les questions 218, 219, 220 et 221 (vers le bas de la page 637 du livre de l'élève).

3° Exercices au tableau. — I. *Première année.* — Poser aux élèves des questions dans le genre de celles-ci :

1. Écrire en lettres les nombres suivants : $6^{fr},40$; $0^{fr},04$; $154^{fr},5$; $2^{fr},75$; $0^{fr},10$; $4^{fr},01$; $8^{fr},40$.
→ Six francs quarante centimes; zéro franc quatre centimes; cent cinquante-quatre francs cinq décimes ou cinquante centimes; deux francs soixante-quinze centimes; zéro franc dix centimes; quatre francs un centime; huit francs quarante centimes.

2. Écrire en chiffres les nombres suivants en prenant le franc pour unité : 5 décimes; 65 centimes; 648 décimes; 8 francs 5 centimes; 8.475 centimes.
→ $0^{fr},5$; $0^{fr},65$; $64^{fr},8$; $8^{fr},05$; $84^{fr},75$.

3. Un charretier transporte 30 décistères de bois par voyage; il a

ARITHMÉTIQUE : SYSTÈME MÉTRIQUE

fait 25 voyages. Quel est le prix du bois transporté à 35^{fr},80 le demi-décastère ?

→ *(Quantité de bois transporté :)* 30 × 25 = 750 décistères ou 75 stères.

Le demi-décastère vaut 5 stères.
(Prix d'un stère :) 35,80 : 5 = 7^{fr},16.
(Prix de 75 stères :) 7,16 × 75 = 537 francs.

II. *Deuxième année (ou 1re année si les élèves sont assez avancés).* — Poser aux élèves des questions dans le genre de celles-ci :

1. Combien y a-t-il de centièmes dans chacun des nombres suivants : 2,3 ; 0,895 ; 164,08 ; 315,2 ; 17,08537 ; 83,1 ; 125 ?

→ 230 ; 89 ; 16.408 ; 31.520 ; 1.708 ; 8.310 ; 12.500.

2. Un cultivateur possède trois prés : le premier fournit 2.832 kilogrammes de foin ; le deuxième 1.548 kilogrammes et le troisième 1.210 kilogrammes. Combien a-t-il récolté de foin et combien de bottes de 13 kilogrammes ?

→ *(Récolte totale :)* 2.832 + 1.548 + 1.210 = 5.590 kilogrammes.
(Nombre de bottes :) 5.590 : 13 = 430 bottes.

3. Un meuble a coûté 25^{fr},40 de bois, 36^{fr},50 de façon, on le vend 85 francs. Combien gagne-t-on ?

→ *(Prix de revient :)* 25,40 + 36,50 = 61^{fr},90.
(Bénéfice :) 85 — 61,90 = 23^{fr},10.

4. On vend dans une pharmacie 370 bouteilles de vin de quinquina de 8 décilitres ; pour combien vend-on de ce vin à raison de 3^{fr},60 le litre ?

→ 8 décilitres = 0^l,8.
(Contenance totale des bouteilles :) 0,8 × 370 = 296 litres.
(Prix de vente :) 3,60 × 296 = 1.065^{fr},60.

4° Exercices écrits. — I. *Première année.* — Indiquer l'exercice écrit à faire de la page 637 du livre de l'élève (exercice 1033) :

RÉPONSE A L'EXERCICE 1033

1033. — Un voiturier qui transporte 25 décistères de bois par voyage a fait 36 voyages. Combien vaut le bois transporté, à raison de 40^{fr},75 le demi-décastère ?

→ *(Quantité de bois transporté dans les 36 voyages :)* 25 × 36 = 900 décistères ou 90 stères.

Le demi-décastère vaut 5 stères.
(Prix d'un stère :) 40,75 : 5 = 8^{fr},15.
(Prix de 90 stères :) 8,15 × 90 = 733^{fr},50.

II. *Deuxième année (ou 1ʳᵉ année si les élèves sont assez avancés).* — Dicter aux élèves les exercices écrits à faire parmi les suivants :

1. Combien y a-t-il de centièmes dans chacun des nombres suivants : 4,5 ; 0,236 ; 392,07 ; 631,4 ; 25,07642 ; 36,3 ; 372 ?
→ 450 ; 23 ; 39.207 ; 63.140 ; 2.507 ; 3.630 ; 37.200.

2. Un cultivateur possède trois prés : le premier fournit 3.215 kilogrammes de foin, le deuxième 1.816 kilogrammes et le troisième 1.140 kilogrammes. Combien a-t-il récolté de foin et combien de bottes de 11 kilogrammes ?
→ (*Récolte totale :*) 3.215 + 1.816 + 1.140 = 6.171 kilogrammes.
(*Nombre de bottes :*) 6.171 : 11 = 561 bottes.

3. Un meuble a coûté 28^{fr},50 de bois, 41^{fr},25 de façon, on le vend 92 francs. Combien gagne-t-on ?
→ (*Prix de revient :*) 28,50 + 41,25 = 69^{fr},75.
(*Bénéfice :*) 92 − 69,75 = 22^{fr},25.

4. On vend dans une pharmacie 240 bouteilles de vin de quinquina de 65 centilitres ; pour combien vend-on de ce vin à raison de 4^{fr},20 le litre ?
→ 65 centilitres = 0^l,65.
(*Contenance totale des bouteilles :*) 0,65 × 240 = 156 litres.
(*Prix de vente :*) 4,20 × 156 = 655^{fr},20.

5° Correction. — Corriger les exercices écrits qui ont été indiqués.

176ᵉ Leçon. — LES MONNAIES (*Suite*)

1° Leçon. — Faire écrire au tableau : *Arithmétique.* — *Les monnaies (suite) (page 638)*.
Faire apprendre la leçon (page 638 du livre de l'élève).

2° Interrogations. — Poser la question 222 (vers le milieu de la page 638 du livre de l'élève).

3° Exercices au tableau. — I. *Première année.* — Poser aux élèves des questions dans le genre de celles-ci :

1. Un enfant a dans sa bourse 8 pièces de 10 centimes et 15 pièces de 5 centimes. Quel poids total font ces pièces ?
→ La pièce de 10 centimes pèse 10 grammes.
(*Poids de 8 pièces de 10 centimes :*) 10 × 8 = 80 grammes.
La pièce de 5 centimes pèse 5 grammes.
(*Poids de 15 pièces de 5 centimes :*) 5 × 15 = 75 grammes.
(*Poids total :*) 80 + 75 = 155 grammes.

2. Un fermier répand 450 kilogrammes d'engrais sur un hectare de terre. Combien en répandra-t-il sur un terrain de 86 ares ?
→ L'hectare vaut 100 ares.

(Quantité de fumier répandu sur 1 are :) 450 : 100 = 4^{Kg},5.

(Quantité de fumier répandu sur 86 ares :) 4,5 × 86 = 387 kilogrammes.

3. Combien pèsent 6 pièces de 2 centimes et 18 pièces de 1 centime en bronze ?

→ (Poids de 6 pièces de 2 centimes :) 2 × 6 = 12 grammes.
(Poids de 18 pièces de 1 centime :) 1 × 18 = 18 grammes.
(Poids total :) 12 + 18 = 30 grammes.

II. *Deuxième année (ou 1re année si les élèves sont assez avancés).* — Poser aux élèves des questions dans le genre de celles-ci :

1. Qu'exprime le 6 dans chacun des nombres suivants : 0,367 ; 6,5 ; 3,706 ; 162,04 ; 12,68 ?

→ Dans 0,367 le 6 représente des centièmes ;
Dans 6,5 le 6 représente des unités ;
Dans 3,706 le 6 représente des millièmes ;
Dans 162,04 le 6 représente des dizaines ;
Dans 12,68 le 6 représente des dixièmes.

2. Un propriétaire a retiré une somme totale de 5.846 francs, en vendant sa récolte de blé, de foin et de vin. Pour le blé il a reçu 1.236 francs et pour le foin 1.564 francs. Quel a été le produit de la récolte du vin ?

→ (Produit total du blé et du foin :) 1.236 + 1.564 = 2.800 francs.
(Produit du vin :) 5.846 — 2.800 = 3.046 francs.

3. Pour faire une tranchée de 397 mètres de longueur on a payé 2.302^{fr},60. Quel était le prix du mètre ?

→ (Prix du mètre :) 2.302,60 : 397 = 5^{fr},80.

4. Le cours du Rhône est de 2.810 hectomètres en Suisse et de 531.000 mètres en France. Quelle est, en kilomètres, la longueur totale de son cours ?

→ 2.810 hectomètres = 281 kilomètres.
531.000 mètres = 531 kilomètres.
(Longueur totale de son cours :) 281 + 531 = 812 kilomètres.

4° **Exercices écrits.** — I. *Première année.* — Dicter aux élèves les exercices écrits à faire parmi les suivants :

1. Une personne a dans son porte-monnaie 12 pièces de 10 centimes et 10 pièces de 5 centimes. Quel est le poids de ces pièces ?

→ (Poids de 12 pièces de 10 centimes :) 10 × 12 = 120 grammes.
(Poids de 10 pièces de 5 centimes :) 10 × 5 = 50 grammes.
(Poids total :) 120 + 50 = 170 grammes.

2. Un cultivateur a répandu 400 kilogrammes de guano sur un terrain de 1 hectare. Quelle quantité de guano répandra-t-il sur 190 ares ?
→ L'hectare vaut 100 ares.
(Quantité de guano répandu sur 1 are :) 400 : 100 = 4 kilogrammes.
(Quantité de guano répandu sur 190 ares :) 4 × 190 = 760 kilogrammes.

3. Quel est le poids de 48^{fr},50 en monnaie de bronze ?
→ 48^{fr},50 font 4.850 centimes.
(Poids de 4.850 centimes :) 1 × 4.850 = 4.850 grammes.

II. **Deuxième année** (ou 1re année si les élèves sont assez avancés). — Dicter aux élèves les exercices écrits à faire parmi les suivants :

1. Qu'exprime le 4 dans chacun des nombres suivants : 4,835; 6,4; 2,407; 432,09; 83,147 ?
→ Dans 4,835 le 4 représente des unités;
Dans 6,4 le 4 représente des dixièmes;
Dans 2,407 le 4 représente des dixièmes;
Dans 432,09 le 4 représente des centaines;
Dans 83,147 le 4 représente des centièmes.

2. Un propriétaire a retiré une somme totale de 4,125 francs, en vendant sa récolte de blé, de foin et de vin. Pour le blé il a reçu 1.190 francs et pour le foin 1.846 francs. Quel a été le produit de la récolte du vin ?
→ (Produit total du blé et du foin :) 1.190 + 1.846 = 3.036 francs.
(Produit du vin :) 4.125 − 3.036 = 1.089 francs.

3. Pour faire une tranchée de 246 mètres on a payé 1.279^{fr},20. Quel était le prix du mètre ?
→ (Prix du mètre :) 1.279,20 : 246 = 5^{fr},20.

4. La Seine a une longueur de 77^{Mm},6, la Loire mesure 98 myriamètres et la Garonne a 6.050 hectomètres. Quelle est en kilomètres la longueur totale de ces trois fleuves ?
→ 77^{Mm},6 = 776 kilomètres.
98 myriamètres = 980 kilomètres.
6.050 hectomètres = 605 kilomètres.
(Longueur totale :) 776 + 980 + 605 = 2.361 kilomètres.

5° Correction. — Corriger les exercices écrits qui ont été indiqués.

177° Leçon. — LES MONNAIES (Suite)

1° Leçon. — Faire écrire au tableau : *Arithmétique. — Les monnaies (suite) (page 638).*
Faire apprendre la leçon (page 638 du livre de l'élève).

2° Interrogations. — Poser la question 223 (au bas de la page 638 du livre de l'élève).

ARITHMÉTIQUE : SYSTÈME MÉTRIQUE

3° Exercices au tableau. — I. *Première année.* — Poser aux élèves des questions dans le genre de celles-ci :

1. Un garçon de banque a dans sa sacoche 75 pièces de 5 francs en argent ; 104 pièces de 2 francs ; 125 pièces de 1 franc et 148 pièces de $0^{fr},50$. Quel est le poids de la somme qu'il porte ? (Exprimer ce poids en kilogrammes.)

→ *(Poids de 75 pièces de 5 francs, si une pièce pèse 25 grammes :)* $25 \times 75 = 1.875$ grammes.

(Poids de 104 pièces de 2 francs, si une pièce pèse 10 grammes :) $10 \times 104 = 1.040$ grammes.

(Poids de 125 pièces de 1 franc, si une pièce pèse 5 grammes :) $5 \times 125 = 625$ grammes.

(Poids de 148 pièces de $0^{fr},50$, si une pièce pèse $2^{gr},50$:) $2,5 \times 148 = 370$ grammes.

(Poids total :) $1.875 + 1.040 + 625 + 370 = 3.910$ grammes ou $3^{Kg},910$.

2. J'ai une somme qui pèse 6.450 grammes. Elle est composée de pièces de 2 francs. Combien ai-je de ces pièces ?

→ Une pièce de 2 francs pèse 10 grammes.

(Nombre de pièces :) $6.450 : 10 = 645$ pièces.

II. *Deuxième année (ou 1re année si les élèves sont assez avancés).* — Poser aux élèves des questions dans le genre de celles-ci :

1. Combien y a-t-il de dixièmes dans chacun des nombres suivants : 25,041 ; 360 ; 2,5 ; 8 ; 763,69 ?

→ 250 ; 3.600 ; 25 ; 80 ; 7.636.

2. Une fontaine donne 2.845 litres par heure. Combien en donne-t-elle en 12 heures ?

→ *(Eau fournie en 12 heures :)* $2.845 \times 12 = 34.140$ litres.

3. Un ouvrier reçoit $94^{fr},50$ pour 3 semaines de travail. Il travaille 7 heures par jour et 5 jours par semaine. Combien gagne-t-il par heure ?

→ *(En 3 semaines il a travaillé pendant :)* $5 \times 3 = 15$ jours.

(Heures de travail :) $7 \times 15 = 105$ heures.

(Gain par heure :) $94,50 : 105 = 0^{fr},90$.

4. On achète $16^{Ha},40$ de terre à raison de $16^{fr},70$ l'are sans les payer, on en vend $9^{Ha},90$ à $25^{fr},10$ l'are ; on donne cette somme. Combien doit-on encore et combien reste-t-il d'ares ?

→ $16^{Ha},40 = 1.640$ ares.

(Prix d'achat :) $16,70 \times 1.640 = 27.388$ francs.

$9^{Ha},90 = 990$ ares.

(Somme donnée :) $25,10 \times 990 = 24.849$ francs.

(On doit encore :) 27.388 — 24.849 = 2.539 francs.
(Il reste :) 1.640 — 990 = 650 ares.

4° Exercices écrits. — I. *Première année.* — Dicter aux élèves les exercices écrits à faire parmi les suivants :

1. Quel est le poids total de 190 pièces de 5 francs en argent; 56 pièces de 2 francs ; 45 pièces de 1 franc et 27 pièces de $0^{fr},50$?

→ (Poids de 190 pièces de 5 francs :) $25 \times 190 = 4.750$ grammes.
(Poids de 56 pièces de 2 francs :) $10 \times 57 = 570$ grammes.
(Poids de 45 pièces de 1 franc :) $5 \times 45 = 225$ grammes.
(Poids de 27 pièces de $0^{fr},50$:) $2,50 \times 27 = 67^{gr},50$.
(Poids total :) $4.750 + 570 + 225 + 67,5 = 5.612^{gr},5$.

2. J'ai une somme de 8.725 francs composée de pièces de 5 francs. Combien ai-je de pièces et quel est le poids de cette somme ? (L'énoncer en kilogrammes.)

→ (Nombre de pièces de 5 francs :) $8.725 : 5 = 1.745$ pièces.
(Poids de 1.745 pièces de 5 francs :) $25 \times 1.745 = 43.625$ grammes ou $43^{Kg},625$.

II. *Deuxième année (ou 1re année si les élèves sont assez avancés).* — Dicter aux élèves les exercices écrits à faire parmi les suivants :

1. Combien y a-t-il de dixièmes dans chacun des nombres suivants : 36,025 ; 380 ; 6,4 ; 9 ; 618,52?

→ 360 ; 3.800 ; 64 ; 90 ; 6.185.

2. Une fontaine donne 3.216 litres d'eau par heure. Combien en donne-t-elle en 15 heures ?

→ (Eau fournie en 15 heures :) $3.216 \times 15 = 48.240$ litres.

3. Un ouvrier reçoit $125^{fr},40$ pour 4 semaines de travail. Il travaille 6 heures par jour et 6 jours par semaine. Combien gagne-t-il par heure ?

→ (En 4 semaines il a travaillé pendant :) $6 \times 4 = 24$ jours.
(Heures de travail :) $6 \times 24 = 144$ heures.
(Gain par heure :) $125,40 : 144 = 0^{fr},87$.

4. On achète $12^{Ha},20$ de terre à raison de $17^{fr},40$ l'are sans les payer; on en vend $6^{Ha},70$ à $28^{fr},50$ l'are ; on donne cette somme. Combien doit-on encore et combien reste-t-il d'ares ?

→ $12^{Ha},20 = 1.220$ ares.
(Prix d'achat :) $17,40 \times 1.220 = 21.228$ francs.
$6^{Ha},70 = 670$ ares.
(Somme donnée :) $28,50 \times 670 = 19.095$ francs.
(On doit encore :) $21.228 — 19.095 = 2.133$ francs.
(Il reste :) $1.220 — 670 = 550$ ares.

5° Correction. — Corriger les exercices écrits qui ont été indiqués.

178ᵉ Leçon. — LES MONNAIES (Suite)

1° Leçon. — Faire écrire au tableau : *Arithmétique. — Les monnaies (suite) (page 639)*.
Faire apprendre la leçon (page 639 du livre de l'élève).

2° Interrogations. — Poser la question 224 (vers le haut de la page 639 du livre de l'élève).

3° Exercices au tableau. — I. *Première année.* — Poser aux élèves des questions dans le genre de celles-ci :

1. Un commerçant a dans sa caisse 15 pièces de 20 francs ; 18 pièces de 10 francs et 26 pièces de 5 francs en or. Quel est le poids total de ces pièces ?

→ La pièce de 20 francs en or pèse $6^{gr},451$.
(*Poids de 15 pièces de 20 francs :*) $6,451 \times 15 = 96^{gr},765$.
La pièce de 10 francs en or pèse $3^{gr},225$.
(*Poids de 18 pièces de 10 francs :*) $3,225 \times 18 = 58^{gr},050$.
La pièce de 5 francs pèse $1^{gr},612$.
(*Poids de 26 pièces de 5 francs :*) $1,612 \times 26 = 41^{gr},912$.
(*Poids total de toutes ces pièces :*) $96,765 + 58,050 + 41,912 = 196^{gr},727$.

2. Je pèse un objet et pour lui faire équilibre je mets dans l'autre plateau 25 pièces de 5 francs en argent, 4 pièces de 2 francs, 6 pièces de 1 franc, 3 pièces de $0^{fr},50$ et 10 pièces de $0^{fr},20$. Quel est le poids de l'objet ?

→ (*Poids de 25 pièces de 5 francs :*) $25 \times 25 = 625$ grammmes.
(*Poids de 4 pièces de 2 francs :*) $10 \times 4 = 40$ grammes.
(*Poids de 6 pièces de 1 franc :*) $5 \times 6 = 30$ grammes.
(*Poids de 3 pièces de $0^{fr},50$:*) $2,5 \times 3 = 7^{gr},5$.
(*Poids de 10 pièces de $0^{fr},20$:*) $1 \times 10 = 10$ grammes.
(*Poids total :*) $625 + 40 + 30 + 7,5 + 10 = 712^{gr},50$.

II. *Deuxième année (ou 1re année si les élèves sont assez avancés).* — Poser aux élèves des questions dans le genre de celles-ci :

1. Rendre chacun des nombres suivants 1.000 fois plus grands : 3,67 ; 240,0567 ; 8,5 ; 36,95 ; 0,48032 ; 7,63 ; 0,02.
→ 3.670 ; 240.056,7 ; 8.500 ; 36.950 ; 480,32 ; 7.630 ; 20.

2. Un épicier a acheté plusieurs pains de sucre pour 316 francs et une caisse de bougies pour 125 francs. On lui compte 20 francs de frais de transport. Que lui rend-on, s'il présente pour le payement 10 billets de 50 francs ?

→ (*Montant total de l'achat :*) $316 + 125 + 20 = 461$ francs.

(Montant du payement :) $50 \times 10 = 500$ francs.
(On doit lui rendre :) $500 - 461 = 39$ francs.

3. J'achète, pour ma provision d'hiver, 14 stères de bois à $7^{fr},20$ le stère, tous frais payés. Évaluer le montant de ma dépense.

→ *(Dépense totale :)* $7,20 \times 14 = 100^{fr},80$.

4. Un pot de confiture pèse, quand il est plein, $5^{Kg},8$; le pot vide pèse 11 hectogrammes. Que vaut la confiture qu'il contient à $2^{fr},40$ le kilogramme?

→ 11 hectogrammes $= 1^{Kg},1$.
(Poids de la confiture :) $5,8 - 1,1 = 4^{Kg},7$.
(Prix de la confiture :) $2,40 \times 4,7 = 11^{fr},28$.

4° Exercices écrits. — I. *Première année.* — Indiquer les exercices écrits à faire parmi ceux de la page 639 du livre de l'élève (exercices 1034 et 1035).

RÉPONSES AUX EXERCICES 1034 et 1035

1034. — Combien y a-t-il de pièces de 5 francs dans une somme d'argent qui pèse 17 kilogrammes?

→ 17 kilogrammes font 17.000 grammes.
La pièce de 5 francs en argent pèse 25 grammes.
(Nombre de pièces de 5 francs :) $17.000 : 25 = 680$ pièces.

1035. — Pour peser un objet, on emploie 3 pièces de 5 francs en argent, 2 pièces de 2 francs, une pièce de 50 centimes et une pièce de 20 centimes. Quel est le poids de cet objet?

→ *(Poids de 3 pièces de 5 francs :)* $25 \times 3 = 75$ grammes.
(Poids de 2 pièces de 2 francs :) $10 \times 2 = 20$ grammes.
La pièce de 50 centimes pèse $2^{gr},5$.
La pièce de 20 centimes pèse 1 gramme.
(Poids total de l'objet :) $75 + 20 + 2,5 + 1 = 98^{gr},5$.

II. *Deuxième année (ou 1re année si les élèves sont assez avancés).* — Dicter aux élèves les exercices écrits à faire parmi les suivants :

1 Rendre chacun des nombres suivants 1.000 fois plus grands : 4,52; 820,0725 ; 9,7 ; 42,65 ; 0,68025 ; 6,92 ; 0,04.

→ 4.520 ; 820.072,5 ; 9.700 ; 42.650 ; 680,25 ; 6.920 ; 40.

2. Un épicier a acheté plusieurs pains de sucre pour 418 francs et une caisse de bougies pour 136 francs. On lui compte 32 francs de frais de transport. Que lui rend-on s'il présente pour le payement 6 billets de 100 francs?

→ *(Montant total de l'achat :)* $418 + 136 + 32 = 586$ francs.
(Montant du payement :) $100 \times 6 = 600$ francs.
(On doit lui rendre :) $600 - 586 = 14$ francs.

3. J'achète, pour ma provision d'hiver, 21 stères de bois à $6^{fr},8$ le stère, tous frais payés. Évaluer le montant de ma dépense.

→ *(Dépense totale :)* $6,8 \times 21 = 142^{fr},80$.

4. Un pot de confiture pèse, quand il est plein, $6^{Kg},2$; le pot vide pèse

Le gérant : PAUL DUPONT.

ARITHMÉTIQUE : SYSTÈME MÉTRIQUE

13 hectogrammes. Que vaut la confiture qu'il contient à 3^{fr},10 le kilogramme?
→ 13 hectogrammes = 1^{Kg},3.
(Poids de la confiture :) 6,2 — 1,3 = 4^{Kg},9.
(Prix de la confiture :) 3,10 × 4,9 = 15^{fr},19.

5° Résumé des leçons 174 à 178. — Faire copier le quatrième paragraphe du résumé [*Monnaies* (217 à 224)], page 640 du livre de l'élève.

6° Correction. — Corriger les exercices écrits qui ont été indiqués.

179ᵉ Leçon. — MESURES DU TEMPS

1° Leçon. — Faire écrire au tableau : *Arithmétique. — Mesures du temps (page 639)*.
Faire apprendre la leçon (page 639 du livre de l'élève).

2° Interrogations. — Poser les questions 225 et 226 (vers le bas de la page 639 du livre de l'élève).

3° Exercices au tableau. — I. *Première année.* — Poser aux élèves des questions dans le genre de celles-ci :

1. Un vase de forme cubique a intérieurement 9 centimètres de côté. Ce vase, vide, pèse 180 grammes. Quelle est la somme en bronze, qui pèse autant que ce vase plein d'eau ?
→ (Volume du vase :) 9 × 9 × 9 = 729 centimètres cubes.
Le centimètre cube est équivalent au gramme ; donc 729 centimètres cubes font 729 grammes.
(Poids total du vase :) 729 + 180 = 909 grammes.
1 centime pèse 1 gramme.
909 grammes sont le poids de 909 centimes ou 9^{fr},09.

2. Combien y a-t-il d'heures, de minutes et de secondes dans 15 jours ?
→ (Nombre d'heures :) 24 × 15 = 360 heures.
(Nombre de minutes :) 60 × 360 = 21.600 minutes.
(Nombre de secondes :) 60 × 21.600 = 1.296.000 secondes.

II. *Deuxième année (ou 1ʳᵉ année si les élèves sont assez avancés).* — Poser aux élèves des questions dans le genre de celles-ci :

1. Écrire en chiffres les nombres suivants : trois millièmes ; soixante-douze centièmes ; cent vingt-cinq dixièmes ; deux centièmes ; trois cent soixante-quatre millièmes ; dix-huit dixièmes.
→ 0,003 ; 0,72 ; 12,5 ; 0,02 ; 0,364 ; 1,8.

2. Quelqu'un possède un revenu annuel de 1.825 francs ; combien peut-il dépenser par jour, l'année étant de 365 jours ?

→ *(Revenu par jour :)* $1.825 : 365 = 5$ francs.

3. On a vendu $21^m,50$ d'étoffe pour 500 francs. On a gagné $2^{fr},40$ par mètre ; combien avait-on payé le drap ?

→ *(Bénéfice total :)* $2,40 \times 21,50 = 51^{fr},60$.

(Prix d'achat du drap :) $500 - 51,60 = 448^{fr},40$.

4. Un marchand de bois achète 58 stères pour 580 francs ; 65 décastères pour 5.950 francs et 725 décistères pour 580 francs. Combien a-t-il de mètres cubes de bois en tout et à combien lui revient en moyenne le mètre cube ?

→ 58 stères = 58 mètres cubes.

65 décastères = 650 stères ou mètres cubes.

725 décistères = $72^{st},5$ ou $72^{mc},5$.

(Nombre total de mètres cubes :) $58 + 650 + 72,5 = 780^{mc},5$.

(Prix total :) $580 + 5.950 + 580 = 7.110$ francs.

(Prix du mètre cube :) $7.110 : 780,5 = 9^{fr},10$.

4° **Exercices écrits**. — I. *Première année*. — Indiquer l'exercice écrit à faire de la page 639 du livre de l'élève (exercice 1036).

RÉPONSE A L'EXERCICE 1036

1036. — Un vase cubique a 8 centimètres de côté à l'intérieur. Il pèse, vide, 230 grammes. Quelle est la somme, en monnaie de bronze, qui pèse autant que ce vase plein d'eau ?

→ *(Volume du vase :)* $8 \times 8 \times 8 = 512$ centimètres cubes.

Le gramme correspond au centimètre cube ; donc 512 centimètres cubes font 512 grammes.

(Poids du vase plein d'eau :) $512 + 230 = 742$ grammes.

1 centime en bronze pèse 1 gramme ; donc 742 grammes sont le poids de 742 centimes ou $7^{fr},42$ en bronze.

II. *Deuxième année (ou 1re année si les élèves sont assez avancés)*. — Dicter aux élèves les exercices écrits à faire parmi les suivants :

1. Écrire en chiffres les nombres suivants : cinq millièmes ; quarante-huit centièmes ; deux cent trois dixièmes ; quatre cent vingt-sept millièmes ; quinze dixièmes.

→ $0,005$; $0,48$; $20,3$; $0,427$; $1,5$.

2. Quelqu'un possède un revenu annuel de 2.190 francs ; combien peut-il dépenser par jour, l'année étant de 365 jours ?

→ *(Revenu par jour :)* $2.190 : 365 = 6$ francs.

3. On a vendu $28^m,40$ d'étoffe pour 542 francs. On a gagné $1^{fr},80$ par mètre ; combien avait-on payé le drap ?

→ *(Bénéfice total :)* $1,80 \times 28,40 = 51^{fr},12$.

(Prix d'achat du drap :) $542 - 51,12 = 490^{fr},88$.

4. Un marchand de bois achète 61 stères pour 610 francs ; 48 décastères pour 4.690 francs et 718 décistères pour 540 francs. Combien a-t-il de

ARITHMÉTIQUE : SYSTÈME MÉTRIQUE.

mètres cubes de bois en tout et à combien lui revient en moyenne le mètre cube ?

→ 61 stères = 61 mètres cubes.
48 décastères = 480 stères ou mètres cubes.
718 décistères = 71st,8 ou 71^{mc},8.
(Nombre total de mètres cubes :) $61 + 480 + 71,8 = 612^{mc},8$.
(Prix total :) $610 + 4.690 + 540 = 5.840$ francs.
(Prix du mètre cube :) $5.840 : 612,8 = 9^{fr},53$.

5° Résumé de la leçon. — Faire copier le cinquième paragraphe du résumé [*Mesures de temps* (225 et 226)], page 640 du livre de l'élève.

6° Correction. — Corriger les exercices écrits qui ont été indiqués.

180° Leçon — RÉSUMÉ DU NEUVIÈME MOIS

1° Leçon. — Faire écrire au tableau : *Arithmétique. — Résumé du neuvième mois (page 640).*

Faire apprendre le résumé du neuvième mois (page 640 du livre de l'élève).

2° Récitation. — Faire réciter le résumé du neuvième mois (page 640 du livre de l'élève) et revenir, s'il y a lieu, sur les parties des leçons 161 à 179 qui n'auraient pas été bien comprises (pages 629 à 639 du livre de l'élève).

3° Exercices au tableau. — I. *Première année.* — Poser aux élèves des questions dans le genre de celles-ci :

1. Une personne tricote des bas de laine qu'elle vend 5^{fr},80 la paire. Elle emploie par paire 2 pelotes de 0^{kg},500 à 2^{fr},90 le kilogramme et 3 jours de travail. Que gagne-t-elle par jour ?

→ (*Poids de la laine employée :*) $0,500 \times 2 = 1$ kilogramme.
(*Le prix de cette laine est :*) 2^{fr},90.
(*Gain pour 3 jours :*) $5,80 - 2,90 = 2^{fr},90$.
(*Gain d'une journée :*) $2,90 : 3 = 0^{fr},966$.

2. Le poids de l'eau contenue dans un vase égale celui de 180 pièces de 0^{fr},20 et de 35 pièces de 5 francs en argent. Quelle est, en centilitres, la capacité de ce vase ?

→ (*Poids de 180 pièces de 0^{fr},20 :*) $1 \times 180 = 180$ grammes.
(*Poids de 35 pièces de 5 francs en argent :*) $25 \times 35 = 875$ grammes.
(*Poids total de pièces :*) $180 + 875 = 1.055$ grammes ou 1^{kg},055.

Le kilogramme est égal au litre.
(Capacité du vase :) $1^l,055$ ou $105^{cl},5$.

II. *Deuxième année (ou 1re année si les élèves sont assez avancés)*. — Poser aux élèves des questions dans le genre de celles-ci :

1. Rendre chacun des nombres suivants 1.000 fois plus petits : 18,54 ; 0,67 ; 8.927,36 ; 43,209 ; 1,2.
→ 0,01854 ; 0,00067 ; 8,92736 ; 0,043209 ; 0,0012.

2. Un homme laisse la moitié de son bien à ses 4 enfants et l'autre moitié à sa femme. Quelle part revient-il à chacun, en supposant la fortune de 4.552 francs ?
→ (*Part de la femme :*) 4.552 : 2 = 2.276 francs.
(*Part totale des enfants :*) 2.276 francs.
(*Part de chaque enfant :*) 2.276 : 4 = 569 francs.

3. Quel est le prix total de trois pièces d'étoffe, sachant que la première coûte $21^{fr},45$, que la deuxième coûte $6^{fr},50$ de moins et que la troisième coûte autant que les deux autres ?
→ (*Prix de la 2e pièce :*) 21,45 — 6,50 = $14^{fr},95$.
(*Prix de la 3e pièce :*) 21,45 + 14,95 = $36^{fr},40$.
(*Prix total des 3 pièces :*) 21,45 + 14,95 + 36,40 = $72^{fr},80$.

4. Une fontaine fournit 38 litres d'eau par minute. Combien donne-t-elle d'hectolitres en 3 heures ?
→ 1 heure = 60 minutes.
(*3 heures contiennent :*) 60 × 3 = 180 minutes.
(*Eau fournie :*) 38 × 180 = 6.840 litres.
6.840 litres = $68^{Hl},4$.

4° Exercices écrits. — I. *Première année*. — Indiquer les exercices écrits à faire parmi ceux de la page 640 du livre de l'élève (exercices 1037 à 1042).

RÉPONSES AUX EXERCICES 1037 à 1042

1037. — Une femme tricote des bas de laine qu'elle vend 5 francs la paire. Elle emploie par paire 4 pelotes de $0^{Kg},043$ à 15 francs le kilogramme et 5 jours de travail. Que gagne-t-elle par jour ?
→ (*Poids de la laine employée :*) 0,043 × 4 = $0^{Kg},172$.
(*Prix de cette laine :*) 15 × 0,172 = $2^{fr},58$.
(*Gain pour 5 jours :*) 5 — 2,58 = $2^{fr},42$.
(*Gain pour un jour :*) 2,42 : 5 = $0^{fr},484$.

1038. — J'ai 6 sacs d'avoine pesant chacun 75 kilogrammes. Combien valent-ils, si cette avoine est estimée $21^{fr},50$ le quintal ?
→ (*Poids des 6 sacs :*) 75 × 6 = 450 kilogrammes.
Le quintal vaut 100 kilogrammes.
(*Nombre de quintaux dans 450 kilogrammes :*) 450 : 100 = $4^{qx},50$.
(*Prix des $4^{qx},5$:*) 21,50 × 4,5 = $96^{fr},75$.

1039. — On a acheté 45 tonnes de charbon pour 1.710 francs. Que coûte le quintal de ce charbon ?
→ (Prix d'une tonne :) 1.710 : 45 = 38 francs.
Le quintal est 10 fois plus petit que la tonne.
(Prix du quintal :) 38 : 10 = 3^{fr},80.

1040. — Quelle est la contenance d'un vase qui, vide, pèse 5 kilogrammes 8 hectogrammes, et plein d'eau pèse 28 kilogrammes 6 hectogrammes ?
→ (Poids du liquide :) 28,6 — 5,8 = 22^{Kg},8.
Le kilogramme est le poids d'un litre d'eau, donc 22^{Kg},8 seront le poids de 22^l,8.

1041. — Le poids de l'eau contenue dans un vase égale celui de 220 pièces de 0^{fr},20 et de 50 pièces de 5 francs en argent. Quelle est, en centilitres, la capacité de ce vase ?
→ (Poids de 220 pièces de 0^{fr},20 :) 1 × 220 = 220 grammes.
(Poids de 50 pièces de 5 francs en argent :) 25 × 50 = 1.250 grammes.
(Poids total :) 220 + 1.250 = 1.470 grammes ou 1^{Kg},470.
Le kilogramme est égal au litre.
(Capacité du vase :) 1^{Kg},47 = 1^l,47 ou 147 centilitres.

1042. — Quelle est la somme d'argent qui pèse autant que 38 centilitres d'eau pure ?
→ Un litre ou 100 centilitres pèse 1.000 grammes.
(Poids d'un centilitre :) 1.000 : 100 = 10 grammes.
(Poids de 38 centilitres :) 10 × 38 = 380 grammes.
Un franc en argent pèse 5 grammes.
(Somme d'argent du poids de 380 grammes :) 380 : 5 = 76 francs.

II. *Deuxième année (ou 1re année si les élèves sont assez avancés).* — Dicter aux élèves les exercices écrits à faire parmi les suivants :

1. Rendre chacun des nombres suivants 1.000 fois plus petits : 42,53 ; 0,72 ; 6.593,41 ; 36,307 ; 2,8.
→ 0,04253 ; 0,00072 ; 6,59341 ; 0,036307 ; 0,0028.

2. Un homme laisse la moitié de son bien à ses 5 enfants et l'autre moitié à sa femme. Quelle part revient-il à chacun, en supposant la fortune de 6.840 francs ?
→ (Part de la femme :) 6.840 : 2 = 3.420 francs.
(Part totale des enfants :) 3.420 francs.
(Part de chaque enfant :) 3.420 : 5 = 684 francs.

3. Quel est le prix total de 3 pièces d'étoffe, sachant que la première coûte 18^{fr},50, que la deuxième coûte 5^{fr},60 de moins et que la troisième coûte autant que les deux autres ?
→ (Prix de la 2e pièce :) 18,50 — 5,60 = 12^{fr},90.
(Prix de la 3e pièce :) 18,50 + 12,90 = 31^{fr},40.
(Prix total des 3 pièces :) 18,50 + 12,90 + 31,40 = 62^{fr},80.

4. Une fontaine fournit 42 litres d'eau par minute. Combien donnera-t-elle d'hectolitres en 5 heures ?
→ 1 heure = 60 minutes.
(5 heures contiennent :) 60 × 5 = 300 minutes.
(Eau fournie :) 42 × 300 = 12.600 litres.
12.600 = 126 hectolitres.

5° Correction. — Corriger les exercices écrits qui ont été indiqués.

SCIENCES USUELLES

Neuvième Mois
du Cours élémentaire

65° Leçon. — LES PIERRES

1° Leçon. — Faire écrire au tableau : *Sciences usuelles. — Les pierres (page 641)*,
Faire apprendre la leçon (page 641 du livre de l'élève).

2° Interrogations. — Poser la question 119 (au bas de la page 641 du livre de l'élève).

3° Explication de la figure. — La figure 81 (livre de l'élève

Fig. 81. — Tranchée d'un chemin montrant les roches qui forment le sol.

et livre du maître) représente une route qui a été tracée le long d'un coteau. On a enlevé le sol d'un côté, pour rendre la route bien plate et permettre le passage des voitures. On voit aussi sur le côté de la route des couches de pierres placées au-dessous de la terre où poussent les arbres d'un bois.

La route est bordée d'herbes des deux côtés. On voit une borne sur laquelle est inscrit le nombre 14. C'est une borne kilométrique qui indique que cet endroit de la route est à une distance de quatorze kilomètres de la ville d'où elle part.

4° Objets utiles pour cette leçon. — Divers morceaux de pierres provenant du sol des environs ou d'autres localités, s'il n'y a pas de pierres dans les environs immédiats.

On a des plantes dans trois pots à fleurs : l'une est trop arrosée, le pot reste plein d'eau, il est bouché par en bas et trempe dans l'eau ; la deuxième n'est pas arrosée et est maintenue à l'abri ; la troisième est arrosée modérément.

5° Leçons de choses. — 1. Montrer aux élèves diverses pierres provenant du sol. Leur faire voir que certaines d'entre elles (calcaires par exemple) peuvent être rayées au couteau, tandis que d'autres (pierres à fusil par exemple) ne sont pas rayées par un couteau. Ces dernières sont donc les plus dures.

2. Si les circonstances s'y prêtent, montrer aux élèves sur la tranchée d'une route ou d'un chemin de fer que le sol est formé par des masses de pierres.

66° Leçon. — LES PIERRES (Suite)

1° Leçon. — Faire écrire au tableau : *Sciences usuelles.— Les pierres (suite) (page 642).*

Faire apprendre la leçon (page 642 du livre de l'élève).

2° Interrogations. — Poser les questions du n° 120 (au bas de la page 642 du livre de l'élève).

3° Explication de la figure. — La figure 82 (livre de l'élève et livre du maître) représente une carrière. Une partie de la carrière est exploitée au dehors et on voit les ouvriers qui frappent sur les pierres avec des pioches. Une autre partie est exploitée à l'intérieur du sol par des galeries. On voit le tombereau chargé de pierres qui sort d'une de ces galeries.

4° Résumé des leçons 65 et 66. — 1. Faire copier le

premier paragraphe du résumé [*Constitution du sol* (119 et 120)],

Fig. 82. — Carrière montrant l'exploitation à l'extérieur et l'entrée d'une galerie souterraine.

page 648 du livre de l'élève.
2. Corriger ce devoir écrit.

67ᵉ Leçon. — LA TERRE VÉGÉTALE

1° Leçon. — Faire écrire au tableau : *Sciences usuelles.* — *La terre végétale* (page 643).

Faire apprendre la leçon (page 643 du livre de l'élève).

2° Interrogations. — Poser les questions 121 et 122 (au bas de la page 643 du livre de l'élève).

3° Explication de la figure. — La figure 83 (livre de l'élève

Fig. 83. — Coupe de terrain, en haut d'une carrière, montrant la terre végétale t; au-dessous, la roche en morceaux s, et, plus bas, la roche sans altération r.

et livre du maître) représente une partie du terrain qu'on voit par la

SCIENCES USUELLES : AGRICULTURE

tranche en haut d'une carrière où l'on a entamé le sol pour prendre des pierres. L'explication de cette figure est donnée en détail dans le livre de l'élève.

4° Objets utiles pour cette leçon. — De la terre végétale séchée et friable; un tamis; un crible.

5° Leçons de choses. — 1. Faire trier par les élèves dans de la terre végétale les fragments de pierre et les débris de plantes.

2. Passer de la terre végétale à travers un tamis ou un crible; les fragments de pierre ou les débris de végétaux les plus gros restent sur le tamis ou sur le crible.

6° Résumé de la leçon. — 1. Faire copier le deuxième paragraphe du résumé [*Terre végétale* (121 et 122)], page 648 du livre de l'élève.

2. Corriger ce devoir écrit.

68ᵉ Leçon. — LES TERRAINS

1° Leçon. — Faire écrire au tableau : *Sciences usuelles. — Les terrains (page 644).*

Faire apprendre la leçon (page 644 du livre de l'élève).

2° Interrogations. — Poser les questions 123 et 124 (au bas de la page 644 du livre de l'élève).

Fig. 84. — Carrière montrant divers terrains.

3° Explication de la figure. — La figure 84 (livre de l'élève et livre du maître) représente une carrière des environs de Paris.

On a entouré le sol et retiré par étages des pierres, de telle sorte que la carrière présente l'aspect de marches d'un gigantesque escalier.

Une passerelle en bois permet de se rendre d'un endroit à l'autre de la carrière. Des chevaux tirent de petits wagons pleins de pierre qui roulent sur des rails.

4° Leçon de choses. — Si cela est possible, faire visiter aux élèves une carrière des environs.

Si l'on est dans un pays de montagnes ou au bord de la mer lorsqu'il y a des falaises, on pourra leur montrer sur une pente abrupte les diverses couches de terrains qui forment le sol.

5° Résumé de la leçon. — 1. Faire copier le troisième paragraphe du résumé [*Diverses couches du sol* (123 et 124)], page 648 du livre de l'élève.

2. Corriger ce devoir écrit.

69° Leçon. — LE LABOURAGE.

1° Leçon. — Faire écrire au tableau : *Sciences usuelles. — Le labourage (page 645).*

Faire apprendre la leçon (page 645 du livre de l'élève).

Fig. 85. — Le labourage.

2° Interrogations. — Poser les questions du n° 125 (au bas de la page 645 du livre de l'élève).

3° Explication de la figure. — La figure 85 (livre de l'élève et livre du maître) représente un cultivateur qui laboure. Deux chevaux tirent la charrue qu'il conduit. Au loin, on voit deux meules de paille qui cachent en partie la maison du cultivateur derrière laquelle sont des arbres. Des corbeaux volent dans le ciel gris.

4° Résumé de la leçon. — 1. Faire copier le quatrième paragraphe du résumé [*Labourage* (125)], page 648 du livre de l'élève.

2. Corriger ce devoir écrit.

70ᵉ Leçon. — LES ENGRAIS

1° Leçon. — Faire écrire au tableau : *Sciences usuelles. — Les engrais (page 646).*

Faire apprendre la leçon (page 646 du livre de l'élève).

2° Interrogations. — Poser les questions 126 à 128 (au bas de la page 646 du livre de l'élève).

3° Objets utiles pour cette leçon. — De la marne, du phosphate, un morceau de plâtre, des cendres de plantes.

4° Leçons de choses. — 1. Montrer aux élèves divers engrais minéraux : marne, phosphate, plâtre, cendres de végétaux.

2. Montrer aux élèves que la marne se ramollit dans l'eau et qu'elle produit des bulles si on y verse du vinaigre.

3. Montrer qu'un morceau de plâtre peut se rayer avec l'ongle et que le plâtre peut être délayé dans l'eau.

5° Résumé de la leçon. — 1. Faire copier le cinquième paragraphe du résumé [*Engrais* (126 à 128)], page 648 du livre de l'élève.

2. Corriger ce devoir écrit.

71ᵉ Leçon. — IRRIGATION ET DRAINAGE

1° Leçon. — Faire écrire au tableau : *Sciences usuelles — Irrigation et drainage (page 647).*

Faire apprendre la leçon (page 647 du livre de l'élève).

2° Interrogations. — Poser les questions 129 et 130 (au bas de la page 647 du livre de l'élève).

3° Explication de la figure. — La figure 86 (livre de l'élève et livre du maître) représente un champ situé près d'une rivière et que l'on peut arroser avec l'eau de cette rivière.

Dans la rivière on a tracé une flèche qui indique le sens du courant.

Sur la rivière, on a fait un barrage en maçonnerie par-dessus lequel l'eau peut passer; mais, grâce au barrage, une partie de l'eau de la rivière s'écoule dans un canal qu'on a creusé et s'y rend en suivant le sens indiqué par la flèche. Du canal, l'eau se rend dans d'autres canaux plus petits d'où elle se répand dans le champ.

4° Objets utiles pour cette leçon. — Un pot à fleurs; les trois plantes cultivées dans des pots (voir plus haut livre du maître, 65° leçon, 4°); un morceau de tuyau de drainage.

5° Leçons de choses. — 1. Montrer aux élèves un pot à fleurs vide; il est percé d'un trou au fond pour laisser écouler le trop-plein de l'eau avec laquelle on doit arroser la terre qu'il contiendra lorsqu'on y plantera une plante.

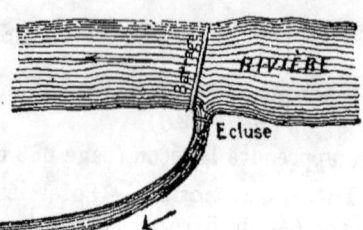

Fig. 86. — Irrigation d'un champ par un canal.

2. Montrer aux élèves les trois plantes cultivées dans des pots. La première trop arrosée est en train de périr; il en est de même de la deuxième non arrosée et laissée à l'abri; la troisième, modérément arrosée se porte bien.

3. Montrer aux élèves un tuyau de drainage et, si la chose est possible, leur faire voir des terrains drainés.

4. Si c'est possible, montrer aux élèves des terrains arrosés par irrigation; au besoin, l'irrigation du potager ou du jardin de l'école suffira.

6° Résumé de la leçon. — 1. Faire copier le dernier paragraphe du résumé [*Irrigation et drainage* (129 et 130)], page 648 du livre de l'élève).

2. Corriger ce devoir écrit.

72° Leçon. — RÉSUMÉ DU NEUVIÈME MOIS

1° Leçon. — Faire écrire au tableau : *Sciences usuelles. — Résumé du neuvième mois (page 648).*
Faire apprendre ce résumé (page 648 du livre de l'élève).

2° Récitation. — Faire réciter le résumé du neuvième mois (page 648 du livre de l'élève) et revenir, s'il y a lieu, sur les parties des leçons 65 à 71 qui n'auraient pas été bien comprises.

LECTURES

Neuvième Mois

du Cours élémentaire

LECTURE N° 81

POLICHINELLE ET PAILLASSE

Polichinelle et Paillasse vinrent au monde dans deux maisons voisines l'une de l'autre. Ils firent ensemble les gamins, s'exerçant souvent à toutes espèces de luttes.

Ils ne se quittaient jamais sans garder la trace de plusieurs coups, tant ils étaient méchants et vauriens.

Maintes fois on leur avait défendu de monter aux arbres, et à plus forte raison sur les murs et les toits; mais les deux drôles n'avaient rien de plus pressé que de se rendre visite, au moyen d'un petit toit sur le mur de séparation des jardins de leurs parents. Cela se passa d'abord assez bien; ils purent venir nez à nez au-devant l'un de l'autre.

Mais, comme le nez de l'un était déjà naturellement très long, et celui de l'autre fort gros, un grand choc se fit entre eux.

Polichinelle et Paillasse n'eurent pas le temps de pousser un cri qu'ils étaient déjà par terre. Ils ne se tuèrent pas, ce fut bien extraordinaire; mais il en résulta pour Paillasse le nez énorme qu'on lui connaît et une grande élasticité de l'épine d'orsale.

Quant à Polichinelle, il eut trois dents cassées, et son menton, depuis lors, s'avança en magnifique galoche. Ce fut la première bosse de Polichinelle, bosse de désobéissance. Voilà donc les deux garnements défigurés pour la vie.

Ils étaient de plus, l'un et l'autre, d'une gourmandise dont rien n'approche.

Un jour, la sœur de Polichinelle se maria. On ne put mener le vilain enfant à l'église, parce qu'il avait, le matin, sali et déchiré ses plus beaux habits en jouant dans le ruisseau. On le laissa à la maison avec un marmiton plus âgé que lui, mais qui ne valait pas mieux.

— J'ai une idée, fit Polichinelle; mais avant de te la communiquer, je veux aller chercher Paillasse. Je reviens de suite, tu vas voir comme nous allons nous amuser après.

Le marmiton, sans plus songer aux recommandations qu'on lui avait faites, laissa partir Polichinelle qui ramena bientôt son camarade Paillasse.

— Mon idée, c'est que nous fassions la noce avant les autres, dit alors Polichinelle au marmiton. Ne te mêle de rien, je t'invite, et je prendrai sur moi si l'on te gronde.

Le marmiton dit que tout lui était bien égal; si on le renvoyait, cela n'avait pas grande importance, puisqu'il avait l'intention de s'en aller.

Alors Polichinelle remua tout dans les armoires et dans la cuisine. Paillasse l'imita, et le marmiton, les voyant à l'ouvrage, vint aussitôt les aider.

L'un mit la dent dans un pâté, l'autre le menton dans un plat de crème; ils endommagèrent tout. Les poulets rôtis, les filets de bœuf eux-mêmes y passèrent. Les gourmands mêlaient tout, sans ordre : viandes et confitures.

Tout à coup, ils entendirent la noce qui revenait. Alors, ils essayèrent de faire disparaître les débris du festin, afin de pouvoir accuser du dégât les chats du voisinage. Paillasse se mit à finir quatre à quatre les gâteaux et les crèmes, et Polichinelle s'introduisit dans la bouche force rôtis et force viandes, si bien qu'une carcasse de poulet pénétra tout entière, on ne sait comment, sans être mâchée, dans son estomac.

Ils en étaient là tous deux, Paillasse sur le point de rendre l'âme avec ses gâteaux, Polichinelle essayant de se débarrasser de sa carcasse de poulet, quand la noce rentra. En apercevant le désordre de leur cuisine, les parents de Polichinelle furent désolés. Ils l'interrogèrent ainsi que

Paillasse. Les deux gourmands ne purent répondre un mot. Jusqu'au soir, la noce fut troublée par les soins qu'on dut leur donner pour les empêcher de mourir.

Depuis ce moment Paillasse n'a cessé d'avoir d'effrayantes indigestions, et Polichinelle a vu son estomac grossir, grossir toujours avec la carcasse de poulet qui y est restée accrochée. C'est la seconde de ses bosses : la bosse de gourmandise.

Un autre inconvénient de cet accident fut le petit cri : Kouik, kouik, que Polichinelle fit toujours entendre depuis.

Cependant, les deux garnements, revenus à la vie, continuèrent leurs exploits.

Un jour où l'on était très occupé, on dut envoyer Polichinelle seul à l'école. On lui fit promettre de marcher droit, et surtout de ne pas entrer en passant chez Paillasse et de ne pas l'appeler de tout le chemin. Polichinelle sortit, on le regarda quelque temps s'éloigner. Tout alla bien un moment. Polichinelle parut marcher droit comme un I, mais, quand il crut qu'on avait refermé la porte de la maison, il retourna sur ses pas jusqu'au-dessous des fenêtres de Paillasse et l'appela par trois fois de son drôle de petit cri. Paillasse répondit aussitôt : « J'y vais, j'y vais. » Et en effet, il ne fit qu'un saut et ouvrit la porte à son digne ami.

C'était comme le jour de la noce chez Polichinelle ; tout le monde était sorti chez Paillasse.

Celui-ci, qui aimait déjà beaucoup le vin, était fort en peine pour soulever à lui seul la trappe d'une cave où étaient enfermées les bouteilles.

Polichinelle, qui n'avait pas, il faut le dire, le même défaut, ne se fit pas prier cependant pour venir en aide à son camarade.

Non sans peine, ils y parvinrent. Cela fait, Polichinelle laissa Paillasse descendre seul à la cave et lui dit : — Pendant ce temps, moi, je vais au grenier.

— Va où tu voudras, répondit Paillasse ; la maison est à nous.

Polichinelle ne monta pas tout à fait jusqu'au grenier, il

entra d'abord dans les chambres. Il y mit tout sens dessus dessous, ouvrit toutes les armoires et y trouva plusieurs grands morceaux d'étoffes rouges, vertes ou jaunes avec lesquelles il s'habilla. Il mit sur sa tête une perruque qui lui était tombée sous la main, et se regarda ainsi longtemps devant une glace, en prenant des poses et faisant toutes espèces de grimaces. Mais, tout à coup, il entendit en bas un bruit épouvantable. C'était une pile de bouteilles qui dégringolaient sur Paillasse.

Polichinelle ôta précipitamment sa perruque et ses draperies pour aller voir ce qui se passait; mais, l'une des étoffes s'accrocha après un meuble que Polichinelle entraîna avec lui en voulant courir. Il se trouva pris dessous comme un rat dans un piège, et ne pouvant venir à bout de se dégager, il faisait entendre une série de kouik! kouik! pour appeler Paillasse à son secours. Mais, Paillasse, qui dans la cave n'était pas dans une position meilleure, ne répondait aux kouik! kouik! de son ami que par des : « O ciel! ô ciel! je n'en puis plus! je suis mort! »

Quand on rentra à la maison, ils furent trouvés, l'un sous un monceau de bouteilles, l'autre sous un gros meuble. On eut pitié d'eux, on les releva. Paillasse sortit rompu des quatre membres, ce qui acheva de rendre son corps souple comme un morceau de caoutchouc. On renvoya Polichinelle chez lui. Il avait très mal au dos.

En le voyant, ses parents lui demandèrent aussitôt s'il avait été à l'école, s'il n'était pas allé voir Paillasse.

— Oui, je suis allé à l'école. Non, je ne suis pas allé voir Paillasse.

A ce moment, il ne put s'empêcher de faire une affreuse grimace de souffrance. — Tu mens, Polichinelle, lui dit-on en le regardant dans les yeux. Il t'est arrivé quelque aventure, et c'est toujours avec Paillasse que cela t'arrive.

— Non, je vous dis que non, répondit le menteur, et en même temps, il remuait son dos où la douleur augmentait de plus en plus.

— Tu souffres, Polichinelle?

— Non, je ne souffre pas, répéta-t-il.

Alors, on l'envoya se coucher. Il ne dormit pas de la nui

Le gérant : PAUL DUPONT.

LECTURES

et, malgré tout son désir de ne pas crier, il ne pouvait s'empêcher de jeter des kouik! kouik! à chaque mouvement qu'il faisait dans son lit.

Le lendemain matin, quand il fut question de se lever et de s'habiller seul, impossible. Il fallut bien appeler à l'aide. On ne savait par où soulever le vaurien, tant il souffrait. Mais, jugez de la surprise des parents, les habits de Polichinelle ne lui allaient plus. Son dos s'était élevé en une bosse toute pointue et toute crochue. C'était la bosse du mensonge.

Enfin, nos deux garnements devenaient chaque jour, l'un plus élastique, l'autre plus bossu. La paresse acheva de les embellir. Comme ils ne faisaient rien à l'école, ils étaient toujours punis. Paillasse recevait sans cesse des coups sur ses doigts, ce qui les rendait de plus en plus flexibles. Polichinelle était mis du matin au soir en pénitence au milieu de la classe, ce qui fit venir à ses genoux d'énormes bosses : les bosses de paresse.

Un jour, fatigués de l'école, ils s'enfuirent de chez leurs parents. Ce fut un bon débarras. Ils avaient alors douze ou treize ans. Ils furent rencontrés par une troupe de saltimbanques qui s'en allaient à une foire voisine. Ces gens éclatèrent de rire en voyant les deux drôles et les engagèrent dans leur troupe.

— Kouik! Kouik! Cela me va, dit Polichinelle qui avait toujours eu grand goût pour jouer la comédie. Paillasse fut aussi heureux que son ami.

On les habilla de couleurs brillantes. Ils apprirent vite à faire toutes espèces de tours. On ne parlait que d'eux dans toutes les foires ; ils avaient un immense succès.

Tant qu'ils furent jeunes, tout alla bien. Plus tard ils eurent moins de chance. On se fatigua d'eux. Ils se séparèrent alors des saltimbanques et jouèrent seuls, Paillasse étalant son adresse en plein air, et Polichinelle ayant monté un petit théâtre de marionnettes sur les promenades de Paris. Lui-même tirait les ficelles en criant des kouik! kouik! sur tous les tons.

Tout cela ne les empêcha pas de venir mourir à l'hôpital. Ils s'y retrouvèrent et se dirent qu'ils avaient été leur vie entière de grands vauriens, et que leur misérable fin était bien leur ouvrage.

(*Extrait de la* Bibliothèque de l'enfance.)

Lecture N° 82

LES QUATRE ÉPIS D'OR

Un des meilleurs rois de France, Henri IV, alla un jour visiter dans son château un seigneur de la cour qu'il aimait beaucoup.

Après le déjeuner, le seigneur mena Henri IV voir ses serres qui étaient magnifiques. Il faisait admirer au roi toutes espèces de plantes. Henri IV s'arrêtait surtout devant les rosiers, quand un laboureur du pays s'approcha :

— Sire, dit-il, j'ai de bien plus belles fleurs chez moi et en plus grande quantité. Si Votre Majesté voulait bien me suivre, je serais heureux de les lui montrer.

Henri IV, qui était toujours aimable et bon, accepta l'invitation du laboureur, et l'accompagna. Le paysan conduisit le roi devant une pièce de blé en fleurs, et, lui montrant les épis :

— Sire, dit-il, voilà les plus belles fleurs que je connaisse.

— Tu as raison, mon ami, lui répondit le roi, ce sont aussi celles que je préfère.

Et, de retour à Paris, Henri IV envoya au laboureur quatre épis d'or ; la famille du paysan les conserva soigneusement après sa mort.

(*D'après* Gaudelette.)

Pour les enfants (Paul Dupont, éditeur).

Lecture N° 83

GRIGNOTIN

Une rate avait un petit raton qui s'appelait Grignotin et qui voulait toujours courir hors de son trou. La mère avait beau lui mordre l'oreille pour le corriger, l'entêté regardait toujours au dehors et cherchait à s'échapper. La rate lui dit un jour avec tristesse :

— Grignotin, mon enfant, tu ne veux pas écouter ta mère, il t'arrivera malheur. Ton petit frère est mort, pour avoir désobéi. Je viens de voir à l'instant un chat rôder par ici. Reste plutôt près de moi ; voici un navet bien tendre : grignote-le à ton aise. N'as-tu pas tout ce que tu désires ?

Grignotin vit que sa mère se retournait pour prendre le navet, aussitôt il sauta hors de son trou et courut dans la bruyère.

Une demi-heure après, il revenait tomber à demi mort aux pieds de sa mère. Il avait une blessure au cou et saignait. Sa mère le lécha, le frotta, jusqu'à ce qu'il reprît connaissance.

— Eh bien ! mon pauvre Grignotin, vois-tu maintenant qu'il faut obéir à ses parents ? Je connais le monde mieux que toi, mon enfant. Heureusement, tu n'es pas mort ; j'espère que ce sera pour toi une bonne leçon.

— Oh ! s'écria Grignotin, j'apercevais de loin le chat étendu sur le dos, j'ai voulu voir de près ses ongles dont vous me faites toujours si peur ; mais, la vilaine bête n'était pas morte et elle m'a donné un coup de griffe dans le cou. Aïe ! aïe ! que cela m'a fait mal !

— Iras-tu encore courir maintenant ? dit la mère.

— Non, je resterai à la maison, s'écria Grignotin en portant ses deux petites pattes à ses yeux.

Grignotin toujours enfermé tomba malade. Au bout de trois semaines il était aussi maigre qu'une arête.

— Quel malheur d'être rat ! disait-il souvent. Tous les animaux et toutes les plantes vivent au soleil, tandis que nous sommes obligés de rester la journée entière sous la terre. Mère, je voudrais être une fleur de bruyère.

— Viens, dit la mère, je ne vois pas de chat ; courons jusqu'aux fleurs de bruyère là-bas. Demande-leur si elles sont heureuses.

— Jolie fleur, dit Grignotin à l'une d'elles, vous êtes très heureuse, n'est-ce pas ? Les abeilles et les papillons vous caressent tout le jour, et vous vous réchauffez aux rayons du soleil.

— Oh ! dit la fleur de bruyère avec un soupir, je voudrais bien être rat.

Grignotin étonné croisa ses petites pattes au-dessus de ses oreilles et s'écria :

— Rat ! Quelle idée !

— Bah ! à quoi me sert d'être jolie et bien vêtue ? Personne ne me voit ici. L'été le soleil me brûle ; l'hiver je dors pendant de longs mois, engourdie par le froid ; puis un beau jour, le laboureur nous fauche toutes, pour faire les litières à ses vaches ou pour nous jeter au feu.

— C'est vrai, vous êtes malheureuse aussi, dit Grignotin... Ah ! voilà un grillon, comme il est léger ! comme il va vite ! Sa vie doit être bien agréable !

Mais un oiseau qui passait saisit le grillon et l'emporta au loin.

Grignotin eut deux larmes dans les yeux et tira sa mère par la patte pour rentrer.

Mais la mère voulait continuer encore un peu la leçon.

Au bord d'un ruisseau, une grenouille qui sautait et s'amusait fut tout à coup dévorée par un gros poisson.

— Pauvre bête, dit tristement Grignotin, toi non plus tu n'es pas heureuse.

Chemin faisant, ils rencontrèrent une vache.

— Ah ! s'écria Grignotin, je voudrais être aussi grand que cela ! avec de pareilles cornes on n'a rien à craindre.

— Voyons, dit la rate, demande-lui si elle est heureuse !

— Heureuse ! s'écria la vache avec surprise. On voit bien que vous passez votre vie sous la terre ; vous ne savez rien du monde. Nous sommes faites pour mourir sous le couteau du boucher. Tous mes enfants me sont pris tour à tour.

— Pauvre vache ! dit Grignotin, vous êtes encore la plus malheureuse.

Et il voulait repartir chez lui. Mais ils aperçurent un paysan qui travaillait dans un champ.

— Mère, l'homme est le maître de tout. Lui seul est heureux. Je voudrais être un homme !

Ils se cachèrent sous un buisson de ronces pour regarder cet homme.

Il avait chaud. La sueur coulait de son front.

Il s'arrêta pour se reposer et dit : « Que la vie est dure ! Toujours travailler, grelotter de froid ou mourir de chaleur, pour arriver à manger un morceau de pain noir. Pour le riche, tout est si facile, la vie est si heureuse ! »

— Ah ! dit Grignotin, celui-là aussi est bien à plaindre. Mais as-tu entendu ce qu'il a dit des riches ?

— Oui ; mais ce travailleur se trompe peut-être. Allons un instant au château voisin. Je connais le chemin.

Ils entrèrent et se glissèrent par un trou dans un grand salon.

Le seigneur du château était assis devant une table magnifiquement servie, et cependant il ne mangeait pas. Il bâillait et paraissait s'ennuyer énormément : « Oh ! comme j'envie mes domestiques et mes paysans ! disait-il. Ils mangent avec plaisir un morceau de lard. Ils rient et chantent après leur travail ; ils sont forts et courageux. Moi, je suis dégoûté de tout ; je m'ennuie !... Et puis, les maladies, la goutte qui va me revenir ! Ah ! que je suis donc malheureux !. »

Plus que jamais Grignotin tira la patte de sa mère pour retourner sous terre. Lorsqu'ils furent dans leur trou, la rate dit à son enfant :

— Eh bien ! Grignotin, te plaindras-tu encore ?

— Oh ! non, mère. Vous avez dit vrai. Tout le monde ici-bas a ses chagrins. Je ne me plaindrai plus jamais.

Depuis ce jour, Grignotin fut toujours content et il devint gros et gras.

(*D'après* Henri Conscience.)

Lecture N° 84

LE PETIT COLPORTEUR

« Nous sommes en plaine ! pas la moindre petite élévation de terrain ! Quelle différence avec le pays d'où je viens, où il fallait toujours regarder en haut ou en bas pour voir quelque chose !

« Je suis presque au milieu de la France, en Beauce. C'est là qu'on cultive le plus de blé, il paraît. De tous côtés on laboure... Il est vrai qu'il est plus facile de labourer la plaine que la montagne... Monter, descendre, grimper dans les chemins creux, cela ne fait guère l'affaire des chevaux ni des bœufs ; puis on rencontre tout de suite le roc ; la terre n'est pas assez profonde... »

C'était Jean, le petit colporteur, qui faisait tout ce long discours ; il avait déjà beaucoup voyagé.

Il n'avait pourtant que douze ans, mais il était orphelin ; il s'en allait de village en village, offrant aux fermières du fil, des aiguilles, des almanachs, etc... Ce jour-là, il faisait beau ; de la terre entr'ouverte s'élevait une petite vapeur blanche qu'on eût prise pour de la fumée... C'était une de ces matinées humides et chaudes dont le laboureur profite pour préparer son champ. Jean suivait la grande route, regardant de droite et de gauche, quand une jolie chanson lui revint à l'esprit, en voyant une charrue aller et venir. Un homme tenait les cornes de la charrue, tandis que deux bœufs attelés de front la tiraient ; le soc entrait dans la terre et la coupait en ligne droite ; les sillons étaient ainsi tracés l'un à côté de l'autre ; le laboureur suivait le pas lent de ses bœufs ; un enfant l'accompagnait et de temps en temps piquait les bœufs d'un long aiguillon. Jean chantait donc :

> J'ai deux grands bœufs dans mon étable,
> Deux grands bœufs blancs marqués de roux ;
> La charrue est en bois d'érable,
> L'aiguillon en branche de houx.
> C'est par leur soin qu'on voit la plaine
> Verte l'hiver, jaune l'été ;
> Ils gagnent en une semaine
> Plus d'argent qu'ils n'en ont coûté.
> Les voyez-vous, les belles bêtes,
> Creuser profond et tracer droit,
> Bravant la pluie et la tempête,
> Qu'il fasse chaud, qu'il fasse froid !

> Lorsque je fais halte pour boire,
> Un brouillard sort de leurs naseaux,
> Et je vois sur leur corne noire
> Se poser les petits oiseaux.....

Le laboureur arrivé au bout de son champ s'était arrêté... Il écoutait la voix du petit Jean qui était claire comme celle d'un merle. — Dis-moi, petit bonhomme, elle est bien jolie ta chanson. Sais-tu que tu dis la vérité? J'aurais cru t'entendre parler de mes bœufs que voilà. Veux-tu me la chanter encore ta chanson ? — Si cela vous fait plaisir de l'entendre, je veux bien ; je suis bien content que vous la trouviez jolie... Et Jean chanta une seconde fois... — Qu'est-ce que tu fais toute l'année, petit ? — Je voyage ; je vais d'un pays à l'autre pour vendre ma marchandise ; je n'ai pas de champ où je puisse récolter de quoi faire du pain... Et vous, est-ce que vous labourez toute l'année ? — Rien ne pousserait si je remuais la terre d'un bout de l'année à l'autre ; je la retourne après chaque récolte et avant de l'ensemencer. Ici, cet été, il a poussé du colza qui s'est nourri de cette terre, si bien que j'ai été obligé d'y apporter du fumier afin de rendre à mon champ ce que le colza lui a pris... A présent, je laboure pour enterrer le fumier et ramener dessus la terre qui était dessous ; les plantes, tu le sais bien, ont leur racine dans la terre et cette racine a besoin, pour se bien porter, d'air, de soleil et d'eau ; tout cela lui arrive petit à petit à travers la terre. J'espère qu'après ce bon labour, mon blé n'aura pas de peine à germer ; il sortira tout comme une autre petite herbe avant l'hiver, poussera dru et ferme au printemps et jaunira en été.

La terre fait comme nous, elle travaille toute l'année.

Maintenant, je vais laisser reposer mon attelage et aller déjeuner. Viens avec moi à la ferme ; nous trouverons la soupe prête ; tu diras ta chanson à ma femme, je suis sûr que cela lui fera plaisir.

Le petit Jean déjeuna en effet chez la fermière ; on lui demanda de raconter ce qu'il avait vu dans les autres pays.

Il le fit avec tant de bonne humeur, il avait l'air d'un si honnête et si courageux petit enfant qu'on lui fit ouvrir sa boîte et la fermière, ses enfants, ses domestiques, tout le monde acheta quelque chose.

Jean ne fut pas fâché d'avoir une balle moins lourde à porter.

M. MATRAT.

Le tour de l'année (PAUL DUPONT, éditeur).

LECTURE N° 85

CE QUE L'ARGENT NE PEUT ACHETER

M. Christophe était propriétaire d'une belle ferme dans la Touraine et passait pour le plus riche bourgeois du canton. Tout ce qu'il entreprenait, réussissait. Il s'imaginait que, si ses affaires étaient aussi prospères, c'est qu'il savait bien employer son argent.

Un matin, qu'il était occupé à surveiller des charpentiers et des maçons qui travaillaient à la ferme, il vit passer M. Carpentier, le vieux maître d'école qui le salua.

— Entrez, entrez, voisin, dit le fermier gaiement. Venez voir mes agrandissements.

Le maître d'école sourit, poussa la barrière et entra.

— Ça coûtera gros, ajouta M. Christophe; mais il ne faut jamais regretter l'argent dépensé pour être mieux logé. Nous respirerons plus à l'aise.

— A propos, Monsieur Carpentier, il y a devant vos fenêtres des peupliers qui vous ôtent l'air et le jour. Ce doit être certainement la cause de vos rhumatismes. Il faudrait abattre ces arbres. Je vous les achèterai.

Le père Carpentier remercia le fermier.

— Oh! ne me remerciez pas, ce que j'en fais, c'est pour vous prouver que l'argent peut servir à bien des choses.

— A beaucoup, en effet, répliqua Carpentier.

— Je dis même à tout, ajouta Christophe.

Le maître d'école n'était pas de cet avis. Il allait parler

lorsqu'on apporta une lettre que le fermier décacheta et lut en poussant un cri de joie.

— Savez-vous ce qu'on m'apprend là, je suis nommé maire !...

Le vieil instituteur félicita chaudement le fermier.

— Si je suis nommé, voyez-vous, père Carpentier, c'est parce que je suis le plus riche. L'argent, toujours l'argent ! Lui seul me procure tout ce que je veux.

— A propos, le vieux berger Pierre vous a-t-il vendu son chien que vous désiriez tant ? Il y tenait comme à un bon et fidèle compagnon.

— Eh bien, ce bon compagnon est à moi, dit le fermier. Pierre a eu besoin d'argent et il est venu lui-même me conduire Rustaut.

— Il est ici ?

— Oui, dans la cour, derrière la maison. Il a là une gamelle bien garnie et une niche remplie de paille fraîche. Du reste vous pouvez le voir.

Le fermier, suivi du maître d'école, traversa la cour ; mais, en s'approchant, ils aperçurent l'écuelle renversée, la chaîne brisée et la niche vide. Rustaut s'était enfui dans la nuit, par un trou du mur.

— Comment, il s'est échappé ! s'écria le fermier étonné.

— Il n'y a rien là de bien étonnant, dit Carpentier, Rustaut est allé retrouver son ancien maître.

— Mais pourquoi ? N'était-il pas aussi bien là-bas qu'ici ?

— Votre niche était plus chaude, votre gamelle mieux remplie, c'est vrai ; mais, ce que vous n'avez pas remplacé pour Rustaut, c'était son maître Pierre. Avec votre argent, vous avez acheté le chien, mais vous n'avez pu avoir son affection. L'amitié ne se vend pas. Allez !... l'argent ne fait pas le bonheur et ne donne pas tout ici-bas ! L'amitié est mille fois préférable à la fortune.

(D'après le *Magasin pittoresque*.)

LECTURE N° 86

COMMENT JEANNE
APPRIT A SE DÉBARBOUILLER

Elle avait un bien vilain défaut, la petite Jeanne, et qui gâtait ses qualités ; elle était malpropre. L'eau n'était pas de son goût, et du plus loin qu'elle voyait venir l'éponge, mademoiselle faisait la moue et parfois se sauvait à toutes jambes. Il fallait courir après et la laver de vive force. Mais alors, c'étaient des cris comme si on l'eût écorchée ; elle se débattait comme un diablotin.

Avec cela, à peine lavée, c'était à recommencer. Vive, toujours courant, toujours furetant de la cave au grenier, du grenier à la cave, elle allait fourrant partout son joli museau, qui toujours était sale. Elle fit tant et si bien que sa maman, qui pourtant ne manquait pas de patience, finit par se lasser et par se fâcher pour tout de bon et résolut de la corriger. Voici comment elle s'y prit.

Un beau matin que Mlle Jeanne faisait sa scène ordinaire, au lieu de lui passer le bras autour du cou pour lui appliquer l'éponge sur la figure, sa maman dit d'un air froid et d'un ton sévère :

— Jeanne, quand je veux te laver, tu regimbes ; eh bien ! à partir d'aujourd'hui, c'est toi même qui te laveras. Aussi bien, tu es déjà grande, et se laver n'est pas si difficile. Voici la cuvette, l'aiguière, le savon et l'éponge, adieu !

Là-dessus, sans attendre de réponse, la maman tourna les talons et passa dans la chambre voisine, laissant Jeanne en tête à tête avec les instruments de supplice. La fillette un peu surprise resta quelque temps plantée devant la table, regardant tour à tour et la cuvette et l'éponge. Elle eut grande envie de leur tirer sa révérence et de prendre congé. Mais les paroles de sa maman lui trottaient par la tête ; elle se rappelait le ton et l'air dont elles avaient été prononcées et cela lui donnait à réfléchir.

Poussant un gros soupir, car il faisait froid ce jour-là,

elle prit l'aiguière à deux mains, versa de l'eau dans la cuvette et jeta l'éponge dans l'eau. Jusque-là, tout allait bien; mais le plus fort n'était pas fait. L'éponge étant sèche, surnageait comme un petit bateau, et Jeanne s'amusait à la regarder. Peu à peu, l'éponge s'imbiba, et par suite se mit à s'enfoncer tout doucement et enfin elle sombra.

Le moment critique était venu, il fallait retirer l'éponge. Jeanne approcha la main de l'eau comme un chat approche la patte du charbon brûlant. Enfin, rassemblant son courage, elle plongea la main jusqu'au fond et retira l'éponge ruisselante, non sans faire des brrr et brrr à n'en plus finir. Puis, après l'avoir bien pressée, elle la passa délicatement sur ses joues en faisant la grimace, et, après s'être humecté la peau, elle la rejeta dans la cuvette et s'essuya à tour de bras.

A ce moment, la maman entrait dans la chambre. Elle passa négligemment devant la table et jetant un coup d'œil dans la cuvette, elle remarqua que l'eau était encore propre; d'où elle conclut, non sans raison, que le minois de Jeanne était encore sale; cependant, elle fit semblant de ne rien voir et disparut sans rien dire.

Ce silence déplut à Jeanne; il lui sembla de mauvais augure. Du reste, elle n'avait pas la conscience bien nette et sentait bien que la besogne était mal faite. Mais, pour ce jour-là, elle n'eut pas le courage de recommencer, et comme l'heure sonnait et que sa sœur aînée l'appelait, elle partit pour l'école. Avant de partir elle chercha sa maman pour l'embrasser; sa maman était sortie, ce qui surprit Jeanne, car ce n'était pas son habitude de sortir si matin.

En arrivant à l'école, elle courut, suivant l'usage, embrasser sa maîtresse. Cette fois, la maîtresse la reçut d'un air froid et, l'écartant de la main, lui dit sèchement qu'elle n'embrassait pas les figures sales.

Jeanne était très caressante; elle aimait à faire des caresses; elle n'aimait pas moins à en recevoir: elle était friande de baisers. Cet accueil inattendu la glaça; il lui vint à l'esprit qu'elle n'arrivait peut-être pas la première à l'école et que quelqu'un avait passé par là. Le geste de la maîtresse avait été vu, et ses paroles entendues par les autres enfants. Il lui sembla que tous les regards étaient sur elle, qu'on la montrait au doigt et, toute confuse, elle ne savait où se cacher.

Ce fut bien une autre affaire, lorsqu'une fois les enfants entrés en classe, elle entendit la maîtresse commencer en ces termes : « Mes enfants, aujourd'hui nous allons causer de la propreté. » Il se fit un mouvement dans le petit auditoire ; Jeanne se crut le point de mire de tous les regards. Elle baissa les yeux et, rencontrant ses mains qui par malheur étaient dans le même état que la veille, elle les ramena vivement sous son tablier. Volontiers elle y eût fourré aussi sa tête ! Que la leçon lui parut longue ! Elle comprenait bien qu'on parlait à son intention et pourtant à peine si elle entendit ce que disait la maîtresse.

Quel soupir de soulagement, quand on lâcha les enfants dans la cour pour la récréation. Mais la pauvre Jeanne n'était pas au bout de ses peines, et plus d'une petite moqueuse venait de temps en temps la regarder sous le nez ou lui demander à voir ses mains. C'était une vraie conspiration, et le temps lui paraissait long, long. Enfin sonna l'heure si désirée ; Jeanne se sauve de l'école plutôt qu'elle n'en sort ; elle arrive à la maison le cœur tout gros, cherche sa maman ; point de maman.

Cependant, la table était mise et en s'approchant, que voit Jeanne ? Sur la table, à sa place, au lieu d'une assiette, une cuvette, la maudite cuvette du matin encore pleine, et au fond l'éponge qui avait l'air d'attendre. Cette fois, Jeanne n'y put plus tenir, elle éclata en sanglots ; prenant la cuvette, elle l'emporta dans sa chambre et là, tout en sanglotant, elle se mit à se débarbouiller à deux mains, moitié avec l'eau, moitié dans ses larmes. Puis elle se regarda au miroir, et ne se trouvant pas encore assez propre, elle se mit à recommencer de plus belle. Elle y serait encore, si sa maman n'était entrée. Sans paraître, elle avait tout vu. Elle prit Jeanne dans ses bras, essuya doucement ses yeux et ses joues et les couvrit de baisers. L'enfant resta quelque temps blottie sur sa maman qui ne pouvait plus la consoler. A dater de ce jour, il n'y eut pas dans toute l'école de mine plus proprette et de mains plus blanches que la mine et les mains de Jeanne.

A. Vessiot.

Pour nos enfants (Lecène et Oudin, éditeurs).

Lecture N° 87

LE FORGERON

Un forgeron forgeait sur son enclume une poutre de fer. Tout ruisselant de sueur et noirci par la poussière du charbon, il travaillait néanmoins avec entrain, en songeant que son travail serait utile aux hommes ; il frappait en chantant, le cœur plein d'honnêtes pensées, et chaque coup de son marteau faisait jaillir du fer des milliers d'étincelles d'or.

Tout à coup, le marteau cessa de frapper et la chanson s'arrêta aussi. Le forgeron venait de découvrir dans son ouvrage une *paille*, c'est-à-dire une écaille de fer dont la présence suffisait pour rendre en cet endroit la poutre cassante et fragile.

« Ah ! dit tristement le bon ouvrier, en secouant la tête, ma poutre ne vaut rien, elle se romprait au moindre choc. Il faut la recommencer. Allons ! » Et le forgeron se mit à forger une autre poutre ; son marteau frappait, frappait sans relâche, à grands coups sonores, et les étincelles d'or volaient, volaient par milliers, faisant comme un soleil autour de l'ouvrier.

C'est qu'il était consciencieux, le bon forgeron, il savait qu'un ouvrage mal fait peut entraîner mort d'homme et que d'ailleurs on doit toujours remplir sa tâche le mieux possible.

Cette fois, la poutre s'acheva sans encombre et sortit de l'enclume, solide et d'une belle venue. C'était une maîtresse poutre et l'ouvrier qui l'avait faite pouvait en répondre.

On la fit servir à la charpente d'un pont jeté hardiment sur un fleuve, à une grande hauteur.

Or, voici que, sur ce pont, un beau régiment passa un jour, musique en tête.

Le pont fléchissait et tremblait sous le poids de six cents hommes marchant du même pas. Ce furent d'abord de lentes oscillations, puis, tout à coup, un effroyable craquement se fit entendre... La charpente rompait et le fleuve profond rugissait là-dessous, attendant ses victimes. Chacun de ces malheureux, en face de la mort inévitable, envoyait une dernière pensée à son village, à sa mère, à ses amis. Et les gens qui voyaient cela des bords du fleuve pleuraient sans pouvoir rien faire pour empêcher la catastrophe.

Cependant, la charpente à demi rompue était encore soutenue par la poutre de fer, et la solide poutre résistait supportant seule tout le poids du régiment, tout l'espoir de ces six cents hommes. Et lentement, avec d'infinies précautions, ils continuèrent à défiler sur le pont chancelant. La tête de la colonne sortit enfin, le reste suivit et puis le dernier homme du régiment à son tour posa le pied sur la terre ferme. La poutre avait tenu bon, tous étaient sauvés ! Qui pourrait dire l'immense et joyeuse acclamation qui sortit alors de toutes les poitrines ! Ce fut un instant de joie triomphante, après les horribles angoisses de la traversée.

Le forgeron ne sut jamais combien d'hommes il avait soutenus de son bras robuste, de son bon travail, au-dessus du fleuve et de la mort. Et pas un des soldats, pas un des capitaines sauvés par lui ne sut jamais qu'il devait la vie au consciencieux labeur d'un honnête ouvrier. Nul ne remercia jamais le vaillant forgeron. Mais peut-être à son heure dernière une voix mystérieuse lui dira-t-elle tout bas le service qu'il a rendu à ses semblables ; peut-être, en fermant les yeux pour jamais, le forgeron emportera-t-il la vision magnifique du régiment défilant sur le pont qui tremble, mais qui ne rompt pas, grâce à la solide poutre de fer !

O. Laguerre.

Lecture N° 88

LE VILAIN PETIT CANARD

La campagne était fleurie. Les rayons du soleil éclairaient le feuillage. Dans un endroit bien abrité, une cane avait établi son nid et couvait ses œufs.

Enfin les petits vinrent au monde, on les entendit crier : pip ! pip ! en allongeant le cou. Rap ! rap ! dit la cane, et la couvée répéta en faisant le plus de bruit possible.

Mais un œuf était en retard, et la mère commençait à s'inquiéter. Enfin, cet œuf s'ouvrit, il en sortit un petit qui était très laid et plus haut que les autres. La cane le trouva horrible, et tous ses frères furent si méchants pour lui qu'il fut obligé de s'en aller loin d'eux.

Ce pauvre oiseau si laid fut partout maltraité, battu et persécuté. Effrayé, il s'enfuit au fond des bois.

L'hiver y fut très dur. Mais enfin, le printemps revint ; le soleil éclaira de nouveau la campagne.

Trois oiseaux blancs et magnifiques sortirent un jour du bois pour se rendre dans un beau jardin voisin.

« Je veux aller les trouver, se dit le vilain canard. Ils me tueront pour avoir osé m'approcher d'eux, moi si laid. Mais tant pis ! Il vaut mieux être tué par eux que mordu par les autres canards, battu par les poules, poussé à coups de pied par les filles de basse-cour, ou exposé à passer encore une fois l'hiver dans le bois. »

Alors, il s'élança dans la pièce d'eau du jardin et alla à la rencontre des beaux oiseaux. Il baissait la tête, s'attendant à être tué de suite. Mais tout à coup il se vit dans l'eau, il n'était plus un oiseau mal fait, d'un gris noir, laid et sale, il était un cygne comme ses nouveaux compagnons.

Il était né dans une basse-cour, c'est vrai ; mais il n'y a pas de honte à cela ; il était sorti d'un œuf de cygne.

En ce moment, il oublia toutes ses misères passées et se sentit bien heureux. Et les grands cygnes nageaient autour de lui et le caressaient de leur bec.

De jeunes enfants vinrent au jardin et jetèrent du pain et

des graines dans l'eau ; le plus petit s'écria : « En voilà un nouveau ! »

Les autres enfants se mirent à pousser des cris de joie : « Oui ! oui ! il y en a un nouveau ! » Et ils dansaient sur les bords et battaient des mains. Ils coururent à leur père et à leur mère et revinrent avec des gâteaux, disant : « Le nouveau venu est le plus beau ! Qu'il est jeune ! Qu'il est blanc ! »

Et les vieux cygnes s'inclinèrent devant lui.

Intimidé par tous ces compliments, il replia sa tête sous son aile. Mais il n'était pas fier, car un bon cœur ne le devient jamais.

Le sureau inclinait ses branches vers lui ; le soleil l'entourait d'une lumière chaude et douce. Alors ses plumes se gonflèrent, son cou se redressa et il s'écria dans sa grande joie : « Aurais-je jamais pu croire à tant de bonheur quand je n'étais encore qu'un vilain petit canard ! »

(*D'après* ANDERSEN.)

Lecture N° 89

LE SEIGNEUR A LA GROSSE TÊTE

C'était un énorme lion que les Arabes appelaient ainsi.

Un homme auquel il avait dévoré quarante-cinq moutons, une jument et vingt-neuf bœufs, vint un jour me trouver pour me supplier de chasser l'animal. Je passai quelques nuits à chercher le seigneur à la grosse tête, mais ne le rencontrai point.

Un soir l'Arabe revint me voir.

— Mon taureau noir a disparu du troupeau, donc le lion est revenu, dit-il. Demain matin j'irai chercher les restes de ma pauvre bête et, si je les trouve, malheur à ce monstre !

Le lendemain au lever du soleil, mon Arabe revenait déjà, ayant terminé ses recherches. Quand je m'éveillai, je le trouvai près de moi. Son burnous était humide de rosée, et ses chiens couverts de boue.

LECTURES

— Bonjour, frère, me dit-il. Je l'ai trouvé, viens.

Je le suis. Nous traversons un grand bois d'oliviers sauvages. Nous descendons dans un ravin rempli de broussailles où l'on marche très difficilement.

Arrivés au plus fort du fourré, nous nous trouvons tout à coup en face du taureau. Ses cuisses et son poitrail étaient dévorés, le reste n'avait pas été touché. Le lion l'avait retourné de façon à mettre en dessous les parties mangées.

Je dis à l'Arabe : « Apporte-moi de suite une galette et de l'eau et empêche qu'on ne vienne ici avant demain. »

Sitôt mon dîner apporté, je m'installe au pied d'un olivier, à trois pas du taureau. Je coupe quelques branches pour me couvrir par derrière, et j'attends. J'attends bien longtemps.

Vers huit heures du soir la lune brille faiblement ; je ne vois pas grand'chose autour de moi. Une branche craque au loin. Je me lève et, appuyant le coude sur mon genou gauche, j'écoute attentivement le fusil à l'épaule et le doigt sur la détente.

Enfin, un rugissement sourd s'élève à trente pas de moi, puis se rapproche. J'entends une espèce de roulement que le lion pousse quand il a faim.

Il se tait, et je vois tout à coup sa tête énorme sur les épaules du taureau.

Il commence à lécher sa proie en me regardant, quand je tire, et une balle vient s'enfoncer près de son œil gauche.

Il rugit, se lève sur ses pieds de derrière et reçoit une seconde balle qui l'atteint en pleine poitrine. Il tombe sur le dos et agite en l'air ses énormes pattes.

Je recharge mon fusil ; et, croyant le lion presque mort, je m'approche et lui envoie un coup de poignard au cœur. Mais il fait un brusque mouvement, et la lame se brise sur une de ses pattes.

Je saute en arrière, et, au moment où il relève son énorme tête, je lui tire de tout près deux nouveaux coups de feu qui l'achèvent.

Ainsi finit le seigneur à la grosse tête.

J'allume aussitôt un bûcher pour annoncer au loin ma victoire, et j'entends des détonations qui me répondent. Au lever du jour une multitude d'Arabes viennent me retrouver pour contempler leur ennemi mort.

(*D'après* Jules GÉRARD.)

LECTURE N° 90

L'OIE RECONNAISSANTE

Dans le voisinage de la ferme se trouvait une mare. Une mère oie y vivait avec toute sa couvée.

Ces oisons étaient vraiment bien heureux. Ils trouvaient dans l'eau toutes espèces de choses friandes ; ils avaient la pâtée, le bon air et un vaste hangar rempli de lavande et de sainfoin où ils se reposaient quand venait la nuit.

Non loin de la ferme coulait un petit ruisseau. On apercevait, à travers des osiers et de jeunes roseaux, l'eau claire qui fuyait en chantant.

Les enfants de mère l'oie virent ces choses, et, le croiriez-vous, eux qui étaient si bien dans la mare, ne rêvèrent plus que du ruisseau.

Une haute barrière de planches servait de parapet au ruisseau ; mais, par malheur, l'une des planches se trouvait percée à sa base d'un petit trou. Nos galopins firent tant du bec et des pattes qu'ils l'agrandirent assez pour pouvoir y passer l'un après l'autre.

Mère oie, fort occupée, ne s'aperçut de rien.

Les voilà donc dans le ruisseau de leurs rêves, barbotant à qui mieux mieux, et tout heureux de leur escapade.

Mais, qui fut bientôt aux cent coups en ne les retrouvant plus dans la mare natale ? Ce fut la bonne mère l'oie. Elle pleura amèrement et fit entendre un long couan-couan plaintif.

Les garnements l'entendirent bien ; mais ils firent la sourde oreille.

Gros-Guillaume, le fils de la fermière, avait vu ce qui s'était passé, du haut d'un arbre où il était en train de dénicher des moineaux.

— Ne pleure pas, mère l'oie, je vas te rendre tes momichons, cria-t-il en descendant de son perchoir.

Il était grand temps; les malheureux oisons, au milieu du courant, commençaient à être entraînés beaucoup plus vite qu'ils ne voulaient. Gros-Guillaume leur tendit un bout de planche et ils purent regagner la rive. Il y eut par-ci par-là quelques pattes froissées, quelques ailerons foulés, quelques cous écorchés.

Qui fut au comble de la joie en revoyant ses chers oisons? Ce fut la bonne mère l'oie. Elle en pleura de tendresse et jeta un long couan-couan triomphant.

Gros-Guillaume était un grand dénicheur.

Peu de jours après cette aventure, il se trouvait sur la plus haute branche d'un saule qui avançait sur le ruisseau.

L'enfant allait saisir un superbe nid, où piaulaient de frayeur cinq petits amours de passereaux, quand tout à coup la branche cassa et Gros-Guillaume tomba dans l'eau.

De loin, mère l'oie avait vu la catastrophe. Elle vola jusqu'au ruisseau, plongea son long bec à l'endroit où Gros-Guillaume venait de disparaître et s'efforça de le saisir. Le pantalon du petit qui avait été tiré d'une vieille culotte paternelle était très large; il donna prise heureusement, et mère l'oie, s'y accrochant, put sortir l'enfant du gouffre.

Qui fut au comble du bonheur en retrouvant son cher petit Gros-Guillaume? Ce fut la bonne fermière. Elle en pleura vraiment de tendresse et remercia le ciel du fond du cœur.

En récompense de ce sauvetage, il fut décidé que la bonne oie ne serait jamais mangée, ni rôtie, ni fricassée, ni tuée d'aucune façon et qu'on la laisserait mourir de sa belle mort.

(*D'après* Fabre des Essarts.)

Contes et nouvelles. (Marc Barbou, éditeur).

Dixième Mois

Juillet

MORALE

Dixième Mois
du Cours élémentaire

LE DÉVOUEMENT

73ᵉ Entretien. — IL FAUT ÉVITER L'ÉGOISME

1° Entretien. — Faire écrire au tableau : *Morale. — Il faut éviter l'égoïsme (page 649).*
Lire cet entretien aux élèves (page 649 du livre de l'élève).

2° Développement. — Quel vilain défaut que l'égoïsme ! Voilà un rat bien tranquille et bien heureux dans son fromage de Hollande. Il a plus de nourriture qu'il ne lui en faut, il n'a aucun souci. De malheureux rats, qui n'ont pas de quoi manger et qui ne peuvent sortir de leurs mauvais trous, sans être guettés par un chat, viennent demander à leur camarade heureux quelques miettes de fromage. Il ferme sa porte en leur disant que leurs malheurs ne le regardent point.

De même la fourmi laisse mourir de faim et de froid la pauvre cigale.

Ce sont de mauvais cœurs !

3° Questions à faire. — Qu'auriez-vous fait à la place du rat ?

Est-ce que vous auriez voulu donner à vos camarades une part de votre bonheur ?

La fourmi fait-elle bien de ne pas donner un seul petit grain à la cigale ?

Si vous étiez dans une maison bien chaude, avec beaucoup de provisions pour passer l'hiver, et qu'un pauvre, transi de froid, mourant de faim, vienne vous demander un peu de pain, que feriez-vous ?

100ᵉ Maxime

1° Maxime. — Faire écrire au tableau : *Morale*. — *100ᵉ Maxime : Plus l'homme vit en dehors de son égoïsme, plus il se sent amélioré et heureux* (au bas de la page 649 du livre de l'élève).

2° Développement. — Bien que vous soyez tout petits, mes enfants, et que votre jugement ne soit pas très développé, il y a certaines pensées très sérieuses sur lesquelles il est bon d'attirer votre attention. Telle est celle-ci : Il ne faut pas ne penser qu'à soi, il faut surtout penser aux autres. Vous ne désirez presque tous qu'une seule chose : bien jouer, bien travailler et avoir tout ce qui vous fait plaisir. C'est déjà beaucoup, mais ce n'est pas suffisant. Réfléchissez que vous n'êtes pas seuls sur la terre et que si vous voulez être heureux et vous faire aimer, il faut penser aux autres. Or, et c'est là le plus difficile, pour penser aux autres il faut se sacrifier soi-même.

Un enfant bon prouvera qu'il n'est pas égoïste en partageant avec ses camarades le superflu ou même le nécessaire qu'il reçoit, en cédant la meilleure place, en se privant de jouer pour s'occuper d'un plus petit que lui.

Il prouvera encore qu'il n'est pas égoïste en ne réclamant jamais rien avant que ses frères et sœurs n'aient eu ce qu'ils désiraient.

3° Conclusion. — *Essayez, mes enfants, quoi qu'il vous en coûte, de vous sacrifier pour faire plaisir. La satisfaction que vous éprouverez et l'amitié qu'on vous portera vous feront comprendre combien il est doux de s'oublier pour penser aux autres.*

101ᵉ Maxime

1° Maxime. — Faire écrire au tableau : *Morale*. — *101ᵉ Maxime : Le devoir consiste à aimer les autres plus que soi-même* (au bas de la page 649 du livre de l'élève).

2° Développement. — Voilà qui va vous paraître encore bien difficile. Aimez les autres plus que vous-mêmes. Pourtant c'est un devoir, mes enfants, et les hommes ne pourraient vivre en bonne intelligence si chacun d'eux ne pensait qu'à son bien-être et à sa propre satisfaction.

Voyez, du reste, ce qui arrive lorsqu'on met en pratique cette belle maxime. Quand on aime les autres plus que soi-même, on évite de leur faire de la peine, on leur vient en aide s'ils sont malheureux ; s'ils sont méchants, on essaye de les rendre bons ; s'ils sont malades, on leur porte secours.

Vous avez mille occasions de prouver à vos camarades que vous les aimez plus que vous-mêmes. Ainsi, en récréation, cherchez toujours le jeu qui leur fera le plus de plaisir, quand bien même cela vous ennuierait ; faites tout votre possible pour distraire ceux qui sont tristes et malheureux ; que vos compagnons infirmes soient surtout l'objet de votre sollicitude ; soyez patients avec eux et recherchez leur société, si peu gaie qu'elle soit.

En agissant ainsi vous prouverez que vous avez un cœur généreux et que votre bonheur est de faire le bonheur des autres.

3° Conclusion. — *Si vous voulez être aimés, mes enfants, sachez sacrifier vos petites fantaisies pour faire plaisir aux autres. Si vous savez faire, autant que possible, le bonheur de vos semblables, vous ne songerez pas au vôtre, car vous vous trouverez parfaitement heureux en faisant le bien.*

74° ENTRETIEN. — IL FAUT AIMER QUELQU'UN PLUS QUE SOI-MÊME

1° Entretien. — Faire écrire au tableau : *Morale.* — *Il faut aimer quelqu'un plus que soi-même (page 650).*

Lire cet entretien aux élèves (en haut de la page 650 du livre de l'élève).

2° Développement. — Le vrai moyen de s'améliorer, c'est d'aimer quelqu'un si profondément qu'on serait prêt à mourir pour lui. Cette affection, qui remplit tout notre cœur, détruit presque tous nos défauts, en tuant un des plus vilains : l'égoïsme.

Il y a des chiens, ainsi que nous venons de le lire, qui viennent se coucher sur la tombe de leurs maîtres et se laissent mourir de faim. Le sentiment qui inspire ces animaux est très beau.

Aimez, mes enfants, aimez de toutes vos forces les personnes qui sont bonnes pour vous.

3° Questions à faire. — Est-ce que vous seriez prêts à mourir pour sauver la vie d'une personne que vous aimez ?

Voulez-vous faire, un de ces jours, l'expérience du gâteau et me dire si ce qu'on partage n'est pas meilleur que ce que l'on mange tout seul ?

Si un de vos amis était dans une maison en feu, est-ce que vous vous jetteriez dans les flammes pour essayer de le sauver ?

102° MAXIME

1° Maxime. — Faire écrire au tableau : *Morale.* — *102° Maxime : Sois pour ton ami ce que tu voudrais être pour toi-même* (au milieu de la page 650 du livre de l'élève).

2° Développement. — J'ai bien observé, mes enfants, les petites amitiés qui se forment à l'école et voici ce que j'ai vu.

Quelques écoliers prennent pour amis des camarades plus jeunes parce qu'ils peuvent en faire ce qu'ils veulent ; ils savent que ceux-ci leur céderont toujours et qu'ils seront toujours prêts à leur rendre service.

D'autres prendront pour amis les plus fortunés afin de profiter un peu de leur bien-être.

D'autres, enfin, choisiront ceux vers lesquels ils se sentent attirés. Leur amitié est tout à fait désintéressée : ils aideront leurs amis dans leurs études, se réjouiront avec eux des succès remportés, s'affligeront de leurs peines. Souvent ils se priveront d'une partie de plaisir pour passer quelques heures avec leurs amis.

De ces trois catégories d'enfants quels sont ceux qui aiment véritablement ? Ce sont les derniers, direz-vous, et vous aurez raison, mes enfants.

Un ami c'est un autre nous-même, ce doit être plus que nous-même ; pensons d'abord à lui, nous penserons à nous ensuite. Il n'y a pas, du reste, de plus grand bonheur que de faire plaisir à ceux qu'on aime.

3° Conclusion. — Avant de choisir un ami, mes enfants, réfléchissez bien au choix que vous faites et, quand vous l'aurez fait, ne manquez jamais aux devoirs de l'amitié.

75ᵉ Entretien. — LA SYMPATHIE

1° Entretien. — Faire écrire au tableau : *Morale. — La sympathie (page 650).*

Lire cet entretien aux élèves (au milieu de la page 650 du livre de l'élève).

2° Développement. — Il faut penser à tous ceux qui souffrent et faire tout ce qu'on peut pour les soulager. Mettez-vous à la place de ceux qui sont malheureux et faites pour eux ce que vous voudriez qu'on fît pour vous-mêmes.

Il est bien triste, quand on souffre, d'être tout seul, abandonné, sans famille, sans amis. On a besoin d'entendre de bonnes paroles, de sentir que quelqu'un nous plaint.

Ayez bon cœur, mes enfants, pensez aux malheureux.

3° Questions à faire. — Pensez-vous quelquefois, quand vous avez chaud, qu'il y a des enfants qui grelottent de froid?

Est-ce que vous êtes bien heureux de ne pas être à leur place? Voudriez-vous faire quelque chose pour les soulager?

Consentiriez-vous à avoir moins chaud pour qu'ils aient moins froid?

Vous priveriez-vous d'un plat de votre dîner pour le donner à ceux qui meurent de faim?

Plaignez-vous beaucoup ceux qui sont moins heureux que vous?

103ᵉ Maxime

1° Maxime. — Faire écrire au tableau : *Morale. — 103ᵉ Maxime: La douleur, c'est le mal des autres* (au bas de la page 650 du livre de l'élève).

2° Développement. — Pour un cœur vraiment bon, il n'y a pas de plus grande douleur que de voir souffrir les autres.

Que de fois a-t-on vu de petits enfants pleurer devant une infirmité quelconque! Combien en a-t-on vu d'autres verser le contenu de leur petite bourse dans la main des indigents!

Un enfant sensible ne dira jamais une parole offensante à ses camarades ni aux domestiques, parce qu'il sait que cela leur fait de la peine. Jamais il ne taquinera les animaux, parce qu'il sait que les animaux souffrent comme nous.

S'il peut soulager une personne malade, il le fait; il ne peut voir pleurer autour de lui sans que son petit cœur se gonfle et sans que de grosses larmes coulent de ses yeux. Ces enfants-là ne sont pas rares, car la sensibilité est le partage de l'enfance.

3° Conclusion. — *Conservez cette sensibilité, attendrissez-vous toujours sur les souffrances d'autrui et cherchez à les soulager si vous le pouvez. Vous oublierez vos petits chagrins en pensant à ceux des autres.*

104° Maxime

1° Maxime. — Faire écrire au tableau : *Morale.* — *104° Maxime: Il y aurait de quoi faire bien des heureux avec le bonheur qui se perd en ce monde* (au bas de la page 650 du livre de l'élève).

2° Développement. — Pour vous, mes enfants, ces paroles signifient qu'il y aurait bien des petits affamés à nourrir avec le pain que les écoliers jettent tous les jours ; qu'il serait facile de vêtir quelques malheureux avec les sous qu'ils dépensent en friandises.

Que les paresseux qui ne comprennent pas la nécessité de l'instruction et la joie que procure l'étude se disent aussi qu'ils prennent la place de pauvres enfants qui n'ont pas comme eux de bons parents pour s'occuper d'eux et les envoyer à l'école. Que ceux qui, laissant de côté, sans les lire, les beaux livres tout dorés et magnifiquement reliés qu'ils ont reçus, pensent au bonheur qu'éprouveraient ces pauvres petits enfants qui, les yeux brillants de convoitise, s'arrêtent devant la boutique des libraires, désireux de posséder un de ces livres pour pouvoir lire les belles histoires qu'il contient.

Enfin, que les enfants volontaires et exigeants comparent leur sort à celui des orphelins. Ceux-là sont bien obligés de se contenter du peu qu'on leur donne et souvent, pourtant, ils manquent du nécessaire.

3° Conclusion. — *Tâchez de comprendre le bonheur que vous avez de posséder de bons parents, d'être bien vêtus et bien nourris, et de pouvoir aller en classe où vous apprenez des choses si intéressantes.*

Appréciez ce bonheur et ne gaspillez ni votre temps, ni votre argent.

76° Entretien. — DÉVOUEMENT A LA FAMILLE

1° Entretien. — Faire écrire au tableau : *Morale.* — *Dévouement à la famille* (page 651).

Lire cet entretien aux élèves (page 654 du livre de l'élève).

MORALE : LE DÉVOUEMENT. 411

2º Développement. — Voilà de bien beaux exemples ! Cette jeune fille infirme, qui travaille courageusement pour faire vivre son père aveugle, et ce jeune homme de seize ans, qui sait être un chef de famille parfait, vous montrent ce que vous devez être pour vos parents, vos frères, vos sœurs. Vous avez de grands devoirs à remplir vis-à-vis de votre famille. Si vos parents ne peuvent plus travailler, vous devez trouver le moyen de gagner honnêtement votre vie et la leur ; si vos parents meurent en laissant sous votre garde de petits frères et de petites sœurs, vous devez être capables d'élever ces jeunes enfants, comme si vous étiez leur père ou leur mère.

3º Questions à faire. — Si le père, dont le travail vous nourrit, devenait aveugle ou infirme, que feriez-vous ?

Apprenez-vous un métier pour pouvoir gagner de l'argent, le jour où il le faudra ?

Est-ce que vous seriez capables de remplacer vos parents auprès de vos petits frères et sœurs ?

Est-ce que vous ne leur donnez jamais que de bons exemples ?

Êtes-vous prêts à sacrifier tout ce qui vous plaît pour rendre service à votre famille ?

105º MAXIME

1º Maxime. — Faire écrire au tableau : *Morale. — 105º Maxime: Enfants, vous devez à vos vieux parents les soins que vous reçûtes d'eux dans vos premières années* (au bas de la page 651 du livre de l'élève).

2º Développement. — Vous savez, mes enfants, quels sont, pour le moment, vos devoirs envers vos parents ; vous devez les aimer, leur obéir et les respecter. Mais plus tard lorsque vos parents seront vieux, vous devrez leur rendre tous les soins qu'ils vous auront donnés dans votre enfance. S'ils sont infirmes, vous devez les garder, les soigner, les nourrir, les entourer de mille prévenances et avoir surtout beaucoup de patience. Estimez-vous encore très heureux si vous avez le bonheur de veiller sur leurs vieux jours. Peut-être une maladie cruelle, un accident viendront-ils les enlever trop tôt à votre affection ?

Dans ce cas et si vous avez des frères et sœurs, vous aurez d'autres devoirs à remplir.

Remplaçant alors le père et la mère, vous devrez veiller sur vos plus jeunes frères et travailler pour eux comme l'auraient fait vos parents. Rappelez-vous, mes enfants, qu'il n'y a rien de plus beau et de meilleur au monde que la famille.

3° Conclusion. — *Pendant que vous êtes jeunes, aimez bien vos parents, allégez leur tâche et ne leur faites pas de peine. Peut-être auriez-vous à vous le reprocher plus tard?*

77ᵉ Entretien. — DÉVOUEMENT A L'AMITIÉ

1° Entretien. — Faire écrire au tableau : *Morale. — Dévouement à l'amitié (page 652).*

Lire cet entretien aux élèves (en haut de la page 652 du livre de l'élève).

2° Développement. — Vous voyez quelle belle amitié unit Damon et Pythias, quelle confiance ils ont l'un dans l'autre! Damon s'offre avec joie pour mourir à la place de Pythias. Celui-ci pourrait ne pas revenir, s'il tenait à sa vie plus qu'à celle de Damon ; mais il ne veut pas que son ami meure pour lui. Il arrive à l'heure du supplice. Damon est malheureux de le voir revenir. Il aurait eu tant de joie à mourir à sa place.

Denys le Jeune admire une si belle amitié et fait grâce à Pythias.

3° Questions à faire. — Voudriez-vous avoir un ami, comme Damon, qui consentirait à mourir pour vous ?

Et vous, seriez-vous prêts à donner votre vie pour sauver celle d'un ami ?

Voulez-vous faire tout ce que vous pourrez pour mériter d'avoir des amis dévoués ?

Que ferez-vous pour leur témoigner votre affection ?

106ᵉ Maxime

1° Maxime. — Faire écrire au tableau : *Morale. — 106° Maxime: Le dévouement n'est pas contraire à l'amour de la vie, c'est un devoir supérieur* (au milieu de la page 652 du livre de l'élève).

2° Développement. — Se dévouer, mes enfants, c'est sacrifier ses intérêts, sa vie même pour sauver un de ses semblables. Quand ce semblable est votre ami, votre dévouement ne doit pas avoir de bornes.

Vous n'aurez guère, dans votre enfance, l'occasion d'exposer votre vie. Cependant, mes enfants, on cite assez souvent des exemples d'enfants très jeunes, ayant arraché à une mort certaine plusieurs personnes. Une occasion peut se présenter aussi pour vous et peut-être aurons-nous ici de petits héros. Chaque fois que vous le pourrez et quand cela sera nécessaire, n'hésitez pas à vous dévouer.

Ne dites pas, comme ceux qui sont lâches : « Il nous est défendu de nous ôter la vie. Si donc je secours cette personne, je vais au-devant du danger et je m'expose à une mort certaine. » Dites, au contraire : « Ces malheureux vont périr, ils attendent qu'on vienne à leur secours ; allons, et tâchons de les sauver. »

3° Conclusion. — *Soyez braves, mes petits amis, et si jeunes que vous soyez, portez secours à ceux qui sont en danger. Surtout, ce qui vous est plus facile, sachez sacrifier votre temps pour calmer une souffrance. Car c'est encore se dévouer que de passer ses jours auprès d'un malade ou de consacrer ses loisirs à la distraction d'un pauvre infirme.*

107° Maxime

1° Maxime. — Faire écrire au tableau : *Morale. — 107° Maxime : On se dévoue en s'oubliant soi-même* (au milieu de la page 652 du livre de l'élève).

2° Développement. — Le dévouement ne se raisonne pas. Le médecin qui soigne une maladie contagieuse, le pompier qui va au-devant du feu, le soldat qui affronte l'ennemi ne pensent pas à eux. Ils ne voient qu'une seule chose : des hommes comme eux, des frères, qui sont en danger de mort. Ils ne reviendront peut-être pas. Peu importe, ils auront fait l'impossible pour sauver leurs semblables.

A ce sublime sentiment, mes enfants, on oppose la lâcheté. Vous vous donnez quelquefois cette épithète entre camarades, et vous comprenez très bien ce que cela veut dire. Le lâche, c'est celui qui recule devant le danger quel qu'il soit, qui laisse aux autres le soin de se délivrer quand ils sont en péril. C'est leur égoïsme qui les pousse à agir ainsi ; c'est parce qu'ils pensent à eux avant de penser aux autres.

3° Conclusion. — *Vous pouvez vous dévouer, mes enfants, si jeunes que vous soyez. Comment ? En vous oubliant pour ne penser qu'aux autres. Il n'est pas besoin pour cela de faire des actions brillantes. Un enfant qui se prive de jeu pour aider ses parents dans leurs travaux, qui s'occupe de ses frères et sœurs, fait preuve de dévouement, car il sacrifie son temps, son plaisir et sa santé.*

78ᵉ Entretien. — DÉVOUEMENT A L'HUMANITÉ

1° Entretien. — Faire écrire au tableau : *Morale*. — *Dévouement à l'humanité (page 652).*

Lire cet entretien aux élèves (au milieu de la page 652 du livre de l'élève).

2° Développement. — Tous les savants, qui font des expériences dangereuses, n'exposent pas leur vie pour s'amuser. Ils aiment l'humanité et veulent la préserver de malheurs et de maladies. Pline, en s'exposant à l'éruption du Vésuve, espérait sauver beaucoup de monde et pouvoir, lorsqu'il y aurait de nouvelles éruptions, prévenir les gens de ce qui allait se passer et les faire fuir à temps. Il périt victime de son dévouement à la science, c'est-à-dire victime de son amour pour ses semblables.

3° Questions à faire. — A la place de Pline, en voyant le commencement de l'éruption du volcan, est-ce que vous vous seriez sauvés bien vite, ou bien est-ce que vous seriez restés pour voir ce qui se passait et sauver du monde ?

Comprenez-vous qu'on se jette dans le feu pour sauver quelqu'un ?

Que pensez-vous des médecins, qui, lorsqu'il y a une maladie terrible dans un pays, la peste par exemple, vont soigner les gens de ce pays, au risque de contracter la maladie ?

108ᵉ Maxime

1° Maxime. — Faire écrire au tableau : *Morale*. — *108ᵉ Maxime: Quiconque n'aime pas l'humanité, n'est pas un homme ; c'est une chose* (au bas de la page 652 du livre de l'élève).

2° Développement. — Savez-vous, mes enfants, ce que signifient ces mots : être un homme. On vous dit à tout instant : « Plus tard, quand tu seras homme ! » si on s'adresse à une petite fille on dit : « Quand tu seras femme ! » Cela veut dire que, quand avec les années votre intelligence et votre jugement se seront développés; quand vous aurez amassé dans votre cœur des trésors de bonté, de charité, de patience, d'amour ; quand enfin vous comprendrez que le devoir de chacun de nous est de se rendre utile et qu'il faut faire le plus d'heureux possible, alors vous serez un homme, vous serez une femme.

Mais si vous n'êtes restés que des égoïstes et si vous avez fui la société des hommes, vous ressemblerez à un meuble inutile qui occupe une place qu'il ne mérite pas. Au lieu de vous dévouer pour vos

MORALE : LE DÉVOUEMENT

frères vous profiterez de leur travail, vous prendrez ainsi ce qui ne vous appartient pas.

Voudriez-vous, mes enfants, qu'on vous adresse ces paroles? Non, n'est-ce pas? Vous avez trop de cœur et vous êtes trop heureux et trop fiers quand vous pouvez rendre service.

3° Conclusion. — *Aimez-vous les uns les autres et montrez, dès maintenant, par les services que vous rendez que vous ne serez jamais des inutiles.*

79° ENTRETIEN. — JOIES DE L'ABNÉGATION

1° Entretien. — Faire écrire au tableau : *Morale. — Joies de l'abnégation (page 653).*

Lire cet entretien aux élèves (page 653 du livre de l'élève).

2° Développement. — Vous voyez qu'en s'oubliant soi-même pour faire du bien aux autres, on se procure beaucoup de bonheur. Voilà un prince qui était comblé de richesses, entouré de gens qui cherchaient à l'amuser. Il s'ennuyait, il était malheureux. Dès qu'il a été obligé de penser aux autres, d'aller porter des cadeaux aux pauvres, il est devenu gai. Si l'oubli de soi-même, l'abnégation, est toujours un bonheur, vous comprenez qu'il y a des cas où c'est un devoir.

3° Questions à faire. — Que penseriez-vous d'un médecin qui refuserait de venir vous soigner, parce que vous auriez une maladie contagieuse ?

Que diriez-vous d'un commandant de navire qui quitterait le premier son bateau en train de faire naufrage ?

N'est-ce pas une joie de penser aux autres ?

Quand vous vous occupez de faire plaisir à un ami, n'êtes-vous pas contents de vous ?

Quand vous vous privez de quelque chose pour le donner aux pauvres, n'êtes-vous pas heureux ?

109° MAXIME

1° Maxime. — Faire écrire au tableau : *Morale. — 109° Maxime : Petits que nous sommes, nous avons en nous quelque chose qui est grand : l'abnégation* (au bas de la page 653 du livre de l'élève).

2° Développement. — Ce grand mot vous effraye peut-être, mes enfants. Mais qu'est-ce donc que l'abnégation? C'est l'oubli de soi-même, c'est le contraire de l'amour-propre dont nous avons parlé. L'homme qui a de l'abnégation est le contraire de l'égoïste qui n'aime que soi ou qui se préfère à tous les autres.

Vous avez tous sous les yeux un bel exemple d'abnégation : vos mères. Voyez avec quelle sollicitude elles s'occupent de vous, comme elles pensent à vous; elles ne comptent pas leur fatigue, elles oublient même leurs souffrances pour ne penser qu'aux vôtres. Que de parents se privent du nécessaire pour donner à leurs enfants ce dont ils ont besoin!

Sans abnégation, point de dévouement. Une petite fille qui ne pense qu'à elle et à se parer n'est qu'une poupée; un petit garçon qui ne pense qu'à lui-même est un égoïste; l'un et l'autre ne sont ni aimables, ni aimés.

3° Conclusion. — *Que ceux d'entre vous qui sont pauvres et qui sont souvent obligés de se priver ne murmurent pas Qu'ils se soumettent de bon cœur et n'augmentent pas, par leurs plaintes, la peine de ceux qui les élèvent.*

Que ceux qui sont dans l'aisance fassent de petits sacrifices dans leurs vêtements, leur nourriture, la recherche de leurs fantaisies. Vous vous ferez aimer les uns et les autres et vous trouverez qu'il fait bon vivre quand on est aimé et heureux.

110° Maxime

1° Maxime. — Faire écrire au tableau: *Morale.* — *110° Maxime: Quel fruit dois-je attendre de la vertu? La vertu, elle est à elle-même sa récompense* (au bas de la page 653 du livre de l'élève).

2° Développement. — Nous terminons aujourd'hui, mes enfants, nos leçons de morale. Si vous les avez toutes bien comprises, comme je l'espère, si vous avez essayé de mettre en pratique les conseils qu'elles renferment, quel fruit en aurez-vous retiré? Jetez avec moi un coup d'œil en arrière, rappelez-vous ce que vous étiez l'année dernière et voyez si vous avez fait des progrès.

Vous étiez paresseux, êtes-vous devenus travailleurs? Vous étiez taquins, peu complaisants, êtes-vous devenus complaisants et charitables? Vous étiez batailleurs, rapporteurs, vous accordez-vous bien maintenant avec vos camarades?

Aimez-vous à rendre service? êtes-vous gais? Si votre conscience vous donne des réponses satisfaisantes, vous aurez fait de grands progrès dans la vertu.

Le gérant : PAUL DUPONT.

MORALE : LE DÉVOUEMENT

Déjà maintenant ne vous semble-t-il pas que vous avez beaucoup grandi et pourtant vous n'avez qu'un an de plus? Oui, mais vous avez en plus et les efforts que vous avez faits sur votre caractère et ceux que vous vous proposez de faire. C'est là la vertu qui nous élève moralement.

3° Conclusion. — Vous aurez souvent des défaillances, vous commettrez encore bien des fautes, mais si vous avez la ferme volonté de vous corriger, si vous êtes pénétrés surtout de l'amour de vos semblables, vous deviendrez des hommes et des femmes accomplis.

80ᵉ Entretien. — L'ABNÉGATION EST TOUTE LA MORALE

1° Entretien. — Faire écrire au tableau : *Morale. — L'abnégation est toute la morale (page 654).*
Lire cet entretien aux élèves (page 654 du livre de l'élève).

2° Développement. — Vous avez vu, mes enfants, quels sont vos principaux devoirs. Vous savez ce que vous devez faire pour devenir de braves gens, utiles à la société. Rappelez-vous, avant toutes choses, que vous devez être bons et vous sacrifier pour procurer du plaisir à autrui.

Aimez-vous les uns les autres et ce que vous voudriez qu'on vous fît à vous-mêmes, faites-le à autrui.

3° Questions à faire. — Quel est le plus grand de tous nos devoirs ?

Comment prouverez-vous aux hommes que vous les aimez ?

Seriez-vous contents de mourir pour sauver votre patrie ?

Donneriez-vous aussi volontiers votre vie pour guérir l'humanité d'une grande maladie et sauver beaucoup d'hommes ?

Êtes-vous prêts à tout souffrir pour épargner une douleur à votre famille et à vos amis ?

Si vous pouviez choisir votre mort, ne voudriez-vous pas mourir d'une façon utile ?

RÉSUMÉ DU DIXIÈME MOIS

1. Faire écrire au tableau : *Morale. — Résumé du dixième mois (page 654).*
2. Faire apprendre ce résumé (page 654 du livre de l'élève).
3. Faire réciter ce résumé.

4. Lire la conclusion suivante :

Conclusion du dixième mois. — Voici, mes enfants, nos leçons de morale terminées. Vous montrerez que vous les avez comprises par votre bonne conduite à la maison et à l'école. Je ne vous demanderai pas si vous aimez vos parents plus que l'année dernière, car je sais que vous les avez toujours aimés, mais si vous avez su leur prouver davantage votre affection par votre prévenance, votre respect et votre désir de leur être utiles.

Cherchez-vous à contenter votre maître, aimez-vous à rendre service à vos camarades, sacrifiez-vous quelquefois votre bien-être, vos fantaisies pour satisfaire vos camarades ? Si vous pouvez répondre affirmativement à toutes ces questions, vous pouvez être contents de vous, vous avez profité largement des leçons qui vous ont été données. Continuez, mes enfants, ne vous découragez pas et vous ferez certainement l'honneur de vos familles et de votre patrie.

ENSEIGNEMENT CIVIQUE

Dixième Mois
du Cours élémentaire

L'INSTRUCTION PUBLIQUE

37ᵉ Leçon — INSTRUCTION OBLIGATOIRE

1° Leçon. — Faire écrire au tableau : *Enseignement civique.— Instruction obligatoire (page 655).*
Faire apprendre la leçon (page 655 du livre de l'élève).

2° Interrogations. — 1. Poser les questions 1, 2, 3 et 4 (au bas de la page 655 du livre de l'élève).

2. Poser les questions suivantes se rapportant au récit :
Le petit Pierre avait-il une bonne conduite ?
Que firent ses parents pour essayer de le corriger ?
Pierre se rendait-il bien régulièrement à l'école ?
Quand ne fit-il plus l'école buissonnière ?
Faites le portrait de Pierre devenu un bon écolier.
Que nous prouve la transformation de Pierre ?

38ᵉ Leçon. — DIFFÉRENTS ORDRES D'ENSEIGNEMENT

1° Leçon. — Faire écrire au tableau : *Enseignement civique.— Différents ordres d'enseignement (page 656).*
Faire apprendre la leçon (page 656 du livre de l'élève).

2° Interrogations. — 1. Poser les questions 1, 2, 3 et 4 (au bas de la page 656 du livre de l'élève).

2. Poser les questions suivantes se rapportant au récit :
Combien de temps Pierre resta-t-il à l'école communale ?
Comment employa-t-il ces cinq années ?
Tout en aimant l'étude, que lui préférait-il ?
Comment se manifestait son goût pour les travaux des champs ?
Quelle carrière choisit-il quand il fut devenu homme ?

39ᵉ Leçon. — ÉCOLES, FACULTÉS DE L'ÉTAT

1° Leçon. — Faire écrire au tableau : *Enseignement civique.— Écoles, Facultés de l'État (page 657).*
Faire apprendre la leçon (page 657 du livre de l'élève).

2° Interrogations. — 1. Poser les questions 1, 2, 3, 4 et 5 (au bas de la page 657 du livre de l'élève).

2. Poser les questions suivantes se rapportant au récit :
Quelle proposition fit aux parents de Pierre un notable du pays ?
En quittant l'école communale, où alla Pierre ?
Comment se conduisit-il dans cette nouvelle école ?
Quelle place occupa Pierre, quand il revint au pays ?
Grâce à lui, quelle fut l'existence de ses parents ?

40ᵉ Leçon. — LE MINISTÈRE DE L'INSTRUCTION PUBLIQUE

1° Leçon. — Faire écrire au tableau : *Enseignement civique.— Le ministère de l'instruction publique (page 658).*
Faire apprendre la leçon (page 658 du livre de l'élève).

2° Interrogations. — 1. Poser les questions 1, 2, 3 et 4 (au bas de la page 658 du livre de l'élève).

2. Poser les questions suivantes se rapportant au récit :
Comment Sophie avait-elle passé le Certificat d'études primaires ?
Dites les paroles de félicitation que lui adresse l'inspecteur primaire.
Cette histoire ne vous donne-t-elle pas le désir d'imiter Sophie ?
Que faut-il que vous fassiez pour arriver au même résultat ?

ENSEIGNEMENT CIVIQUE : L'INSTRUCTION PUBLIQUE

3° Explication de la figure. — La figure 9 (livre de l'élève et livre du maître) représente une petite fille, la petite Sophie, à l'examen du Certificat d'Études. Trois messieurs, les examinateurs, sont placés devant une table chargée de livres et de papiers. Celui du milieu est levé : c'est l'inspecteur primaire. Il a l'air bien bon et serre dans sa main la petite main de Sophie ; en même temps il adresse à la fillette des paroles de félicitation pour la façon brillante dont elle a passé l'examen.

Fig. 9. — Sophie à l'examen du Certificat d'Études.

On voit encore au tableau les traces du calcul que Sophie a fait. La petite fille peut être fière et heureuse ; dans quelques jours elle recevra le diplôme qui n'est que la juste récompense du devoir accompli.

4° Résumé du dixième mois. — **1.** Dicter aux élèves le résumé suivant :

L'*instruction* est *obligatoire* en France et il n'est pas permis à un Français de ne savoir ni lire ni écrire.

Il y a *deux ordres différents d'enseignement* :

L'*enseignement libre* donné par toute personne reconnue capable d'instruire et l'*enseignement de l'État* donné par des professeurs choisis par le gouvernement.

Il y a trois degrés d'enseignement : l'*enseignement primaire*, seul obligatoire ; l'*enseignement secondaire* et l'*enseignement supérieur*.

L'enseignement primaire se donne dans les *écoles maternelles* et les *écoles communales*.

L'enseignement secondaire se donne dans les *lycées* et les *collèges*.

L'enseignement supérieur se donne dans des écoles appelées *Facultés*.

L'*Université de France* est la réunion de tous les professeurs attachés à l'*État*. Tous ses membres obéissent au *ministère de l'instruction publique*.

L'instruction est surveillée et administrée par les *délégués cantonaux*, les *inspecteurs d'académie*, les *recteurs* et les *inspecteurs généraux*.

2. Corriger ce devoir écrit.

LANGUE FRANÇAISE
Grammaire et Récitation

Dixième Mois
du Cours élémentaire

**181ᵉ ET 182ᵉ Leçons. — REVISION GÉNÉRALE.
LES MOTS. — LA PROPOSITION**

1° Leçons. — Faire écrire au tableau : *Langue française.* — Revision générale : les mots; la proposition (page 659).
Faire apprendre les leçons (page 659 du livre de l'élève).

2° Interrogations. — Poser des questions sur les mots; la proposition (page 659 du livre de l'élève).

3° Exercices oraux. — 1. Faire trouver aux élèves les voyelles contenues dans les mots suivants :

→ Pioche *(i, o, e)*; ballon *(a, o)*; toupie *(o, u, i, e)*; lime *(i, e)*; herbe *(e, e)*; vendange *(e, a, e)*; lapin *(a, i)*; oiseau *(o, i, e, a, u)*; hibou *(i, o, u)*; sou *(o, u)*; clou *(o, u)*.

2. Faire trouver aux élèves les consonnes contenues dans les mots de l'exercice précédent :

→ Pioche *(p, c, h)*; ballon *(b, l, l, n)*; toupie *(t, p)*; lime *(l, m)*; herbe *(h, r, b)*; vendange *(v, n, d, n, g)*; lapin *(l, p, n)*; oiseau *(s)*; hibou *(h, b)*; sou *(s)*; clou *(c, l)*.

3. Faire nommer aux élèves les voyelles simples, puis des voyelles composées, telles que :

→ A, e, i, o, u, y.
  Ai, ou, eu, aie, oi.

4. Faire trouver aux élèves des mots renfermant chacun au moins une consonne composée, tels que :

→ Chat, chambre, chagrin, photographe, aiguille, fille, vigne, agneau.

5. Faire trouver aux élèves des phrases très simples renfermant chacune : un sujet, un verbe, un attribut, telles que :

→ La neige est blanche. — Le marbre est dur. — Les pies sont bavardes. — Les étoiles sont innombrables. — Les Gaulois étaient braves.

4° Dictées n° 361 à n° 364. — Faire faire l'une des quatre dictées suivantes, selon la force des élèves :

DICTÉE N° 361 (1re année)

La petite fille de notre voisine va à l'école maternelle [1]. — Les personnes aimables sont généralement aimées de tout le monde. — Ce petit garçon paresseux est trop gâté par sa faible grand'mère. — Les hommes savants sont toujours modestes [2]. — Petits enfants, aimez les fleurs [3], elles sont si jolies. — Le domestique de notre fermier [4] est courageux [5] et intelligent.

Explication des mots. — [1] *École maternelle* : école où on reçoit les enfants trop jeunes pour aller à l'école primaire. — [2] *Modeste* : qui a de la réserve, de la modération en parlant de soi. — [3] *Fleur* : partie de la plante généralement colorée ; la fleur renferme plusieurs parties qui en se développant deviennent le fruit. — [4] *Fermier* : homme qui prend à ferme, qui loue une exploitation agricole. — [5] *Courageux* : qui supporte sans se plaindre le péril, la souffrance.

Corrigé de la dictée. — Corriger ou faire corriger la dictée avant d'en indiquer les applications.

Interrogations. — Qu'est-ce que l'*école maternelle*? Que signifie *modeste*? Qu'est-ce que la *fleur*? un *fermier*? Que signifie *courageux*?
→ (Voir les explications ci-dessus.)

Applications écrites. — 1. Écrire les trois premières phrases de la dictée en séparant les syllabes de chaque mot :
→ La pe-ti-te fil-le de no-tre voi-si-ne va à l'é-co-le ma-ter-nel-le. — Les per-son-nes ai-ma-bles sont gé-né-ra-le-ment ai-mées de tout le mon-de. — Ce pe-tit gar-çon pa-res-seux est trop gâ-té par sa fai-ble grand'mè-re.

2. Écrire les deux dernières phrases de la dictée, souligner les voyelles :
→ Petits enfants, aimez les fleurs, elles sont si jolies. — Le domestique de notre fermier est courageux et intelligent.

DICTÉE N° 362 (2e année)

LES GAULOIS [1]

Les Gaulois étaient grands. Ils avaient la peau blanche, les cheveux roux et ils portaient une longue moustache. Ils aimaient à faire la chasse aux animaux sauvages [2] qui étaient très nombreux dans leurs grandes forêts [3]. Ils aimaient aussi à aller à la guerre [4] ; ils étaient courageux, mais bruyants [5] et querelleurs [6]. Les Gaulois avaient des vêtements aux couleurs éclatantes et des bijoux brillants [7].

Explication des mots. — [1] *Gaulois* : premiers habitants de la Gaule ;

la France s'appelait autrefois la Gaule. — ²*Animaux sauvages :* animaux qui vivent dans les bois. — ³*Forêt :* grande étendue de terrain plantée d'arbres. — ⁴*Guerre :* lutte entre deux peuples à l'aide d'armes meurtrières. — ⁵*Bruyants :* qui font beaucoup de bruit. — ⁶*Querelleurs :* qui aiment à se disputer, à se quereller. — ⁷*Bijoux brillants :* bijoux qui ont beaucoup d'éclat, qui attirent les regards.

Corrigé de la dictée. — Corriger ou faire corriger la dictée avant d'en indiquer les applications.

Interrogations. — Qu'est-ce que les *Gaulois ?* les *animaux sauvages ?* les *forêts ?* la *guerre ?* Que signifie *bruyants ? querelleurs ?* Que signifie *bijoux brillants ?*
→ (Voir les explications ci-dessus.)

Applications écrites. — 1. Écrire les deux premières phrases de la dictée en séparant les syllabes de chaque mot :
→ Les Gau-lois é-taient grands. Ils a-vaient la peau blan-che, les che-veux roux et ils por-taient u-ne lon-gue mous-ta-che.

2. Écrire la troisième phrase de la dictée, en soulignant les voyelles :
→ Ils a**i**ma**ie**nt à fa**i**re la chasse a**u**x an**i**ma**u**x sa**u**vages qu**i** éta**ie**nt très nombr**eu**x dans l**eu**rs grandes forêts.

3. Écrire la dernière phrase de la dictée, en soulignant les consonnes :
→ **Les Gaulois avaient des vêtements** aux **couleurs éclatantes et des bijoux brillants.**

DICTÉE N° 363 (1ʳᵉ année)

On va de Marseille¹ à Alger² en vingt heures. — Notre ami a un immense jardin, il fait de l'horticulture³. — Au commencement de l'hiver⁴, nous donnons des vêtements chauds aux pauvres. — Cette cheminée ne tire⁵ pas bien, nous allons la faire ramoner⁶. — Ne soyez pas des enfants capricieux⁷ ou boudeurs. — Ne touchez pas au grand couteau de la cuisine, vous vous couperiez.

Explication des mots. — ¹*Marseille :* chef-lieu du département des Bouches-du-Rhône, le plus grand port et la ville la plus ancienne de France. — ²*Alger :* capitale de l'Algérie, colonie française. — ³*Horticulture :* art de cultiver les jardins. — ⁴*Hiver :* saison froide qui dure du 22 décembre au 21 mars. — ⁵*La cheminée ne tire pas :* il n'y a pas dans la cheminée un courant d'air froid suffisamment fort. — ⁶*Ramoner :* nettoyer le tuyau d'une cheminée, en ôter la suie. — ⁷*Capricieux :* qui a des fantaisies, une grande inégalité d'humeur.

Corrigé de la dictée. — Corriger ou faire corriger la dictée avant d'en indiquer les applications.

Interrogations. — Qu'est-ce que *Marseille ? Alger ? l'horticulture ? l'hiver ?* Que signifie *la cheminée ne tire pas ? ramoner ? capricieux ?*
→ (Voir les explications ci-dessus.)

Applications écrites. — 1. Écrire la première phrase de la dictée en soulignant les voyelles :
→ **O**n v**a** d**e** M**a**rs**ei**lle **à** **A**lg**e**r **e**n v**i**ngt h**eu**res.

2. Écrire la seconde phrase de la dictée en soulignant les consonnes :
→ **N**o**tr**e ami a u**n** i**mm**e**ns**e **j**a**rd**i**n**, i**l f**ai**t** **d**e **l'h**o**r**ti**c**u**lt**u**r**e.

3. Écrire les mots de la dictée qui ont un e muet :
→ De, Marseille, en, heures, notre, immense, de, horticulture, commencement, de, vêtements, pauvres, cette, cheminée, ne, tire, bien, faire, ne, enfants, capricieux, boudeurs, ne, couteau, de, cuisine, couperiez.

DICTÉE N° 364 (2ᵉ année)

LA BONNE PETITE FILLE

Rose traversait la rue avec un panier au bras. Près d'elle, une toute petite fille qui courait est tombée lourdement[1] à terre et s'est fait mal. J'ai vu Rose poser son panier, relever la petite fille et lui frotter de la main la bosse[2] qu'elle avait au front. Puis elle consola[3] la petite fille qui pleurait, l'embrassa, et, de son pas léger, elle continua son chemin.

Explication des mots. — [1]*Lourdement* : pesamment. — [2]*Bosse* : enflure causée par la chute, contusion. — [3]*Consola* : calma le chagrin.

Corrigé de la dictée. — Corriger ou faire corriger la dictée avant d'en indiquer les applications.

Interrogations. — Que signifie *lourdement* ? Qu'est-ce qu'une *bosse* ? Quel est le sens du mot *consola* ?
→ (Voir les explications ci-dessus.)

Applications écrites. — 1. Écrire les mots de la dictée qui ont un e fermé :
→ Panier, tombée, et, poser, panier, relever, et, frotter, et, léger.
2. Écrire les mots de la dictée qui ont un e ouvert :
→ Traversait, avec, près, elle, est, terre, est, elle, elle, elle.
3. Écrire les mots de la dictée qui ont une consonne double :
→ Traversait, bras, près, frotter, front, pleurait, embrassa.
4. Écrire les deux premières phrases de la dictée en indiquant entre parenthèses les sujets, les verbes et les attributs :
→ Rose (sujet) traversait (*était*, verbe, *traversant*, attribut) la rue avec un panier au bras. Près d'elle, une toute petite fille (sujet) qui (sujet) courait (*était*, verbe, *courant*, attribut) est (verbe) tombée (attribut) lourdement à terre et s'est fait (*a été*, verbe, *faisant*, attribut) mal.

5° **Exercices écrits**. — Indiquer les exercices écrits à faire parmi ceux des pages 659 et 660 du livre de l'élève (exercices 778 à 782).

RÉPONSES AUX EXERCICES 778 à 782

778. — Dans les mots suivants mettre les accents convenables : ete, caractere, caleche, peche, frere, guepe, bete, creme, pere, etoffe, epitre.
→ Été, caractère, calèche, pêche, frère, guêpe, bête, crème, père, étoffe, épître.

[779]. — 1° Souligner dans les phrases suivantes les consonnes simples :
→ La **médecine** emploie une grande **quantité** de **plantes** : de la mauve, de la guimauve, de la chicorée, du persil, du chiendent, du cerfeuil, du cresson, de la réglisse, de la menthe, de l'ortie, du céleri, du lierre et du plantain.

2° Recopier ces phrases, souligner les consonnes doubles :
→ La médecine emploie une grande quantité de plantes : de la mauve, de la guimauve, de la chicorée, du persil, du chiendent, du cerfeuil, du cresson, de la réglisse, de la menthe, de l'ortie, du céleri, du lierre et du plantain.

780. — Distinguer, en indiquant entre parenthèses, les noms, les verbes et les adjectifs des phrases suivantes :
→ Minet (nom) est (verbe) beau (adjectif). Il a (verbe) le museau (nom) rose (adjectif). Ses yeux (nom) sont (verbe) vifs (adjectif) et doux (adjectif), sa queue (nom) longue (adjectif) et touffue (adjectif), son poil (nom) soyeux (adjectif), sa pose (nom) gracieuse (adjectif). Minet (nom) est (verbe) aimant (adjectif) et caressant (adjectif), surtout à l'heure (nom) du repas (nom). Il marche (verbe) avec agilité (nom) sur les toits (nom) élevés (participe pris adjectivement). La nuit (nom), il ouvre (verbe) ses yeux (nom) tout grands (adjectif). Minet (nom) saute (verbe), léger (adjectif) et hardi (adjectif), d'un toit (nom) sur l'autre.

781. — Indiquer entre parenthèses le sujet, le verbe, l'attribut dans les propositions suivantes :
→ L'écolier (sujet) dessine (est, verbe, dessinant, attribut). — Le ministre (sujet) parle (est, verbe, parlant, attribut). — L'institutrice (sujet) travaille (est, verbe, travaillant, attribut). — Le maître (sujet) est (verbe) bon (attribut). — Les médecins (sujet) soulagent (sont, verbe, soulageant, attribut). — Les juges (sujet) écoutent (sont, verbe, écoutant, attribut). — Son cheval (sujet) est (verbe) malade (attribut).

782. — Indiquer entre parenthèses les compléments du sujet et les compléments de l'attribut dans les propositions suivantes :
→ Le raisin de cette vigne (de cette vigne, complément du sujet le raisin) donne de bon vin (de bon vin, complément de l'attribut donnant). — Le tisserand du canton (du canton, complément du sujet le tisserand) a beaucoup d'ouvrage (beaucoup d'ouvrage, complément de l'attribut ayant). — Les juges du tribunal (du tribunal, complément du sujet les juges) viennent de condamner (de condamner, complément de l'attribut venant) le coupable. — Les cantonniers de la route départementale (de la route départementale, complément du sujet les cantonniers) travaillent chaque jour (chaque jour, complément de l'attribut travaillant). — La couturière de la ville (de la ville, complément du sujet la couturière) est recherchée par les dames riches (par les dames riches, complément de l'attribut recherchée).

6° Morceau à apprendre. — Indiquer un morceau de récitation à apprendre, après l'avoir expliqué (pages 501 à 505 du livre du maître).

7° Récitation et correction. — 1. Faire réciter le morceau. — 2. Corriger les applications de la dictée et les exercices écrits qui ont été indiqués.

183ᵉ ET 184ᵉ Leçons. — REVISION GÉNÉRALE (Suite)
LE NOM

1° Leçons. — Faire écrire au tableau : *Langue française. — Revision générale (suite) : le nom (page 661).*
Faire apprendre les leçons (page 661 du livre de l'élève).

2° Interrogations. — Poser des questions sur le nom (page 661 du livre de l'élève).

3° Exercices oraux. — 1. Faire trouver aux élèves des noms communs, puis des noms propres, tels que :
→ *(Noms communs :)* Table, règle, plume, encre, arbre, plante, fleur, chien, cheval, perroquet, soldat, troupe, papier, verre.
(Noms propres :) Paris, Seine, Charlemagne, Napoléon Iᵉʳ, Louis XIV, Carnot, Gambetta, France.

2. Faire trouver aux élèves les noms féminins correspondant aux noms masculins suivants : ami, parent, cousin, voisin, marchand, acteur, vendeur, bienfaiteur, hôte.
→ Amie, parente, cousine, voisine, marchande, actrice, vendeuse, bienfaitrice, hôtesse.

3. Faire trouver aux élèves le pluriel des noms masculins suivants : table, tableau, bateau, cheveu, licou, chou, éventail, bail, bal, journal, soupirail.
→ Tables, tableaux, bateaux, cheveux, licous, choux, éventails, baux, bals, journaux, soupiraux.

4. Faire nommer aux élèves les noms terminés au singulier par *ou* qui prennent *x* au pluriel, et les noms terminés au singulier par *ail*, qui changent *ail* en *aux* :
→ *(Noms en ou :)* Bijou, caillou, chou, genou, hibou, joujou, pou.
(Noms en ail :) Bail, corail, émail, soupirail, travail, vantail, vitrail.

5. Faire trouver le pluriel de : aïeul, ciel, œil.
→ Aïeux, cieux, yeux.

4° Dictées nᵒ 365 à nᵒ 368. — Faire faire l'une des quatre dictées suivantes, selon la force des élèves :

DICTÉE Nᵒ 365 (1ʳᵉ année)

L'instituteur de ce village laisse une partie de son jardin aux bons élèves ; ceux-ci ont semé des carottes[1], des oignons[2], des laitues[3]. — La guerre de 1870[4] fut désastreuse pour la France qui fut obligée de céder à l'Allemagne l'Alsace et la Lorraine[5] et dut s'engager à payer cinq milliards de francs. — Les principales cultures de l'Indo-Chine[6] sont le riz[7], le cotonnier[8], la canne à sucre[9], le thé[10], le café[11]. — Ce dessinateur refuse de s'éclairer avec des bougies, il demande une lampe à huile[12]. — Le marquis de Montcalm[13] a défendu avec un grand courage notre belle colonie du Canada[14].

Explication des mots. — [1] *Carotte* : plante potagère dont on mange la racine. — [2] *Oignon* : plantes potagère que l'on cultive pour ses bulbes. — [3] *Laitue* : plante potagère cultivée pour ses feuilles. — [4] *Guerre de 1870* : guerre entre la France et la Prusse, sous le règne de Napoléon III. — [5] *Alsace et Lorraine* : provinces situées à l'Est de la France. — [6] *Indo-Chine* : grande presqu'île située au Sud de l'Asie. — [7] *Riz* : plante céréale cultivée dans les pays chauds et humides. — [8] *Cotonnier* : plante dont on utilise le duvet qui enveloppe les graines pour faire des tissus. — [9] *Canne à sucre* : plante d'où l'on extrait le sucre. — [10] *Thé* : arbrisseau dont les feuilles spécialement préparées servent à faire une infusion. — [11] *Café* : plante dont les graines brûlées et moulues servent à faire une infusion. — [12] *Huile* : corps gras liquide que l'on retire de certaines graines. — [13] *Marquis de Montcalm* : général français envoyé sous le règne de Louis XV pour défendre nos colonies dans l'Amérique du Nord, et qui fut tué à Québec. — [14] *Canada* : pays de l'Amérique du Nord qui était autrefois colonie française et qui appartient maintenant à l'Angleterre.

Corrigé de la dictée. — Corriger ou faire corriger la dictée avant d'en indiquer les applications.

Interrogations. — Qu'est-ce que la *carotte* ? l'*oignon* ? la *laitue* ? la *guerre de 1870* ? l'*Alsace* et la *Lorraine* ? Où est située l'*Indo-Chine* ? Qu'est-ce que le *riz* ? le *cotonnier* ? la *canne à sucre* ? le *thé* ? le *café* ? une *huile* ? Qui était le *marquis de Montcalm* ? Qu'est-ce que le *Canada* ?

→ (Voir les explications ci-dessus.)

Applications écrites. — 1. Écrire les noms propres contenus dans la dictée :

→ France, Allemagne, Alsace, Lorraine, Indo-Chine, Montcalm, Canada.

2. Écrire les noms de la dictée qui sont du genre masculin :

→ Instituteur, village, jardin, élèves, oignons, milliards, francs, riz, cotonnier, thé, café, dessinateur, marquis, courage.

3. Écrire tous les noms de la dictée qui sont au pluriel :

→ Élèves, carottes, oignons, laitues, milliards, francs, cultures, bougies.

DICTÉE N° 366 (2ᵉ année)

LA MER [1]

Nous trouvons dans le fond de la mer des hauteurs, des vallées[2], des plaines, des profondeurs, des rochers ; nous voyons aussi que toutes les îles[3] ne sont que les sommets de vastes montagnes dont le pied[4] plonge dans l'eau. La mer renferme encore des milliers d'habitants de différentes espèces, ainsi que des plantes, des mousses[5] et des végétaux très singuliers.

Explication des mots. — [1] *Mer* : grande étendue d'eau salée. — [2] *Vallée* : région encaissée entre deux montagnes ou deux chaînes de montagnes. — ³*Ile* : partie de terre entourée d'eau de tous côtés. — ⁴*Pied* : base, partie inférieure d'une montagne. — ⁵*Mousses* : plantes sans fleurs, qui ne produisent pas de graines. La mousse pousse dans les endroits humides.

Corrigé de la dictée. — Corriger ou faire corriger la dictée avant d'en indiquer les applications.

Interrogations. — Qu'est-ce que la *mer* ? une *vallée* ? une *île* ? le *pied* d'une montagne ? les *mousses* ?

→ (Voir les explications ci-dessus.)

Applications écrites. — 1. Écrire les mots de la dictée qui ont une voyelle composée :

→ Nous, trouvons, hauteurs, plaines, profondeurs, nous, aussi, que, toutes, que, eau, ainsi, que, mousses, végétaux.

2. Écrire les noms de la dictée qui sont du genre féminin :

→ Mer, mer, hauteurs, vallées, plaines, profondeurs, îles, montagnes, eau, mer, espèces, plantes, mousses.

3. Mettre au singulier tous les noms qui, dans la dictée, sont au pluriel :

→ Hauteur, vallée, plaine, profondeur, rocher, île, sommet, montagne, millier, habitant, espèce, plante, mousse, végétal.

DICTÉE N° 367 (1ʳᵉ année)

LE CHAT

Le chat est joli, léger, adroit et propre ; il aime ses aises[1] et cherche les meubles les plus doux pour se reposer. Les jeunes chats pourraient amuser les enfants, s'ils ne donnaient pas si souvent des coups de patte. Ils guettent[2] les oiseaux, les souris, les rats[3] et sont très habiles[4] à cette chasse. Les chats s'attachent à la maison qu'ils habitent, mais ils n'aiment pas leur maître.

Explication des mots. — ¹*Aime ses aises* : recherche les commodités et ne veut être ni gêné, ni dérangé. — ²*Guettent* : observent secrètement le moment où ils pourront prendre. — ³*Les souris et les rats* : petits quadrupèdes rongeurs. — ⁴*Habiles* : adroits.

Corrigé de la dictée. — Corriger ou faire corriger la dictée avant d'en indiquer les applications.

Interrogations. — Que signifie *aime ses aises* ? *guettent* ? Qu'est-ce que *les souris et les rats* ? Que signifie *habiles* ?

→ (Voir les explications ci-dessus.)

Applications écrites. — 1. Écrire les mots de la dictée qui ont une consonne composée :

→ Chat, chat, cherche, chats, pourraient, donnaient, patte, guettent, chasse, chats, s'attachent.

2. Écrire les noms de la dictée qui sont au féminin singulier :

→ Patte, chasse, maison.

3. Écrire le nom de la dictée qui s'écrit au pluriel comme au singulier :

→ Souris.

4. Écrire le singulier du mot *oiseaux* et donner la règle de la formation du pluriel dans les noms terminés par *eau* :

→ Oiseau. — Les noms terminés au singulier par *eau* forment leur pluriel en ajoutant un x au singulier.

DICTÉE N° 363 (2° année)

LE SUCRE [1]

Le sucre n'est connu en Europe que depuis les croisades [2]. Les anciens avaient à sa place le miel [3]. On tire le sucre de la canne à sucre [4] ou de la betterave [5]. Les cannes ou les betteraves sont écrasées, puis leur jus est chauffé ; ce jus, converti en sirop, est évaporé et se cristallise. Les cristaux [6] formés par l'évaporation [7] donnent la cassonade que transforme le raffineur [8]. Le liquide qui reste se nomme mélasse.

Explication des mots. — [1] *Sucre* : substance très douce et agréable que l'on extrait de certains végétaux. — [2] *Croisades* : expéditions entreprises par les chrétiens, au moment de la féodalité, pour délivrer le tombeau de Jésus-Christ qui était aux mains des musulmans. — [3] *Miel* : substance que les abeilles composent avec le suc des fleurs. — [4] *Canne à sucre* : plante des pays chauds. — [5] *Betterave* : plante potagère dont les racines sont grosses, charnues et sucrées. — [6] *Cristaux* : ce que l'on obtient lorsqu'un corps passe de l'état liquide à l'état solide par le refroidissement. — [7] *Évaporation* : transformation lente d'un liquide en vapeur. — [8] *Raffineur* : celui qui rend le sucre plus pur et plus fin.

Corrigé de la dictée. — Corriger ou faire corriger la dictée avant d'en indiquer les applications.

Interrogations. — Qu'est-ce que le *sucre* ? les *croisades* ? le *miel* ? la *canne à sucre* ? la *betterave* ? des *cristaux* ? l'*évaporation* ? un *raffineur* ?
→ (Voir les explications ci-dessus.)

Applications écrites. — 1. Écrire les noms contenus dans la dictée :
→ Sucre, sucre, Europe, croisades, anciens, place, miel, sucre, canne à sucre, betterave, cannes, betteraves, jus, jus, sirop, cristaux, évaporation, cassonade, raffineur, liquide, mélasse.
2. Écrire les verbes contenus dans la dictée :
→ Est connu, avaient, tire, sont écrasées, est chauffé, converti, est évaporé, cristallise, formés, donnent, transforme, reste, nomme.

5° Exercices écrits. — Indiquer les exercices écrits à faire parmi ceux des pages 661 et 662 du livre de l'élève (exercices 783 à 793).

RÉPONSES AUX EXERCICES 783 à 793

[783]. — Souligner les noms de personnes :
→ Nous devons aimer de toutes nos forces notre **père** et notre **mère** et, après eux, nos autres **parents** : nos **frères** et nos **sœurs**, nos **grands-pères** et nos **grand'mères**, nos **oncles** et nos **tantes**, nos **neveux** et nos **nièces**, nos **cousins** et nos **cousines**.

784. — Souligner les noms de choses :
→ Je vois dans ma **classe** la **porte**, les **fenêtres**, les **tables**, les **bancs**, le **bureau**, le **tableau**, les **cartes**, les **modèles** et la **craie**. — J'ai dans ma **gibecière** des **livres**, des **cahiers**, des **plumes**, un **porte-plume**, un **crayon**, une **règle** et un **encrier**.

[785]. — Indiquer, entre parenthèses, dans les deux exercices précédents, le genre et le nombre de chaque nom commun :
→ Nous devons aimer de toutes nos forces (fém. plur.) notre père (masc. sing.) et notre mère (fém. sing.) et, après eux, nos autres parents (masc. plur.) : nos frères (masc. plur.) et nos sœurs (fém. plur.), nos grands-pères (masc. plur.) et nos grand'mères (fém. plur.), nos oncles (masc. plur.) et nos tantes (fém. plur.), nos neveux (masc. plur.) et nos nièces (fém. plur.), nos cousins (masc. plur.) et nos cousines (fém. plur.). — Je vois dans ma classe (fém. sing.) la porte (fém. sing.), les fenêtres (fém. plur.), les tables (fém. plur.), les bancs (masc. plur.), le bureau (masc. sing.), le tableau (masc. sing.), les cartes (fém. plur.), les modèles (masc. plur.) et la craie (fém. sing.). — J'ai dans ma gibecière (fém. sing.) des livres (masc. plur.), des cahiers (masc. plur.), des plumes (fém. plur.), un porte-plume (masc. sing.), un crayon (masc. sing.), une règle (fém. sing.) et un encrier (masc. sing.).

786. — Souligner les noms propres dans les phrases suivantes :
→ Les principales ville de la **France** sont : **Paris, Lyon, Marseille, Bordeaux, Lille, Nantes, Rouen, Toulouse, Saint-Étienne** et **Toulon**. — Les **Parisiens**, les **Lyonnais** et les **Marseillais** sont actifs. Les **Lillois** et les **Rouennais** sont industrieux. Les **Bordelais** et les **Nantais** sont courageux.

787. — Même exercice pour la phrase suivante :
→ Dans l'histoire de la **Révolution** française, les noms de **Louis XVI, Mirabeau, Camille Desmoulins, Robespierre,** madame **Roland, Kléber, Marceau, Desaix, Bonaparte, Lavoisier, Condorcet, Monge** reviennent souvent.

788. — Indiquer entre parenthèses, dans les deux exercices précédents, le genre et le nombre de chaque nom propre :
→ Les principales villes de la France (fém. sing.) sont : Paris (masc. sing.), Lyon (masc. sing.), Marseille (fém. sing.), Bordeaux (masc. sing.), Lille (fém. sing.), Nantes (fém. sing.), Rouen (fém. sing.), Toulouse (fém. sing.), Saint-Étienne (masc. sing.) et Toulon (masc. sing.). — Les Parisiens (masc. plur.), les Lyonnais (masc. plur.) et les Marseillais (masc. plur.) sont actifs. Les Lillois (masc. plur.) et les Rouennais (masc. plur.) sont industrieux. Les Bordelais (masc. plur.) et les Nantais (masc. plur.) sont courageux.
Dans l'histoire de la Révolution (fém. sing.) française, les noms de Louis XVI (masc. sing.), Mirabeau (masc. sing.), Camille Desmoulins (masc. sing.), Robespierre (masc. sing.), madame Roland (fém. sing.), Kléber (masc. sing.), Marceau (masc. sing.), Desaix (masc. sing.), Bonaparte (masc. sing.), Lavoisier (masc. sing.), Condorcet (masc. sing.), Monge (masc. sing.) reviennent souvent.

789. — Mettre au féminin les noms suivants : lion, chien, chat, gardien, voleur, menteur, tailleur, boulanger, épicier, acheteur, passager, instituteur, inspecteur, baron, maître.
→ Lionne, chienne, chatte, gardienne, voleuse, menteuse, tailleuse, boulangère, épicière, acheteuse, passagère, institutrice, inspectrice, baronne, maîtresse.

790. — Mettre au masculin les noms suivants : brebis, jument, vache, lionne, Louise, Julie, actrice, Ernestine, boulangère, chatte.
→ Mouton, cheval, bœuf, lion, Louis, Jules, acteur, Ernest, boulanger, chat.

791. — Mettre au pluriel les noms communs des deux exercices précédents :
→ Lions, chiens, chats, gardiens, voleurs, menteurs, tailleurs, boulangers, épiciers, acheteurs, passagers, instituteurs, inspecteurs, barons, maîtres.

Lionnes, chiennes, chattes, gardiennes, voleuses, menteuses, tailleuses, boulangères, épicières, acheteuses, passagères, institutrices, inspectrices, baronnes, maîtresses.

Brebis, juments, vaches, lionnes, actrices, boulangères, chattes.
Moutons, chevaux, bœufs, lions, acteurs, boulangers, chats.

[792]. — Mettre au pluriel : une feuille, la poire, le feu, le sabot, sa voix, ce prix, cette brebis, son chapeau, le puits, la perdrix, le clou, le genou, ce chou, le verrou, un bijou, un amiral, ce maréchal, ton journal, le bail, le corail, un général, ce bétail, un aïeul, le ciel, mon œil, le nez.

→ Des feuilles, les poires, les feux, les sabots, ses voix, ces prix, ces brebis, ses chapeaux, les puits, les perdrix, les clous, les genoux, ces choux, les verrous, des bijoux, des amiraux, ces maréchaux, tes journaux, les baux, les coraux, des généraux, ces bestiaux, des aïeux, les cieux, mes yeux, les nez.

793. — Mettre au singulier : ces coraux, les maréchaux, les fous, ses bijoux, les cartes, trois feux, les chevaux, les hiboux, les nez, deux puits, quatre croix, deux bocaux, ces hôpitaux, leurs voix, les incendies, quatre prix.

→ Ce corail, le maréchal, le fou, son bijou, la carte, un feu, le cheval, le hibou, le nez, un puits, une croix, un bocal, cet hôpital, leur voix, l'incendie, un prix.

6° Analyse grammaticale *(Deuxième année)*. — Donner à faire aux élèves de deuxième année l'analyse grammaticale suivante :

Analyse grammaticale n° 37. — Pensons toujours à ceux qui souffrent. — Aimons l'humanité. — L'abnégation est l'oubli de soi.

→ Pensons	v. neutre *penser*, 1re conj., mode imp., temps prés., 1re pers. du plur.
toujours	adverbe.
à	prép.
ceux	pron. démonst., 3° pers. du plur., compl. indirect de *pensons*.
qui	pron. conjonctif, 3° pers. du plur., sujet de *souffrent*; son antécédent est *ceux*.
souffrent	v. neutre *souffrir*, 2° conj., mode ind., temps prés., 3° pers. du plur.
Aimons	v. actif *aimer*, 1re conj., mode imp., temps prés., 1re pers. du plur.
l'	art. élidé, mis pour *la*, fém. sing., annonce que *humanité* est déterminé.
humanité	n. comm., fém. sing., compl. direct de *aimons*.
L'	art. élidé, mis pour *la*, fém. sing., annonce que *abnégation* est déterminé.
abnégation	n. comm., fém. sing., sujet de *est*.
est	v. subst. *être*, 4° conj., mode ind., temps prés., 3° pers. du sing.
l'	art. élidé, mis pour *le*, masc. sing., annonce que *oubli* est déterminé.
oubli	n. comm., masc. sing., attribut de *abnégation*.
de	prép.
soi	pron. pers., 3° pers. du sing., complément déterminatif de *oubli*.

Le gérant : PAUL DUPONT

LANGUE FRANÇAISE : REVISION GÉNÉRALE

7° Morceau à apprendre. — Indiquer un morceau de récitation à apprendre, après l'avoir expliqué, ou un morceau, déjà appris, à repasser (pages 501 à 505 du livre du maître).

8° Récitation et correction. — 1. Faire réciter le morceau. 2. Corriger les applications de la dictée, l'analyse grammaticale les exercices écrits qui ont été indiqués.

185° ET 186° LEÇONS. — REVISION GÉNÉRALE (Suite)
L'ADJECTIF

1° Leçons. — Faire écrire au tableau : *Langue française.— Révision générale (suite) : l'adjectif (page 663).*
Faire apprendre les leçons (page 663 du livre de l'élève).

2° Interrogations. — Poser des questions sur l'adjectif (page 663 du livre de l'élève).

3° Exercices oraux. — 1. Faire trouver aux élèves le féminin des adjectifs suivants : léger, familier, aigu, contigu, pareil, cruel, secret, coquet, inquiet, veuf, naïf, roux, faux, doux, gras, gros, épais, menteur.

→ Légère, familière, aiguë, contiguë, pareille, cruelle, secrète, coquette, inquiète, veuve, naïve, rousse, fausse, douce, grasse, grosse, épaisse, menteuse.

2. Faire trouver aux élèves le féminin des adjectifs suivants : beau, nouveau, fou, mou, vieux.

→ Belle, nouvelle, folle, molle, vieille.

3. Faire trouver aux élèves le féminin des adjectifs suivants : blanc, franc, sec, frais, public, caduc, turc, grec.

→ Blanche, franche, sèche, fraîche, publique, caduque, turque, grecque.

4. Faire nommer aux élèves les adjectifs démonstratifs :

→ Ce, cet, cette, ces.

5. Faire nommer aux élèves les adjectifs possessifs :

→ Mon, ton, son, ma, ta, sa, notre, votre, leur, mes, tes, ses, nos, vos, leurs.

4° Dictées n° 369 à n° 372. — Faire faire l'une des quatre dictées suivantes, selon la force des élèves :

DICTÉE N° 369 (1re année)

MA POUPÉE

J'aime beaucoup ma poupée ; elle a dans ma chambre une chambre à elle, meublée avec un lit garni de rideaux, une armoire à linge, une table, un fauteuil. Ma poupée porte des robes et des chapeaux semblables aux miens ; c'est moi qui confectionne[1] ses robes et ses chapeaux. Ma poupée est ma petite confidente[2], je lui raconte tous mes chagrins et aussi toutes mes joies.

Explication des mots. — [1] *Confectionne* : taille et coud. — [2] *Confidente* : personne à qui on confie ses secrets, ses pensées.

Corrigé de la dictée. — Corriger ou faire corriger la dictée avant d'en indiquer les applications.

Interrogations. — Que signifie *confectionne* ? Qu'est-ce qu'une *confidente* ?

→ (Voir les explications ci-dessus.)

Applications écrites. — 1. Écrire les verbes contenus dans la dictée :
→ Aime, a, meublée, garni, porte, est, confectionne, est, raconte.

2. Écrire les noms contenus dans la dictée :
→ Poupée, poupée, chambre, chambre, lit, rideaux, armoire, linge, table, fauteuil, poupée, robes, chapeaux, robes, chapeaux, poupée, confidente, chagrins, joies.

3. Aux noms de la dictée, ajouter un adjectif qualificatif :
→ (*Exemple :*) Grande poupée, belle poupée, chambre spacieuse, chambre vaste, petit lit, rideaux rouges, armoire ancienne, linge neuf, table ronde, fauteuil moelleux, jolie poupée, robes bleues, chapeaux élégants, petite poupée, confidente discrète, chagrins amers, joies vives.

DICTÉE N° 370 (2ᵉ année)

L'EAU[1]

L'eau de source[2] est bonne à boire, mais tout le monde n'a pas d'eau de source. L'eau de fleuve[3] et de puits[4] peut très bien servir à nos divers usages, à la condition que cette eau soit bouillie. L'eau débarrassée par la chaleur de ses germes nuisibles[5] est inoffensive[6]. Pendant une épidémie[7] employons de l'eau bouillie. L'hygiène[8] nous commande de veiller à l'extrême propreté de nos puits et de nos fontaines.

Explication des mots. — [1] *Eau* : liquide incolore répandu à la surface du globe. — [2] *Eau de source* : eau qui sort naturellement du sol. — [3] *Eau de fleuve* : eau moins pure que l'eau de source, car le fleuve en coulant entraîne de nombreuses impuretés. — [4] *Puits* : trou profond creusé dans la terre pour tirer de l'eau. — [5] *Germes nuisibles* : qui peuvent nuire à la santé. — [6] *Inoffensive* : qui ne peut faire aucun mal. — [7] *Épidémie* : maladie qui atteint un grand nombre de personnes à la fois. — [8] *Hygiène* : ensemble des règles à suivre pour conserver la santé.

Corrigé de la dictée. — Corriger ou faire corriger la dictée avant d'en indiquer les applications.

Interrogations. — Qu'est-ce que l'*eau* ? l'*eau de source* ? l'*eau de fleuve* ? Qu'est-ce qu'un *puits* ? Qu'appelle-t-on *germes nuisibles* ? Que signifie *inoffensive* ? Qu'est-ce qu'une *épidémie* ? l'*hygiène* ?

→ (Voir les explications ci-dessus.)

Applications écrites. — 1. Écrire les noms de la dictée qui sont au masculin :
→ Monde, fleuve, puits, usages, germes, puits.

2. Écrire les noms de la dictée qui sont au féminin :
→ Eau, eau, source, eau, source, eau, condition, eau, eau, chaleur, épidémie, eau, hygiène, propreté, fontaines.
3. Écrire les adjectifs qualificatifs contenus dans la dictée :
→ Bonne, divers, nuisibles, inoffensive, extrême.

DICTÉE N° 371 (1re année)

Cet enfant est jaloux[1], il ne sera jamais heureux. — Le cordonnier met des clous aux souliers neufs de ce petit garçon turbulent[2]. — Le bel éventail[3] de Germaine est dans le tiroir de la commode. — Un joli ruisseau[4] traverse notre jardin, son eau claire et limpide[5] est bonne à boire. — On admire un joli visage, on aime un enfant affectueux.

Explication des mots. — [1] *Jaloux* : envieux ; celui qui ressent du chagrin, du dépit, lorsque son prochain éprouve quelque satisfaction. — [2] *Turbulent* : qui remue beaucoup. — [3] *Éventail* : objet dont on se sert pour agiter l'air afin de se rafraîchir. — [4] *Ruisseau* : petit cours d'eau qui se jette dans un autre cours d'eau plus grand. — [5] *Limpide* : transparente.

Corrigé de la dictée. — Corriger ou faire corriger la dictée avant d'en indiquer les applications.

Interrogations. — Que signifie *jaloux* ? *turbulent* ? Qu'est-ce qu'un *éventail* ? un *ruisseau* ? Que signifie *limpide* ?
→ (Voir les explications ci-dessus.)

Applications écrites. — 1. Écrire les adjectifs qualificatifs contenus dans la dictée :
→ Jaloux, heureux, neufs, petit, turbulent, bel, joli, claire, limpide, bonne, joli, affectueux.

2. Écrire les verbes de la dictée qui ont un nom comme sujet et indiquer ce nom entre parenthèses :
→ Est (enfant), met (cordonnier), est (éventail), traverse (ruisseau), est (eau).

3. Écrire les verbes de la dictée qui ont un pronom comme sujet et indiquer ce pronom entre parenthèses :
→ Sera (il), admire (on), aime (on).

DICTÉE N° 372 (2e année)

LE LOUP[1]

Lorsque les courses du loup ne lui rapportent rien, il retourne au fond des bois, cherche, chasse les animaux sauvages ; il pense qu'un autre loup les arrêtera, les saisira, et qu'ils partageront la dépouille[2]. Enfin, lorsque le besoin est extrême[3], il s'expose à tout, attaque les femmes, les enfants, même les hommes et souvent entre dans une furie qui se termine par la rage[4] et la mort.

Explication des mots. — [1] *Loup* : animal qui ressemble à un chien de forte taille. Le loup est féroce et dévore les animaux plus petits que lui et sans défense, surtout les moutons. — [2] *Dépouille* : tout ce que l'on prend a l'ennemi. — ³*Extrême* : très grand. — *Rage :* terrible maladie caractérisée par le besoin de mordre et par une salive propre à transmettre la maladie.

Corrigé de la dictée. — Corriger ou faire corriger la dictée avant d'en indiquer les applications.

Interrogations. — Qu'est-ce qu'un *loup ?* la *dépouille ?* Que signifie *extrême ?* Qu'est-ce que la *rage ?*
→ (Voir les explications ci-dessus.)

Applications écrites. — 1. Écrire les verbes de la dictée et les faire précéder de leur sujet :
→ Courses rapportent, il retourne, il (sous-entendu) cherche, il (sous-entendu) chasse, il pense, loup arrêtera, loup (sous-entendu) saisira, ils partageront, besoin est, il expose, il (sous-entendu) attaque, il (sous-entendu) entre ; qui termine.

2. Écrire les verbes de la dictée qui ont un complément direct et indiquer ce complément :
→ Rapportent rien ; cherche, chasse les animaux ; les arrêtera ; les saisira ; partageront la dépouille ; s'expose ; attaque les femmes, les enfants, les hommes ; se termine.

3. Écrire les verbes de la dictée qui ont un complément indirect et indiquer ce complément :
→ Lui rapportent, expose à tout, entre dans une furie, termine par la rage.

5° Exercices écrits. — Indiquer les exercices écrits à faire parmi ceux de la page 664 du livre de l'élève (exercices 794 à 804).

RÉPONSES AUX EXERCICES 794 à 804

[794]. — Souligner les adjectifs qualificatifs :
→ Le rossignol est **petit, frêle**. Il n'a pas un **brillant** plumage. Il est simplement vêtu et de couleur **brune**. Il n'est pas, dit-on, très **habile** à faire son nid. Il ne sait que chanter, mais, quand il chante, tout fait silence pour écouter sa chanson, tantôt **vive, éclatante, joyeuse** ; tantôt plus **douce**, plus **lente**, presque **triste**.

795. — Mettre au féminin les adjectifs placés entre parenthèses : Une élève (bavard). — Une robe (gris). — Une jument (capricieux). — Une femme (oisif). — L'hirondelle (prisonnier). — Une blessure (ancien). — Une personne (grondeur). — Une robe (neuf) et (étroit). — Une muraille (contigu). — Une jaquette (pareil). — Une maladie (mortel). — Une personne (muet). — La fille (indiscret). — Cette fille (modeste), utile à sa mère. — Sa camarade (fier). — La chaleur (vif). — Une parole (accusateur).
→ Une élève bavarde. — Une robe grise. — Une jument capricieuse. — Une femme oisive. — L'hirondelle prisonnière. — Une blessure ancienne. — Une personne grondeuse. — Une robe neuve et étroite. — Une muraille contiguë. — Une jaquette pareille. — Une maladie mortelle. — Une personne muette. — La fille indiscrète. — Cette fille modeste, utile à sa mère. — Sa camarade fière. — La chaleur vive. — Une parole accusatrice.

796. — Mettre l'exercice précédent au pluriel :
→ Des élèves bavardes. — Des robes grises. — Des juments capricieuses. — Des femmes oisives. — Les hirondelles prisonnières. — Des blessures anciennes. — Des personnes grondeuses. — Des robes neuves et étroites. — Des murailles contiguës. — Des jaquettes

pareilles. — Des maladies mortelles. — Des personnes muettes. — Les filles indiscrètes. — Ces filles modestes, utiles à leur mère. — Ses camarades fières. — Les chaleurs vives. — Des paroles accusatrices.

797. — Mettre au féminin : Un beau paletot, une ... robe. — Ce nouveau jouet, cette ... surprise. — Un homme fou, une femme .... — Un fruit mou, une poire .... — Son vieux chat, sa ... chatte. — Un manteau blanc, une mantille ... . — Un garçon franc, une petite fille ... . — Un fruit sec, une amande ... . — Le matin frais, la soirée ... . — Un bal public, une fête ... . — Le règlement caduc, la réglementation .... — Le bateau turc, la barque ... . — Le territoire grec, la province ... .

→ Un beau paletot, une *belle* robe. — Ce nouveau jouet, cette *nouvelle* surprise. — Un homme fou, une femme *folle*. — Un fruit mou, une poire *molle*. — Son vieux chat, sa *vieille* chatte. — Un manteau blanc, une mantille *blanche*. — Un garçon franc, une petite fille *franche*. — Un fruit sec, une amande *sèche*. — Le matin frais, la soirée *fraîche*. — Un bal public, une fête *publique*. — Le règlement caduc, la réglementation *caduque*. — Le bateau turc, la barque *turque*. — Le territoire grec, la province *grecque*.

798. — Mettre au pluriel l'exercice précédent :
→ De beaux paletots, de belles robes. — Ces nouveaux jouets, ces nouvelles surprises. — Des hommes fous, des femmes folles. — Des fruits mous, des poires molles. — Ses vieux chats, ses vieilles chattes. — Des manteaux blancs, des mantilles blanches. — Des garçons francs, des petites filles franches. — Des fruits secs, des amandes sèches. — Les matins frais, les soirées fraîches. — Des bals publics, des fêtes publiques. — Les règlements caducs, les réglementations caduques. — Les bateaux turcs, les barques turques. — Les territoires grecs, les provinces grecques.

799. — Remplacer les points par l'adjectif convenable : Un beau livre, un ... ouvrage. — Ton nouveau costume, ton ... habit. — Un désir fou, un ... espoir. — Votre vieux camarade, votre ... ami.
→ Un beau livre, un *bel* ouvrage. — Ton nouveau costume, ton *nouvel* habit. — Un désir fou, un *fol* espoir. — Votre vieux camarade, votre *vieil* ami.

800. — Mettre l'exercice précédent au masculin pluriel :
→ De beaux livres, de beaux ouvrages. — Tes nouveaux costumes, tes nouveaux habits. — Des désirs fous, de fous espoirs. — Vos vieux camarades, vos vieux amis.

801. — Mettre au pluriel : Un poulet gras. — Son drap gris. — Le bon citoyen. — Cet ouvrier sobre. — Un hiver rigoureux. — Votre beau discours. — Son faux rapport. — Le ministre nouveau. — Un œuf frais. — Un vent glacial. — Un oiseau captif. — Un château féodal. — Le dessin original. — Le doux mouton.
→ Des poulets gras. — Ses draps gris. — Les bons citoyens. — Ces ouvriers sobres. — Des hivers rigoureux. — Vos beaux discours. — Ses faux rapports. — Les ministres nouveaux. — Des œufs frais. — Des vents glacials. — Des oiseaux captifs. — Des châteaux féodaux. — Les dessins originaux. — Les doux moutons.

802. — Faire accorder les adjectifs placés entre parenthèses : Le lion et le tigre (carnassier). — La femme et la fille (travailleur). — La semaine et le mois (écoulé). — La fleur et la tige (mort). — Le temps et la journée

(orageux). — Le père et le grand-père (aimable). — Un général et une armée (victorieux).

→ Le lion et le tigre carnassiers. — La femme et la fille travailleuses. — La semaine et le mois écoulés. — La fleur et la tige mortes. — Le temps et la journée orageux. — Le père et le grand-père aimables. — Un général et une armée victorieux.

803. — Remplacer les points par un adjectif démonstratif : ... leçon est bien sue. — ... habit est étroit. — ... métal est brillant. — ... asile est sûr. — ... soldats ont vaillamment combattu. — ... passage et ... rue sont très fréquentés. — ... magasin et ... boutique sont décorés. — Voyez ... image. — ... horloge marque midi.

→ *Cette* leçon est bien sue. — *Cet* habit est étroit. — *Ce* métal est brillant. — *Cet* asile est sûr. — *Ces* soldats ont vaillamment combattu. — *Ce* passage et *cette* rue sont très fréquentés. — *Ce* magasin et *cette* boutique sont décorés. — Voyez *cette* image. — *Cette* horloge marque midi.

804. — Remplacer les points par un adjectif possessif : Descendez dans ... jardin et vous verrez ... fleurs. — ... amis nous ont annoncé ... départ. — Passe-moi ... plumier. — ... ami a pris ... habit.

→ (*Exemple :*) Descendez dans *mon* jardin et vous verrez *mes* fleurs. — *Ses* amis nous ont annoncé *son* départ. — Passe-moi *mon* plumier. — *Ton* ami a pris *ton* habit.

RÉDACTION CONCENTRIQUE N° 73

(GARÇONS)

Les quatre âges du blé.

I. SEMAILLES

(Le même sujet est traité dans la leçon correspondante du cours moyen.)

Plan. — Émile est allé, pendant les vacances du carnaval, voir ensemencer un champ. — Il a vu passer la herse. — Blé chaulé. — Semoir. — Le blé talle — La herse enterre les grains. — Oiseaux voleurs.

→ *Développement.* — Pendant les vacances du carnaval, je suis allé à la campagne voir semer le blé de printemps. Dans un champ que la charrue avait déjà labouré, j'ai vu promener une herse, espèce de traîneau avec des chevilles en dessous, divisant et écrasant les mottes de terre. Il paraît que le blé pousse mieux, lorsque le sol, dans lequel on le sème, a été ainsi mis en miettes.

Le lendemain, j'ai vu semer. J'ai été très étonné de voir que le blé destiné à la semence était tout blanc, mais on m'a expliqué qu'il avait été trempé dans du lait de chaux, pour que les germes des maladies qui nuisent aux récoltes soient détruits.

Il paraît qu'on sème quelquefois le blé *à la volée*, c'est-à-dire en le lançant avec la main sur le champ labouré, mais moi j'ai vu semer autrement. On se servait d'une sorte de brouette, qui, en avançant, laisse tomber très régulièrement les grains de blé dans les sillons.

Cette brouette ingénieuse s'appelle un *semoir*. On m'a dit qu'en semant avec cet instrument, on économisait la moitié des grains.

J'ai été bien étonné d'apprendre qu'un seul grain de blé pouvait donner plusieurs tiges. L'homme qui dirigeait le semoir m'a dit que, quand la terre avait été bien remuée, chaque pied tallait, c'est-à-dire donnait naissance à des rejetons.

La herse est passée de nouveau sur le blé pour l'enterrer et le travail des semailles est fini.

Beaucoup d'oiseaux suivaient la herse : — « Savez-vous, m'a dit le laboureur, que ces petits monstres de moineaux nous volent beaucoup de grains, même lorsqu'ils sont recouverts de terre ? — Les pauvres petits, ai-je répondu, il faut bien qu'ils se nourrissent. »

ÉMILE.

RÉDACTION CONCENTRIQUE N° 74
(FILLES)

Une moissonneuse, obligée d'aller travailler aux champs, vous a confié sa petite fille.

(Le même sujet est traité dans la leçon correspondante du cours moyen.)

Plan. — Une moissonneuse demande à Berthe de garder sa petite fille. — Berthe est très fière de cette mission de confiance et s'occupe bien de l'enfant. — Effroi de Berthe à un moment où la petite se donne un coup. — L'enfant ne veut plus quitter Berthe. — Gentillesse des bébés.

→ *Développement.* — Comme la pluie était fort à craindre cette semaine, on a dû se dépêcher de rentrer le blé. Notre voisine Mathurine était bien ennuyée. Son mari lui avait dit d'aller aux champs pour l'aider et elle ne savait à qui demander de garder, pendant son absence, sa petite fille Annette. Comme je jouais devant sa porte, elle m'a dit : « Ma petite Berthe, vous seriez bien gentille de surveiller un peu ma fille, pendant que je serai aux champs. » Je lui ai répondu que je m'en chargeais avec plaisir, qu'elle pouvait être tranquille.

J'ai emmené la petite Annette avec moi. J'étais bien fière que sa mère me l'eût confiée. Cette petite aura bientôt deux ans ; elle sait marcher, mais il faut encore lui tenir la main, pour qu'elle ne tombe pas. Tout le monde était allé aux champs, et j'étais seule à la maison avec Annette. Je l'ai assise sur une petite chaise dans la cuisine et j'ai fait chauffer du lait pour lui en donner une tasse. Tout à coup, Annette s'est mise à pleurer : elle voulait sa maman. Je ne savais comment faire. Alors j'ai été chercher tous mes joujoux et je les ai montrés à Annette, qui s'est bien vite consolée.

Puis j'ai fait venir Minet, notre gros chat ; mais je lui ai tenu les pattes pour qu'il ne griffe pas la petite, qui lui tirait la queue.

A un moment, j'ai eu bien peur. Annette est tombée sur le côté de sa chaise et s'est donné un coup à la tête. J'ai cru qu'elle s'était fait bien mal, car elle criait très fort; je l'ai prise dans mes bras, je l'ai embrassée, je lui ai dit que la chaise était méchante et que nous allions la battre, et je lui ai fait donner des petits coups de pied au morceau de bois contre lequel elle s'était heurtée. Alors, elle s'est mise à rire.

Lorsque Mathurine est rentrée, je lui ai ramené sa petite fille, mais Annette ne voulait plus me quitter. Elle a pleuré, quand je suis partie, aussi fort que lorsqu'elle s'était donné le coup à la tête. Moi aussi, j'avais de la peine à me séparer de cette petite. J'ai dit à Mathurine qu'il faudrait souvent me la confier.

Les enfants sont bien plus gentils que les poupées; ils rient, ils pleurent, ils sont vivants. Quelle bonne journée j'ai passée avec la petite Annette!

BERTHE.

6° Morceau à apprendre. — Indiquer un morceau de récitation à apprendre, après l'avoir expliqué, ou un morceau, déjà appris, à repasser (pages 501 à 505 du livre du maître).

7° Récitation et correction. — 1. Faire réciter le morceau. — 2. Corriger les applications de la dictée, les rédactions et les exercices écrits qui ont été indiqués.

187° ET 188° Leçons. — REVISION GÉNÉRALE (Suite)
L'ARTICLE. — LE PRONOM

1° Leçons. — Faire écrire au tableau : *Langue française. — Revision générale : l'article; le pronom* (page 665).

Faire apprendre les leçons (page 665 du livre de l'élève).

2° Interrogations. — Poser des questions sur l'article; le pronom (page 665 du livre de l'élève).

3° Exercices oraux. — 1. Faire trouver aux élèves des noms précédés d'un article défini, puis des noms précédés d'un article indéfini, tels que :

(Article défini :) Le chat, le lapin, la lampe, le jardin, les jouets, la route, les chemins.

(Article indéfini :) Un chat, un lapin, une lampe, un jardin, des jouets, une route, des chemins.

LANGUE FRANÇAISE : REVISION GÉNÉRALE

2. Faire nommer aux élèves tous les pronoms personnels :

→ *(1re personne :)* Je, me, moi, nous.

(2e personne :) Tu, te, toi, vous.

(3e personne :) Il, elle, lui, eux, elles, se, soi, en, y, le, la, les.

3. Faire nommer aux élèves les principaux pronoms démonstratifs :

→ Celui, celui-ci, celui-là, ce, ceci, cela, celle, celle-ci, celle-là, ceux, ceux-ci, ceux-là, celles, celles-ci, celles-là.

4. Faire nommer aux élèves les pronoms possessifs :

→ Le mien, le tien, le sien, la mienne, la tienne, la sienne, le nôtre, le vôtre, le leur, la nôtre, la vôtre, la leur, les miens, les tiens, les siens, les miennes, les tiennes, les siennes, les nôtres, les vôtres, les leurs.

5. Faire nommer aux élèves des pronoms conjonctifs et des pronoms indéfinis, tels que :

→ *(Pronoms conjonctifs :)* Qui, que, quoi, dont, lequel, duquel, auquel.

(Pronoms indéfinis :) Autrui, on, l'on, personne, plusieurs, quiconque, rien, quelqu'un.

4° Dictées n° 373 à n° 376. — Faire faire l'une des quatre dictées suivantes, selon la force des élèves :

DICTÉE N° 373 (1re année)

Le jardinier taille les arbres fruitiers[1] à la fin de l'hiver afin que les fruits soient meilleurs et plus nombreux. — Le blé, l'avoine[2], l'orge[3], le seigle[4] et le maïs[5] sont des céréales[6] ; le lin[7] et le chanvre[8] sont des plantes textiles[9]. — Gambetta[10] quittant Paris pendant le siège monta dans un ballon pour échapper aux Prussiens ; quand il redescendit à terre, il excita les habitants de la province à la révolte. — Les plus forts soldats de cette compagnie partent pour protéger l'île de Madagascar.[11]

Explication des mots. — [1] *Arbres fruitiers* : arbres qui produisent des fruits bons à manger. — [2] *Avoine* : plante qui produit des graines propres à la nourriture des chevaux. — [3] *Orge* : plante dont la graine sert à la fabrication de la bière. — [4] *Seigle* : plante à peu près semblable au blé, mais dont l'épi a des écailles plus allongées ; il sert également à faire du pain. — [5] *Maïs* : blé de Turquie. — [6] *Céréales* : plantes dont les graines, réduites en farine, servent à la nourriture de l'homme et des animaux. — [7] *Lin* : petite plante à fleurs bleues dont la tige renferme des fibres qui servent à faire de la toile fine. — [8] *Chanvre* : plante à fleurs petites et vertes, dont la tige renferme des fibres qui servent à faire de la toile et des cordages. — [9] *Plantes textiles* : qui peuvent être divisées en filets propres à faire des tissus. — [10] *Gambetta* : homme politique qui se rendit célèbre pendant et après la guerre de 1870. — [11] *Madagascar* : grande île située au Sud-Est de l'Afrique et qui appartient à la France.

Corrigé de la dictée. — Corriger ou faire corriger la dictée avant d'en indiquer les applications.

Interrogations. — Qu'est-ce que des *arbres fruitiers ?* *l'avoine ? l'orge ? le seigle ? le maïs ?* les *céréales ? le lin ? le chanvre ?* les *plantes textiles ?* Qui était *Gambetta ?* Qu'est-ce que *Madagascar ?*
→ (Voir les explications ci-dessus.)

Applications écrites. — 1. Écrire les noms propres contenus dans la dictée :
→ Gambetta, Paris, Prussiens, Madagascar.

2. Écrire les noms communs de la dictée qui sont du masculin :
→ Jardinier, arbres, hiver, fruits, blé, seigle, maïs, lin, chanvre, siège, ballon, habitants, soldats.

3. Écrire les articles contenus dans la deuxième phrase de la dictée, en indiquant entre parenthèses l'espèce de chaque article :
→ Le (défini), l' (élidé), l' (élidé), le (défini), le (défini), des (indéfini), le (défini), le (défini), des (indéfini).

DICTÉE N° 374 (2ᵉ année)

LES NÈGRES[1]

Les nègres ont beaucoup de sentiment[2]. Ils sont gais ou mélancoliques[3], laborieux ou fainéants, amis ou ennemis selon la manière dont on les traite. Lorsqu'on leur donne de la bonne nourriture et qu'on ne les maltraite pas, ils sont contents, joyeux, disposés à tout faire ; mais quand on les traite mal, ils éprouvent du chagrin[4] et périssent parfois de mélancolie.

Explication des mots. — [1] *Nègres :* hommes dont la peau est noire et qui habitent principalement l'Afrique. — [2] *Ont du sentiment :* sont sensibles, ressentent vivement les marques de sympathie qu'on leur donne. — [3] *Mélancoliques :* tristes. — [4] *Éprouvent du chagrin :* une peine profonde et durable.

Corrigé de la dictée. — Corriger ou faire corriger la dictée avant d'en indiquer les applications.

Interrogations. — Qu'est-ce que les *nègres ?* Que signifie *ont du sentiment ? mélancoliques ? éprouvent du chagrin ?*
→ (Voir les explications ci-dessus.)

Applications écrites. — 1. Écrire les adjectifs de la dictée qui sont au pluriel :
→ Gais, mélancoliques, laborieux, fainéants, amis, ennemis, contents, joyeux.

2. Écrire les verbes de la dictée qui sont de la première conjugaison :
→ Traite, donne, maltraite, disposés, traite, éprouvent.

3. Écrire le verbe de la dictée qui est de la deuxième conjugaison :
→ Périssent.

4. Écrire les verbes de la dictée qui sont de la troisième et de la quatrième conjugaison :
→ Ont, sont, sont, faire.

LANGUE FRANÇAISE : RÉVISION GÉNÉRALE 443

DICTÉE N° 375 (1re année)

Le Sénégal[1] est un pays très chaud et souvent malsain ; on y cultive avec succès de nombreuses plantes oléagineuses[2]. — Une maison se trouve préservée de la foudre[3] si elle a un paratonnerre[4]. — La vigne donne en automne[5] des fruits sucrés avec lesquels on fabrique le vin. — La semaine dernière, nous achetâmes les œuvres[6] de Victor Hugo[7]. — Notre industrie[8] est plus prospère[9] que la vôtre, mais nos vignobles[10] rapportent moins que les vôtres. — Le sol[11] de notre champ n'a pas assez d'eau, nous allons y creuser des canaux d'irrigation[12].

Explication des mots. — [1] *Sénégal* : colonie française située sur la côte Ouest de l'Afrique. — [2] *Plantes oléagineuses* : dont on peut faire de l'huile. — [3] *Foudre* : nom donné au phénomène qui se produit lorsque, dans un orage, un éclair jaillit entre un nuage et la terre. — [4] *Paratonnerre* : appareil terminé par une pointe de fer que l'on place sur la partie la plus élevée d'un édifice ; la foudre en tombant sur cette pointe ne peut nuire, car elle est conduite dans le sol par une chaîne métallique. — [5] *Automne* : saison pendant laquelle on récolte la plupart des fruits. — [6] *Œuvres* : productions de l'esprit. — [7] *Victor Hugo* : le plus grand poète français de ce siècle. — [8] *Industrie* : travail qui transforme pour notre usage les matières premières fournies par le sol, par les animaux, par les végétaux. — [9] *Prospère* : dans un heureux état. — [10] *Vignobles* : terrains plantés de vignes. — [11] *Le sol* : la terre végétale qui recouvre notre globe. — [12] *Irrigation* : ensemble des travaux qui consistent à faire de petites rigoles dans lesquelles on fait arriver l'eau pour rendre la terre humide.

Corrigé de la dictée. — Corriger ou faire corriger la dictée avant d'en indiquer les applications.

Interrogations. — Qu'est-ce que le *Sénégal* ? des *plantes oléagineuses* ? la *foudre* ? un *paratonnerre* ? l'*automne* ? des *œuvres* ? Qui était *Victor Hugo* ? Qu'est-ce que l'*industrie* ? Que signifie *prospère* ? Qu'est-ce que des *vignobles* ? le *sol* ? Qu'entend-on par *irrigation* ?

→ (Voir les explications ci-dessus.)

Applications écrites. — 1. Écrire les verbes de la dictée, en séparant le radical de la terminaison :

→ Cultiv-e, trouv-e, donn-e, fabriqu-e, achet-âmes, rapport-ent, creus-er.

2. Écrire les articles indéfinis contenus dans la dictée :

→ Un, de (mis pour des), une, un, des, des.

3. Écrire les pronoms possessifs de la dictée, en indiquant entre parenthèses les noms qu'ils remplacent :

→ La vôtre (votre industrie), les vôtres (vos vignobles).

4. Écrire les adjectifs possessifs de la dictée, en faisant suivre chacun des noms qu'il détermine :

→ Notre industrie, nos vignobles, notre champ.

5. Écrire le pronom conjonctif contenu dans la dictée et indiquer entre parenthèses le nom qu'il remplace :

→ Lesquels (fruits).

6. Conjuguer au présent de l'indicatif le verbe *rapporter*.
→ Je rapporte, tu rapportes, il ou elle rapporte, nous rapportons, vous rapportez, ils ou elles rapportent.

DICTÉE N° 376 (2ᵉ année)

LE MINEUR [1]

Le charbon de terre se retire de grands trous appelés mines. Ces trous sont creusés dans le sol à de grandes profondeurs. Le travail du mineur est très dangereux[2]. Les galeries[3], où il s'enfonce avec ses outils, renferment parfois un gaz inflammable[4] qui éclate et le tue. Souvent aussi les travailleurs sont écrasés par les éboulements[5] ou noyés par l'eau qui entre brusquement dans la mine.

Explication des mots. — [1] *Mineur* : ouvrier qui travaille dans la mine. — [2] *Dangereux* : qui offre des dangers, des périls. — [3] *Galeries* : signifie ici chemins souterrains. — [4] *Inflammable* : qui peut prendre feu facilement. — [5] *Éboulement* : chute brusque des matériaux qui composent les galeries.

Corrigé de la dictée. — Corriger ou faire corriger la dictée avant d'en indiquer les applications.

Interrogations. — Qu'est-ce qu'un *mineur* ? Que signifie *dangereux* ? les *galeries* ? *inflammable* ? Qu'est-ce qu'un *éboulement* ?
→ (Voir les explications ci-dessus.)

Applications écrites. — 1. Écrire les noms de la dictée qui sont au singulier :
→ Mineur, charbon, terre, sol, travail, mineur, gaz, eau, mine.
2. Mettre les noms précédents au pluriel :
→ Mineurs, charbons, terres, sols, travaux, mineurs, gaz, eaux, mines.
3. Conjuguer au présent de l'indicatif les verbes *retirer, creuser, entrer.*
→ (*Retirer* :) Je retire, tu retires, il ou elle retire, nous retirons, vous retirez, ils ou elles retirent.
(*Creuser* :) Je creuse, tu creuses, il ou elle creuse, nous creusons, vous creusez, ils ou elles creusent.
(*Entrer* :) J'entre, tu entres, il ou elle entre, nous entrons, vous entrez, ils ou elles entrent.

5° Exercices écrits. — Indiquer les exercices écrits à faire parmi ceux de la page 666 du livre de l'élève (exercices 805 à 816).

RÉPONSES AUX EXERCICES 805 à 816

805. — Écrire en toutes lettres les adjectifs numéraux cardinaux : 2, 3, 4, 5, 6, 7, 8, 9, 10, 11, 12, 13, 14, 15, 16, 17, 18, 19, 20, 30, 40, 50, 60, 70, 80, 90, 100, 200, 500, 1.000, 1.000.000.
→ Deux, trois, quatre, cinq, six, sept, huit, neuf, dix, onze, douze, treize, quatorze, quinze, seize, dix-sept, dix-huit, dix-neuf, vingt, trente, quarante, cinquante, soixante, soixante-dix, quatre-vingts, quatre-vingt-dix, cent, deux cents, cinq cents, mille, un million.

806. — Écrire en toutes lettres les adjectifs numéraux ordinaux : 1ᵉʳ,

LANGUE FRANÇAISE : REVISION GÉNÉRALE

2°, 3°, 4°, 5°, 6°, 7°, 8°, 9°, 10°, 11°, 12°, 13°, 14°, 15°, 16°, 17°, 18°, 19°, 100°, 1000°.
→ Premier, deuxième, troisième, quatrième, cinquième, sixième, septième, huitième, neuvième, dixième, onzième, douzième, treizième, quatorzième, quinzième, seizième, dix-septième, dix-huitième, dix-neuvième, centième, millième.

807. — Remplacer les points par l', le, la ou les : ... cousine, ... poule, ... école, ... enfants, ... travaux, ... ignorance, ... hameau, ... haricot, ... animaux, ... singes, ... instruction, ... camarades.
→ La cousine, la poule, l'école, les enfants, les travaux, l'ignorance, le hameau, le haricot, les animaux, les singes, l'instruction, les camarades.

808. — Remplacer les points par l'article contracté convenable : La soupe ... lait. — Le livre ... maître. — La Chambre ... députés. — Le travail ... enfants. — Le chant ... coq. — La poule ... pot. — Le buffet ... provisions. — La récolte ... pommes de terre.
→ La soupe au lait. — Le livre du maître. — La Chambre des députés. — Le travail des enfants. — Le chant du coq. — La poule au pot. — Le buffet aux provisions. — La récolte des pommes de terre.

[809]. — Souligner les pronoms et indiquer entre parenthèses à quelle catégorie ils appartiennent :
→ Mon enfant, **tu** (pronom personnel) dois obéir à tes parents ; **ils** (pronom personnel) ont fait beaucoup pour **toi** (pronom personnel). — Voyez ces fruits : **celui-ci** (pronom démonstratif) ou **celui-là** (pronom démonstratif) sera remis à **celui** (pronom démonstratif) **qui** (pronom conjonctif) aura mérité une récompense. — De ces deux livres, **celui-ci** (pronom démonstratif) est **le tien** (pronom possessif), **celui-là** (pronom démonstratif) est **le mien** (pronom possessif). — Les ouvriers **que** (pronom conjonctif) l'usine emploie sont actifs. — L'institutrice punit les enfants **qui** (pronom conjonctif) perdent leur temps. — **Quelqu'un** (pronom indéfini) frappe à la porte, **on** (pronom indéfini) ne sait **qui** (pronom conjonctif).

810. — Indiquer à quelle personne et à quel nombre sont les pronoms personnels suivants : je, lui, nous, elles, tu, toi, vous, leur, soi, y, il, le, ils, eux, les, la, en, se, te.
→ Je (1re personne du singulier) ; lui (3e personne du singulier) ; nous (1re personne du pluriel) ; elles (3e personne du pluriel) ; tu (2e personne du singulier) ; toi (2e personne du singulier) ; vous (2e personne du pluriel) ; leur (3e personne du pluriel) ; soi (3e personne du singulier) ; y (3e personne du singulier) ; il (3e personne du singulier) ; le (3e personne du singulier) ; ils (3e personne du pluriel) ; eux (3e personne du pluriel) ; les (3e personne du pluriel) ; la (3e personne du singulier) ; en (3e personne du singulier) ; se (3e personne du singulier) ; te (2e personne du singulier).

[811]. — 1° Dans les phrases suivantes, souligner les pronoms sujets :
→ **Je** regarde cette fleur. — **Ils** finissent leur page. — **Vous** me craignez. — **Elle** me parle. — **Tu** lui écris. — **Elles** récitent leur leçon. — **Nous** pensons à eux. — **Vous** aimez votre patrie, **vous** la servez fidèlement.

2º Écrire les mêmes phrases, souligner les pronoms compléments directs ou indirects :

→ Je regarde cette fleur. — Ils finissent leur page. — Vous **me** craignez. — Elle **me** parle. — Tu **lui** écris. — Elles récitent leur leçon. — Nous pensons à **eux**. — Vous aimez votre patrie, vous **la** servez fidèlement.

812. — Souligner les pronoms démonstratifs et indiquer entre parenthèses quels noms ils remplacent :

→ Cette jument est **celle** (la jument) de mon père. — Ces maisons sont **celles** (les maisons) de notre propriétaire. — Ces champs sont **ceux** (les champs) de ces enfants. — Ces poires sont **celles** (les poires) du jardinier.

813. — Remplacer les points par *ce* et indiquer si le mot est adjectif ou pronom démonstratif : ... jardin est grand. — Pensez à ... que vous allez dire. — ... troupeau de moutons est habitué à ... berger. — Il serait désagréable de manquer ... train.

→ *Ce* (adjectif démonstratif) jardin est grand. — Pensez à *ce* (pronom démonstratif) que vous allez dire. — *Ce* (adjectif démonstratif) troupeau de moutons est habitué à *ce* (adjectif démonstratif) berger. — Il serait désagréable de manquer *ce* (adjectif démonstratif) train.

814. — Mettre au pluriel : Ce livre est le mien. — Cette plume est la mienne. — Cet appartement est le tien. — Cette chambre est la tienne. — Cet oiseau est le sien. — Cette fleur est la sienne. — Ce crayon est le nôtre. — Cette règle est la nôtre. — Cet hôtel est le vôtre. — Cette cour est la vôtre. — Ce jardin est le leur. — Cette tonnelle est la leur.

→ Ces livres sont les miens. — Ces plumes sont les miennes. — Ces appartements sont les tiens. — Ces chambres sont les tiennes. — Ces oiseaux sont les siens. — Ces fleurs sont les siennes. — Ces crayons sont les nôtres. — Ces règles sont les nôtres. — Ces hôtels sont les vôtres. — Ces cours sont les vôtres. — Ces jardins sont les leurs. — Ces tonnelles sont les leurs.

[815]. — Souligner les pronoms relatifs et indiquer entre parenthèses leur antécédent :

→ Le général Drouot, **dont** (Drouot) je viens de vous entretenir, était le fils d'un boulanger. — C'est Franklin **qui** (Franklin) inventa le paratonnerre. — Hoche, **auquel** (Hoche) la Vendée doit sa pacification, fut élevé à Versailles. — Jeanne d'Arc, **à laquelle** (Jeanne d'Arc) la France a élevé des statues, chassa les Anglais.

816. — Souligner les pronoms indéfinis :

→ **Tel** qui rit vendredi, dimanche pleurera. — Quand **on** est jeune, **on** doit écouter parler les grandes personnes. — **Personne** n'est entré ici.

6º Morceau à apprendre. — Indiquer un morceau de récitation à apprendre, après l'avoir expliqué, ou un morceau, déjà appris, à repasser (pages 501 à 505 du livre du maître).

7º Récitation et correction. — 1. Faire réciter le morceau. — 2. Corriger les applications de la dictée et les exercices écrits qui ont été indiqués.

189ᵉ ET 190ᵉ LEÇONS. — REVISION GÉNÉRALE (Suite)
LE VERBE

1° Leçons. — Faire écrire au tableau : *Langue française — Revision générale (suite) : le verbe (page 667).*
Faire apprendre les leçons (page 667 du livre de l'élève).

2° Interrogations. — Poser des questions sur le verbe (page 667 du livre de l'élève).

3° Exercices oraux. — 1. Faire trouver aux élèves les compléments directs et les compléments indirects contenus dans les phrases suivantes :
→ Franklin inventa le *paratonnerre* (compl. direct). — Les facteurs distribuent les *lettres* (compl. direct). — Il s' (compl. direct) applique à son *devoir* (compl. indirect).

2. Faire nommer aux élèves les trois temps du verbe :
→ Le présent, le passé, le futur.

3. Faire nommer aux élèves les six modes d'un verbe :
→ Mode indicatif, mode conditionnel, mode impératif, mode subjonctif, mode infinitif, mode participe.

4. Faire trouver aux élèves dix verbes de la première conjugaison et dix verbes de la deuxième conjugaison, tels que :
→ *(1ʳᵉ conjugaison :)* Chanter, regarder, sauter, rentrer, épier, sauver, affirmer, étonner, demander, espérer.
(2ᵉ conjugaison :) Fleurir, sortir, partir, venir, devenir, bouillir, offrir, tenir, vêtir, obtenir.

5. Faire trouver aux élèves cinq verbes de la troisième conjugaison et dix verbes de la quatrième conjugaison, tels que :
→ *(3ᵉ conjugaison :)* Apercevoir, décevoir, avoir, pourvoir, voir.
(4ᵉ conjugaison :) Apprendre, prétendre, attendre, rire, vivre, survivre, lire, coudre, dire, médire.

4° Dictées n° 377 à n° 380. — Faire faire l'une des quatre dictées suivantes, selon la force des élèves :

DICTÉE N° 377 (1ʳᵉ année)

LE PÊCHEUR

Le quinze juin[1] la pêche[2] est permise. Le pêcheur emporte sa ligne[3] et va sur le bord du ruisseau[4] ; il jette du grain pour attirer le poisson, il accroche[5] un petit ver à l'hameçon[6], puis il lance sa ligne. Il n'ose faire du bruit, car le poisson s'éloignerait, et alors plus de friture.

Explication des mots. — [1] *Juin* : sixième mois de l'année ; chez les anciens ce mois était consacré à une déesse appelée Junon. — [2] *Pêche* : action par laquelle on prend le poisson dans la rivière ou dans la mer. — [3] *Ligne* : fil de crin ou de soie au bout duquel est attaché un hameçon destiné à prendre du poisson. — [4] *Ruisseau* : petit cours d'eau peu considérable qui se jette dans une rivière. — [5] *Accroche* : suspend à un des crochets de l'hameçon. — [6] *Hameçon* : petit crochet que l'on attache au bout d'une ligne pour prendre du poisson.

Corrigé de la dictée. — Corriger ou faire corriger la dictée avant d'en indiquer les applications.

Interrogations. — Qu'est-ce que le mois de *juin* ? la *pêche* ? une *ligne* ? un *ruisseau* ? Que signifie *accroche* ? Qu'est-ce qu'un *hameçon* ?
→ (Voir les explications ci-dessus.)

Applications écrites. — **1.** Écrire les noms de la dictée qui sont au singulier :
→ Pêcheur, pêche, pêcheur, ligne, bord, ruisseau, grain, poisson, ver, hameçon, ligne, bruit, poisson, friture.

2. Mettre les noms précédents au pluriel :
→ Pêcheurs, pêches, pêcheurs, lignes, bords, ruisseaux, grains, poissons, vers, hameçons, lignes, bruits, poissons, fritures.

3. Conjuguer à l'imparfait de l'indicatif les verbes *emporter, aller, accrocher.*
→ (*Emporter* :) J'emportais, tu emportais, il ou elle emportait, nous emportions, vous emportiez, ils ou elles emportaient.
(*Aller* :) J'allais, tu allais, il ou elle allait, nous allions, vous alliez, ils ou elles allaient.
(*Accrocher* :) J'accrochais, tu accrochais, il ou elle accrochait, nous accrochions, vous accrochiez, ils ou elles accrochaient.

DICTÉE N° 378 (2ᵉ année)

IMPORTANCE DE LA NEIGE [1]

La neige qui couvre la terre l'empêche de perdre sa chaleur, car sous la neige le froid est moins vif [2] qu'à l'extérieur. La neige semble être une fourrure [3] destinée à conserver la chaleur du sol. Les plantes qui sont sous la neige souffrent moins que si le froid les frappait directement. Aussi les hivers où la neige tombe en abondance [4] sont moins nuisibles [5] à la végétation [6] que les hivers humides.

Explication des mots. — [1] *Neige* : pluie qui traverse de l'air très froid, passe presque à l'état solide et tombe en flocons légers. — [2] *Moins vif* : qui a moins de force. — [3] *Une fourrure* : un manteau ; la neige ressemble à une immense peau d'animal qui préserve les plantes du froid. — [4] *En abondance* : en grande quantité. — [5] *Nuisibles* : qui peuvent faire du tort. — [6] *Végétation* : les végétaux.

Corrigé de la dictée. — Corriger ou faire corriger la dictée avant d'en indiquer les applications.

Le gérant : PAUL DUPONT.

LANGUE FRANÇAISE : REVISION GÉNÉRALE

Interrogations. — Qu'est-ce que la *neige*? Que signifie *moins vif*? Qu'est-ce qu'une *fourrure*? Que veut dire *en abondance*? *nuisibles*? la *végétation*?
→ (Voir les explications ci-dessus.)

Applications écrites. — 1. Écrire les verbes contenus dans la dictée et les faire précéder de leur sujet :
→ Qui couvre, neige empêche, froid est, neige semble, qui sont, plantes souffrent, froid frappait, neige tombe, hivers sont.

2. Conjuguer à l'imparfait de l'indicatif les verbes *empêcher, conserver, tomber*.
→ (*Empêcher* :) J'empêchais, tu empêchais, il ou elle empêchait, nous empêchions, vous empêchiez, ils ou elles empêchaient.
(*Conserver* :) Je conservais, tu conservais, il ou elle conservait, nous conservions, vous conserviez, ils ou elles conservaient.
(*Tomber* :) Je tombais, tu tombais, il ou elle tombait, nous tombions, vous tombiez, ils ou elles tombaient.

3. Conjuguer au passé défini les verbes *frapper* et *destiner*.
→ (*Frapper* :) Je frappai, tu frappas, il ou elle frappa, nous frappâmes, vous frappâtes, ils ou elles frappèrent.
(*Destiner* :) Je destinai, tu destinas, il ou elle destina, nous destinâmes, vous destinâtes, ils ou elles destinèrent.

DICTÉE N° 379 (1re année)

UNE AVALANCHE

Une avalanche est une boule de neige qui se détache des hauteurs, se grossit des neiges sur lesquelles elle roule [1], forme, en quelques instants, une masse énorme, et dans sa chute précipitée [2] brise, renverse, écrase tout sur son passage.

Les avalanches détruisent parfois des villages entiers. Dans les Alpes [3], les habitants cherchent à s'en préserver [4] par de gigantesques constructions. Les forêts arrêtent aussi les avalanches.

Explication des mots. — [1] *Roule :* glisse en tournant sur elle-même. — [2] *Précipitée* rapide, accélérée. — [3] *Alpes :* grande chaîne de montagnes du centre de l'Europe. — [4] *Se préserver* : se garantir.

Corrigé de la dictée. — Corriger ou faire corriger la dictée avant d'en indiquer les applications.

Interrogations. — Que signifie *roule*? *précipitée*? Qu'est-ce que les *Alpes*? Que signifie *se préserver*?
→ (Voir les explications ci-dessus.)

Applications écrites. — 1. Écrire les verbes de la dictée qui sont de la première conjugaison :
→ Détache, roule, forme, précipitée, brise, renverse, écrase, cherchent, préserver, arrêtent.

2. Conjuguer les six premiers des verbes précédents au passé défini :
→ (*Détacher* :) Je détachai, tu détachas, il ou elle détacha, nous détachâmes, vous détachâtes, ils ou elles détachèrent.
(*Rouler* :) Je roulai, tu roulas, il ou elle roula, nous roulâmes, vous roulâtes, ils ou elles roulèrent.

(*Former* :) Je formai, tu formas, il ou elle forma, nous formâmes, vous formâtes, ils ou elles formèrent.
(*Précipiter* :) Je précipitai, tu précipitas, il ou elle précipita, nous précipitâmes, vous précipitâtes, ils ou elles précipitèrent.
(*Briser* :) Je brisai, tu brisas, il ou elle brisa, nous brisâmes, vous brisâtes, ils ou elles brisèrent.
(*Renverser* :) Je renversai, tu renversas, il ou elle renversa, nous renversâmes, vous renversâtes, ils ou elles renversèrent.

3. Écrire les noms contenus dans la première phrase de la dictée :
→ Avalanche, boule, neige, hauteurs, neiges, instants, masse, chute, passage.

DICTÉE N° 380 (2ᵉ année)

LA CAMPAGNE

Un petit Parisien disait à son cousin : « Quand tu viendras à Paris, je te montrerai nos belles rues, nos larges boulevards, nos hautes et belles maisons. Tu visiteras[1] aussi nos églises, nos musées[2]. Le soir, nous verrons Paris éclairé comme en plein jour.

— Et moi, répliquait[3] le paysan[4], quand tu viendras à la campagne, je te montrerai nos champs, nos bois, nos forêts. Nous cueillerons des fleurs et des noisettes[5]. Ce n'est peut-être pas aussi beau que Paris, mais j'aime bien ma campagne. »

Explication des mots. — [1] *Visiter* : examiner avec soin. — [2] *Musée* : lieu où sont groupées des collections nombreuses et intéressantes. — [3] *Répliquait* : répondait. — [4] *Paysan* : homme qui habite la campagne. — [5] *Noisettes* : petites noix, fruits du noisetier.

Corrigé de la dictée. — Corriger ou faire corriger la dictée avant d'en indiquer les applications.

Interrogations. — Que signifie *visiter* ? *répliquait* ? Qu'est-ce qu'un *musée* ? un *paysan* ? des *noisettes* ?
→ (Voir les explications ci-dessus.)

Applications écrites. — 1. Écrire les verbes contenus dans la dictée et mettre entre parenthèses l'infinitif de chacun d'eux :
→ *Disait* (dire), *viendras* (venir), *montrerai* (montrer), *visiteras* (visiter), *verrons* (voir), *éclairé* (éclairer), *répliquait* (répliquer), *viendras* (venir), *montrerai* (montrer), *cueillerons* (cueillir), *est* (être), *aime* (aimer).

2. Conjuguer au futur simple les verbes précédents qui appartiennent à la première conjugaison.
→ (*Montrer* :) Je montrerai, tu montreras, il ou elle montrera, nous montrerons, vous montrerez, ils ou elles montreront.
(*Visiter* :) Je visiterai, tu visiteras, il ou elle visitera, nous visiterons, vous visiterez, ils ou elles visiteront.
(*Éclairer* :) J'éclairerai, tu éclaireras, il ou elle éclairera, nous éclairerons, vous éclairerez, ils ou elles éclaireront.
(*Répliquer* :) Je répliquerai, tu répliqueras, il ou elle répliquera, nous répliquerons, vous répliquerez, ils ou elles répliqueront.
(*Aimer* :) J'aimerai, tu aimeras, il ou elle aimera, nous aimerons, vous aimerez, ils ou elles aimeront.

3. Écrire les noms de la dictée qui sont au masculin pluriel :
→ Boulevards, musées, champs, bois.

5° Exercices écrits. — Indiquer les exercices écrits à faire parmi ceux des pages 667 et 668 du livre de l'élève (exercices 817 à 824).

RÉPONSES AUX EXERCICES 817 à 824

817. — Indiquer entre parenthèses à quelle personne sont les verbes suivants :
→ Je *regarde* (1re personne) ; tu *finis* (2e personne) ; il *reçoit* (3e personne) ; elle *prend* (3e personne) ; on *s'amuse* (3e personne) ; nous *travaillons* (1re personne) ; vous *saluez* (2e personne) ; ils *avertissent* (3e personne) ; elles *aperçoivent* (3e personne) ; tu *contemples* (2e personne) ; nous *employons* (1re personne) ; elles *pardonnent* (3e personne) ; vous *priez* (2e personne) ; on *frappe* (3e personne).

818. — Dans l'exercice précédent, indiquer à quel nombre se trouve chaque personne :
→ Je *regarde* (singulier) ; tu *finis* (singulier) ; il *reçoit* (singulier) ; elle *prend* (singulier) ; on *s'amuse* (singulier) ; nous *travaillons* (pluriel) ; vous *saluez* (pluriel) ; ils *avertissent* (pluriel) ; elles *aperçoivent* (pluriel) ; tu *contemples* (singulier) ; nous *employons* (pluriel) ; elles *pardonnent* (pluriel) ; vous *priez* (pluriel) ; on *frappe* (singulier).

[819]. — Souligner les compléments directs des verbes :
→ Le médecin soigne **les malades**. — La machine moud **le grain**. — Le pommier donne **la pomme**. — Adèle emploie bien **son temps**. — Le locataire paye régulièrement **son loyer**. — Le chasseur a aperçu **un lièvre**.

[820]. — Souligner les compléments indirects des verbes :
→ Le cheval traîne la charrue dans **la plaine**. — Les étoiles brillent dans **le ciel**. — Le soldat combat pour **sa patrie**. — Le serrurier pose une grille devant **le mur**.

821. — Indiquer entre parenthèses à quel temps sont les verbes suivants :
→ Je travaille (présent de l'indicatif) à mon devoir. — Tu finissais (imparfait de l'indicatif) ta page d'écriture. — Il rendra (futur) son cahier ce soir. — Elle marche (présent de l'indicatif) rapidement. — On suivait (imparfait de l'indicatif) le chemin hier. — Nous vendrons (futur) notre bonne vache. — Vous écouterez (futur) la leçon. — Ils aperçurent (passé défini) le vagabond. — Elles prendront (futur) ces bons points.

822. — Indiquer entre parenthèses à quel mode sont les verbes des phrases suivantes :
→ Jean écrit (mode indicatif) son devoir. — Jean écrirait (mode conditionnel) son devoir s'il avait (mode indicatif) son cahier. — Je désire (mode indicatif) que Jean écrive (mode subjonctif) tout de suite son devoir. — Jean, vous devez (mode indicatif) écrire (mode infinitif) votre devoir. — Jean a écrit (mode indicatif) son devoir et a récité (mode indicatif) sa leçon.

823. — Mettre au singulier l'exercice suivant et indiquer à quelle conjugaison appartiennent les verbes : Mes amis recevaient leurs parents. — Vos frères se réjouissent de votre avancement. — Nous réussissions dans nos entreprises. — Les bonnes élèves remplissent leurs devoirs et apprennent leurs leçons. — Les cloches retentissent au loin.

→ Mon ami recevait (3ᵉ conjugaison) ses parents. — Votre frère se réjouit (2ᵉ conjugaison) de votre avancement. — Je réussissais (2ᵉ conjugaison) dans mes entreprises. — Le bon élève remplit (2ᵉ conjugaison) ses devoirs et apprend (4ᵉ conjugaison) ses leçons. — La cloche retentit (2ᵉ conjugaison) au loin.

824. — *C'est la saison des bains froids.*
Faire un récit sur ce que représente cette figure.

→ *Développement.* — Il fait bien chaud maintenant. Le soleil brûle tout et, dans la classe, on s'endormirait presque à certaines heures. Mais le jeudi est le jour des bains froids. En pleine rivière, sous la surveillance de M. l'Instituteur, mes camarades et moi nous allons quelquefois nous baigner. C'est bien agréable, je vous assure.

Voyez sur la gravure de mon livre comme nous nous amusons ! Près d'une petite île d'où l'on aperçoit au loin le clocher de l'église, à l'ombre de beaux arbres, quelques élèves se déshabillent. Il en est plusieurs qui ont déjà revêtu leurs caleçons et qui se mettent à nager. Mon camarade Paul, toujours un peu paresseux, est assis sur une pierre ; il n'est pas encore déshabillé. Les plus hardis et les plus habiles de mes condisciples ont déjà traversé la petite rivière et sont debout dans l'île en attendant leurs camarades.

Les bains froids constituent un grand plaisir ; mais il ne faut pas être imprudent. Suivons bien les conseils du Maître ; n'essayons pas de nous soustraire à sa vue, sinon les accidents sont à redouter. Il est vrai que M. l'Instituteur n'emmène avec lui que les plus sages d'entre nous. Et je suis bien content d'être de ceux-là.

6° Analyse grammaticale (*Deuxième année*). — Donner à faire aux élèves de deuxième année l'analyse grammaticale suivante :

Analyse grammaticale n° 38. — Quiconque n'aime pas l'humanité n'est pas un homme, c'est une chose.

→ Quiconque	pron. indéf., masc. sing., sujet de *aime*.
ne pas	locution adverbiale.
aime	v. actif *aimer*, 1re conj., mode ind., temps prés., 3e pers. du sing.
l'	art. élidé, mis pour *la*, fém. sing., annonce que *humanité* est déterminé.
humanité	n. comm., fém. sing., compl. direct de *aime*.
ne pas	locution adverbiale.
est	v. subst. *être*, 4e conj., mode ind., temps prés., 3e pers. du sing.
un	art. indéf., masc. sing., annonce que *homme* n'est pas déterminé.
homme,	n. comm., masc. sing., attribut de *quiconque*.
c'	pron. démonst., masc. sing., sujet de *est*.
est	v. subst. *être*, 4e conj., mode ind., temps prés., 3e pers. du sing.
une	art. indéf., fém. sing., annonce que *chose* n'est pas déterminé.
chose.	n. comm., fém. sing., attribut de *c'*.

RÉDACTION CONCENTRIQUE N° 75

(GARÇONS)

Les quatre âges du blé.

II. LE BLÉ LÈVE ET POUSSE

(Le même sujet est traité dans la leçon correspondante du cours moyen.)

Plan. — Émile a été voir, pendant les vacances de Pâques, le champ qu'il avait vu ensemencer. — Le blé avait levé et poussait. — Émile regarde comment pousse le blé : il ne sort pas du grain de blé deux petites feuilles, comme il en sort d'un haricot. — Le blé pousse lentement.

→ *Développement.* — Aux vacances de Pâques, j'ai voulu aller voir le champ que j'avais regardé ensemencer au mois de février. Il me tardait de savoir si le blé poussait.

J'ai été ravi, lorsque j'ai vu le champ couvert d'une sorte de tapis vert clair. Le blé avait levé et il poussait très bien. On aurait dit un gazon très fin. — « Es-tu sûr, ai-je demandé à mon oncle qui m'accompagnait, que ce ne soit pas de l'herbe ? — Mais, non, m'a-t-il dit, c'est bien du blé. Il y a sans doute çà et là de mauvaises herbes qu'on ne peut pas encore distinguer et qu'on n'arrachera que plus tard, mais il y a surtout du blé. »

Je me suis mis à genoux au bord du chemin pour bien regarder comment était le blé qui sort de terre. J'en ai même arraché un pied, pour voir comment ces petites herbes sortaient de la graine.

— « Tu ne remarques pas, m'a demandé mon oncle, que le blé ne pousse pas comme les haricots par exemple ? Est-ce que tu vois deux petites feuilles sur la tige de blé qui sort de terre ?

— Non, comme c'est drôle ! Il pousse tout droit, sans feuilles autour de la tige. » Mon oncle m'a dit que les plantes qui poussaient comme le blé s'appelaient des *monocotylédones*. J'ai été très content d'apprendre cela. Nous avons rencontré le laboureur qui avait semé le blé et je lui ai demandé s'il savait ce que c'était que des monocotylédones. Il n'a pas compris ce que je lui disais ; alors je lui ai expliqué qu'on appelait ainsi les plantes qui n'ont pas de petites feuilles en sortant de terre.

Tout de même, le blé pousse bien lentement ; comme il est petit encore !

ÉMILE.

RÉDACTION CONCENTRIQUE N° 76

(FILLES)

Dialogue avant la distribution des prix.

(Le même sujet est traité dans la leçon correspondante du cours moyen.)

Plan. — Marthe et Marie parlent de la distribution des prix. — Marthe a travaillé pour avoir des prix ; s'il n'y avait pas de prix, elle ne se serait pas donné tant de mal. — Marie a aussi travaillé dans l'espoir d'avoir une récompense : cependant, même s'il n'y avait pas de distribution de prix, elle aurait travaillé.

→ *Développement :*

MARTHE. — Quel bonheur ! c'est demain la distribution des prix. Nous allons être récompensées d'avoir tant travaillé, toute l'année, n'est-ce pas, Marie ?

MARIE. — Oui, c'est un heureux jour que celui de la distribution des prix.

MARTHE. — Je crois que j'aurai un prix d'histoire et un prix de calcul.

MARIE. — Moi, j'espère avoir le prix de récitation et le prix d'orthographe. Je voudrais bien que ma sœur Alice eût au moins un ou deux accessits, mais je ne sais pas si elle a assez travaillé. Ne trouves-tu pas, Marie, que c'est bien triste que tout le monde ne puisse pas avoir des prix ?

LANGUE FRANÇAISE : REVISION GÉNÉRALE

MARTHE. — Oh ! non ; si on donnait des récompenses à toutes les élèves, il n'y aurait plus de mérite à en avoir. Ce serait comme si on ne donnait de prix à personne. Moi, je ne travaille que pour être première, pour avoir plus de livres et de couronnes que mes camarades. S'il n'y avait pas de distribution des prix, je crois que je serais paresseuse toute l'année.

MARIE. — Moi, je ne sais pas. Quand je suis première, je voudrais que toutes mes compagnes fussent aussi heureuses que moi. J'aimerais beaucoup une distribution des prix où tout le monde aurait des récompenses. D'ailleurs, ce n'est pas surtout pour être récompensée que je m'applique, c'est pour procurer du plaisir aux personnes que j'aime, c'est pour bien faire. Même si on ne donnait pas de prix, je crois que je travaillerais de toutes mes forces.

7° Morceau à apprendre. — Indiquer un morceau de récitation à apprendre, après l'avoir expliqué, ou un morceau, déjà appris, à repasser (pages 501 à 505 du livre du maître).

8° Récitation et correction. — 1. Faire réciter le morceau. — 2. Corriger les applications de la dictée, l'analyse grammaticale, les rédactions et les exercices écrits qui ont été indiqués.

191ᵉ ET 192ᵉ LEÇONS. — REVISION GÉNÉRALE (Suite)
LE VERBE (Suite)

1° Leçons. — Faire écrire au tableau : *Langue française. — Revision générale (suite) : le verbe (suite) (page 669).*

Faire apprendre les leçons (page 669 du livre de l'élève).

2° Interrogations. — Poser des questions sur le verbe (page 669 du livre de l'élève).

3° Exercices oraux. — 1. Faire trouver aux élèves les terminaisons de toutes les personnes des temps simples du mode indicatif des verbes réguliers de la première conjugaison :

→ Présent : e, es, e, ons, ez, ent.
  Imparfait : ais, ais, ait, ions, iez, aient.
  Passé défini : ai, as, a, âmes, âtes, èrent.
  Futur : erai, eras, era, erons, erez, eront.

2. Faire trouver aux élèves les terminaisons de toutes les personnes des temps simples du mode indicatif des verbes réguliers de la deuxième conjugaison :

→ Présent : is, is, it, issons, issez, issent.

COURS ÉLÉMENTAIRE : DIXIÈME MOIS

Imparfait : issais, issais, issait, issions, issiez, issaient.
Passé défini : is, is, it, îmes, îtes, irent.
Futur : irai, iras, ira, irons, irez, iront.

3. Faire trouver aux élèves les terminaisons de toutes les personnes des temps simples du mode indicatif des verbes réguliers de la troisième conjugaison :

→ Présent : ois, ois, oit, evons, evez, oivent.
Imparfait : evais, evais, evait, evions, eviez, evaient.
Passé défini : us, us, ut, ûmes, ûtes, urent.
Futur : evrai, evras, evra, evrons, evrez, evront.

4. Faire trouver aux élèves les terminaisons de toutes les personnes des temps simples du mode indicatif des verbes réguliers de la quatrième conjugaison :

→ Présent : s, s (3° pers. du sing., radical), ons, ez, ent.
Imparfait : ais, ais, ait, ions, iez, aient.
Passé défini : is, is, it, îmes, îtes, irent.
Futur : rai, ras, ra, rons, rez, ront.

4° Dictées n° 381 à n° 384. — Faire faire l'une des quatre dictées suivantes, selon la force des élèves :

DICTÉE N° 381 (1re année)

On retire autant de houille[1] des mines immenses de l'Angleterre[2] que des mines de tous les autres pays de l'Europe réunis. — Quand la grosse cloche de l'école sonne, tous les écoliers cessent leurs jeux. — L'herbe des prairies naturelles[3] sert de nourriture aux bestiaux[4]. — Le méchant loup se cache dans le bois, il guette[5] le petit agneau imprudent qui s'éloigne du troupeau. — Ne dépensez jamais tout ce que vous gagnez, mettez de l'argent en réserve pour aider vos amis.

Explication des mots. — [1] *Houille* : nom que l'on donne au charbon de terre. — [2] *Angleterre* : contrée de l'Europe située au Nord-Ouest de la France. — [3] *Prairies naturelles* : prairies situées dans les endroits humides et où l'herbe pousse sans culture. — [4] *Bestiaux* : nom général donné aux animaux destinés à la nourriture de l'homme. — [5] *Guette* : épie.

Corrigé de la dictée. — Corriger ou faire corriger la dictée avant d'en indiquer les applications.

Interrogations. — Qu'est-ce que la *houille* ? l'*Angleterre* ? les *prairies naturelles* ? les *bestiaux* ? Que signifie *guette* ?

→ (Voir les explications ci-dessus.)

Applications écrites. — 1. Écrire les adjectifs qualificatifs contenus dans la dictée :

→ Immenses, grosse, naturelles, méchant, petit, imprudent.

2. Écrire les verbes contenus dans la dictée :

→ Retire, réunis, sonne, cessent, sert, cache, guette, éloigne, dépensez, gagnez, mettez, aider.

LANGUE FRANÇAISE : **RÉVISION GÉNÉRALE**

3. Conjuguer au futur simple les verbes *retirer, sonner, cesser*.
→ (*Retirer :*) Je retirerai, tu retireras, il ou elle retirera, nous retirerons, vous retirerez, ils ou elles retireront.
(*Sonner :*) Je sonnerai, tu sonneras, il ou elle sonnera, nous sonnerons, vous sonnerez, ils ou elles sonneront.
(*Cesser :*) Je cesserai, tu cesseras, il ou elle cessera, nous cesserons, vous cesserez, ils ou elles cesseront.

DICTÉE N° 382 (2ᵉ année)

LA MER PAISIBLE

Un vent[1] favorable poussait nos larges voiles[2] ; les hardis rameurs[3] fendaient[4] les ondes[5], la vaste mer était couverte de navires[6] ; les mariniers poussaient des cris de joie, les rivages[7] semblaient s'éloigner de nous. Nous commencions à ne plus voir que le ciel immense et l'eau profonde, pendant que le soleil qui se levait semblait faire sortir du sein de la mer des feux étincelants[8].

(*D'après* FÉNELON.)

Explication des mots. — [1] *Vent* : mouvement plus ou moins rapide de l'air. — [2] *Voiles* : grandes pièces de toile qui s'attachent aux vergues d'un navire ; le vent souffle contre les voiles, ce qui fait avancer le vaisseau. — [3] *Rameurs* : ceux qui avec les avirons ou rames font avancer le navire. — [4] *Fendaient les ondes* : séparaient les eaux comme s'ils les coupaient. — [5] *Ondes* : nom poétique de l'eau. — [6] *Navire* : grand bâtiment destiné à aller sur mer. — [7] *Rivages* : bords de la mer. — [8] *Le soleil semblait faire sortir du sein de la mer des feux étincelants* : le soleil levant ressemblait à un globe de feu qui paraissait sortir de la mer.

Corrigé de la dictée. — Corriger ou faire corriger la dictée avant d'en indiquer les applications.

Interrogations. — Qu'est-ce que le *vent*? les *voiles*? les *rameurs*? Que signifie *fendaient les ondes*? Qu'est-ce que les *ondes*? un *navire*? les *rivages*? Que signifie *le soleil semblait faire sortir du sein de la mer des feux étincelants*?
→ (Voir les explications ci-dessus.)

Applications écrites. — 1. Écrire les adjectifs qualificatifs contenus dans la dictée :
→ Paisible, favorable, larges, hardis, vaste, immense, profonde.

2. A chacun des adjectifs précédents, joindre un substantif qui lui convienne :
→ (*Exemple :*) Campagne paisible, vent favorable, avenues larges, hardis marins, vaste prairie, immense mer, grotte profonde.

3. Conjuguer au futur simple les verbes *pousser, éloigner, commencer*.
→ (*Pousser :*) Je pousserai, tu pousseras, il ou elle poussera, nous pousserons, vous pousserez, ils ou elles pousseront.
(*Éloigner :*) J'éloignerai, tu éloigneras, il ou elle éloignera, nous éloignerons, vous éloignerez, ils ou elles éloigneront.
(*Commencer :*) Je commencerai, tu commenceras, il ou elle commencera, nous commencerons, vous commencerez, ils ou elles commenceront.

DICTÉE N° 383 (1re année)

Je demande que vous lisiez attentivement l'histoire de Jeanne Hachette[1] et celle de Jeanne d'Arc[2] et que vous racontiez ces histoires à vos jeunes sœurs. — Je voudrais qu'il renonçât à son voyage en Tunisie[3], car il n'aura pas assez de temps pour le faire. — Le traité[4] qui termina la guerre meurtrière entre la France et la Prusse fut signé par Thiers[5] en 1871. — Dans le Nord de la France on cultive des plantes fourragères[6] pour former des prairies artificielles[6].

Explication des mots. — [1] *Jeanne Hachette* : jeune femme qui se distingua par son courage pendant le siège de Beauvais par Charles le Téméraire, sous Louis XI. — [2] *Jeanne d'Arc* : jeune fille qui réveilla en France le sentiment national et délivra Orléans que les Anglais assiégeaient. — [3] *Tunisie* : colonie française du Nord de l'Afrique. — [4] *Traité* : convention entre souverains ou entre nations. — [5] *Thiers* : grand homme d'État et président de la République après la guerre contre la Prusse en 1870. — [6] *Plantes fourragères* : plantes cultivées dans les prairies artificielles : trèfle, luzerne, sainfoin. — [7] *Prairies artificielles* : prairies que l'homme crée et cultive pour obtenir du fourrage.

Corrigé de la dictée. — Corriger ou faire corriger la dictée avant d'en indiquer les applications.

Interrogations. — Qui était *Jeanne Hachette* ? *Jeanne d'Arc* ? Qu'est-ce que la *Tunisie* ? un *traité* ? Qui était *Thiers* ? Qu'est-ce que les *plantes fourragères* ? les *prairies artificielles* ?
→ (Voir les explications ci-dessus.)

Applications écrites. — 1. Écrire les adjectifs qualificatifs contenus dans la dictée :
→ Jeunes, meurtrière, fourragères, artificielles.

2. Écrire les verbes de la dictée à n'importe quel temps et quelle personne et donner à ces verbes un complément direct ou indirect :
→ (*Exemple :*) Il demande une récompense, lisez cette lettre, vous raconterez votre promenade, je voudrais un manteau, qu'il renonçât à cet emploi, il a un jardin, faites cette commission, il termina son devoir, les deux nations signèrent la paix, on cultive du blé, pour former des élèves.

3. Conjuguer le verbe *demander* et le verbe *raconter* au passé défini.
→ (*Demander :*) Je demandai, tu demandas, il ou elle demanda, nous demandâmes, vous demandâtes, ils ou elles demandèrent.
(*Raconter :*) Je racontai, tu racontas, il ou elle raconta, nous racontâmes, vous racontâtes, ils ou elles racontèrent.

DICTÉE N° 384 (2e année)

UTILITÉ DU BÉTAIL

Le bétail[1] est une des plus grandes sources de prospérité[2] agricole[3]. C'est lui qui donne le fumier et qui participe ainsi à l'accroissement[4] des récoltes. Il fait les labours[5] pénibles, il porte les engrais[6] aux champs, les récoltes à la grange[7] et les approvisionnements[8] de la ferme au marché voisin. Il donne la laine[9], le lait, aussi sa viande, sa peau ; d'autres parties, comme le sang, les os, la corne[10], sont utilisées à des usages industriels.

Explication des mots. — [1]*Bétail* : nom général donné aux animaux destinés à la nourriture de l'homme. — [2]*Prospérité* : richesse. — [3]*Agricole* : qui a rapport aux champs. — [4]*Accroissement* : augmentation. — [5]*Labour* : façon qu'on donne aux terres en les labourant. — [6]*Engrais* : matières que l'on répand sur la terre pour l'engraisser. — [7]*Grange* : bâtiment où l'on serre les blés en gerbes. — [8]*Approvisionnements* : provisions rassemblées. — [9]*Laine* : poil doux, épais et frisé des moutons et d'autres animaux. — [10]*Corne* : partie dure qui pousse à la tête de certains animaux et forme le sabot du cheval.

Corrigé de la dictée. — Corriger ou faire corriger la dictée avant d'en indiquer les applications.

Interrogations. — Qu'est-ce que le *bétail* ? la *prospérité* ? Que signifie *agricole* ? Qu'est-ce que l'*accroissement* ? un *labour* ? les *engrais* ? une *grange* ? des *approvisionnements* ? la *laine* ? la *corne* ?

→ (Voir les explications ci-dessus.)

Applications écrites. — 1. Écrire les noms contenus dans la dictée :

→ Utilité, bétail, bétail, sources, prospérité, fumier, accroissement, récoltes, labours, engrais, champs, récoltes, grange, approvisionnements, ferme, marché, laine, lait, viande, peau, parties, sang, os, corne, usages.

2. Joindre aux noms précédents un adjectif qualificatif :

→ *(Exemple :)* Grande utilité, nombreux bétail, gros bétail, sources vives, grande prospérité, utile fumier, accroissement progressif, belles récoltes, pénibles labours, riches engrais, vastes champs, superbes récoltes, grange immense, approvisionnements utiles, ferme prospère, marché couvert, laine blanche, lait épais, viande fraîche, peau épaisse, parties délicates, sang rouge, os dur, corne chère, usages anciens.

3. Conjuguer le verbe *participer* et le verbe *récolter* au passé défini.

→ *(Participer :)* Je participai, tu participas, il ou elle participa, nous participâmes, vous participâtes, ils ou elles participèrent.

(Récolter :) Je récoltai, tu récoltas, il ou elle récolta, nous récoltâmes, vous récoltâtes, ils ou elles récoltèrent.

5° Exercices écrits. — Indiquer les exercices écrits à faire parmi ceux de la page 670 du livre de l'élève (exercices 825 à 833).

RÉPONSES AUX EXERCICES 825 à 833

[825]. — Souligner les verbes de l'exercice suivant et indiquer entre parenthèses leur conjugaison :

→ Le chien de berger, qui **conduit** (4° conjugaison) les troupeaux, **est** (4° conjugaison) un animal très intelligent. Il **sait** (3° conjugaison) **empêcher** (1re conjugaison) les animaux qui **sont** (4° conjugaison) sous sa garde de **s'écarter** (1re conjugaison) pour **brouter** (1re conjugaison) les blés et les luzernes. La nuit il **veille** (1re conjugaison) et, si un maraudeur **s'approche** (1re conjugaison) de la bergerie, il **aboie** (1re conjugaison) pour **réveiller** (1re conjugaison) son maître. Le chien de berger **est** (4° conjugaison) brave, il ne **craint** (4° conjugaison) ni le loup ni les voleurs. Le chien **est** (4° conjugaison) l'ami des enfants. Il **joue** (1re conjugaison) avec eux. Il **est** (4° conjugaison) bon, car il ne **cherche** (1re conjugaison) pas à **faire** (4° conjugaison) du mal. Quand son maître le **frappe** (1re conjugaison), il ne le **mord** (4° conjugaison) pas, il se **couche** (1re conjugaison) et **semble** (1re conjugaison) **demander** (1re conjugaison) grâce.

826. — Conjuguer au présent de l'indicatif les verbes : *aimer son père, finir sa page, recevoir le fruit, rendre un service, avoir un jouet, être malade.*

→ *Aimer son père :*

J'aime mon père.
Tu aimes ton père.
Il ou elle aime son père.
Nous aimons notre père.
Vous aimez votre père.
Ils ou elles aiment leur père.

Finir sa page :

Je finis ma page.
Tu finis ta page.
Il ou elle finit sa page.
Nous finissons notre page.
Vous finissez votre page.
Ils ou elles finissent leur page.

Recevoir le fruit :

Je reçois le fruit.
Tu reçois le fruit.
Il ou elle reçoit le fruit.
Nous recevons le fruit.
Vous recevez le fruit.
Ils ou elles reçoivent le fruit.

Rendre un service :

Je rends un service.
Tu rends un service.
Il ou elle rend un service.
Nous rendons un service.
Vous rendez un service.
Ils ou elles rendent un service.

Avoir un jouet :

J'ai un jouet.
Tu as un jouet.
Il ou elle a un jouet.
Nous avons un jouet.
Vous avez un jouet.
Ils ou elles ont un jouet.

Être malade :

Je suis malade.
Tu es malade.
Il ou elle est malade.
Nous sommes malades.
Vous êtes malades.
Ils ou elles sont malades.

827. — Conjuguer à l'imparfait de l'indicatif les verbes : *chanter une chanson, blanchir le mur, percevoir un impôt, prendre son cahier, avoir une plume neuve, être attentif.*

→ *Chanter une chanson :*

Je chantais une chanson.
Tu chantais une chanson.
Il ou elle chantait une chanson.
Nous chantions une chanson.
Vous chantiez une chanson.
Ils ou elles chantaient une chanson.

Blanchir le mur :

Je blanchissais le mur.
Tu blanchissais le mur.
Il ou elle blanchissait le mur.
Nous blanchissions le mur.
Vous blanchissiez le mur.
Ils ou elles blanchissaient le mur.

Percevoir un impôt :

Je percevais un impôt.
Tu percevais un impôt.
Il ou elle percevait un impôt.
Nous percevions un impôt.
Vous perceviez un impôt.
Ils ou elles percevaient un impôt.

Prendre son cahier :

Je prenais mon cahier.
Tu prenais ton cahier.
Il ou elle prenait son cahier.
Nous prenions notre cahier.
Vous preniez votre cahier.
Ils ou elles prenaient leur cahier.

Avoir une plume neuve :

J'avais une plume neuve.
Tu avais une plume neuve.
Il ou elle avait une plume neuve.
Nous avions une plume neuve.
Vous aviez une plume neuve.
Ils ou elles avaient une plume neuve.

Être attentif :

J'étais attentif.
Tu étais attentif.
Il était attentif ou elle était attentive.
Nous étions attentifs.
Vous étiez attentifs.
Ils étaient attentifs ou elles étaient attentives.

828. — Conjuguer au passé défini et au futur simple les verbes : *récolter du blé, chérir sa grand'mère, prévoir un malheur, fendre son bois, avoir un crayon, être aimable avec ses camarades.*

→ *Récolter du blé.*

Passé défini :

Je récoltai du blé.
Tu récoltas du blé.
Il ou elle récolta du blé.
Nous récoltâmes du blé.
Vous récoltâtes du blé.
Ils ou elles récoltèrent du blé.

Futur simple :

Je récolterai du blé.
Tu récolteras du blé.
Il ou elle récoltera du blé.
Nous récolterons du blé.
Vous récolterez du blé.
Ils ou elles récolteront du blé.

Chérir sa grand'mère.

Passé défini :

Je chéris ma grand'mère.
Tu chéris ta grand'mère.
Il ou elle chérit sa grand'mère.
Nous chérîmes notre grand'mère.
Vous chérîtes votre grand'mère.
Ils ou elles chérirent leur grand'mère.

Futur simple :

Je chérirai ma grand'mère.
Tu chériras ta grand'mère.
Il ou elle chérira sa grand'mère.
Nous chérirons notre grand'mère.
Vous chérirez votre grand'mère.
Ils ou elles chériront leur grand'mère.

Prévoir un malheur.

Passé défini :

Je prévis un malheur.
Tu prévis un malheur.
Il ou elle prévit un malheur.
Nous prévîmes un malheur.
Vous prévîtes un malheur.
Ils ou elles prévirent un malheur.

Futur simple :

Je prévoirai un malheur.
Tu prévoiras un malheur.
Il ou elle prévoira un malheur.
Nous prévoirons un malheur.
Vous prévoirez un malheur.
Ils ou elles prévoiront un malheur.

Fendre son bois.

Passé défini :

Je fendis mon bois.
Tu fendis ton bois.
Il ou elle fendit son bois.
Nous fendîmes notre bois.
Vous fendîtes votre bois.
Ils ou elles fendirent leur bois.

Futur simple :

Je fendrai mon bois.
Tu fendras ton bois.
Il ou elle fendra son bois.
Nous fendrons notre bois.
Vous fendrez votre bois.
Ils ou elles fendront leur bois.

Avoir un crayon :

Passé défini :

J'eus un crayon.
Tu eus un crayon.
Il ou elle eut un crayon.
Nous eûmes un crayon.
Vous eûtes un crayon.
Ils ou elles eurent un crayon.

Futur simple :

J'aurai un crayon.
Tu auras un crayon.
Il ou elle aura un crayon.
Nous aurons un crayon.
Vous aurez un crayon.
Ils ou elles auront un crayon.

Être aimable avec ses camarades.

Passé défini :

Je fus aimable avec mes camarades.
Tu fus aimable avec tes camarades.
Il ou elle fut aimable avec ses camarades.
Nous fûmes aimables avec nos camarades.
Vous fûtes aimables avec vos camarades.
Ils ou elles furent aimables avec leurs camarades.

Futur simple :

Je serai aimable avec mes camarades.
Tu seras aimable avec tes camarades.
Il ou elle sera aimable avec ses camarades.
Nous serons aimables avec nos camarades.
Vous serez aimables avec vos camarades.
Ils ou elles seront aimables avec leurs camarades.

829. — Conjuguer au présent de l'indicatif, à l'imparfait, au passé défini et au futur les verbes : aller à l'école, envoyer une lettre.

→ ### Aller à l'école.

Présent de l'indicatif :

Je vais à l'école.
Tu vas à l'école.
Il ou elle va à l'école.
Nous allons à l'école.
Vous allez à l'école.
Ils ou elles vont à l'école.

Imparfait :

J'allais à l'école.
Tu allais à l'école.
Il ou elle allait à l'école.
Nous allions à l'école.
Vous alliez à l'école.
Ils ou elles allaient à l'école.

Passé défini :

J'allai à l'école.
Tu allas à l'école.
Il ou elle alla à l'école.
Nous allâmes à l'école.
Vous allâtes à l'école.
Ils ou elles allèrent à l'école.

Futur :

J'irai à l'école.
Tu iras à l'école.
Il ou elle ira à l'école.
Nous irons à l'école.
Vous irez à l'école.
Ils ou elles iront à l'école.

Envoyer une lettre.

Présent de l'indicatif :

J'envoie une lettre.
Tu envoies une lettre.
Il ou elle envoie une lettre.
Nous envoyons une lettre.
Vous envoyez une lettre.
Ils ou elles envoient une lettre.

Passé défini :

J'envoyai une lettre.
Tu envoyas une lettre.
Il ou elle envoya une lettre.
Nous envoyâmes une lettre.
Vous envoyâtes une lettre.
Ils ou elles envoyèrent une lettre.

Imparfait :

J'envoyais une lettre.
Tu envoyais une lettre.
Il ou elle envoyait une lettre.
Nous envoyions une lettre.
Vous envoyiez une lettre.
Ils ou elles envoyaient une lettre.

Futur :

J'enverrai une lettre.
Tu enverras une lettre.
Il ou elle enverra une lettre.
Nous enverrons une lettre.
Vous enverrez une lettre.
Ils ou elles enverront une lettre.

830. — Même exercice avec les verbes : servir son maître, venir en classe, dormir dans son lit, courir sur la place, offrir une pomme, cueillir la fleur, partir en voyage.

→ ## Servir son maître.

Présent de l'indicatif :

Je sers mon maître.
Tu sers ton maître.
Il ou elle sert son maître.
Nous servons notre maître.
Vous servez votre maître.
Ils ou elles servent leur maître.

Passé défini :

Je servis mon maître.
Tu servis ton maître.
Il ou elle servit son maître.
Nous servîmes notre maître.
Vous servîtes votre maître.
Ils ou elles servirent leur maître.

Imparfait :

Je servais mon maître.
Tu servais ton maître.
Il ou elle servait son maître.
Nous servions notre maître.
Vous serviez votre maître.
Ils ou elles servaient leur maître.

Futur :

Je servirai mon maître.
Tu serviras ton maître.
Il ou elle servira son maître.
Nous servirons notre maître.
Vous servirez votre maître.
Ils ou elles serviront leur maître.

Venir en classe.

Présent de l'indicatif :

Je viens en classe.
Tu viens en classe.
Il ou elle vient en classe.
Nous venons en classe.
Vous venez en classe.
Ils ou elles viennent en classe.

Passé défini :

Je vins en classe.
Tu vins en classe.
Il ou elle vint en classe.
Nous vînmes en classe.
Vous vîntes en classe.
Ils ou elles vinrent en classe.

Imparfait :

Je venais en classe.
Tu venais en classe.
Il ou elle venait en classe.
Nous venions en classe.
Vous veniez en classe.
Ils ou elles venaient en classe.

Futur :

Je viendrai en classe.
Tu viendras en classe.
Il ou elle viendra en classe.
Nous viendrons en classe.
Vous viendrez en classe.
Ils ou elles viendront en classe.

Dormir dans son lit.

Présent de l'indicatif :
Je dors dans mon lit.
Tu dors dans ton lit.
Il ou elle dort dans son lit.
Nous dormons dans notre lit.
Vous dormez dans votre lit.
Ils ou elles dorment dans leur lit.

Imparfait :
Je dormais dans mon lit.
Tu dormais dans ton lit.
Il ou elle dormait dans son lit.
Nous dormions dans notre lit.
Vous dormiez dans votre lit.
Ils ou elles dormaient dans leur lit.

Passé défini :
Je dormis dans mon lit.
Tu dormis dans ton lit.
Il ou elle dormit dans son lit.
Nous dormîmes dans notre lit.
Vous dormîtes dans votre lit.
Ils ou elles dormirent dans leur lit.

Futur :
Je dormirai dans mon lit.
Tu dormiras dans ton lit.
Il ou elle dormira dans son lit.
Nous dormirons dans notre lit.
Vous dormirez dans votre lit.
Ils ou elles dormiront dans leur lit.

Courir sur la place.

Présent de l'indicatif :
Je cours sur la place.
Tu cours sur la place.
Il ou elle court sur la place.
Nous courons sur la place.
Vous courez sur la place.
Ils ou elles courent sur la place.

Imparfait :
Je courais sur la place.
Tu courais sur la place.
Il ou elle courait sur la place.
Nous courions sur la place.
Vous couriez sur la place.
Ils ou elles couraient sur la place.

Passé défini :
Je courus sur la place.
Tu courus sur la place.
Il ou elle courut sur la place.
Nous courûmes sur la place.
Vous courûtes sur la place.
Ils ou elles coururent sur la place.

Futur :
Je courrai sur la place.
Tu courras sur la place.
Il ou elle courra sur la place.
Nous courrons sur la place.
Vous courrez sur la place.
Ils ou elles courront sur la place.

Offrir une pomme.

Présent de l'indicatif :
J'offre une pomme.
Tu offres une pomme.
Il ou elle offre une pomme.
Nous offrons une pomme.
Vous offrez une pomme.
Ils ou elles offrent une pomme.

Imparfait :
J'offrais une pomme.
Tu offrais une pomme.
Il ou elle offrait une pomme.
Nous offrions une pomme.
Vous offriez une pomme.
Ils ou elles offraient une pomme.

Passé défini :
J'offris une pomme.
Tu offris une pomme.
Il ou elle offrit une pomme.
Nous offrîmes une pomme.
Vous offrîtes une pomme.
Ils ou elles offrirent une pomme.

Futur :
J'offrirai une pomme.
Tu offriras une pomme.
Il ou elle offrira une pomme.
Nous offrirons une pomme.
Vous offrirez une pomme.
Ils ou elles offriront une pomme.

Le gérant : PAUL DUPONT.

LANGUE FRANÇAISE : REVISION GÉNÉRALE

Cueillir la fleur.

Présent de l'indicatif :

Je cueille la fleur.
Tu cueilles la fleur.
Il ou elle cueille la fleur.
Nous cueillons la fleur.
Vous cueillez la fleur.
Ils ou elles cueillent la fleur.

Imparfait :

Je cueillais la fleur.
Tu cueillais la fleur.
Il ou elle cueillait la fleur.
Nous cueillions la fleur.
Vous cueilliez la fleur.
Ils ou elles cueillaient la fleur.

Passé défini :

Je cueillis la fleur.
Tu cueillis la fleur.
Il ou elle cueillit la fleur.
Nous cueillîmes la fleur.
Vous cueillîtes la fleur.
Ils ou elles cueillirent la fleur.

Futur :

Je cueillerai la fleur.
Tu cueilleras la fleur.
Il ou elle cueillera la fleur.
Nous cueillerons la fleur.
Vous cueillerez la fleur.
Ils ou elles cueilleront la fleur.

Partir en voyage.

Présent de l'indicatif :

Je pars en voyage.
Tu pars en voyage.
Il ou elle part en voyage.
Nous partons en voyage.
Vous partez en voyage.
Ils ou elles partent en voyage.

Imparfait :

Je partais en voyage.
Tu partais en voyage.
Il ou elle partait en voyage.
Nous partions en voyage.
Vous partiez en voyage.
Ils ou elles partaient en voyage.

Passé défini :

Je partis en voyage.
Tu partis en voyage.
Il ou elle partit en voyage.
Nous partîmes en voyage.
Vous partîtes en voyage.
Ils ou elles partirent en voyage.

Futur :

Je partirai en voyage.
Tu partiras en voyage.
Il ou elle partira en voyage.
Nous partirons en voyage.
Vous partirez en voyage.
Ils ou elles partiront en voyage.

831. — Même exercice avec les verbes : *voir un oiseau, pouvoir travailler, vouloir un livre, savoir sa leçon, devoir une somme.*

→ *Voir un oiseau.*

Présent de l'indicatif :

Je vois un oiseau.
Tu vois un oiseau.
Il ou elle voit un oiseau.
Nous voyons un oiseau.
Vous voyez un oiseau.
Ils ou elles voient un oiseau.

Imparfait :

Je voyais un oiseau.
Tu voyais un oiseau.
Il ou elle voyait un oiseau.
Nous voyions un oiseau.
Vous voyiez un oiseau.
Ils ou elles voyaient un oiseau.

Passé défini :

Je vis un oiseau.
Tu vis un oiseau.
Il ou elle vit un oiseau.
Nous vîmes un oiseau.
Vous vîtes un oiseau.
Ils ou elles virent un oiseau.

Futur :

Je verrai un oiseau.
Tu verras un oiseau.
Il ou elle verra un oiseau.
Nous verrons un oiseau.
Vous verrez un oiseau.
Ils ou elles verront un oiseau.

Pouvoir travailler.

Présent de l'indicatif:

Je peux travailler.
Tu peux travailler.
Il ou elle peut travailler.
Nous pouvons travailler.
Vous pouvez travailler.
Ils ou elles peuvent travailler.

Imparfait:

Je pouvais travailler.
Tu pouvais travailler.
Il ou elle pouvait travailler.
Nous pouvions travailler.
Vous pouviez travailler.
Ils ou elles pouvaient travailler.

Passé défini:

Je pus travailler.
Tu pus travailler.
Il ou elle put travailler.
Nous pûmes travailler.
Vous pûtes travailler.
Ils ou elles purent travailler.

Futur:

Je pourrai travailler.
Tu pourras travailler.
Il ou elle pourra travailler.
Nous pourrons travailler.
Vous pourrez travailler.
Ils ou elles pourront travailler.

Vouloir un livre.

Présent de l'indicatif:

Je veux un livre.
Tu veux un livre.
Il ou elle veut un livre.
Nous voulons un livre.
Vous voulez un livre.
Ils ou elles veulent un livre.

Imparfait:

Je voulais un livre.
Tu voulais un livre.
Il ou elle voulait un livre.
Nous voulions un livre.
Vous vouliez un livre.
Ils ou elles voulaient un livre.

Passé défini:

Je voulus un livre.
Tu voulus un livre.
Il ou elle voulut un livre.
Nous voulûmes un livre.
Vous voulûtes un livre.
Ils ou elles voulurent un livre.

Futur:

Je voudrai un livre.
Tu voudras un livre.
Il ou elle voudra un livre.
Nous voudrons un livre.
Vous voudrez un livre.
Ils ou elles voudront un livre.

Savoir sa leçon.

Présent de l'indicatif:

Je sais ma leçon.
Tu sais ta leçon.
Il ou elle sait sa leçon.
Nous savons notre leçon.
Vous savez votre leçon.
Ils ou elles savent leur leçon.

Imparfait:

Je savais ma leçon.
Tu savais ta leçon.
Il ou elle savait sa leçon.
Nous savions notre leçon.
Vous saviez votre leçon.
Ils ou elles savaient leur leçon.

Passé défini:

Je sus ma leçon.
Tu sus ta leçon.
Il ou elle sut sa leçon.
Nous sûmes notre leçon.
Vous sûtes votre leçon.
Ils ou elles surent leur leçon.

Futur:

Je saurai ma leçon.
Tu sauras ta leçon.
Il ou elle saura sa leçon.
Nous saurons notre leçon.
Vous saurez votre leçon.
Ils ou elles sauront leur leçon.

Devoir une somme.

Présent de l'indicatif :
Je dois une somme.
Tu dois une somme.
Il ou elle doit une somme.
Nous devons une somme.
Vous devez une somme.
Ils ou elles doivent une somme.

Imparfait :
Je devais une somme.
Tu devais une somme.
Il ou elle devait une somme.
Nous devions une somme.
Vous deviez une somme.
Ils ou elles devaient une somme.

Passé défini :
Je dus une somme.
Tu dus une somme.
Il ou elle dut une somme.
Nous dûmes une somme.
Vous dûtes une somme.
Ils ou elles durent une somme.

Futur :
Je devrai une somme.
Tu devras une somme.
Il ou elle devra une somme.
Nous devrons une somme.
Vous devrez une somme.
Ils ou elles devront une somme.

832. — Même exercice avec les verbes : *craindre un danger, paraître malade, croître en taille, peindre une carte, plaindre le malheureux.*

→ ## Craindre un danger.

Présent de l'indicatif :
Je crains un danger.
Tu crains un danger.
Il ou elle craint un danger.
Nous craignons un danger.
Vous craignez un danger.
Ils ou elles craignent un danger.

Imparfait :
Je craignais un danger.
Tu craignais un danger.
Il ou elle craignait un danger.
Nous craignions un danger.
Vous craigniez un danger.
Ils ou elles craignaient un danger.

Passé défini :
Je craignis un danger.
Tu craignis un danger.
Il ou elle craignit un danger.
Nous craignîmes un danger.
Vous craignîtes un danger.
Ils ou elles craignirent un danger.

Futur :
Je craindrai un danger.
Tu craindras un danger.
Il ou elle craindra un danger.
Nous craindrons un danger.
Vous craindrez un danger.
Ils ou elles craindront un danger.

Paraître malade.

Présent de l'indicatif :
Je parais malade.
Tu parais malade.
Il ou elle paraît malade.
Nous paraissons malades.
Vous paraissez malades.
Ils ou elles paraissent malades.

Imparfait :
Je paraissais malade.
Tu paraissais malade.
Il ou elle paraissait malade.
Nous paraissions malades.
Vous paraissiez malades.
Ils ou elles paraissaient malades.

Passé défini :
Je parus malade.
Tu parus malade.
Il ou elle parut malade.
Nous parûmes malades.
Vous parûtes malades.
Ils ou elles parurent malades.

Futur :
Je paraîtrai malade.
Tu paraîtras malade.
Il ou elle paraîtra malade.
Nous paraîtrons malades.
Vous paraîtrez malades.
Ils ou elles paraîtront malades.

Croître en taille.

Présent de l'indicatif :	Imparfait :
Je crois en taille.	Je croissais en taille.
Tu crois en taille.	Tu croissais en taille.
Il ou elle croît en taille.	Il ou elle croissait en taille.
Nous croissons en taille.	Nous croissions en taille.
Vous croissez en taille.	Vous croissiez en taille.
Ils ou elles croissent en taille.	Ils ou elles croissaient en taille.

Passé défini :	Futur :
Je crûs en taille.	Je croîtrai en taille.
Tu crûs en taille.	Tu croîtras en taille.
Il ou elle crût en taille.	Il ou elle croîtra en taille.
Nous crûmes en taille.	Nous croîtrons en taille.
Vous crûtes en taille.	Vous croîtrez en taille.
Ils ou elles crûrent en taille.	Ils ou elles croîtront en taille.

Peindre une carte.

Présent de l'indicatif :	Imparfait :
Je peins une carte.	Je peignais une carte.
Tu peins une carte.	Tu peignais une carte.
Il ou elle peint une carte.	Il ou elle peignait une carte.
Nous peignons une carte.	Nous peignions une carte.
Vous peignez une carte.	Vous peigniez une carte.
Ils ou elles peignent une carte.	Ils ou elles peignaient une carte.

Passé défini :	Futur :
Je peignis une carte.	Je peindrai une carte.
Tu peignis une carte.	Tu peindras une carte.
Il ou elle peignit une carte.	Il ou elle peindra une carte.
Nous peignîmes une carte.	Nous peindrons une carte.
Vous peignîtes une carte.	Vous peindrez une carte.
Ils ou elles peignirent une carte.	Ils ou elles peindront une carte.

Plaindre le malheureux.

Présent de l'indicatif :	Imparfait :
Je plains le malheureux.	Je plaignais le malheureux.
Tu plains le malheureux.	Tu plaignais le malheureux.
Il ou elle plaint le malheureux.	Il ou elle plaignait le malheureux.
Nous plaignons le malheureux.	Nous plaignions le malheureux.
Vous plaignez le malheureux.	Vous plaigniez le malheureux.
Ils ou elles plaignent le malheureux.	Ils ou elles plaignaient le malheureux.

Passé défini :

Je plaignis le malheureux.
Tu plaignis le malheureux.
Il ou elle plaignit le malheureux.
Nous plaignîmes le malheureux.
Vous plaignîtes le malheureux.
Ils ou elles plaignirent le malheureux.

Futur :
Je plaindrai le malheureux.
Tu plaindras le malheureux.
Il ou elle plaindra le malheureux.
Nous plaindrons le malheureux.
Vous plaindrez le malheureux.
Ils ou elles plaindront le malheureux.

833. — Mettre au pluriel l'exercice suivant : La chèvre fournit du lait, et avec son poil un peu rude on fait une étoffe. Elle est plus légère et moins timide que la brebis ; elle gravit le coteau ; elle bondit sur la pointe du rocher. Elle franchit le torrent et choisit de préférence pour son ébat le bord d'un précipice. Elle marche, elle bondit, elle saute, elle rebondit, elle approche, elle se cache sans autre raison que son caprice.

→ Les chèvres fournissent du lait, et avec leur poil un peu rude on fait une étoffe. Elles sont plus légères et moins timides que les brebis ; elles gravissent les coteaux ; elles bondissent sur la pointe des rochers. Elles franchissent les torrents et choisissent de préférence pour leurs ébats les bords des précipices. Elles marchent, elles bondissent, elles sautent, elles rebondissent, elles approchent, elles se cachent sans autre raison que leur caprice.

6° Morceau à apprendre. — Indiquer un morceau de récitation à apprendre, après l'avoir expliqué, ou un morceau, déjà appris, à repasser (pages 501 à 505 du livre du maître).

7° Récitation et correction. — **1.** Faire réciter le morceau. — **2.** Corriger les applications de la dictée et les exercices écrits qui ont été indiqués.

193ᵉ ET 194ᵉ Leçons. — **REVISION GÉNÉRALE** *(Suite)*
LE VERBE *(Fin)*

1° Leçons. — Faire écrire au tableau : *Langue française.* — *Revision générale (suite) : le verbe (fin) (page 671).*
Faire apprendre les leçons (page 671 du livre de l'élève).

2° Interrogations. — Poser des questions sur le verbe (page 671 du livre de l'élève).

3° Exercices oraux. — **1.** Faire trouver aux élèves les terminaisons de toutes les personnes du présent du conditionnel des quatre conjugaisons :

→ *(1ʳᵉ conjugaison et 2ᵉ conjugaison :)* Ais, ais, ait, ions, iez, aient.

(3ᵉ conjugaison et 4ᵉ conjugaison :) Rais, rais, rait, rions, riez, raient.

2. Faire trouver aux élèves les formes du mode impératif des verbes *avoir* et *être*.

→ *(Avoir :)* Aie, ayons, ayez.

(Être :) Sois, soyons, soyez.

3. Faire trouver aux élèves le présent du subjonctif des verbes *avoir* et *être*.

→ *(Avoir :)* Que j'aie, que tu aies, qu'il ou qu'elle ait, que nous ayons, que vous ayez, qu'ils ou qu'elles aient.

(Être :) Que je sois, que tu sois, qu'il ou qu'elle soit, que nous soyons, que vous soyez, qu'ils ou qu'elles soient.

4. Faire trouver aux élèves l'imparfait du subjonctif des verbes *avoir* et *être*.

→ *(Avoir :)* Que j'eusse, que tu eusses, qu'il ou qu'elle eût, que nous eussions, que vous eussiez, qu'ils ou qu'elles eussent.

(Être :) Que je fusse, que tu fusses, qu'il ou qu'elle fût, que nous fussions, que vous fussiez, qu'ils ou qu'elles fussent.

4° Dictées n° 385 à n° 388. — Faire faire l'une des quatre dictées suivantes, selon la force des élèves :

DICTÉE N° 385 (1re année)

La France s'empara du Dahomey[1] pendant que Carnot[2] était président de la République. — On sème les plantes fourragères[3] comme on sème le blé, et on fauche les prairies artificielles comme on fauche les prés. — J'allai en Russie[4] l'année dernière et je visitai Saint-Pétersbourg[5] et Cronstadt[6]. — L'industrie[7] devint très prospère en France sous le règne de Napoléon III[8]. — Nous visiterons à Lille[9] une filature de coton[10]. — On cultive les prairies naturelles[11] pour donner de la nourriture aux bestiaux.

Explication des mots. — [1] *Dahomey* : royaume situé sur le golfe de Guinée en Afrique; il a pour capitale Abomey. — [2] *Carnot* : président de la République française qui succéda à Jules Grévy. Carnot fut assassiné à Lyon par un anarchiste italien. — [3] *Plantes fourragères* : plantes cultivées dans les prairies artificielles pour servir de fourrage. — [4] *Russie* : vaste empire situé à l'Est de l'Europe et au Nord de l'Asie. — [5] *Saint-Pétersbourg* : capitale de l'empire russe. — [6] *Cronstadt* : port de Russie situé à vingt-cinq kilomètres de Saint-Pétersbourg. — [7] *Industrie* : opération par laquelle on transforme les matières premières pour servir à toutes sortes d'usages. — [8] *Napoléon III* : empereur des Français de 1852 à 1870. — [9] *Lille* : chef-lieu du département du Nord. — [10] *Coton* : duvet contenu dans les graines du cotonnier. — [11] *Prairies naturelles* : prairies humides dans lesquelles l'herbe pousse naturellement.

Corrigé de la dictée. — Corriger ou faire corriger la dictée avant d'en indiquer les applications.

Interrogations. — Qu'est-ce que le *Dahomey* ? Qui était *Carnot* ? Qu'est-ce que des *plantes fourragères* ? la *Russie* ? *Saint-Pétersbourg* ?

LANGUE FRANÇAISE : **REVISION GÉNÉRALE** 471

Cronstadt? l'industrie? Qui était Napoléon III? Qu'est-ce que Lille?
le coton? des prairies naturelles?
→ (Voir les explications ci-dessus.)
Applications écrites. — 1. Conjuguer au présent de l'indicatif le verbe devenir.
→ Je deviens, tu deviens, il ou elle devient, nous devenons, vous devenez, ils ou elles deviennent.
2. Écrire les noms propres contenus dans la dictée :
→ France, Dahomey, Carnot, Russie, Saint-Pétersbourg, Cronstadt, France, Napoléon III, Lille.
3. Écrire les verbes contenus dans la dictée :
→ Empara, était, sème, sème, fauche, fauche, allai, visitai, devint, visiterons, cultive, donner.

DICTÉE N° 386 (2ᵉ année)

LES VÊTEMENTS D'HIVER

La maman a déjà préparé les vêtements d'hiver. Elle a réparé les châles de laine, tricoté les capelines[1], les chaussons. Quand nous achetons les vêtements d'hiver, donnons la préférence[2] aux tissus mous et neigeux et à mailles larges ; ils conservent mieux la chaleur que les tissus fins et serrés. Les tissus de laine sont plus chauds que ceux de toile. La couleur même des vêtements a son importance[3] : à épaisseur égale, les tissus blancs sont plus chauds que les tissus de couleur sombre.

Explication des mots. — [1] *Capeline:* sorte de coiffure. — [2] *Donner la préférence:* affectionner davantage. — [3] *Importance:* signifie utilité.

Corrigé de la dictée. — Corriger ou faire corriger la dictée avant d'en indiquer les applications.

Interrogations. — Qu'est-ce qu'une *capeline*? *donner la préférence*? l'*importance*?
→ (Voir les explications ci-dessus.)
Applications écrites. — 1. Écrire les noms de la dictée qui sont au singulier :
→ Hiver, maman, hiver, laine, hiver, préférence, chaleur, laine, toile, couleur, importance, épaisseur, couleur.
2. Écrire les noms de la dictée qui sont au pluriel :
→ Vêtements, vêtements, châles, capelines, chaussons, vêtements, tissus, mailles, tissus, tissus, vêtements, tissus, tissus.
3. Avec chacun de ces derniers noms (pris une fois) composer une phrase simple :
→ (*Exemple :*) Les *vêtements* que l'on porte à la campagne doivent être solides. — Le marchand ne voulut pas recevoir ces *châles* qui avaient un défaut. — Apportez à votre petite sœur sa *capeline* de laine. — Ce vieillard porte des *chaussons* toute l'année. — Ces *tissus* sont d'une grande souplesse. — Notre grand'mère a laissé tomber les *mailles* de son tricot.

DICTÉE N° 387 (1re année)

L'OURS BLANC

L'ours[1] blanc habite les pays très froids, baignés[2] par l'Océan glacial[3]. Son pelage[4] est blanc ; son museau seul est noir. Il mange des poissons[5] et des phoques[6]. L'ours est un animal très fort et très féroce. Sa chair est dure, et c'est pour avoir sa fourrure[7] que les chasseurs l'attaquent.

Explication des mots. — [1] *Ours:* gros animal mammifère qui vit dans les pays froids. — [2] *Baignés:* limités. — [3] *Océan glacial* : océan situé près du pôle Nord. — [4] *Pelage:* couleur du poil de certains animaux. — [5] *Poissons:* animaux qui vivent dans l'eau. — [6] *Phoques* : gros mammifères cétacés appelés aussi veaux marins. — [7] *Fourrure* : peau de certains animaux recouverte de poils épais et soyeux.

Corrigé de la dictée. — Corriger ou faire corriger la dictée avant d'en indiquer les applications.

Interrogations. — Qu'est-ce qu'un *ours?* Que signifie *baignés?* Qu'est-ce que l'*Océan glacial?* le *pelage?* des *poissons?* des *phoques?* une *fourrure?*

→ (Voir les explications ci-dessus.)

Application écrite. — Mettre la dictée au pluriel en prenant comme titre : Les ours blancs.

→ Les ours blancs habitent les pays très froids baignés par l'Océan glacial. Leur pelage est blanc, leur museau seul est noir. Ils mangent des poissons et des phoques. Les ours sont des animaux très forts et très féroces. Leur chair est dure, et c'est pour avoir leur fourrure que les chasseurs les attaquent.

DICTÉE N° 388 (2e année)

L'ESPRIT DE CORPS

L'honneur du régiment[1] c'est l'honneur du plus jeune soldat aussi bien que celui du colonel. Celui qui y porte atteinte[2] par sa conduite touche en même temps à l'honneur de tous. De même, l'officier ou le soldat, qui se distingue par sa tenue et par ses belles actions, rehausse[3] l'honneur du régiment entier. Ce sentiment, qui unit les hommes d'un même régiment, qui les pousse à faire leur devoir et même davantage, se nomme l'esprit de corps.

Explication des mots. — [1] *Régiment:* groupe de soldats comprenant plusieurs bataillons. — [2] *Porter atteinte* : attaquer l'honneur du régiment, lui causer quelque dommage. — [3] *Rehausse:* hausse davantage, le rend encore plus grand.

Corrigé de la dictée. — Corriger ou faire corriger la dictée avant d'en indiquer les applications.

Interrogations. — Qu'est-ce qu'un *régiment?* Que signifie *porter atteinte? rehausse?*

→ (Voir les explications ci-dessus.)

LANGUE FRANÇAISE : REVISION GÉNÉRALE

Applications écrites. — 1. Écrire l'adjectif démonstratif contenu dans la dictée :
→ Ce.

2. Écrire les adjectifs possessifs contenus dans la dictée :
→ Sa, sa, ses, leur.

3. Conjuguer au présent de l'indicatif, à l'imparfait de l'indicatif, au passé défini et au futur, le verbe *unir*.

→ *Présent de l'indicatif* : J'unis, tu unis, il ou elle unit, nous unissons, vous unissez, ils ou elles unissent.
Imparfait de l'indicatif : J'unissais, tu unissais, il ou elle unissait, nous unissions, vous unissiez, ils ou elles unissaient.
Passé défini : J'unis, tu unis, il ou elle unit, nous unîmes, vous unîtes, ils ou elles unirent.
Futur : J'unirai, tu uniras, il ou elle unira, nous unirons, vous unirez, ils ou elles uniront.

5° **Exercices écrits.** — Indiquer les exercices écrits à faire parmi ceux de la page 672 du livre de l'élève (exercices 834 à 839).

RÉPONSES AUX EXERCICES 834 à 839

834. — Conjuguer au présent du conditionnel et à l'impératif les verbes : *aimer son père, finir sa page, recevoir un fruit, rendre un service, avoir un jouet, être malade.*

→

Aimer son père.

Présent du conditionnel :
J'aimerais mon père.
Tu aimerais ton père.
Il ou elle aimerait son père.
Nous aimerions notre père.
Vous aimeriez votre père.
Ils ou elles aimeraient leur père.

Impératif :
Aime ton père.
Aimons notre père.
Aimez votre père.

Finir sa page.

Présent du conditionnel :
Je finirais ma page.
Tu finirais ta page.
Il ou elle finirait sa page.
Nous finirions notre page.
Vous finiriez votre page.
Ils ou elles finiraient leur page.

Impératif :
Finis ta page.
Finissons notre page.
Finissez votre page.

Recevoir un fruit.

Présent du conditionnel :
Je recevrais un fruit.
Tu recevrais un fruit.
Il ou elle recevrait un fruit.
Nous recevrions un fruit.
Vous recevriez un fruit.
Ils ou elles recevraient un fruit.

Impératif :
Reçois un fruit.
Recevons un fruit.
Recevez un fruit.

Rendre un service.

Présent du conditionnel :
Je rendrais un service.
Tu rendrais un service.
Il ou elle rendrait un service.
Nous rendrions un service.
Vous rendriez un service.
Ils ou elles rendraient un service.

Impératif :
Rends un service.
Rendons un service.
Rendez un service.

Avoir un jouet.

Présent du conditionnel :
J'aurais un jouet.
Tu aurais un jouet.
Il ou elle aurait un jouet.
Nous aurions un jouet.
Vous auriez un jouet.
Ils ou elles auraient un jouet.

Impératif :
Aie un jouet.
Ayons un jouet.
Ayez un jouet.

Être malade.

Présent du conditionnel :
Je serais malade.
Tu serais malade.
Il ou elle serait malade.
Nous serions malades.
Vous seriez malades.
Ils ou elles seraient malades.

Impératif :
Sois malade.
Soyons malades.
Soyez malades.

835. — Conjuguer au présent et à l'imparfait du subjonctif les verbes : *chanter une chanson, blanchir le mur, percevoir un impôt, prendre son cahier, avoir une plume, être attentif.*

→ ### Chanter une chanson.

Présent du subjonctif :
Que je chante une chanson.
Que tu chantes une chanson.
Qu'il ou qu'elle chante une chanson.
Que nous chantions une chanson.
Que vous chantiez une chanson.
Qu'ils ou qu'elles chantent une chanson.

Imparfait du subjonctif :
Que je chantasse une chanson.
Que tu chantasses une chanson.
Qu'il ou qu'elle chantât une chanson.
Que nous chantassions une chanson.
Que vous chantassiez une chanson.
Qu'ils ou qu'elles chantassent une chanson.

Blanchir le mur.

Présent du subjonctif :
Que je blanchisse le mur.
Que tu blanchisses le mur.
Qu'il ou qu'elle blanchisse le mur.
Que nous blanchissions le mur.
Que vous blanchissiez le mur.
Qu'ils ou qu'elles blanchissent le mur.

Imparfait du subjonctif :
Que je blanchisse le mur.
Que tu blanchisses le mur.
Qu'il ou qu'elle blanchît le mur.
Que nous blanchissions le mur.
Que vous blanchissiez le mur.
Qu'ils ou qu'elles blanchissent le mur.

LANGUE FRANÇAISE : RÉVISION GÉNÉRALE

Percevoir un impôt.

Présent du subjonctif :
Que je perçoive un impôt.
Que tu perçoives un impôt.
Qu'il ou qu'elle perçoive un impôt.
Que nous percevions un impôt.
Que vous perceviez un impôt.
Qu'ils ou qu'elles perçoivent un impôt.

Imparfait du subjonctif :
Que je perçusse un impôt.
Que tu perçusses un impôt.
Qu'il ou qu'elle perçût un impôt.
Que nous perçussions un impôt.
Que vous perçussiez un impôt.
Qu'ils ou qu'elles perçussent un impôt.

Prendre son cahier.

Présent du subjonctif :
Que je prenne mon cahier.
Que tu prennes ton cahier.
Qu'il ou qu'elle prenne son cahier.
Que nous prenions notre cahier.
Que vous preniez votre cahier.
Qu'ils ou qu'elles prennent leur cahier.

Imparfait du subjonctif :
Que je prisse mon cahier.
Que tu prisses ton cahier.
Qu'il ou qu'elle prît son cahier.
Que nous prissions notre cahier.
Que vous prissiez votre cahier.
Qu'ils ou qu'elles prissent leur cahier.

Avoir une plume.

Présent du subjonctif :
Que j'aie une plume.
Que tu aies une plume.
Qu'il ou qu'elle ait une plume.
Que nous ayons une plume.
Que vous ayez une plume.
Qu'ils ou qu'elles aient une plume.

Imparfait du subjonctif :
Que j'eusse une plume.
Que tu eusses une plume.
Qu'il ou qu'elle eût une plume.
Que nous eussions une plume.
Que vous eussiez une plume.
Qu'ils ou qu'elles eussent une plume.

Être attentif.

Présent du subjonctif :
Que je sois attentif.
Que tu sois attentif.
Qu'il soit attentif ou qu'elle soit attentive.
Que nous soyons attentifs.
Que vous soyez attentifs.
Qu'ils soient attentifs ou qu'elles soient attentives.

Imparfait du subjonctif :
Que je fusse attentif.
Que tu fusses attentif.
Qu'il fût attentif ou qu'elle fût attentive.
Que nous fussions attentifs.
Que vous fussiez attentifs.
Qu'ils fussent attentifs ou qu'elles fussent attentives.

836. — Écrire le participe présent et les différentes formes du participe passé des verbes : *récolter, chérir, prévoir, fendre, avoir, être, aller, envoyer, parcourir, cueillir, savoir, coudre, lire, offrir, vouloir, peindre.*

→ (*Participe présent :*) Récoltant, chérissant, prévoyant, fendant, ayant, étant, allant, envoyant, parcourant, cueillant, sachant, cousant, lisant, offrant, voulant, peignant.

(*Participe passé :*) Récolté, récoltée, récoltés, récoltées ; chéri, chérie, chéris, chéries ; prévu, prévue, prévus, prévues ; fendu, fendue, fendus, fendues ; eu, eue, eus, eues ; été ; allé, allée, allés, allées ;

envoyé, envoyée, envoyés, envoyées ; parcouru, parcourue, parcourus, parcourues ; cueilli, cueillie, cueillis, cueillies ; su, sue, sus, sues ; cousu, cousue, cousus, cousues ; lu, lue, lus, lues; offert, offerte, offerts, offertes ; voulu, voulue, voulus, voulues ; peint, peinte, peints, peintes.

837. — Conjuguer au présent du conditionnel et à l'impératif les verbes : *aller à l'école, envoyer une lettre, courir sur la place, cueillir une fleur, pouvoir travailler, savoir sa leçon, coudre sa robe, lire une lettre, peindre la carte, vouloir un livre, plaindre le méchant.*

Aller à l'école.

Présent du conditionnel :
J'irais à l'école.
Tu irais à l'école.
Il ou elle irait à l'école.
Nous irions à l'école.
Vous iriez à l'école.
Ils ou elles iraient à l'école.

Impératif :
Va à l'école.
Allons à l'école.
Allez à l'école.

Envoyer une lettre.

Présent du conditionnel :
J'enverrais une lettre.
Tu enverrais une lettre.
Il ou elle enverrait une lettre.
Nous enverrions une lettre.
Vous enverriez une lettre.
Ils ou elles enverraient une lettre.

Impératif :
Envoie une lettre.
Envoyons une lettre.
Envoyez une lettre.

Courir sur la place.

Présent du conditionnel :
Je courrais sur la place.
Tu courrais sur la place.
Il ou elle courrait sur la place.
Nous courrions sur la place.
Vous courriez sur la place.
Ils ou elles courraient sur la place.

Impératif :
Cours sur la place.
Courons sur la place.
Courez sur la place.

Cueillir une fleur.

Présent du conditionnel :
Je cueillerais une fleur.
Tu cueillerais une fleur.
Il ou elle cueillerait une fleur.
Nous cueillerions une fleur.
Vous cueilleriez une fleur.
Ils ou elles cueilleraient une fleur.

Impératif :
Cueille une fleur.
Cueillons une fleur.
Cueillez une fleur.

Pouvoir travailler.

Présent du conditionnel :
Je pourrais travailler.
Tu pourrais travailler.
Il ou elle pourrait travailler.
Nous pourrions travailler.
Vous pourriez travailler.
Ils ou elles pourraient travailler.

Le verbe *pouvoir* ne se conjugue pas au mode impératif.

LANGUE FRANÇAISE : RÉVISION GÉNÉRALE

Savoir sa leçon.

Présent du conditionnel :
Je saurais ma leçon.
Tu saurais ta leçon.
Il ou elle saurait sa leçon.
Nous saurions notre leçon.
Vous sauriez votre leçon.
Ils ou elles sauraient leur leçon.

Impératif :
Sache ta leçon.
Sachons notre leçon.
Sachez votre leçon.

Coudre sa robe.

Présent du conditionnel :
Je coudrais ma robe.
Tu coudrais ta robe.
Elle coudrait sa robe.
Nous coudrions notre robe.
Vous coudriez votre robe.
Elles coudraient leur robe.

Impératif :
Couds ta robe.
Cousons notre robe.
Cousez votre robe.

Lire une lettre.

Présent du conditionnel :
Je lirais une lettre.
Tu lirais une lettre.
Il ou elle lirait une lettre.
Nous lirions une lettre.
Vous liriez une lettre.
Ils ou elles liraient une lettre.

Impératif :
Lis une lettre.
Lisons une lettre.
Lisez une lettre.

Peindre la carte.

Présent du conditionnel :
Je peindrais la carte.
Tu peindrais la carte.
Il ou elle peindrait la carte.
Nous peindrions la carte.
Vous peindriez la carte.
Ils ou elles peindraient la carte.

Impératif :
Peins la carte.
Peignons la carte.
Peignez la carte.

Vouloir un livre.

Présent du conditionnel :
Je voudrais un livre.
Tu voudrais un livre.
Il ou elle voudrait un livre.
Nous voudrions un livre.
Vous voudriez un livre.
Ils ou elles voudraient un livre.

Impératif :
Veuille un livre.
Veuillons un livre.
Veuillez un livre.

Le verbe *vouloir* est peu employé au mode impératif.

Plaindre le méchant.

Présent du conditionnel :
Je plaindrais le méchant.
Tu plaindrais le méchant.
Il ou elle plaindrait le méchant.
Nous plaindrions le méchant.
Vous plaindriez le méchant.
Ils ou elles plaindraient le méchant.

Impératif :
Plains le méchant.
Plaignons le méchant.
Plaignez le méchant.

838. — Conjuguer au présent et à l'imparfait du subjonctif les verbes : *aller à l'école, envoyer une lettre, servir son maître, venir en classe, cueillir une fleur, pouvoir travailler, savoir sa leçon, peindre une carte, plaindre les malheureux.*

→ *Aller à l'école.*

Présent du subjonctif:
Que j'aille à l'école.
Que tu ailles à l'école.
Qu'il ou qu'elle aille à l'école.
Que nous allions à l'école.
Que vous alliez à l'école.
Qu'ils ou qu'elles aillent à l'école.

Imparfait du subjonctif:
Que j'allasse à l'école.
Que tu allasses à l'école.
Qu'il ou qu'elle allât à l'école.
Que nous allassions à l'école.
Que vous allassiez à l'école.
Qu'ils ou qu'elles allassent à l'école.

Envoyer une lettre.

Présent du subjonctif:
Que j'envoie une lettre.
Que tu envoies une lettre.
Qu'il ou qu'elle envoie une lettre.
Que nous envoyions une lettre.
Que vous envoyiez une lettre.
Qu'ils ou qu'elles envoient une lettre.

Imparfait du subjonctif:
Que j'envoyasse une lettre.
Que tu envoyasses une lettre.
Qu'il ou qu'elle envoyât une lettre.
Que nous envoyassions une lettre.
Que vous envoyassiez une lettre.
Qu'ils ou qu'elles envoyassent une lettre.

Servir son maître.

Présent du subjonctif:
Que je serve mon maître.
Que tu serves ton maître.
Qu'il ou qu'elle serve son maître.
Que nous servions notre maître.
Que vous serviez votre maître.
Qu'ils ou qu'elles servent leur maître.

Imparfait du subjonctif:
Que je servisse mon maître.
Que tu servisses ton maître.
Qu'il ou qu'elle servît son maître.
Que nous servissions notre maître.
Que vous servissiez votre maître.
Qu'ils ou qu'elles servissent leur maître.

Venir en classe.

Présent du subjonctif:
Que je vienne en classe.
Que tu viennes en classe.
Qu'il ou qu'elle vienne en classe.
Que nous venions en classe.
Que vous veniez en classe.
Qu'ils ou qu'elles viennent en classe.

Imparfait du subjonctif:
Que je vinsse en classe.
Que tu vinsses en classe.
Qu'il ou qu'elle vînt en classe.
Que nous vinssions en classe.
Que vous vinssiez en classe.
Qu'ils ou qu'elles vinssent en classe.

LANGUE FRANÇAISE : REVISION GÉNÉRALE

Cueillir une fleur.

Présent du subjonctif :

Que je cueille une fleur.
Que tu cueilles une fleur.
Qu'il ou qu'elle cueille une fleur.
Que nous cueillions une fleur.
Que vous cueilliez une fleur.
Qu'ils ou qu'elles cueillent une fleur.

Imparfait du subjonctif :

Que je cueillisse une fleur.
Que tu cueillisses une fleur.
Qu'il ou qu'elle cueillît une fleur.
Que nous cueillissions une fleur.
Que vous cueillissiez une fleur.
Qu'ils ou qu'elles cueillissent une fleur.

Pouvoir travailler.

Présent du subjonctif :

Que je puisse travailler.
Que tu puisses travailler.
Qu'il ou qu'elle puisse travailler.
Que nous puissions travailler.
Que vous puissiez travailler.
Qu'ils ou qu'elles puissent travailler.

Imparfait du subjonctif :

Que je pusse travailler.
Que tu pusses travailler.
Qu'il ou qu'elle pût travailler.
Que nous pussions travailler.
Que vous pussiez travailler.
Qu'ils ou qu'elles pussent travailler.

Savoir sa leçon.

Présent du subjonctif :

Que je sache ma leçon.
Que tu saches ta leçon.
Qu'il ou qu'elle sache sa leçon.
Que nous sachions notre leçon.
Que vous sachiez votre leçon.
Qu'ils ou qu'elles sachent leur leçon.

Imparfait du subjonctif :

Que je susse ma leçon.
Que tu susses ta leçon.
Qu'il ou qu'elle sût sa leçon.
Que nous sussions notre leçon.
Que vous sussiez votre leçon.
Qu'ils ou qu'elles sussent leur leçon.

Peindre une carte.

Présent du subjonctif :

Que je peigne une carte.
Que tu peignes une carte.
Qu'il ou qu'elle peigne une carte.
Que nous peignions une carte.
Que vous peigniez une carte.
Qu'ils ou qu'elles peignent une carte.

Imparfait du subjonctif :

Que je peignisse une carte.
Que tu peignisses une carte.
Qu'il ou qu'elle peignît une carte.
Que nous peignissions une carte.
Que vous peignissiez une carte.
Qu'ils ou qu'elles peignissent une carte.

Plaindre les malheureux:
Présent du subjonctif:
Que je plaigne les malheureux.
Que tu plaignes les malheureux.
Qu'il ou qu'elle plaigne les malheureux.
Que nous plaignions les malheureux.
Que vous plaigniez les malheureux.
Qu'ils ou qu'elles plaignent les malheureux.
Imparfait du subjonctif:
Que je plaignisse les malheureux.
Que tu plaignisses les malheureux.
Qu'il ou qu'elle plaignît les malheureux.
Que nous plaignissions les malheureux.
Que vous plaignissiez les malheureux.
Qu'ils ou qu'elles plaignissent les malheureux.

839. — Mettre aux temps indiqués les verbes placés entre parenthèses : Vous (*donner*, présent de l'indicatif, imparfait, passé défini, futur) des secours aux malheureux. — Ton frère (*finir*, présent du conditionnel) son devoir à la hâte.—(*Réciter*, impératif) cette fable sans faute.—Il faut que tu (*recevoir*, présent du subjonctif) une punition.—Il faudrait que cette femme (*rendre*, imparfait du subjonctif) notre monnaie.

→ Vous donnez, donniez, donnâtes, donnerez des secours aux malheureux. — Ton frère finirait son devoir à la hâte. — Récitez cette fable sans faute.—Il faut que tu reçoives une punition.—Il faudrait que cette femme rendît notre monnaie.

6° Analyse grammaticale *(Deuxième année).* — Donner à faire aux élèves de deuxième année l'analyse grammaticale suivante :

Analyse grammaticale n° 39. — Courir un danger pour sauver un étranger, c'est donner à l'humanité une preuve d'amour.

→ Courir	v. actif *courir*, 2° conj., mode inf., temps prés.
un	art. indéf., masc. sing., annonce que *danger* n'est pas déterminé.
danger	n. comm., masc. sing., compl. direct de *courir*.
pour	prép.
sauver	v. actif *sauver*, 1re conj., mode inf., temps prés.
un	art. indéf., masc. sing., annonce que *étranger* n'est pas déterminé.
étranger,	n. comm., masc. sing., compl. direct de *sauver*.
c'	pron. démonst., masc. sing., sujet de *est*.
est	v. subst. *être*, 4° conj., mode ind., temps prés., 3° pers. du sing.
donner	v. actif *donner*, 1re conj., mode inf., temps prés.
à	prép.
l'	art. élidé, mis pour *la*, fém. sing., annonce que *humanité* est déterminé.
humanité	n. comm., fém. sing., compl. indirect de *donner*.
une	art. indéf., fém. sing., annonce que *preuve* n'est pas déterminé.
preuve	n. comm., fém. sing., compl. direct de *donner*.
d'	mis pour *de*, prép.
amour.	n. comm., masc. sing., compl. de *preuve*.

Le gérant : PAUL DUPONT.

LANGUE FRANÇAISE : **REVISION GÉNÉRALE**

7° Morceau à apprendre. — Indiquer un morceau de récitation à apprendre, après l'avoir expliqué, ou un morceau, déjà appris, à repasser (pages 501 à 505 du livre du maître).

8° Récitation et correction. — 1. Faire réciter le morceau. —2. Corriger les applications de la dictée, l'analyse grammaticale et les exercices écrits qui ont été indiqués.

195ᵉ ET 196ᵉ LEÇONS — **REVISION GÉNÉRALE** (Suite)
LE PARTICIPE. — L'ADVERBE

1° Leçons. — Faire écrire au tableau : *Langue française. — Revision générale (suite) : le participe ; l'adverbe (page 673).* Faire apprendre les leçons (page 673 du livre de l'élève).

2° Interrogations. — Poser des questions sur le participe et sur l'adverbe (page 673 du livre de l'élève).

3° Exercices oraux. — 1. Faire trouver aux élèves des phrases très simples contenant chacune un participe employé sans auxiliaire :

→ *(Exemple :)* Voici des fleurs *fanées*. — Les moissons *terminées*. — Des livres *reliés*. — Un fruit *cueilli*. — Des roses *écloses*.

2. Faire trouver aux élèves des phrases contenant chacune un participe employé avec l'auxiliaire *être* ou un participe employé avec l'auxiliaire *avoir* :

→ Avec l'auxiliaire *être*.
  (Exemple :) Vos fenêtres sont *fermées*. — Beaucoup d'arbres sont *abattus*. — Ton devoir est *terminé*, les miens ne sont pas *commencés*. — Sa montre est *cassée*. — Mes lettres sont *écrites*.

Avec l'auxiliaire *avoir*.
  (Exemple :) J'ai *lu* plusieurs lettres. — Les lettres que j'ai *reçues* m'ont *encouragé*. — Nous avons *visité* de grandes villes. — Les grandes villes que nous avons *visitées* nous ont *paru* bien belles.

3. Faire trouver aux élèves des adverbes de manière, de temps, de lieu, de quantité, tels que :

→ *(Adverbes de manière :)* Bien, mal, mieux, pis, exprès.
  (Adverbes de temps :) Alors, après, demain, déjà, depuis.
  (Adverbes de lieu :) Ailleurs, alentour, ici, là, loin.
  (Adverbes de quantité :) Assez, aussi, beaucoup, moins.

4. Faire trouver aux élèves des adverbes d'interrogation, de négation, d'affirmation :

→ *(Adverbes d'interrogation :)* Pourquoi, combien, comment.
(Adverbes de négation :) Non, jamais, ne pas, ne point.
(Adverbes d'affirmation :) Volontiers, vraiment, certainement, oui.

4° Dictées n° 389 à n° 392. — Faire faire l'une des quatre dictées suivantes, selon la force des élèves :

DICTÉE N° 389 (1re année)

LE COQ

Le coq est un gros oiseau. Il a les ailes[1] courtes et il vole rarement[2]. Il gratte[3] la terre pour chercher sa nourriture[4] et avale autant de cailloux que de grains. Lorsqu'il veut boire, il prend de l'eau dans son bec et lève la tête chaque fois pour l'avaler. La tête du coq est ornée d'une crête[5] rouge.

Explication des mots. — [1]*Ailes* : parties du corps de l'oiseau qui lui permettent de se soutenir dans l'air. — [2]*Rarement* : peu souvent. — [3]*Gratte* : frotte avec ses ongles. — [4]*Nourriture* : tout ce qui lui sert d'aliment. — [5]*Crête* : excroissance charnue de couleur rouge qui se trouve sur la tête du coq.

Corrigé de la dictée. — Corriger ou faire corriger la dictée avant d'en indiquer les applications.

Interrogations. — Qu'est-ce que les *ailes*? Que signifie *rarement*? *gratte*? Qu'est-ce que la *nourriture*? une *crête*?
→ (Voir les explications ci-dessus.)

Applications écrites. — 1. Mettre la dictée au pluriel en prenant pour titre : Les coqs.
→ Les coqs sont de gros oiseaux. Ils ont les ailes courtes et ils volent rarement. Ils grattent la terre pour chercher leur nourriture et avalent autant de cailloux que de grains. Lorsqu'ils veulent boire, ils prennent de l'eau dans leur bec et lèvent la tête chaque fois pour l'avaler. La tête des coqs est ornée d'une crête rouge.

2. Conjuguer au présent de l'indicatif le verbe *vouloir*.
→ Je veux, tu veux, il ou elle veut, nous voulons, vous voulez, ils ou elles veulent.

3. Écrire l'adverbe de manière contenu dans la dictée :
→ Rarement.

DICTÉE N° 390 (2e année)

LA LESSIVE

La lessive est de l'eau dans laquelle on fait fondre de la potasse[1] ou de la soude[2] pour laver le linge. On fait ordinairement la lessive avec les cendres[3] de bois, mais surtout avec celles des arbres fruitiers[4], du chêne[5] et du charme[6]. Les cendres du châtaignier[7] et de l'aune[8] tachent le linge. Les femmes qui lessivent s'appellent lessiveuses ou lavandières.

Le linge qui sort de la cuve à lessive est savonné, puis rincé, passé au bleu[9], séché et repassé.

Explication des mots. — [1] *Potasse* : substance que l'on obtient avec les cendres des végétaux. — [2] *Soude* : substance que l'on obtient avec la cendre des plantes marines. — [3] *Cendres* : ce qui reste après qu'une substance quelconque a brûlé. — [4] *Arbres fruitiers* : arbres dont les fruits sont bons à manger. — [5] *Chêne* : grand arbre forestier dont le bois est fort dur. — [6] *Charme* : arbre à haute tige dont le bois est dur et blanc. — [7] *Châtaignier* : grand arbre qui produit la châtaigne. — [8] *Aune* ou *aulne* : arbre forestier dont le bois est tendre et qui croît dans les lieux humides. — [9] *Passé au bleu* : trempé dans une eau colorée en bleu.

Corrigé de la dictée. — Corriger ou faire corriger la dictée avant d'en indiquer les applications.

Interrogations. — Qu'est-ce que la *potasse* ? la *soude* ? des *cendres* ? des *arbres fruitiers* ? le *chêne* ? le *charme* ? le *châtaignier* ? l'*aune* ? Que signifie *passé au bleu* ?

→ (Voir les explications ci-dessus.)

Applications écrites. — 1. Écrire les noms de la dictée qui sont au singulier :
→ Lessive, lessive, eau, potasse, soude, linge, lessive, bois, chêne, charme, châtaignier, aune, linge, linge, cuve, lessive.

2. Écrire les participes passés contenus dans la dictée :
→ Savonné, rincé, passé, séché, repassé.

3. Conjuguer au passé défini et au futur simple les verbes *être* et *sortir*.
→ (*Être :*) *Passé défini* : Je fus, tu fus, il ou elle fut, nous fûmes, vous fûtes, ils ou elles furent.

Futur : Je serai, tu seras, il ou elle sera, nous serons, vous serez, ils ou elles seront.

(*Sortir :*) *Passé défini* : Je sortis, tu sortis, il ou elle sortit, nous sortîmes, vous sortîtes, ils ou elles sortirent.

Futur : Je sortirai, tu sortiras, il ou elle sortira, nous sortirons, vous sortirez, ils ou elles sortiront.

DICTÉE N° 394 (1re année)

Le cidre[1] remplace le vin[2] dans les pays où le climat[3] est trop froid pour la culture de la vigne. — Quand le blé[4] est rentré dans les granges, les pauvres glaneuses[5] ramassent les épis[6] tombés. — La statue de Strasbourg[7] élevée à Paris est couverte de drapeaux et de bouquets. — Notre nouveau baromètre[8] est bon, mais notre thermomètre[9] n'est plus juste. — Votre terrain est trop humide, placez dans le sol des tuyaux de drainage[10].

Explication des mots. — [1] *Cidre* : boisson faite avec le jus des pommes. — [2] *Vin* : boisson faite avec le jus du raisin. — [3] *Climat* : température moyenne d'un pays. — [4] *Blé* : plante dont le grain réduit en farine sert à faire le pain. — [5] *Glaneuses* : femmes qui ramassent les épis échappés aux moissonneurs. — ⁶*Épi* : partie de la plante qui est au sommet de la tige et qui renferme les grains. — ⁷*Statue de Strasbourg* : statue élevée en l'honneur de la ville de Strasbourg que nous avons perdue en 1871. — ⁸*Baromètre* : instrument qui sert à mesurer la pression de l'air et qui par suite indique le beau ou le vilain temps. — ⁹*Thermomètre* : instrument qui sert à indiquer le degré de chaleur ou de froid. —¹⁰*Drainage* : opération qui consiste à faire écouler dans un ruisseau l'eau qui se trouve en trop grande quantité dans le sol.

Corrigé de la dictée. — Corriger ou faire corriger la dictée avant d'en indiquer les applications.

Interrogations — Qu'est-ce que le *cidre*? le *vin*? le *climat*? le *blé*? les *glaneuses*? un *épi*? la *statue de Strasbourg*? un *baromètre*? un *thermomètre*? le *drainage*?

→ (Voir les explications ci-dessus.)

Applications écrites. — 1. Ecrire les articles contenus dans la dictée, les faire suivre du nom auquel ils se rapportent :

→ Le cidre, le vin, les pays, le climat, la culture, la vigne, le blé, les granges, les glaneuses, les épis, la statue, le sol, des tuyaux.

2. Conjuguer au présent du conditionnel le verbe *remplacer* et le verbe *ramasser*.

→ (*Remplacer* :) Je remplacerais, tu remplacerais, il ou elle remplacerait, nous remplacerions, vous remplaceriez, ils ou elles remplaceraient.

(*Ramasser* :) Je ramasserais, tu ramasserais, il ou elle ramasserait, nous ramasserions, vous ramasseriez, ils ou elles ramasseraient.

3. Conjuguer le verbe *être* au passé défini.

→ Je fus, tu fus, il ou elle fut, nous fûmes, vous fûtes, ils ou elles furent.

4. Ecrire les participes passés contenus dans la dictée en les faisant chacun précéder de leur auxiliaire, s'il y en a un :

→ Est rentré, tombés, élevée, est couverte.

DICTÉE N° 392 (2° année)

LA TOURBE

La tourbe est une substance noire ou brune, spongieuse[1] et légère, qui vient de la putréfaction[2] sous l'eau des plantes aquatiques[3]. I existe d'immenses[4] dépôts de tourbes dans presque tous les pays marécageux[5]. La tourbe coûte peu, mais elle répand en brûlant une fumée et une odeur désagréables, aussi on ne se chauffe avec la tourbe dans l'intérieur des habitations que dans les pays où le bois et la houille[6] sont rares.

Explication des mots. — ¹*Spongieuse* : qui est de la nature de l'éponge. — ²*Putréfaction* : décomposition qui se produit dans les corps organisés qui ont cessé de vivre. — ³*Aquatiques* : qui vivent dans l'eau. — ⁴*Immenses* : de grandeur considérable. — ⁵*Marécageux* : bourbeux, très humides. — ⁶*Houille* : autre nom donné au charbon de terre.

Corrigé de la dictée. — Corriger ou faire corriger la dictée avant d'en indiquer les applications.

Interrogations. — Que signifie *spongieux*? Qu'est-ce que la *putréfaction*? Que signifie *aquatiques? immenses? marécageux?* Qu'est-ce que la *houille*?
→ (Voir les explications ci-dessus.)

Applications écrites. — 1. Écrire les pronoms contenus dans la dictée et dire entre parenthèses quels noms ils remplacent :
→ Qui (tourbe), il (aucun nom), elle (tourbe), on (une personne inconnue), se (même personne inconnue).

2. Conjuguer le verbe *venir* au présent du conditionnel, au mode impératif et au présent du subjonctif.
→ *Présent du conditionnel* : Je viendrais, tu viendrais, il ou elle viendrait, nous viendrions, vous viendriez, ils ou elles viendraient.
Impératif : Viens, venons, venez.
Présent du subjonctif : Que je vienne, que tu viennes, qu'il ou qu'elle vienne, que nous venions, que vous veniez, qu'ils ou qu'elles viennent.

5° Exercices écrits. — Indiquer les exercices écrits à faire parmi ceux des pages 673 et 674 du livre de l'élève (exercices 840 à 843).

RÉPONSES AUX EXERCICES 840 à 843

840. — Faire accorder, s'il y a lieu, les participes passés mis entre parenthèses : Des habits (déchiré). — Ces robes (décousu). — Les prés (respecté). — Des compagnies (ruiné). — Des marais (assaini). — Une réputation (perdu). — Des procès (gagné). — Des paquets et des plis (affranchi). — Une porte (ouvert). — Des roues (rompu).
→ Des habits déchirés. — Ces robes décousues. — Les prés respectés. — Des compagnies ruinées. — Des marais assainis. — Une réputation perdue. — Des procès gagnés. — Des paquets et des plis affranchis. — Une porte ouverte. — Des roues rompues.

841. — Même exercice : Les arbustes sont (agité). — La voiture est (renversé). — Ces enfants seront (puni). — Les bons livres seront (lu). — Les maisons sont (bâti). — La lampe est (éteint). — Ces biches sont (blessé).
→ Les arbustes sont agités. — La voiture est renversée. — Ces enfants seront punis. — Les bons livres seront lus. — Les maisons sont bâties. — La lampe est éteinte. — Ces biches sont blessées.

842. — Même exercice : La poire que j'ai (mangé). — Les souliers que j'ai (ciré). — La lettre qu'elle a (écrit). — Les plumes que j'ai (essayé). — Mes parents ont (remercié) les maîtres. — Notre sœur a (fait) une tache d'encre à son sarrau. — J'ai (suivi) la route. — Marthe a (déchiré) sa robe neuve.
→ La poire que j'ai mangée. — Les souliers que j'ai cirés. — La lettre qu'elle a écrite. — Les plumes que j'ai essayées. — Mes parents ont remercié les maîtres. — Notre sœur a fait une tache d'encre à son sarrau. — J'ai suivi la route. — Marthe a déchiré sa robe neuve.

[843]. — Souligner les adverbes simples et indiquer entre parenthèses à quelle catégorie appartiennent tous les adverbes employés :
→ Louis récite **bien** (adverbe de manière) sa leçon; il travaille **convenablement** (adverbe de manière). — **Aujourd'hui** (adverbe de temps) le temps est **très** (adverbe de quantité) beau; avant-hier

(adverbe de temps) il était mauvais; que sera-t-il **demain** (adverbe de temps)? — Tout à l'heure (adverbe de temps), vous me disiez que vous écriviez **souvent** (adverbe de temps); **maintenant** (adverbe de temps) vous ne (adverbe de négation) l'affirmez plus (adverbe de négation); peut-être (adverbe de doute) m'aviez-vous menti? — Il faut parler **franchement** (adverbe de manière). — **Ici** (adverbe de lieu) ou **là** (adverbe de lieu), **dessus** (adverbe de lieu) ou **dessous** (adverbe de lieu), **devant** (adverbe de lieu) ou **derrière** (adverbe de lieu) il faudra placer un tableau. — C'est tout à fait (adverbe d'affirmation) utile. — **Oui** (adverbe d'affirmation) ou **non** (adverbe de négation) sont des mots qu'il ne (adverbe de négation) faut pas (adverbe de négation) **souvent** (adverbe de temps) employer seuls.

RÉDACTION CONCENTRIQUE N° 77

(GARÇONS)

Les quatre âges du blé.

III. LE BLÉ EN HERBE

(Le même sujet est traité dans la leçon correspondante du cours moyen.)

Plan. — Le lundi de Pentecôte, Émile est allé voir le blé en herbe. — Il a été étonné de le trouver si grand. — Que fait-on lorsque le blé est trop vigoureux? — Pourquoi faut-il sarcler les champs? — Soins exigés par le blé.

→ *Développement.* — Le lundi de Pentecôte, j'ai été voir si le blé que j'avais trouvé si petit à Pâques avait grandi. Oh! que j'ai été étonné de le trouver si haut! Il m'arrive aux genoux maintenant. Le champ que j'ai vu ensemencer est magnifique. Il y a des bluets, des coquelicots et des marguerites, à demi cachés parmi les tiges vertes du blé. Déjà on voit de jolis épis verts. Je voulais couper quelques-uns de ces épis, mais j'ai pensé que ce serait mal de les empêcher de mûrir. S'il y avait une famine, je serais honteux d'avoir détruit du blé, en coupant des épis verts.

Je suis arrivé à un endroit du champ où le blé était si haut qu'il commençait à se coucher. On m'a dit que ce blé était trop vigoureux dans le haut de ses tiges et trop faible dans le bas. On dit alors que le blé *verse*. On empêche, paraît-il, le blé de verser en ajoutant à la terre du phosphate de chaux.

De tous côtés, on travaillait à arracher les mauvaises herbes qui avaient poussé avec le blé. Les gens qui sarclaient le champ m'ont dit qu'il ne fallait pas attendre, pour enlever ces mauvaises herbes, que leurs graines fussent mûres. En effet, ces graines se mêleraient au sol et le blé qu'on sèmerait, l'année suivante, serait étouffé par l'ivraie. On appelle ivraie ces mauvaises herbes qui poussent dans le blé. Comme on soigne le blé! Je m'imaginais que, une fois qu'il avait été bien semé, on n'avait plus à s'en occuper jusqu'à la récolte.

Je reviendrai pour la moisson ; il paraît que c'est le moment où l'on travaille le plus dans les champs.

ÉMILE.

RÉDACTION CONCENTRIQUE N° 78
(FILLES)

Comment voudriez-vous passer vos vacances ?

(Le même sujet est traité dans la leçon correspondante du cours moyen.)

Plan. — Juliette voudrait passer ses vacances chez sa grand'mère à la campagne. — Elle voudrait voir des champs, des vaches, des canards, des poulets. — Elle voudrait assister à la moisson et aux vendanges.

→ *Développement*. — Je sais bien où je voudrais passer mes vacances. Ce n'est pas à la ville, je vous assure. J'ai envie d'être en liberté, à la campagne ; je voudrais aller chez ma bonne grand'mère, qui habite une vraie ferme. C'est là que je m'amuserais.

Je verrais des champs avec des fleurs et des épis de blé, des champs dans lesquels on peut se promener toute la journée, en découvrant à chaque instant des choses nouvelles. Je rencontrerais dans les prés les belles vaches bretonnes de la ferme, ces bonnes bêtes qui vous regardent avec de grands yeux et vous donnent un lait délicieux.

Je jouerais dans la basse-cour avec les oies, les canards, les poulets, les dindons. Il y a des oies qui croient me faire peur en me poursuivant et en agitant leur vilain cou ; mais je sais bien qu'elles ne sont pas méchantes et je n'ai d'ailleurs qu'à leur montrer un bâton pour qu'elles cessent de courir après moi.

Ce que je voudrais aussi, cette année, c'est assister à la moisson et aux vendanges. Je n'ai pas encore eu le bonheur d'être à la campagne à ce moment-là, et il paraît que c'est si amusant ! Tout le monde travaille, on déjeune dans les champs ou dans les vignes, on se dépêche de rentrer les grains ou les fruits. Voilà le travail que j'aime ! On ne reste pas tranquille au moins : on se remue, on court, on bavarde, et, malgré cela, l'ouvrage se fait. Oh ! que je voudrais passer toutes mes vacances à la campagne !

6° Morceau à apprendre. — Indiquer un morceau de récitation à apprendre, après l'avoir expliqué, ou un morceau, déjà appris, à repasser (pages 501 à 505 du livre du maître).

7° Récitation et correction. — 1. Faire réciter le morceau. — 2. Corriger les applications de la dictée, les rédactions et les exercices écrits qui ont été indiqués.

197ᵉ ET 198ᵉ Leçons. — REVISION GÉNÉRALE (Suite)
LA PRÉPOSITION. — LA CONJONCTION
L'INTERJECTION. — LES DIX PARTIES DU DISCOURS

1º Leçons. — Faire écrire au tableau : *Langue française.* — Revision générale (suite) : la préposition ; la conjonction ; l'interjection ; les dix parties du discours (page 675).

Faire apprendre les leçons (page 675 du livre de l'élève).

2º Interrogations. — Poser des questions sur la préposition ; la conjonction ; l'interjection ; les dix parties du discours (page 675 du livre de l'élève).

3º Exercices oraux. — 1. Faire trouver aux élèves des prépositions simples et des prépositions composées, telles que :
- Après, avant, depuis, dès, durant, pendant, dans, à, chez, dans, devant, derrière, en, hors, outre, près, près de, auprès de, au-dessus de, au-dessous de.

2. Faire trouver aux élèves des conjonctions simples et des conjonctions composées, telles que :
- Ainsi, aussi, et, quand, lorsque, sinon, mais, si, puisque, cependant, or, car, donc, comment, comme, que, ni, toutefois, quoique, encore, ou.

3. Faire trouver aux élèves des interjections simples et des interjections composées, telles que :
- Ah ! bah ! fi ! chut ! halte ! çà ! hein ! ho ! hélas ! eh bien ! ah çà ! halte-là !

4. Faire nommer aux élèves les parties variables du discours :
- Le nom, l'adjectif, l'article, le pronom, le verbe, le participe.

5. Faire nommer aux élèves les parties invariables du discours :
- L'adverbe, la préposition, la conjonction, l'interjection.

4º Dictées nº 393 à nº 396. — Faire faire l'une des quatre dictées suivantes, selon la force des élèves :

DICTÉE Nº 393 (1ʳᵉ année)

Ne parlez mal de personne. — Étudiez pour devenir des enfants savants. — Le soir, quand mes devoirs sont finis, je joue dans le jardin. — La cavalerie[1] et l'artillerie[2] passeront par notre village. — Travaillons, car le travail seul conduit au bonheur ; celui qui travaille ne s'ennuie jamais. — Hélas ! mon condisciple[3] a perdu son père et sa mère ; maintenant il est orphelin. — Chut ! la classe commence.

Explication des mots. — [1] *Cavalerie* : ensemble des troupes à cheval. —

² *Artillerie :* ensemble des troupes qui se servent des canons. — ³ *Condisciple :* compagnon de classe, de collège.

Corrigé de la dictée. — Corriger ou faire corriger la dictée avant d'en indiquer les applications.

Interrogations. — Qu'est-ce que la *cavalerie ? l'artillerie ? un condisciple ?*

→ (Voir les explications ci-dessus.)

Applications écrites. — 1. Écrire les interjections contenues dans la dictée :

→ Hélas ! chut !

2. Écrire les verbes contenus dans la dictée et indiquer entre parenthèses le nom du mode auquel ils sont employés :

→ *Parlez* (impératif); *étudiez* (impératif); *devenir* (infinitif); *sont finis* (indicatif); *joue* (indicatif); *passeront* (indicatif); *travaillons* (impératif); *conduit* (indicatif); *travaille* (indicatif); *ennuie* (indicatif); *a perdu* (indicatif); *est* (indicatif); *commence* (indicatif).

DICTÉE N° 394 (2ᵉ année)

UTILITÉ DES FORÊTS

Lorsque la pluie¹ tombe sur un sol abrité par des arbres, l'eau tamisée par les feuilles², absorbée³ par les plantes, s'écoule lentement. Au contraire, si la terre est dépouillée de végétation, l'eau n'est retenue par aucun obstacle, elle forme des torrents⁴ impétueux qui entraînent tout ce qui s'oppose à leur passage, se répandent dans les vallées⁵, et dévastent les cultures⁶. C'est pour éviter ces accidents qu'on reboise les pentes de nos montagnes.

Explication des mots. — ¹*Pluie :* gouttes d'eau qui tombent des nuages. — ²*Eau tamisée par les feuilles :* les feuilles laissent passer l'eau au travers d'elles goutte à goutte, comme le ferait un tamis. — ³*Absorbée :* bue. — ⁴*Torrent :* courant d'eau rapide, impétueux. — ⁵*Vallée :* pays compris entre des montagnes. — ⁶*Les cultures :* ce que la terre produit lorsqu'elle est travaillée par l'homme.

Corrigé de la dictée. — Corriger ou faire corriger la dictée avant d'en indiquer les applications.

Interrogations. — Qu'est-ce que la *pluie ?* Que signifie *l'eau tamisée par les feuilles ?* Que signifie *absorbée ?* Qu'est-ce qu'un *torrent ?* une *vallée ?* les *cultures ?*

→ (Voir les explications ci-dessus.)

Applications écrites. — 1. Écrire les articles contenus dans la dictée et les mettre en trois colonnes ; dans la première, écrire les articles simples ; dans la deuxième, les articles élidés ; dans la troisième, les articles partitifs :

→ La.	L'.	Des.
Les.	L'.	Des.
Les.		
La.		
Les.		
Les.		
Les.		

2. Écrire les pronoms contenus dans la dictée :
→ S', elle, qui, tout, ce, qui, s', se, c', on.
3. Conjuguer le verbe *répandre* au présent de l'indicatif et à l'impératif.
→ *Présent de l'indicatif* : Je répands, tu répands, il ou elle répand, nous répandons, vous répandez, ils ou elles répandent.
Impératif : Répands, répandons, répandez.

DICTÉE N° 395 (1re année)

Oh ! prenez garde, vous allez tomber, à moins que vous ne vous reteniez à la muraille [1]. — Lisez bien, écrivez avec application [2], étudiez toujours vos leçons, écoutez attentivement votre maître, soyez bons avec vos camarades et l'on vous aimera. — Le beau marbre [3] veiné de notre cheminée vient d'une carrière des Hautes-Pyrénées [4]. — Les principaux produits importés [5] en France sont : le coton [6], la soie [7], la laine [8], le café [9], le thé [10], les métaux [11] et les céréales [12].

Explication des mots. — [1] *Muraille* : mur épais et d'une certaine élévation. — [2] *Application* : attention soutenue. — [3] *Marbre* : pierre très dure qui peut recevoir un beau poli. — [4] *Hautes-Pyrénées* : département qui a pour chef-lieu Tarbes. — [5] *Importer* : introduire dans un pays des productions étrangères. — [6] *Le coton* : duvet fin et soyeux qui entoure les graines du cotonnier. — [7] *Soie* : fil délié et brillant produit par le ver à soie. — [8] *Laine* : poil doux, épais et frisé des moutons. — [9] *Café* : graine du caféier. — [10] *Thé* : arbrisseau de la Chine. Les feuilles infusées servent à faire une boisson agréable. — [11] *Métaux* : corps durs et souvent brillants qui se trouvent dans la terre. — [12] *Céréales* : plantes qui fournissent le grain dont on fait le pain : blé, seigle, orge, etc.

Corrigé de la dictée. — Corriger ou faire corriger la dictée avant d'en indiquer les applications.

Interrogations. — Qu'est-ce qu'une *muraille* ? l'*application* ? le *marbre* ? les *Hautes-Pyrénées* ? Que signifie *importer* ? Qu'est-ce que le *coton* ? la *soie* ? la *laine* ? le *café* ? le *thé* ? les *métaux* ? les *céréales* ?
→ (Voir les explications ci-dessus.)

Applications écrites. — 1. Écrire les pronoms contenus dans la dictée :
→ Vous, vous, vous, on, vous.
2. Écrire les verbes contenus dans la dictée et indiquer entre parenthèses à quel mode ils sont employés :
→ *Prenez* (impératif) ; *allez* (indicatif) ; *tomber* (infinitif) ; *reteniez* (subjonctif) ; *lisez* (impératif) ; *écrivez* (impératif) ; *étudiez* (impératif) ; *écoutez* (impératif) ; *soyez* (impératif) ; *aimera* (indicatif) ; *vient* (indicatif) ; *importés* (participe) ; *sont* (indicatif).
3. Écrire les mots invariables contenus dans la dictée :
→ Oh ! à moins que, ne, à, bien, avec, toujours, attentivement, avec, et, de, d', en, et.

DICTÉE N° 396 (2e année)

L'ALCOOL

Ce qui donne au vin et à la bière leurs qualités, c'est l'alcool. L'alcool est le sucre transformé [1] par la fermentation [2]. Bien que l'alcool rende des services dans certains cas, on peut dire que c'est un poison[3] violent[4]. Les buveurs d'alcool sont exposés à la perte de la mémoire, au tremblement des mains, à la paralysie[5] et à la folie[6].

On peut dire que les cabarets[7] sont des endroits où l'on vend la folie et le crime.

Explication des mots. — [1]*Transformé* : changé complètement. — [2]*Fermentation* : mouvement qui se produit dans un liquide et en décompose les parties. — [3]*Poison* : substance qui peut donner la mort. — [4]*Violent* : qui tue rapidement. — [5]*Paralysie* : diminution ou arrêt complet du mouvement. — [6]*Folie* : dérangement de l'esprit. — [7]*Cabaret* : lieu où l'on vend du vin au détail.

Corrigé de la dictée. — Corriger ou faire corriger la dictée avant d'en indiquer les applications.

Interrogations. — Que signifie *transformé*? Qu'est-ce que la *fermentation*? un *poison*? Que signifie *violent*? Qu'est-ce que la *paralysie*? la *folie*? un *cabaret*?

→ (Voir les explications ci-dessus.)

Applications écrites. — 1. Écrire les prépositions contenues dans la dictée :

→ A, par, dans, d', à, de, à, à.

2. Écrire les conjonctions contenues dans la dictée :

→ Et, bien que, que, et, que, et.

3. Conjuguer au présent et à l'imparfait du subjonctif les verbes *rendre, pouvoir, vendre*.

→ (Rendre :) *Présent du subjonctif :* Que je rende, que tu rendes, qu'il ou qu'elle rende, que nous rendions, que vous rendiez, qu'ils ou qu'elles rendent.

Imparfait du subjonctif : Que je rendisse, que tu rendisses, qu'il ou qu'elle rendît, que nous rendissions, que vous rendissiez, qu'ils ou qu'elles rendissent.

(Pouvoir :) *Présent du subjonctif :* Que je puisse, que tu puisses, qu'il ou qu'elle puisse, que nous puissions, que vous puissiez, qu'ils ou qu'elles puissent.

Imparfait du subjonctif : Que je pusse, que tu pusses, qu'il ou qu'elle pût, que nous pussions, que vous pussiez, qu'ils ou qu'elles pussent.

(Vendre :) *Présent du subjonctif :* Que je vende, que tu vendes, qu'il ou qu'elle vende, que nous vendions, que vous vendiez, qu'ils ou qu'elles vendent.

Imparfait du subjonctif : Que je vendisse, que tu vendisses, qu'il ou qu'elle vendît, que nous vendissions, que vous vendissiez, qu'ils ou qu'elles vendissent.

5° Exercices écrits. — Indiquer les exercices écrits à faire parmi ceux de la page 676 du livre de l'élève (exercices 844 à 847).

RÉPONSES AUX EXERCICES 844 à 847

[844]. — 1° Souligner les prépositions simples et indiquer, entre parenthèses, à quelle catégorie appartiennent toutes les prépositions employées :

→ Nous viendrons **avec** (marque l'union) notre maître **après** (marque le temps) ou **avant** (marque le temps) la classe. — J'irai à (marque le but) Paris à (marque le temps) mon retour de (marque le lieu) Bordeaux. — Il faut placer cette carte à côté du (marque le lieu) bureau ou au-dessus de (marque le lieu) lui, auprès de (marque le lieu) la porte. — Soyons aimables **envers** (marque la tendance) nos amis. — Son livre est **dans** (marque le lieu) son bureau **depuis** (marque le temps) ce matin.

2° Écrire les mêmes phrases et souligner les prépositions composées :

→ Nous viendrons avec notre maître après ou avant la classe. — J'irai à Paris à mon retour de Bordeaux. — Il faut placer cette carte à **côté du** bureau ou **au-dessus de** lui, **auprès de** la porte. — Soyons aimables envers nos amis. — Son livre est dans son bureau depuis ce matin.

[845]. — Souligner les conjonctions et les locutions conjonctives :

→ Pratiquez la vertu, mes enfants, **car** elle seule conduit au bonheur. — **Ou** tu feras ton devoir **ou** tu seras puni. — L'âne **et** le cheval sont parents. — **Quand** il pleut, ouvrez votre parapluie. — Dites-moi où vous voulez **que** j'aille **ou** laissez-moi m'asseoir. — Il sera le premier **à moins** qu'il ne manque la classe.

[846]. — Souligner les interjections ou locutions interjectives :

→ **Hélas !** je suis malade. — **Oh !** vous voulez rire. — **Juste ciel !** je ne voudrais pas être à la place de ces enfants.

847. — *Un petit garçon avait un moineau qu'il aimait beaucoup. Cet oiseau est mort.*
Faire un récit sur ce que représente cette figure.

→ *Développement.* — Jules avait un joli petit moineau. Il le choyait, l'entourait de soins, et la cage dans laquelle l'oiseau se trouvait prisonnier était suspendue à la fenêtre quand il faisait chaud, près de la cheminée, au moment des froids.

Or, le petit enfant a oublié, ce matin, d'accrocher la cage à sa place ordinaire. Il l'a laissée par mégarde sur la table de la salle à manger, et Minet, le chat de la maison, a fait jouer le ressort de la porte de la cage et a saisi l'oiseau entre ses dents. Jules est arrivé pour lui prendre l'oiseau, mais, hélas ! la pauvre bête était morte.

Le petit moineau est étendu sur la table. Jules pleure à côté de son oiseau favori. Son camarade Jean essaye vainement de le consoler. Quant à Minet, il fait le gros dos, dresse la tête et attend le départ des enfants pour finir de croquer le pauvre oiseau ; mais on lui réserve, je crois, une forte correction.

6° Analyse grammaticale *(Deuxième année).* — Donner à faire aux élèves de deuxième année l'analyse grammaticale suivante :

Analyse grammaticale n° 40. — Savoir s'oublier pour penser à son prochain, c'est souvent le meilleur moyen de goûter le vrai bonheur.

→ Savoir	v. actif *savoir*, 3° conj., mode inf., temps prés., sujet de *est*.
s'	pron pers., 3° pers. du sing., compl. direct de *oublier*.
oublier	v. pron. *s'oublier*, 1re conj., mode inf., temps prés., compl. direct de *savoir*.
pour	prép.
penser	v. neutre *penser*, 1re conj., mode inf., temps prés., compl. indirect de *savoir*.
à	prép.
son	adj. poss., masc. sing., détermine *prochain*.
prochain,	n. comm., masc. sing., compl. indirect de *penser*.
c'	pron. démonst., masc. sing., sujet de *est*.
est	v. subst. *être*, 4° conj., mode ind., temps prés., 3° pers. du sing.
souvent	adverbe.
le	art. simp., masc. sing., annonce que *moyen* est déterminé.
meilleur	adj. qualif., masc. sing., qualifie *moyen*.
moyen	n. comm., masc. sing., attribut de *c'*.
de	prép.
goûter	v. actif *goûter*, 1re conj., mode inf., temps prés.
le	art. simp., masc. sing., annonce que *bonheur* est déterminé.
vrai	adj. qualif., masc. sing., qualifie *bonheur*.
bonheur.	n. comm., masc. sing., compl. direct de *goûter*.

7° Morceau à apprendre. — Indiquer un morceau de récitation à apprendre, après l'avoir expliqué, ou un morceau, déjà appris, à repasser (pages 501 à 505 du livre du maître).

8° Récitation et correction. — 1. Faire réciter le morceau. — 2. Corriger les applications de la dictée, l'analyse grammaticale et les exercices écrits qui ont été indiqués.

199ᵉ ET 200ᵉ Leçons. — REVISION GÉNÉRALE *(Fin)*
LES SIGNES ORTHOGRAPHIQUES
LES SIGNES DE PONCTUATION

1° Leçons. — Faire écrire au tableau : *Langue française. — Revision générale (fin) : les signes orthographiques ; les signes de ponctuation (page 677).*

Faire apprendre les leçons (page 677 du livre de l'élève).

2° Interrogations. — Poser des questions sur les signes orthographiques et les signes de ponctuation (page 677 du livre de l'élève).

3° Exercices oraux. — 1. Faire trouver aux élèves des mots renfermant l'un des signes orthographiques suivants : accent aigu, accent grave, accent circonflexe, tels que :

→ Été, blé, café, bonté, amitié ; excès, succès, père, mère, à, où, déjà ; forêt, pâte, gîte, apôtre, hôte, flûte, nous fûmes, vous eûtes, qu'il aimât, qu'il écrivît.

2. Faire trouver aux élèves des mots renfermant les signes orthographiques suivants : apostrophe, cédille, tréma, trait d'union, tels que :

→ L'âme, l'histoire, l'habit, l'oiseau, l'épée, s'il, lorsqu'il ; façade, glaçon, reçu, déçu, aperçu ; maïs, ciguë, Saül ; oiseau-mouche, arc-en-ciel, plate-bande, chou-fleur, arrière-pensée.

3. Faire nommer aux élèves tous les signes de ponctuation :

→ Point, virgule, point-virgule, deux points, point d'interrogation, point d'exclamation, tiret, guillemets, parenthèse.

4° Dictées nº 397 à nº 400. — Faire faire l'une des quatre dictées suivantes, selon la force des élèves :

DICTÉE Nº 397 (1ʳᵉ année)

LE CHÊNE

Le chêne est un arbre qui pousse surtout dans les forêts[1] ; il est plus grand que tous les autres arbres de nos climats. Son tronc[2] est gris, ses branches sont fortes, ses feuilles sont découpées d'une façon régulière. Certains animaux mangent son fruit : le gland.

Explication des mots. — [1] *Forêt :* grande étendue de terrain plantée d'arbres. — [2] *Tronc :* partie d'un arbre entre la racine et les branches.

Corrigé de la dictée. — Corriger ou faire corriger la dictée avant d'en indiquer les applications.

Interrogations. — Qu'est-ce qu'une *forêt* ? le *tronc* ?
→ (Voir les explications ci-dessus.)

Applications écrites. — 1. Mettre la dictée au pluriel en prenant pour titre : Les chênes.

→ Les chênes sont des arbres qui poussent surtout dans les forêts ; ils sont plus grands que tous les autres arbres de nos climats. Leur tronc est gris, leurs branches sont fortes, leurs feuilles sont découpées d'une façon régulière. Certains animaux mangent leurs fruits : les glands.

2. Conjuguer au présent et à l'imparfait du subjonctif les verbes *être* et *pousser*.

→ *(Être :) Présent du subjonctif :* Que je sois, que tu sois, qu'il ou qu'elle soit, que nous soyons, que vous soyez, qu'ils ou qu'elles soient.

Imparfait du subjonctif : Que je fusse, que tu fusses, qu'il ou qu'elle fût, que nous fussions, que vous fussiez, qu'ils ou qu'elles fussent.

(Pousser :) Présent du subjonctif : Que je pousse, que tu pousses, qu'il ou qu'elle pousse, que nous poussions, que vous poussiez, qu'ils ou qu'elles poussent.

Imparfait du subjonctif : Que je poussasse, que tu poussasses, qu'il ou qu'elle poussât, que nous poussassions, que vous poussassiez, qu'ils ou qu'elles poussassent.

DICTÉE N° 398 (2ᵉ année)

L'HIVER

Le triste hiver, saison[1] de mort, est le temps du sommeil, de la torpeur[2] de la nature. Les insectes[3] sont sans vie, les reptiles[4] sans mouvement, les végétaux[5] sans verdure. Tous les habitants de l'air sont détruits ou relégués[6] ; ceux des eaux sont renfermés dans des prisons de glace, et la plupart des animaux terrestres[7] confinés[8] dans les cavernes, les antres[9] et les terriers[10] ; tout nous présente les images désolées[11] de la langueur et de la dépopulation[12]. Le retour des oiseaux au printemps est le premier signal et l'annonce du réveil de la nature vivante.

Explication des mots. — [1] *Saison :* période de trois mois pendant laquelle la terre accomplit le quart de son mouvement autour du soleil. — [2] *Torpeur :* engourdissement extrême. — [3] *Insectes :* petits animaux sans os dont le corps est composé de trois parties. — [4] *Reptile :* animal rampant à sang froid et dont le corps est généralement recouvert d'écailles. — [5] *Végétaux :* plantes. — [6] *Relégués :* mis à l'écart. — [7] *Animaux terrestres :* qui vivent sur terre. — [8] *Confinés :* retirés, enfermés. — [9] *Antre :* caverne, grotte profonde. — [10] *Terrier :* trou que certains animaux se creusent dans le sol et où ils se retirent. — [11] *Désolées :* tristes, ravagées. — [12] *Dépopulation :* état d'un territoire dont la population diminue.

Corrigé de la dictée. — Corriger ou faire corriger la dictée avant d'en indiquer les applications.

Interrogations. — Qu'est-ce qu'une *saison*? la *torpeur*? des *insectes*? un *reptile*? des *végétaux*? Que signifie *relégués*? *confinés*? *désolées*? Qu'entend-on par *animaux terrestres*? Qu'est-ce qu'un *antre*? un *terrier*? la *dépopulation*?

→ (Voir les explications ci-dessus.)

Applications écrites. — 1. Écrire tous les noms de la dictée qui sont du masculin :

→ Hiver, hiver, temps, sommeil, insectes, reptiles, mouvement, végétaux, habitants, air, animaux, antres, terriers, retour, oiseaux, printemps, signal, réveil.

2. Écrire les prépositions contenues dans la dictée :
→ De, de, de, sans, sans, sans, de, dans, de, dans, de, de, de.

3. Écrire les conjonctions contenues dans la dictée :
→ Ou, et, et, et, et.

DICTÉE N° 399 (1re année)

AUTOUR DE NOUS

Les oiseaux au plumage [1] brillant, les jolis insectes dorés, les papillons [2] délicats aux ailes ornées de vives couleurs ; une simple feuille, un brin de mousse [3], une goutte de rosée [4] sur une feuille, tout cela est très beau. Si vous saviez observer [5] de près chaque animal, chaque plante, vous verriez des choses admirables.

Explication des mots. — [1] *Plumage* : ensemble des plumes qui couvrent le corps des oiseaux. — [2] *Papillon* : insecte à quatre ailes couvertes d'écailles fines comme la poussière et parées de couleurs plus ou moins brillantes. — [3] *Mousse* : plante sans fleur qui croît dans les endroits humides. — [4] *Rosée* : vapeur qui s'attache aux plantes sous forme de gouttelettes. — [5] *Observer* : examiner avec attention.

Corrigé de la dictée. — Corriger ou faire corriger la dictée avant d'en indiquer les applications.

Interrogations. — Qu'est-ce que le *plumage*? un *papillon*? la *mousse*? la *rosée*? Que signifie *observer*?

→ (Voir les explications ci-dessus.)

Applications écrites. — 1. Écrire les adjectifs qualificatifs et l'adjectif verbal contenus dans la dictée :

→ Brillant, jolis, délicats, vives, simple, beau, admirables.

2. Écrire les participes passés contenus dans la dictée :
→ Dorés, ornées.

3. Écrire les verbes de la dictée et indiquer leur sujet entre parenthèses :
→ Est (cela), saviez (vous), observer, verriez (vous).

DICTÉE N° 400 (2e année)

LES CHEVAUX DOMESTIQUES [1]

Les chevaux domestiques ont la bouche déformée par les plis que forme le mors [2] ; leurs côtés sont sillonnés de cicatrices [3] faites par

LANGUE FRANÇAISE : REVISION GÉNÉRALE

l'éperon [4], et des clous traversent la corne de leurs pieds. Si on les délivrait de leurs entraves [5], ils ne sauraient plus être libres. Les chevaux qu'on ne soigne que pour le luxe [6] et la magnificence, dont les chaînes dorées servent à la vanité [7] de leurs maîtres, sont encore déshonorés [8] par les tresses de leurs crins et par les fers de leurs pieds.

Explication des mots. — [1] *Chevaux domestiques* : qui vivent avec l'homme, qui lui sont soumis. — [2] *Mors* : pièce de métal que l'on met dans la bouche des chevaux pour les gouverner. — [3] *Cicatrices* : marques, traces d'une blessure, d'une plaie. — [4] *Éperon* : petite branche de métal qui s'adapte au talon des bottes des cavaliers pour exciter le cheval. — [5] *Entraves* : liens que l'on met aux jambes d'un cheval pour l'empêcher de s'éloigner. — [6] *Luxe* : ornement. — [7] *Vanité* : orgueil déplacé, amour-propre qui a pour objets des choses frivoles. — [8] *Déshonorés* : dégradés.

Corrigé de la dictée. — Corriger ou faire corriger la dictée avant d'en indiquer les applications.

Interrogations. — Qu'est-ce que des *chevaux domestiques* ? le *mors* ? des *cicatrices* ? un *éperon* ? des *entraves* ? le *luxe* ? la *vanité* ? Que signifie *déshonorés* ?

→ (Voir les explications ci-dessus.)

Applications écrites. — 1. Écrire les participes passés contenus dans la dictée :

→ Déformée, sillonnés, faites, dorées, déshonorés.

2. Écrire les autres verbes de la dictée et indiquer entre parenthèses le participe passé de chacun d'eux :

→ *Ont* (eu), *forme* (formé), *sont* (été), *traversent* (traversé), *délivrait* (délivré), *sauraient* (su), *être* (été), *soigne* (soigné), *servent* (servi), *sont* (été).

5° Exercices écrits. — Indiquer les exercices écrits à faire parmi ceux des pages 677 et 678 du livre de l'élève (exercices 848 à 850).

RÉPONSES AUX EXERCICES 848 à 850

848. — Mettre la ponctuation dans le morceau suivant : Les souris sont plus faibles que les rats et ont aussi plus d'ennemis auxquels elles ne peuvent échapper que par leur agilité leur petitesse même Les chouettes les oiseaux de nuit les chats les fouines les belettes les rats même leur font la guerre On les attire aisément par des appâts on les détruit par milliers elles ne subsistent enfin que par leur étonnante fécondité

→ Les souris sont plus faibles que les rats et ont aussi plus d'ennemis auxquels elles ne peuvent échapper que par leur agilité, leur petitesse même. Les chouettes, les oiseaux de nuit, les chats, les fouines, les belettes, les rats même leur font la guerre. On les attire aisément par des appâts ; on les détruit par milliers ; elles ne subsistent enfin que par leur étonnante fécondité.

849. — Dans l'exercice précédent, mettre après chaque mot l'espèce à laquelle il appartient :

→ Les (article).   plus (adverbe).
  souris (nom).   faibles (adjectif).
  sont (verbe).   que (conjonction).

les	(article).	belettes	(nom).
rats	(nom).	les	(article).
et	(conjonction).	rats	(nom).
ont	(verbe).	même	(adverbe)
aussi	(adverbe).	leur	(pronom).
plus d'	(préposition).	font	(verbe).
ennemis	(nom).	la	(article).
auxquels	(pronom).	guerre	(nom).
elles	(pronom).	On	(pronom).
ne	(adverbe).	les	(pronom).
peuvent	(verbe).	attire	(verbe).
échapper	(verbe).	aisément	(adverbe).
que	(adverbe).	par	(préposition).
par	(préposition).	des	(article).
leur	(adjectif).	appâts	(nom).
agilité	(nom).	ou	(pronom).
leur	(adjectif).	les	(pronom).
petitesse	(nom).	détruit	(verbe).
même	(adjectif).	par	(préposition).
Les	(article).	milliers	(nom).
chouettes	(nom).	elles	(pronom).
les	(article).	ne	(adverbe).
oiseaux	(nom).	subsistent	(verbe).
de	(préposition).	enfin	(conjonction)
nuit	(nom).	que	(adverbe).
les	(article).	par	(préposition)
chats	(nom).	leur	(adjectif).
les	(articles).	étonnante	(adjectif).
fouines	(nom).	fécondité	(nom).
les	(article).		

850. — *Le garde champêtre surprend un petit garçon qui vole des pommes.*
Faire un récit sur ce que représente cette figure.

→ *Développement.* — Cette gravure, la dernière de mon livret de grammaire, représente le garde champêtre qui fait une leçon à un petit enfant maraudeur. Les pommiers sont beaux et remplis de fruits, cette année, et Pierre, le plus mauvais garnement de la commune, au lieu d'aller en classe, fait l'école buissonnière et vole les pommes de ses voisins.

Le voyez-vous, assis à califourchon entre les grosses branches de l'arbre ? Il a traversé les champs, foulé l'herbe de la prairie, escaladé la barrière qui ferme la propriété. Enfin il a grimpé sur l'arbre. Après avoir mangé des fruits en quantité, Pierre a rempli ses poches. Il allait descendre du pommier quand tout à coup le garde champêtre apparut.

Il n'est pas fier, maintenant, notre ami Pierre. Il est doublement en faute, comme écolier qui a manqué la classe et comme maraudeur pris sur le fait ; aussi le garde champêtre va l'emmener devant M. le maire. Il faudra payer le vol et les dégâts ; peut-être bien le juge de paix interviendra-t-il ? On ne saurait être trop sévère pour les enfants qui ressemblent à Pierre.

RÉDACTION CONCENTRIQUE N° 79
(GARÇONS)

Les quatre âges du blé.

IV. LE BLÉ EST MUR

(Le même sujet est traité dans la leçon correspondante du cours moyen.)

Plan. — Les grandes vacances sont venues : Émile va voir le blé mûr. — Il assiste à la moisson. — On bat et on vanne le blé. — Réflexions d'Émile.

→ *Développement.* — Ma plus grande joie, pendant les grandes vacances, a été d'assister à la moisson. Je suis allé voir le champ que j'avais vu semer et j'ai constaté que le blé était mûr. Les beaux épis tout jaunes que j'ai admirés ! J'ai compté les grains d'un de ces épis et j'ai trouvé qu'il y en avait quarante-huit ; dans un autre épi, j'en ai trouvé cinquante-deux. J'ai pensé avec joie que, cette année, la récolte serait bonne. Au milieu des épis, on voyait voler un grand nombre d'alouettes qui doivent, je crois, manger bien des grains de blé.

Enfin le grand travail de la moisson a commencé. Les maîtres du champ sont venus avec des faucilles et des faux pour couper le blé. Ils avaient emporté leur déjeuner afin de ne pas quitter le champ de toute la journée. J'ai mangé avec eux une excellente soupe au lard, puis ils m'ont donné une petite faux qu'on appelle une *sape* et j'ai travaillé avec eux. Ils m'ont dit que, l'an prochain, la moisson se ferait plus vite, parce qu'ils auraient, au lieu de faux, une moissonneuse mécanique.

Une fois le blé coupé, on l'a battu avec un instrument qu'on appelle *fléau*, pour séparer les grains de la paille. On l'a ensuite secoué dans de grands paniers nommés *vans* pour permettre à l'air d'emporter les petits brins de paille restés avec les grains. Puis on a mis le blé dans des sacs et on l'a envoyé au moulin.

Que je serai heureux de manger du pain fait avec le blé que j'ai vu semer, pousser et récolter!

ÉMILE.

RÉDACTION CONCENTRIQUE N° 80
(FILLES)

Racontez qu'une petite fille de l'école a obtenu le premier prix d'histoire parce qu'une de ses compagnes, toujours classée première, a été malade et n'a pu faire les dernières compositions. Qu'a fait de son prix cette petite fille?

Plan. — Vous écrivez à votre maman pour lui raconter ce qui s'est passé à la distribution des prix. — Vous parlez brièvement des récompenses que vous avez obtenues. — Racontez que la petite fille qui a eu le premier prix d'histoire l'a porté à l'élève qui l'aurait eu, sans une maladie survenue au moment des compositions. — Dites ce que vous pensez de cette action.

→ *Développement :*

Chère maman,

La distribution des prix a eu lieu hier, et je ne veux pas attendre le moment où je serai auprès de toi pour t'annoncer que j'ai obtenu un deuxième prix d'orthographe, un accessit de calcul et un accessit d'histoire. J'espère que, l'an prochain, j'aurai de plus grands succès. Cette année, je me suis mise au travail un peu tard.

Il s'est passé à la distribution des prix une chose que je veux te raconter. Je t'avais dit, n'est-ce pas, que le premier prix d'histoire serait sûrement remporté par mon amie Marguerite Telier. Malheureusement Marguerite a eu la rougeole au moment des dernières compositions, et c'est notre charmante compagne Louise Dubourg qui a reçu le premier prix d'histoire. Eh bien! sais-tu ce qu'a fait cette bonne Louise? Au lieu de retourner à sa place avec son beau livre doré, elle est allée trouver Marguerite, assise tristement parmi les autres élèves, et elle lui a dit : « Tiens, prends le prix, c'est toi qui l'as mérité! » Marguerite a embrassé Louise et s'est mise à pleurer. M. le maire a appelé les deux petites filles et les a embrassées et félicitées toutes les deux. Il a dit à Louise qu'il valait mieux avoir bon cœur que de remporter tous les prix de sa classe.

Je pense comme M. le maire, et il me semble qu'à la place de Louise je serais bien heureuse. Je t'embrasse, chère maman, en te promettant d'avoir bon cœur comme Louise.

MARIE.

6° Morceau à apprendre. — Indiquer un morceau de récitation à apprendre, après l'avoir expliqué, ou un morceau, déjà appris, à repasser (pages 501 à 505 du livre du maître).

7° Récitation et correction. — 1. Faire réciter le morceau. — 2. Corriger les applications de la dictée, les rédactions et les exercices écrits qui ont été indiqués.

Récitations

RÉCITATION N° 103

(Page 660 du livre de l'élève)

UN HÉROS SANS LE SAVOIR

Un garçon de dix ans, au bord de la rivière,
Jouait aux ricochets[1] avec des cailloux ronds.
Il oubliait l'école à regarder leurs bonds
Et les tressauts[2] de l'eau sous les coups de la pierre.
Un plus petit s'approche et veut en faire autant,
Le pied lui glisse, il tombe, et le courant l'entraîne.
La rivière est profonde et la mort est certaine.
Il va périr, hélas ! Mais l'autre, au même instant,
Se jette en plein courant, au péril de sa vie.
Trois fois il plonge : enfin, après beaucoup d'efforts,
Il atteint le bambin[3] et l'arrache à la mort.
Sur le quai[4], cependant, une foule ravie[5]
Acclame[6] le sauveur et veut savoir son nom.
« Mon nom ? pourquoi mon nom ? pour le dire à mon père ?
Pour qu'il sache que j'ai flâné[7] près la rivière,
Qu'il me batte, fit-il en s'esquivant[8], oh ! non ! »
En savez-vous beaucoup de héros dans l'histoire
Pas plus fiers que le mien, ignorants de leur gloire,
    Refusant leurs noms aux bravos,
Héros sans le savoir, et partant[9] vrais héros ?

(*Louis Ratisbonne.*)

Explication des mots. — [1] *Aux ricochets* : lancer dans l'eau des pierres qui, en tombant, forment de grands ronds. — ²*Les tressauts* : l'agitation de l'eau. — ³*Bambin* : petit garçon. — ⁴*Quai* : le bord cimenté de la rivière. — ⁵*Ravie* : très heureuse de ce sauvetage. — ⁶*Acclame* : pousse des cris de joie, d'approbation. — ⁷*Flâner* : se promener sans but. — ⁸*En s'esquivant* : en se dérobant, en partant vite. — ⁹*Partant* : par conséquent.

Sens général. — Ce petit garçon est un brave et mérite une belle récompense pour son acte de dévouement. Il a hasardé sa vie pour sauver celle d'un petit bambin qui a glissé dans la rivière. Sans hésitation, bien qu'il sût l'eau profonde et le courant très rapide, il ose se jeter à l'eau pour sauver le jeune enfant qui va périr. Il réussit enfin à amener celui-ci sur la berge où tout le monde acclame le courageux sauveteur et veut le fêter ; mais il se sauve au plus vite sans dire son nom. Il ne pense même pas que sa belle action fera vite oublier sa paresse, son étourderie. Il ne songe qu'à la faute qu'il a commise en n'allant point à l'école. A un grand courage, ce noble enfant joint une rare modestie, qu'il faut imiter, mes enfants.

RÉCITATION N° 104

(Page 662 du livre de l'élève)

LA CHÈVRE BLANCHE

Une chevrette blanche,
Au détour du sentier¹,
De sa dent fine ébranche²
L'enclos³ de noisetier.

Quelle gentille bête
Et quel museau⁴ mutin⁵ !
Jean tout ravi s'arrête
Sur le bord du chemin.

Il tend sa main mignonne
D'un geste caressant :
« Veux-tu que je te donne
Un peu de mon pain blanc ? »

Mais la chèvre maligne⁶
Fait un bond gracieux
S'enfuit et puis le guigne⁷
De son œil curieux.

Par moments, la méchante
Lui permet d'approcher,
Mais quand sa main tremblante
Se tend pour la toucher,

Sur une grosse pierre
La chèvre a fait un saut
Et debout, toute fière,
Le regarde d'en haut.

(Mᵐᵉ *de Pressensé*.)

Explication des mots. — ¹*Sentier* : petit chemin peu fréquenté. — ²*Ébranche* : coupe le bout des branches qu'elle mange. — ³*Enclos* : espace contenu dans une clôture. — ⁴*Museau* : nez. — ⁵*Mutin* : qui lui donne un air vif, éveillé. — ⁶*Maligne* : la chèvre prend plaisir à jouer avec le petit enfant. — ⁷*Le guigne* : le regarde en se moquant.

Sens général. — La chèvre blanche est bien jolie, et Jean qui l'a rencontrée en revenant de l'école serait heureux de la caresser. Mais la chèvre est maligne ; si elle tient à avoir un peu de pain blanc, en revanche elle craint, en s'approchant trop du jeune écolier, quelque taquinerie méchante. Et Jean ne peut la toucher. Même elle semble prendre plaisir à sauter prestement sur les rochers, quand l'enfant a réussi à s'approcher très près d'elle.

Récitation N° 105
(Page 668 du livre de l'élève)

La ruse[1] la mieux ourdie[2]
Peut nuire à son inventeur.
Et souvent la perfidie[3]
Retourne[4] sur son auteur.

(La Fontaine.)

Explication des mots. — [1] *Ruse* : finesse dont on se sert pour tromper. — [2] *Ourdie* : la mieux combinée. — [3] *Perfidie* : déloyauté, trahison. — [4] *Retourne* : mis pour retombe.

Sens général. — Il faut, mes enfants, dire ce que vous pensez et ne jamais déguiser la vérité. On croit, bien souvent, réussir en agissant par ruse et trop tard on s'aperçoit que l'on est la première victime de l'action peu honnête que l'on a commise.

Récitation N° 106
(Page 670 du livre de l'élève)

LE COQ ET LE TAUREAU

Dans la basse-cour[1] d'un château,
Un coq, blessé par un taureau,
Disait, en redressant sa crête :
« Ce butor[2] ne peut-il regarder à ses pieds ?
Faut-il par cette lourde bête
Que nous soyons estropiés[3] ?
De sa présence ici nous avons bien affaire[4] !
Hélas ! je suis mort à demi ! »
En exhalant ainsi sa trop juste colère,
Il écrasait une fourmi.

(S. Lavalette.)

Explication des mots. — [1] *Basse-cour* : lieu où l'on élève des volailles. — [2] *Ce butor* : cet être sans délicatesse. — [3] *Estropié* : qui a perdu, par un accident, une blessure, l'usage d'un membre. — [4] *De sa présence ici nous avons bien affaire* : nous nous passerions bien de lui.

Sens général. — On pourrait dire au coq, qui se plaint justement de la brusquerie du taureau : « Ne fais pas à autrui ce que tu ne voudrais pas qu'on te fît. » Le coq, en effet, reproche au taureau d'avoir agi envers lui avec brutalité et de n'avoir pas fait attention à lui et il use des mêmes procédés envers une fourmi. Prenez garde, mes enfants, de ne pas vous rendre coupables des fautes que vous reprochez aux autres.

RÉCITATION N° 107
(Page 672 du livre de l'élève)

L'ÉCOLIER DOCILE[1]

« Adieu, petit chéri[2], vous vous rendez en classe,
  Ne vous y faites pas punir.
— Non, maman : pour cela, que faut-il que je fasse ?
  — Une chose : obéir.
— J'obéirai, maman. » Il tint si bien parole
  Que depuis lors[3] on a plaisir
A le voir tout joyeux partir pour son école,
  Et tout joyeux en revenir.

(L. Ratisbonne.)

Explication des mots. — [1] *Écolier docile* : celui qui obéit sans murmure. — [2] *Petit chéri* : enfant qui est aimé. — [3] *Depuis lors* : depuis ce temps.

Sens général. — L'obéissance est la première vertu nécessaire aux écoliers. Ils s'exposeraient à bien des dangers en n'obéissant pas ; ils n'ont ni savoir, ni l'expérience de la vie. Plus tard, quand ils seront grands, qu'ils auront l'âge d'homme, que leur raison sera éclairée, ils pourront se diriger seuls ; mais, même à ce moment, il leur faudra encore obéir à leurs chefs, à leurs patrons, à leurs parents.

RÉCITATION N° 108
(Page 674 du livre de l'élève)

LA SOURIS PERSÉVÉRANTE

Au mois de septembre dernier,
Une souris trottait[1] dans son grenier[2],
Le long du mur. Soudain[3], elle arrête,
  Lève la tête,
Flaire et reflaire[4] un petit trou,
  Par où
Son œil peut distinguer de succulentes[5] choses
  Dans le grenier voisin :
Du lard, du suif, des noix et du raisin.
— Mais, pour le trou, ses formes[6] sont trop grosses.
« Je n'entrerai jamais dedans.
  Autant vaudrait perdre mon temps
A tenter d'attraper la lune[7] avec les dents. »
— Ayant ainsi pensé, voilà que ma petite
  S'esquive[8], mais revient bien vite,
Puis, au bout de quelques instants,
Se dresse vers le trou, le gratte, le regratte,
  Avec ses dents, avec sa patte,
    Pour l'agrandir
    Et l'arrondir.

Et, vers le soir, ma travailleuse,
Ayant bien grignoté [9], suant, fondant en eau,
Se retire toute joyeuse
De pouvoir y fourrer la moitié du museau [10].
Le lendemain, même courage,
Même empressement à l'ouvrage :
Elle passe la tête, ensuite tout son corps,
Et voilà ma souris dehors !
Ayez sa persévérance,
Son courage et sa patience,
Et vous viendrez à bout
De tout.

(Jacquier.)

Explication des mots. — [1] *Trottait* : marchait vivement à petits pas. — [2] *Grenier* : partie la plus haute d'un bâtiment destinée à serrer le grain. — [3] *Soudain* : tout à coup. — [4] *Flairer et reflairer* : sentir à plusieurs reprises. — [5] *Succulentes* : excellentes. — [6] *Ses formes* : son corps. — [7] *Attraper la lune* : tenter une chose impossible. — [8] *S'esquive* : se retire discrètement. — [9] *Grignoté* : rongé avec ses dents pointues. — [10] *Museau* : le nez.

Sens général. — C'est une leçon de persévérance que nous donne la vaillante souris. Elle ne craint pas sa peine, elle s'arme de courage et se met résolument à la besogne. Chaque jour la difficulté diminue. Ce qui lui avait paru d'abord irréalisable, se fait petit à petit. Et, dans le grenier plein de bon lard, de suif, de noix et de raisin, la souris va goûter le fruit de son labeur.

Imitez cette souris, mes petits amis, ne vous laissez pas rebuter par une leçon trop pénible, par un devoir trop difficile à faire ; faites comme cette persévérante bête : mettez-vous courageusement à la besogne.

RÉCITATION N° 109

(Page 676 du livre de l'élève)

LE NID

Cruels [1] enfants, qu'alliez-vous faire ?
Quoi ! détruire [2] ce nid charmant !
Mais vous n'avez donc point de mère ?
Vous l'oubliez en ce moment.

(Tournier.)

Explication des mots. — [1] *Cruels* : méchants. — [2] *Détruire* : démolir, briser.

Sens général. — Il est très vilain, mes petits amis, de détruire les nids. Pourquoi faire souffrir les pauvres petits oiseaux, leur enlever leur asile, leurs œufs, leurs couvées ? C'est manquer de cœur, c'est faire souffrir sans nécessité de charmantes petites bêtes qui nous distraient, qui sont utiles. C'est aussi priver le cultivateur de ses utiles auxiliaires. Et songez aussi combien vous souffririez si un méchant voleur vous enlevait à l'affection de votre mère ! combien elle souffrirait elle-même ! Laissez donc les petits oiseaux dans leurs nids.

HISTOIRE

Dixième Mois
du Cours élémentaire

73ᵉ Leçon. — GUERRE DE 1870

1° Leçon. — Faire écrire au tableau : *Histoire*. — *Guerre de 1870 (page 679)*.

Faire apprendre la leçon, sans le récit (page 679 du livre de l'élève).

2° Interrogations. — Poser les questions du n° 64 (au bas de la page 679 du livre de l'élève).

3° Récit et explication de la figure. — 1. Faire lire le récit.

2. *Explication de la figure*. — La figure 73 (livre de l'élève et

Fig. 73. — Gambetta quitte Paris en ballon.

livre du maître) représente Gambetta quittant Paris en ballon.

Du ballon nous ne voyons que la nacelle autour de laquelle sont suspendus des sacs. Des cordes la rattachent au ballon. Une autre corde pend, c'est celle qui la retenait à terre.

Deux hommes sont dans la nacelle et se tiennent aux cordages. L'un est habillé comme un matelot, l'autre est Gambetta. Il se penche et regarde Paris qu'il ne verra bientôt plus.

De la grande ville on ne distingue que la Seine formant un grand ruban blanc, traversé par des ponts, puis quelques maisons, quelques tuyaux d'usine d'où s'échappe de la fumée.

3. Faire raconter le récit.

4° Exercices écrits de grammaire sur la 73° leçon. — Dicter aux élèves quelques-uns des exercices suivants :

1. Analyser les verbes du récit qui sont à un temps simple :
→ *Entouraient* : verbe *entourer*, 1re conj., mode indicatif, temps imparfait, 3° pers. du plur.
Faisait : verbe *faire*, 4° conj., mode indicatif, temps imparfait, 3° pers. du sing.
Résolut : verbe *résoudre*, 4° conj., mode indicatif, temps passé défini, 3° pers. du sing.
Accomplit : verbe *accomplir*, 2° conj., mode indicatif, temps passé défini, 3° pers. du sing.

2. Expliquer l'orthographe des participes *composées* et *furent levées*.
→ *Composées* : participe passé, conjugué sans auxiliaire, s'accorde avec le mot *armées*, féminin pluriel, auquel il se rapporte.
Levées : participe passé, employé avec l'auxiliaire *être*, s'accorde avec le sujet du verbe *armées*, qui est du féminin pluriel.

3. Relever tous les mots invariables contenus dans le récit :
→ De (préposition) ; en (préposition) ; afin de (locution prépositive) ; contre (préposition) ; avec (préposition) ; beaucoup de (locution prépositive) ; et (conjonction) ; à (préposition) ; de (préposition) ; de (préposition) ; dans (préposition).

4. Analyser les différents adjectifs et pronoms contenus dans le récit :

→ Tous	adj. indéf., masc. plur., détermine *côtés*.
Qui	pron. relatif, 3° pers. du sing., sujet de *faisait* ; a pour antécédent *Gambetta*.
Il	pron. pers., 3° pers. du sing., sujet de *accomplit*.
Sa	adj. poss., fém. sing., détermine *mission*.
Périlleuse	adj. qualif., fém. sing., qualifie *mission*.
Lui	pron. pers., 3° pers. du sing., compl. indirect de *furent levées*.

5. Donner la fonction grammaticale des mots suivants : Prussiens, populations, ennemi, mission, départements.
→ Prussiens (sujet de *entouraient*) ; populations (compl. direct de *soulever*) ; ennemi (compl. indirect de *soulever*) ; mission (compl. direct de *accomplir*) ; départements (compl. indirect de *furent levées*).

5° Résumé de la leçon. — Faire copier le paragraphe 64 du résumé [*Guerre de 1870*], page 686 du livre de l'élève.

COURS ÉLÉMENTAIRE : DIXIÈME MOIS

6º Correction. — Corriger les exercices écrits qui ont été indiqués.

74º Leçon. — LA COMMUNE. — THIERS

1º Leçon. — Faire écrire au tableau : *Histoire.* — *La Commune. Thiers (page 680).*

Faire apprendre la leçon, sans le récit (page 680 du livre de l'élève).

2º Interrogations. — Poser les questions du nº 65 (au bas de la page 680 du livre de l'élève).

3º Récit et explication de la figure. — 1. Faire lire le récit.

2. *Explication de la figure.* — La figure 74 (livre de l'élève et livre du maître) représente une scène du siège de Paris.

A la porte d'une boucherie des hommes, des femmes, des enfants serrés les uns contre les autres attendent leur tour pour acheter un

Fig. 74. — Une scène du siège de Paris.

peu de viande. De chaque côté de la porte des soldats maintiennent l'ordre.

Pendant que ces malheureux font la queue, un obus lancé par les ennemis éclate à quelques pas. Un homme a été tué sur le coup, une femme serrant encore son enfant contre sa poitrine a été frappée

HISTOIRE : DE NAPOLÉON III A NOS JOURS

également. On voit aussi deux autres femmes qui, pleines d'horreur, se reculent et essayent de fuir.

3. Faire raconter le récit.

4° Exercices écrits de grammaire sur la 74ᵉ leçon. — Dicter aux élèves quelques-uns des exercices suivants :

1. Indiquer à quel temps sont les verbes contenus dans le récit :

→ Eurent (passé défini); souffrir (présent de l'infinitif); tardèrent (passé défini); devenir (présent de l'infinitif); attendait (imparfait de l'indicatif); recevoir (présent de l'infinitif); fut (passé défini); fit (passé défini); venant (participe présent); manquer (présent de l'infinitif); bombardant (participe présent); fallut (passé défini); capituler (présent de l'infinitif).

2. Relever les mots invariables contenus dans le récit :

→ De (préposition); beaucoup (adverbe de quantité); à (préposition); pendant (préposition); de (préposition); ne pas (adverbe de négation); à (préposition); à (préposition); et (conjonction); pour (préposition); de (préposition); où (conjonction); de (préposition); en outre (locution adverbiale); très (adverbe); pendant (préposition); d' (préposition); mais (conjonction); enfin (adverbe); à (préposition); tout à fait (locution adverbiale); et (conjonction); sans (préposition).

3. Relever et analyser les différents adjectifs et pronoms contenus dans le récit :

→
Insuffisants	adj. qualif., masc. plur., attribut de *vivres*.
On	pron. indéf., 3ᵉ pers. du sing., sujet de *attendait*.
Longues	adj. qualif., fém. plur., qualifie *heures*.
Faible	adj. qualif., fém. sing., qualifie *ration*.
Vif	adj. qualif., fém. sing., attribut de *froid*.
Admirable	adj. qualif., masc. sing., qualifie *courage*.
Il	pron. pers., 3ᵉ pers. du sing., sujet de *fallut*.

5° Résumé de la leçon. — Faire copier le paragraphe 65 du résumé [*Traité de Francfort. La Commune*], page 686 du livre de l'élève.

6° Correction. — Corriger les exercices écrits qui ont été indiqués.

75ᵉ Leçon. — PRÉSIDENCE DE MAC-MAHON

1° Leçon. — Faire écrire au tableau : *Histoire. — Présidence de Mac-Mahon* (page 681).

Faire apprendre la leçon, sans le récit (page 681 du livre de l'élève).

2° Interrogations. — Poser les questions du n° 66 (au bas de la page 681 du livre de l'élève).

3° Récit et explication de la figure. — 1. Faire lire le récit.

2. *Explication de la figure.* — La figure 75 (livre de l'élève et livre du maître) représente une partie de la place de la Concorde à Paris.

Sur un petit monument on voit une statue qui disparaît presque

Fig. 75. — La statue de Strasbourg, sur la place de la Concorde.

entièrement sous les couronnes. C'est la statue de la ville de Strasbourg qui nous rappelle la triste guerre de 1870. Au-dessus de la porte principale du monument nous voyons encore un écusson surmonté d'un trophée de drapeaux français.

Des promeneurs traversent la place non sans s'arrêter devant la statue qui éveillera toujours dans tous les cœurs français de pénibles souvenirs.

Plus loin on aperçoit le jardin des Tuileries.

3. Faire raconter le récit.

4° Exercices écrits de grammaire sur la 75ᵉ leçon. — Dicter aux élèves quelques-uns des exercices suivants :

1. Expliquer l'orthographe des participes suivants : *ont été érigées, est recouverte.*

→ *Ont été érigées* : participe passé, employé avec l'auxiliaire *être*, s'accorde en genre et en nombre avec le sujet du verbe *statues*, féminin pluriel.

Est recouverte : participe passé, employé avec l'auxiliaire *être*, s'accorde en genre et en nombre avec le sujet du verbe *statue*, féminin singulier.

2. Relever les mots invariables contenus dans le récit :
→ Sur (préposition); de (préposition); à (préposition); de (préposition); de (préposition); y (adverbe de lieu); encore (adverbe de temps); bien que (locution conjonctive); depuis (préposition); constamment (adverbe de manière); d' (préposition); de (préposition); et (conjonction); de (préposition); ainsi (adverbe); toujours (adverbe de temps); pour (préposition); de (préposition); de (préposition); toujours (adverbe de temps); au milieu de (locution prépositive); de (préposition).

3. Donner la fonction grammaticale des mots : statues, ville, sentiments, Alsace, place.
→ Statues (sujet de *ont été érigées*); ville (sujet de *soit*); sentiments (compl. direct de *manifester*); Alsace (compl. indirect de *gardons*); place (compl. direct de *aura*).

4. Écrire en toutes lettres le nombre 1871.
→ Mil huit cent soixante et onze.

5. Dans cette phrase : les sentiments que nous gardons, analyser le mot *que*.
→ *Que* : pronom relatif, 3ᵉ pers. du plur., compl. direct de *gardons*; a pour antécédent *sentiments*.

5° Résumé de la leçon. — Faire copier le paragraphe 66 du résumé [*Mac-Mahon. La constitution de 1875*], page 686 du livre de l'élève.

6° Correction. — Corriger les exercices écrits qui ont été indiqués.

76ᵉ Leçon. — PRÉSIDENCE DE JULES GRÉVY

1° Leçon. — Faire écrire au tableau : *Histoire. — Présidence de Jules Grévy (page 682).*
Faire apprendre la leçon, sans le récit (page 682 du livre de l'élève).

2° Interrogations. — Poser les questions du n° 67 (au bas de la page 682 du livre de l'élève).

3° Récit et explication de la figure. — 1. Faire lire le récit.
2. *Explication de la figure.* — La figure 76 (livre de l'élève et livre du maître) représente la distribution des drapeaux, le 14 juillet 1880.
Sous une vaste tente nous remarquons tout d'abord un homme à cheveux blancs qui remet à un soldat le drapeau français. Cet homme est le président de la République, Jules Grévy. Autour de lui et sur

les gradins de l'estrade des soldats portent les armes pour rend[re] hommage au drapeau.

Sur les côtés de la tente sont groupés des officiers supérieurs d[es]

Fig. 76. — Distribution des drapeaux, le 14 juillet 1880.

armées étrangères venus, eux aussi, pour assister à cette imposa[nte] cérémonie.

Dans la vaste plaine on aperçoit, rangés symétriquement, de no[m]breux bataillons.

3. Faire raconter le récit.

4° Exercices écrits de grammaire sur la 76° leçon.
Dicter aux élèves quelques-uns des exercices suivants :

1. Écrire en toutes lettres les nombres 1880 et 14.
→ Mil huit cent quatre-vingt et quatorze.

2. *Vingt* est multiplié et n'est pas suivi d'un autre nombre, pour[quoi] donc ne prend-il pas la marque du pluriel ?
→ Parce que 1880 veut dire l'an 1880°.

3. Analyser les adjectifs dans les phrases suivantes : chaque an[née,] cette occasion, leurs drapeaux, notre armée.

Chaque	adj. indéf., fém. sing., détermine *année*.
Cette	adj. démonst., fém. sing., détermine *occasion*.
Leurs	adj. poss., masc. plur., détermine *drapeaux*.
Notre	adj. poss., fém. sing., détermine *armée*.

4. Mettre au masculin pluriel les adjectifs suivants : nationale, gra[nde,] première, imposante, profonde, nouvelles, nombreux, belle.
→ Nationaux, grands, premiers, imposants, profonds, nouveaux, n[om]breux, beaux.

5. Indiquer à quel temps sont les verbes contenus dans le récit :
→ Résolut (passé défini); célébrer (présent de l'infinitif) ; est passée (p[...]

Le gérant · PAUL DUPONT.

catif); passée (participe passé); fut (passé défini); assistaient (imparfait de l'indicatif); éprouvèrent (passé défini); vinrent (passé défini); recevoir (présent de l'infinitif); admirèrent (passé défini); reconstituée (participe passé sans auxiliaire).

5° Résumé de la leçon. — Faire copier le paragraphe 67 du résumé [*Jules Grévy*], page 686 du livre de l'élève.

6° Correction. — Corriger les exercices écrits qui ont été indiqués.

77ᵉ Leçon. — PRÉSIDENCES DE CARNOT DE M. CASIMIR-PERIER; DE M. FÉLIX FAURE

1° Leçon. — Faire écrire au tableau : *Histoire. — Présidence de Carnot; de M. Casimir-Perier; de M. Félix Faure (page 683)*. Faire apprendre la leçon, sans le récit (page 683 du livre de l'élève).

2° Interrogations. — Poser la question 68 (au bas de la page 683 du livre de l'élève).

3° Récit et explication de la figure. — 1. Faire lire le récit.

2. *Explication de la figure.* — La figure 77 (livre de l'élève et

Fig. 77. — Assassinat de Carnot à Lyon.

livre du maître) représente l'assassinat du président Carnot qui succéda à Jules Grévy.

« Le président traversait la ville de Lyon dans un landau de gala. La ville était en fête et, pour fêter dignement la visite du chef de l'État on avait pavoisé les rues de drapeaux et illuminé avec des ballons de toutes couleurs. Mais la gaieté générale n'allait pas être de longue durée. Un misérable du nom de Caserio frappa le président en pleine poitrine pendant qu'il saluait la foule venue pour l'acclamer. »

Sur la figure nous voyons l'assassin qui s'enfuit tenant encore le poignard meurtrier. Dans le landau le préfet du département du Rhône, reconnaissable à son bicorne, et un homme à cheveux blancs se portent au secours du président. Un autre personnage désigne du doigt le meurtrier qui se sauve. Le piqueur arrête ses chevaux les deux laquais placés sur le siège de derrière se sont levés et regardent le président blessé.

3. Faire raconter le récit.

4° Exercices écrits de grammaire sur la 77° leçon. — Dicter aux élèves quelques-uns des exercices suivants :

1. Expliquer l'orthographe des participes passés : *avait organisé, fut déposé.*

→ *Avait organisé* : participe passé, employé avec l'auxiliaire *avoir*, reste invariable parce que le complément direct *exposition* est placé après.
Fut déposé : participe passé, employé avec l'auxiliaire *être*, s'accorde en genre et en nombre avec le sujet du verbe qui est *corps*, masculin singulier.

2. Relever et analyser les différents pronoms contenus dans le récit :

→ *La* visiter	pron. pers., 3° pers. du sing., compl. direct de *visiter*.
Celui-ci venait	pron. démonst., 3° pers. du sing., sujet de *venait*.
Se rendait	pron. pers., 3° pers. du sing., compl. direct de *rendait*.
S'e précipitant	pron. pers., 3° pers. du sing., compl. direct de *précipitant*.
Le frappa	pron. pers., 3° pers. du sing., compl. direct de *frappa*.
Lui fit	pron. pers., 3° pers. du sing., compl. indirect de *fit*.

3. Relever et analyser les différents adjectifs contenus dans le récit :

Industrielle	adj. qualif., fém. sing., qualifie *exposition*.
Enthousiastes	adj. qualif., fém. plur., qualifie *acclamations*.
Jeune	adj. qualif., masc. sing., qualifie *anarchiste*.
Italien	adj. qualif., masc. sing., qualifie *anarchiste*.
Sa	adj. poss., fém. sing., détermine *voiture*.
Violent	adj. qualif., masc. sing., qualifie *coup*.
Pleine	adj. qualif., fém. sing., qualifie *poitrine*.
Quelques	adj. indéf., fém. plur., détermine *heures*.
Splendides	adj. qualif., fém. plur., qualifie *funérailles*.
Son	adj. poss., masc. sing., détermine *corps*.

4. Indiquer à quel temps sont les verbes contenus dans le récit depuis *celui-ci* jusqu'à *poitrine* :

→ *Venait* (imparfait de l'indicatif); *assister* (présent de l'infinitif); *rendait* (imparfait de l'indicatif); *précipitant* (participe présent); *frappa* (passé défini).

5. Relever les mots invariables contenus dans cette partie du récit :
D' (préposition); à (préposition); et (conjonction); au milieu de (préposition); de (préposition); lorsque (conjonction); de (préposition); tout à coup (adverbe); vers (préposition); d' (préposition); de (préposition); en (préposition).

5º Résumé de la leçon. — Faire copier le paragraphe 68 du résumé [*Carnot. M. Casimir-Perier*], page 686 du livre de l'élève.

6º Correction. — Corriger les exercices écrits qui ont été indiqués.

78ᵉ Leçon. — INDUSTRIE, ARTS, LETTRES ET SCIENCES

1º Leçon. — Faire écrire au tableau : *Histoire.* — *Industrie, arts, lettres et sciences (page 684).*

Faire apprendre la leçon, sans le récit (page 684 du livre de l'élève).

2º Interrogations. — Poser les questions du nº 69 (au bas de la page 684 du livre de l'élève).

3º Récit et explication de la figure. — 1. Faire lire le récit.

2. *Explication de la figure.* — La figure 78 (livre de l'élève et

Fig. 78 — Exposition de 1889 (Galerie des Machines, tour Eiffel).

livre du maître) nous donne une vue de l'Exposition de 1889.

Nous voyons d'abord la Seine sillonnée de bateaux et coupée par des ponts.

A droite on aperçoit le Trocadéro. Traversant le pont qui se trouve juste en face nous arrivons à la tour Eiffel. De chaque côté de la tour s'élèvent des monuments de toutes sortes où s'entassaient toutes les merveilles de l'Exposition. Enfin au fond à gauche et placée transversalement on voit la galerie des machines.

3. Faire raconter le récit.

4° Exercices écrits de grammaire sur la 78° leçon. — Dicter aux élèves quelques-uns des exercices suivants :

1. Écrire en lettres les nombres 1889 et 300.
   → Mil huit cent quatre-vingt-neuf.
   Trois cents.
2. Donner la fonction grammaticale des mots suivants : exposition, nombre, Paris, ils, produits, mètres.
   → Exposition (sujet de *attira*); nombre (compl. direct de *attira*); Paris (compl. indirect de *attira*); ils (sujet de *admirèrent*); produits (compl. direct de *admirèrent*); mètres (compl. direct de *ayant*).
3. Analyser les verbes contenus dans le récit :
   → *Attira* : verbe *attirer*, 1re conj., mode indicatif, temps passé défini, 3e pers. du sing.
   Admirèrent : verbe *admirer*, 1re conj., mode indicatif, temps passé défini, 3e pers. du plur.
   Construite : participe passé, employé sans auxiliaire, attribut de *tour*.
   Est : verbe *être*, 4e conj., mode indicatif, temps présent, 3e pers. du sing.
   Ayant : verbe *avoir*, 3e conj., mode participe, temps présent.
4. Relever les mots invariables contenus dans le récit :
   → De (préposition); de préposition); à (préposition); surtout (adverbe); de (préposition); dans (préposition); de (préposition); de (préposition); par (préposition); et (conjonction); tout (adverbe); en (préposition); au moins (locution adverbiale); de (préposition).
5. Analyser l'article dans les phrases suivantes : l'exposition, les produits, du fer, la tour, des machines.
   → *L'* : art. élidé, mis pour *la*, fém. sing., annonce que *exposition* est déterminé.
   Les : art. simp., masc. plur., annonce que *produits* est déterminé.
   Du : art. cont., mis pour *de le*, masc. sing., annonce que *fer* est déterminé.
   La : art. simp., fém. sing., annonce que *tour* est déterminé.
   Des : art. cont., mis pour *de les*, fém. plur., annonce que *machines* est déterminé.

5° Résumé de la leçon. — Faire copier le paragraphe 69 du résumé [*Industrie, arts, lettres et sciences*], page 686 du livre de l'élève.

6° Correction. — Corriger les exercices écrits qui ont été indiqués.

HISTOIRE : DE NAPOLÉON III A NOS JOURS

79ᵉ Leçon. — SITUATION ACTUELLE DE LA FRANCE

1º Leçon. — Faire écrire au tableau : *Histoire. — Situation actuelle de la France (page 685).*

Faire apprendre la leçon, sans le récit (page 685 du livre de l'élève).

2º Interrogations. — Poser la question 70 (au bas de la page 685 du livre de l'élève).

3º Récit et explication de la figure. — 1. Faire lire le récit.

2. *Explication de la figure.* — La figure 79 (livre de l'élève et livre du maître) représente une partie de l'escadre française dans le port de Cronstadt.

Six vaisseaux sont alignés les uns à côté des autres. Des drapeaux flottent à tous les mâts. Sur celui qui est le plus près de nous il y a

Fig. 79. — L'escadre française à Cronstadt.

beaucoup de marins. Les uns sont montés sur les vergues, les autres se tiennent aux cordages. Ils agitent en l'air leurs bérets.

A côté de ces grands voiliers nous voyons de petits bateaux à vapeur. De tous côtés s'échappe une fumée blanche. Ce sont des coups de canon tirés par les deux nations amies pour se souhaiter la bienvenue.

3. Faire raconter le récit.

4° Exercices écrits de grammaire sur la 79ᵉ leçon. — Dicter aux élèves quelques-uns des exercices suivants :

1. Relever les noms propres contenus dans le récit :
→ Cronstadt, Saint-Pétersbourg, Russie, Gervais, Russes, Alexandre III, Russie, France.

2. Relever et analyser les différents adjectifs contenus dans le récit :

→ Française	adj. qualif., fém. sing., qualifie *escadre*.
Ce	adj. démonst., masc. sing., détermine *port*.
Nos	adj. poss., masc. plur., détermine *marins*.
Leurs	adj. poss., masc. plur., détermine *sentiments*.
Sympathiques	adj. qualif., masc. plur., qualifie *sentiments*.
Russe	adj. qualif., fém. sing., qualifie *population*.
Nos	adj. poss., masc. plur., détermine *vaisseaux*.
Notre	adj. poss., masc. sing., détermine *amiral*.
Première	adj. num. ordinal, fém. sing., détermine *manifestation*.
Franco-russe	adj. qualif., fém. sing., qualifie *alliance*.
Actuels	adj. qualif., masc. plur., qualifie *empereur* et *impératrice*

3. Écrire en toutes lettres le nombre 1896.
→ Mil huit cent quatre-vingt-seize.

4. Expliquer l'orthographe des participes *commandée* et *être scellée*.
→ *Commandée* : participe passé, conjugué sans auxiliaire, s'accorde en genre et en nombre comme l'adjectif avec le nom *escadre*, dont il est l'attribut.

Être scellée : participe passé, conjugué avec l'auxiliaire *être*, s'accorde en genre et en nombre avec le sujet du verbe *devait*, dont *être scellée* est le complément. Ce sujet est *qui*, mis pour *alliance*, féminin singulier.

5. Relever les verbes irréguliers autres que les verbes *être* et *avoir* contenus dans le récit et les analyser :
→ *Alla* : verbe *aller*, 1ʳᵉ conj., mode indicatif, temps passé défini, 3ᵉ pers. du sing.

Vinrent : verbe *venir*, 2ᵉ conj., mode indicatif, temps passé défini, 3ᵉ pers. du plur.

Devait : verbe *devoir*, 3ᵉ conj., mode indicatif, temps imparfait, 3ᵉ pers. du sing.

5° Résumé de la leçon. — Faire copier le paragraphe 70 du résumé [*Situation de la France*], page 686 du livre de l'élève.

6° Correction. — Corriger les exercices écrits qui ont été indiqués.

80ᵉ Leçon. — RÉSUMÉ DU DIXIÈME MOIS

1° Leçon. — Faire écrire au tableau : *Histoire. — Résumé du dixième mois (page 686).*

Faire apprendre le résumé du dixième mois (page 686 du livre de l'élève).

HISTOIRE : DE NAPOLÉON III A NOS JOURS

2° Récitation. — Faire réciter le résumé du dixième mois (page 686 du livre de l'élève).

3° Explication de la figure. — La figure 80 (livre de l'élève et livre du maître) représente le premier président de la République actuelle : Thiers. Sa figure est empreinte d'une grande bonhomie et de beaucoup de finesse. Il est représenté ici dans l'attitude d'une personne qui parle; il appuie du geste ses paroles et avance légèrement sa main droite entr'ouverte vers les auditeurs. De sa main gauche posée sur sa hanche, il relève un côté de son pardessus qui laisse apercevoir sa longue redingote boutonnée.

Thiers rendit de grands services au pays et mérita le nom de « libérateur du territoire ». En voici la raison : Par le traité de Francfort qui terminait la guerre de 1870, la France devait payer

Fig. 80.— Thiers.

à l'Allemagne cinq milliards et jusqu'au payement complet de cette dette une partie du territoire restait occupée par les Prussiens. Thiers, au moyen d'un emprunt, parvint à payer cette somme bien plus tôt qu'on ne l'espérait et à délivrer ainsi la France de ses ennemis. Thiers fut, en même temps qu'homme d'État, historien de valeur. Il écrivit l'histoire de la Révolution française, du Consulat et de l'Empire.

GÉOGRAPHIE

Dixième Mois
du Cours élémentaire

73º Leçon. — COLONIES FRANÇAISES DE L'AFRIQUE

1º Leçon. — Faire écrire au tableau : *Géographie. — Colonies françaises de l'Afrique (page 689).*
Faire apprendre la leçon (pages 689, 690 et 691 du livre de l'élève).

2º Interrogations. — Poser les questions 178 à 181 (au bas des pages 689, 690 et 691 du livre de l'élève).

3º Explication de la carte et de la figure. — La figure 79 (livre de l'élève et livre du maître) représente la carte de l'Algérie, possession française. L'Algérie est limitée à l'Ouest par le Maroc et à l'Est par la Tunisie, capitale Tunis. Les frontières sont indiquées sur la carte par une ligne formée de petites croix. L'Algérie est divisée en trois départements séparés les uns des autres par des lignes alternativement ponctuées et rayées. Les chefs-lieux de ces départements sont situés au Nord : deux, Oran et Alger, sur la côte méditerranéenne et le troisième, Constantine, un peu plus avant dans les terres.

Fig. 79. — Carte de l'Algérie.

Une double ligne de montagnes qui se continue en Tunisie longe la Méditerranée et forme la région du Tell et la région des Hauts Plateaux. Au Sud s'étend le désert du Sahara.

L'Algérie renferme de nombreux lacs qui sont figurés sur la carte par des parties pointillées entourées d'une ligne noire.

La figure 80 (livre de l'élève et livre du maître) représente une vue d'Alger prise de la mer. Comme nous pouvons le remarquer, la ville est bâtie en amphithéâtre sur le penchant d'une colline. La côte forme

Fig. 80. — Vue d'Alger.

à cet endroit une vaste baie que l'on a transformée en un port important, dans lequel nous apercevons de nombreux bâtiments; un des vapeurs quitte Alger et se dirige vers la haute mer, peut-être est-ce un des bateaux qui font le service entre l'Algérie et la France.

Alger possède une très longue jetée que l'on n'a pas représentée complètement sur la figure; c'est là que se trouvent l'arsenal et les chantiers de construction.

4° **Récit.** — Lire ou faire lire aux élèves le récit suivant :

L'ALGÉRIE

Il y a soixante-dix ans, vis-à-vis de la côte méridionale de la France, se trouvait, au Nord de l'Afrique, ce qu'on appelait alors les « États barbaresques ». Ce pays avait Alger pour capitale; il était peuplé à l'intérieur par des Arabes, nomades pour la plupart, c'est-à-dire vivant sous la tente du produit de leurs troupeaux, qu'ils menaient paître de pâturage en pâturage, ou cultivant çà et là dans des champs distribués tous les ans par les chefs les quelques céréales nécessaires à leur subsistance. Quant aux villes du littoral, elles étaient habitées par un mélange confus de Turcs, de Maures, de Juifs, de Maltais et de gens sans feu ni lieu venant de la Grèce, de la Sicile ou de l'Espagne. Cette population vivait de pillage et exerçait comme principal métier celui de pirate dans tout le bassin de la Méditerranée. Bien plus, ces voleurs de la mer ne se contentaient pas d'attaquer les navires et de s'emparer de la cargaison; ils faisaient prisonniers, équipage et passagers, et les amenaient dans leurs ports où ils vendaient ces malheureux comme esclaves.

Lorsqu'on raconte de pareilles choses, il semble vraiment que l'on parle de temps très anciens et cependant tous nos grands-pères ont pu en être témoins. Aujourd'hui tout a changé sur la côte barbaresque. Le pays des pirates forme trois départements français et bien français. Il est devenu l'Algérie et celle-ci semble n'être qu'une prolongation du Midi de la France, une grande Provence, belle et fertile.

La conquête de cette riche contrée a duré près de cinquante ans. Elle eut pour point de départ une injure à venger, un coup d'éventail donné en 1830 par un dey d'Alger à un consul de France, qui lui adressait des observations. On répondit à ce chef de bande de pillards par des coups de canon et la prise de tous ses États.

En vengeant ainsi son honneur, la France a agrandi son territoire d'un vaste et magnifique domaine, et en même temps elle a bien mérité de l'humanité tout entière pour le fait d'avoir à jamais débarrassé la Méditerranée de la piraterie et de l'esclavage.

L'Algérie, en y comprenant le Sahara algérien, est un pays grand comme la France. Mais elle est appelée sans doute à ne former dans l'avenir qu'une des parties du grand empire français de l'Afrique, alors que le progrès de nos conquêtes à l'intérieur de ce continent nous aura permis de réunir nos possessions du Sahara à celles du Sénégal et du Congo.

En attendant, l'Algérie prospère et prouve que le Français sait mieux coloniser qu'il ne le croit lui-même. La fière et puissante Angleterre ne possède aucune colonie aussi bien assimilée à la métropole. Et ce succès, la France ne le doit pas au fait d'avoir écrasé ou refoulé l'indigène, mais à celui de l'avoir initié aux bienfaits de la civilisation par une administration juste et bienveillante. C'est pourquoi les Arabes, qui furent si longtemps rebelles à notre domination, ont fini par l'accepter et vivent en paix auprès de nos colons.

Depuis que le temps des révoltes et des séditions est passé, on a construit en Algérie des écoles, des ports, des chemins de fer; on y a exploité des mines de fer et de riches gisements de phosphates très utiles à l'agriculture. On y a défriché de grandes étendues de terres incultes, créé d'innombrables villages, planté des vignobles à perte de vue.

Par suite, les pays barbaresques si peu connus au commencement de ce siècle sont devenus une région très fréquentée par les touristes de tous les pays. C'est une partie de plaisir que de parcourir l'Algérie dans tous les sens et de venir admirer ses beaux sites ou de jouir de son délicieux climat. Tous les ans, de nombreux étrangers viennent passer l'hiver soit aux confins du désert sous les forêts de palmiers de

Biskra, soit sous les bois d'orangers qui entourent la merveilleuse ville d'Alger. Cette vieille capitale des pirates est devenue l'une des plus belles cités du monde.

5° Exercices. — 1. Faire écrire par les élèves sur une carte muette comprenant l'Algérie et la Tunisie les noms suivants : Méditerranée, Région du Tell, Région des Hauts Plateaux, Sahara Algérien Maroc, Tripolitaine, Tunisie, Algérie.

2. Faire écrire par les élèves sur la même carte les noms suivants: Département d'Oran, Oran, Département d'Alger, Alger, Département de Constantine, Constantine ; Tunis.

6° Correction. — Corriger les exercices écrits qui ont été indiqués.

74ᵉ Leçon. — COLONIES FRANÇAISES DE L'AFRIQUE
(Suite)

1° Leçon. — Faire écrire au tableau : *Géographie. — Colonies françaises de l'Afrique (suite) (page 692).*
Faire apprendre la leçon (page 692 du livre de l'élève).

2° Interrogations — Poser les questions du n° 182 (au bas de la page 692 du livre de l'élève).

3° Explication de la figure. — La capitale du Sénégal-Saint-Louis, représentée sur la figure 81 (livre de l'élève et livre du maître); ne ressemble nullement comme aspect à nos villes françaises. En considérant les plantes dessinées au premier plan de la gravure, nous nous rendons compte de la différence de végétation ; les arbres n'ont pas,

Fig. 81. — Vue de Saint-Louis (Sénégal).

comme ceux de nos contrées, des branches nombreuses chargées de feuilles ; ils portent, en haut d'un tronc élevé et droit, un gros bouquet de feuilles allongées. Ce sont des palmiers, des cocotiers, des dattiers, des fougères immenses.

Les maisons de Saint-Louis ne sont pas hautes ; elles ne sont généralement composées que d'un seul étage surmonté d'un toit plat ou terrasse.

Sur la figure nous ne voyons qu'une seule et grande rue absolument droite qui sépare en deux parties ces habitations nombreuses et serrées.

Au fond du paysage, nous apercevons les eaux du fleuve Sénégal à l'embouchure duquel se trouve l'île où s'élève la ville de Saint-Louis.

4° Récit. — Lire ou faire lire aux élèves le récit suivant :

MADAGASCAR

— Qu'est-ce que cette nouvelle colonie de Madagascar dont on parle tant depuis trois ans ?

— Eh bien, c'est au contraire l'une des plus anciennes colonies de la France ; il y a plus de deux cent cinquante ans que notre patrie en a pris possession. Seulement, depuis cette époque (1642), on a fait en vain de nombreuses tentatives pour en tirer parti ; jusqu'ici on n'a ni su apprécier ses richesses naturelles ni réussi à les mettre en valeur. Il a même fallu sentir la convoitise de nos voisins plus hardis et plus habiles colonisateurs que nous, pour nous décider à agir enfin énergiquement et à remplir notre rôle de nation civilisatrice dans la plus belle et la plus grande des îles de l'Océan Indien.

Madagascar est une terre aussi vaste que la France et la Belgique réunies. Elle est habitée par trois millions d'individus appartenant à une famille humaine bien supérieure à la race noire et intermédiaire, par sa civilisation relative comme par ses mœurs, entre les populations indo-chinoises et les véritables nègres du Sénégal.

Cette île contient d'immenses forêts plantées soit d'espèces au bois précieux, soit d'arbres spéciaux donnant des vernis, des gommes et du caoutchouc. Dans d'autres parties, il y a de fraîches et fertiles vallées abondamment irriguées et couvertes de rizières si étendues qu'elles suffiraient à devenir l'unique grenier de tous les peuples qui remplacent le pain par le riz. Puis, dans l'espace compris entre les rizières et les forêts — car le sol est rarement inculte à Madagascar — poussent d'immenses herbages qui nourrissent les innombrables troupeaux de ces bœufs à bosse dont les rosbifs valent bien ceux des boucheries françaises.

Enfin, sous le vert manteau de cette belle végétation, on trouve ici le l'or, là du fer, ailleurs du plomb ou du cuivre, de sorte que le sous-sol de Madagascar paraît être aussi riche que le sol lui-même.

Aujourd'hui ce merveilleux pays est définitivement conquis à la France et il sera bientôt complètement pacifié. Mais pour coloniser cette terre, pour exploiter ses mines, pour profiter des trésors cachés dans ses forêts, il faut, avant toute émigration dans ce coin favorisé, rendre possible le transport à la côte des minerais, des bois précieux et des récoltes par des voies de communications praticables. Celles-ci manquent totalement à Madagascar, et c'est même là une des causes principales du long abandon et de l'état inculte de cette fertile contrée. En effet, d'une part, les rivières sont impropres à la navigation par suite de la présence de chutes nombreuses et, de l'autre, le vallonnement excessif d'un sol très accidenté a empêché la construction de toute espèce de routes. Il faut marcher à travers la broussaille, escaladant à pic les collines qui s'étagent les unes au-dessus des autres, depuis le littoral jusqu'au centre de l'île. Dans ces conditions, l'homme s'est trouvé devenir à Madagascar l'unique instrument de transports, on pourrait dire la bête de charge par excellence. Mais notre espèce est loin de valoir sous ce rapport le bœuf ou le chameau et l'on comprendra que cette situation ne peut continuer sans entraver, dans la grande île, tout développement et toute prospérité.

Il faut changer tout cela en rendant tous les points de Madagascar facilement accessibles par la construction de chemins de fer. Alors les mines pourront être exploitées ; alors, l'on pourra établir de grandes et importantes usines dans ces impénétrables forêts dont ne jouissent aujourd'hui que les singes ou les perroquets. Alors aussi les colons devront venir à Madagascar cultiver les plantes précieuses qui y poussent si bien, celles qui donnent les épices, le café, le chocolat, le sucre et la vanille.

5° Exercices. — **1.** Faire écrire par les élèves sur une carte muette d'Afrique le noms suivants : Algérie, Alger ; Tunisie, Tunis ; Sénégal, Saint-Louis ; Congo ; Madagascar, Tananarive ; Ile de la Réunion.

2. Faire écrire par les élèves les principales productions des colonies françaises d'Afrique.

→ Blé, légumes, vin, liège, moutons, alfa, dattes. Sénégal : plantes oléagineuses, gommes. Réunion : café, canne à sucre.

6° Résumé des leçons 73 et 74 et correction. — **1.** Faire copier le premier paragraphe du résumé [*Colonies françaises de l'Afrique* (178 à 182)], page 700 du livre de l'élève.

2. Corriger les exercices écrits qui ont été indiqués.

75ᵉ Leçon. — COLONIES FRANÇAISES DE L'ASIE DE L'OCÉANIE ET DE L'AMÉRIQUE

1° Leçon. — Faire écrire au tableau : *Géographie.* — *Colonies françaises de l'Asie, de l'Océanie et de l'Amérique* (page 693). Faire apprendre la leçon (page 693 du livre de l'élève).

2° Interrogations. — Poser les questions 183 à 185 (au bas de page 693 du livre de l'élève).

3° Explication de la figure. — La figure 82 (livre de l'élève et livre du maître) donne une vue de l'île de Tahiti.

Fig. 82. — Vue de l'île de Tahiti.

La mer forme à cet endroit une large baie, à l'entrée de laquelle nous apercevons un grand voilier.

Le climat de l'île de Tahiti est chaud et salubre, aussi la végétation y est-elle très développée, comme on peut s'en rendre compte sur cette gravure. Les grands arbres droits surmontés d'un panache de feuilles sont des palmiers, des cocotiers, arbres qui ne poussent que dans les pays chauds; les autres, à feuilles toujours vertes, ressemblent un peu à ceux de nos contrées.

Les maisons, construites généralement en bois, sont basses, peu nombreuses et disséminées dans la verdure.

4° Récit. — Lire ou faire lire aux élèves le récit suivant :

LE TONKIN

Le Tonkin est terre française depuis 1884.

Aucune conquête ne fut plus impopulaire et rien ne fut plus injuste, car elle était absolument nécessaire pour bien établir le pouvoir de notre patrie sur cette presqu'île indo-chinoise, destinée à compenser pour nous la perte des Indes.

Si la France n'avait point occupé ce pays, d'autres puissances européennes n'auraient pas manqué de s'y installer, car, par ses cours d'eau dont beaucoup prennent leurs sources en Chine, le Tonkin offre d'excellentes voies de pénétration dans le grand empire du Milieu. Par le Tonkin, nous pouvons faire arriver jusqu'au centre de la Chine les produits de nos industries, et en rapporter la soie, les laques, le thé et bien d'autres produits que les étrangers nous vendent très cher.

Le Tonkin est un grand et beau pays. Il est arrosé par le fleuve Rouge et ses nombreux affluents dont les plus célèbres sont la rivière Noire et la rivière Claire. Il présente deux régions distinctes, les plaines du Delta et les parties montagneuses qui l'entourent.

Le Delta est formé par des alluvions de boues rougeâtres charriées par les eaux des fleuves et rivières. Il gagne constamment en étendue du côté de la mer. Cet accroissement correspondrait à un kilomètre tous les vingt ans. Ce fait rend compte d'une vieille tradition du pays qui veut que la ville d'Hanoï ait été autrefois, il y a trois mille ans, un port de mer, tandis qu'aujourd'hui cette cité est située dans l'intérieur des terres à 150 kilomètres environ du rivage.

Comparées au Delta, les régions hautes du Tonkin paraissent presque désertes. Certaines sont habitées par une tribu spéciale, les Muongs, qui se distinguent des Annamites par leurs mœurs de paysans paisibles, bons guerriers et toujours prêts à défendre leurs montagnes.

Tout le haut Tonkin semble appelé à un grand avenir non seulement à cause de son climat sain, de ses belles forêts et de ses cultures précieuses, telles que le coton et le mûrier, mais encore parce qu'on y a découvert des mines importantes de fer, de cuivre et de houille.

Le grand port du Tonkin est la ville d'Haïphong située au milieu de la côte occidentale de ce grand golfe du Tonkin qui serait tout français, si, à l'Est, la vaste île chinoise d'Haïnan nous appartenait.

La capitale de la colonie est Hanoï. C'est une ville de près de 100.000 habitants. Mais, en dehors du quartier européen, elle n'est qu'une agglomération de villages indigènes serrés les uns contre les autres. Du reste, toutes les cités tonkinoises sont ainsi faites de cases, aux murs de bambous, aux toits de chaume, irrégulièrement groupées autour d'une espèce de citadelle ou d'un marché. Le tout ne manque pas cependant d'un certain attrait grâce aux parterres fleuris qui entourent les habitations et aux bouquets d'arbres exotiques qui les ombragent. Le Tonkin, se trouvant immédiatement au-dessous du Tropique du Cancer, jouit de toutes les beautés de la végétation luxuriante et toujours verte de la zone équatoriale.

5° Exercices. — **1.** Faire écrire par les élèves sur une carte muette d'Asie les noms suivants: Pondichéry; Cochinchine, Saïgon; Tonkin, Hanoï; Cambodge, Annam.

2. Faire écrire par les élèves sur une carte muette d'Océanie les noms suivants : Nouvelle-Calédonie, Nouméa; Iles de la Société, Tahiti.

3. Faire écrire par les élèves sur une carte muette d'Amérique les noms suivants: Guadeloupe; Martinique; Guyane française, Cayenne.

6° Résumé de la leçon et correction. — **1.** Faire copier le deuxième paragraphe du résumé [*Colonies de l'Asie, de l'Océanie et de l'Amérique* (183 à 185)], page 700 du livre de l'élève.

2. Corriger les exercices écrits qui ont été indiqués.

76ᵉ Leçon. — AGRICULTURE DE LA FRANCE

1° Leçon. — Faire écrire au tableau : *Géographie.* — *Agriculture de la France* (page 694).

Faire apprendre la leçon (page 694 du livre de l'élève).

2° Interrogations. — Poser les questions 186 à 191 (au bas de la page 694 du livre de l'élève).

3° Récit. — Lire ou faire lire aux élèves le récit suivant :

LES VENDANGES EN BOURGOGNE

Le vin est peut-être le produit par excellence du sol français. Aucun pays ne réunit mieux que le nôtre toutes les conditions nécessaires pour que les fruits de la vigne mûrissent.

La culture de la vigne est chez nous fort ancienne et ce n'est pas d'aujourd'hui que nos voisins boivent, apprécient et nous envient nos vins. L'histoire raconte que jadis les agriculteurs romains, poussés par la jalousie, sollicitèrent et obtinrent de l'empereur Domitien l'ordre d'arracher toutes les vignes de la Gaule. L'édit reçut un commencement d'exécution, et les Gaulois se désintéressèrent d'une culture proscrite. Plus tard, l'empereur Probus autorisa de nouveau la plantation de la vigne; mais ce ne fut qu'aux temps mérovingiens que des corporations de moines s'occupèrent de reconstituer les vignobles détruits. Parmi les vins produits par les nouvelles vignes, certains ne tardèrent pas à devenir célèbres pour leur chaude couleur, leur arome ou leur bouquet.

Le gérant : PAUL DUPONT.

GÉOGRAPHIE : FRANCE AGRICOLE

L'un des plus renommés fut bientôt et est encore le vin de Bourgogne. On peut oublier l'histoire de cette province, ignorer le nom de ses grands hommes, ses vignes suffiront pour immortaliser ce coin de la France. Les coteaux de la Côte d'Or sont les bien nommés : c'est presque au poids de l'or que se vend le jus des raisins que le soleil dore sur leurs pentes.

Aussi dans tout le pays bourguignon, l'époque des vendanges est-elle le moment le plus important de l'année. Tout le monde alors s'y agite et travaille. Mais la besogne n'a rien d'extrêmement pénible et, à la différence de beaucoup d'autres, elle s'accompagne toujours de gaieté et d'entrain.

Longtemps à l'avance, propriétaires et fermiers s'assurent un personnel de vendangeurs suffisamment nombreux. Puis, vers la mi-septembre, quand le raisin est « mûr apparemment », les maires, sur l'avis des maîtres vignerons, publient ce qu'on nomme le banc des vendanges, c'est-à-dire font afficher la date du jour où commencera dans les campagnes la cueillette des précieux raisins.

Ce grand jour venu, tous les villages sont en émoi. Les vendangeurs arrivent et, par groupes joyeux, se répandent à travers les vignobles. Là, rangés en files régulières, ils coupent avec soin les grappes dont ils emplissent des paniers. Quand ceux-ci sont pleins, on appelle le « hottier » et chacun déverse sa récolte dans la grande hotte que cet homme porte sur le dos.

Le « hottier », à son tour, jette le contenu de sa hotte dans des tonneaux disposés à cet effet, puis d'autres personnes vident ces tonneaux dans une immense cuve où s'accumule ainsi toute une montagne de grappes.

Lorsque les vendanges sont faites et que, sous les feuilles d'un vert poudreux, il ne reste plus le moindre grain, il est temps alors de porter le raisin au pressoir.

Il faut tout d'abord procéder à « l'égrappage ». Cette opération, spéciale à la fabrication des vins fins, consiste à frotter les raisins contre une claie d'osier placée au-dessus d'une cuve, de façon que les grains passent seuls à travers le treillis, tandis que la tige ligneuse reste dans la main du vendangeur.

L'égrappage terminé, on s'occupe d'écraser les grains. C'est dans ce but qu'on les faisait autrefois longuement piétiner par des hommes. Aujourd'hui ce procédé un peu trop primitif est à peu près partout abandonné et l'on comprime le raisin dans de grands pressoirs dont le mécanisme est plus ou moins perfectionné. On obtient ainsi une sorte de liquide boueux, « le moût », qu'on introduit dans d'immenses cuves, où on le laisse fermenter.

Il ne reste plus maintenant qu'à faire lentement s'écouler le liquide des cuves dans des barriques, à soufrer pour arrêter la fermentation, puis à coller et à soutirer le nouveau vin. Ensuite on le met en bouteilles, on le cachette et on le laisse vieillir.

Sous ce dernier rapport, le vin de Bourgogne est favorisé entre tous : c'est presque le seul vin qui puisse atteindre jusqu'à cent ans sans se décolorer, ni rien perdre de son arome.

Il y a en Bourgogne 27.000 hectares plantés en vignes, mais tous ces vignobles ne produisent pas des vins d'égale qualité. Ceux-ci ont bien tous un même air de parenté, mais il en est qui ont entre eux autant de différences qu'il y a entre le bourgogne lui-même et les autres vins de France. Tels sont le « Chambertin », le « Clos-Vougeot » et le « Nuits », dont les meilleurs sont accaparés pour les tables impériales ou royales des cours d'Europe.

4° Exercices. — 1. Écrire les noms des principales plantes cultivées en grand pour l'alimentation, en France.

→ Céréales : blé, avoine, orge, seigle ; pommes de terre ; vigne.

2. Écrire les noms des principales plantes cultivées en grand pour l'industrie.

→ Betterave (sucre et alcool) ; lin et chanvre (pour fabriquer la toile).

3. Écrire les noms des principales plantes fourragères cultivées en France.

→ Trèfle, luzerne, sainfoin.

4. Écrire sur une carte muette de France les régions les plus importantes pour la culture de la vigne en France. Marquez la *région méditerranéenne;* le *Bordelais* (aux environs de Bordeaux) ; la *Champagne* (aux environs de Reims) ; la *Bourgogne* (aux environs de Dijon).

5° Résumé de la leçon et correction. — 1. Faire copier le troisième paragraphe du résumé [*Agriculture de la France* (186 à 194)], page 700 du livre de l'élève.

2. Corriger les exercices écrits qui ont été indiqués.

77° Leçon. — INDUSTRIE ET COMMERCE DE LA FRANCE

1° Leçon. — Faire écrire au tableau : *Géographie. — Industrie et commerce de la France* (page 695).

Faire apprendre la leçon (pages 695 et 696 du livre de l'élève).

GÉOGRAPHIE : FRANCE INDUSTRIELLE

2º Interrogations. — Poser les questions 192 à 194 (au bas les pages 695 et 696 du livre de l'élève).

3º Récit. — Lire ou faire lire aux élèves le récit suivant :

LE FER

— Comment fait-on le fer? demandait un jour un petit garçon à son père.

— Ta question est mal posée, répondit ce dernier, tu veux me demander sans doute ce que c'est que le fer ?

— Oh! cela je le sais, c'est un métal ; mais ce métal le fabrique-t-on ou bien le trouve-t-on dans la terre, comme on y trouve la houille ?

— On le fabrique avec des pierres particulières appelées minerais et que l'on extrait du sol de certaines régions.

— Est-ce qu'il y a de ces minerais en France?

— Certainement et même dans un grand nombre de localités, continua le père. Du reste, le fer est l'un des métaux les plus abondants sur la terre. Les endroits où sont accumulés des minerais en grandes masses sont des gisements ou des mines de fer.

— Et comment sont les pierres qui donnent le fer ?

— Généralement noires et quelquefois très brillantes ou encore d'une couleur de rouille. Les minerais se composent ordinairement d'une combinaison de fer, d'eau et d'air.

Pour obtenir le métal pur, il faut le séparer des matières étrangères. L'opération se fait dans de grandes cheminées appelées « hauts fourneaux », dans lesquelles on jette par la partie supérieure un mélange de minerais et de charbon. On allume ce mélange et, par suite de l'action de la chaleur et du charbon sur le minerai, on obtient une coulée de fer fondu. Les usines où l'on fabrique ainsi le fer sont très nombreuses et, comme ce métal est un de ceux dont on fait la plus grande consommation, ces usines ont souvent une importance considérable. Telles sont, en France, celles du Creusot.

Dans cette localité, les hauts fourneaux et les autres installations nécessaires au traitement du fer occupent une si vaste étendue que leur ensemble forme toute une ville à l'aspect étrange, dominée par une forêt de grandes cheminées d'où sortent des panaches de fumée noire qui, la nuit, se transforment en gerbes de flammes. Le Creusot est bâti au-dessus d'une mine de...

— De fer, interrompit vivement l'enfant.

— Non, de houille, rectifia le père.

Ceci t'étonne ; mais c'est qu'il faut pour traiter le minerai un poids de houille environ dix fois plus grand que celui de ce minerai et qu'il est par suite beaucoup plus avantageux de pouvoir se procurer celle-ci sur place et de faire voyager le minerai que de procéder de la façon inverse. Aussi le minerai vient-il parfois de fort loin, comme par exemple d'Algérie ou d'Espagne.

— Mais à quoi donc sert la houille ?

— A dégager le fer contenu dans le minerai. Voici en effet ce qui se passe dans le haut fourneau. D'abord on y allume un grand feu, puis on recouvre celui-ci de couches superposées et alternées de minerai et de houille. On chauffe ensuite le plus possible pendant plusieurs jours en activant le tirage par de grands courants d'air arrivant par le bas de la tour du haut fourneau. Dans ces conditions, le charbon se combine à son tour avec l'oxygène contenu dans le minerai, et le fer fondu vient couler, liquide comme de l'eau, dans des rigoles pratiquées dans le sol tout autour de la partie inférieure du haut fourneau.

— Et quel fer obtient-on ainsi, de la fonte ou de l'acier ? interrompit le petit garçon.

— Oh ! puisque tu es si savant, répliqua le père, dis-moi d'abord quelle différence il y a entre la fonte et l'acier ?

— C'est très simple ; la fonte est du fer qui se casse facilement et l'acier est du fer très solide et très dur.

— Eh bien, le métal que laissent couler les hauts fourneaux est de la fonte, c'est-à-dire du fer mélangé à une quantité de charbon représentée par quelques centièmes de son poids total. Pour avoir du fer pur, on est obligé de faire fondre la fonte et de faire traverser la masse en fusion par un courant d'air qui brûle le charbon. Ceci ne suffit pas encore, car cette seconde opération ne donne qu'une espèce d'éponge de fer; pour transformer le métal en

Fig. 82 bis. — Marteau-pilon du Creusot.

masse compacte et résistante, il faut le placer, alors qu'il est encore rouge, sur une enclume et le comprimer sous les coups d'un immense

GÉOGRAPHIE : **FRANCE ADMINISTRATIVE**

marteau (fig. 82 *bis* du livre du maître). Par ce traitement, on obtient soit du fer doux si l'on a enlevé tout le charbon contenu primitivement dans la fonte, soit de l'acier s'il reste encore quelques millièmes de ce charbon mélangés au métal. Le plus souvent, tout le charbon a disparu et il faut en ajouter pour transformer le fer doux en acier. Quant à celui-ci, on lui confère ses propriétés de très grande résistance par la « trempe », c'est-à-dire en le portant au rouge pour le refroidir ensuite brusquement dans un bain d'eau froide.

Mais à quoi penses-tu ? tu n'as plus l'air de m'écouter.

— Je pense, dit l'enfant, aux petits ruisseaux que forme la fonte. Voir du fer couler comme de l'eau claire, ce doit être très intéressant. Est-ce que tu ne pourrais pas me mener voir un haut fourneau ?

— Ce n'est pas chose très facile. Cependant, si je suis satisfait de tes notes à l'école, pendant toute l'année, peut-être aux vacances, je te mènerai visiter le Creusot.

4° Exercices. — 1. Faire écrire par les élèves les principales matières qu'on extrait du sol pour servir à l'industrie.

→ Houille, fer, pierre à bâtir, marbres, ardoises.

2. Faire écrire par les élèves sur une carte muette de France les endroits où se trouvent les principaux bassins houillers (→ bassin de Valenciennes, dans le département du Nord; bassin de la **Loire**, aux environs de Saint-Étienne).

3. Faire écrire par les élèves sur une carte muette de France les villes remarquables par leur industrie textile.

→ Pour le coton : Rouen, Lille, Amiens, Saint-Quentin (dans l'Aisne). Pour la laine : Roubaix et Tourcoing (dans le Nord); Reims, Elbeuf (dans la Seine-Inférieure).

5° Résumé de la leçon et correction. — 1. Faire copier le quatrième paragraphe du résumé [*Industrie et commerce* (192 à 194)], page 700 du livre de l'élève.

2. Corriger les exercices écrits qui ont été indiqués.

78ᵉ Leçon. — **JUSTICE, CULTES ET INSTRUCTION**

1° Leçon. — Faire écrire au tableau : *Géographie.* — *Justice, cultes et instruction (page 697).*

Faire apprendre la leçon (page 697 du livre de l'élève).

2° Interrogations. — Poser les questions 195 à 197 (au bas de la page 697 du livre de l'élève).

2º Récit. — Lire ou faire lire aux élèves la lettre suivante :

LE CERTIFICAT D'ÉTUDES

« Ma chère amie,

« Je viens d'être reçue à l'examen du Certificat d'Études et j'en suis
« bien contente : j'avais eu si peur d'échouer ! Je m'étais fait un si
« horrible épouvantail des examinateurs !

« L'épreuve n'est pourtant pas aussi terrible que je me l'imaginais,
« et, puisque tu dois la subir à ton tour dans quelques jours, je vais,
« pour t'aguerrir, te raconter comment les choses se sont passées
« pour moi.

« Le matin du jour fixé pour l'examen, nous nous sommes trouvés
« réunis, une trentaine de candidats, dans une salle de la mairie de
« notre ville. Là, après l'appel nominal de chacun de nous, on nous
« ordonna de prendre place devant une rangée de pupitres disposés
« dans ce but. Puis, on nous défendit, sous peine de renvoi immédiat,
« de causer entre nous et surtout de demander conseil à nos voisins
« ou voisines. Alors commença la première composition, celle d'or-
« thographe ; elle consistait dans une dictée. Quand nous l'eûmes
« achevée, on nous accorda quelques instants pour relire notre texte
« et en corriger les fautes si nous le pouvions. Je crois bien, pour ma
« part, avoir mal écrit un nom géographique ; mais par contre je suis
« presque sûre d'avoir très bien appliqué toutes les règles des parti-
« cipes.

« Ce fut ensuite le tour de l'épreuve de calcul. Nous eûmes à
« résoudre deux problèmes dont les énoncés furent inscrits au tableau
« noir. Je perdis beaucoup de temps à chercher l'un d'eux ; l'autre
« était plus facile ; aussi avais-je pu achever de rédiger mes solutions
« quand l'heure accordée pour cela fut écoulée. Et tu sais qu'alors on
« vous prend vos copies terminées ou non terminées sans se soucier
« des pauvres candidats qui demandent en grâce quelques minutes
« supplémentaires.

« La troisième épreuve est la plus redoutable : c'est la composi-
« tion française. Toi, ma chère amie, qui as beaucoup d'imagination,
« tu n'aurais pas été sans doute embarrassée pour dire en trois pages
« quelle était ta fleur préférée et pourquoi ? Mais moi, je l'avoue, j'ai
« dû me creuser la cervelle pour arriver à raconter un peu longue-
« ment que j'aimais la violette pour son parfum si doux qu'il rem-
« place et fait oublier celui des gros bouquets de l'été.

« Dans l'après-midi de ce terrible jour d'examen, eurent lieu les
« épreuves concernant les travaux manuels. Elles sont facultatives,

« je crois; mais, comme elles peuvent donner quelques points de
« plus et qu'on n'en a jamais assez, j'avais désiré m'y soumettre.
« Pour les garçons, il s'est agi de dessin linéaire; pour nous
« autres filles, notre tâche s'est composée d'une couture et d'une
« boutonnière bien difficile. A propos, figure-toi que, parmi mes
« compagnes, il y en avait qui ne savaient pas se servir de leurs
« dés. Ceci fit rire toutes les autres, y compris moi-même, malgré
« mon émotion.

« L'examen d'admissibilité était fini. Il fallut attendre ensuite trois
« longs jours avant de savoir si j'aurais à subir les épreuves orales.
« Enfin j'appris que j'avais réussi. Cette heureuse nouvelle me donna
« du courage et j'osai me présenter devant les examinateurs sans trop
« trembler.

« On m'interrogea sur l'histoire et la géographie : « Parlez de
« Charlemagne. — Nommez les affluents du Rhône. » — Je répondis
« tant bien que mal. Puis on me demanda de réciter une fable. Oh !
« cela, ce fut mon triomphe : je dis « l'Hirondelle et les Petits Oi-
« seaux » sans faute, en m'arrêtant aux points, aux virgules, et si
« bien que l'examinateur me félicita devant tout le monde.

« Je te souhaite, ma chère amie, le même bonheur qu'à moi.
« Mais, en attendant, ne te décourage pas au moins. Garde-toi de
« croire aux discours des gens (il s'en trouve toujours) qui te
« répéteront sur tous les tons : C'est absurde de passer un examen; si
« vous savez avant, vous ne saurez pas davantage après; si vous ne
« savez pas, en serez-vous plus savante lorsque vous aurez votre cer-
« tificat ?

« Tous ces raisonnements ne valent rien. Ce certificat est la sanction
« des études faites; je veux dire qu'il sert à prouver à tous, comme à
« soi-même, qu'on n'a pas perdu son temps à l'école, et qu'on y a
« bien appris les éléments indispensables de la grammaire, de la
« géographie et du calcul. Enfin l'épreuve même de l'examen est
« bonne : elle enseigne la nécessité de l'attention et de la présence
« d'esprit.

« J'espère que tu penses là-dessus comme moi, puisque tu es une
« élève sage et appliquée, et je t'envoie d'avance mes félicitations
« pour ton prochain succès.

« Ton amie,
« CLÉMENCE. »

4° Exercices. — 1. Faire écrire par les élèves les noms des différentes sortes de tribunaux en commençant par le plus important et en finissant par le moins important.

→ Cour de cassation, cour d'appel, cour d'assises, tribunal de première instance, justice de paix.

2. Faire écrire par les élèves les différentes sortes de divisions ecclésiastiques catholiques de France en commençant par la plus importante et en finissant par la moins importante.
→ Province ecclésiastique (archevêque) ; diocèse (évêque) ; paroisse (desservant).

3. Faire écrire par les élèves les trois grandes divisions de l'enseignement et les établissements d'instruction qui en dépendent en commençant par les plus élevés.
→ Enseignement supérieur : Universités et Écoles spéciales. Enseignement secondaire : lycées et collèges. Enseignement primaire : écoles primaires.

5° Résumé de la leçon et correction. — 1. Faire copier le cinquième paragraphe du résumé [*Justice, cultes et instruction* (195 à 197)] page 700 du livre de l'élève.

2. Corriger les exercices écrits qui ont été indiqués.

79° Leçon. — ARMÉE ET MARINE DE LA FRANCE

1° Leçon. — Faire écrire au tableau : *Géographie. — Armée et marine de la France (page 698).*
Faire apprendre la leçon (pages 698 et 699 du livre de l'élève).

2° Interrogations. — Poser les questions 198 à 201 (au bas des pages 698 et 699 du livre de l'élève).

3° Récit. — Lire ou faire lire aux élèves la lettre suivante :

LA REVUE DU 14 JUILLET EN PROVINCE

« Ma chère amie,

« Tu sais que mon frère est soldat dans un régiment d'infanterie
« de marine. Il est rentré le mois dernier du Soudan nous apportant
« une bonne nouvelle : il avait gagné là-bas par sa belle conduite
« devant l'ennemi la médaille militaire. Cependant il n'en portait
« pas encore les insignes ; on ne devait les lui remettre qu'à la revue
« du 14 juillet.

« Tu penses avec quelle impatience j'ai attendu ce grand jour qui
« devait être pour nous un double jour de fête. Il me semblait qu'il
« n'arriverait jamais.

« Enfin hier, à mon réveil, des coups de canon vinrent me prouver
« que nous étions au 14 juillet. Je suis allée avec mon père voir passer

« la revue, qui a eu lieu à trois heures. Avant de quitter la maison,
« j'avais déjà vu défiler sous mes fenêtres des bandes de soldats,
« musique en tête ; mais j'étais loin d'imaginer le spectacle qui s'offrit
« à moi sur le cours public de notre ville. Le long de toutes les allées,
« des militaires étaient rangés en lignes d'une admirable régularité, et
« leurs gais uniformes, où se mêlent le rouge et le bleu, faisaient un
« effet charmant au milieu des feuillages verts des arbres. Puis çà et
« là étincelaient des sabres, des baïonnettes et les aiguillettes d'or
« des officiers.

« Devant le front de ces belles troupes, le général qui commande
« ici est passé lentement suivi de tout son état-major. Il a ensuite
« fait sortir des rangs les élus, c'est-à-dire mon frère et deux de ses
« camarades qui ont comme lui mérité la médaille et il leur a remis
« lui-même cette médaille en les félicitant.

« Mais ce dernier détail, je ne le connais que par le récit de mon
« frère. Malgré mon grand désir d'assister de près à cette émouvante
« cérémonie, je n'ai pu que l'entrevoir de loin par derrière le cordon
« de soldats qui protégeaient les manœuvres de la revue. Aussi,
« fatigués de regarder sans rien pouvoir distinguer, mon père et moi,
« nous gagnâmes une tribune devant laquelle allaient défiler tous les
« bataillons.

« Il y avait déjà un grand nombre de spectateurs et, en attendant
« le passage de la revue, chacun s'amusait à regarder les girandoles
« de lampions ou de lanternes vénitiennes pendues aux façades des
« maisons pour la fête de nuit. Mais bientôt le général, le maire et
« le sous-préfet vinrent occuper les places d'honneur qui leur avaient
« été réservées et alors le défilé commença.

« Devant nous passèrent toutes les troupes de la garnison. Les
« officiers saluaient le général de leur épée qui brillait au soleil
« comme un éclair. Les soldats s'avançaient dans un ordre parfait et
« marchaient avec un ensemble surprenant. La cavalerie, dragons et
« hussards, venait la première ; puis suivaient des pelotons d'armes
« diverses, infanterie, génie, tous précédés d'un capitaine à cheval.
« L'artillerie fermait la marche avec ses canons et ses prolonges.

« Mon frère passa à son rang ; il me sourit, et j'aperçus enfin sur
« sa poitrine le ruban tant désiré.

« J'en suis encore tout heureuse. D'ailleurs c'est très intéressant
« une revue. Comme on en fait, paraît-il, dans toutes les villes, le
« 14 juillet, je te recommande bien de ne pas manquer ce spectacle,
« l'an prochain. Tu verras quel air courageux et décidé ont nos soldats
« et tu remarqueras surtout avec quel enthousiasme on salue le
« passage du drapeau du régiment. Celui que l'on a porté hier à la

« revue était tout troué de balles. Aussi il fallait voir comme on l'a
« acclamé, car nous sommes tous bons Français dans notre ville !

« Ton amie,
« PAULINE. »

4° Exercices. — 1. Faire écrire par les élèves sur une carte muette de France les noms des chefs-lieux des cinq arrondissements maritimes.

→ Cherbourg (dans le département de la Manche); Brest (Finistère); Lorient (Morbihan); Rochefort (Charente-Inférieure); Toulon (Var).

2. Faire écrire par les élèves sur une carte muette de France les noms des principales villes fortifiées de France.

→ Lille, Belfort, Toul (Meurthe-et-Moselle), Verdun (Meuse), Dijon, Langres (Haute-Marne), Reims, Laon, Lyon, Perpignan, Bayonne (Basses-Pyrénées).

3. Donner aux élèves un certain nombre d'exercices à faire parmi les exercices 65 à 75 (page 699 du livre de l'élève).

5° Résumé de la leçon et correction. — 1. Faire copier le dernier paragraphe du résumé [*Armée et marine* (198 à 201)], page 700 du livre de l'élève.

2. Corriger les exercices écrits qui ont été indiqués.

80° Leçon. — RÉSUMÉ DU DIXIÈME MOIS

1° Leçon. — Faire écrire au tableau : *Géographie.* — *Résumé du dixième mois (page 700).*

Faire apprendre le résumé du dixième mois (page 700 du livre de l'élève).

2° Interrogations. — Faire des questions sur le résumé du dixième mois et revenir, s'il y a lieu, sur les différents points des leçons 73 à 79 qui n'auraient pas été bien compris.

3° Exercices. — Donner aux élèves des exercices à faire parmi les exercices 65 à 75 (page 699 du livre de l'élève) qui n'ont pas été donnés dans la précédente leçon.

4° Correction. — Corriger les exercices écrits qui ont été indiqués.

GÉOMÉTRIE

et Arithmétique

Dixième Mois

du Cours élémentaire

1re Leçon. — LA LIGNE. — LE POINT
LIGNE DROITE

1° Leçon. — Faire écrire au tableau : *Géométrie. — La ligne. Le point. Ligne droite* (page 701).
Faire apprendre la leçon (page 701 du livre de l'élève).

2° Interrogations. — Poser les questions 1, 2 et 3 (au bas de la page 701 du livre de l'élève).

3° Exercices au tableau. — *Première et deuxième années.*

I. *Exercices sur la leçon* :
1. Tracer une ligne.
2. Citer des exemples de lignes.
→ (*Exemple :*) Le tour d'un poêle, le bord d'un chapeau, d'une table, d'un banc, du tableau noir, les raies d'un cahier.
3. Tracer deux lignes déterminant un point.
4. Citer des exemples de lignes qui se coupent.
→ (*Exemple :*) Les lignes des cahiers quadrillés, les lignes qui séparent les carreaux d'une salle carrelée, les traits qui forment la lettre X, les fils qui forment un tissu, les fils d'une toile métallique, d'un grillage.
5. Tracer une ligne droite.
6. Citer des exemples de lignes droites.
→ (*Exemple :*) Le bord d'une table, d'un banc, du tableau noir, les raies d'un cahier, les rails d'un chemin de fer.

II. *Exercices de revision.* — Poser aux élèves des questions dans le genre de celles-ci :
1. Une route a 3 kilomètres. On y plante de chaque côté, en ligne

droite, des arbres espacés de 5 mètres. Combien faudra-t-il d'arbres?
→ *(Nombre d'arbres pour un côté de la route :)* 3.000 : 5
   = 600 arbres.
   (Nombre d'arbres pour deux côtés:) 600 × 2 = 1.200 arbres.

2. Un enfant a tracé dans sa journée 21 lignes de $0^m,20$ chacune. Quelle longueur devrait avoir une seule ligne pour être égale aux 21 lignes tracées par l'enfant?
→ *(Longueur des 21 lignes :)* 0,20 × 21 = $4^m,20$.
   (Longueur de la ligne unique :) $4^m,20$.

3. Une ligne de chemin de fer a $68^{Km},40$. Énoncer ce nombre en décamètres et en décimètres.
→ $68^{Km},40$ = 6.840 décamètres.
   $68^{Km},40$ = 684.000 décimètres.

4. Un rail a $5^m,25$ de longueur; combien en faudra-t-il pour construire une ligne de chemin de fer de $96^{Km},369$?
→ *(Nombre de rails pour un côté de la ligne :)* 96.369 : 5,25
   = 18.356 rails.
   (Nombre de rails pour les deux côtés de la ligne :) 18.356
   × 2 = 36.712 rails.

5. Un homme fait 105 pas par minute; combien mettra-t-il de temps pour parcourir une route de $56^{Km},2464$ si ses pas ont $0^m,62$?
→ *(Longueur de 105 pas :)* 0,62 × 105 = $65^m,10$.
   (Nombre de minutes pour faire $56^{Km},2464$:) 56.246,4 : 65,10
   = 864 minutes.
   (Nombre d'heures :) 864 : 60 = 14 heures 24 minutes.

4° Exercices écrits. — *Première et deuxième années.* — Dicter aux élèves les exercices écrits à faire parmi les suivants :

1. Une route a 5 kilomètres. On y plante de chaque côté, en ligne droite, des arbres espacés de 10 mètres. Combien faudra-t-il d'arbres?
→ *(Nombre d'arbres pour un côté de la route :)* 5.000 : 10 = 500
   arbres.
   (Nombre d'arbres pour deux côtés :) 500 × 2 = 1.000 arbres.

2. Un enfant a tracé dans sa journée 15 lignes de $0^m,25$. Quelle longueur devrait avoir une seule ligne pour être égale aux 15 lignes tracées par l'enfant?
→ *(Longueur des 15 lignes :)* 0,25 × 15 = $3^m,75$.
   (Longueur de la ligne unique :) $3^m,75$.

2. Une ligne de chemin de fer a $75^{Km},25$. Énoncer ce nombre en décamètres et en décimètres.
→ $75^{Km},25$ = 7.525 décamètres.
   $75^{Km},25$ = 752.500 décimètres.

4. Un rail a $4^m,10$ de longueur; combien en faudra-t-il pour construire une ligne de chemin de fer de $58^{Km},8063$?
→ *(Nombre de rails pour un côté de la ligne :)* 58.806,3 : 4,1 =
   14.343 rails.

(Nombre de rails pour les deux côtés de la ligne :) 14.343 × 2 = 28.686 rails.

5. Un homme fait 110 pas par minute ; combien de temps mettra-t-il pour parcourir une route de 67^{Km},98 si ses pas sont de chacun 0^m,60 ?
→ *(Longueur de 110 pas :)* 0,60 × 110 = 66 mètres.
(Nombre de minutes pour faire 67^{Km},98 :) 67.980 : 66 = 1.030 minutes.
(Nombre d'heures :) 1.030 : 60 = 17 heures 10 minutes.

5° **Correction.** — Corriger les exercices écrits qui ont été indiqués.

2ᵉ Leçon. — LIGNE BRISÉE. — LIGNE COURBE

1° Leçon. — Faire écrire au tableau : *Géométrie. — Ligne brisée. Ligne courbe (page 702).*
Faire apprendre la leçon (page 702 du livre de l'élève).

2° Interrogations. — Poser les questions 4 et 5 (au bas de la page 702 du livre de l'élève).

3° Exercices au tableau. — *Première et deuxième années.*

I. *Exercices sur la leçon :*
1. Tracer une ligne brisée.
2. Citer des exemples de lignes brisées.
→ *(Exemple :)* Le bord d'un volant découpé en dents pointues, les lignes formant la lettre Z.
3. Tracer une ligne courbe.
4. Citer des exemples de lignes courbes.
→ *(Exemple :)* Le tour d'un poêle, le bord d'un chapeau, d'un verre, d'une assiette, d'un cerceau, d'une roue, d'un puits.

II. *Exercices de revision.* — Poser aux élèves des questions dans le genre de celles-ci :
1. Un marchand de nouveautés a vendu pour 140^{fr},35 de l'étoffe à 3^{fr},50 le mètre. Combien a-t-il vendu de mètres ?
→ *(Nombre de mètres vendus :)* 140,35 : 3,50 = 40^m,10.
2. On achète 43^m,20 de toile pour faire des chemises. Cette toile coûte 1^{fr},50 le mètre et on paye 1^{fr},10 pour la façon d'une chemise. Combien a-t-on fait de chemises et quel est le prix de revient d'une chemise si l'on emploie 2^m,40 de toile par chemise ?
→ *(Nombre de chemises :)* 43,20 : 2,40 = 18 chemises.
(Prix de la toile pour une chemise :) 1,50 × 2,40 = 3^{fr},60.
(Prix de revient d'une chemise :) 3,60 + 1,10 = 4^{fr},70.

3. À 1^{fr},45 le ruban, combien en aurait-on de mètres pour 36^{m},25 ?
→ (Nombre de mètres :) 36,25 : 1,45 = 25 mètres.

4. J'achète 36 mètres d'étoffe à 6 francs le mètre; mais, comme je paye comptant, le marchand me fait une diminution de 8 francs sur le tout. Combien doit-il me rendre sur un billet de 500 francs ?
→ (Prix de l'étoffe :) 6 × 36 = 216 francs.
  (Somme nette à payer :) 216 − 8 = 208 francs.
  (Somme à rendre :) 500 − 208 = 292 francs.

5. Je veux entourer mon jardin de quatre rangs de fil de fer. Combien en faudra-t-il de mètres si le jardin a 10 mètres de longueur et 7 mètres de largeur ?
→ (Longueur totale d'un rang de fil de fer :) 10 + 10 + 7 + 7 = 34 mètres.
  (Longueur de quatre rangs de fil de fer :) 34 × 4 = 136 mètres.

6. Quelle somme me coûteront les 136 mètres de fil de fer nécessaires pour entourer mon jardin, si le mètre coûte 0^{fr},20 ?
→ (Prix des 136 mètres de fil de fer :) 0,20 × 136 = 27^{fr},20.

4° Exercices écrits. — *Première et deuxième années.* —
Dicter aux élèves les exercices écrits à faire parmi les suivants :

1. Un marchand de nouveautés a vendu pour 222^{fr},75 de l'étoffe à 4^{fr},95 le mètre. Combien a-t-il vendu de mètres ?
→ (Nombre de mètres vendus :) 222,75 : 4,95 = 45 mètres.

2. On achète 90 mètres de toile pour faire des chemises. Cette toile coûte 1^{fr},35 le mètre et on paye 1^{fr},25 pour la façon d'une chemise. Combien a-t-on fait de chemises et quel est le prix de revient d'une chemise si l'on emploie 2^{m},50 de toile par chemise ?
→ (Nombre de chemises :) 90 : 2,50 = 36 chemises.
  (Prix de la toile pour une chemise :) 1,35 × 2,50 = 3^{fr},375.
  (Prix de revient d'une chemise :) 3,375 + 1,25 = 4^{fr},625.

3. À 2^{fr},90 le mètre de ruban, combien en aurait-on de mètres pour 52^{fr},20 ?
→ (Nombre de mètres :) 52,20 : 2,90 = 18 mètres.

4. J'achète 48 mètres d'étoffe à 4 francs le mètre; mais, comme je paye comptant, le marchand me fait une diminution de 6 francs sur le tout. Combien doit-il me rendre sur un billet de 500 francs ?
→ (Prix de l'étoffe :) 4 × 48 = 192 francs.
  (Somme nette à payer :) 192 − 6 = 186 francs.
  (Somme à rendre :) 500 − 186 = 314 francs.

5. Je veux entourer mon jardin de trois rangs de fil de fer. Combien en faudra-t-il de mètres si le jardin a 8 mètres de longueur et 6 mètres de largeur ?
→ (Longueur totale d'un rang de fil de fer :) 8 + 8 + 6 + 6 = 28 mètres.
  (Longueur de trois rangs de fil de fer :) 28 × 3 = 84 mètres.

6. Quelle somme me coûteront les 84 mètres de fil de fer nécessaires pour entourer mon jardin, si le mètre coûte 0^{fr},30 ?
→ (Prix des 84 mètres de fil de fer :) 0,30 × 84 = 25^{fr},20.

5° Correction. — Corriger les exercices écrits qui ont été indiqués.

3ᵉ Leçon. — LES ANGLES

1° Leçon. — Faire écrire au tableau : *Géométrie.* — *Les angles (page 703).*
Faire apprendre la leçon (page 703 du livre de l'élève).

2° Interrogations. — Poser la question 6 (au milieu de la page 703 du livre de l'élève).

3° Exercices au tableau. — *Première et deuxième années.*

I. *Exercices sur la leçon :*
1. Tracer un angle.
2. Citer des exemples d'angles.
→ (*Exemple :*) Les coins d'une salle, d'une table, d'un livre, l'espace compris entre les deux bras d'un fléau (instrument servant à battre le blé), les quatre angles compris entre les traits qui forment la lettre X, l'intervalle entre les deux aiguilles d'une montre.

II. *Exercices de revision.* — Poser aux élèves des questions dans le genre de celles-ci :

1. Combien y a-t-il de doubles décamètres dans la longueur d'une route qui mesure $52^{Km},320$?
→ Le double décamètre vaut 20 mètres.
   $52^{Km},320 = 52.320$ mètres.
   (*Nombre de doubles décamètres :*) $52.320 : 20 = 2.616$ doubles décamètres.

2. Mon jardin a 8 mètres de longueur ; je désirerais qu'il ait 12 mètres ; quelle longueur dois-je y ajouter ? L'énoncer en prenant l'hectomètre pour unité.
→ (*Longueur à ajouter :*) $12 - 8 = 4$ mètres ou $0^{Hm},04$.

3. 18 mètres d'étoffe ont coûté 54 francs. Quel est le prix d'un mètre ? Combien doit-on revendre le mètre si l'on veut gagner 6 francs sur le tout ?
→ (*Prix d'achat d'un mètre :*) $54 : 18 = 3$ francs.
   (*Prix total de vente :*) $54 + 6 = 60$ francs.
   (*Prix de vente d'un mètre :*) $60 : 18 = 3^{fr},33$.

4. Une mère de famille achète 12 mètres d'étoffe à $2^{fr},50$ le mètre.

Le mètre dont le marchand s'est servi était trop court de 5 millimètres. Quelle est la perte subie par cette mère de famille ?
→ *(Longueur reçue en moins :)* $0,005 \times 12 = 0^m,06$.
 (Perte subie par la mère de famille :) $2,50 \times 0,06 = 0^{fr},15$.

5. Un laboureur met 4 minutes pour tracer un sillon ; il doit en faire 64. Quel temps mettra-t-il ? Quelle est la longueur totale des sillons, s'ils ont chacun 20 mètres ?
→ *(Temps employé :)* $4 \times 64 = 256$ minutes.
 (Nombre d'heures :) $256 : 60 = 4$ heures 16 minutes.
 (Longueur totale des sillons :) $20 \times 64 = 1.280$ mètres.

6. Convertir $42^m,5$ en kilomètres et en centimètres ?
→ $42^m,5 = 0^{Km},0425$.
 $42^m,5 = 4.250$ centimètres.

4° Exercices écrits. — *Première et deuxième années.* —
Dicter aux élèves les exercices écrits à faire parmi les suivants :

1. Combien y a-t-il de doubles décamètres dans la longueur d'une route qui mesure $45^{Km},860$?
→ Le double décamètre vaut 20 mètres.
 $45^{Km},860 = 45.860$ mètres.
 (Nombre de doubles décamètres :) $45.860 : 20 = 2.293$ doubles décamètres.

2. Mon jardin a 6 mètres de longueur ; je désirerais qu'il ait 15 mètres ; quelle longueur dois-je y ajouter ? L'énoncer en prenant l'hectomètre pour unité.
→ *(Longueur à ajouter :)* $15 - 6 = 9$ mètres ou $0^{Hm},09$.

3. 16 mètres d'étoffe ont coûté 64 francs. Quel est le prix d'un mètre ? Combien doit-on revendre le mètre si l'on veut gagner 8 francs sur le tout ?
→ *(Prix d'achat d'un mètre :)* $64 : 16 = 4$ francs.
 (Prix total de vente :) $64 + 8 = 72$ francs.
 (Prix de vente d'un mètre :) $72 : 16 = 4^{fr},5$.

4. Une mère de famille achète 15 mètres d'étoffe à $1^{fr},60$ le mètre. Le mètre dont le marchand s'est servi était trop court de 6 millimètres. Quelle est la perte subie par cette mère de famille ?
→ *(Longueur reçue en moins :)* $0,006 \times 15 = 0^m,09$.
 (Perte subie par la mère de famille :) $1,60 \times 0,09 = 0^{fr},144$.

5. Un laboureur met 3 minutes pour tracer un sillon ; il doit en faire 58. Quel temps mettra-t-il ? Quelle est la longueur totale des sillons, s'ils ont chacun 15 mètres ?
→ *(Temps employé :)* $3 \times 58 = 174$ minutes.
 (Nombre d'heures :) $174 : 60 = 2$ heures 54 minutes.
 (Longueur totale des sillons :) $15 \times 58 = 870$ mètres.

6. Convertir $37^m,8$ en kilomètres et en centimètres ?
→ $37^m,8 = 0^{Km},0378$.
 $37^m,8 = 3.780$ centimètres.

5° Correction. — Corriger les exercices écrits qui ont été indiqués.

Le gérant : PAUL DUPONT.

GÉOMÉTRIE : LES LIGNES

4ᵉ Leçon. — PERPENDICULAIRE ; ANGLE DROIT

1° Leçon. — Faire écrire au tableau : *Géométrie. — Perpendiculaire; angle droit (page 703).*
Faire apprendre la leçon (page 703 du livre de l'élève).

2° Interrogations. — Poser les questions 7 et 8 (au bas de la page 703 du livre de l'élève).

3° Exercices au tableau. — *Première et deuxième années.*

I. *Exercices sur la leçon* :
1. Tracer une ligne perpendiculaire à une autre.
2. Citer des exemples de lignes perpendiculaires.
→ (*Exemple :*) Un pieu fiché en terre, le côté d'un mur par rapport au sol, un clou enfoncé dans un mur, les côtés des deux murs d'une salle, le côté d'un livre dressé sur une table.
3. Tracer deux lignes formant deux angles droits.
4. Citer des exemples de lignes qui, en se rencontrant, forment des angles droits.
→ (*Exemple :*) Les lignes des carreaux quadrillés, les fils qui forment un tissu, les pieds d'un banc, les lignes formant la lettre T, la lettre L, la lettre E, la lettre F.

II. *Exercices de revision.* — Poser aux élèves des questions dans le genre de celles-ci :
1. Un champ a 42 mètres de largeur ; je veux le diviser en deux parties égales pour faire une allée de $0^m,60$ de large perpendiculaire à la largeur. Quelle sera alors la largeur de chaque partie de terrain cultivé ?
→ (*Largeur totale du terrain cultivé :*) $42 - 0,60 = 41^m,40$.
 (*Largeur de chaque partie cultivée :*) $41,40 : 2 = 20^m,70$.

2. Dans mon jardin il y a 96 arbres répartis en 12 lignes droites. Combien chaque ligne a-t-elle d'arbres ?
→ (*Nombre d'arbres d'une ligne :*) $96 : 12 = 8$ arbres.

3. Dans une basse-cour une fermière a 12 poules qui lui donnent chaque semaine en moyenne 9 œufs. Quel est le nombre d'œufs produits en une année et quelle somme en retirera la fermière à $0^{fr},756$ la douzaine ? Combien pourra-t-elle acheter de mètres d'étoffe à $1^{fr},45$ le mètre ?
→ (*Nombre d'œufs produits en une année :*) $9 \times 52 = 468$ œufs.
 (*Prix d'un œuf :*) $0,756 : 12 = 0^{fr},063$.
 (*Prix de 468 œufs :*) $0,063 \times 468 = 29^{fr},484$.
 (*Nombre de mètres d'étoffe :*) $29,484 : 1,45 = 20^m,333$.

4. 18 kilogrammes de café ont coûté 85 francs. Combien revendra-t-on un kilogramme pour gagner 14 francs sur le tout ?
→ *(Prix total de vente :)* 85 + 14 = 99 francs.
  (Prix de vente d'un kilogramme :) 99 : 18 = 5^{fr},50.

5. Je possède 1.824 francs ; je désire économiser le quart et acheter une clôture en bois à 3 francs le mètre pour entourer un champ. Combien aurai-je de mètres de clôture ?
→ *(Économie :)* 1.824 : 4 = 456 francs.
  (Prix total de la clôture :) 1.824 — 456 = 1.368 francs.
  (Nombre de mètres de clôture :) 1.368 : 3 = 456 mètres.

6. Combien 1.204 grammes font-ils de kilogrammes ?
→ 1^{Km},204.

4° Exercices écrits. — *Première et deuxième années.* — Dicter aux élèves les exercices écrits à faire parmi les suivants :

1. Un champ a 36 mètres de largeur ; je veux le diviser en deux parties égales pour faire une allée de 0^m,50 de large perpendiculaire à la largeur. Quelle sera alors la largeur de chaque partie de terrain cultivé ?
→ *(Largeur totale du terrain cultivé :)* 36 — 0,50 = 35^m,50.
  (Largeur de chaque partie cultivée :) 35,50 : 2 = 17^m,75.

2. Dans mon jardin il y a 135 arbres répartis en 15 lignes droites. Combien chaque ligne a-t-elle d'arbres ?
→ *(Nombre d'arbres d'une ligne :)* 135 : 15 = 9.

3. Dans une basse-cour une fermière a 9 poules qui lui donnent chaque semaine en moyenne 7 œufs. Quel est le nombre d'œufs produits en une année et quelle somme en retirera la fermière à 0^{fr},672 la douzaine ? Combien pourra-t-elle acheter de mètres d'étoffe à 2^{fr},50 le mètre ?
→ *(Nombre d'œufs produits en une année :)* 7 × 52 = 364 œufs.
  (Prix d'un œuf :) 0,672 : 12 = 0^{fr},056.
  (Prix de 364 œufs :) 0,056 × 364 = 20^{fr},384.
  (Nombre de mètres d'étoffe :) 20,384 : 2,50 = 8^m,15.

4. 25 kilogrammes de café ont coûté 130 francs. Combien revendra-t-on un kilogramme pour gagner 20 francs sur le tout ?
→ *(Prix total de vente :)* 130 + 20 = 150 francs.
  (Prix de vente d'un kilogramme :) 150 : 25 = 6 francs.

5. Je possède 2.460 francs ; je désire en économiser le sixième et acheter une clôture en bois à 5 francs le mètre pour entourer un champ. Combien aurai-je de mètres de clôture ?
→ *(Économie :)* 2.460 : 6 = 410 francs.
  (Prix total de la clôture :) 2.460 — 410 = 2.050 francs.
  (Nombre de mètres de clôture :) 2.050 : 5 = 410 mètres.

6. Combien 8.407 grammes font-ils de kilogrammes ?
→ 8^{Kg},407.

5° Correction. — Corriger les exercices écrits qui ont été indiqués.

GÉOMÉTRIE : LES LIGNES

5ᵉ Leçon — LES ANGLES (Suite)

1° Leçon. — Faire écrire au tableau : *Géométrie. — Les angles (suite) (page 704).*

Faire apprendre la leçon (page 704 du livre de l'élève).

2° Interrogations. — Poser la question 9 (au bas de la page 704 du livre de l'élève).

3° Exercices au tableau. — *Première et deuxième années.*

I. *Exercices sur la leçon :*

1. Tracer un angle droit.
2. Citer des exemples d'angles droits.

→ (*Exemple :*) Les coins d'une salle, d'une table, du tableau noir, d'un livre, d'un cahier, l'écartement des deux bras d'un fléau dont l'un est perpendiculaire à l'autre, l'espace compris entre les aiguilles d'une montre à 3 heures.

3. Tracer un angle aigu.
4. Citer des exemples d'angles aigus.

→ (*Exemple :*) Les doigts de la main quand on les écarte les uns des autres, la lettre V, l'écartement des deux bras d'un fléau quand ils sont assez rapprochés, l'ouverture d'une porte entre-bâillée, les aiguilles d'une montre à 2 heures.

5. Tracer un angle obtus.
6. Citer des exemples d'angles obtus.

→ (*Exemple :*) L'écartement des deux bras d'un fléau lorsqu'ils sont fort éloignés l'un de l'autre, les aiguilles d'une montre à 4 heures.

II. *Exercices de revision.* — Poser aux élèves des questions dans le genre de celles-ci :

1. Dans 346.520 décilitres, quel est le chiffre qui représente les hectolitres, les décilitres, les décalitres ?

→ Le 6 représente les hectolitres, le 0 les décilitres et le 5 les décalitres.

2. On a vendu 4 hectolitres de pommes de terre à $2^{fr},10$ le double décalitre. Combien a-t-on reçu ?

→ (*4 hectolitres font :*) 400 litres.
1 double décalitre vaut 20 litres.
(*Nombre de doubles décalitres :*) $400 : 20 = 20$ doubles décalitres.
(*Somme reçue :*) $2,10 \times 20 = 42$ francs.

3. Combien y a-t-il de décilitres dans 8 hectolitres?
→ (Nombre de litres dans 8 hectolitres :) 800 litres.
(Nombre de décilitres :) $10 \times 800 = 8.000$ décilitres.

4. Une grosse de plumes contient 144 plumes et pèse 245 grammes ; combien y a-t-il de grosses dans 1.728 plumes et quel sera leur poids ? L'énoncer en kilogrammes.
→ (Nombre de grosses :) $1.728 : 144 = 12$ grosses.
(Poids de 12 grosses :) $245 \times 12 = 2^{\text{Kg}},940$.

5. Une locomotive fait 48 kilomètres à l'heure ; une deuxième fait 55 kilomètres à l'heure ; combien chacune aura-t-elle parcouru après 6 heures de voyage et combien la deuxième aura-t-elle fait de plus que la première ?
→ (Chemin parcouru par la première locomotive en 6 heures :)
$48 \times 6 = 288$ kilomètres.
(Chemin parcouru par la deuxième locomotive en 6 heures :)
$55 \times 6 = 330$ kilomètres.
(Chemin fait en plus par la deuxième :) $330 - 288 = 42$ kilomètres.

6. Convertir 210 kilogrammes en quintaux.
→ 210 kilogrammes $= 2^{\text{qx}},1$.

4° Exercices écrits. — *Première et deuxième années.* — Dicter aux élèves les exercices écrits à faire parmi les suivants :

1. Dans 458.360 décilitres, quel est le chiffre qui représente les hectolitres, les décilitres, les décalitres ?
→ Le 8 représente les hectolitres, le 0 les décilitres et le 3 les décalitres.

2. On a vendu 6 hectolitres de pommes de terre à $2^{\text{fr}},50$ le double décalitre. Combien a-t-on reçu ?
→ (6 hectolitres font :) 600 litres.
1 double décalitre vaut 20 litres.
(Nombre de doubles décalitres :) $600 : 20 = 30$ doubles décalitres.
(Somme reçue :) $2,50 \times 30 = 75$ francs.

3. Combien y a-t-il de décilitres dans 1 hectolitre ?
→ (Nombre de litres dans un hectolitre :) 100 litres.
(Nombre de décilitres :) $10 \times 100 = 1.000$ décilitres.

4. Une grosse de plumes contient 144 plumes et pèse 250 grammes ; combien y a-t-il de grosses dans 2.160 plumes et quel sera leur poids ? L'énoncer en kilogrammes.
→ (Nombre de grosses :) $2.160 : 144 = 15$ grosses.
(Poids de 15 grosses :) $250 \times 15 = 3^{\text{Kg}},750$.

5. Une locomotive fait 50 kilomètres à l'heure ; une deuxième locomotive fait 60 kilomètres à l'heure ; combien chacune aura-t-elle parcouru après 9 heures de voyage et combien la deuxième aura-t-elle fait de plus que la première ?
→ (Chemin parcouru par la première locomotive en 9 heures :)
$50 \times 9 = 450$ kilomètres.
(Chemin parcouru par la deuxième locomotive en 9 heures :)
$60 \times 9 = 540$ kilomètres.

GÉOMÉTRIE : LES LIGNES

(*Chemin fait en plus par la deuxième :*) 540 — 450 = 90 kilomètres.

6. Convertir 450 kilogrammes en quintaux.
→ 450 kilogrammes = 4qx,5.

5° Résumé des leçons 3 à 5. — Faire copier le deuxième paragraphe du résumé [*Angles* (6 à 9)] page 712 du livre de l'élève.

6° Correction. — Corriger les exercices écrits qui ont été indiqués.

6ᵉ Leçon. — LES PARALLÈLES

1° Leçon. — Faire écrire au tableau : *Géométrie. — Les parallèles (page 705).*
Faire apprendre la leçon (page 705 du livre de l'élève).

2° Interrogations. — Poser la question 10 (au milieu de la page 705 du livre de l'élève).

3° Exercices au tableau. — *Première et deuxième années.*

I. *Exercices sur la leçon :*

1. Tracer deux parallèles.
2. Citer des exemples de parallèles.
→ (*Exemple :*) Les rails d'un chemin de fer, d'un tramway, les raies d'un cahier, les bords d'une règle, les deux bords opposés d'une table, d'un tableau noir, d'un tapis, les séparations entre les carreaux d'une fenêtre, les traces laissées par les deux roues d'une voiture sur le sol.

II. *Exercices de révision.* — Poser aux élèves des questions dans le genre de celles-ci :

1. Un jardin de 18 mètres de longueur et de 9 mètres de largeur renferme 4 allées dans le sens de la longueur et 3 dans le sens de la largeur. Quelle longueur totale feraient toutes ces allées mises en ligne droite les unes à la suite des autres ? Énoncer cette longueur en prenant le décamètre pour unité.
→ (*Longueur des 4 allées en longueur :*) 18 × 4 = 72 mètres.
(*Longueur des 3 allées en largeur :*) 9 × 3 = 27 mètres.
(*Longueur totale :*) 72 + 27 = 99 mètres = 9Dm,9.

2. Dans un cahier de musique il y a 84 portées de 5 lignes pa-

rallèles chacune. Ces portées ont 0^m,20 de longueur. Quelle serait la longueur totale de toutes ces lignes du cahier ?

→ *(Nombre de lignes du cahier :)* 5 × 84 = 420 lignes.
  (Longueur de ces lignes :) 0,20 × 420 = 84 mètres.

3. Une rue de 2 kilomètres de longueur est bordée de chaque côté par un trottoir ; la bordure du trottoir est formée de granit en morceaux de 0^m,80. Combien faudra-t-il de granit et quelle sera la dépense à 0^{fr},65 le morceau de granit ?

→ *(Longueur des 2 trottoirs :)* 2 × 2 = 4 kilomètres = 4.000 mètres.
  (Nombre de morceaux de granit :) 4.000 : 0,80 = 5.000 morceaux.
  (Prix du granit employé :) 0,65 × 5.000 = 3.250 francs.

4. Une ligne de chemin de fer a 38 kilomètres ; exprimer cette longueur en myriamètres, en décamètres, en centimètres et en hectomètres.

→ 38 kilomètres = 3^{Mm},8.
  38 kilomètres = 3.800 décamètres.
  38 kilomètres = 3.800.000 centimètres.
  38 kilomètres = 380 hectomètres.

5. Quel est le poids de 42 mètres de fil de fer si le décimètre pèse 8^{gr},7 ?

→ *(Poids d'un mètre :)* 8,7 × 10 = 87 grammes.
  (Poids de 42 mètres :) 87 × 42 = 3.654 grammes.

4° Exercices écrits. — *Première et deuxième années.* — Dicter aux élèves les exercices écrits à faire parmi les suivants :

1. Un jardin de 15 mètres de longueur et de 8 mètres de largeur renferme 3 allées dans le sens de la longueur et 2 dans le sens de la largeur. Quelle longueur totale feraient toutes ces allées mises en ligne droite les unes à la suite des autres ? Énoncer cette longueur en prenant le décamètre pour unité.

→ *(Longueur des 3 allées en longueur :)* 15 × 3 = 45 mètres.
  (Longueur des 2 allées en largeur :) 8 × 2 = 16 mètres.
  (Longueur totale :) 45 + 16 = 61 mètres ou 6^{Dm},1.

2. Dans un cahier de musique il y a 75 portées de 5 lignes parallèles chacune. Ces portées ont 0^m,18 de longueur. Quelle serait la longueur totale de toutes les lignes du cahier ?

→ *(Nombre de lignes du cahier :)* 5 × 75 = 375 lignes.
  (Longueur de ces lignes :) 0,18 × 375 = 67^m,50.

3. Une rue de 3 kilomètres de longueur est bordée de chaque côté par un trottoir ; la bordure du trottoir est formée de granit en morceaux de 0^m,75. Combien faudra-t-il de granit et quelle sera la dépense à 0^{fr},50 le morceau de granit ?

→ *(Longueur des 2 trottoirs :)* 3 × 2 = 6 kilomètres ou 6.000 mètres.
  (Nombre de morceaux de granit :) 6.000 : 0,75 = 8.000 morceaux.
  (Prix du granit employé :) 0,50 × 8.000 = 4.000 francs.

GÉOMÉTRIE : LES LIGNES

4. Une ligne de chemin de fer a 45 kilomètres ; exprimer cette longueur en myriamètres, en décamètres, en centimètres et en hectomètres.
→ 45 kilomètres = 4Mm,5.
  45 kilomètres = 4.500 décamètres.
  45 kilomètres = 4.500.000 centimètres.
  45 kilomètres = 450 hectomètres.

5. Quel est le poids de 56 mètres de fil de fer si le décimètre pèse 9gr,5 ?
→ (Poids d'un mètre :) 9,5 × 10 = 95 grammes.
  (Poids de 56 mètres :) 95 × 56 = 5.320 grammes.

5° Résumé des leçons 1, 2 et 6. — Faire copier le premier paragraphe du résumé [*Lignes* (1 à 5, et 10)], page 712 du livre de l'élève.

6° Correction. — Corriger les exercices écrits qui ont été indiqués.

7ᵉ LEÇON. — LES POLYGONES

1° Leçon. — Faire écrire au tableau : *Géométrie. — Les polygones (page 705).*
Faire apprendre la leçon (page 705 du livre de l'élève).

2° Interrogations. — Poser les questions 11 et 12 (au bas de la page 705 du livre de l'élève).

3° Exercices au tableau. — *Première et deuxième années.*

I. *Exercices sur la leçon :*
1. Tracer un polygone.
2. Citer des exemples de polygones.
→ (*Exemple :*) Un champ, un jardin, une table, le plancher d'une salle, les carreaux d'une salle, les carreaux d'une fenêtre, les côtés d'un toit, une feuille de papier, une ardoise.
3. Tracer un polygone régulier de six côtés.
4. Citer des exemples de polygones réguliers.
→ (*Exemple :*) La table, le tableau noir, les carreaux d'une salle, les carreaux d'une fenêtre, les côtés d'un toit, un mur, une feuille de papier, une ardoise.

II. *Exercices de révision.* — Poser aux élèves des questions dans le genre de celles-ci :
1. Un jardin a la forme d'un polygone de 5 côtés : l'un des côtés a 12 mètres ; le deuxième a 4 mètres de moins que le premier ; le troisième en a autant que les deux premiers réunis ; le quatrième a 2 mètres de plus que le troisième et le cinquième est égal au quart

du quatrième. Quelle est la longueur totale du tour du jardin ? Exprimer cette longueur en décamètres.

→ *(Longueur du 1ᵉʳ côté :)* 12 mètres.
   (Longueur du 2ᵉ côté :) 12 — 4 = 8 mètres.
   (Longueur du 3ᵉ côté :) 12 + 8 = 20 mètres.
   (Longueur du 4ᵉ côté :) 20 + 2 = 22 mètres.
   (Longueur du 5ᵉ côté :) 22 : 4 = 5^m,50.
   (Longueur totale du tour du jardin :) 12 + 8 + 20 + 22 + 5,50 = 67^m,50 ou 6^{Dm},75.

2. Pour entourer une prairie de 60 mètres de longueur et 40 mètres de largeur on a mis 3 rangs de fil de fer fixés à des pieux de distance en distance. Ce fil de fer pèse 18 grammes par mètre et coûte 2^{fr},90 le kilogramme. Quel est le poids du fil employé et quelle est la dépense ?

→ *(Longueur du tour du jardin :)* 60 + 60 + 40 + 40 = 200 mètres.
   (Quantité de fil de fer employé :) 200 × 3 = 600 mètres.
   (Poids de ce fil :) 18 × 600 = 10.800 grammes ou 10^{Kg},800.
   (Prix du fil :) 2,90 × 10,800 = 31^{fr},32.

3. La pièce de 0^{fr},05 pèse 5 grammes et a 0^m,025 de diamètre. Quel sera le poids des pièces de 0^{fr},05 nécessaires pour former une longueur de 75 mètres ?

→ *(Nombre de pièces :)* 75 : 0,025 = 3.000 pièces.
   (Poids de ces pièces :) 5 × 3.000 = 15.000 grammes ou 15 kilogrammes.

4. Convertir 51.642 décimètres en kilomètres, décamètres et millimètres.

→ 51.642 décimètres = 5^{Km},1642.
   51.642 décimètres = 516^{Dm},42.
   51.642 décimètres = 5.164.200 millimètres.

4° Exercices écrits. — *Première et deuxième années.* — Dicter aux élèves les exercices écrits à faire parmi les suivants :

1. Un jardin a la forme d'un polygone de 5 côtés ; l'un des côtés a 15 mètres ; le deuxième a 8 mètres de moins que le premier ; le troisième en a autant que les deux premiers réunis ; le quatrième a 3 mètres de plus que le troisième et le cinquième est égal à la moitié du quatrième. Quelle est la longueur totale du tour du jardin ? Exprimer cette longueur en décamètres.

→ *(Longueur du 1ᵉʳ côté :)* 15 mètres.
   (Longueur du 2ᵉ côté :) 15 — 8 = 7 mètres.
   (Longueur du 3ᵉ côté :) 15 + 7 = 22 mètres.
   (Longueur du 4ᵉ côté :) 22 + 3 = 25 mètres.
   (Longueur du 5ᵉ côté :) 25 : 2 = 12^m,50.
   (Longueur totale du tour du jardin :) 15 + 7 + 22 + 25 + 12,50 = 81^m,50 ou 8^{Dm},150.

GÉOMÉTRIE : **LES LIGNES** 553

2. Pour entourer une prairie de 58 mètres de longueur et 45 mètres de largeur on a mis 2 rangs de fil de fer fixés à des pieux de distance en distance. Ce fil de fer pèse 20 grammes par mètre et coûte 3^{fr},25 le kilogramme. Quel est le poids du fil employé et quelle est la dépense ?

→ *(Longueur du tour du jardin :)* 58 + 58 + 45 + 45 = 206 mètres.
(Quantité de fil de fer employé :) 206 × 2 = 412 mètres.
(Poids de ce fil :) 20 × 412 = 8.240 grammes ou 8^{Kg},240.
(Prix du fil :) 3,25 × 8,240 = 26^{fr},78.

3. La pièce de 0^{fr},10 pèse 10 grammes et a 0^m,030 de diamètre. Quel sera le poids des pièces de 0^{fr},10 nécessaires pour former une longueur de 150 mètres ?

→ *(Nombre de pièces :)* 150 : 0,030 = 5.000 pièces.
(Poids de ces pièces :) 10 × 5.000 = 50.000 grammes ou 50 kilogrammes.

4. Convertir 45.827 décimètres en kilomètres, décamètres et millimètres.

→ 45.827 décimètres = 4^{Km},5827.
45.827 décimètres = 458^{Dm},27.
45.827 décimètres = 4.582.700 millimètres.

5° Correction. — Corriger les exercices écrits qui ont été indiqués.

8° Leçon. — LES TRIANGLES

1° Leçon. — Faire écrire au tableau : *Géométrie. — Les triangles (page 706).*
Faire apprendre la leçon (page 706 du livre de l'élève).

2° Interrogations. — Poser les questions 13, 14 et 15 (au milieu de la page 706 du livre de l'élève).

3° Exercices au tableau. — *Première et deuxième années.*

I. *Exercices sur la leçon :*
1. Tracer un triangle.
2. Citer des exemples de triangles.
→ *(Exemple :)* Les côtés d'un clocher, un champ, la moitié d'une feuille de papier coupée suivant une ligne passant par les angles opposés.
3. Tracer un triangle équilatéral.
4. Tracer un triangle isocèle.
5. Citer des exemples de triangles isocèles.
→ *(Exemple :)* Les côtés d'un clocher.

II. *Exercices de révision.*— Poser aux élèves des questions dans le genre de celles-ci :
1. Sur une pièce de drap de 2^{Dm},60 on a enlevé 15^m,45. Quelle

longueur reste-t-il et quelle est sa valeur à raison de 8^{fr},40 le mètre ?

→ *(Longueur restante :)* 26 — 15,45 = 10^m,55.
(Prix de la longueur restante :) 8,40 × 10,55 = 88^{fr},62.

2. Une bougie a une longueur de 0^m,36. Elle diminue en brûlant de 0^m,0012 par minute. Dans combien d'heures sera-t-elle consumée ?

→ *(Temps nécessaire pour que la bougie soit consumée :)*
0,36 : 0,0012 = 300 minutes.
(Nombre d'heures :) 300 : 60 = 5 heures.

3. Le litre d'huile pèse 915 grammes ; dire en quintaux le poids de 12 tonneaux d'huile contenant chacun 125 litres d'huile.

→ *(Nombre total de litres :)* 125 × 12 = 1.500 litres.
(Poids de 1.500 litres d'huile :) 0,915 × 1.500 = 1.372^{Kg},5 ou 13^{qx},725.

4. La pièce de 2 francs a une largeur de 0^m,027 ; combien en faudrait-il pour faire une longueur équivalente au tour d'un champ qui a 13 mètres de long et 8 mètres de large. Quelle serait la valeur de toutes ces pièces ?

→ *(Tour du champ :)* 13 + 13 + 8 + 8 = 42 mètres.
(Nombre de pièces de 2 francs nécessaires pour faire une longueur de 42 mètres :) 42 : 0,027 = 1.555 pièces ou 1.556 (par excès).
(Valeur de toutes ces pièces :) 2 × 1.556 = 3.112 francs.

5. Une tour a 60 mètres ; on y construit un escalier dont les marches ont une hauteur de 0^m,15. Combien y a-t-il de marches ?

→ *(Nombre de marches :)* 60 : 0,15 = 400 marches.

4° **Exercices écrits.** — *Première et deuxième années.* — Dicter aux élèves les exercices écrits à faire parmi les suivants :

1. Sur une pièce de drap de 3^{Dm},25 on a enlevé 18^m,75. Quelle longueur reste-t-il et quelle est sa valeur à raison de 12^{fr},50 le mètre ?

→ *(Longueur restante :)* 32,50 — 18,75 = 13^m,75.
(Prix de la longueur restante :) 12,50 × 13,75 = 171^{fr},875.

2. Une bougie a une longueur de 0^m,30. Elle diminue en brûlant de 0^m,0015 par minute. Dans combien d'heures sera-t-elle entièrement consumée ?

→ *(Temps nécessaire pour que la bougie soit consumée :)* 0,30 : 0,0015 = 200 minutes.
(Nombre d'heures :) 200 : 60 = 3 heures 20 minutes.

3. Le litre d'huile pèse 915 grammes ; dire en quintaux le poids de 25 tonneaux d'huile contenant chacun 150 litres d'huile.

→ *(Nombre total de litres :)* 150 × 25 = 3.750 litres.
(Poids de 3.750 litres d'huile :) 0,915 × 3.750 = 3.431^{Kg},25 ou 34^{qx},3125.

4. La pièce de 1 franc a une largeur de 0^m,023 ; combien en faudrait-il

GÉOMÉTRIE : LES LIGNES

pour faire une longueur équivalente au tour d'un champ qui a 15 mètres de long et 12 mètres de large. Quelle serait la valeur de toutes ces pièces ?
→ (Tour du champ :) $15 + 15 + 12 + 12 = 54$ mètres.
(Nombre de pièces de 1 franc nécessaires pour faire une longueur de 54 mètres :) $54 : 0,023 = 2.347$ pièces ou 2.348 (par excès).
(Valeur de toutes ces pièces :) $1 \times 2.348 = 2.348$ francs.

5. Une tour a 50 mètres ; on y construit un escalier dont les marches ont une hauteur de $0^m,20$. Combien y a-t-il de marches ?
→ (Nombre de marches :) $50 : 0,20 = 250$ marches.

5° Correction. — Corriger les exercices écrits qui ont été indiqués.

9ᵉ Leçon. — LES QUADRILATÈRES

1° Leçon. — Faire écrire au tableau : *Géométrie.* — *Les quadrilatères* (page 706).
Faire apprendre la leçon (page 706 du livre de l'élève).

2° Interrogations. — Poser la question 16 (au bas de la page 706 du livre de l'élève).

3° Exercices au tableau. — *Première et deuxième années.*

I. *Exercices sur la leçon :*
1. Tracer un quadrilatère.
2. Citer des exemples de quadrilatères.
→ (Exemple :) Un champ, une porte, une fenêtre, un mur, une feuille de papier, une table, un banc, les côtés d'un toit, d'un dé à jouer.
3. Tracer un rectangle.
4. Citer des exemples de rectangles.
→ (Exemple :) Une porte, une fenêtre, un mur, une feuille de papier, une table, un banc, une pièce d'étoffe, un ruban, le couvercle d'un plumier, les faces d'une borne.
5. Tracer un parallélogramme.
6. Tracer un carré.

II. *Exercices de revision.* — Poser aux élèves des questions dans le genre de celles-ci :
1. Un bicycliste fait $0^{Km},310$ par minute ; quelle distance aura-t-il parcourue en 2 heures 25 minutes ?
→ (Nombre total de minutes :) $60 \times 2 + 25 = 145$ minutes.
(Distance parcourue :) $0,310 \times 145 = 44^{Km},95$.

2. Un enfant pèse 38 kilogrammes ; combien de litres d'eau pèseraient autant que lui ?

→ *(Poids d'un litre d'eau pure :)* 1 kilogramme.

(Nombre de litres d'eau qui pèsent 38 kilogrammes :) 38 : 1 = 38 litres.

3. Une bouteille pleine d'eau pèse 1^{Kg},45 ; vide, elle ne pèse plus que 50 décagrammes. Quelle est sa contenance ?

→ *(Poids de l'eau qui peut remplir la bouteille :)* 1,45 − 0,50 = 0^{Kg},95.

Le kilogramme est le poids d'un litre d'eau pure.

(Contenance de la bouteille :) 0^l,95.

4. Un garçon de banque a dans sa sacoche 8.160 grammes de monnaie d'argent en pièces de 2 francs. Sachant que ces pièces ont une largeur de 0^m,027, quelle longueur pourrait-on obtenir avec toutes ces pièces mises à la suite les unes des autres ?

→ *(Nombre de pièces :)* 8.160 : 10 = 816 pièces.

(Longueur totale obtenue avec toutes ces pièces :) 816 × 0,027 = 22^m,052.

5. Le double décalitre d'avoine coûte 3^{fr},10. Que coûteront 24 hectolitres de cette avoine ?

→ L'hectolitre vaut 5 doubles décalitres.

(Prix d'un hectolitre d'avoine :) 3,10 × 5 = 15^{fr},50.

(Prix de 24 hectolitres :) 15,50 × 24 = 372 francs.

4° Exercices écrits. — *Première et deuxième années.* — Dicter aux élèves les exercices écrits à faire parmi les suivants :

1. Un bicycliste fait 0^{Km},270 par minute ; quelle distance aura-t-il parcourue en 3 heures 10 minutes ?

→ *(Nombre total de minutes :)* 60 × 3 + 10 = 190 minutes.

(Distance parcourue :) 0,270 × 190 = 51^{Km},300.

2. Un enfant pèse 45 kilogrammes ; combien de litres d'eau pure pèseraient autant que lui ?

→ *(Poids d'un litre d'eau pure :)* 1 kilogramme.

(Nombre de litres d'eau qui pèsent 45 kilogrammes :) 45 : 1 = 45 litres.

3. Une bouteille pleine d'eau pèse 2^{Kg},25 ; vide, elle ne pèse plus que 60 décagrammes. Quelle est sa contenance ?

→ *(Poids de l'eau qui peut remplir la bouteille :)* 2,25 − 0,60 = 1^{Kg},65.

Le kilogramme est le poids d'un litre d'eau pure.

(Contenance de la bouteille :) 1^l,65.

4. Un garçon de banque a dans sa sacoche 9.150 grammes de monnaie d'argent en pièces de 5 francs. Sachant que ces pièces ont une largeur de 0^m,037, quelle longueur pourrait-on obtenir avec toutes ces pièces mises les unes à côté des autres ?

→ *(Nombre de pièces de 5 francs :)* 9.150 : 25 = 366 pièces.

(Longueur totale obtenue avec toutes ces pièces :) 0,037 × 366 = 13^m,542.

GÉOMÉTRIE : LES LIGNES

5. Le double décalitre d'avoine coûte 3ʳ,25. Que coûteront 35 hectolitres de cette avoine ?
→ L'hectolitre vaut 5 doubles décalitres.
(Prix d'un hectolitre d'avoine :) 3,25 × 5 = 16ʳ,25.
(Prix de 35 hectolitres :) 16,25 × 35 = 568ʳ,75.

5° Résumé des leçons 7 à 9. — Faire copier le troisième paragraphe du résumé [*Polygones* (11 à 16)], page 712 du livre de l'élève.

6° Correction. — Corriger les exercices écrits qui ont été indiqués.

10ᵉ Leçon. — LA CIRCONFÉRENCE

1° Leçon. — Faire écrire au tableau : *Géométrie. — La circonférence (page 707).*
Faire apprendre la leçon (page 707 du livre de l'élève).

2° Interrogations. — Poser les questions 17 et 18 (vers le bas de la page 707 du livre de l'élève).

3° Exercices au tableau. — *Première et deuxième années.*

1. *Exercices sur la leçon :*

1. Tracer une circonférence au moyen d'un clou et d'une ficelle, à l'extrémité de laquelle est attaché un morceau de craie.
2. Citer des exemples de circonférences.
→ *(Exemple :)* Le bord d'un puits, d'un verre, d'une assiette, d'un seau, d'un anneau, d'une bague, d'un tambour.
3. Tracer le rayon d'une circonférence.
4. Citer des exemples de rayons.
→ *(Exemple :)* Les rayons d'une roue de voiture, de bicyclette, de brouette.
5. Tracer le diamètre d'une circonférence.
6. Citer des exemples de diamètres.
→ *(Exemple :)* Les diamètres d'une roue de voiture, de bicyclette, de brouette.
7. Tracer la corde d'une circonférence.
8. Citer des exemples de cordes.
→ *(Exemple :)* La corde d'un arc.
9. Tracer la tangente d'une circonférence.
10. Citer des exemples de tangentes à une circonférence.
→ *(Exemple :)* Les traces des roues d'une voiture sur une route et les roues de cette voiture.

11. Tracer la sécante d'une circonférence.

II. *Exercices de revision.* — Poser aux élèves des questions dans le genre de celles-ci :

1. Un propriétaire a un champ de 36 mètres de longueur sur 15 mètres de largeur. Il le fait entourer de pieux en bois placés à $0^m,20$ les uns des autres. Combien lui faudra-t-il de pieux et quelle sera sa dépense à raison de $0^{fr},10$ le pieu ?

→ (*Tour du champ :*) $36 + 36 + 15 + 15 = 102$ mètres.
(*Nombre de pieux :*) $102 : 0,20 = 510$ pieux.
(*Prix des pieux :*) $0,10 \times 510 = 51$ francs.

2. Les roues d'une voiture ont $3^m,145$ de circonférence. Combien font-elles de tours en 4 kilomètres ?

→ $3^m,145 = 0^{Km},003145$.
(*Nombre de tours :*) $4 : 0,003145 = 1.271$ tours.

3. La pièce de $0^{fr},05$ a $0^m,025$ de largeur ; quelle somme en pièces de $0^{fr},05$ faudrait-il pour que toutes ces pièces mises bout à bout donnent une longueur de 6 kilomètres ? Quel serait le poids de ces pièces ?

→ 6 kilomètres $= 6.000$ mètres.
(*Nombre de pièces de $0^{fr},05$:*) $6.000 : 0,025 = 240.000$ pièces.
(*Poids de ces pièces :*) $5 \times 240.000 = 1.200.000$ grammes ou 1.200 kilogrammes.

4. Sur une route j'ai compté 325 arbres espacés entre eux de 8 mètres. Quelle est la longueur de cette route ? L'exprimer en kilomètres.

→ (*Longueur de la route :*) $8 \times 325 = 2.600$ mètres ou $2^{Km},6$.

5. Un litre d'alcool pèse $0^{Kg},76$. Quelle quantité d'alcool faudrait-il pour obtenir le poids de 2.634 pièces de 2 francs en argent ?

→ (*Poids de 2.634 pièces de 2 francs :*) $10 \times 2.634 = 26.340$ grammes.
(*Nombre de litres d'alcool :*) $26.340 : 760 = 34^l,657$.

4° Exercices écrits. — *Première et deuxième années.* — Dicter aux élèves les exercices écrits à faire parmi les suivants :

1. Un propriétaire a un champ de 45 mètres de longueur sur 18 mètres de largeur. Il le fait entourer de pieux en bois placés à $0^m,15$ les uns des autres. Combien lui faudra-t-il de pieux et quelle sera sa dépense à raison de $0^{fr},04$ le pieu ?

→ (*Tour du champ.*) $45 + 45 + 18 + 18 = 126$ mètres.
(*Nombre de pieux :*) $126 : 0,15 = 840$ pieux.
(*Prix des pieux :*) $0,04 \times 840 = 33^{fr},60$.

2. Les roues d'une voiture ont $3^m,252$ de circonférence. Combien font-elles de tours en 2 kilomètres ?

→ $3^m,252 = 0^{Km},003252$.
(*Nombre de tours :*) $2 : 0,003252 = 615$ tours.

GÉOMÉTRIE : LES SURFACES

3. La pièce de 0fr,10 a 0m,030 de largeur ; quelle somme en pièces de 0fr,10 faudrait-il pour que toutes ces pièces mises bout à bout donnent une longueur de 9 kilomètres ? Quel serait le poids de ces pièces ?
→ 9 kilomètres = 9.000 mètres.
(Nombre de pièces de 0fr,10 :) 9.000 : 0,030 = 300.000 pièces.
(Poids de ces pièces :) 10 × 300.000 = 3.000.000 grammes ou 3.000 kilogrammes.

4. Sur une route, j'ai compté 450 arbres espacés entre eux de 10 mètres. Quelle est la longueur de cette route ? L'exprimer en kilomètres.
→ (Longueur de la route :) 10 × 450 = 4.500 mètres ou 4^{Km},5.

5. Un litre d'alcool pèse 0^{Kg},76. Quelle quantité d'alcool faudrait-il pour obtenir le poids de 14.825 pièces de 5 francs en argent ?
→ (Poids de 14.825 pièces de 5 francs :) 25 × 14.825 = 370.625 grammes.
(Nombre de litres d'alcool :) 370.625 : 760 = 487l,65.

5° Résumé de la leçon. — Faire copier le quatrième paragraphe du résumé [Circonférence (17 et 18)], page 712 du livre de l'élève.

6° Correction. — Corriger les exercices écrits qui ont été indiqués.

11° Leçon. — SURFACE DES POLYGONES

1° Leçon. — Faire écrire au tableau : *Géométrie. — Surface des polygones* (page 707).
Faire apprendre la leçon (page 707 du livre de l'élève).

2° Interrogations. — Poser la question 19 (au bas de la page 707 du livre de l'élève).

3° Exercices au tableau. — *Première et deuxième années.*

I. *Exercices sur la leçon :*
1. Indiquer, en l'ombrant, la surface d'un polygone.
2. Citer des exemples de surfaces.
→ (Exemple :) Un champ, une route, un jardin, un village, une ville, le plancher d'une salle, un mur, une table, un banc, le fond d'une assiette, d'un plat.

II. *Exercices de revision.* — Poser aux élèves des questions dans le genre de celles-ci :
1. Mon jardin a la forme d'un triangle : l'un des côtés a 13 mètres, le deuxième a 8 mètres et le troisième a 14 mètres. Quelle est la longueur totale du tour de mon jardin et combien de pièces de galon faudrait-il pour l'entourer si chaque pièce a 5 mètres ?
→ (Tour de mon jardin :) 13 + 8 + 14 = 35 mètres.
(Nombre de pièces de galon :) 35 : 5 = 7 pièces.

2. En une minute une fontaine verse 16 litres d'eau dans un bassin. Quelle quantité d'eau versera-t-elle en 3 heures 20 minutes? Exprimer cette quantité en hectolitres et donner le poids de cette eau en supposant qu'elle soit pure.

↠ *(Nombre total de minutes :)* $60 \times 3 + 20 = 200$ minutes.

(Nombre de litres versés :) $16 \times 200 = 3.200$ litres ou 32 hectolitres.

(Poids de cette eau, si 1 litre pèse 1 kilogramme :) 3.200 kilogrammes.

3. Un tapis a $4^m,20$ de longueur et $2^m,80$ de largeur ; combien pourrait-on mettre de pièces de 10 francs autour de ce tapis, si cette pièce a $0^m,021$ de largeur? Quelle serait la valeur de toutes ces pièces ?

↠ *(Tour du tapis :)* $4,20 + 4,20 + 2,80 + 2,80 = 14$ mètres.

(Nombre de pièces de 10 francs :) $14 : 0,021 = 666$ pièces 6 ou 667 pièces (par excès).

(Valeur de ces pièces :) $10 \times 667 = 6.670$ francs.

4. Une plante augmente de $0^m,0008$ par jour. Quelle sera sa hauteur au bout de 15 jours ?

↠ *(Hauteur de la plante :)* $0,0008 \times 15 = 0^m,0120$.

4° Exercices écrits. — *Première et deuxième années.* — Dicter aux élèves les exercices écrits à faire parmi les suivants :

1. Mon jardin a la forme d'un triangle : l'un des côtés a 15 mètres, le deuxième a 9 mètres et le troisième a 12 mètres. Quelle est la longueur totale du tour de mon jardin et combien de pièces de galon faudrait-il pour l'entourer si chaque pièce a 4 mètres ?

↠ *(Tour de mon jardin :)* $15 + 9 + 12 = 36$ mètres.

(Nombre de pièces de galon :) $36 : 4 = 9$ pièces.

2. En une minute une fontaine verse 18 litres d'eau dans un bassin. Quelle quantité d'eau versera-t-elle en 1 heure 15 minutes? Exprimer cette quantité en hectolitres et donner le poids de cette eau en supposant qu'elle soit pure.

↠ *(Nombre total de minutes :)* $60 \times 1 + 15 = 75$ minutes.

(Nombre de litres versés :) $18 \times 75 = 1.350$ litres ou $13^{Hl},50$.

(Poids de cette eau, si 1 litre pèse 1 kilogramme :) 1.350 kilogrammes.

3. Un tapis a $3^m,50$ de longueur et $2^m,30$ de largeur ; combien pourrait-on mettre de pièces de 20 francs autour de ce tapis, si cette pièce a $0^m,021$ de largeur? Quelle serait la valeur de toutes ces pièces ?

↠ *(Tour du tapis :)* $3,50 + 3,50 + 2,30 + 2,30 = 11^m,60$.

(Nombre de pièces de 20 francs :) $11,60 : 0,021 = 552$ pièces 3 ou 553 pièces (par excès).

(Valeur de ces pièces :) $20 \times 553 = 11.060$ francs.

4. Une plante augmente de $0^m,0012$ par jour. Quelle sera sa hauteur au bout d'un mois de 30 jours?

↠ *(Hauteur de la plante :)* $0,0012 \times 30 = 0^m,036$.

Le gérant : PAUL DUPONT.

GÉOMÉTRIE : LES SURFACES

5. La chaîne d'arpenteur ou décamètre se compose de 50 chaînons. Quelle est la longueur de chaque chaînon ?
→ *(Longueur de chaque chaînon :)* $10 : 50 = 0^m,20$.

5° Correction. — Corriger les exercices écrits qui ont été indiqués.

12ᵉ Leçon. — LE CERCLE

1° Leçon. — Faire écrire au tableau : *Géométrie. — Le cercle (page 708).*
Faire apprendre la leçon (page 708 du livre de l'élève).

2° Interrogations. — Poser la question 20 (vers le haut de la page 708 du livre de l'élève).

3° Exercices au tableau. — *Première et deuxième années.*

I. *Exercices sur la leçon :*
1. Représenter un cercle.
2. Citer des exemples de cercles.
→ *(Exemple :)* L'ouverture d'un puits, le fond d'une assiette, d'un seau, la peau d'un tambour, l'orifice d'un tuyau, le cadran d'une montre, d'une horloge.

II. *Exercices de revision.* — Poser aux élèves des questions dans le genre de celles-ci :

1. Quelle est la surface d'un champ de forme carrée qui a 12 mètres de côté ?
→ *(Surface du champ :)* $12 \times 12 = 144$ mètres carrés.

2. Un commerçant a dans sa caisse 645 pièces de 5 francs et 218 pièces de 2 francs. Quel est le poids total de ces pièces ? L'énoncer en décagrammes.
→ *(Poids de 645 pièces de 5 francs :)* $25 \times 645 = 16.125$ grammes.
(Poids de 218 pièces de 2 francs :) $10 \times 218 = 2.180$ grammes.
(Poids total :) $16.125 + 2.180 = 18.305$ grammes ou $1.830^{Dg},5$.

3. Un champ a une superficie de 52.680 mètres carrés ; énoncer cette superficie en ares, hectares et centiares.
→ 52.680 mètres carrés $=$ 52.680 centiares ou $526^a,80$ ou $5^{Ha},2680$.

4. Un terrain de 48.324 mètres carrés est divisé en 4 parties égales ;

quelle est la grandeur de chaque partie ? Énoncer cette superficie en décamètres carrés.

→ *(Superficie de chaque partie :)* 48.324 : 4 = 12.081 mètres carrés ou 120^{Dmq},81.

5. Le méridien terrestre a 40.000.000 de mètres ; combien faudrait-il de pièces de 5 francs en argent pour faire cette longueur, si chaque pièce a 0^m,037 de largeur ? Quel serait le poids de toutes ces pièces ? L'exprimer en myriagrammes.

→ *(Nombre de pièces :)* 40.000.000 : 0,037 = 1.081.081.081 ou 1.081.081.082 pièces (par excès).

(Poids de ces pièces :) 25 × 1.081.081.082 = 27.027.027.050 grammes ou 2.702.702^{Mg},705.

4° Exercices écrits. — *Première et deuxième années.* — Dicter aux élèves les exercices écrits à faire parmi les suivants :

1. Quelle est la surface d'un champ de forme carrée qui a 15 mètres de côté ?

→ *(Surface du champ :)* 15 × 15 = 225 mètres carrés.

2. Un commerçant a dans sa caisse 825 pièces de 5 francs et 135 pièces de 2 francs. Quel est le poids total de ces pièces ? L'énoncer en décagrammes.

→ *(Poids de 825 pièces de 5 francs :)* 25 × 825 = 20.625 grammes.
(Poids de 135 pièces de 2 francs :) 10 × 135 = 1.350 grammes.
(Poids total :) 20.625 + 1.350 = 21.975 grammes ou 2.197^{Dg},5.

3. Un champ a une superficie de 45.825 mètres carrés ; énoncer cette superficie en ares, hectares et centiares.

→ 45.825 mètres carrés = 45.825 centiares ou 458^a,25 ou 4^{Hh},5825.

4. Un terrain de 64.825 mètres carrés est divisé en 5 parties égales ; quelle est la grandeur de chaque partie ? Énoncer cette superficie en décamètres carrés.

→ *(Superficie de chaque partie :)* 64.825 : 5 = 12.965 mètres carrés ou 129^{Dmq},65.

5. Le quart du méridien terrestre a 10.000.000 de mètres ; combien faudrait-il de pièces de 2 francs pour faire cette longueur, si chaque pièce a 0^m,027 de longueur ? Quel serait le poids de toutes ces pièces ? L'exprimer en myriagrammes.

→ *(Nombre de pièces :)* 10.000.000 : 0,027 = 370.370.370 pièces.
(Poids de ces pièces :) 10 × 370.370.370 = 3.703.703.700 grammes ou 370.370^{Mg},37.

5° Résumé des leçons 11 et 12. — Faire copier le cinquième paragraphe du résumé [*Surfaces* (19 et 20)], page 712 du livre de l'élève.

6° Correction. — Corriger les exercices écrits qui ont été indiqués.

GÉOMÉTRIE : LES VOLUMES

13ᵉ Leçon. — **VOLUMES**

1º Leçon. — Faire écrire au tableau : *Géométrie.* — *Volumes* (page 708).
Faire apprendre la leçon (page 708 du livre de l'élève).

2º Interrogations.— Poser les questions 21 et 22 (au bas de la page 708 du livre de l'élève).

3º Exercices au tableau.— *Première et deuxième années.*

I. *Exercices sur la leçon :*
1. Représenter un prisme.
2. Citer des exemples de prismes.
→ (*Exemple :*) Une règle, un plumier, une brique, un livre, une salle, un dé à jouer, un carreau pour le carrelage.

II. *Exercices de revision.*— Poser aux élèves des questions dans le genre de celles-ci :
1. Trouver le volume d'un cube qui a 4 mètres de côté.
→ (*Volume de ce cube :*) $4 \times 4 \times 4 = 64$ mètres cubes.
2. Énoncer $36^{mc},5842$ en stères, décastères et décistères.
→ $36^{mc},5842 = 36^{st},5842$.
   $36^{mc},5842 = 3^{Dst},65842$.
   $36^{mc},5842 = 365^{dst},842$.
3. Une pile de bois contenait 8 décastères, on en a brûlé 5 stères et vendu 7 stères ; combien en reste-t-il ?
→ (*Nombre total de stères :*) $10 \times 8 = 80$ stères.
   (*Quantité de bois brûlé et vendu :*) $5 + 7 = 12$ stères.
   (*Quantité de bois qui reste :*) $80 - 12 = 68$ stères.
4. Dire en quintaux et en tonnes le poids de 80.000 francs en pièces de 2 francs en argent.
→ (*Nombre de pièces :*) $80.000 : 2 = 40.000$ pièces.
   (*Poids de 40.000 pièces de 2 francs :*) $10 \times 40.000 = 400.000$ grammes $= 4$ quintaux $= 0^t,4$.
5. Quel est le volume d'un cube qui a 16 mètres de côté ? Dire son volume en décamètres cubes.
→ (*Volume du cube :*) $16 \times 16 \times 16 = 4.096$ mètres cubes ou $4^{Dmc},096$.

4º Exercices écrits. — *Première et deuxième années.* —
Dicter aux élèves les exercices écrits à faire parmi les suivants :
1. Trouver le volume d'un cube qui a 7 mètres de côté.
→ (*Volume de ce cube :*) $7 \times 7 \times 7 = 343$ mètres cubes.
2. Convertir $18^{mc},4538$ en stères, décastères et décistères.
→ $18^{mc},4538 = 18^{st},4538$.

$18^{mc},4538 = 1^{Dst},84538$.
$18^{mc},4538 = 184^{dst},538$.

3. Une pile de bois contenait 5 décastères, on en a brûlé 6 stères et vendu 9 stères ; combien en reste-t-il ?

→ (*Nombre total de stères :*) $10 \times 5 = 50$ stères.
(*Quantité de bois brûlé et vendu :*) $6 + 9 = 15$ stères.
(*Quantité de bois qui reste :*) $50 - 15 = 35$ stères.

4. Dire en quintaux et en tonnes le poids de 50.000 francs en pièces de 5 francs en argent.

→ (*Nombre de pièces :*) $50.000 : 5 = 10.000$ pièces.
(*Poids de 10.000 pièces de 5 francs d'argent :*) $25 \times 10.000 = 250.000$ grammes ou $2^{q},5$ ou $0^{t},25$.

5. Quel est le volume d'un cube qui a 28 mètres de côté ? Dire son volume en décamètres cubes.

→ (*Volume du cube :*) $28 \times 28 \times 28 = 21.952$ mètres cubes ou $21^{Dmc},952$.

5° Correction. — Corriger les exercices écrits qui ont été indiqués.

14° Leçon. — VOLUMES (Suite)

1° Leçon. — Faire écrire au tableau : *Géométrie.* — *Volumes (suite) (page 709).*

Faire apprendre la leçon (page 709 du livre de l'élève).

2° Interrogations. — Poser les questions 23, 24 et 25 (au bas de la page 709 du livre de l'élève).

3° Exercices au tableau. — *Première et deuxième années.*

I. *Exercices sur la leçon :*

1. Représenter un parallélipipède.
2. Citer des exemples de parallélipipèdes.

→ (*Exemple :*) Une règle, un plumier, une brique, un livre, une salle, un tas de bois.

3. Représenter un cube.
4. Citer des exemples de cubes.

→ (*Exemple :*) Un dé à jouer, quelques boîtes, certaines pierres de taille.

5. Représenter une pyramide.
6. Citer des exemples de pyramides.

→ (*Exemple :*) Le clocher pointu d'une église, d'un château, certains arbres taillés dans les parcs.

II. *Exercices de revision.* — Poser aux élèves des questions dans le genre de celles-ci :

1. Un bassin a un volume de $8^{mc},529436$. Combien contient-il

GÉOMÉTRIE : LES VOLUMES

litres ? S'il était rempli d'huile, que pèserait-elle si un litre huile pèse $0^{Kg},915$?

→ *(Nombre de décimètres cubes :)* $8.529^{dmc},436$ ou $8.529^l,436$.

(Poids de l'huile :) $0,915 \times 8.529,436 = 7.804^{Kg},43394$.

2. Une route a une longueur de $7^{Km},215$. Combien de pièces de oile de 15 mètres chacune faudrait-il pour obtenir la longueur de ette route ?

→ *(Nombre de pièces de toile :)* $7.215 : 15 = 481$ pièces.

3. Une table a $1^m,40$ de long et $0^m 85$ de large ; on l'entoure de ièces de $0^{fr},10$. Combien aura-t-on de pièces si chacune a $0^m,030$ de argeur ? Quel sera le poids de toutes ces pièces ?

→ *(Tour de la table :)* $1,40 + 1,40 + 0,85 + 0,85 = 4^m,50$.

(Nombre de pièces :) $4,50 : 0,030 = 150$ pièces.

(Poids de ces pièces :) $10 \times 150 = 1.500$ grammes.

4. Combien faut-il de centimètres cubes d'eau pour remplir un vase de $78^{dmc},25$?

→ *(Nombre de centimètres cubes :)* 78.250 centimètres cubes.

5. Dans une chambre de 52.643 décimètres cubes, combien pourrait-on placer de décastères de bois et quel en serait le prix à $7^{fr},60$ le stère ?

→ *(Nombre de mètres cubes :)* $52^{mc},643$ ou $52^{st},643$.

(Nombre de décastères :) $5^{Dst},2643$.

(Prix du bois :) $7,60 \times 52,643 = 400^{fr},0868$.

4° Exercices écrits. — *Première et deuxième années.* —
Dicter aux élèves les exercices écrits à faire parmi les suivants :

1. Un bassin a un volume de $12^{mc},435864$. Combien contient-il de litres ? S'il était rempli d'huile, que pèserait-elle si un litre d'huile pèse $0^{Kg},915$?

→ *(Nombre de décimètres cubes :)* $12.435^{dmc},864$ ou $12.435^l,864$.

(Poids de l'huile :) $0,915 \times 12.435,864 = 11.378^{Kg},81556$.

2. Une route a une longueur de $4^{Km},140$. Combien de pièces de toile de 36 mètres chacune faudrait-il pour obtenir la longueur de cette route ?

→ *(Nombre de pièces de toile :)* $4.140 : 36 = 115$ pièces.

3. Une table a $1^m 10$ de long et $0^m,80$ de large ; on l'entoure de pièces de $0^{fr},05$. Combien aura-t-on de pièces si chacune a $0^m,025$ de largeur ? Quel sera le poids de toutes ces pièces ?

→ *(Tour de la table :)* $1,10 + 1,10 + 0,80 + 0,80 = 3^m,80$.

(Nombre de pièces :) $3,80 : 0,025 = 152$ pièces.

(Poids de ces pièces :) $5 \times 152 = 760$ grammes.

4. Combien faut-il de centimètres cubes d'eau pour remplir un vase de $95^{dmc},84$?

→ *(Nombre de centimètres cubes :)* 95.840 centimètres cubes.

5. Dans une chambre de 64.758 décimètres cubes, combien pourrait-on placer de décastères de bois et quel en serait le prix à $8^{fr},25$ le stère ?

→ *(Nombre de mètres cubes :)* $64^{mc},758$ ou $64^{st},758$.

(Nombre de décastères qu'on pourra placer :) $6^{Dst},4758$.

(Prix du bois :) $8,25 \times 64,758 = 534^{fr},2535$.

5° Correction. — Corriger les exercices écrits qui ont été indiqués.

15ᵉ Leçon. — LES CORPS RONDS

1° Leçon. — Faire écrire au tableau : *Géométrie. — Les corps ronds (page 710).*

Faire apprendre la leçon (page 710 du livre de l'élève).

2° Interrogations. — Poser la question 26 (vers le haut de la page 710 du livre de l'élève).

3° Exercices au tableau. — *Première et deuxième années.*

I. *Exercices sur la leçon :*

1. Représenter un cylindre.
2. Citer des exemples de cylindres.

→ (*Exemple :*) Une canne, un puits, la partie étroite d'un verre de lampe, un sucre d'orge, un crayon, un tuyau, une pile de sous, un tambour, un boisseau.

II. *Exercices de revision.* — Poser aux élèves des questions dans le genre de celles-ci :

1. Un vase a une capacité de $3^l,40$; combien faut-il de centimètres cubes pour le remplir ?

→ (*Nombre de centimètres cubes :*) 3.400.

2. Combien valent de mètres cubes 7 tonneaux contenant chacun 145 litres ?

→ (*Nombre total de litres :*) $145 \times 7 = 1.015$ litres ou 1.015 décimètres cubes ou $1^{mc},015$.

3. Un mètre de fil de fer pèse $148^{gr},75$. On en fait des pointes de $0^m,040$ de longueur. Combien 1 mètre de fil de fer donnera-t-il de pointes et combien pourra-t-on en faire avec un rouleau de fil de fer pesant $4^{Kg},190$?

→ (*Nombre de pointes faites avec 1 mètre de fil de fer :*)
$1 : 0,040 = 25$ pointes.

(On fera autant de fois 25 pointes que $1^{Kg},190$ contiennent de fois $148^{gr},75$ ou :) $1,190 : 0,14875 = 8$ fois.

(*Nombre de pointes :*) $25 \times 8 = 200$ pointes.

4. La distance d'une commune à une autre est de 8 kilomètres. Une voiture dont les roues ont $3^m,20$ de circonférence a fait ce voyage. Combien les roues ont-elles fait de tours ?

→ (*Nombre de tours faits par les roues :*) $8.000 : 3,20 = 2.500$ tours.

GÉOMÉTRIE : LES VOLUMES

5. Combien de pièces d'or de 10 francs pourrait-on mettre autour d'une chambre qui a 4 mètres de longueur et 3 mètres de largeur ? Quel serait le poids de toutes ces pièces ? La largeur de la pièce de 10 francs est de $0^m,019$, son poids est de $3^{gr},225$.

→ *(Tour de la chambre :)* $4 + 4 + 3 + 3 = 14$ mètres.
  (Nombre de pièces :) $14 : 0,019 = 736,8$ pièces ou 737 pièces (par excès).
  (Poids de ces pièces :) $3,225 \times 737 = 2.376^{gr},825$.

4° Exercices écrits. — *Première et deuxième années.* — Dicter aux élèves les exercices écrits à faire parmi les suivants :

1. Un vase a une capacité de $1^l,25$; combien faut-il de centimètres cubes pour le remplir ?

→ *(Nombre de centimètres cubes :)* 1.250.

2. Combien valent de mètres cubes 18 tonneaux contenant chacun 250 litres ?

→ *(Nombre total de litres :)* $250 \times 18 = 4.500$ litres ou 4.500 décimètres cubes ou $4^{mc},5$.

3. Un mètre de fil de fer pèse $150^{gr},3$. On en fait des pointes de $0^m,050$ de longueur. Combien 1 mètre de fil de fer donnera-t-il de pointes et combien pourra-t-on en faire avec un rouleau de fil de fer pesant $15^{Kg},030$.

→ *(Nombre de pointes faites avec 1 mètre de fil de fer :)* $1 : 0,05 = 20$ pointes.
  (On fera autant de fois 20 pointes que $15^{Kg},030$ contiennent de fois $150^{gr},3$ ou :) $15,030 : 0,1503 = 100$ fois.
  (Nombre de pointes :) $20 \times 100 = 2.000$ pointes.

4. La distance d'une commune à une autre est de 6 kilomètres. Une voiture dont les roues ont $3^m,75$ de circonférence a fait ce voyage. Combien les roues ont-elles fait de tours ?

→ *(Nombre de tours faits par les roues :)* $6.000 : 3,75 = 1.600$ tours.

5. Combien de pièces d'or de 20 francs pourrait-on mettre autour d'une chambre qui a 5 mètres de longueur et 3 mètres de largeur ? Quel serait le poids de toutes ces pièces ? La largeur d'une pièce de 20 francs est de $0^m,021$; son poids est de $6^{gr},451$.

→ *(Tour de la chambre :)* $5 + 5 + 3 + 3 = 16$ mètres.
  (Nombre de pièces :) $16 : 0,021 = 761,9$ pièces ou 762 pièces (par excès).
  (Poids de ces pièces :) $6,451 \times 762 = 4.915^{gr},662$.

5° Correction. — Corriger les exercices écrits qui ont été indiqués.

16° Leçon. — **LES CORPS RONDS** *(Suite)*

1° Leçon. — Faire écrire au tableau : *Géométrie. — Les corps ronds (suite) (page 710).*

Faire apprendre la leçon (page 710 du livre de l'élève).

2° Interrogations. — Poser la question 27 (au bas de la page 710 du livre de l'élève).

3° Exercices au tableau. — *Première et deuxième années.*

I. *Exercices sur la leçon :*

1. Représenter un cône.

2. Citer des exemples de cônes.

→ (*Exemple :*) Un entonnoir, un éteignoir.

II. *Exercices de revision.* — Poser aux élèves des questions dans le genre de celles-ci :

1. Quelle est la surface d'un champ carré qui a 15 mètres de côté ? L'énoncer en hectares, ares et centiares.

→ (*Surface du champ :*) $15 \times 15 = 225$ mètres carrés ou 225 centiares ; $2^a,25$; $0^{Ha},0225$.

2. Avec un mètre de fil de fer on peut faire 15 pointes pesant chacune $4^{gr},8$; quel serait le nombre que l'on pourrait faire avec 210 mètres de fil de fer et quel serait le poids total des pointes ?

→ (*Nombre de pointes :*) $15 \times 210 = 3.150$ pointes.

(*Poids de ces pointes :*) $4,8 \times 3.150 = 15.120$ grammes ou $15^{Kg},120$.

3. Une personne pèse $63^{Kg},40$. Quel nombre de litres d'alcool pèseraient autant qu'elle ? Quelle serait la valeur de cet alcool à $5^{fr},10$ le litre (1 litre d'alcool pèse $0^{Kg},76$) ?

→ (*Nombre de litres d'alcool qui pèsent autant que cette personne :*) $63,40 : 0,76 = 83^l,421$.

(*Prix de l'alcool :*) $5,10 \times 83,421 = 425^{fr},4471$.

4. Un garçon de banque a reçu 145 francs en pièces de $0^{fr},05$. Combien a-t-il de pièces ? Quelle serait la longueur de chacun des côtés d'une salle carrée qu'on pourrait entourer avec ces pièces ? La largeur de la pièce de $0^{fr},05$ est $0^m,025$.

→ (*Nombre de pièces de $0^{fr},05$:*) $145 : 0,05 = 2.900$ pièces.

(*Longueur formée par toutes ces pièces mises les unes à côté des autres :*) $0,025 \times 2.900 = 72^m,50$.

(*Longueur de chaque côté de la salle :*) $72,50 : 4 = 18^m,125$.

5. Une pièce de 5 francs a $0^m,0025$ d'épaisseur. Quel serait le poids des pièces de 5 francs qui, mises les unes au-dessus des autres, atteindraient une hauteur de 50 mètres ?

→ (*Nombre de pièces de 5 francs pouvant donner une hauteur de 50 mètres :*) $50 : 0,0025 = 20.000$ pièces.

(*Poids de 20.000 pièces :*) $25 \times 20.000 = 500.000$ grammes ou 500 kilogrammes.

GÉOMÉTRIE : LES VOLUMES 569

4° Exercices écrits. — *Première et deuxième années.* — Dicter aux élèves les exercices écrits à faire parmi les suivants :

1. Quelle est la surface d'un champ carré qui a 18 mètres de côté ? L'énoncer en hectares, ares et centiares.
→ (*Surface du champ :*) 18 × 18 = 324 mètres carrés ou 324 centiares ; 3ª,24 ; 0ʰᵃ,0324.

2. Avec un mètre de fil de fer on peut faire 12 pointes pesant chacune 6ᵍʳ,2 ; quel serait le nombre que l'on pourrait faire avec 250 mètres de fil de fer et quel serait le poids total des pointes ?
→ (*Nombre de pointes :*) 12 × 250 = 3.000 pointes.
  (*Poids de ces pointes :*) 6,2 × 3.000 = 18.600 grammes ou 18ᵏᵍ,600.

3. Une personne pèse 55ᵏᵍ,25. Quel nombre de litres d'alcool pèseraient autant qu'elle ? Quelle serait la valeur de cet alcool à 4ᶠʳ,75 le litre (1 litre d'alcool pèse 0ᵏᵍ,76) ?
→ (*Nombre de litres d'alcool qui pèsent autant que cette personne :*) 55,25 : 0,76 = 72ˡ,697.
  (*Prix de l'alcool :*) 4,75 × 72,697 = 345ᶠʳ,31.

4. Un garçon de banque a reçu 250 francs en pièces de 0ᶠʳ,10. Combien a-t-il de pièces ? Quelle serait la longueur de chacun des côtés d'une salle carrée qu'on pourrait entourer avec ces pièces ? La largeur de la pièce de 0ᶠʳ,10 est 0ᵐ,030.
→ (*Nombre de pièces de 0ᶠʳ,10 :*) 250 : 0,10 = 2.500 pièces.
  Longueur formée par toutes ces pièces mises les unes à côté des autres :) 0,030 × 2.500 = 75 mètres.
  (*Longueur de chaque côté de la salle :*) 75 : 4 = 18ᵐ,75.

5. Une pièce de 5 francs a 0ᵐ,0025 d'épaisseur. Quel serait le poids des pièces de 5 francs qui, mises les unes au-dessus des autres, atteindraient une hauteur de 10 mètres ?
→ (*Nombre de pièces de 5 francs pouvant donner une hauteur de 10 mètres :*) 10 : 0,0025 = 4.000 pièces.
  (*Poids de 4.000 pièces :*) 25 × 4.000 = 100.000 grammes ou 100 kilogrammes.

5° Correction. — Corriger les exercices écrits qui ont été indiqués.

17ᵉ Leçon. — LES CORPS RONDS (Suite)

1° Leçon. — Faire écrire au tableau : *Géométrie.* — *Les corps ronds (suite) (page 711).*
Faire apprendre la leçon (page 711 du livre de l'élève).

2° Interrogations. — Poser la question 28 (au milieu de la page 711 du livre de l'élève).

3° Exercices au tableau. — *Première et deuxième années.*

I. *Exercices sur la leçon :*
1. Représenter un tronc de cône.

2. Citer des exemples de troncs de cônes.

→ *(Exemple:)* Un pot à fleur, un baquet, une boîte à lait, un gobelet, une cheminée d'usine, un seau.

II. *Exercices de revision.* — Poser aux élèves des questions dans le genre de celles-ci :

1. Dans un bassin de 5^{mc},4, combien pourrait-on mettre de petits cubes de bois ayant 0^m,03 de côté ?

→ *(Volume de chaque petit cube :)* $0,03 \times 0,03 \times 0,03 =$ 0^{mc},000027.

(Nombre de petits cubes de bois :) $5,4 : 0,000027 = 200.000$.

2. Un commerçant a dans sa caisse 6.530 francs en monnaie d'argent; quel est le poids de cette somme et combien de litres d'eau pure donneraient le même poids ?

→ *(Poids de 6.530 francs en monnaie d'argent :)* $5 \times 6.530 =$ 32.650 grammes ou 32^{Kg},650.

1 litre d'eau pure pèse 1 kilogramme, donc 32^{Kg},650 sont le poids de 32^l,650.

3. Un litre d'air pèse 1^{gr},293; combien un cube creux de 8 mètres de côté contiendrait-il de litres d'air et quel en serait le poids ? Trouver ce poids en hectogrammes.

→ *(Volume du cube creux :)* $8 \times 8 \times 8 = 512$ mètres cubes ou 512.000 décimètres cubes.

Le décimètre cube est égal au litre; donc 512.000 décimètres cubes font 512.000 litres.

(Poids de cet air :) $1,293 \times 512.000 = 662.016$ grammes ou 6.620^{Hg},16.

4. Un facteur parcourt 4^{Km},8 en 1 heure; quelle distance aura-t-il parcourue après 3 heures et quel serait le poids d'un fil de fer qui aurait cette longueur, si un mètre de fil de fer pèse 158^{gr},9 ?

→ *(Distance parcourue :)* $4,8 \times 3 = 14^{Km},4$ ou 14.400 mètres.

(Poids d'un fil de fer de cette longueur :) $158,9 \times 14.400 =$ 2.288.160 grammes ou 2.288^{Kg},160.

4° Exercices écrits. — *Première et deuxième années.* — Dicter aux élèves les exercices écrits à faire parmi les suivants :

1. Dans un bassin de 4^{mc},15, combien pourrait-on mettre de petits cubes de bois ayant 0^m,02 de côté ?

→ *(Volume de chaque petit cube de bois :)* $0,02 \times 0,02 \times 0,02 =$ 0^{mc},000008.

(Nombre de petits cubes de bois :) $4,015 : 0,000008 = 501.875$.

2. Un commerçant a dans sa caisse 8.650 francs en monnaie d'argent; quel est le poids de cette somme et combien de litres d'eau pure donneraient le même poids ?

→ *(Poids de 8.650 francs en monnaie d'argent :)* $5 \times 8.650 =$ 43.250 grammes ou 43^{Kg},250.

GÉOMÉTRIE : LES VOLUMES

1 litre d'eau pure pèse 1 kilogramme, donc 43^{Kg},25 font le poids de 43^l,25.

3. Un litre d'air pèse 1^{gr},293 ; combien un cube creux de 15 mètres de côté contiendrait-il de litres d'air et quel en serait le poids ? Énoncer ce poids en hectogrammes.

→ *(Volume du cube creux :)* $15 \times 15 \times 15 = 3.375$ mètres cubes ou 3.375.000 décimètres cubes.

Le décimètre cube est égal au litre ; donc 3.375.000 décimètres cubes font 3.375.000 litres.

(Poids de cet air :) $1,293 \times 3.375.000 = 4.363.875$ grammes ou 43.638^{Hg},75.

4. Un facteur parcourt 5^{Km},5 en 1 heure ; quelle distance aura-t-il parcourue après 4 heures et quel serait le poids d'un fil de fer qui aurait cette longueur, si un mètre de fil de fer pèse 162^{gr},5 ?

→ *(Distance parcourue :)* $5,5 \times 4 = 22$ kilomètres ou 22.000 mètres.

(Poids d'un fil de fer de cette longueur :) $162,5 \times 22.000 = 3.575.000$ grammes ou 3.575 kilogrammes.

5° Correction. — Corriger les exercices écrits qui ont été indiqués.

18° Leçon. — LES CORPS RONDS *(Suite)*

1° Leçon. — Faire écrire au tableau : *Géométrie. — Les corps ronds (suite) (page 711).*

Faire apprendre la leçon (page 711 du livre de l'élève).

2° Interrogations. — Poser la question 29 (au bas de la page 711 du livre de l'élève).

3° Exercices au tableau. — *Première et deuxième années.*

I. *Exercices sur la leçon :*

1. Représenter une sphère.
2. Citer des exemples de sphères.

→ *(Exemple :)* Une bille, une boule de billard, un ballon.

II. *Exercices de revision.* — Poser aux élèves des questions dans le genre de celles-ci :

1. Combien faut-il de bouteilles de 0^l,80 de capacité pour contenir le vin de 4 tonneaux contenant chacun 1^{Hl},80 ?

→ *(Contenance de 4 tonneaux :)* $1,80 \times 4 = 7^{Hl},2$ ou 720 litres.

(Nombre de bouteilles :) $720 : 0,80 = 900$ bouteilles.

2. Un bicycliste fait 6 mètres par seconde ; quel chemin aura-t-il parcouru au bout de 4 heures 15 minutes 20 secondes ? Énoncer cette distance en myriamètres.

→ *(Nombre de minutes dans 4 heures :)* $60 \times 4 = 240$ minutes.

(*Nombre total de minutes :*) $240 + 15 = 255$ minutes.
(*Nombre de secondes dans 255 minutes :*) $60 \times 255 = 15.300$ secondes.
(*Nombre total de secondes :*) $15.300 + 20 = 15.320$ secondes.
(*Chemin parcouru :*) $6 \times 15.320 = 91.920$ mètres ou $9^{Mm},1920$.

3. Un homme doit transporter $164^{Hl},40$ de blé. Combien fera-t-il de voyages si, à chaque voyage, il porte $7^{Dl},6$?
→ $7^{Dl},6 = 0^{Hl},76$.
(*Nombre de voyages :*) $164,40 : 0,76 = 217$ voyages (par excès).

4. Convertir $6.543^{Dmq},46$ en ares, hectares et centiares.
→ $6.543^a,46$; $65^{Ha},4346$; 654.346 centiares.

4° Exercices écrits. — *Première et deuxième années.* — Dicter aux élèves les exercices écrits à faire parmi les suivants :

1. Combien faut-il de bouteilles de $0^l,75$ de capacité pour contenir le vin de 3 tonneaux contenant chacun $2^{Hl},50$?
→ (*Contenance de 3 tonneaux :*) $2,50 \times 3 = 7^{Hl},50$ ou 750 litres.
(*Nombre de bouteilles :*) $750 : 0,75 = 1.000$ bouteilles.

2. Un bicycliste fait 5 mètres par seconde ; quel chemin aura-t-il parcouru au bout de 5 heures 25 minutes 18 secondes ? Énoncer cette distance en myriamètres.
→ (*Nombre de minutes dans 5 heures :*) $60 \times 5 = 300$ minutes.
(*Nombre total de minutes :*) $300 + 25 = 325$ minutes.
(*Nombre de secondes dans 325 minutes :*) $60 \times 325 = 19.500$ secondes.
(*Nombre total de secondes :*) $19.500 + 18 = 19.518$ secondes.
(*Chemin parcouru :*) $5 \times 19.518 = 97.590$ mètres ou $9^{Mm},7590$.

3. Un homme doit transporter $289^{Hl},75$ de blé. Combien fera-t-il de voyages si, à chaque voyage, il porte $9^{Dl},5$?
→ $9^{Dl},5 = 0^{Hl},95$.
(*Nombre de voyages :*) $289,75 : 0,95 = 305$ voyages.

4. Convertir $8.745^{Dmq},75$ en ares, hectares et centiares.
→ $8.745^a,75$; $87^{Ha},4575$; 874.575 centiares.

5° Résumé des leçons 13 à 18. — Faire copier le sixième paragraphe du résumé [*Volumes* (21 à 29)], page 712 du livre de l'élève.

6° Correction. — Corriger les exercices écrits qui ont été indiqués.

19ᵉ Leçon. — EXERCICES

1° Leçon. — Faire écrire au tableau : *Géométrie.* — *Exercices* (page 712).

GÉOMÉTRIE : LES VOLUMES

2° Interrogations. — Poser des questions sur les parties des leçons précédentes qui n'auraient pas été bien comprises.

3° Exercices au tableau. — *Première et deuxième années.*

I. *Exercices sur les leçons 1 à 18.* — Indiquer les exercices à faire parmi ceux de la page 712 du livre de l'élève (exercices 1043 à 1050).

II. *Exercices de revision.* — Poser aux élèves des questions dans le genre de celles-ci :

1. Une échelle est formée de 8 échelons parallèles ; l'espace qui sépare chaque échelon est de 26 centimètres ; les montants de l'échelle qui sont perpendiculaires aux échelons dépassent chacun le premier échelon du bas de 24 centimètres et le dernier échelon du haut de 18 centimètres. Quelle est la hauteur totale de l'échelle ?

→ Comme il y a 8 échelons il y a 7 intervalles de chacun 26 centimètres.

(*Hauteur des 7 intervalles :*) $26 \times 7 = 182$ centimètres.

(*Hauteur totale de l'échelle :*) $182 + 24 + 18 = 224$ centimètres ou $2^m,24$.

2. Une salle a une largeur de $3^m,70$; elle est parquetée avec des lames de bois de $0^m,10$ de large disposées perpendiculairement à la largeur de la salle. Quel est le nombre des lames de bois ?

→ (*Nombre des lames de bois :*) $3,70 : 0,10 = 37$ lames.

3. Cinq enfants jouent aux quatre coins dans une cour carrée de 5 mètres de côté. Quelle est la surface de cette cour ? Quel est le chemin parcouru par un enfant qui quitte sa place pour y revenir après avoir fait le tour de la cour ?

→ (*Surface de la cour :*) $5 \times 5 = 25$ mètres carrés.

(*Tour de la cour :*) $5 \times 4 = 20$ mètres.

4. Un maçon a fait 3 piles de carreaux ayant chacun $0^m,032$ d'épaisseur. Chaque pile est formée de 54 carreaux. Quelle serait la hauteur totale d'une seule pile obtenue en superposant les 3 piles l'une sur l'autre ?

→ (*Hauteur d'une pile :*) $0,032 \times 54 = 1^m,728$.

(*Hauteur totale des 3 piles :*) $1,728 \times 3 = 5^m,184$.

4° Exercices écrits. — *Première et deuxième années.* — Dicter aux élèves les exercices écrits à faire parmi les suivants :

1. Une échelle est formée de 12 échelons parallèles ; l'espace qui sépare chaque échelon est de 25 centimètres ; les montants de l'échelle qui sont perpendiculaires aux échelons dépassent chacun le premier échelon du bas de 20 centimètres et le dernier échelon du haut de 15 centimètres. Quelle est la hauteur totale de l'échelle ?

→ Comme il y a 12 échelons il y a 11 intervalles de chacun 25 centimètres.

(Hauteur des 11 intervalles :) $25 \times 11 = 275$ centimètres.
(Hauteur totale de l'échelle :) $275 + 20 + 15 = 310$ centimètres ou $3^m,10$.

2. Une salle a une largeur de $3^m,36$; elle est parquetée avec des lames de bois de $0^m,08$ de large disposées perpendiculairement à la largeur de la salle. Quel est le nombre des lames de bois ?
→ (Nombre des lames de bois :) $3,36 : 0,08 = 42$ lames.

3. Cinq enfants jouent aux quatre coins dans une cour carrée de 3 mètres de côté. Quelle est la surface de cette cour ? Quel est le chemin parcouru par un enfant qui quitte sa place pour y revenir après avoir fait le tour de la cour ?
→ (Surface de la cour :) $3 \times 3 = 9$ mètres carrés.
(Tour de la cour :) $3 \times 4 = 12$ mètres.

4. Un maçon a fait 4 piles de carreaux ayant chacun $0^m,025$ d'épaisseur. Chaque pile est formée de 45 carreaux. Quelle serait la hauteur totale d'une seule pile obtenue en superposant ces 4 piles l'une sur l'autre ?
→ (Hauteur d'une pile :) $0,025 \times 45 = 1^m,125$.
(Hauteur totale des 4 piles :) $1,125 \times 4 = 4^m,50$.

5° Correction. — Corriger les exercices écrits qui ont été indiqués.

20ᵉ Leçon. — RÉSUMÉ DES LEÇONS 1 à 18

1° Leçon. — Faire écrire au tableau : *Géométrie. — Résumé des leçons 1 à 18 (page 712).*

Faire apprendre le résumé des leçons 1 à 18 (page 712 du livre de l'élève).

2° Récitation. — Faire réciter le résumé des leçons 1 à 18 (page 712 du livre de l'élève) et revenir, s'il y a lieu, sur les parties des leçons 1 à 18 qui n'auraient pas été bien comprises (pages 701 à 711 du livre de l'élève).

3° Exercices au tableau. — *Première et deuxième années.*

I. *Exercices sur les leçons 1 à 18.* — Revenir sur les parties des leçons 1 à 18 qui n'auraient pas été bien comprises.

II. *Exercices de revision.* — Poser aux élèves des questions dans le genre de celles-ci :

1. Un homme fait en moyenne 103 pas de $0^m,80$ chacun en une minute. Quel chemin aura-t-il parcouru en 5 heures 45 minutes ?
→ (Nombre total de minutes :) $60 \times 5 + 45 = 345$ minutes.
(Longueur de 103 pas :) $0,80 \times 103 = 82^m,40$.
(Chemin parcouru en 345 minutes :) $82,40 \times 345 = 28.428$ mètres.

2. La distance de Brest à Marseille est, à vol d'oiseau, de 950 kilomètres. Combien de temps un pigeon voyageur mettra-t-il pour parcourir cette distance s'il fait 22 mètres par seconde ?

GÉOMÉTRIE : LES VOLUMES

→ *(Nombre de mètres :)* 950.000 mètres.
(Temps mis par le pigeon pour faire 950.000 mètres :)
950.000 : 22 = 43.182 secondes (par excès).
(Nombre de secondes dans 1 heure :) 60 × 60 = 3.600 secondes.
(Nombre d'heures :) 43.182 : 3.600 = 11 heures et 3.582 secondes, c'est-à-dire presque 12 heures.

3. Convertir 56.284 décimètres cubes en litres, décalitres et hectolitres.
→ 56.284 litres ; 5.628^{Dl},4 ; 562^{Hl},84.

4. Convertir 43.971 litres en mètres cubes.
→ 43^{mc},971.

5. La pièce de 20 francs a 1^{mm},28 d'épaisseur. Combien en faudrait-il placer les unes au-dessus des autres pour obtenir la hauteur d'une tour de 64 mètres. Quelle serait la valeur de la somme formée ?
→ 64 mètres font 64.000 millimètres.
(Nombre de ces pièces :) 64.000 : 1,28 = 50.000 pièces.
(Valeur de ces pièces :) 20 × 50.000 = 1.000.000 francs.

4° Exercices écrits. — *Première et deuxième années.* — Dicter aux élèves les exercices écrits à faire parmi les suivants :

1. Un homme fait en moyenne 105 pas de 0^m,75 chacun en une minute. Quel chemin aura-t-il parcouru en 3 heures 15 minutes ?
→ *(Nombre total de minutes :)* 60 × 3 + 15 = 195 minutes.
(Longueur de 105 pas :) 0,75 × 105 = 78^m,75.
(Chemin parcouru en 195 minutes :) 78,75 × 195 = 15.356^m,25.

2. La distance de Dunkerque à Bayonne est, à vol d'oiseau, de 1.100 kilomètres. Combien de temps un pigeon voyageur mettra-t-il pour parcourir cette distance s'il fait 25 mètres par seconde ?
→ *(Nombre de mètres :)* 1.100.000 mètres.
(Temps mis par le pigeon pour faire 1.100.000 mètres :)
1.100.000 : 25 = 44.000 secondes.
(Nombre de secondes dans une heure :) 60 × 60 = 3.600 secondes.
(Nombre d'heures :) 44.000 : 3.600 = 12 heures et 800 secondes.
(Nombre de minutes dans 800 secondes :) 800 : 60 = 13 minutes et 20 secondes.
En tout 12 heures 13 minutes et 20 secondes.

3. Convertir 41.856 décimètres cubes en litres, décalitres et hectolitres.
→ 41.856 litres ; 4.185^{Dl},6 ; 418^{Hl},56.

4. Convertir 84.875 litres en mètres cubes.
→ 84^{mc},875.

5. La pièce de 5 francs a 2 millimètres d'épaisseur. Combien en faudrait-il placer les unes au-dessus des autres pour obtenir la hauteur d'une tour de 25 mètres. Quels seront la valeur et le poids de la somme formée ?
→ 25 mètres font 25.000 millimètres.
(Nombre de ces pièces :) 25.000 : 2 = 12.500 pièces.
(Valeur de ces pièces :) 5 × 12.500 = 62.500 francs.
(Poids de ces pièces :) 25 × 12.500 = 312.500 grammes.

5° Correction. — Corriger les exercices écrits qui ont été indiqués.

SCIENCES USUELLES

Dixième Mois
du Cours élémentaire

73ᵉ Leçon. — CULTURE DU BLÉ

1° Leçon. — Faire écrire au tableau : *Sciences usuelles. — Culture du blé (page 713).*
Faire apprendre la leçon (page 713 du livre de l'élève).

2° Interrogations. — Poser les questions 131 et 132 (au bas de la page 713 du livre de l'élève).

3° Explication de la figure. — La figure 87 (livre de l'élève et livre du maître) représente la moisson.

Fig. 87. — La moisson.

Le blé est mûr, le moissonneur le fauche avec une faux munie de pièces de bois qui empêchent les épis de tomber à droite de la faux. Il les recueille en même temps qu'ils sont couchés. Derrière lui, sa femme lie en gerbes le blé fauché.

Au loin on voit des gerbes de blé réunies en moyettes; plus loin encore sont les maisons habitées par les cultivateurs du hameau.

4° Objets utiles pour cette leçon. — En nature, en tableau ou en dessin : des grains de blé, des grains de blé qui lèvent, du blé en fleurs, du blé portant des grains mûrs.

Le gérant : PAUL DUPONT.

SCIENCES USUELLES : AGRICULTURE

5° Leçons de choses. — 1. Montrer aux élèves les divers états de développement du blé depuis le grain jusqu'au blé portant des grains mûrs.

2. Faire reconnaître aux élèves sur le blé qui lève les jeunes racines, les jeunes feuilles et la jeune tige.

3. Faire reconnaître aux élèves sur un pied de blé fleuri les racines, les tiges, les feuilles, les fleurs.

6° Résumé de la leçon. — 1. Faire copier le premier paragraphe du résumé [*Culture du blé* (131 et 132)], page 720 du livre de l'élève.

2. Corriger ce devoir écrit.

74° Leçon. — CULTURE DES FOURRAGES

1° Leçon. — Faire écrire au tableau : *Sciences usuelles. — Culture des fourrages (page 714).*
Faire apprendre la leçon (page 714 du livre de l'élève).

2° Interrogations. — Poser les questions 133 et 134 (au bas de la page 714 du livre de l'élève).

3° Explication de la figure. — La figure 88 (livre de

Fig. 88. — On fauche l'herbe des prairies.

l'élève et livre du maître) représente la fenaison, c'est-à-dire le moment où l'on fauche l'herbe des prairies.

On voit un faucheur en avant qui abat bien régulièrement le fourrage par lignes successives ; le fourrage fauché sèche au soleil et on le retourne de temps en temps. Plus loin est une charrette traînée par quatre bœufs qui va emmener dans la grange le foin séché dont elle est chargée.

Au loin, on aperçoit des saules, des peupliers et un coteau.

4° Résumé de la leçon. — 1. Faire copier le deuxième paragraphe du résumé [*Culture des fourrages* (133 et 134)], page 720 du livre de l'élève.

2. Corriger ce devoir écrit.

75° Leçon. — LES POMMIERS ; LE CIDRE

1° Leçon — Faire écrire au tableau : *Sciences usuelles. — Les pommiers ; le cidre (page 715).*

Faire apprendre la leçon (page 715 du livre de l'élève).

2° Interrogations. — Poser les questions 135 et 136 (au bas de la page 715 du livre de l'élève).

3° Explication de la figure. — La figure 89 (livre de l'élève et livre du maître) représente la récolte des pommes en Normandie.

Fig. 89. — Récolte des pommes.

Un cultivateur, muni d'une longue baguette, qu'on appelle gaule, fait tomber les pommes qui sont sur un pommier. Une femme les ramasse dans un panier.

En avant et à gauche de la figure on remarque un tas de pommes et des sacs renfermant des pommes récoltées.

Plus loin, ce sont d'autres pommiers, sur la même rangée que le premier et dont on n'a pas encore « gaulé » les pommes.

4° Objets utiles pour cette leçon. — Des échantillons en nature ou des dessins de branches de pommiers en fleurs, en feuilles et en fruits.

5° Leçon de choses. — Montrer aux élèves, en nature ou en dessin, des branches de pommiers, des fleurs de pommiers, des pommes.

6° Résumé de la leçon. — 1. Faire copier le troisième paragraphe du résumé [*Les pommiers ; le cidre* (135 et 136)], page 720 du livre de l'élève).
2. Corriger ce devoir écrit.

76ᵉ Leçon. — LA VIGNE

1° Leçon. — Faire écrire au tableau : *Sciences usuelles. — La vigne (page 716)*.
Faire apprendre la leçon (page 716 du livre de l'élève).

2° Interrogations. — Poser les questions 137 et 138 (au bas de la page 716 du livre de l'élève).

3° Explication de la figure. — La figure 90 (livre de

Fig. 90. — La vendange.

l'élève et livre du maître) représente la vendange en Bourgogne.
La vigne est plantée sur un coteau bordé de bois ; les tiges sont soutenues par des tuteurs, appelés échalas.

Les vendangeuses coupent les grappes de raisin mûr et les recueillent dans des paniers. Le contenu des paniers est ensuite versé dans des hottes que les vendangeurs emportent chargées sur leur dos pour les porter au pressoir.

4° Objets utiles pour cette leçon. — Des échantillons de vigne ou des dessins représentant des rameaux de vigne, la vigne en fleurs et en fruits.

5° Leçon de choses. — Montrer aux élèves, en nature ou en dessin, des rameaux de vigne, des fleurs et des fruits de vigne.

77ᵉ Leçon. — LE VIN

1° Leçon. — Faire écrire au tableau : *Sciences usuelles. — Le vin (page 717).*
Faire apprendre la leçon (page 717 du livre de l'élève).

2° Interrogations. — Poser les questions du n° 139 (au bas de la page 717 du livre de l'élève).

3° Explication de la figure. — La figure 91 (livre de l'élève et livre du maître) représente la manière dont on foule le raisin dans beaucoup de campagnes, simplement en l'écrasant avec les pieds dans de grands cuviers. C'est de cette manière qu'on foulait toujours le raisin autrefois. Maintenant on remplace presque partout ce foulage primitif par un *pressoir*, c'est-à-dire une machine très simple qui écrase le raisin et qu'on fait tourner au moyen d'une grande vis.

Fig. 91. — On foule le raisin qu'on a versé dans de grands cuviers.

SCIENCES USUELLES : AGRICULTURE

4° Résumé des leçons 76 et 77. — 1. Faire copier le quatrième paragraphe du résumé [*La vigne ; le vin* (137 à 139)], page 720 du livre de l'élève.
2. Corriger ce devoir écrit.

78° Leçon. — CULTURE DU VERGER

1° Leçon. — Faire écrire au tableau : *Sciences usuelles. — Culture du verger (page 718).*
Faire apprendre la leçon (page 718 du livre de l'élève).

2° Interrogations. — Poser les questions du n° 140 (au bas de la page 718 du livre de l'élève).

3° Explication de la figure. — La figure 92 (livre de l'élève et livre du maître) représente un verger, à la fin de l'hiver ; on y voit des pommiers et des poiriers dont les branches ont été taillées tous les ans et que le jardinier a pu ainsi diriger à son gré, grâce à la taille. En avant, l'un d'eux dont les branches sont soutenues par des fils de fer tendus est exposé à l'air des deux côtés.
Plus loin, d'autres sont appliqués contre un mur ; leurs branches sont aussi soutenues par des fils de fer attachés au mur.

Fig. 92. — Arbres fruitiers taillés en espaliers.

On voit qu'on est encore en hiver, car ces arbres fruitiers n'ont pas encore de feuilles et derrière la maison qui est plus loin que le mur un grand arbre est encore dépouillé de son feuillage. Il n'y a que les sapins et les pins qui ont conservé leurs feuilles.

4° Objets utiles pour cette leçon. — Un tableau montrant la taille des arbres, montrant les bourgeons à bois et les bourgeons à fruits ou des dessins de branches en nature, laissant voir ces deux sortes de bourgeons ; un sécateur.

5° Leçons de choses. — 1. Montrer sur des branches d'arbres fruitiers ou sur des dessins comment l'arbre est taillé et faire reconnaître les bourgeons à fruits et les bourgeons à bois.

2. Montrer un sécateur et faire voir comment on se sert de cet instrument pour la taille des arbres.

3. Si le jardin de l'école a des arbres fruitiers taillés, les faire voir aux élèves et, si c'est possible, en tailler un devant eux.

79° Leçon. — LES LÉGUMES DU POTAGER

1° Leçon. — Faire écrire au tableau : *Sciences usuelles.* — *Les légumes du potager (page 719).*

Faire apprendre la leçon (page 719 du livre de l'élève).

2° Interrogations. — Poser les questions 141 à 144 (au bas de la page 719 du livre de l'élève).

3° Objets utiles pour cette leçon. — Des dessins représentant divers légumes : carottes, radis, oignons, laitues, etc.; ou ces légumes en nature.

4° Leçons de choses. — 1. Faire nommer par les élèves les noms des divers légumes qu'on leur montre.

2. Faire reconnaître par les élèves à chaque légume qu'on leur montre les racines, les feuilles et les tiges.

5° Résumé des leçons 78 et 79. — 1. Faire copier le dernier paragraphe du résumé [*Culture du verger et du potager* (140 à 144)], page 720 du livre de l'élève.

2. Corriger ce devoir écrit.

80° Leçon. — RÉSUMÉ DU DIXIÈME MOIS

1° Leçon. — Faire écrire au tableau : *Sciences usuelles.* — *Résumé du dixième mois (page 720).*

Faire apprendre ce résumé (page 720 du livre de l'élève).

2° Récitation. — Faire réciter le résumé du dixième mois (page 720 du livre de l'élève) et revenir, s'il y a lieu, sur les parties des leçons 73 à 79 qui n'auraient pas été bien comprises.

LECTURES

Dixième Mois
du Cours élémentaire

Lecture N° 91

UNE JOIE D'ENFANT

Lorsqu'on me donna mon premier parapluie, j'avais neuf ans. J'en ressentis une joie et un orgueil immenses.

Comme je le trouvais beau ! Il était en soie vert-bouteille, et son manche était terminé par une pomme arrondie. Je n'aurais donc plus besoin, quand il pleuvrait, de marcher à petits pas tout près d'une grande personne qui, en voulant m'abriter, laisserait mouiller tantôt mon bras droit, tantôt mon bras gauche ! J'avais mon parapluie à moi ; j'étais libre ! j'étais un homme !

Je me promenais depuis quelques minutes dans le corridor, essayant mon parapluie à l'abri, quand le ciel devint noir et quelques gouttes d'eau commencèrent à tomber. Cela finit par former une averse. J'entr'ouvris la porte : quelle bonne occasion pour essayer mon parapluie ! Oui... mais cela me faisait un peu de chagrin de le mouiller, et puis j'avais peur qu'on me prenne pour un enfant, si on me voyait sortir exprès pour cela, et je voulais passer pour un homme.

De l'autre côté de la maison, la figure espiègle de ma sœur Jeanne se montra. Elle tenait son tablier, rempli de feuilles de choux et de poireaux, qu'elle portait aux lapins d'une pauvre vieille, notre voisine.

Jeanne regarda la terre mouillée, avança un pied et rentra. Elle ressortit presque aussitôt, chaussée de sabots, et releva sa petite jupe par-dessus sa tête.

— Veux-tu que je te conduise ? lui dis-je en sortant tout à coup, je te couvrirai avec mon parapluie.

— Oh ! ton beau parapluie ! cela va le mouiller, dit-elle.

— Il est fait pour cela, répondis-je fièrement. J'étendais le parapluie au-dessus de la tête de Jeanne, la préservant de mon mieux. Vraiment, je devenais un homme ; j'abritais mon prochain.

Jusqu'à présent, ma sœur et moi, nous n'étions pas souvent d'accord ; peu de jours se passaient sans querelles. Mais, grâce à mon parapluie, je me sentais subitement devenu supérieur, et je fus pris d'une grande bienveillance pour cette petite fille. Je remarquai que ses mains étaient rouges de froid. Je pesai son tablier.

— Comme c'est lourd ! tu en as trop mis, tu dois être bien fatiguée !

— C'est que la mère Mathieu a des lapins nouveaux ; j'ai pris tout ce qu'il y avait d'épluchures.

— Attends. Voici la cabane aux outils ; mettons tes légumes dans un panier, ce sera plus commode.

— Oui, tu as bien raison. Comme tu es gentil !

Elle ne me taquinait pas ; elle ne se moquait pas de moi. Pour la première fois de ma vie, je la trouvais aimable.

Je réchauffai ses petites mains rouges entre ma veste et mon gilet, et nous allâmes gaiement porter la nourriture aux lapins de la mère Mathieu.

Il y a bien des années de cela ; Jeanne s'en souvient encore. « C'est ce jour-là que tu as commencé à être un bon frère, » me dit-elle quelquefois. C'est vrai, c'est mon premier parapluie qui a changé mon caractère.

(*D'après* le *Magasin pittoresque*.)

Lecture N° 92

LE VOYAGE DE DANIEL

Dans un village d'Irlande, vivait un pauvre paysan, nommé Daniel. Il était très bon et très simple, mais il avait un grand défaut ; il aimait le bon vin et en buvait quelquefois trop.

Un jour qu'il y avait eu fête au village, Daniel avait passé une grande partie de la journée en compagnie de quelques bouteilles, riant et causant avec ses amis. Ceux-ci étaient partis depuis longtemps quand Daniel, s'apercevant du vide qui s'était fait peu à peu autour de lui, se décida enfin, à la tombée du jour, à se lever pour retourner à sa cabane où sa femme l'attendait.

En route, il lui arriva des choses extraordinaires dont il fit plus tard le récit.

« Je m'en allais, dit-il, en pensant à la belle journée que j'avais passée quand, arrivé devant la rivière, je m'arrêtai. Le ciel était rempli d'étoiles; je me mis à les regarder... tout à coup, mon pied glissa et je tombai dans l'eau. Je nageai de côté et d'autre, et je finis par atteindre une petite île déserte. J'errai à travers cette île ne sachant où trouver un abri, quand aussitôt j'aperçus une grande ombre devant la lune. Deux ailes immenses s'agitaient dans les airs, et un aigle, tel que je n'en ai jamais vu, descendit près de moi, avec un bruit pareil à celui du tonnerre.

— Eh bien! Daniel, me dit-il en me regardant, comment te trouves-tu?

— Assez mal pour le moment, répondis-je, très étonné d'entendre parler cet oiseau; j'aimerais mieux être dans ma ferme.

— Par quel hasard, ajouta-t-il, es-tu au milieu de la nuit dans cette île abandonnée?

Je lui racontai comment, ayant bu un peu trop, je m'étais laissé tomber à l'eau.

— Écoute, me dit-il alors, comme tu es un brave garçon et que tu ne lances point de pierres ni à moi ni à mes petits, je vais te rendre service. Assieds-toi sur mon dos et je t'emporterai dans ta demeure. Crois-en ma parole, ajouta-t-il, en mettant sa patte sur sa poitrine; sans moi, tu ne peux sortir de cette île.

Je m'assis sur son dos, et j'enlaçai mes bras autour de son cou, pour ne pas tomber. Il prit son vol et s'élança dans l'air comme une alouette. Effrayé, je le suppliai de descendre vers ma ferme.

— Me prends-tu pour un sot? dit-il. Ne vois-tu pas dans

les champs des hommes armés de fusils ? Je ne vais pas m'exposer à être tué pour te ramener plus vite chez toi.

Et il continua à s'élever toujours plus haut. Je ne vis bientôt plus la terre ; les nuage flottaient à mes pieds. Nous arrivâmes enfin, mais devinez où ?... A la lune !

— Daniel, me dit le méchant aigle, je suis fatigué. Assieds-toi un instant sur la lune, car j'ai besoin de reprendre haleine.

— M'asseoir sur la lune ! quelle idée ! comment voulez-vous que je puisse m'asseoir sans tomber ?

— Comme tu voudras, dit-il ; moi, je ne puis te porter plus longtemps ; si tu refuses, d'un coup d'aile je te jette en bas.

— De grâce ! je vous en conjure, ayez pitié de moi !

— C'est assez gémir. Veux-tu, oui ou non, t'asseoir sur la lune ?

Je fus bien forcé d'obéir. Je me traînai sur un rocher rempli d'aspérités et le serrai entre mes genoux.

Le maudit aigle me regardant alors d'un air moqueur me dit :

— A présent, adieu, mon cher Daniel. Le printemps dernier tu m'as enlevé mon nid, je voulais me venger. Reste là, mon ami, tu parais très bien assis.

Je me souviens alors de ce malheureux nid que j'avais réellement enlevé.

L'aigle s'enfuit en ricanant.

Tandis que j'étais là, plongé dans le plus profond désespoir, un des habitants de la lune apparut.

— Que fais-tu là ? dit-il. De quel droit viens-tu troubler notre retraite ? Va-t'en.

— Je ne demande pas mieux, répondis-je, mais comment ?

— Ça n'est pas mon affaire, mais il faut que tu t'en ailles.

Voyant que je ne bougeais pas, il me donna un coup violent qui me fit rouler dans l'air la tête en bas.

Cette fois, me dis-je, c'est fini. Je suis perdu. Adieu ! ma ferme, ma bonne Judith, mes chers enfants.

Et je tombais de plus en plus vite. Il me semblait maintenant que j'étais au-dessus de l'océan.

En effet, je finis par me trouver au milieu des vagues.

Tandis que j'essayais de me sauver à la nage, je m'éveillai et... j'entendis une voix qui me criait :

— Tu ne te corrigeras donc jamais, ivrogne que tu es, avant de te jeter par terre comme un animal, tu devrais au moins choisir un endroit plus propre !

C'était ma bonne femme Judith qui m'adressait ces douces paroles et me jetait un seau d'eau sur le corps pour me laver de la boue dans laquelle j'étais tombé. Cette douche forcée acheva de me dégriser et, tout honteux, je me promis de ne plus me livrer à la boisson. »

Lecture N° 93

UNE LEÇON D'HUMANITÉ DONNÉE PAR UN CHIEN

Un berger avait un chien qui, pendant bien des années, l'avait aidé à garder son troupeau et s'était toujours montré un bon serviteur fidèle et soumis.

En vieillissant, ce pauvre chien était devenu aveugle et infirme ; il ne pouvait plus continuer son métier de gardien et le berger, qui ne voulait pas nourrir une bête inutile, résolut de s'en débarrasser. N'est-ce pas ainsi (c'est triste à dire) qu'on traite généralement les animaux domestiques, quand ils ne sont plus bons à rien ?

Le berger se décida donc à noyer son chien. Il le conduisit sur les bords d'une rivière profonde et rapide et le lança de toutes ses forces au milieu des flots.

Le pauvre chien se débattit quelques instants, en poussant des hurlements plaintifs, mais il ne pouvait lutter contre la violence du courant et il allait disparaître, quand un magnique terre-neuve accourut en bondissant sur la berge, s'élança dans la rivière et se mit à nager vigoureusement dans la direction du chien aveugle.

Il fendait l'eau avec une agilité incroyable, en aboyant joyeusement comme pour donner courage à son malheureux camarade.

Le chien aveugle, en effet, devinant que des secours inespérés allaient lui arriver, sembla redoubler de force et de vie ; en quelques bonds, il rejoignit le terre-neuve. Celui-ci, comprenant tout le danger de la tâche qu'il venait de s'imposer, souleva sa croupe, de manière que le naufragé pût y cramponner sûrement ses pattes de devant, sans pour cela gêner trop ses mouvements, et se remit bravement à nager vers la rive. Ses efforts furent couronnés de succès ; en quelques secondes, il prit pied et se mit à secouer fièrement sa belle fourrure, tandis que son camarade tombait épuisé à ses côtés.

Le berger avait assisté à cette scène, immobile de surprise et d'admiration. Ses yeux étaient remplis de larmes. Il appela doucement son pauvre vieux chien qui s'était redressé sur ses pattes tremblantes et flairait le sol pour retrouver la trace de son maître. A la voix de ce maître qui avait été pourtant si dur envers lui, le bon chien fidèle accourut en remuant la queue : « Ah ! mon vieux camarade, s'écria le berger tout ému, puisque ce brave terre-neuve t'a sauvé la vie, ton maître n'aura pas la cruauté de te faire mourir. J'ai honte de la vilaine action que je voulais commettre. Viens, suis-moi, mon pauvre bon chien ; je te soignerai jusqu'à ton dernier jour, je partagerai mon pain avec toi qui as partagé mes fatigues et si souvent veillé sur moi et sur mon troupeau. Viens, mon fidèle... » Et le berger s'éloigna, suivi de son chien. Le terre-neuve avait déjà disparu, sans doute pour rejoindre son maître. L'humble et vaillant animal venait de donner à l'homme ingrat une belle leçon d'humanité. Cette leçon porta ses fruits. Désormais le berger fut toujours doux et bon pour son vieux chien qui mourut paisiblement de vieillesse.

O. LAGUERRE.

LECTURE N° 94

LE PAUVRE AVEUGLE

Auprès de la jolie église de Saint-Maclou, que les habitants de Rouen appelaient autrefois la *fille aînée de Monsei-*

gneur l'archevêque, et qui date de 1228, les passants pouvaient voir, dès le matin, un pauvre mendiant aveugle, assis sur une borne, non loin de la fontaine qui coule en ce lieu.

Tous les ouvriers qui passaient près de lui s'arrêtaient et laissaient tomber quelque pièce de monnaie dans son chapeau. Le lundi on lui voyait beaucoup plus de pratiques que les autres jours; interrogé à ce sujet, l'infirme repondait : « C'est pour que la semaine leur soit bonne. » Touchante et salutaire croyance !

Un jour, une petite fille d'une dizaine d'années arriva dès le point du jour pour remplir sa cruche à la fontaine Saint-Maclou ; avant de s'en retourner, elle eut soin de laver son frais visage au jet d'eau glacé qui de loin ressemblait à une lame d'acier.

La petite fille avait un instant perdu de vue sa cruche et s'amusait avec un enfant de son âge ; en courant, son petit camarade heurta la cruche qui tomba sur le pavé et se brisa en mille pièces.

Je vous laisse à penser quels cris fit alors entendre la petite fille ! — Je n'oserai jamais rentrer chez moi, dit-elle, car je serai sûrement battue !

Quelques voisines, venues aussi à la fontaine, cherchaient à la consoler, mais la pauvre enfant tremblait de tous ses membres et de grosses larmes coulaient sur ses joues.

L'aveugle, appuyé contre le mur de l'église, avait assisté à cette scène ; ému des larmes de l'enfant, il chercha au fond de son chapeau les quelques aumônes qu'il avait déjà reçues : « Donnez ça à cette enfant, dit-il, qu'elle remplace sa cruche et qu'elle rentre chez elle ; je ne veux pas qu'elle soit battue ! » La petite fille, ne sachant exprimer sa reconnaissance, embrassa avec effusion le bon vieillard qui pour elle s'était privé du nécessaire.

C'était un lundi qu'il fit cette bonne œuvre; la semaine lui aura été heureuse !

Lecture N° 95

LE HÉRISSON
FABLE

Au milieu des bois, dans une fraîche et silencieuse clairière, quelques animaux, libres habitants de la forêt ou des champs, s'étaient réunis pour se divertir en commun.

Il y avait là le joyeux Écureuil, toujours en mouvement, l'œil vif et la queue en panache ; il y avait le Daim, si léger à la course ; Jean Lapin et son cousin le Lièvre agitant à l'envi leurs longues oreilles ; dame Marmotte, descendue pour la circonstance des montagnes voisines, enfin maître Hérisson, qui avait rabattu ses piquants et se montrait fort disposé à prendre part aux ébats de la compagnie.

Tout alla d'abord le mieux du monde ; les premiers compliments échangés, on s'étendit sur l'herbe et l'on causa des menus événements de la semaine ; chacun débita sa petite histoire ou fit sa petite réflexion ; comme on peut le penser, l'espèce humaine ne fut point ménagée et l'on en dit de belles sur son compte. Cette joyeuse conversation fut interrompue par l'Écureuil qui ne pouvait rester longtemps en place. « Je propose, dit-il, que chacun des membres de la société divertisse les autres en exécutant ici ses plus jolis tours. » Et, pour donner l'exemple, il s'élança sur un arbre, se suspendit à une branche flexible et se mit à faire de la gymnastique, déployant une souplesse, une grâce, une agilité que les plus célèbres acrobates eussent vainement essayé d'égaler.

L'assistance, émerveillée, applaudit, comme il le méritait, notre agile Écureuil. Seul, le Hérisson se montra réservé dans ses témoignages d'approbation ; on aurait dit que le succès de son camarade excitait en lui quelque jalousie... Mais on fit peu attention à sa mauvaise humeur.

A son tour, le Daim étonna la société par des bonds d'une prodigieuse légèreté ; puis le Lièvre et le Lapin rivalisèrent de rapidité dans une course qui se termina à l'avantage du Lièvre ; enfin la Marmotte provoqua de longs éclats de rire en dansant un pas qu'elle avait appris d'un petit Savoyard, dont elle avait été quelque temps la captive.

C'était maintenant au Hérisson à déployer ses talents; mais il ne savait ou ne voulait rien faire et déclara, d'un ton renfrogné, qu'on ne devait pas compter sur lui. L'Écureuil, né malin, se moqua de sa mine maussade et l'appela « vieux grognon ». Il n'en fallut pas plus pour exaspérer l'irritable Hérisson. Il se roula en boule et présenta de toutes parts ses pointes menaçantes. Le voyant si fâché, ses compagnons essayèrent de l'apaiser par quelques bonnes paroles; le Hérisson ne répondit que par un morne silence; il resta roulé sur lui-même, semblable à une pelote hérissée d'aiguilles, si bien que ses amis, las de cette obstination, finirent par l'abandonner à lui-même. Ils s'en allèrent, en gambadant, chercher une autre clairière pour y continuer en paix leurs joyeux ébats, et le Hérisson morose demeura seul, tout seul, dans le coin où il s'était roulé en boule. Il eut bien, un instant, l'envie de courir après ses compagnons, de leur demander pardon de sa maussaderie, mais une sotte honte l'empêcha d'en rien faire. Il s'ennuya donc tout le jour dans la clairière abandonnée et, le soir venu, regagna tristement son logis, furieux contre les autres et contre lui-même. C'était le juste châtiment de sa mauvaise humeur.

O. LAGUERRE.

LECTURE N° 96

LE RACCOMMODEUR DE FAIENCE

Il était une fois un brave homme qui raccommodait de la faïence. Il allait de place en place, criant pour annoncer son passage; puis, quand les ménagères lui avaient confié une certaine quantité de soupières cassées, d'assiettes fendues, de vieux pots, il s'asseyait dans quelque coin et commençait son travail.

Les jours de congé, tous les petits enfants l'entouraient pour le regarder travailler. Cela les intéressait de voir remettre à neuf les pièces du ménage qu'ils avaient souvent cassées eux-mêmes. Ils interrogeaient le brave homme qui leur répondait toujours avec patience ; aussi les ménagères l'aimaient beaucoup, parce qu'il était bon avec leurs enfants et elles lui donnaient du travail de préférence à tout autre raccommodeur.

Ce n'était point seulement avec les petits enfants que le vieux raccommodeur était bon. Il l'était aussi avec les bêtes, comme on va le voir.

Dans le voisinage, à la porte d'un palais, vivait un suisse qui aimait beaucoup les oiseaux. Ce suisse avait élevé une pie. L'oiseau savait deux phrases : « Que voulez-vous ? » et « Monseigneur n'y est pas ».

Un jour le raccommodeur de faïence vint s'asseoir sur un banc de pierre sous les fenêtres du palais ; la pie vint aussitôt le trouver et le regarda d'abord de l'œil droit, ensuite de l'œil gauche, en penchant la tête. « Que voulez-vous ? » lui demanda-t-elle.

— Et toi ? riposta l'homme en souriant.

« Que voulez-vous ? que voulez-vous ? » répéta la pie avec impatience.

— Je veux gagner ma vie honnêtement, répondit l'homme à demi-voix.

Et il se remit au travail, raccommodant une soupière avec grande adresse. Il était très occupé et ne relevait pas la tête.

La pie, très bavarde comme toutes les pies, semblait ennuyée de ce silence.

« Que voulez-vous ? » se remit-elle à dire.

— Je veux éviter les cassures ; il faut que le trou soit net et aussi étroit que possible.

La pie avait l'air de l'écouter avec grand plaisir ; le brave homme continua ses explications ; il ne croyait pas, bien entendu, que la pie le comprenait, mais il n'aurait pas fait un affront à une mouche.

— Renvoyez-la, si elle vous ennuie, dit le suisse qui venait de paraître sur le seuil de sa loge.

— Mais non, elle ne m'ennuie pas, au contraire.

— Veillez sur vos outils, elle est très espiègle.

Le gérant : PAUL DUPONT.

— J'y veille sans en avoir l'air.

« Monseigneur n'y est pas, » dit la pie d'un air aimable.

— Ah ! vraiment ! qu'il y soit ou qu'il n'y soit pas, c'est la même chose pour moi. Les grands seigneurs ne s'occupent pas des artistes qui travaillent en plein vent... Et cependant, voilà de la besogne qui n'est pas trop mal faite... je ne crois pas qu'on puisse faire mieux que cela... je suis peut-être vaniteux ; mais, réellement, je ne crois pas que les raccommodeurs établis fassent de la meilleure besogne.

« Monseigneur n'y est pas, » redit la pie.

— Monseigneur y est, au contraire, fit une voix. Le raccommodeur se retourna vivement.

Monseigneur était à son balcon : — J'ai là un petit vase que l'on m'a ébréché, dit-il. Je vais vous l'envoyer.

Le lendemain, Monseigneur montra son vase réparé à quelques connaisseurs. Ils en furent émerveillés.

Et le vieux raccommodeur, si doux avec les plus petits, travailla désormais pour le palais.

(D'après le *Magasin pittoresque*.)

LECTURE N° 97

FRIQUET RETROUVÉ

Il y a une centaine d'années, sur un pont, à Paris, un jeune garçon vendait des chiens. Il en avait dans toutes ses poches. Les petites bêtes se tenaient à l'ouverture, les pattes de devant et la tête dehors.

Parmi les passants qui s'arrêtaient chaque jour pour regarder les roquets, le garçon avait remarqué un marchand de balais qui ne restait jamais moins d'une demi-heure en contemplation.

A vrai dire, cela n'intéressait guère le pauvre homme, mais c'était le seul plaisir de sa petite fille, une enfant maladive qu'il promenait souvent, assise au milieu de ses balais.

La petite n'avait jamais été bien portante et un grand

chagrin était venu augmenter son mal, elle avait perdu son ami Friquet, un bon petit chien qui jouait avec elle. Depuis ce jour, elle avait cessé de rire et de jouer.

Le chien était mort ; mais comme l'enfant ne l'avait pas vu mourir, son père, ne sachant comment la consoler, eut l'idée de lui dire :

— Il s'est sauvé d'ici, mais, en courant dans Paris, je le retrouverai.

Et l'enfant répondit : — Emmène-moi avec toi, si Friquet me voit, il me suivra, bien sûr.

— T'emmener ! C'est que je vais loin tous les jours. Est-ce que tu pourrais marcher comme je marche ?

— Non ; mais tu peux me porter.

— Après tout, tu ne pèseras pas plus lourd qu'un balai, dit le marchand.

Et il l'emmena. En passant un jour sur le pont, l'enfant poussa un cri de joie, elle venait d'apercevoir le marchand de petits chiens, et, dans l'un d'eux, elle avait cru reconnaître Friquet.

Le père dut s'arrêter et la mettre à terre. Elle voulait voir si son Friquet allait la reconnaître aussi. Mais le chien ne fit aucune attention à ses caresses.

— Il s'est déshabitué de toi, dit le père. Il faut lui donner le temps de se rappeler. Nous reviendrons le voir demain.

Et à demi-voix, il avait demandé au marchand : — Combien me céderiez-vous cette petite bête-là ?

— J'en ai refusé vingt francs, répondit le marchand.

Tous les jours la visite à Friquet se renouvela. Le petit chien commençait à se familiariser si bien avec l'enfant, qu'elle dit un jour : — Enfin ! il m'a reconnue !

Et ses joues se ranimèrent et ses yeux brillèrent.

Cependant, le père était bien inquiet ; il n'était pas assez riche pour acheter le chien, et il avait toujours peur de ne plus le retrouver dans la poche du marchand.

Un jour, ce garçon lui dit : — Ne comptez plus sur mon chien pour amuser demain votre petite ; il est vendu à une dame.

Le père fit tout ce qu'il put le lendemain pour laisser sa

fille à la maison, mais il n'y eut pas moyen de lui faire entendre raison.

Cependant, en arrivant sur le pont, le petit chien était encore là.

— Vous ne l'avez donc pas vendu ? demanda le père.

— Je vous attendais. J'ai réussi à vendre à la dame un autre chien ; car je pensais au chagrin qu'aurait la petite, si elle ne trouvait plus son ami. J'ai même vendu l'autre si cher, que je peux vous donner Friquet par-dessus le marché.

En disant ces mots, le brave garçon mit la petite bête dans les bras de la fillette qui s'écria triomphante : « Je savais bien que je le ramènerais à la maison ! »

Depuis ce jour, on ne vit jamais de meilleurs amis au monde que le marchand de chiens et le marchand de balais.

LECTURE N° 93

L'ANE TRANSFORMÉ

Un homme très distrait et très naïf tenait à la main la corde de son âne qu'il tirait derrière lui. Deux voleurs le voyant, l'un dit à l'autre :

— Je me charge d'enlever l'âne de cet homme.

Il s'approcha de l'âne qu'il détacha et donna à son compagnon ; puis, se passant le licou autour de la tête, il se laissa traîner par l'homme, jusqu'à ce qu'il fût certain que son compagnon avait mis l'âne en sûreté. Alors, il s'arrêta tout à coup : le bonhomme se retourna et vit avec stupéfaction un homme au lieu d'un âne.

— Qui es-tu donc ? demanda le paysan.

— Je suis votre âne, répondit le voleur. Mon histoire est bien extraordinaire : j'avais une mère très âgée, je me présentai un jour à elle en état d'ivresse. « Mon fils, me dit-elle, corrige-toi. » Je pris un bâton et je la frappai.

Je fus puni. Depuis ce jour, je fus changé en âne et tombai entre vos mains. Aujourd'hui, ma mère s'est souvenue de moi sans doute. Elle aura fait quelque prière, car le Ciel a eu pitié de moi et je suis redevenu un homme.

— Est-il possible ! s'écria le paysan ébahi. Je te supplie, mon frère, de me pardonner de t'avoir pris pour monture et de t'avoir fait travailler si durement.

Cela dit, il lui ôta la corde du cou et le voleur s'enfuit.

Le paysan revint chez lui : — Où est donc l'âne, demanda sa femme.

Il lui raconta l'histoire.

— Malheureux que nous sommes ! dit la femme, nous avons fait travailler un homme comme une bête !

N'ayant plus d'âne, le paysan resta longtemps chez lui, ne faisant rien.

— Va au marché et achète-nous un autre âne, avec lequel tu pourras continuer à travailler, dit enfin la femme.

L'homme se rendit au marché, en effet, et s'arrêta auprès d'un groupe d'ânes à vendre. Tout à coup, il aperçoit son baudet en personne. Il approche alors sa bouche de l'oreille de la bête et dit gravement :

— Misérable ! Tu as dû recommencer à boire, et tu as frappé encore ta mère, va, je jure que je ne t'achèterai jamais plus !

Cela dit, il s'éloigna, rempli d'indignation.

(D'après le Magasin pittoresque.)

Lecture N° 99

LE CANICHE

Sénon était un beau caniche, noir comme l'ébène, avec une tache blanche sur la poitrine. Depuis dix ans déjà, il vivait dans la famille Valter et les enfants l'aimaient comme le plus gai et le meilleur de leurs camarades.

Tous les jours, après le déjeuner, Sénon entrait joyeusement dans la salle à manger, agitant sa belle queue noire relevée en trompette. On lui donnait un petit pain d'un sou qu'il croquait dans un coin, puis il s'en allait dans le jardin attendre que les enfants viennent jouer avec lui.

La famille Valter, qui avait toujours été riche, perdit subitement sa fortune. A l'aisance succéda la gêne, puis vint la pauvreté véritable.

Un jour Sénon, en entrant dans la salle à manger, reçut, à la place de son pain habituel, un simple croûton de pain bis. La brave bête ne parut pas trop s'apercevoir du changement. Ses maîtres lui parlaient toujours avec bonté et lui prodiguaient des caresses plus affectueuses encore qu'à l'ordinaire.

Quelque temps après, Sénon, ne recevant même pas une bouchée de pain, observa ses maîtres plus attentivement et devint triste.

Un jour vint où Sénon remarqua qu'il n'y avait plus une miette de pain sur la table. Une idée lumineuse passa sans doute dans son intelligence de bon chien, car il parut joyeux et partit comme un trait.

Il alla droit chez le boulanger, attrapa un beau pain bien doré et s'enfuit.

— Tu n'es pas gêné ! cria, moitié riant, moitié fâché le boulanger qui voulut poursuivre le chien.

Un passant le retint.

— Je vous payerai votre pain. Laissez-moi suivre ce chien et voir quelle est son idée.

Comme le passant paraissait très riche, le boulanger accéda tout de suite à son désir.

Sénon ne posa pas une seule fois le pain. Il le porta avec toute la délicatesse qu'il put y mettre jusqu'à la salle à manger, dont la porte était restée ouverte.

Toute la famille se leva profondément étonnée et émue.

Sénon avait volé, c'était mal ; mais le pauvre chien ne méritait pas d'être grondé. Il ne croyait pas mal faire en allant chercher du pain, pour le donner à ses amis qui en manquaient.

Le passant, qui avait suivi le chien, comprit à quel noble sentiment obéissait la brave bête. Il fut ému devant un acte de bonté si simple et si touchant.

Touché par l'exemple de la pauvre bête et ne voulant pas

être en retour de générosité, il s'occupa de la pauvre famille et trouva au père un emploi lucratif.

La position de M. Valter, grâce à son protecteur, s'améliora rapidement et l'amour de tous pour le petit caniche qui les avait tirés de la misère ne fit que s'accroître.

Henriette DUPORTAL.

LECTURE N° 100

LE MOUSSE

Sur un petit bateau marchand, nommé le *Jean-Bart*, servait un mousse, un enfant de douze ans, un pauvre orphelin que nul n'aimait, que nul ne protégeait.

Le capitaine et les marins le rudoyaient, sans pitié pour sa jeunesse et pour son abandon. S'il faisait mal un nœud, s'il perdait un hameçon, s'il ne grimpait pas assez lestement aux cordages, s'il lui arrivait de ne pas entendre un ordre, aussitôt les coups de poing, les coups de pied, les coups de corde pleuvaient sur le pauvre garçon et marbraient son corps de larges meurtrissures.

Jamais on ne lui adressait un mot de douceur, jamais on ne lui accordait un instant de repos.

S'il pleurait, on riait de ses larmes ; s'il supportait les coups, sans se plaindre, on l'appelait sournois.

Chacun s'ingéniait à lui jouer de mauvais tours ; c'était le souffre-douleur de l'équipage. Il n'était pas un méfait dont on ne l'accusât. En vain protestait-il de son innocence, en vain criait-il, la voix pleine de larmes : « Ce n'est pas ma faute ! — Viens çà, lui disait-on, qu'on t'avance ta paye ! » Et un rude soufflet s'abattait sur sa joue. Pauvre petit !

Le *Jean-Bart* revenait un jour d'un voyage à Terre-Neuve, rapportant toute une cargaison de morues salées.

Le petit mousse, perché tout en haut du mât, venait de crier : Terre ! terre !... Et, en effet, on voyait se dessiner vaguement, dans le lointain, les côtes bleuâtres de la France.

Tous les marins, émus et joyeux, étaient rassemblés sur le pont, cherchant à entrevoir le port où les attendaient leurs mères, leurs sœurs, leurs fiancées... Seul le petit mousse n'était attendu de personne. Sa mère dormait là-bas, sous les cyprès du cimetière ; son père était mort aussi et il n'avait ni frère, ni sœur...

Cependant le ciel s'était couvert de nuages noirs ; la mer était devenue houleuse ; le vent s'éleva : c'était la tempête qui se déchaînait, au moment même où les marins du *Jean-Bart* saluaient la terre de France.

Bientôt la mer devint furieuse : ses vagues semblaient courir à l'assaut du navire, elles arrivaient sur lui, comme d'énormes montagnes liquides, et le *Jean-Bart*, affreusement secoué, montait et descendait au milieu des flots écumants, avec des craquements sinistres ; ses feux s'étaient éteints, l'eau pénétrait de toutes parts dans la coque ; d'un instant à l'autre, il pouvait sombrer ; l'équipage désespéré se voyait perdu et il n'était plus qu'à quelques mètres seulement de la côte ! Ah ! s'il était possible de tendre une corde entre le navire et la terre, ce serait le salut. Mais qui se dévouera pour porter la corde jusqu'au rivage ? Qui voudra plonger dans la mer furieuse, pour tenter ce coup hardi.

Le patron du *Jean-Bart* fait appel aux hommes de bonne volonté ; nul ne lui répond. — Encore une fois, dit-il, qui veut se dévouer ici pour le salut commun ? — Moi ! moi ! dit la douce petite voix du mousse, que l'on entend à peine au milieu du fracas de la tempête.

Et l'enfant s'avance, tout pâle, mais résolu. On enroule autour de son corps l'extrémité de la corde qu'il va essayer de porter à terre. Les marins silencieux, confondus par ce dévouement sublime, font cercle autour du petit héros. « Adieu, s'écrie l'enfant, je vous sauverai ou je périrai ! » et il s'élance résolument dans le gouffre. Il disparaît d'abord et on le croit perdu, mais on le voit bientôt revenir à la surface de l'eau ; il lutte avec une énergie désespérée contre la mer terrible ; les matelots du *Jean-Bart* et les habitants du port le suivent du regard avec angoisse. Une vague énorme le jette contre un récif ; il pousse un cri douloureux qui retentit dans tous les cœurs, cependant il trouve encore la force de nager jusqu'au rivage où il meurt, en abordant...

Mais il avait sauvé l'équipage du *Jean-Bart !* La corde enroulée autour de son corps servit à établir une communication entre le navire et la côte, et par ce frêle pont, un à un, tous les marins purent atteindre le rivage.

Ils accompagnèrent pieusement au cimetière le pauvre mousse qui avait donné sa vie pour les sauver, et quand on eut déposé dans sa tombe le petit être héroïque, tous s'agenouillèrent pour lui demander pardon !...

O. LAGUERRE.

TABLE DES MATIÈRES

du **LIVRE DU MAITRE**, Cours élémentaire

Tome IV

Huitième, Neuvième et Dixième Mois

Huitième Mois
du Cours élémentaire

I. MORALE
LA DOUCEUR

Entretiens	Pages
57. — Dangers de la colère	5
58. — La tolérance	7
59. — L'affabilité	8
60. — Plus fait douceur que violence	10
61. — Utilité de la douceur pour l'homme	12
62. — Nécessité de la douceur pour la femme	14
63. — La douceur désarme les méchants	15
64. — Douceur envers les animaux	17
Résumé du huitième mois	18

II. ENSEIGNEMENT CIVIQUE
LA JUSTICE

Leçons	Pages
29. — Les magistrats	19
30. — Le tribunal correctionnel et le tribunal civil	19
31. — La cour d'assises	20
32. — La cour d'appel et la cour de cassation	21

III. LANGUE FRANÇAISE

Leçons	Pages
141. — L'adverbe : adverbes simples, adverbes composés.	22
142. — Diverses sortes d'adverbes.	24
143. — Diverses sortes d'adverbes *(Suite)*	27
144. — Résumé des leçons 141, 142 et 143	30
145. — Exercices de récapitulation.	33
146. — Le verbe : mode infinitif	38
147. — Le verbe *(Suite)* : participe présent.	41
148. — Le verbe *(Suite)* : participe passé.	43
149. — Résumé des leçons 146, 147 et 148	46
150. — Verbes *aller* et *envoyer*.	50
151. — La préposition : prépositions simples, prépositions composées.	54
152. — Classement des prépositions	56
153. — Remarques sur quelques prépositions	58
154. — Résumé des leçons 151, 152 et 153	61
155. — Exercices de récapitulation.	65
156. — Résumé des 6°, 7° et 8° mois	70
157. — Résumé des 6°, 7° et 8° mois *(Suite)*.	72
158. — Résumé des 6°, 7° et 8° mois *(Fin)*.	75
159. — Exercices de récapitulation.	77
160. — Exercices de récapitulation.	83
Récitations	89

IV. HISTOIRE

NAPOLÉON Ier

Leçons	Pages
57. — Le Consulat.	96
58. — Administration du Consulat.	98
59. — Campagne d'Austerlitz.	99
60. — Guerres d'Espagne et d'Autriche	101
61. — Campagne de Russie.	103
62. — Abdication de Napoléon. Les Cent-Jours.	105
63. — Résultats du règne de Napoléon	107
64. — Résumé du huitième mois.	109

V. GÉOGRAPHIE

L'ASIE

Leçons	Pages
57. — Littoral de l'Asie	110
58. — Montagnes et fleuves de l'Asie	115
59. — Climats et productions de l'Asie	117
60. — Populations et États de l'Asie	119

L'AFRIQUE

61. — Littoral, montagnes, fleuves, climat et productions de l'Afrique	122
62. — Populations et États de l'Afrique	128
63. — États de l'Afrique *(Suite)*	130
64. — Résumé du huitième mois	132

VI. ARITHMÉTIQUE

Leçons	Pages
141. — Division des nombres décimaux	133
142. — Division des nombres décimaux *(Suite)*	135
143. — Division des nombres décimaux *(Suite)*	138
144. — Système métrique : les mesures de longueur	140
145. — Les mesures de longueur *(Suite)*	144
146. — Les mesures de longueur *(Suite)*	146
147. — Les mesures de longueur *(Suite)*	148
148. — Les mesures de longueur *(Suite)*	150
149. — Les mesures de longueur *(Suite)*	152
150. — Les mesures de longueur *(Suite)*	154
151. — Les mesures de surface	156
152. — Les mesures de surface *(Suite)*	158
153. — Les mesures de surface *(Suite)*	160
154. — Les mesures de surface *(Suite)*	162
155. — Les mesures de surface *(Suite)*	164
156. — Les mesures de surface *(Suite)*	166
157. — Les mesures de surface *(Suite)*	168
158. — Les mesures de surface *(Suite)*	171
159. — Résumé du huitième mois (169 à 174)	173
160. — Résumé du huitième mois *(Suite)* (175 à 194)	175

VII. SCIENCES USUELLES

BOTANIQUE AGRICOLE

Leçons	Pages
57. — La plante	179
58. — Les diverses plantes	180
59. — Les diverses plantes *(Suite)*	182
60. — Les plantes du potager	184
61. — Le blé et la pomme de terre	185
62. — Les arbres	186
63. — Les plantes médicinales et vénéneuses	187
64. — Résumé du huitième mois	188

VIII. LECTURES

Lectures	Pages
71. — Un jeune héros picard	189
72. — Nos oiseaux	190
73. — Le grand Frédéric et son domestique	192
74. — Une chasse à la panthère	193
75. — La Fontaine à l'Oratoire	194
76. — Le preneur de rats	198
77. — Le tien et le mien	200
78. — Une histoire de loups	202
79. — Pauvre grand-père	206
80. — Pauvre Pierre	206

Neuvième Mois
du Cours élémentaire

I. MORALE
LA DIGNITÉ PERSONNELLE

Entretiens	Pages
65. — Honnêteté	209
66. — Santé morale	211
67. — Santé physique	213
68. — Modestie	215
69. — Il faut avoir honte de l'ignorance	216
70. — Il faut toujours être vrai	218
71. — Il faut être utile	219
72. — Il faut s'améliorer	221
Résumé du neuvième mois	221

II. ENSEIGNEMENT CIVIQUE
L'ORGANISATION DE L'ARMÉE

Leçons	Pages
33. — Le tirage au sort	223
34. — Le service obligatoire	223
35. — Organisation de l'armée	224
36. — La marine et son organisation	224

III. LANGUE FRANÇAISE

Leçons	Pages
161. — Le verbe *(Suite)* : participe passé employé sans auxiliaire	226
162. — Le verbe *(Suite)* : participe passé employé avec l'auxiliaire *être*	229
163. — Le verbe *(Suite)* : participe passé employé avec l'auxiliaire *avoir*	232
164. — Résumé des leçons 161, 162 et 163	235
165. — Exercices de récapitulation	238

Leçons	Page
166. — La conjonction : conjonctions simples et composées	244
167. — Remarques sur les conjonctions.	246
168. — L'interjection	249
169. — Résumé des leçons 166, 167 et 168	252
170. — Exercices de récapitulation.	255
171. — Les dix parties du discours.	259
172. — Les signes orthographiques.	262
173. — Les signes orthographiques *(Suite)*	264
174. — Résumé des leçons 171, 172 et 173	267
175. — Exercices de récapitulation.	270
176. — Les signes de ponctuation	275
177. — Les signes de ponctuation *(Suite)*.	278
178. — Les signes de ponctuation *(Suite)*.	281
179. — Résumé des leçons 176, 177 et 178	284
180. — Exercices de récapitulation.	287
Récitations	292

IV. HISTOIRE

DE LOUIS XVIII A NAPOLÉON III

Leçons	Pages
65. — Règne de Louis XVIII.	298
66. — Règne de Charles X.	300
67. — Règne de Louis-Philippe.	302
68. — République de 1848. Les lettres et les arts	304
69. — Napoléon III. Campagnes de Crimée et d'Italie.	305
70. — Napoléon III *(Suite)*. Expéditions de Chine et du Mexique.	307
71. — Résultats du règne de Napoléon III.	309
72. — Résumé du neuvième mois.	311

V. GÉOGRAPHIE

L'AMÉRIQUE

Leçons	Pages
65. — Littoral de l'Amérique.	313
66. — Montagnes, fleuves, climats et productions de l'Amérique.	318

Leçons		Pages
67.	— Populations de l'Amérique. États de l'Amérique du Nord.	320
68.	— États de l'Amérique du Sud	322

L'OCÉANIE

Leçons		Pages
69.	— L'Océanie.	324
70.	— L'Océanie *(Suite).*	327
71.	— Exercices	329
72.	— Résumé du neuvième mois.	332

VI. ARITHMÉTIQUE

Leçons		Pages
161.	— Les mesures de volume	333
162.	— Les mesures de volume *(Suite).*	335
163.	— Les mesures de volume *(Suite)*	336
164.	— Les mesures de volume *(Suite).*	338
165.	— Les mesures de volume *(Suite).*	340
166.	— Les mesures de volume *(Suite).*	342
167.	— Les mesures de capacité.	344
168.	— Les mesures de capacité *(Suite).*	346
169.	— Les mesures de poids *(Suite).*	348
170.	— Les mesures de poids *(Suite).*	350
171.	— Les mesures de poids *(Suite).*	352
172.	— Les mesures de poids *(Suite)*	354
173.	— Les mesures de poids *(Suite).*	356
174.	— Les monnaies.	358
175.	— Les monnaies *(Suite)*	360
176.	— Les monnaies *(Suite).*	362
177.	— Les monnaies *(Suite)*	364
178.	— Les monnaies *(Suite)*	367
179.	— Mesures du temps.	369
180.	— Résumé du neuvième mois.	371

VII. — SCIENCES USUELLES

AGRICULTURE

Leçons		Pages
65.	— Les pierres.	374
66.	— Les pierres *(Suite).*	375

Leçons	Pages
67. — La terre végétale	376
68. — Les terrains	377
69. — Le labourage	378
70. — Les engrais	379
71. — Irrigation et drainage	379
72. — Résumé du neuvième mois	380

VIII. LECTURES

Lectures	Pages
81. — Polichinelle et Paillasse	381
82. — Les quatre épis d'or	386
83. — Grignotin	386
84. — Le petit colporteur	389
85. — Ce que l'argent ne peut acheter	392
86. — Comment Jeanne apprit à se débarbouiller	394
87. — Le forgeron	397
88. — Le vilain petit canard	399
89. — Le seigneur à la grosse tête	400
90. — L'oie reconnaissante	402

Le gérant : PAUL DUPONT.

Dixième Mois
du Cours élémentaire

I. MORALE
LE DÉVOUEMENT

Entretiens — Pages

73. — Il faut éviter l'égoïsme. 405
74. — Il faut aimer quelqu'un plus que soi-même. . 407
75. — La sympathie. 409
76. — Dévouement à la famille. 410
77. — Dévouement à l'amitié. 412
78. — Dévouement à l'humanité 414
79. — Joies de l'abnégation 415
80. — L'abnégation est toute la morale 417
Résumé du dixième mois 417

II. ENSEIGNEMENT CIVIQUE
L'INSTRUCTION PUBLIQUE

Leçons — Pages

37. — Instruction obligatoire. 419
38. — Différents ordres d'enseignement. 419
39. — Écoles, Facultés de l'État 420
40. — Le ministère de l'instruction publique. . . 420

III. LANGUE FRANÇAISE

Leçons — Pages

181 et 182. — Revision générale : les mots ; la proposition 422
183 et 184. — Revision générale *(Suite)* : le nom. . 427
185 et 186. — Revision générale *(Suite)* : l'adjectif. 433
187 et 188. — Revision générale *(Suite)* : l'article ; le pronom 440
189 et 190. — Revision générale *(Suite)* : le verbe. . 447

Leçons	Pages
191 et 192. — Revision générale *(Suite)* : le verbe *(Suite)*.	455
193 et 194. — Revision générale *(Suite)* : le verbe *(Fin)*	469
195 et 196. — Revision générale *(Suite)* : le participe ; l'adverbe.	481
197 et 198. — Revision générale *(Suite)* : la préposition ; la conjonction ; l'interjection ; les dix parties du discours.	488
199 et 200. — Revision générale *(Fin)* : les signes orthographiques ; les signes de ponctuation.	494
Récitations	501

IV. HISTOIRE

DE NAPOLÉON A NOS JOURS

Leçons	Pages
73. — Guerre de 1870	506
74. — La Commune. Thiers	508
75. — Présidence de Mac-Mahon	509
76. — Présidence de Jules Grévy	511
77. — Présidences de Carnot ; de M. Casimir-Perier ; de M. Félix Faure.	513
78. — Industrie, arts, lettres et sciences.	515
79. — Situation actuelle de la France	517
80. — Résumé du dixième mois.	518

V. GÉOGRAPHIE

Leçons	Pages
73. — Colonies françaises de l'Afrique	520
74. — Colonies françaises de l'Afrique *(Suite)*	523
75. — Colonies françaises de l'Asie, de l'Océanie et de l'Amérique	526
76. — Agriculture de la France.	528
77. — Industrie et commerce de la France.	530
78. — Justice, cultes et instruction	533
79. — Armée et marine de la France	536
80. — Résumé du dixième mois.	538

VI. GÉOMÉTRIE

Leçons — Pages
1. — La ligne. Le point. Ligne droite 539
2. — Ligne brisée. Ligne courbe. 541
3. — Les angles 543
4. — Perpendiculaire ; angle droit. 545
5. — Les angles *(Suite)*. 547
6. — Les parallèles. 549
7. — Les polygones 551
8. — Les triangles 553
9. — Les quadrilatères 555
10. — La circonférence 557
11. — Surface des polygones 559
12. — Le cercle. 561
13. — Volumes 563
14. — Volumes *(Suite)* 564
15. — Les corps ronds. 566
16. — Les corps ronds *(Suite)* 567
17. — Les corps ronds *(Suite)* 569
18. — Les corps ronds *(Suite)* 571
19. — Exercices. 572
20. — Résumé des leçons 1 à 18 574

VII. SCIENCES USUELLES

AGRICULTURE *(Suite)*

Leçons — Pages
73. — Culture du blé 576
74. — Culture des fourrages 577
75. — Les pommiers ; le cidre 578
76. — La vigne. 579
77. — Le vin. 580
78. — Culture du verger. 581
79. — Les légumes du potager. 582
80. — Résumé du dixième mois 582

VIII. LECTURES

Lectures — Pages
91. — Une joie d'enfant 583
92. — Le voyage de Daniel 584

Lectures	Pages
93. — Une leçon d'humanité donnée par un chien	587
94. — Le pauvre aveugle	588
95. — Le hérisson	590
96. — Le raccommodeur de faïence	591
97. — Friquet retrouvé	593
98. — L'âne transformé	595
99. — Le caniche	596
100. — Le mousse	598

Le gérant : PAUL DUPONT.

LIBRAIRIE CLASSIQUE PAUL DUPONT, 4, RUE DU BOULOI, PARIS.

PETITE FLORE

A l'usage des Écoles primaires

POUR LA DÉTERMINATION FACILE DES ESPÈCES LES PLUS COMMUNES

PRÉCÉDÉE DE NOTIONS DE BOTANIQUE, avec 898 figures

ET AVEC DES MODÈLES DE LEÇONS PRATIQUES

ET DES PLANS DE LEÇONS POUR LES ÉCOLES PRIMAIRES

Par MM. GASTON **BONNIER**

Membre de l'Institut, Professeur de Botanique à la Sorbonne

ET

G. DE LAYENS

Lauréat de l'Académie des Sciences.

NOUVELLE ÉDITION. — Un volume in-12 cartonné. — Prix : 1 fr. 50.

(Cet ouvrage a été recommandé par le Ministère de l'Instruction publique.)

Faire trouver aux élèves le nom des plantes vulgaires, utiles par leurs applications, est un excellent exercice, pendant la saison des fleurs. Le Maître et les élèves y trouvent un temps de repos après une leçon, toujours un peu aride, de Grammaire ou d'Arithmétique. Les bois, les champs et les prés fournissent en abondance partout les matériaux de ces utiles leçons de choses.

Nouvelle Flore, pour la détermination facile des plantes, sans mots techniques, avec 2.173 *figures inédites*, contenant les plantes les plus communes dans l'intérieur de la France, par les mêmes auteurs. *Ouvrage couronné par l'Académie des Sciences et par la Société Nationale d'Agriculture de France*, 5ᵉ édition revue et augmentée. — Prix, relié : 5 fr. ; broché : 4 fr. 50.

Flore complète de la France, avec 5.289 *figures* et une carte des régions botaniques, ouvrage publié sous les auspices du Ministère de l'Instruction publique, avec toutes les espèces figurées, par les mêmes auteurs. Un volume grand in-8°. — Prix, relié : 10 fr. ; broché : 9 fr.

Flore du Nord de la France et de la Belgique, avec 2.282 *figures* et une carte des régions botaniques, par les mêmes auteurs. Nouvelle édition. — Relié : 5 fr. ; broché : 4 fr. 50.

Cours complet d'Apiculture (Culture des abeilles), par MM. Georges DE LAYENS, Président de la Fédération des Sociétés françaises d'Apiculture et Gaston BONNIER, Membre de l'Institut, Professeur à la Sorbonne. Un volume de 450 pages, avec 244 figures. *(Vient de paraître.)* — Prix : 3 fr. 50.

(Les ouvrages précédents ont été recommandés par le Ministère de l'Instruction publique.)

L'École Moderne (partie de l'élève) *a paru sous trois formes différentes* :

I. ÉCOLE MODERNE PAR LIVRETS MENSUELS

Cours élémentaire. — 10 livrets de 72 pages; chaque livret . . . 0 fr. 30
Cours moyen. — 10 livrets de 108 pages; chaque livret. . . . . 0 fr. 40
Cours supérieur. — 10 livrets de 144 pages; chaque livret. . . . 0 fr. 80

II. ÉCOLE MODERNE PAR SEMESTRES

Cours élémentaire : 1er et 2e semestre, 2 vol. de 380 pages chacun; chaque volume relié : 1 fr. 75. — Cours moyen : 2 vol. de 560 pages chacun; chaque volume relié : 2 fr. 25. — Cours supérieur : 2 vol. de 740 pages chacun; chaque volume relié : 4 fr. 25.

III. ÉCOLE MODERNE PAR VOLUMES SÉPARÉS

MORALE ET ENSEIGNEMENT CIVIQUE

Cours élémentaire, un volume de 125 pages, avec figures et résumés, cartonné . . . . 0 fr. 70
Cours moyen, un volume de 125 pages, avec figures, résumés et sujets proposés au Certificat d'Études, cartonné . . . . 0 fr. 70
Cours supérieur, un volume de 125 pages, avec résumés et sujets proposés au Certificat d'Études et au Brevet élémentaire, cartonné . . . . 0 fr. 70

LANGUE FRANÇAISE
Grammaire et Récitation

Cours élémentaire, un volume de 220 pages, avec figures, résumés mensuels et trimestriels, 850 exercices et 111 morceaux de récitation, cartonné 1 fr. 20
Cours moyen, un volume de 330 pages, avec figures, résumés mensuels et trimestriels, 924 exercices, 170 morceaux de récitation et sujets proposés au Certificat d'Études, cartonné . . . . 1 fr. 50
Cours supérieur, un volume de 440 pages, avec résumés mensuels et trimestriels, 1.029 exercices, 183 sujets de récitation et sujets proposés au Certificat d'Études et au Brevet élémentaire, cartonné . . . . . 2 fr. »

HISTOIRE DE FRANCE

Cours élémentaire, un volume de 110 pages, avec 80 figures dans le texte et hors texte et 70 récits, cartonné . . . . 0 fr. 70
Cours moyen, un volume de 220 pages, avec 68 figures, 35 cartes, résumés mensuels et trimestriels, et sujets proposés au Certificat d'Études, cartonné . . . . 1 fr. »
Cours supérieur, un volume de 260 pages, avec 69 figures, 39 cartes, résumés mensuels et trimestriels et sujets proposés au Certificat d'Études et au Brevet élémentaire, cartonné . . . . 1 fr. 25

ARITHMÉTIQUE ET GÉOMÉTRIE

Cours élémentaire, un volume de 130 pages, avec résumés, 71 figures dans le texte et 1.050 exercices, cartonné . . . . 0 fr. 65
Cours moyen, un volume de 180 pages, avec résumés, 109 figures dans le texte, 814 exercices et sujets proposés au Certificat d'Études, cartonné 0 fr. 75
Cours supérieur, un volume de 260 pages, avec résumés, 166 figures dans le texte, 859 exercices et sujets proposés au Certificat d'Études et au Brevet élémentaire, cartonné . . . . 1 fr. 30

SCIENCES USUELLES ET AGRICULTURE

Cours élémentaire, un volume de 100 pages, avec résumés, 92 figures dans le texte, cartonné . . . . 0 fr. 65
Cours moyen, un volume de 130 pages, avec résumés, 195 figures dans le texte et sujets proposés au Certificat d'Études, cartonné . . . 0 fr. 75
Cours supérieur, un volume de 250 pages, avec résumés, 289 figures dans le texte et sujets proposés au Certificat d'Études et au Brevet élémentaire, cartonné . . . . 1 fr. 25

GÉOGRAPHIE

Cours élémentaire, un volume de 110 pages, avec figures et cartes 0 fr. 70
Cours moyen, un volume de 210 pages, avec figures et cartes . . 1 fr. »
Cours supérieur, un volume de 260 pages, avec figures et cartes. 1 fr. 25

Paris. — Imp. PAUL DUPONT, 4, Rue du Bouloi. (Cl.)

Le gérant : PAUL DUPONT.

Contraste insuffisant

www.ingramcontent.com/pod-product-compliance
Lightning Source LLC
Chambersburg PA
CBHW060401230426
43663CB00008B/1353